Walter Pape
Joachim Ringelnatz

Quellen und Forschungen zur Sprach- und Kulturgeschichte der germanischen Völker

Begründet von

Bernhard Ten Brink und Wilhelm Scherer

Neue Folge
Herausgegeben von

Stefan Sonderegger

62 (186)

Walter de Gruyter · Berlin · New York
1974

Joachim Ringelnatz

Parodie und Selbstparodie
in Leben und Werk

von

Walter Pape

Mit einer Joachim-Ringelnatz-Bibliographie
und einem Verzeichnis seiner Briefe

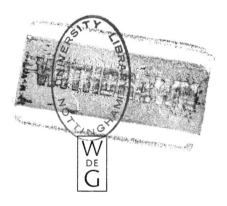

W
DE
G

Walter de Gruyter · Berlin · New York
1974

ISBN 3 11 004483 8

Library of Congress Catalog Card Number: 73-88303

Satz und Druck: Feese & Schulz, Berlin
Bindearbeiten: Lüderitz & Bauer, Berlin
Printed in Germany

MEINEN ELTERN

Berichtigungen

S. 4, Anm. 8 lies: Brief Nr. AB 23

S. 382 lies:

8	1915 — 6 — 30	(P)	Friedrichsort/Kiel
9	1916 — 4 — 15		(Cuxhaven?)

S. 384 lies:

23	1914 — 2 — 15		München
24	1914 — 2 — 21	(P)	(München)
25	1914 — 3 — 13	e	(München)

S. 388 lies:

10	1915 — 6 — 8

S. 434 lies:

24	1926 — 6 — 4	München	*Schwabinger* [etc.]
25	1926 — 7 — 5	München	*Redaktion* [etc.]
26	1926 — 8 — 26	München	wie Nr. 25

Pape, Ringelnatz

Dank

Diese Arbeit verdankt Herrn Professor Dr. Alfred Liede nicht nur großzügige Förderung, sondern auch im einzelnen vielseitige Anregung und Hilfe. Zu Dank verpflichtet bin ich aber auch denen, die mir eine Fülle von bisher unveröffentlichtem handschriftlichen und anderem ungedruckten Material zur Verfügung stellten und mir auch sonst aufs beste und freundlichste halfen und rieten. Das sind zunächst Frau Muschelkalk Ringelnatz (Leonharda Gescher), die Witwe des Dichters, die mir im Gespräch Wertvolles mitteilte, und ihr Sohn, Herr Norbert Gescher, in Berlin, in dessen Wohnung ich den Nachlaß Ringelnatzens durcharbeiten konnte und der mir jederzeit half. Frau Alma Baumgarten, die während der Drucklegung dieser Arbeit starb, stellte mir nicht nur ihre einzigartige, bisher unbekannte Sammlung von Ringelnatzens Briefen an sie zur Verfügung (seit Sommer 1972 im Deutschen Literaturarchiv, Marbach), sondern wußte auch vom Dichter Interessantes zu berichten; ihrer gedenke ich an dieser Stelle mit besonderer Herzlichkeit. In ähnlicher Weise wie Frau Baumgarten half mir auch Frau Annemarie Fell, geb. Ruland, in Berlin, der ich ebenfalls herzlich dafür danke. Besonders bin ich aber auch dem Sammler Herrn Fritz Schirmer in Halle verbunden, der mir mit seinem Material und Wissen ebenso wie Herr Dr. Hans Peter des Coudres in Hamburg mit seiner Ringelnatz-Sammlung (seit Sommer 1972 ebenfalls im Marbacher Literaturarchiv) wertvolle und freundliche Unterstützung bot. Außer Herrn Herbert Günther, München, stellten mir auch viele andere Sammler und Freunde des Dichters ihre Ringelnatziana zur Verfügung; sie sind an den entsprechenden Stellen der Arbeit genannt. Schließlich unterstützten mich vor allem die folgenden öffentlichen Institutionen und Sammlungen: die Staats- und Universitätsbibliothek Hamburg — besonders Herr Dr. Rolf Burmeister —; das Deutsche Literaturarchiv, Schiller-Nationalmuseum, Marbach am Neckar — hier vor allem Herr Dr. Werner Volke —; der Leiter der Handschriften-Sammlung der Stadtbibliothek München, Herr Richard Lemp; die Universitätsbibliothek München (Handschriften-Sammlung); die Universitätsbibliothek der Karl-Marx-Universität Leipzig; die Yale University Library, New Haven, und Det Danske Filmmuseum, Kopenhagen.

Inhalt

Verzeichnis der Abkürzungen

Die Werke Ringelnatzens werden mit Kurztiteln zitiert, andere Literatur mit Verfasser und Kurztitel, hinter dem in beiden Fällen die Nummer der Bibliographie in Klammern steht. Diese gliedert sich in eine Joachim-Ringelnatz-Bibliographie (A) und in ein Verzeichnis sonstiger Literatur (B). Für häufig zitierte Werke werden folgende Abkürzungen verwendet:

AM	Als Mariner im Krieg (A 29)
Briefe	Reisebriefe an M. (A 83)
GG	und auf einmal steht es neben dir. Gesammelte Gedichte (A 62, Neusatz der Ausgaben seit 1954)
IM	In memoriam Joachim Ringelnatz (A 1)
ML	Mein Leben bis zum Kriege (A 33)

Die Werke werden grundsätzlich nach den Erstausgaben zitiert; bei den Gedichten und einigen Erzählungen ist in Klammern der Abdruck in den Gesammelten Gedichten (GG), in der diese teilweise ergänzenden Auswahl „War einmal ein Bumerang" (A 86) oder in „Ringelnatz in kleiner Auswahl als Taschenbuch" (A 73) angegeben. Die Gedichte werden mit dem Titel, solche ohne Titel mit der ersten Zeile zitiert.

Die Briefe Ringelnatzens sind mit einem Sigel des Empfängers, der Nummer im entsprechenden Verzeichnis (S. 375—438) und dem Datum angeführt; die einzelnen Sigel sind:

AB	an Alma Baumgarten
AM	an Alfred Richard Meyer
AN	an Asta Nielsen
AR	an Annemarie Ruland
CM	an Carl Georg von Maassen
CP	an Cläre Popp
EG	an seine Eltern, Geschwister und andere Verwandte
HG	an Herbert Günther
KW	an Kurt Wolff (mit römischen Ziffern: *von* K. W.)
M	an Muschelkalk, seine Frau
OL	an Otto Linnemann

RH   an Rolf von Hoerschelmann
VA   an verschiedene Adressaten
WM   an Walburga Müller

Die Briefe sind bis auf einen Teil derjenigen an Muschelkalk (A 83) und einiger weniger anderer unveröffentlicht. Die Briefverzeichnisse geben über die genaue Überlieferungslage Auskunft.

Bei sonstigen zitierten Handschriften oder ungedruckten Quellen ist stets die Ringelnatz-Sammlung oder Bibliothek angegeben, wo die Stücke aufbewahrt werden; für die wichtigsten Sammlungen stehen folgende Sigel:

GR   Sammlung Gescher-Ringelnatz, Berlin; aus dem Nachlaß Ringelnatzens hervorgegangen (der größte Teil des Nachlasses wurde im zweiten Weltkrieg vernichtet).

SdC   Sammlung Hans Peter des Coudres; aus der Sammlung von dessen Tante Selma des Coudres (1883—1956), mit der Ringelnatz seit 1909 befreundet war (vgl. ML, S. 262 f. u. ö., gen. „Wanjka"), hervorgegangen. Seit Sommer 1972 bis auf einige Widmungsexemplare von Erstausgaben im Besitz des Deutschen Literaturarchivs, Marbach am Neckar.

SR   Sammlung Ringelnatz der Staats- und Universitätsbibliothek Hamburg.

Das Copyright für alle in dieser Arbeit erstmalig veröffentlichten oder zitierten Werke und Briefe Ringelnatzens liegt beim Verlag Karl H. Henssel, Berlin.

Zeitungsartikel ohne Verfasser oder mit Sigeln (—e., gol.), die nicht aufzulösen sind, werden in den Anmerkungen im Gegensatz zur Bibliographie mit dem Vermerk [o. V.] vor dem Titel/Kurztitel zitiert. Bei Rezensionen wird unter Angabe des Rezensenten auf die entsprechende Nummer der Bibliographie verwiesen, wo die Besprechungen im einzelnen nachgewiesen sind.

Erstveröffentlichungen von später in Sammelbänden erschienenen Gedichten Ringelnatzens, die mir Herr Fritz Schirmer in Halle mitteilte, sind mit * versehen, wenn mir genauere bibliographische Angaben nicht möglich waren.

A. DER VATER

Im Januar des Jahres 1922 schreibt Franz Blei über Joachim Ringelnatz:

> Deutsche Lyriker, welche seit zwei Jahren den Rimbaud mißverstehen, haben das nicht mehr nötig. Wie einer das trifft, ohne den Rimbaud zu kennen, mögen sie an diesem extraordinären Ringelnatz sehen, diesem Befahrer aller Meere, Trunkenbold an allem Berauschenden und Zyniker mit einem Heiligenschein.[1]

Dieses Bild, zu dem das kauzige Pseudonym, unter dem Hans Bötticher seit Dezember 1919 schrieb[2], die oft mißverstandenen Gedichte und das mißverstandene Leben beigetragen haben, ist seit den 1920 erschienenen „Turngedichten" und dem „Kuttel Daddeldu", seit den Auftritten im Matrosenanzug in Kabaretts und Vortragssälen zum verbreiteten Klischee geworden[3]. „Lyrischer Vagant aus dem Stamme Villons und Verlaines", „Bürgerschreck", „Lerche im Nachtlokal", „lyrischer Leichtmatrose" und „fahrender Brettlbarde"[4] sind gleichsam die Summe feuilletonistischer Wortklitterungen, wie sie in Gedenkaufsätzen durch den Blätterwald spuken.

Geht man von diesem Ringelnatzbild aus, das trotz kritischer Ansätze auch noch Herbert Günther in seiner 1964 erschienenen Rowohlt-Monographie verbreitet[5], so scheint es bloß sentimental, wenn Ringelnatz selbst 1930 in „Mein Leben bis zum Kriege" von seinen Erinnerungen an den durchaus ‚gut bürgerlichen' Vater glaubt: „Ich könnte heute daraus ein deutliches Bild zusammensetzen. Vaters Bild. Leider erst heute. Manchmal meine ich sogar, ich könnte daraus mein eigenes Bild zusammensetzen."[6] — oder wenn er etwa zur gleichen Zeit dichtet:

---

[1] Zitiert nach IM, S. 69; das hs. Original befindet sich in der Sammlung GR.

[2] Zu den Lebensdaten von Ringelnatz (geboren am 7. August 1883 in Wurzen [Sachsen], gestorben am 17. November 1934 in Berlin) siehe: IM; Günther, Ringelnatz (A 435) und einiges ergänzend in „Laß uns eine Reise machen" (A 92), S. 128—131. Wir sprechen in dieser Arbeit von *Hans Bötticher*, wenn von Leben und Werk v o r 1919 die Rede ist, sonst von *Joachim Ringelnatz*; Überschneidungen werden sich so nicht immer vermeiden lassen. Wenn vom *Vater Georg Bötticher* gesprochen wird, setze ich zur Vermeidung von Verwechslungen stets ‚Vater' vor den Namen.

[3] Siehe dazu unten S. 189—191.

[4] van Booth, Die Lerche im Nachtlokal (A 362).

[5] Bibl. A 435; zu Günther siehe auch unten S. 61 und 65 f.

[6] ML, S. 36; Ringelnatz hat in der ersten Hälfte des Jahres 1930 diese Zeilen niedergeschrieben, vgl. den Brief an seine Frau Nr. M 685 vom 10.(?) 9. 1930, Briefe, S. 153.

Gedenken an meinen Vater

Warum ich tief Atem hole?
So hat mein Vater gern Bowle gebraut.
Nun trinken wir zwei eine Bowle.
Und du hast ihn nimmer gehört noch geschaut.

Doch wie wir beide hier zechen
Und sprechen mitnander — so ungefähr —
Meine ich — würde Vater sprechen,
Wenn er dein Liebster gewesen wär.

Je mehr ich alte und lerne,
Kommt er mir immer mehr nah.
Prost, Musch, einen Schluck auf den toten Papa!
Jetzt lächelt er jenseits der Sterne.[7]

Ringelnatz setzt sich mit seinem Vater gleich und erhebt ihn fast ins Mythische: „Und du hast ihn nimmer gehört noch geschaut." — „Jetzt lächelt er jenseits der Sterne." Den Ernst überspielt er durch sein saloppes „Prost, Musch" für seine Frau; aber das tiefe Atemholen der ersten Zeile, der Seufzer läßt keinen Zweifel an der Beklemmung des von Schuldgefühlen Gequälten.

Die Mutter hat dagegen im Leben wie in der Dichtung von Ringelnatz eine geringe Rolle gespielt. Es gibt mehrere Gedichte auf den Vater, aber keines auf die Mutter. „Mutterliebe fehlt uns beiden. Schade! aber es muß auch ohne die gehn." — schreibt er im Februar 1914 an „Maulwurf" (Alma Baumgarten), seine Verlobte für wenige Tage im Mai 1913[8]. Wir hören bloß, daß sie einen „harten Kopf" besaß und daß er sie häufig ärgerte: „Oder sie mich." — setzt er lakonisch hinzu. Und als sein Vater ihn fragt: „Junge, was hast du nur mit deiner Mutter?" — antwortet er „theatralisch": „Ich hasse sie!"[9]

Der Vater, von dem Ringelnatz schreibt, er habe ihn „über die Maßen" geliebt[10], ist eine Schlüsselgestalt von seinem Leben, mit der er nie fertig geworden ist, der Vater ist aber auch — und das interessiert uns hier noch in weit höherem Maße — eine Schlüsselgestalt von Ringelnatz' Dichtung.[11]

---

[7] Gedichte dreier Jahre (A 39), S. 24 (GG, S. 408); vielleicht sogar zum 80. Geburtstag des Vaters am 20. Mai 1929 gedichtet; vgl. auch Günther, Ringelnatz (A 435), S. 16.

[8] Brief Nr. AB 24 vom 15. 2. 1914; zu Alma Baumgarten siehe ML, S. 339 f., AM, passim und meine Anmerkungen zur Briefliste, S. 383.

[9] ML, S. 43 f.

[10] ebda. S. 27.

[11] Das Deutsche Fernsehen verbreitete am 26. 7. 1971 in der Sendung „Überall ist Wunderland. Eine Befassung mit Joachim Ringelnatz von Kurt Wilhelm und Petra Schürmann" ein gänzlich falsches Bild von Ringelnatz, in dem einfach schlichte biographische Unwahrheiten in einen primitiven verbindenden Text eingebaut waren. So bewundert die Sprecherin und Mitautorin Petra Schürmann ein Gedicht des „Kindes" Hans Bötticher, das dieser aber frühestens mit fünfundzwanzig Jahren

schrieb („Ich werde nicht enden zu sagen" — Gedichte [A 6], S. 3 — GG, S. 7);
solche Fehler sind zahllos. In unserem Zusammenhang sind zwei Zitate aus der
Sendung über Ringelnatzens Vater interessant, die zeigen, wie wenig man sich bei
der publizistischen Verbreitung eines Dichterporträts um Tatsachen und literarische
Abhängigkeiten kümmert und wie sehr verantwortungslos drauflos geschwatzt wird:
„Der Vater [. . .] wurde ein gesuchter Geschichtenschreiber. Aha, sagen Sie, daher
kommt's also. Nicht die Spur. So was Skurriles, wie der kleine Hans an sich hatte,
das ging dem Vater völlig ab." — Und: „Vater Bötticher verstand nichts von alle-
dem, was sein Sohn tat, wollte oder mußte. Und der Sohn hat seinen Vater eigentlich während der ganzen Kindheit von Herzen mißachtet." Die Wahrheit lautet so:
„Wir Kinder liebten ,Väterchen' über die Maßen. Ich konnte mir damals nicht
vorstellen, daß ich einmal seinen Tod überwinden würde." (ML, S. 27). Ringelnatzens Freundin Alma Baumgarten, die am 25. 1. 1974 in Landau/Pfalz starb,
schrieb mir spontan zu diesem Farbfilm: „[. . .] er war geradezu katastrophal für
meine Begriffe!" (Brief vom 30. Juli 1971).

I. Kinderdichtung

„Unsere Spiele daheim" überschreibt Joachim Ringelnatz einen der ersten Abschnitte in „Mein Leben bis zum Kriege"[1], und der junge Hans Bötticher ahmt wie alle Kinder in seinen Spielen die Welt der Erwachsenen nach[2]. Wenn aber dieser Knabe ‚Vater spielt', dann steckt er schon mitten in der Literatur, denn sein Vater Georg Bötticher (1849—1918)[3] ist — nach einer Karriere als Musterzeichner für die renommiertesten Tapetenfabriken[4] — ein bekannter und angesehener Leipziger Schriftsteller, von dem sogar mehrere Sammelbändchen in Reclams Universalbibliothek erscheinen. Ein ungemein gebildeter Bürger, ist er mit Detlev von Liliencron und Johannes Trojan befreundet[5] und wechselt mit Theodor Fontane, Conrad Ferdinand Meyer, Emanuel Geibel, Wilhelm Raabe, Gustav Freytag und Adolf Menzel Briefe[6]. Zeitweise schwimmt er auf der Woge der literarischen Mode, dann verläßt ihn die Gunst des Publikums.

So malt nun halt der Sohn „Bildchen" und dichtet „Verschen und Prosa", „schließlich ein ganzes, illustriertes Büchlein zum Geburtstag meines Vaters"[7]. Dieser überträgt dann auch spielerisch-stolz die eigene Rolle in der Familie auf seinen Sohn:

> [. . .] und der neunjährige Hans, der Dichter der Familie, hat den Geschwistern je ein Notizbuch mit einem Gedichte, der Mama und Großmama ein Weihnachtslied, dem Papa aber ein ganzes Buch geschenkt, das die „Landpartie der Tiere" heißt und von ihm selbst verfaßt, geschrieben und sogar illustriert worden ist.[8]

---

[1] ML, S. 12—14.

[2] Vgl. Freud, Der Dichter und das Phantasieren, S. 216 (Gesammelte Werke 7 [B 134]).

[3] Über biographische Einzelheiten siehe: Günther, Ringelnatz (A 435), S. 11—21.

[4] Vgl. dazu auch: Georg Bötticher, Aus den Erinnerungen eines Musterzeichners (A 537).

[5] ML, S. 163 und 335.

[6] Günther, Ringelnatz (A 435), S. 15.

[7] ML, S. 14.

[8] Georg Bötticher, Meine Lieben (A 519), S. 8. Die Handschrift dieser Kinderarbeiten von Hans Bötticher befindet sich im Besitz von Herrn Dr. Hans Cürlis, Berlin. Die SR der UB Hamburg besitzt eine Kopie. Danach wird im folgenden zitiert. Die „Landpartie der Tiere" ist — der Anfang in Faksimile, der Rest mit einer Auswahl der Zeichnungen — abgedruckt in einem Heft der „Literarischen Welt" von 1926

Und der gewitzigte Vater betätigt sich auch gleich als Agent des Sohnes und kann am 6. Februar 1897 dem „Katzenzeichner" und Freund Fedor Flinzer berichten:

> Frida Schanz schreibt mir soeben, daß sie mehrere Reimereien meines Hans für ihr nächstes Kinder-Jahrbuch acceptirt habe. Darunter ist eine Schnurre (nach allbekanntem Recept): Die *Landpartie der Tiere* (ich füge sie diesem Briefe bei).[9]

Das „allbekannte Recept" vieler Kinderlieder und -bücher damaliger und heutiger Zeit hat aber sicher schon der Vater in seinem zwei Jahre älteren „Lustigen Bilderbuch für kleine und große Leute", „Die Landpartie" (1890)[10] benutzt.

Wie zu erwarten liegt der Reiz von Hans Böttichers Erstling in der Mischung von völlig unkindlichen, den Erwachsenen abgelauschten mit naiv-hilflosen Wörtern und Sätzen:

> An einem Sommertag,
> Auf einem grünen Hag,
> Fand sich der Tierverein
> So gegen 4 Uhr ein.
> Und was da ist passiert,
> Das hab ich hier geschmiert.
> Nun haltet Ruh,
> und hört mir zu:
> Wir machen eine Partie,
> Rief alles Vieh.
> Aber wohin?
> fragte die Spinn!

Aus dem Kontrast des vollkommen ernsthaften kindlichen Bemühens zum Unvermögen entsteht für den erwachsenen Leser eine dem jungen Bötticher unbewußte Komik, die er später als Ringelnatz bewußt hervorzubringen sucht[11].

Doch die eigentliche „Landpartie der Tiere" mit ihren Reimpaaren ist die direkte Übernahme und Weiterbildung eines Kinderliedes, das uns aus Königsberg überliefert ist — die Mutter Hans Böttichers war Ostpreußin.

> *Ball der Thiere.*
>
> Mich dünkt, wir geben einen Ball!
> Sprach die Nachtigall.
> So?
> Sprach der Floh.

(siehe A 174). Da das Büchlein auch ein Gedicht zum Geburtstag des Vaters von 1894 enthält, wird das oben von Ringelnatz (ML, S. 14) erwähnte Büchlein mit diesem identisch sein. Die Anmerkungen in der Bibliographie von Kayser / des Coudres (A 2) zur dortigen Nr. 90 sind falsch; der Abdruck in IM, S. 10—13 ist nicht identisch mit diesem.

[9] Hs.: GR.
[10] Bibl. A 512; war mir nicht zugänglich.
[11] Vgl. dazu Liede, Dichtung als Spiel 1 (B 165), S. 401.

Was werden wir denn essen?
Sprachen die Wespen.
Nudeln!
Sprachen die Pudeln.
Was werden wir trinken?
Sprachen die Finken.
Bier!
Sprach der Stier.
Nein, Wein!
Sprach das Schwein.
Wo werden wir denn tanzen?
Sprachen die Wanzen.
Im Haus!
— Sprach die Maus.[12]

Der Knabe hat nun diese Verse, die er sicher von seiner Mutter gehört hat, noch im Ohr und fügt neue mit neuen Tieren hinzu, aber der ‚Grundstock' des Kinderliedes bleibt erhalten:

[...]

Ich fahr mit dem Kahn!
Krähte der Hahn.

So?
Sagte der Floh.

[...]

Ach nein!
Grunzte das Schwein.

Was werden wir speisen?
Fragten die Ameisen.

[...]

Zuckerbier!
Brüllte der Stier.

[...]

Und nun ist es aus!
Sprach die Maus.

Quell für solche Kinderverse ist die Freude am Reim, und der junge Hans Bötticher gibt sich alle Mühe, sein Vorbild zu übertreffen, indem er zahllose Tiere bedichtet, die einen ‚schwierigen' Reim erfordern wie Spinn', Spitz, Kiwit, Pirol, Gazelle, Maden, Rebhuhn, Nilpferd, Elefant, Faultier und Maultier, Aal, Papagei, Kamel und andere. Was Morgensterns „Ästhetisches Wiesel" um des Reimes willen tut[13] — in der Nachfolge des alten Marabus, den Georg

---

[12] Frischbier, Preußische Volksreime (B 31), Nr. 274, S. 71; auch in: Böhme, Kinderlied und Kinderspiel 1 (B 15), Nr. 1226, S. 247 (vgl. auch ebda. S. XXIX).
[13] Morgenstern, Alle Galgenlieder (B 65), S. 42.

Böttichers Freund Edwin Bormann 1886 ersann[14]—. nimmt der kindliche Reim-
zwang voraus:

> Ich tanz mit der Möwe!
> Rief der Löwe.
>
> Ei so elegant!
> Sprach der Elefant.
>
> Ich tanz mit dem Faultier!
> Wiehert das Maultier.

Wo es geht, wird das durch den Reim Zusammengezwungene auch durch eine
Zeichnung ‚belegt‘, etwa durch eine Gans mit einem großen Kranz auf dem
Kopf der Vers:

> Ich trag einen Kranz!
> Sagte die Gans.

Dagegen versagt die Macht der Phantasie bei den Zeilen:

> Ich tanz mit dem Faultier!
> Wiehert das Maultier.

Auf der Zeichnung schleicht ein Hund mit gesenktem Kopf vorbei!

Mit solcher „Kinder-Kunstdichtung" „entsteht eine Dichtung des Zwischen-
reichs zwischen Kind und Erwachsenem, die durch den Sinnwillen des Erwachsenen und die Freiheit des Kindermärchens gekennzeichnet ist. Das Kind ver-
knüpft unbewußt Dinge miteinander, wo es dem Erwachsenen verboten ist;
[. . .]"[15].

Neben dem Kinderlied, neben einer gewissen Verwandschaft mit den Versen
zu Wilhelm Buschs „Naturgeschichtlichem Alphabet", das auch wiederum volkstümliche Vorbilder hat[16], spiegelt sich aber in den anderen kindlichen Versen
des jungen Bötticher vor allem die literarische Welt des Vaters. Schreibt dieser
zahlreiche scherzhafte Ritterballaden im Uhlandton [17], so schenkt ihm der Sohn
zum Geburtstag ein Gedicht, das mit der kindlichen Begeisterung für Abenteuer, die Ringelnatz sein ganzes Leben nicht mehr losließ, die epigonale literarische Ritterwelt des 19. Jahrhunderts bereits ebenso spielerisch wie der Vater
nachzuahmen versteht:

---

[14] Bormann, Humoristischer Hausschatz (A 540), S. 223 f.; zuerst in: Fliegende Blätter 84 (1886) S. 23.

[15] Liede, Dichtung als Spiel 1 (B 165), S. 400.

[16] Busch, Gesamtausgabe 1 (B 20), S. 56—67, die Verse sind nicht von Busch (vgl.
ebda. S. 572). Volkstümliche Vorbilder: „Fibel-Verse" in Böhme, Kinderlied und
Kinderspiel 1 (B 15), Nr. 1460, S. 295 f.: „Der A f f e gar possierlich ist, / Zumal
wenn er vom A p f e l frißt." Vgl. ebda. S. 296 auch den Hinweis auf das Alter
solcher Reime; schon 1755 gab es Parodien auf sie.

[17] Siehe besonders: Georg Bötticher, Alfanzereien (A 523), S. 13—25.

Die Ritter.

                                                    I.
Wir sind gar alte Ritter,
Juchhei, juchhei, juchhei!
Wir hauen die Speere zu Splitter.
Und schlagen die Schilde entzwei.

                                                    II.
Und bläst das Horn zur Fehde,
Dann ziehn wir in den Wald;
Es schmettert die Trompete
Daß es im Thal erschallt.

                                                  III[.]
Wir können nicht verlieren,
Wir trauen all auf Gott,
Wir können gut parieren,
Und reiten flink und flott!

                                                 IIII[.]
Und ist der Kampf gewonnen
So spornen wir das Roß,
Und eh' ein Tag verronnen,
Sind wieder wir im Schloß.

                                               A [sic]
Nun muß der Sänger singen,
Ein Lied beim Fackelschein,
Die Pagen aber bringen,
Den allerbesten Wein.[18]

Das ist, bis auf die ritterliche Liebe, ein ziemlich vollständiger Katalog der
gängigen Topoi und Wendungen. Knapp zwei Jahre zuvor hat freilich das
Spiel mit des Vaters Dichtungswelt noch nicht so geklappt, und der ‚Dichter' ist getroffen von dem unbändigen Gelächter, das die folgenden Verse einer
„Ballahde" von 1892 erregen:

Da warf ihn ab sein schwarzes Roß —
Bums! fiel der Reiter in das Moß.
Es klitzerte sein blankes Schwerd —
Hobbs! saß er wieder auf dem Ferd![19]

Rührend komisch wird das Dichter-Spielen, wenn er sich aus der ihm bekannten Literatur die Rolle des blinden Greises auswählt und folgende Klischees
wie Bauklötze aus des Vaters literarischer Formelkiste aneinanderreiht:

Der Blinde.

Ich bin gereist in Leid und Weh
Gar lange, lange Zeit,

---

[18] Im selben Schulheft wie die „Landpartie der Tiere".
[19] Georg Bötticher, Meine Lieben (A 519), S. 15.

Mein Herz ist trüb, da ich nicht seh'
Des Frühlings Herrlichkeit.

Ich find' die Wege nimer,
Ich bin schon alt und bleich,
Nur einen find ich immer,
Den Weg zum Himmelreich![20]

Dieses Gedicht ist eins von fünfen, die sich auf herausgerissenen linierten Seiten eines Schulheftes befinden. Auf das „Register der Gedichte" am Schluß folgt noch der Titel:

Das Zauberband. Gedichte von Hans Bötticher.
3. Auflage!
Dieses Blatt wird monatlich herausgegeben.

So wertvoll die ersten dichterischen Versuche dem Erforscher kindlichen Schöpfertums sein mögen, so sehr sie auch verraten, in welch literarischem Milieu Hans Bötticher aufwächst, interessant werden sie für sein künftiges Werk eigentlich erst in dem Augenblick, wo der Zwölfjährige durch Veröffentlichung und Honorar gleichsam spielend in die Sphäre des ‚wirklichen' Schriftstellers hineinwächst. Und das geschieht, wie sich der Sohn auch in des Vaters Posaspezialgebiet, in der sächsischen Dialekthumoreske[21], versucht. Ringelnatz selbst erzählt später:

Ich schrieb eine kleine Humoreske in sächsischem Dialekt, „Änne Heringsgeschichde". Vermutlich überfeilte mein Vater die Sache noch etwas. Die „Fliegenden Blätter" oder die „Meggendorfer Blätter" druckten das Dichtwerk und zahlten zwanzig Mark dafür.

Das war meine erste Publikation und war mein erstes Honorar.[22]

Diese erste Veröffentlichung Hans Böttichers galt bisher als verschollen[23]. Tatsächlich erschien sie aber zu Beginn des Jahres 1896 in „Meggendorfer's humoristischen Blättern". Sie sei ihrer offensichtlichen Unzugänglichkeit und gänzlichen Unbekanntheit wegen hier ganz wiedergegeben:

Änne Häringsgeschichte.
(Sächsisch.)

Heernse, da is m'r ä mal änne eegendiemliche Geschichte bassiert. Ich sitze Sie an ä scheenen Frihlingsam'nde nach'm Am'ndessen in Stadtgarten, hawe ähm's finfte

---

[20] IM, S. 11; hier zitiert nach der Handschrift (GR).

[21] Zur Humoreske siehe erschöpfend: Reinhold Grimm, Begriff und Gattung der Humoreske (B 140).

[22] ML, S. 23.

[23] Vgl. IM, S. 17: „Nach Auskunft der Redaktionen war die ‚Heringsgeschichde' weder in den ‚Fliegenden Blättern' noch in den ‚Meggendorfer Blättern' festzustellen."

nuntergegossen un denke: de wärscht berabben un derheeme gehn, unterwegs awer Dir noch ä Häring goofen, denn das viele Bier hatte m'r widder Hunger gemacht. Gesagt — gedahn. Ich goofe m'r in ä Deligatessengeschäft ä Häring, lasse m'r'n in ä Babier einwickeln un stecke das Backetchen in de rechte Rockdasche. Wie ich nu so uff d'r Promenade hindrotte, da fiehl ich uff eemal än Ruck in meiner rechten Rockdasche. Im selben Moment rennt ä Mann von mir wegk mit ätwas weißen in der Hand . . Mei Häring! Ich wie d'r Wind hinterher. Weil ich awer doch ä bischen was in Gobb hatte, renn ich uff'n Geenigsplatz mit aller Macht an ee Ladernenpfahl, daß 'ch uff'n Fleck ricklings hinsterze. Wie ich mich widder uffgerabbelt hadde — warsch Luder wegk. Ich also derheeme. Gorz vor meiner Wohnung will ich's Daschenduch rausholen, greife dabei in was nasses un wie ich's rausziehe un vor de Oogen halte, is es — mei Häring. Na, d i e Freede! I, denk ich, daß där Spitzbuwe nur's B a b i e r erwischt hat, das is werklich änne Himmelsfiegung! Un so gomm ich ze Hause an. Alles finster un meischenstille. Ich werfe d'n Häring uff'n Disch (där de gleich linker Hand von der Diere näwen d'n Schermständer steht) un streiche ä Zindhölzchen an. Wie ich Licht gemacht hawe, da säh ich ärscht: da war Sie g a r g e e D i s c h n i c h d a ! Ich suche d'n Häring — d ä r w a r S i e v e r s c h w u n d e n ! Ich suche alles rings rum ab, wohl änne Vertelstunde lang — mei Häring nich ze finden! Na, denk 'ch — denn d'r Gobb brummte m'r eeklig schon von wegen dän Stoße! — morgen wärn s'n schon finden — so ä Häring gann doch nich wegkschwimmen. Un damit leg ich mich — ganz leise, um meine Alte nich uffzewecken — in de Falle. D'n andern Morgen — denken Se, d'n Häring hatten se n i c h gefunden! — geh ich ins Geschäft un weils an ze drebbeln fängt, spann ich meinen Scherm uff. Wie ich'n iewer mich halte, da fällt m'r was nasses klebriges ins Gesicht. Was warsch — mei Häring! Ich, schnurrstracks zerick zu meiner Alten. Anna, sag ich, hier hast de d'n Häring, lass'n hibsch wässern un mach' m'r ä baar Gartoffeln drzu — ich frei mich schon seit gestern uff'n — un dann erzählt ich'r ausfiehrlich mei ganses Erlebnis. Wie ich fert'g bin, guckt se sich den Häring von allen Seiten an, fängt bletzlich an ze lachen un ruft: Awer, August, das is ja ä — B e e k l i n g !

Hans Bötticher.[24]

Stil und Witz dieser anspruchslosen heiteren Geschichte decken sich vollständig mit den väterlichen „Herrn Dietchens Erzählungen". Unter diesen sächsischen „Schnurren" findet sich auch eine mit ganz ähnlichem Titel: „Enne Hosengeschichte", in der ebenfalls ein etwas einfältiger Sachse von seinen seltsamen Erlebnissen berichtet[25].

Im sächsischen Dialekt, dessentwegen er später als Schiffsjunge (1901) „unausgesetzt verspottet" wurde[26], hat der Sohn nie wieder etwas veröffentlicht, sieht man von einem Anklang in einem Vers des „Kinder-Verwirr-Buches" ab[27]. Denn sogar „ein sächsisches Reimchen", das er seiner Frau 1922 brieflich mit-

[24] Bibl. A 96.
[25] Zuerst veröffentlicht als: Georg Bötticher, Herrn Dietchens Erzählungen (A 510); hier zitiert nach der drei Jahre jüngeren Reclam-Ausgabe von 1893: ders., Schnurrige Kerle (A 511), S. 83—88.
[26] ML, S. 65.
[27] Kinder-Verwirr-Buch (A 34), S. 22 (GG, S. 378).

teilt, überträgt er für die Veröffentlichung in Hans Reimanns sächsischer Wochenschrift „Der Drache" (1924) ins Schriftdeutsche[28]; ursprünglich lautete der Vierzeiler so:

> Wemmer dn sächsschen Dialekt
> Ä bisschen dehnt, ä bisschen schdreckt
> Un schbrichdn noch ä bisschen trahnichr, — —
> Dann häld en jeder fürn Schbanichr.[29]

Diejenigen Elemente der Kinderpoesie aber, die volkstümliche Vorbilder haben, sind auch in spätere Werke eingegangen. Schon mit den beiden Vers-Kinderbüchern von 1910, „Kleine Wesen"[30] und „Was Topf und Pfann' erzählen kann"[31], knüpft er an seine eigene Kinderdichtung und deren väterliche Vorbilder an. Aber erst in einigen Versen vor allem des „Geheimen Kinder-Spiel-Buches"[32], das er 1922 schreibt, und des „Kinder-Verwirr-Buches" von 1931 greift er bewußt auf die volkstümlichen Vorbilder zurück, die ihm als Kind unbewußt durch Vermittlung von Vater und Mutter ein Quell seiner ersten poetischen Versuche waren. Wir werden sehen[33], wie sehr nicht nur in dieser Hinsicht gilt, was Ringelnatz von sich selbst noch ein Jahr vor seinem Tode sagt:

> [...] Ich bin ein Kind geblieben,
> Ward äußerlich auch meine Schwarte rauh.[34]

---

[28] „Der sächsische Dialekt" (A 172).
[29] Brief Nr. M 227 b vom 25. 4. 1922, Briefe, S. 78 f., dort ohne diese Stelle.
[30] Bibl. A 4.
[31] Bibl. A 5.
[32] Bibl. A 26.
[33] Siehe dazu unten S. 249—309.
[34] „Zwischen meinen Wänden" — Gedichte, Gedichte (A 41), S. 11 (GG, S. 481); zuerst in: Deutsche Zukunft 1 (1933) Nr. 6 vom 19. 11. 1933, S. 8; siehe auch unten S. 281.

II. Künstlergesellschaft und Kabarett

Den großen Einfluß des schriftstellernden Vaters Georg Bötticher auf sein Kind haben wir gesehen; als jüngstes von drei Geschwistern[1] ahmt Hans Bötticher als einziger seinen Vater in dieser Hinsicht nach. Aber nicht nur für diese frühe Kinderpoesie ist der Vater Vorbild; ein großer Teil von des Sohnes späterem Dichten ist undenkbar ohne die besondere Art des Literatentums seines Vaters, der in der literarischen Welt *unsinntreibender Gesellschaften* lebte. Hans Bötticher stand vor allem in seiner Münchener Vorkriegszeit, aber auch nach dem Kriege als Joachim Ringelnatz mit seiner komischen Dichtung ganz im Banne dieser Tradition, die keiner der bisherigen Kritiker von Ringelnatzens Werk auch nur zu kennen scheint. Wenn dieser in „Mein Leben bis zum Kriege" schreibt:

> Mein Vater war mit sehr viel merkwürdigen Zeitgenossen bekannt. Er suchte uns die Art und Bedeutung derselben klarzumachen, und es freute ihn sichtlich, wenn sich uns Gelegenheit bot, solche Leute persönlich kennenzulernen.[2]

und als derartige Zeitgenossen Edwin Bormann, Julius Lohmeyer, Wilhelm Roux, Johannes Trojan, Fedor Flinzer, Victor Blüthgen und Moritz Busch[3]

---

[1] Sein Bruder Wolfgang war vier Jahre, seine Schwester Ottilie ein Jahr älter als er; vgl. dazu auch unten S. 101 f.

[2] ML, S. 35.

[3] ebda. S. 34 f.
Edwin Bormann (1851—1912) „widmete sich in den Jahren 1867—77 auf dem Polytechnikum in Dresden und auf den Universitäten Leipzig und Bonn, technischen, naturwissenschaftlichen, kultur-, kunst- und litterarhistorischen Studien, kehrte dann in seine Vaterstadt Leipzig zurück und lebt seitdem hier als Schriftsteller und Verlagsbuchhändler" (Das litterarische Leipzig [A 553], S. 81 f.). Er gilt als der ‚klassische' sächsische Dialektdichter. Siehe auch: Adolph Kohut, Sächsische Humoristen unserer Zeit. I. (A 550) und: Max Mendheim, Edwin Bormann (A 554).
Julius Lohmeyer (1835—1903), Studium der Naturwissenschaften in Breslau, Hofapotheker in Elbing. 1867 bis 1873 in der Redaktion des „Kladderadatsch"; Kriegsliederdichter 1870/71; begründete 1870 die Zeitschrift „Deutsche Jugend"; beliebter Kinder- und Jugendschriftsteller. Mitglied des „Allgemeinen Deutschen Reimvereins" (s. unten S. 16).
Wilhelm Roux (1855—1924), Anatom, Professor in Breslau, Innsbruck und Halle. Zahlreiche Abhandlungen über funktionelle Anpassung und Entwicklungsmechanik des Embryos.

nennt, so erinnert er sich damit nicht nur an eine Reihe zu ihrer Zeit beliebter Schriftsteller und einflußreicher Redakteure, sondern auch an eine Tradition literarischer Geselligkeit, deren Einfluß noch weit ins 20. Jahrhundert hineinwirkte, als der Schriftstellerruhm ihrer Träger längst erloschen war. Denn das neunzehnte Jahrhundert ist auch das „Jahrhundert der spaßigen Künstler- und Gelehrtenvereine"[4].

So finden wir auch Vater Georg Bötticher und seine literarischen Freunde in einer typischen unsinntreibenden Gesellschaft, dem Leipziger „Kränzchen", über das er 1914 rückblickend berichtet:

> 1877 lernte ich den Dichter [sc. Victor Blüthgen] auch persönlich kennen. Mit dem ihm befreundeten und seinem Schaffen liebevoll die Pfade ebnenden J u l i u s L o h m e y e r , dem Herausgeber der „Deutschen Jugend", siedelte er im Oktober dieses Jahres nach Leipzig über und wurde bald, gleich seinem Freunde, der bereits mit einigen von uns in naher Beziehung stand, ein Mitglied unseres „Kränzchens", das bisher aus den Familien der Maler F e d o r F l i n z e r und J u l i u s K l e i n m i c h e l , des Schriftstellers E d w i n B o r m a n n , des Kaufmanns aber auf allen Kunstgebieten beschlagenen W o l f f r a m und mir und meiner Frau bestanden hatte und uns allvierzehntäglich in der Wohnung eines der Genannten vereinigte. Das neue Mitglied war uns allen von Anfang an sympathisch, schon seiner äußeren Erscheinung nach [...]. Er entpuppte sich übrigens bald als ein exzellenter Gesellschafter, der unsere Zusammenkünfte mit reizenden Überraschungen zu verschönen wußte, sei es mit der Aufführung drolliger, von ihm selbst verfaßter und virtuos vorgetra-

Johannes Trojan (1837—1915), Studium der Medizin und Philologie. 1862 Redakteur des „Kladderadatsch", 1886—1909 Chefredakteur. „Humoristischer" Dichter, Kinderlieddichter. Wie Lohmeyer Mitglied des „Allgemeinen Deutschen Reimvereins".
Fedor Flinzer (1832—1911) „besuchte die Dresdner Akademie der bildenden Künste zum Zwecke der Ausbildung als Historienmaler, studierte unter L. Richter das Landschaftsfach und im Atelier des Professors Schnorr v. Carolsfeld das der Historie [...]"; städtischer Zeicheninspektor in Leipzig; „F. wurde vom König in Ansehung seiner Verdienste zum Professor ernannt. Da F. in sich von je her den Künstler und Dichter glücklich vereinigte, so ist er nicht nur durch zahlreiche selbstständige [!] Kompositionen und Illustrationen für das ‚Daheim', die ‚Gartenlaube', die ‚Deutsche Jugend' usw. bekannt, sondern auch durch die von ihm verfaßten und illustrierten Bilderbücher für die Jugend berühmt geworden." (Das litterarische Leipzig [A 553], S. 89).
Victor Blüthgen (1844—1920), Studium der Theologie in Halle. Gehörte 1878—80 der Redaktion der „Gartenlaube" an; bekannter Kinderlieddichter und Jugendschriftsteller; siehe auch: Victor Blüthgen. Ein Gedenkbuch (A 545) und Gäfgen, Blüthgen (A 546).
Moritz Busch (1821—1899), Studium der Theologie und Philosophie in Leipzig. Zuerst radikaler Liberaler, 1849 Teilnahme am Dresdner Maiaufstand, dann begeisterter Bismarckanhänger. Publizist, vor allem Herausgeber der „Grenzboten", für die auch Vater Georg Bötticher schrieb.

[4] Liede, Dichtung als Spiel 2 (B 165), S. 280; allgemein: ebda. S. 279—306: „Gesellschaften und Sammlungen".

gener „Kartoffelkomödien", sei es mit Tafelliedern, Tischkartenversen oder der Improvisation übermütiger Umzüge, wobei ihm übrigens von den anderen Mitgliedern des Kreises redlich sekundiert ward.[5]

Als einziges direktes Zeugnis besitzen wir sogar noch fünf handschriftliche Nummern einer „Kränzchen-Zeitung"[6]; die erste ist auf den 1. Februar 1887 datiert[7], die letzte auf den 1. Januar 1889, doch scheint der Freundeskreis noch weit über das Erlöschen der Zeitung hinaus bestanden zu haben. Wie bei solchen Vereinigungen üblich ist auch diese „Kränzchen-Zeitung" fast ausschließlich der witzigen Parodie, dem Ulk und Unsinn gewidmet[8]; war doch mit Julius Lohmeyer, dem einstigen Kriegsliederdichter von 1870/71, Kladderadatsch-Mitarbeiter und Verfasser von damals vielgelesenen Kinderbüchern, auch ein Mitglied des berühmten unsinntreibenden „Allgemeinen Deutschen Reimvereins" ständiger Gast. Die „Parodie der Goldschnitt- und Butzenscheibenlyrik"[9] des „Allgemeinen Deutschen Reimvereins" findet sich auch in der „Kränzchen-Zeitung". Dabei zeigt der größte Teil der Stücke Georg Böttichers wirkliche[10] und geistige Handschrift. Und auch dieses väterliche Erbe hat der Sohn nicht ausgeschlagen. In der „Schnupftabaksdose" findet sich etwa folgende Parodie auf die Mondscheinlyrik:

> „Oh", rief ein Glas Burgunder,
> „Oh, Mond, du göttliches Wunder!
> Du giesst aus silberner Schale
> Das liebestaumelnde, fahle,
> Trunkene Licht wie sengende Glut
> Hin über das nachtigalle Land — —"
>
> Da rief der Mond, indem er verschwand:
>
> „Ich weiß! Ich weiß! Schon gut! Schon gut!"[11]

---

[5] Georg Bötticher, Vom Leipziger Kränzchen. — In: Victor Blüthgen. Ein Gedenkbuch zu seinem 70. Geburtstag (A 545), S. 56 f.; Blüthgen blieb bis 1880 in Leipzig, war dann später Mitglied einer Berliner Künstlergesellschaft (vgl. ebda. S. 155-161: Alwin Römer, Victor Blüthgen und die Geräuschlosen). — Zu Julius Kleinmichel: Bei dessen Witwe Selma „Seelchen" in München wohnte Ringelnatz kurz vor und nach dem Kriege, und sie unterstützte ihn jahrelang finanziell.

[6] Im Besitz der SR der UB Hamburg (SR 1008) aus dem Nachlaß Orendi-Mitter (Erben der Schwester Ringelnatzens). Die Redaktion der fünf hss. Nummern lag bei Vater Georg Bötticher.

[7] Das erste Gedicht der No. 1, „Die Freunde", trägt jedoch im Untertitel die Jahreszahl „1879"; zu diesem Freundeskreis siehe auch: Georg Bötticher, Meine Lieben (A 519), S. 54—66.

[8] Als ‚Füllsel' dienen lediglich einige Humoresken des Vaters in Fortsetzungen.

[9] Liede, Dichtung als Spiel 2 (B 165), S. 300.

[10] Vgl. hss. Briefe Georg Böttichers (GR, SdC); einige Beiträge auch in der Handschrift seiner Frau.

[11] Schnupftabaksdose (A 8), S. 47 (GG, S. 29).

Dieses Gedicht könnte ebensogut in der „Kränzchen-Zeitung" neben Parodien des Vaters wie der folgenden stehen:

Lenzstimmen.

Wie klopft im Märze
Und hopft das Herze!
Wo Veilchen sprießeln,
Und Bächlein rieseln,
Die Vögel singen
Und Lämmer springen
Auf grüner Flur!
Wie lacht die Natur!
Wie glänzt die Sonne!
O Lenz! O Wonne!
O Lust
In der Brust:
Hab' ich nicht *noch* einen Reim gewußt?[12]

Ist das „Kränzchen" der intime Kreis des Vaters, so weitet er sich in den „*Stalaktiten*" zur eigentlichen Leipziger Künstler- und Gelehrtengesellschaft, über die bisher recht wenig bekannt war[13]. Aufschluß aber gibt uns ein bibliophiler Privatdruck zum zehnjährigen Bestehen von 1904 mit einer parodistischen „Chronika des illüstren und absonderlichen Männerbundes / so ‚DIE STALAKTITEN' sich benennet"[14], die der Stalaktit und Kaufmann August Wolfram verfaßte. Danach hat in einer Weinrunde am Abend des 5. Oktobers 1894 zusammen mit Vater Georg Bötticher, dem Doctor Philosophiae, Poeta und Musicus Wilhelm Henzen und dem Regisseur und Schauspieler Oskar Borchardt der gebürtige Friese Bruno Eelbo, Architekt und Dichter, die Idee zu einer Künstlergesellschaft gehabt:

Die guten Künstler Leipzig's, seye es der Feder, des Pinsels, des Meißels, der Kelle oder des Fiedelbogens, *item* auch Leute, so für Kunst einen Verstand hätten und ein warm Herze, solleten enge sich zusammenthun zu einem Bund; solleten allfreytäglich ihr Abendschöpplein gemeinsam mit einander trinken, zum Austausch ihrer Gedanken, Ansichten und Meinungen, zu wechselseitiger Anregung sowohl als Belehrung. Kein Gebiet der freyen Künste und des Wissens, kein *Problema* solle ausgeschlossen bleiben von ihrem Tischgespräch, nichts Menschliches ihnen fremd seyn, außer das Niedrige und Vulgäre. Auch müsse alles sonder Zwang und frei seyn; frei Gesinnung

---

[12] No. 2, Bl. 2ʳ. Daneben verfaßte man aber selbst „Goldschnittlyrik": Georg Bötticher trivialromantische „Lieder eines Landstreifers" (A 525) erschienen in rotes blindgeprägtes Leinen gebunden mit Rückengoldprägung und allseitigem Goldschnitt.

[13] Lediglich Ringelnatz erwähnt die „Stalaktiten" kurz in ML, S. 43, und Anton Kippenberg, den man um die Jahrhundertwende als „Benjamin" aufnahm, berichtet knapp über sie: Kippenberg, Reden und Schriften (A 548), S. 27; hiernach auch der Hinweis bei Liede, Dichtung als Spiel 2 (B 165), S. 302.

[14] Stalaktiten 1894—1904 (A 543), S. 1—20.

und Urtheil, Wort und Widerrede. *Item* kein Oberhaupt solle seyn, keine Regel noch Satzung, keine Form und Fessel überall. Als Bedencken sich erhuben: Daß ein *Statutum* müsse festgestellt werden, maßen ohne solches es niemalen ginge, ist man nach einigem Hin und Her der Meinungen dahin schlüssig sich geworden:

„Wohl! Wir haben ein *Statutum*, und selbiges besteht ohnabänderlich und ohnwiderruflich für aller Zeiten Ewigkeit aus diesen zween Paragraphen:

§ 1. Wir haben keine Statuten!

§ 2. Ein jeglicher darf reden, so laut und viel er mag, niemalen aber und unter keinerlei Umständen mehre zugleich, als Mäuler um die Tafel sitzen! *Punctum!*"[15]

Die erste Versammlung bestand neben den vier Urvätern aus zwölf weiteren Größen Leipzigs, darunter zuerst natürlich Edwin Bormann, gefolgt von Fedor Flinzer und den Malern Max Klinger, Otto Gerlach, Anton Klamroth und Bernhard Köhler, dem Architekten Carl Weichardt, dem Chemie-Professor Dr. Anton Weddige, dem Schauspieler Fritz Taeger, dem Komponisten Erik Meyer-Hellmundt, dem Arzt Dr. Buff und August Wolffram. Von den beiden vorgeschlagenen Namen „Die Klugschmeißer" und „Die Stalaktiten" wählte man den letzteren, womit man sich an solche Gesellschaften wie die Wiener „Ludlamshöhle" oder die „Baumannshöhle"[16] anschloß. Im Laufe der Zeit wuchs die Zahl der Stalaktiten auf fünfundfünfzig, wovon 1904 freilich schon zwei verstorben und einige weggezogen waren[17]. Die Jahresfeier beging man „wie die alten Latiner ihre Saturnusfeier, zur Winterszeit mit gewaltigem Pomp und toller Lust"[18]. Ansonsten aber muß es in ihr — und da wiederholt sich im Grunde die Entwicklung des Berliner „Tunnels über der Spree" — wesentlich ernster als in den Wiener Vorbildern hergegangen sein, denn sowohl die „Stalaktiten-Auslese 1896. Eine Festschrift" als auch die Festschrift „Stalaktiten 1894—1904" bringen außer einigen Scherzen Edwin Bormanns — „Der Ohrwurm ist kein Wurm, der nicht in die Ohren kriecht."[19] — nur herkömmliche Poesie nebst Abbildungen von Plastiken, Malereien, Zeichnungen und architektonische Skizzen der Mitglieder.

---

[15] ebda. S. 4 f.

[16] Zur „Ludlamshöhle" siehe: Castelli, Memoiren 2 (B 125), S. 1—60, 483—493; zur „Baumannshöhle": ebda. S. 65 f.; und zu beiden: Liede, Dichtung als Spiel 2 (B 165), S. 280—284.

[17] Als wichtige Mitglieder seien noch genannt: der Bildhauer Josef Magr, der polyglotte John Bernhoff, anscheinend ein glänzender Improvisator und Violinist, der Buchdrucker Carl Ernst Poeschel, der dichtende Architekt und Miterbauer des Leipziger Rathauses Fritz Schumacher und Anton Kippenberg. Abbildungen der 22 Mitglieder von 1896 in: Bormann, Humoristischer Hausschatz (A 540), S. 8 f.; dieses Buch ist den „Stalaktiten" gewidmet.

[18] Stalaktiten 1894—1904 (A 543), S. 19.

[19] Stalaktiten-Auslese 1896 (A 542), S. 43.

Wie wenig sich jedoch wissenschaftlicher und künstlerischer Ernst, sogar gelehrte Verbohrtheit und Freude an Spaß und Unsinn einander ausschließen[20], zeigt hier geradezu musterhaft Edwin Bormann. Zweifellos der geistreichste Verfasser von Parodien und Unsinnsversen dieses Kreises, ist er von einer fast grenzenlosen Wissenschafts- und Fortschrittsgläubigkeit erfüllt und geradezu das Urbild eines versponnenen Privatgelehrten, versucht er doch mit verbohrtem Ernst Francis Bacon als Verfasser der Shakespeareschen Dramen zu enthüllen oder ,entlarvt' etwa den Titel „Die Leiden des jungen Werthers" als Anagramm von „Die Leiden unsres Dr. J. W. Geethe"[21].

Wie sehr aber auch noch der Sohn Hans Bötticher diesem Denken verhaftet bleibt, zeigt sein Lebensgrundsatz von 1916:

> Lustig, frei sein, toll, lieben u. küssen und dabei imer ernste Demut vor Kunst und Wissenschaft vor Allem Großen u. vor Allem vor Gott haben. Und ein anständiger aufrichtiger Kerl bleiben.[22]

Das könnte das Motto der „Stalaktiten" wie fast aller Künstler- und Gelehrtenvereine des neunzehnten Jahrhunderts sein.

Der geistige Vater der „Stalaktiten", Bruno Eelbo, hatte 1903 Leipzig verlassen, und wohl nicht lange nach der Feier des zehnjährigen Bestehens wird die Gesellschaft erloschen sein, gründeten doch die eigentlichen „treibenden Kräfte"[23] Georg Bötticher und Edwin Bormann zusammen mit drei anderen Stalaktiten[24] in den *Leoniden* einen neuen Leipziger Künstler- und Gelehrtenstammtisch, der mit insgesamt zwölf alten Stalaktiten und dreißig weiteren neuen Mitgliedern am 3. März 1909 eröffnet wird. Der ,Gründungsaufruf' vom Februar 1909 ist ebenso wie der Bericht vom Entstehen der Stalaktiten so charakteristisch für Gründung und Zweck solcher Zusammenkünfte, daß die entscheidende Stelle daraus hier ebenfalls zitiert werden soll, nahm doch der Sohn Hans Bötticher zusammen mit seinem Vater und später als Gast auch allein an den Sitzungen teil[25].

---

[20] Siehe dazu: Liede, Dichtung als Spiel 2 (B 165), S. 279.

[21] Mendheim, Edwin Bormann (A 554), S. 240.

[22] Brief Nr. AB 117 vom 8. 8. 1916.

[23] Kippenberg, Reden und Schriften (A 548), S. 27.

[24] Es handelt sich um den belgischen Generalkonsul James Derham, den Bildhauer Adolf Lehnert und den Physik-Professor Arthur von Oettingen.

[25] Vgl. Brief Nr. M 169 vom 16. 11. 1921: „Heute gehe ich abends zu Leoniden[. . .] Das wird ne Nacht werden." — und Nr. M 498 vom 16. 11. 1927: „Die ,Leoniden' sind allerdings schon sehr alte wacklige Herren, aber sie waren sehr nett zu mir, und es ist auch ein wenig junges Blut darunter gekommen." Vgl. auch: IM, S. 111; Günther, Ringelnatz (A 435), S. 16. Zum Leonidenfest 1931 erschien von Ringelnatz ein Auswahlband (A 35).

Statuten, bestimmte Beiträge oder sonst irgendwelche Verpflichtungen gibt es nicht.
Ein Jahresfest vereinigt möglichst die Gesamtheit der Mitglieder. Dabei spendet jeder,
was er will und mag. Die einen widmen Tafellieder und Vorträge, die anderen Tisch-
karten und gezeichnete Scherze, wieder andere reden, singen oder meistern die Saiten.
Wer Lust und zuviel flüssige Kasse hat, zahlt einen Beitrag zur Bestreitung der Fest-
kosten.[26]

Georg Bötticher und Edwin Bormann sind beide beinahe sechzig Jahre alt, als
sie diese Einladung verfassen. Obwohl die „Leoniden" mindestens bis in die
dreißiger Jahre fortbestehen, atmen sie und ihre Lieder doch wie viele ähnliche
Gesellschaften noch den Geist des vergangenen Jahrhunderts, und zu dem ursprünglichen Scherz und Unsinn gesellen sich bereits restaurative Tendenzen.

War das „Kränzchen" noch ganz der Parodie und dem Unsinn verfallen und
hielt eigene ,seriöse' Werke nicht nur aus dem Kreis fern, sondern parodierte sie
dort sogar, so begannen die „Staliktiten" in ihren Festschriften von 1896 und
1904, ,normale' künstlerische Produktionen abzudrucken, und je stärker die ge-
wohnte gesellschaftliche und politische Umgebung sich nun verändert, desto
mehr trachten nun die Leoniden danach, die alten Zustände zu retten. So singt
Georg Bötticher 1913 in Erinnerung an 1813 in diesem Kreise:

> Von jener wunderbaren Zeit,
> Von ihren Opfern, ihren Helden,
> Von deutscher Kraft und Herrlichkeit.[27]

In einem anfangs durchaus scherzhaften lateinischen Lied, das die Heiligen der
Leoniden besingt, erklingt wie schon 1904 in der „Chronica"[28] der Ruf nach
Bismarck[29]. Und damit wird auch eine Entwicklung solcher Künstlergesellschaften, in denen ursprünglich Scherz und Ulk getrieben werden, am Beginn des
zwanzigsten Jahrhunderts deutlich: der allmähliche Verlust der Unbefangenheit
zu heiterem Spiel neben, wegen und trotz der politischen oder gesellschaftlichen
Lage, das Schwinden der Fähigkeit, sich auf bestimmte Zeit in Gesellschaft
anderer im und durch Unsinn zu befreien, und somit das Ende der echten Unsinnsgesellschaften, wie es nach dem ersten Weltkriege auch Erich Mühsam, Mitglied manch solcher Vereinigung sieht:

> Aber wenn Menschen, denen das Leben ein verdammt ernstes Problem ist, die —
> jeder in seiner Weise — die Unzulänglichkeit der irdischen Einrichtungen durch Schön-
> heit, durch Weisheit, durch Kampf, durch Freiheit zu ändern suchen, wenn solche
> Menschen, im Geiste ungetrübt von Vorurteilen, Schulmeinungen und konventionellen
> Sitten der ungezügelten kindischen Lust am Spaß das Hirn frei machen, dann bleibt
> in der Erinnerung kein Katzenjammer über nutzlos im Ulk vertane Zeit, sondern die

---

[26] Zwanzig Jahre Leoniden (A 544), S. 5.
[27] ebda. S. 46.
[28] Stalaktiten 1894—1904 (A 543), S. 20.
[29] Zwanzig Jahre Leoniden (A 544), S. 65 f.

Befriedigung, mit lachendem Spiel die Seele elastisch erhalten zu haben. Dies ist alles erst fünfzehn Jahre her, und die Menschen haben nicht bloß die Fähigkeit verloren, das Unbefangene mit Bedeutung zu tun; sie sind nicht einmal mehr imstande, der Vergangenheit den Mut zur Unbefangenheit zu verzeihen. Die Welt ist um vieles ärmer geworden.[30]

Einer unsinntreibenden Gesellschaft, der auch Erich Mühsam angehörte, drohte später zwar nicht politischer Romantizismus, auch ging sie nicht am Verlust der Unbefangenheit zugrunde, sondern sie erlag geschäftstüchtigen Leuten und wurde ein einträgliches Gewerbe[31]: der Stammtisch in Kathi Kobus' *„Simpli-cissimus Künstler-Kneipe"*. Hans Bötticher verkehrte dort ungefähr seit Herbst 1908 und rückte allmählich zum „Hausdichter" eines Lokals auf, das zu den sogenannten Kabaretts[32] des beginnenden zwanzigsten Jahrhunderts gezählt wird.

Um zu erkennen, wie geradlinig auch damit Hans Bötticher das väterliche Erbe weiterführt, müssen wir kurz innehalten und nach *Ursprung und Wesen der eigentlichen frühen Cabarets* fragen, denn selten wurde über eine Erscheinung der neuesten Literatur und darstellenden Kunst so erinnerungsselig ge-plaudert und geschwatzt wie über das Kabarett, selten wurden aber auch von ernstzunehmender Seite so viele falsche Schlüsse aus sorgsam oder sorglos zu-sammengestellten Fakten gezogen. So glaubt etwa der Publizist Carl Wolfgang Müller, unter ausdrücklicher Einbeziehung der frühen Formen das Kabarett folgendermaßen definieren zu können[33]:

Das Kabarett ist diejenige Form der darstellenden Kunst, die die Autorität von öffentlichen Personen, Institutionen und Tatbeständen mit dem Mittel der subjektiven und objektiven Komik wertmindernd infragestellt und einem als soziales Korrektiv wirkenden Lachen preisgibt.[34]

Abgesehen vom beschränkten und daher falschen Komikverständnis — mit geradezu ideologischer Hartnäckigkeit spricht er stets von „komischer Wert-minderung" — beschreibt aber Müller so nur *eine* Seite des *frühen* Kabaretts; seine Definition trifft nur das gerade in den Anfängen sehr seltene politische Kabarett. In unserem Zusammenhang interessieren jedoch gerade nicht die vielen sekundären Typen, übrigens auch nicht jene, die sich durch Vermischung von ursprünglich französischem Cabaret, Varieté, Zirkus, Wiener Spezialitäten-theater, Kaffeehausdarbietungen und vielem anderen bildeten. Zwar trat Hans

---

[30] Mühsam, Unpolitische Erinnerungen (A 406), S. 257 f.

[31] So beschreibt Mühsam schon 1906 die Berliner Cabarets in: Das Cabaret (B 177), S. 17. Siehe dazu unten S. 22—24.

[32] Literatur zum Kabarett: Siehe die folgenden Nummern der Bibliographie: A 417, A 431, A 448, B 7—9, B 18, B 117, B 148, B 156, B 170, B 177—180.

[33] C. W. Müller, Das Kabarett (B 178), S. 529.

[34] ders., Das Subjektiv-Komische in der Publizistik (B 180), S. 221.

Bötticher später als Joachim Ringelnatz in den verschiedensten Arten solcher Etablissements auf, aber jeweils immer nur als ‚Nummer', ohne in eines integriert zu sein. Wir dürfen deshalb hier und später auf eine genaue Untersuchung dieser Auftrittslokale verzichten.

Blickt man genauer hin, so erscheint das frühe deutsche Kabarett als „Produkt eines Kaffeehauses oder einer Wirtschaft und ihrer Gäste"[35], und gerade eine Künstlerkneipe wie der „Simplicissimus" ist nur eine offenere Form der spaßigen Künstlergesellschaft. Das hat sie mit ihrem Vorbild, dem ersten Cabaret überhaupt, dem „Chat Noir" des Rodolphe Salis gemeinsam[36]. Dieses war der Nachfolger der „Hydropathen", einer „literarisch-artistischen Studentengesellschaft", die seit dem Herbst 1878 „in einer Kneipe der rue Cujas ihre Sitzungen abhielt."[37] Rodolphe Salis, der nicht zu diesem Kreis gehörte, lernte dessen Präsidenten Emile Goudeau erst wenige Tage vor der Eröffnung seines Lokals kennen, dessen eigentlicher Zweck es war, den Likör seines Vaters in Paris zu verkaufen. Der Eröffnungsabend am 18. November 1881 stand im Zeichen der „Hydropathen": „Das war ausgemacht: diese Herberge sollte nicht den Philistern ausgeliefert werden, Künstler und Sänger würden die Kundschaft bilden."[38] Diesen Charakter behielt der „Chat Noir" noch lange, man veranstaltete die Zusammenkünfte „mehr zu eigenem Vergnügen als für die Öffentlichkeit"[39].

Und wie Erich Mühsam 1906 in einem wenig bekannten Aufsatz „Das Cabaret" (in Karl Kraus' „Fackel") die aus „plumper Imitationswut" entstandenen deutschen Kabaretts und deren Tingeltangel- und Klingklanggloribusch-Heiterkeit geißelt, weist er nachdrücklich auf die Entwicklung aus einer freien Künstlergesellschaft hin:

> Die Idee, die dem Cabaret zu Grunde liegt, ist gewiß nicht unkünstlerisch. Sie ging hervor aus dem Mitteilungsbedürfnis lustiger Künstler. Dichter, die fidele Verse machten, Maler, die groteske Bilder zeichneten, Musiker, die vergnügte Weisen fanden, vereinigten sich zu ihrer eigenen Erheiterung. Sie zeigten einander ihr neuestes Schaffen, und jede Zusammenkunft gab ein neues eigenartiges Bild künstlerischer Produktion. Fand einmal ein anderer Ton seinen Weg in diesen lustigen Kreis, so mochte er die fröhliche Geselligkeit weihen und die ganze, mehr oder weniger improvisierte

---

[35] Liede, Dichtung als Spiel 2 (B 165), S. 305.

[36] Der Blick auf die Tradition des „Mimus", wie ihn zuerst C. W. Müller ausführlich in seiner Dissertation (B 180) anhand der Untersuchung von Hermann Reich, Der Mimus (B 191) tut, verwirrt eher die Geschichte des Kabaretts, als daß er sie erhellt. Einzelne Züge des Kabaretts haben freilich einen Zusammenhang mit dem Mimus; doch ist dieser Zusammenhang nur thematischer und vielleicht typologischer, nicht aber historischer Natur.

[37] Klossowski, Maler von Montmartre (B 156), S. 4.

[38] ebda. S. 5.

[39] ebda. S. 7.

Veranstaltung künstlerisch abrunden. Männer, die kamen, um sich mitzufreuen an den Gaben der hungrigen Brüder, mußten sie mit Wein und Eßwerk traktieren, und allmählich mag sich so das Pariser Cabaret zu einer regelmäßigen Zusammenkunft schaffender Künstler und kunstfroher Genießer herausgebildet haben. Daß man mit dem Teller sammeln ging, und schließlich wohl auch festes Eintrittsgeld erhob, tat den künstlerischen Darbietungen keinen Abbruch. Die Veranstalter waren und blieben die Künstler. Was sie gaben, waren Geschenke ihrer Muse. Daß sie reiche Leute zahlen ließen, war ein praktischer Notbehelf. Aber wem ihre Darbietungen nicht paßten, der mochte fortbleiben. Konzessionen wurden nicht gemacht.[40]

Zwei Gefahren sind diese späten Künstlergesellschaften oder frühen Kabaretts ausgesetzt: einerseits der wachsenden Kommerzialisierung (mit entsprechenden Konzessionen an das Publikum) und andererseits der literarischen Hebung und Ästhetisierung (ebenfalls mit entsprechenden Konzessionen an ein gebildeteres Publikum), wobei natürlich beide Gefahren ebenso oft einander bedingen, wie sie verschiedene Formen des Untergangs auslösen. Zur wachsenden Kommerzialisierung klagt schon Karl Kraus, „daß sich diese Einrichtung [sc. das Cabaret] von dem Wesen einer freien Künstlergemeinschaft bis zu jener geschäftsmäßigen Auffassung verirrt hat, die dem ‚Spezialitätentheater' Konkurrenz macht, indem sie zwar nicht dressierte Pudel als Künstler, aber Künstler als dressierte Pudel dem zahlenden Publikum vorführt."[41] Das gilt auch für alle „Kabaretts", in denen später Joachim Ringelnatz als dressierter Pudel sein Geld verdienen mußte. Kabarett war zum „einträglichen Gewerbe"[42] geworden, und von einem „Vergnügen der Künstler für die Künstler"[43] war kaum mehr die Rede.

Für die wachsende Ästhetisierung und literarische „Hebung" mag Julius Bab als Kronzeuge dienen, der in seinem 1928 erschienenen „Theater der Gegenwart" Lage und Ursprung des Kabaretts nicht wie später viele als vorgebliche Einheit einer „Muse mit der scharfen Zunge"[44] mit allem Möglichen vermengt, sondern das erste deutsche ästhetisierende Kabarett als allzu literarisch und von Otto Julius Bierbaums „Stilpe"[45] abhängig kritisiert[46].

---

[40] Mühsam, Das Cabaret (B 177), S. 17 f.

[41] Kraus, Anmerkung (B 161), S. 8.

[42] Mühsam, Das Cabaret (B 177), S. 19.

[43] Kraus, Anmerkung (B 161), S. 8.

[44] So der geschmäcklerische Titel der oberflächlichen Monographie Klaus Budzinskis (A 417).

[45] Otto Julius Bierbaum hatte in seinem 1897 erschienen „Stilpe. Roman aus der Froschperspektive" das Modell eines Gründers und der Gründung eines literarischen Varietés entworfen (B 13).

[46] Im Gegensatz zu Mühsam, der beim „Überbrettl" wenigstens die Möglichkeit zugab, „anspruchslose Verschen", „heitere Kleinkunst zu popularisieren" (Das Cabaret [B 177], S. 18).

E r n s t   v o n   W o l z o g e n , den wir schon als Führer einer modernen Theater-
gesellschaft in München kennengelernt haben, gründete nun in Berlin etwas, das sich
„Ü b e r b r e t t l " nannte. Das ist eine ganz nette deutsche Wortbildung; aber sie
verrät schon eine bedenkliche Umbildung des zugrunde liegenden französischen Wesens. Denn was hier ausgedrückt wird, ist eine literarische Veredlung des „Brettls", der
Variétéproduktion. Das Kabarett war ja eigentlich etwas ganz anderes, war zwang-
lose Darbietung künstlerischer Einfälle — war ein Stammtisch improvisierender Dichter, Maler, Musiker, bei dessen Tagung man zugegen sein durfte.[47]

Wie sehr aber auch in dieser Hinsicht die frühen Kabaretts oder späten Künstlergesellschaften alte Traditionen weiterführen, dafür genügt ein Hinweis auf
den schon 1848 erloschenen Wiener Künstler- und Gelehrtenverein „Konkor-
dia", der als Tischrunde von Schriftstellern, Musikern, Malern und Schauspie-
lern aus kleinen Wirtschaften in den Salon eines großen Hotels übersiedelt und
dabei seinen ursprünglichen Charakter verliert:

> Hier ging es nun groß her. Gelehrte Herren hielten wissenschaftliche Vorträge, fremde
> durchreisende Virtuosen ließen sich auf ihren Instrumenten hören, Maler stellten
> Bilder aus, es wurden bei feierlichen Gelegenheiten Festessen veranstaltet [...]. Es
> war im ganzen und einzelnen eine Ostentation. Früher suchte man sich selbst zu
> unterhalten, indem man anderen ein Vergnügen machte, jetzt wollte man Beifall
> erringen und glänzen, in dem größeren und gezierteren Lokale wollte manches etwas
> Derblustige nicht mehr passen, die Forderungen waren größer als die Leistungen,
> kurz, die Abende wurden ästhetisch langweilig, da sie früher unästhetisch lustig wa-
> ren, und die Gesellschaft löste sich von selbst auf.[48]

Hier wie auch bei den späteren eigentlichen Cabarets führte die Ästhetisierung
der Darbietungen zur Erstarrung, oder um mit Mühsam zu sprechen: Der „fah-
rende Sänger ist nicht mehr ein frohes Ereignis, sondern eine Programm-Num-
mer."[49]

Nur zwei deutsche Kabaretts sind eigentlich wie der „Chat Noir" aus Künst-
lerkneipen hervorgegangen: Max Reinhardts „Schall und Rauch" (aus dem
Künstlerverein „Die Brille"[50]) und eben die „Simplicissimus Künstler-Kneipe".
Zunächst trafen sich am Stammtisch des Weinlokals „Dichtelei" etwa unter anderen Detlev von Liliencron, Georg Michael Conrad und Otto Julius Bierbaum[51], dann siedelte man in das Lokal über, das die Kellnerin der „Dichtelei"
Kathi Kobus eröffnete und zunächst „Neue Dichtelei" nannte. Nach dem Ein-
spruch des Wirtes der alten „Dichtelei" ‚ertrotzte' sie von den Verlegern der

---

[47] Bab, Theater der Gegenwart (B 117), S. 115.
[48] Castelli, Memoiren 2 (B 125), S. 62.
[49] Mühsam, Das Cabaret (B 177), S. 17.
[50] Diesem Kreis gehörten außer Reinhardt noch Christian Morgenstern, Friedrich
Kayßler, Richard Vallentin und Martin Zwickel an; vgl. Bab, Theater der Gegenwart (B 117), S. 117 und Greul, Bretter, die die Zeit bedeuten (A 431), S. 116.
[51] Halbe, Jahrhundertwende (B 144), S. 322.

Zeitschrift „Simplicissimus" erfolgreich den Namen und den bekannten Symbol-Hund als Aushängeschild für ihr Lokal. Die Gruppen, die sich nun dort bildeten, waren lockerer verbunden als die meisten Gesellschaften des neunzehnten Jahrhunderts und änderten stetig ihren Charakter und ihre Zusammensetzung. Wedekinds Auftritte im Simpl gehörten schon der Vergangenheit an, als Hans Bötticher dort auftauchte. Um 1912 — der neue „Hausdichter" hatte gerade vorübergehend dem Simpl den Rücken gekehrt und war Bibliothekar beim Grafen Yorck von Wartenburg[52] — gab wieder ein anderer Kreis den Ton an: Hugo Ball, Emmy Hennings — die allerdings schon länger zu den Stammgästen zählte — und Klabund[53].

Wo andere Kabarettgründungen wie vor allem das „Überbrettl" und „Die elf Scharfrichter" von Anfang an künstliche und kommerzielle Schöpfungen waren oder es wie „Schall und Rauch" schnell wurden und sich als „Kleinkunstbühnen" mit einem Theatersaal als Aufführungsort etablierten, erhielten bei Kathi Kobus die Vortragenden als Gäste meist lediglich freie Getränke oder freies Essen, und ein Eintrittsgeld wurde nicht erhoben.

Hans Bötticher fand also eine durchaus vertraute Atmosphäre vor, als er im August 1908 nach München kam und wohl nicht sehr viel später den „Simplicissimus" entdeckte, ein Stück neunzehntes Jahrhundert, ein Stück aus der Welt der „Stalaktiten" und des literarischen „Kränzchens", ein Stück aus der Welt seines Vaters.

1. München und Simplicissimus

Ja, was is denn dös, meine Mi. Also hast Du nun auch das schöne München geschaut. Ja, das ist eine Stadt! Und ich lächelte, indem ich las, wie Du auf derselben Leiter wie ich vor Jahren von Begeisterung zu Begeisterung geschritten bist. Es würden Dir dort bei längerem Verweilen auch dieselben Enttäuschungen zuteil werden, wie mir, aber das muß sein und ist schön und sondert nach links oder rechts, das heißt: es scheidet das Künstlerische vom Scheinkünstlerischen ab.[1]

Wie für viele junge Künstler wurde auch für Hans Bötticher „das München der Jahrhundertwende zu einer Art von Mekka"[2]. In einem Versbrief an den Bibliophilen Carl Georg von Maassen schwärmt er noch 1917: „In München. ‚München'! Schlürfe dieses Wort!"[3] Was er hier nach seinen Irrwegen als Schiffsjunge, kaufmännischer Lehrling, Kommis und nach wechselnden Schicksalen

---

[52] Siehe ML, S. 305—331.
[53] Greul, Bretter, die die Zeit bedeuten (A 431), S. 171.
[1] Brief Nr. AR 9 vom 5. 5. 1918.
[2] Halbe, Jahrhundertwende (B 144), S. 32.
[3] Brief Nr. CM 12 vom Februar 1917.

suchte, ist klar, gehört aber zusammen mit den tieferen Beweggründen in den Kontext des zweiten Teiles dieser Arbeit[4]. Er hatte bisher weit mehr geschrieben als veröffentlicht. Lediglich im vom Vater herausgegebenen „Auerbach's deutschen Kinder-Kalender" erschienen ein „Ostermärchen"[5] und fünf Gedichte[6] zwischen 1901 und 1905, in der Zeitschrift „Der Leipziger" brachte er — sicher mit väterlicher Hilfe — eine Humoreske unter[7], und „Die Woche" nahm 1907 eine Prosaskizze[8] an. Besonders seine Gedichte erhielt er aber fast immer von den Redaktionen zurück[9]. Jetzt in München schien sich eine Glückssträhne für den Verarmten anzukündigen: „Es gab in München ein Revolverblatt, betitelt ‚Grobian‘. Dieser Zeitung sandte ich satirische Gedichte und Witze ein. Alles wurde sofort abgedruckt."[10] Doch als Honorar erhielt er vom Chefredakteur, der gleichzeitig sein eigener Arbeiter an der Druckmaschine war, nur fünf Mark. Alle Beiträge von Hans Bötticher im „Grobian" könnten nun ebensogut von seinem Vater stammen und zwanzig Jahre früher in dessen „Kränzchen-Zeitung" gestanden haben. Einige gegenübergestellte Beispiele mögen das verdeutlichen:

Hans Bötticher im „Grobian":
Dementi.

Unsere gestrige Meldung, daß der Mörder Spaltehaupt in Flensburg ergriffen sei, hat sich als irrig herausgestellt. Spaltehaupt ist noch nicht gefaßt und außerdem ist es nicht Flensburg, wo der Mörder nicht gefaßt wurde, sondern Danzig.

Redaktion Schildaer Weltblatt.[11]

---

[4] Siehe dazu unten S. 101—104, 113 f.

[5] Bibl. A 98; siehe dazu auch unten S. 232.

[6] Bibl. A 155—158; zu „Freundestreue§ (A 156) siehe unten S. 70.

[7] „Eine Fahrt mit der G-Bahn" (A 99).

[8] „Charly Brand, ahoi" (A 100).

[9] ML, S. 218.

[10] ebda. S. 242; die Zeitschrift „Der Grobian" und somit auch Hans Böttichers Beiträge galten bisher als verschollen. Jedoch besitzt die Bayrische Staatsbibliothek unter anderen den entsprechenden 5. Jahrgang von 1908. Die einzelnen Beiträge (A 101—134 und A 159—161) sind bis auf den letzten („Der ehrliche Seemann. Ein Märchen" [A 134]) nur mit „B." unterzeichnet. Daß es sich dabei um Beiträge von Bötticher handelt, geht aus Eintragungen in dessen „Hauptbuch" hervor, von dem Herr Fritz Schirmer, Halle, eine Abschrift bis April 1914 besitzt. Dort heißt es: „1908 schrieb ich für das bellende Wurstblatt ‚Grobian‘ mancherlei, z. B. ‚Herrn Stein's Reise nach München'." (Bl. I); vgl. auch IM, S. 19. Dieses Gedicht ist im „Grobian" mit „B." signiert. Der „Grobian" muß eine seltene Mischung von pseudointellektuellem Witzblatt, politischer Satire und übelster antisemitischer Pöbelei gewesen sein. Bei dieser Verbindung muß man seine mehrfach wiederholte Maxime „treu patriotisch-bayrisch und fest und treu zur katholischen Sache" sowohl ironisch als buchstäblich nehmen.

[11] Bibl. A 102.

In Vater Georg Böttichers „Kränzchen-Zeitung":

Liebe Elfriede! Ein Mißverständnis Deinerseits, [d]as ich innig beklage. Wenn ich Dir schrieb: „Fedor" kommt in acht Tagen hierher, so meinte ich natürlich „Victor". Kennst du noch nicht diese Eigenart an mir? Fedor kommt also morgen!

Tausend Küsse!

Dein Julius.[12]

Hans Bötticher im „Grobian":

Bruchstück aus einem Verbrecherroman.

— „Es ist zum Brechen!" stöhnte der Verbrecher gebrochen. „Einbrechen soll man nicht, ausbrechen soll man nicht. — — Es ist alles Bruch!" Am nächsten Tage mußte der gebrechliche Greis wegen Brechdurchfall das Bett hüten. — — —
(Es ist besser hier die Erzählung abzubrechen.)[13]

In Vater Georg Böttichers „Kränzchen-Zeitung":

Der Verfluchte.

Ein Sensationsroman.

Es war düstere Novembernacht. Ein eisiger Sturmwind fegte durch die engen, menschenleeren Gassen der kleinen Stadt, schnob um die Ecken und Erker und jagte wie toll über die Dächer, daß der Wetterhahn auf dem Rathausthurm sich kreischend in seiner Angel drehte.

Eine unheimlich-vermummte Gestalt, die eben an dem Rathaus vorbeihuschen wollte, blieb stehen, erhob die Faust und schüttelte sie drohend gegen den schwarzen Nachthimmel.

Es war der Rathswächter und er murmelte: *„Der verfluchte Hahn muß schon wieder geschmiert werden!"*[14]

Die Reihe solcher scherzhafter Dementis und Druckfehlerberichtigungen, Wortspiele und Anekdoten, scherzhafter Sprichwörter und Kalauer ließe sich fortsetzen. Diese literarischen Spiele sind typisch für die Witzblätter und die Gesellschaften des neunzehnten Jahrhunderts. So erinnert das Gedicht „Herrn Stein's Reise nach München"[15], eine ausgelassene und makabre Satire auf die Münchener Gemütlichkeit, an des Vaters Verse auf „Die Kölner Straßenbahn"[16], die allerdings wesentlich zahmer sind. Später verspottet — parodistisch übersteigert — der Sohn als Joachim Ringelnatz wiederum die Lang-

[12] Kränzchen-Zeitung No. 2 vom 1. 4. 1887, Bl. 3ᵛ; Fedor = Fedor Flinzer, Victor = Victor Blüthgen, Julius = Julius Lohmeyer.

[13] Bibl. A 104.

[14] Kränzchen-Zeitung No. 1 vom 1. 1. 1887, Bl. 3ʳ; der Verfasser dieser wortspielenden Parodie mag Edwin Bormann sein; vgl. z. B. dessen „Donald und Duncan" — Humoristischer Hausschatz (A 540), S. 199.

[15] Bibl. A 160.

[16] Georg Bötticher, Alfanzereien (A 523), S. 65—68.

samkeit der Straßenbahnen, diesmal der Frankfurter[17]. Die Bänkelballaden-
Parodie „Der grauenhafte Mord am Tal", die mit reimenden Fremdworten auf
-ieren spielt, hätte den „Fliegenden Blättern" wie der „Kränzchen-Zeitung"
Ehre gemacht, und doch versuchte Hans Bötticher um 1905 vergeblich, etwas in
den „Fliegenden Blättern" und im „Kladderadatsch" unterzubringen[18]. Vielleicht hat er sie im Simpl sogar vorgetragen:

Der grauenhafte Mord am Tal.

Frau Hopsl kam mit Wehgeschrei
Am Freitag früh zur Polizei
Und meldete mit vielen Worten:
Ihr Gatte sei ermordet worden.
Sie habe ihn im Hausflur unten
Als tote Leiche aufgefunden. — —
Die Polizei nimmts stets genau
Sie arretierte gleich die Frau,
Weil sie zunächst verdächtig war,
Und sandte einen Kommissar
Zum Tatort, Tal 210,
Den Tatbestand sich anzusehn.
Der äußerst schlaue Kriminal
Fuhr stracks nach jenem Haus am Tal
Und ließ zunächst 6 Mann verhaften,
Die dort am Tor verdächtig gafften.
Mit scharfem Blick gebot er dann,
Daß niemand rühr' den Toten an.
Ein Arzt, der ihn bereits berührt,
Ward, als verdächtig, abgeführt.
Man arretierte noch zwei Herren
Und ließ sodann die Straße sperren.
Nun wurde alles, was passiert,
Auf das genaueste notiert,
Die Zeit der Handlung konstatiert,
Der Ort der Tat photographiert,
Die Leiche kurz rekognosziert,
Ein Pfandschein sehr genau studiert,
(Dazwischen auch 'mal kurz diniert),
Der Totenwagen alarmiert,
Ein langes Messer konfisziert,
Sodann die Nachbarschaft zitiert,
Vom Kommissar examiniert,
Zur Sicherheit desinfiziert
Und ins Gefängnis transportiert,
Sodann das Haus nochmal durchsucht
Und alles ganz genau gebucht.

---

[17] „Straßenbahn 23 und 13" — Reisebriefe (A 27), S. 25 (GG, S. 137).
[18] ML, S. 218.

So nach und nach im Lauf der Zeit
Kam mit gewohnter Schnelligkeit
Der Totenwagen vorgefahren.
Nun galt's die Leiche aufzubahren.
— in diesem Augenblick — entsetzlich! —
Erhob der tote Mann sich plötzlich
Und brummte, scheinbar sehr betroffen:
„Kreizdeifi, war i wied'r amoi b'soffen!["]

— — — — — — — —

Was weiter dort sich zugetragen,
Das kann ich leider selbst nicht sagen.
Das Amtsblatt, das ich interviewt,
Bleibt konsequent, es schweigt vertieft.[19]

Wohl um die Zeit, als diese Moritat im „Grobian" erschien (8. 11. 1908), entdeckte Hans Bötticher die „Simplicissimus Künstler-Kneipe": „Künstlerkneipe!
Künstlerleben! Das war ja, was wir ersehnten."[20] Aber wir glauben ihm nicht
ganz, wenn er in seinen Erinnerungen später von diesem Milieu behauptet, es
habe ihn „mit dem Zauber der Neuheit"[21] gebannt. Neu und faszinierend
waren lediglich die Gestalten eines Erich Mühsam, Ludwig Scharf, Frank Wedekind, einer Emmy Hennings und anderer, denen er dort begegnete. In das
Milieu einer Künstlergesellschaft fand er sich recht bald und besser als manche
der dichterischen Größen. Zwar waren seine ersten Vortragsversuche von „ein
paar lyrischen Gedichten von mir"[22] kläglich gescheitert; Erfolg hatte er schließlich mit einem längeren Gedicht „Simplicissimustraum"[23]:

Ich dichtete ein langes humoristisches Gedicht, das auf die Lokalverhältnisse Bezug
nahm, und Kathis stehendes Wort brachte „Es ist noch viel Platz, nur immer herein."
Dieses Poem lernte ich auswendig und trug es vor. Der Beifall tobte. [...] Den
„Simplizissimustraum" [...] trug ich nun allabendlich vor. Er wurde stürmisch ver-
langt. Ich dichtete neue Lokalverse hinzu.[24]

Er wurde Herrn und Frau Ludwig Scharf vorgestellt und durfte von jetzt an,
wie er es sich ersehnt hatte, mit am Künstlertisch sitzen und hatte mit seinen
Versen das geschaffen, was dem „Simplicissimus" noch zu einer echten Künstlergesellschaft nach altem Muster fehlte: Verse, „die auf einzelne Zustände oder
auf einzelne Mitglieder gedichtet" waren — so beschreibt schon Castelli die

[19] Bibl. A 161.
[20] ML, S. 245.
[21] ebda. S. 247.
[22] ebda. S. 250.
[23] Abgedruckt in: Simplicissimus Künstler-Kneipe (A 3), S. 33—35; und zugänglicher
in: Budzinski, So weit die scharfe Zunge reicht (B 18), S. 61—64.
[24] ML, S. 250; Ringelnatz schreibt in ML durchgehend „Simplicissimus" mit ‚z' statt ‚c'.

Gesänge der „Ludlamshöhle"[25]. Alle überlieferten Gedichte, die Hans Bötticher im Simpl vortrug, haben diesen Charakter. Die Verse auf Kathi Kobus und andere können durchaus mit dem „Kalifenlied"[26] der Ludlamiten oder mit den Gedichten auf einzelne Mitglieder oder Ereignisse in der „Kränzchen-Zeitung" des Vaters verglichen werden. Sie hatten einen die Gruppe integrierenden Charakter, auch und gerade weil sie manchmal bissig waren; gilt doch nach Castelli für eine solche Gesellschaft, daß jeder gerne Witz und Spaß austeilt, aber auch wieder gerne Witz und Spaß einsteckt[27]. Dieser Gedanke kehrt beim Vater Georg Bötticher wieder, der das neunzehnte Jahrhundert für eine Zeit hält, „die doch Spass verstand: einen Spass zu machen und ihn nicht übel zu nehmen."[28] Daß im zwanzigsten Jahrhundert die „ungezügelte kindische Lust am Spaß"[29] oft nicht mehr verstanden wird, wie Mühsam es sah und voraussah, beweist die verständnislose Kritik Colin Butlers. Er kann „der Vergangenheit den Mut zur Unbefangenheit"[30] nicht verzeihen und diskreditiert solche Späße als „comfortable solidarity of its [sc. der ‚Fliegenden Blätter'] middle-class readers" und als „instinctive reluctance of the middle-class to tolerate not comment, but effective (i. e. disruptive) criticism"[31].

Eben die Fähigkeit, „das Unbefangene mit Bedeutung zu tun"[32], besaß Hans Bötticher in hohem Maße, und es ist deshalb nicht verwunderlich, daß er zum „Hausdichter" des Simpl erkoren wurde, obwohl seine Verse sicher geringere literarische Qualität hatten als die mancher anderer Vortragender. Weil seine Gedichte an Zeit und Ort und an einen bestimmten Kreis gebunden waren, empfand er es freilich selbst dann auch als einfalls- und geschmacklos, daß man sie noch 1918 dort vortrug[33], der „Simplicissimus" hatte keinen neuen Hausdichter gefunden, die vorgetragenen Verse waren bereits ‚Literatur'. Über die Art der Gedichte, von denen nur wenige überliefert sind[34], gibt eine Besucherin der Künstler-Kneipe Auskunft:

Lokalscherze, wie: Maß für Maß — Das Hofbräuhaus — Der Wirrwarr — Das Rathaus — Wie es Euch gefällt — Münchener Neueste Nachrichten — Verlorene

---

[25] Castelli, Memoiren 2 (B 125), S. 44.

[26] ebda. S. 48 f.

[27] ebda. S. 2.

[28] Georg Bötticher, Die „Münchener Fliegenden Blätter" (A 534), S. 352.

[29] Mühsam, Unpolitische Erinnerungen (A 406), S. 258.

[30] ebda.

[31] Butler, Assessment (A 418), S. 3.

[32] Mühsam, Unpolitische Erinnerungen (A 406), S. 258.

[33] Brief Nr. AR 9 vom 5. 5. 1918.

[34] In: Simplicissimus Künstler-Kneipe und Kathi Kobus (A 3) und in: Simplicissimus Künstler-Kneipe 1932 (A 196), S. 13—16, 20—22, 35; sowie ein dort nicht abgedrucktes in: Günther, Ringelnatz (A 435), S. 107.

Liebesmüh' — Die Sittenpolizei — Die Nachtwandlerin — Die Wach- und Schließ-
gesellschaft — Ueber unsere Kraft — Kathis Bowle.... oder gereimte Erzählungen
à la Rideamus, die sich zu Simplizissimus-Liedern, Bowlen-Hymnen und Simpel-
Träumen formen, schäumen über wie die Perlen im Champagnerkelch, mit dem Ge-
nießen sind sie vergessen.[35]

Und ein anderer Augenzeuge charakterisiert die Künstlerabende ganz so, wie
wir uns die Zusammenkünfte der unsinntreibenden Gesellschaften des vergangenen Jahrhunderts vorzustellen haben:

> Improvisiert — das ist das richtige Wort. Nichts schablonenhaftes [!], Programmäßi-
> ges, nichts sorgfältig Ausgeklügeltes und Eingepauktes, alles aus der Stimmung des
> Abends heraus geboren, dem augenblicklichen Bedürfnis angepaßt, mit nachlässiger
> Grazie hingeworfen, bald in übermütig sprudelnder Laune und beißender Satire, bald
> in den dunklen Akkorden wehmütig-süßer Träume und Erinnerungen.[36]

Der Schluß von Hans Böttichers „Wie Kathi zu ihrem Hausdichter kam" sei als
Beispiel zitiert:

> Er sollte, wie es gerade trifft,
> Für ihren Hausbedarf dichten
> Und sollte dafür als Gegengift
> Möglichst viel Pfälzer vernichten.
>
> So kam es. Sie leben schon man manches Jahr
> Zusammen auf gutem Fussi
> Und böse Menschen behaupten sogar
> Er wäre jetzt ihr Gespusi.[37]

Hans Böttichers Stellung im Kreise der im Simpl verkehrenden Künstler kann
man durchaus mit der des „Kalifen" in der „Ludlamshöhle" oder derjenigen
seines Vaters als Herausgeber der „Kränzchen-Zeitung" vergleichen. Ja, der
Sohn gab sogar ebenfalls eine Art Vereinszeitung heraus: eine Broschüre zum
siebenjährigen Bestehen des Simpl mit meist eigenen Beiträgen[38]; und auch
der Stammtischulk und -unsinn, wie ihn Castelli bereits von den Ludlamiten
berichtet[39], lebt hier in München fröhlich weiter, so daß bei einem Besuch auch
der Vater „als Dichter und ‚Leutnant von Versewitz' von Kathi und den
Künstlern geehrt"[40] wird. Und doch bedeuteten diese Vorträge für den Sohn
nicht mehr dasselbe wie für den Vater die Leipziger Gesellschaftsabende. Während der Vater sich mit seinen Freunden dort von allen geistigen Anstrengungen
erholte, waren sie dem Sohn Nacht für Nacht Hauptbeschäftigung zur Fristung

---

[35] Else Grüttel, Münchener Schlendertage (A 217).
[36] Lothar Sachs, Münchener Bilderbogen. II. (A 215).
[37] Simplicissimus Künstler-Kneipe und Kathi Kobus (A 3), S. 42.
[38] Vgl. Anm. 37.
[39] Zum Beispiel: ML, S. 253; Castelli, Memoiren 2 (B 125), S. 4—7.
[40] ML, S. 255.

des Lebens, denn den Tabakladen, den er vom März 1909 bis zum Ende des
Jahres betrieb, hatten Sorglosigkeit und Nachtleben zugrundegerichtet[41]. Und
trotz der ersten literarischen Erfolge[42] fühlte er sich im Kreise der Münchener
Künstler nicht recht wohl.

2. Carl Georg von Maassen und die „Hermetische Gesellschaft"

Hans Bötticher stand durch sein väterliches Erbe tiefer in der Tradition unsinntreibender Vereinigungen als die meisten anderen Künstler und Gelehrten der
Münchener Vorkriegsgesellschaften. Seine Tragik bestand nun darin, daß er aus
Geldnot gezwungen war, berufsmäßig Unsinn zu treiben, wobei er sich — wir
werden das im zweiten Teil der Arbeit sehen — im Simpl als eine Art Bajazzo
fühlte[1].

> Aber bald sank ich wieder in meine deprimierte Stimmung zurück. Ich fragte bei
> meiner in Berlin lebenden Tante Liese an, ob sie mir pekuniär ermöglichen wollte,
> daß ich mein Abitur nachholte, um dann ein Studium zu ergreifen. Denn ich litt
> bitter darunter, daß fast alle meine Bekannten studiert hatten oder doch gebildeter
> waren als ich.[2]

Im Gegensatz zu seinem Vater durfte Hans Bötticher sich in diesen Künstler-
und Gelehrtenkreisen nicht als gleichberechtigt betrachten; denn es fehlten ihm
die Jahre auf der Universität[3], die Wurzel vieler Künstlergesellschaften im
neunzehnten Jahrhundert. Kunst und Wissenschaft bildeten für den großen Teil
der Studenten und Studierten sich ergänzende Teile eines Ganzen[4], und ein
nicht studierter Künstler hatte es in diesen Kreisen schwer. Ähnlich wie der
Kalif der Ludlamiten, der Wiener Hofschauspieler Karl Schwarz, der „Dümmste der Gesellschaft"[5], so war gerade der Hausdichter Hans Bötticher der an
akademischer Bildung Dümmste des Künstlerstammtisches im „Simplicissimus".
Und wenn der Ludlamskalif angeblich nichts von der Fopperei merkte[6], so war
sich Hans Bötticher seiner im Grunde untergeordneten Rolle wohl bewußt.

---

[41] ebda. S. 258—265; IM, S. 20 f. und Foto gegenüber S. 24; dieses Foto auch in:
   Günther, Ringelnatz (A 435), S. 32.
[42] ML, S. 272.
[1] Siehe unten S. 113 f.
[2] ML, S. 268.
[3] Das Polytechnikum in Dresden, an dem Vater Georg Bötticher studiert hatte, war
   praktisch den Universitäten gleichgestellt.
[4] Siehe dazu auch: Liede, Dichtung als Spiel 1 (B 165), S. 145 f.
[5] Castelli, Memoiren 2 (B 125), S. 13.
[6] ebda. S. 12.

Nicht daß er böswillig gehänselt wurde, aber keine derbe Bärennatur wie Schwarz, war er überempfindlich und leicht verletzlich. Er sah die Liebenswürdigkeit und Gastfreiheit seiner Bekannten; aber es klingt doch wie ein Vorwurf, wenn er berichtet, Carl Georg von Maassen habe ihn ausgelacht, weil er nicht wußte, was „prophylaktisch" bedeutet[7]. Und als der Maler Rolf von Hoerschelmann, einer des Münchener Künstlerkreises, ihm Immermanns „Münchhausen" schickt, dankt er und klagt aber: „Münchhausen ist leider verheftet u. anscheinend unvollständig."[8] Als er erfährt, daß er in seiner „Dummheit" das Spiel Immermanns für Wirklichkeit gehalten hat, schreibt er besorgt: „Nun lassen Sie die Sache unter uns; damit ich wieder nach München zurückkann."[9]

Die Münchener Künstler betrachteten ihn nicht als ihresgleichen. Der sieben Jahre jüngere Kasimir Edschmid berichtet sogar noch 1961 herablassend von einem „jungen Burschen", dessen Namen er vergessen und der sich später Ringelnatz genannt habe[10]. Erich Mühsam nennt ihn zwar in seinen „Unpolitischen Erinnerungen" einen „höchst witzigen und begabten Mann damals schon", gibt aber indirekt zu, daß man ihm keine große Zukunft zugetraut habe[11]. Ausgeschlossen war er, obwohl viele seiner Bekannten dazu gehörten[12], von der Künstlergesellschaft „Das junge Krokodil", die Artur Kutscher, Hubert Wilm und Karl Henckell im April 1911 gegründet hatten. Ebenfalls nicht aufgenommen wurde er in Max Halbes Kegelgesellschaft „Unterströmung", die — vor der Jahrhundertwende gegründet und noch 1935 lebend — alle literarischen, künstlerischen und wissenschaftlichen Münchener Größen, etwa Otto Julius Bierbaum, Michael Georg Conrad, Hanns von Gumppenberg, Graf Eduard von Keyserling, Artur Kutscher, Oskar Panizza, Roda Roda, Ludwig Scharf, Frank Wedekind, aber auch Carl Georg von Maassen vereinigte[13]. Zwar durfte er einmal mitkegeln: „Vorgestern", schreibt er am 20. November 1913 an Alma Baumgarten, „war ich mit Roda-Roda und Max Halbe sowie anderen Größen auf einer Kegelbahn zusammen und Halbe war ob meines schlechten

---

7 ML, S. 269; zu Carl Georg von Maassen siehe: Maassen, Der grundgescheute Antiquarius (B 168); in dieser 1966 erschienenen Auswahl von Aufsätzen, besonders aus von Maassens gleichnamiger kurzlebiger Zeitschrift, siehe besonders die vorzügliche biographische Einleitung von Alfred Bergmann (S. 7—32) und die Bibliographie (S. 373—380).

8 Brief Nr. RH 4 vom Dezember 1914.

9 Brief Nr. RH 5 vom Dezember 1914 (Neujahrsgruß).

10 Edschmid, Lebendiger Expressionismus (A 391), S. 35.

11 Mühsam, Unpolitische Erinnerungen (A 406), S. 180.

12 Halbe, Jahrhundertwende (B 144), S. 378; auch: Kutscher, Der Theaterprofessor (A 403), S. 67—70.

13 Vgl. Halbe, Jahrhundertwende (B 144), S. 378—380; auch: Kutscher, Der Theaterprofessor (A 403), S. 64.

Kegelspieles sehr grimmig zu mir."[14] Aber die literaturbeflissenen „Kameraden des wackeren Männersports"[15] wollten ihn nicht, und das kaum wegen seines schlechten Kegelspiels.

Immerhin fand Hans Bötticher in dem Baron Thilo von Seebach, der teils aus dem väterlichen Erbteil, teils aus dem Verkauf von Antiquitäten das typische Leben eines adligen Bohémiens führte, einen belesenen Freund. Durch den Baron wurde er dann auch in den Kreis der Bibliophilen um Carl Georg von Maassen eingeführt, dem neben anderen der Maler Max Unold, Carl Graf von Klinckowstroem, Arthur Knüpfer, Helmut von Schulmann, Rolf und Fred von Hoerschelmann angehörten. Maassen war mit seiner schon seit 1908 erscheinenden Hoffmann-Ausgabe und seiner bereits damals umfangreichen Bibliothek, vor allem aber mit seiner ungeheuren literarischen Belesenheit auch für Hans Bötticher die beherrschende Figur.

Von Seebach und von Maassen, „ein hochgebildeter Mann von mitreißendem Humor"[16], übernahmen nun ein wenig die Rolle des Vaters, dem sich der Sohn seit einiger Zeit ohnehin etwas entfremdete; hatte der Vater in einem 1906 erschienenen Reclam-Bändchen noch voller Stolz einen „Schiffsjungenbrief"[17] gereimt, so war er über die Münchener Lebensweise seines Sohnes, aus der kaum Positives kam, im Ganzen wenig erfreut[18]. Überdies setzte der nur drei Jahre ältere von Maassen die literarische und künstlerische Welt des Vaters bruchlos fort. Gab Vater Georg Bötticher in den Leipziger Künstlergesellschaften den Ton an, so tat es Maassen in vielen Münchenern, so vor allem im „Verein Süddeutscher Bühnenkünstler", „dessen einziger Paragraph dahin lautete, daß weder Süddeutschte noch Bühnenkünstler diesem Verein angehören durften"[19]. Einen scherzhaften Dramentitel-Wettbewerb gewann da etwa der Titel „Im Nachthemd durchs Leben". Das Drama dazu, von Carl Georg von Maassen, Erich Mühsam und Reinhard Koester in „zwei alkoholdurchseelten Nächten geschrieben"[20], erschien als bibliophile Ausgabe auf Van-Gelder-Bütten

---

[14] Brief Nr. AB 18.

[15] Halbe, Jahrhundertwende (B 144), S. 378.

[16] ML, S. 273.

[17] Georg Bötticher, Leichte Ware (A 530), S. 51 f.; siehe dazu auch das Kapitel „Der entfremdete Vater", unten S. 80—90.

[18] ML, S. 269.

[19] Siegfried von Vegesack in: Günther, Ringelnatz (A 435), S. 38; ausführlicher: Mühsam, Unpolitische Erinnerungen (A 406), S. 254—257 (Einzelheiten siehe dort).

[20] ebda. S. 256; der genaue Titel des mir nicht zugänglichen Werkes lautet: Im Nachthemd durchs Leben. Ein Süddeutsches Weihebühnen-Festspiel in 7 Bildern, nebst Prolog und Epilog sowie Gesang und bengalische Beleuchtung. Für die Holzbühne erdichtet und erdacht und an das Licht gebracht von drei Mitgliedern des Vereins Süddeutscher Bühnenkünstler. Als Manuskript gedruckt. — München: Verlag des

und wurde in der Künstler-Kneipe „Der bunte Vogel" mit Puppen von Albert Weißgerber, Max Unold und Anton Krautheimer aufgeführt. Hans Bötticher, Unold und Walter Foitzick waren die Kasperlspieler[21]. Bötticher spricht von einer „unerhört lebendigen und überschäumenden Besoffenheit"[22] dieses Kreises, Mühsam nennt ihn den „lustigsten und dabei gescheitesten Kreis Menschen, den man hätte zusammenstellen können"[23]. Von Maassen war aber auch der Gründer und „Großvater" der „Hermetischen Gesellschaft"[24], für die der oben erwähnte „Verein Süddeutscher Bühnenkünstler" bloß „Vorstufe und Fegefeuer" war, um die Aufnahme Unwürdiger zu verhindern[25]. Hier nannten sich die Mitglieder „hermetische Väter", teilten Menschen und Dinge ein in „sulfurische" (alltägliche) und „phosphorische" (Wein und alle Äußerungen menschlichen Geistes), besaßen „eine eigene Münzführung, eine geheime Kasse, geheime Namen und ein geheimes Sitzungsbuch"[26], geheime Zeichen und geheime Sprache. Als Urväter galten E. T. A. Hoffmann und der Basler Alchimist und Arzt Leonhard Thurneysser zum Thurn (1531—1596). Hans Bötticher war der einzige, „der auf diesem Umweg [sc. über den „Verein Süddeutscher Bühnenkünstler"] Eingang in die Hermetische Gesellschaft fand"[27]. Er beantwortete jedoch die vorgeschriebenen Examensfragen ungenügend und wurde nur als „kleiner mittlerer Seitenvater Appendix" aufgenommen. Er fühlte selbst, daß er nie richtig zu diesem „sehr gelehrten und mystischen"[28] Kreis gehört hatte, und andere Mitglieder versichern, daß ihn das bestimmt „damals tief geschmerzt"[29] habe. Und wir spüren noch seine Trauer, wenn er sich erinnert: „Ich war auch in dem anderen Verein und überhaupt in dieser Gesellschaft nicht so ganz voll angesehen."[30]

Vereins Süddeutscher Bühnenkünstler 1914 (Privatdruck in 300 Exemplaren); diese Angabe sowie die obige Angabe der Verfasser nach: Maassen, Der grundgescheute Antiquarius (B 168), S. 375 (Bibliographie).

[21] ML, S. 350 und Mühsam, Unpolitische Erinnerungen (A 406), S. 255 f.

[22] ML, S. 351.

[23] Mühsam, Unpolitische Erinnerungen (A 406), S. 257.

[24] Ausführlich dazu: Reinhard Koester, Die Hermetische Gesellschaft (A 451); ferner ML, S. 352 f.; Mühsam, Unpolitische Erinnerungen (A 406), S. 257 f.; Siegfried von Vegesack in: Günther, Ringelnatz (A 435), S. 37 f.

[25] Koester, Hermetische Gesellschaft (A 451), S. 442.

[26] ML, S. 352.

[27] Koester, Hermetische Gesellschaft (A 451), S. 442.

[28] ML, S. 352.

[29] Koester, Hermetische Gesellschaft (A 451), S. 442; siehe auch Vegesack in: Günther, Ringelnatz (A 435), S. 38.

[30] ML, S. 352.

Durch Carl Georg von Maassen lernte Hans Bötticher aber auch einige Werke der Weltliteratur kennen. Ende 1914 stellte er etwa für Alma Baumgarten folgende Liste seiner Lieblingsbücher zusammen:

> mein Lieblingsbuch? Hm, nicht zu sagen, aber mehrere Lieblingsbücher von mir sind:
> „Oblomow", von Gontscharow (Roman) teuer (deshalb leih ich Dir's)
> Bismarck: Gedanken u. Erinnerungen.
> Kipling: Das Licht erlosch (Der Verfasser ist ein großer Deutschenfresser, aber sein Buch ist wunderschön u. ergreifend.)
> Alarcon: Novellen (Der Dreispitz u. anderes)
> Die Abenteuer des Simplicius Simplicissimus von Grimmelshausen (bei Reklam 80 ₰)
> Hauff's Märchen
> Murger, La vie de la Bohème (Zigeunerleben) Reklam 40 ₰
> ferner Reclambücher von Bergson, Gogol, Dostojewsky „Schuld u. Sühne".[31]

Die Märchen Wilhelm Hauffs sind ein Stück seiner Kindheit[32], Bismarcks Erinnerungswerk und Henri Murgers „Scènes de la vie de Bohème" verraten den Einfluß des Vaters, der diesen Roman hoch schätzte[33], Alarcons Novellen kannte er aus seiner Bibliothekarszeit beim Grafen Yorck von Wartenburg[34], Gontscharow und Grimmelshausen jedoch gehen auf Maassen zurück[35]. Während dieser ihn mit den Werken der Weltliteratur bekannt machte, unterrichtete ihn der zehn Jahre ältere Seebach „täglich in Latein, Geschichte, Literaturgeschichte und anderem"[36].

Aber schließlich genügte ihm auch das noch nicht: Er setzte seine schriftstellerischen Arbeiten hintan und versuchte, Versäumtes nachzuholen. „Übrigens bin ich auch hier jetzt fleißig", schrieb er am 21. Mai 1914 aus München an Maulwurf, „aber mehr als Lernender denn als Schaffender. Und ich höre auch ein philosophisches Kolleg an der Universität."[37] Damit erneuerte er seine

---

[31] Brief Nr. AB 58 von Ende 1914.

[32] Siehe dazu auch unten S. 108.

[33] In einem Brief vom 6.9.1916 (Hs.: GR) schreibt Vater Georg Bötticher von einem „starken Interesse" an der Figur Schaunards, das ihn „beseele". Im selben Brief erzählt er, er habe bei seinem Pariser Aufenthalt (1869/70) selbst „mancherlei intimes [!] über diese originelle Kompanei" Murgers und seiner Freunde gehört. Er scheint von dem „ganzen Wesen der Bohème", das er „leicht" und „etwas bunt durcheinander" nennt, ebenso fasziniert gewesen zu sein wie sein Sohn von der Münchener Kopie; vgl. auch: Georg Bötticher, Aus den Erinnerungen eines Musterzeichners (A 537), Heft 3—5.

[34] ML, S. 320.

[35] ebda. S. 273: „So kam ich dazu [sc. bei Maassen], die besten Bücher zu lesen. ‚Tristam Shandy' — ‚Gargantua und Pantagruel' — ‚Simplicius Simplicissimus' — Gontscharows ‚Oblomow'."

[36] ebda. S. 270.

[37] Brief Nr. AB 32.

Bemühungen von 1906, wo er auf Kosten seines Vaters allabendlich auf einer Hamburger Handelsschule Englisch und Spanisch lernte[38], und von 1907, wo er sich „einen langgehegten Wunsch" erfüllen wollte und sich an der Leipziger Universität als Student der Kameralia immatrikulieren ließ. Damals machte sein Vater durch den ihm verwandten damaligen Rektor der Universität, Georg Rietschel, die Immatrikulation rückgängig, weil weder er noch sein Sohn das nötige Geld für „solch teures Studium" zur Verfügung hatten[39], diesmal setzte schließlich der Ausbruch des Krieges allen Bemühungen des Wißbegierigen ein jähes Ende.

Der Versuch, ein Leben in der Welt seines Vaters, im Kreise von Künstler- und Gelehrtenvereinen ohne die nun einmal geforderte Wissensbildung zu leben, war gescheitert: Man nahm den ehemaligen Schiffsjungen und Kommis nicht für voll. Übrig bleibt aber von diesem Versuch ein Gefühl geistiger Unterlegenheit, das ihn noch rund fünfzehn Jahre später zu seinem Freund, dem Glasmaler Professor Otto Linnemann, sagen läßt: „Ich bin viel viel ungebildeter wie Ihr und viel dümmer [...]"[40].

Hans Bötticher lebte in der sogenannten Münchener Bohème[41] gegen alle späteren Legenden durchaus autoritätsbezogen und abhängig, keineswegs frei und ungebunden. Er war zwar nicht „angewidert von der Bohème als Dauerzustand"[42], denn 1909 schrieb er, sich gleichsam in eine Zukunft vorversetzend, ein wehmütiges Erinnerungsgedicht an die „Bohème"[43], aber die finanzielle Abhängigkeit und die geistige Unterordnung bedrückten ihn. Noch 1930 erinnerte er sich neiderfüllt: „Sie [sc. seine Bekannten] hatten die Bildung, die Zeit zum Schreiben. Sie hatten Geld. Geld schien mir auf einmal der Schlüssel für alles. Geld zum Gesundwerden. Geld zum Arbeitenkönnen. Geld zum Lernen. Geld zum Reisen."[44] Daß das keine späte Stilisierung auf den Typ des brotlosen Künstlers hin ist, beweisen Briefe aus der Münchener Zeit an Alma Baumgarten und Walburga Müller. Er sinniert über „das schöne mächtige, lumpige verächtliche Geld" und ist dabei „sehr unglücklich"[45]; und auch seine Erfolglosigkeit bedrückt ihn: „Warum habe ich kein Geld, gerade ich, der zwar davon

---

[38] ML, S. 218.
[39] ebda. S. 222.
[40] Brief Nr. OL 24 ohne Datum, wohl ca. 1928—1930.
[41] Zur Bohème siehe den ausgezeichneten Aufsatz Erich Mühsams: Bohème (B 176) und ausführlich: Helmut Kreuzer, Die Bohème (B 162).
[42] Günther, Ringelnatz (A 435), S. 34.
[43] Gedichte (A 6), S. 52 (GG, S. 17 f.).
[44] ML, S. 273.
[45] Brief Nr. AB 8 von Ende Juni 1913.

reichlich ausgibt aber doch immer es wieder zu neuem Schaffen verwendet."[46]
Diese Zeilen stammen freilich schon aus dem zweiten Kriegsjahr und zeigen,
daß seine Lage sich auch da noch nicht gebessert hat.

Aber noch während des ganzen Krieges hatte er Sehnsucht nach München[47].
Denn trotz allem ist die Mitgliedschaft in den Künstler- und Gelehrtenkreisen
eine Auszeichnung für ihn gewesen; erinnerungsselig schreibt er noch 1917
einen Versbrief an Carl Georg von Maassen, der das Glück hatte, öfter als
Hans Bötticher an den Sitzungen der „Hermetischen Gesellschaft" mitten im
Kriege teilzunehmen:

> Guten Abend, gute Nacht!
> Seid Ihr endlich aufgewacht,
> Alten Schleim zu kneten?
> Rührt Euch keck im Höllenpfuhl.
> Und mich soll ein leerer Stuhl
> Stumm bei Euch vertreten.
>
> Trinkt ihm zu bei wüstem Suff,
> Reizt ihn durch vertrauten Puff,
> Laßt ihn schließlich stürzen.
> Laßt in Münchens Morgengrau
> Göttlich schreckenden Radau
> Durch die Straßen fürzen.
>
>   Euer kleiner mittl. Seitenpapa.[48]

Bei Maassen war Hans Bötticher auch nach dem Kriege als Joachim Ringelnatz
häufig zu Gast. Die Abende bei dem Bibliophilen hatten zwar den Charakter
einer Künstlergesellschaft, nicht aber deren derb-lustige und unsinnige Atmosphäre verloren. Das zeigen Eintragungen im Gästebuch Carl Georg von
Maassens[49]; so reimt Ringelnatz, als er am 29. Juli 1921 mit Muschelkalk dort
war, zu einer Zeichnung:

> Ella — Strick — Aufs Gradewohl
> Reim ich vorwärts — Alkohol
> Kröten — Luther — Kaffeesatz
> In den Zähnen. — Ringelnatz
> Wie wir standen, lagen, saßen
> Einzig wieder wars bei Maaßen.
> Was mich sonstens mocht beglücken —
> Such ich bildlich auszudrücken:
> [...][50]

---

[46] Brief Nr. AB 100 vom 8. 11. 1915.

[47] In den Briefen an Carl Georg von Maassen und Rolf von Hoerschelmann kommt
das immer wieder zum Ausdruck.

[48] Brief Nr. CM 13 vom 13. 7. 1917.

[49] Im Besitz der Handschriften-Sammlung der Stadtbibliothek München.

[50] Auf S. 143 des Gästebuches.

Und auch ein anderes Gedichtchen, das an die Unsinnspoesie Hans Böttichers,
von der im folgenden Kapitel die Rede sein wird, erinnert, hat er mit einer
— allerdings weniger unanständigen — Zeichnung versehen:

> Ein Giraffe (keine Ziege)
> (Eben aus dem Ei gekrochen)
> Pustete sich eine Fliege
> Rückwärts von dem Wirbelknochen.[51]

3. „Die Schnupftabaksdose"

Besser als die Eingliederung glücken Hans Bötticher die poetischen Versuche, die
er im Klima der Münchener Gesellschaften schreibt und die ihm mit der „Schnupftabaksdose" auch eine erste bescheidene Anerkennung eintragen. Wie sehr er
auch hier seinen Lehrmeistern folgt, zeigt überdeutlich eine wenig bekannte
Prosaarbeit aus dieser Zeit, die erst 1951 veröffentlicht wurde: die fünf
„Raben-Bulletins"[1], die berichten, wie er Maassens drei Raben (in Wirklichkeit
war es nur einer) während seiner Abwesenheit hütet. Zu übertreffendes Vorbild ist dabei der grausige schwarze Humor von Maassens „Gedichten eines
Gefühllosen", die der Bibliophile unter dem Pseudonym „Jakobus Schnellpfeffer" 1903 als Privatdruck im Selbstverlag „zum toten Kind" veröffentlicht hat[2] und von denen Hans Bötticher an den Verfasser schreibt: „Ich habe
soeben Ihre Gefühllosen vorgelesen und mir 3 Freundschaften damit zerstört.
Gott vergelt's."[3] Diese Gedichte lehnen sich selbst wiederum an Wedekinds
Verse an, besonders an dessen „Tantenmörder"[4], den Wedekind in einem
Brief an Karl Roeßler für „das bedenklichste und gefährlichste meiner Sachen"
hält[5]. Gemeinsames Vorbild beider ist natürlich der Bänkelsang mit seinen oft
blutrünstigen Geschehnissen. Während aber Wedekind die Moritaten-Parodie
moralischen Absichten unterordnet, treibt Maassen mit dem Entsetzen lediglich Scherz, jedoch auf eine so meisterhafte Art übersteigert, daß das Grausige
im Lachen untergeht:

> [...]
> Jetzt zieht Eduard dem Alten
> Einzeln alle Haare aus;

---

[51] ebda. S. 109 (Eintrag vom 3. 12. 1920).
[1] Bibl. A 153.
[2] Bibl. B 56.
[3] Brief Nr. CM 2 vom 23. 4. 1913.
[4] Wedekind, Gesammelte Werke 1 (B 105), S. 107 f.
[5] ders., Gesammelte Briefe 2 (B 104), S. 63 (Nr. 184 vom 12. 1. 1901).

Wimmernd grunzt es aus den Beeten:
„Ach wär ich nur erst zu Haus!"

Eduard, noch nicht zufrieden,
Drückt ihm beide Augen ein,
Über seine Backen fließen
Ströme Blutes, Eiter, Schleim.

Mit 'ner Schaufel, die der Böse
In dem kleinen Gärtchen fand,
Sticht er ihm ein Bein vom Leibe,
Immer röter wird der Sand. —

Beide Nasenflügel reißt ihm
Nun der Fremde lachend auf,
Auf das blut'ge Antlitz wirft er
Abgeschnittne Finger drauf.

[...][6]

Diesen gekonnten Sadismus und diese Gefühllosigkeit ahmt Hans Bötticher in den „Raben-Bulletins" nach, wenn er den grausigen Eindruck dadurch, daß die Opfer bloß Tiere sind, auch mildert. Da dieser Text — nur zweimal als Privatdruck in begrenzter Auflage erschienen — eine recht wichtige Vorstufe zu manchen späteren Gedichten, nicht zuletzt zu einigen der Sammlung „Kuttel Daddeldu"[6a] oder solchen wie den „Ausgetretenen"[7] darstellt, seien das erste, dritte und fünfte Bulletin zitiert:

1. Raben-Bulletin

Da ich versprochen habe, mich der 3 Vögel anzunehmen, ging ich gestern zum ersten Mal, reichlich mit Mehlwürmern versehen, an Ort und Stelle. Zunächst entdeckte ich, daß ich die Namen der Tiere völlig verwechsle und keiner der Vögel reagierte auf einen Namen, die ich zurief, weshalb ich sie für die Dauer meines Interregnums mit den Zwangsnamen Opoponax, Opopoklax und Opopowackes belegte. Alle drei fand ich zwar gesund und munter, aber etwas verwahrlost vor, weshalb ich mich ihrer annahm und sie tüchtig mit Bürste, Seife und Soda bearbeitete, sie auch mit einem Kamm ordentlich glättete und striegelte. Um herauszubekommen, was ihnen außer Mehlwürmern noch etwa schmecken möchte, fütterte ich sie versuchsweise hintereinander mit kleinen Korkstückchen, Tannennadeln und in Milch getauchtem Löschpapier, und ich werde diese Experimente künftig fortsetzen. Der Kälte wegen, die auf dem Balkon herrscht, habe ich ihnen kochendes Wasser vorgesetzt. Um jedem Irrtum vorzubeugen, möchte ich gleich von vornherein konstatieren, daß dem Opopowackes ein Bein fehlt. Das übrige Befinden ist normal und befriedigend.

Rabenpfleger H. B.

[6] Schnellpfeffer, Gedichte eines Gefühllosen (B 56), S. 40 f.

[6a] Neben der „Seemannstreue" (Kuttel Daddeldu oder das schlüpfrige Leid [A 12], S. 7 f. [GG, S. 78 f.]) — siehe unten S. 53 f. — steht vor allem „Das Terrbarium" (Kuttel Daddeldu [A 23], S. 44, 47 [GG, S. 93 f.]) Maassens, „Gedichten eines Gefühllosen" in nichts nach.

[7] Allerdings (A 28), S. 156 (GG, S. 277 f.).

[...]

3. Raben-Bulletin

Strotzend von Würmern des Mehles öffnete ich heute die Tür zur Vogelei, nicht
ahnend, daß ich sie mit Tränen im Auge wieder schließen sollte. Unser trefflicher
Opopowackes schlief noch immer, und ich weiß nicht, war es Instinkt, war es Zufall,
jedenfalls kam mir plötzlich der Gedanke, ob das liebe Opopowackerle am Ende
vielleicht gestorben sei. Ich suchte ihn also aufzuwecken, indem ich ihn anstieß, aber er
rührte sich nicht. Ich kitzelte ihn, rief ihn bei mehreren Namen, ich stach ihn mit
einer Gabel und trat mehrmals mit dem Fuß auf seine Lenden, alles vergeblich, der
Ärmste hatte ausgelebt. Ein sofort herbeigeholter Tierarzt konstatierte den Er-
stickungstod infolge Verschluckens einer Haarnadel. Wie konnte so etwas geschehen!
Allerverehrtester Herr von Maassen, ich hoffe, daß Sie mir aus diesem schmerzlichen
Ereignis keinen Vorwurf machen. Indem ich mit Ihnen fühle, frage ich, bevor ich dem
Verschiedenen die letzte Ehre erweise, bei Ihnen an, ob ich ihn ausstopfen oder in den
Müllkasten werfen soll.

Auch sonst noch trauriges. Dem Opoponax, der, wie Sie wissen, nur ein Bein
hat, mußte ich nun wegen einer beim Rasieren entstandenen Blutvergiftung auch das
zweite abnehmen. Die Operation gelang, aber es ist herzzerreißend anzusehen, wie
der brave Kerl sich abmüht und erfolglos quält, um sich mit dem Bauch auf der
Stange festzuhalten. Opoponax geht es leidlich.
Hoffentlich kann ich bald Günstigeres melden.

                                                        Vogelhüter H. B.

[...]

5. Raben-Bulletin

Unmäßig gespickt mit Mehlwürmern, näherte ich mich heute den Vögeln. Opopoklax
ist nicht zurückgekehrt. Aber Wunder über Wunder: Opoponax, der beinlose, wälzte
sich ohne Federn wie ein Meerschweinchen am Boden. Soll ich vielleicht die Federn
auflesen? Soll ich meine kostbare Zeit diesem verkrüppelten Vieh widmen? Soll ich
weitere Summen für Mehlwürmer verschleudern, die nie wieder zu mir zurückkehren?
Ich bin dieser albernen Pflegetätigkeit überdrüssig. Suchen Sie sich einen anderen
Hüter. Ich trat Opoponaxen oder Nakes zu Brei.

                                                     Rabenhüter a. D. H. B.[8]

Eine ursprüngliche Freude an der Maßlosigkeit verbindet diese Berichte mit
Maassens „Gedichten eines Gefühllosen". Die komische Wirkung entspringt
einer durchgehenden Unangemessenheit der vorgeblichen Handlungen des Erzählers und der sprachlichen Mittel. Die unsinnigen Namen der Vögel zeugen
für Hans Böttichers Freude am Klang seltener Wörter, denn Opoponax ist das
Gummiharz zu einer im südlichen Europa heimischen Umbellifere. Die sinnlose Behandlung der Vögel, besonders die brutalen Wiederbelebungsversuche
am „lieben Opopowackerle", stehen im Widerspruch zu den tränenseligen Ge-
fühlsausbrüchen des Erzählers. Dieselbe Wirkung erzielt die parodistische Ver-

---

[8] Bibl. A 153.

wendung der ‚hohen Dichtersprache': „[...] wenn nicht ein unerklärliches
Ereignis mit eisiger Hand in dies nun schon um eine Seele verengerte Vogel-
leben roh hineingegriffen hätte" (4. Raben-Bulletin). Solche Unsinnsscherze
haben ihm in den Münchener Künstlervereinen sicher Beifall eingebracht.

Gunst und Anerkennung wenigstens auf poetischem Gebiet erwirbt er sich
aber ganz besonders mit dem wichtigsten Werk in diesem Zusammenhang:
mit der „Schnupftabaksdose". Im Oktober 1910 wird der Vertrag mit dem
Verlag R. Piper geschlossen[9], am 28. Januar 1912 akzeptiert dieser das Manuskript und die Zeichnungen Richard J. M. Seewalds[10]. Maassen schreibt nach
Erscheinen des Büchleins an Hans Bötticher:

> Zu meiner großen Freude fand ich unter den Büchern auch Ihre liebenswürdige Dedi-
> kation der Schnupftabaksdose, deren Lektüre mir eine reine Freude gemacht hat.
> Wozu schreiben Sie ein „Hm!" ins Buch, wozu auf dem Titel „Stumpfsinn in Versen
> e[tc]"? Das giebt einen falschen Begriff vom Inhalt, und ist im übrigen eine schlecht
> angebrachte Bescheidenheit! — Von einigen Gedichten bin ich ganz entzückt, z. B.
> liebe ich außerordentlich die phantasiereiche Badewanne und die merkwürdige Irrfahrt
> der Seife in die Erbsensuppe. Schön ist auch die Unterhaltung der Lampe mit dem
> Spiegel, der Pflasterstein, das Suahelischnurrbarthaar u. a. Es ist wirklicher Humor
> in diesen Sachen — das kann man getrost sagen! — Die Zeichnungen Seewalds
> passen ganz vorzüglich in das Buch hinein — ich finde sie famos. — Also alles in
> allem eine angenehme Überraschung.[11]

Trotz der positiven Aufnahme scheint freilich „Die Schnupftabaksdose" kein
rechtes Geschäft gewesen zu sein; denn der Verlag schreibt Anfang Oktober
1913 an den Verfasser, er wolle das Buch an einen anderen Verlag abgeben[12].

Die Gedichte und ihre Tradition

„Die Schnupftabaksdose" hat Hans Bötticher den Ruf eingebracht, Christian
Morgenstern verwandt oder gar dessen legitimer Nachfolger zu sein. Er selbst
versucht später, diese Behauptung zu entkräften: „Nach diesen Verschen von
mir ist dann später so häufig gesagt worden, ich lehnte mich an Morgenstern
an. Aber damals, als sie sie schrieb, hatte ich noch keine Zeile von Morgenstern
gelesen."[1]

Erich Kästner sieht eine inhaltliche Verbindung in Tradition und Veranla-
gung[2]; Kurt Tucholsky schwärmt: „Wie schön leuchtet ihm manchmal der Mor-

---

[9] ML, S. 272.
[10] Hauptbuch (Abschrift), Bl. II (Sammlung Fritz Schirmer, Halle).
[11] hs. Brief vom 31. 10. 1912 (Handschriften-Sammlung der Stadtbibliothek München);
    ein Teil dieser Briefstelle auch bei Günther, Ringelnatz (A 435), S. 61.
[12] Hauptbuch (Abschrift), Bl. II (Sammlung Fritz Schirmer, Halle).
[1] ML, S. 272.
[2] Kästner, Die Groteske als Zeitgefühl (A 278), S. 16.

genstern!"[3]; Hermann Hesse schreibt in Klappentextmanier: „Ringelnatz wird in einem späteren Hausschatz des Humors seinen Platz haben so gut wie Morgenstern und Busch"[4]; Herbert Günther entdeckt „eine Verwandtschaft mit Christian Morgensterns Sprachhumor"[5]; Wilhelm Duwe glaubt, daß Ringelnatz „in einigen seiner Gedichte dieser Leichtigkeit und Unbeschwertheit Morgensterns nahegekommen" sei und zitiert als Beweis aus der „Schnupftabaksdose" das Gedicht „Logik"[6]. Aber für Muschelkalk, die Witwe des Dichters, gehören die Namen Morgenstern und Ringelnatz nicht zusammen[7]. Und Anton Kuh erkennt schon 1924, daß beide Dichter einander „völlig ungleich" waren, vermutet dann aber doppelt falsch, daß beide „aus Sprachekel zum Vers" gelangten[8].

Diese in Literatur- und Sprachgeschichten[9] verbreiteten Fehlurteile sind die Folge des beliebten falschen Schlusses von formalen Ähnlichkeiten auf eine gemeinsame geistige Haltung. Die formalen Ähnlichkeiten aber bestehen fast ausschließlich in denjenigen Elementen der Morgensternschen „Galgenlieder", die noch zum „höhern Blödsinn", zur Unsinnspoesie des Bürgertums[10], zu Ludwig Eichrodt und Josef Victor von Scheffel gehören. Und wieder taucht so die Gestalt von Hans Böttichers Vater auf, denn die bedeutendste und verbreiteste Sammlung des „höhern Blödsinns", das „Allgemeine Deutsche Kommersbuch", enthält auch ein Lied des großen Scheffelverehrers und -imitators Georg Bötticher und drei Lieder seines Freundes Edwin Bormann[11]. Die literarische Welt des Vaters Bötticher liegt nun aber auch einer Schicht von Morgensterns „Galgenliedern" zugrunde, jener Schicht, die auf die Gesänge der schaurig-unsinnigen Gesellschaft des „Galgenbergs" zurückgeht.

---

[3] Peter Panter [d. i. Kurt Tucholsky], Joachim der Erste (A 309), S. 639.

[4] Hesse, Anmerkungen zu Büchern (A 447), S. 558.

[5] Günther, Ringelnatz? (A 316), S. 78; dasselbe auch: ders., Ringelnatz (A 435), S. 62.

[6] Duwe, Ausdrucksformen deutscher Dichtung (A 423), S. 287; Duwe kommt in seinen zwei Seiten über Morgenstern nicht hinaus über Kundgebungen des Entzückens: „wieviel Tiefsinn", „wie köstlich", „wie geistreich" (ebda.).

[7] Diesen Eindruck gewann ich in Gesprächen mit Muschelkalk.

[8] Kuh, Joachim Ringelnatz (A 267).

[9] So etwa Polenz, Geschichte der deutschen Sprache (B 190), S. 157: „Morgenstern, Ringelnatz und die Dadaisten"!

[10] Nachweise dieser Elemente bei Morgenstern: Liede, Dichtung als Spiel 1 (B 165), S. 275—290; zum höhern Blödsinn siehe: ebda. S. 143—157.

[11] Allgemeines Deutsches Kommersbuch (B 48): Georg Bötticher: „Moselweinlied", Nr. 367 (vgl. ML, S. 41); Bormann: „Den Frauen", Nr. 180, „Triumfgefühle von einem alden Leipziger", Nr. 660, „Entwicklungsgeschichte des Professors", Nr. 748.

Untersucht man nun das Verhältnis der Gedichte der „Schnupftabaksdose"
zur Welt der bürgerlichen Unsinnsdichtungen des neunzehnten Jahrhunderts
und zum „Galgenberg", so zeigt sich, daß wie diese auch das Büchlein Hans Böttichers in Ton und Witz stark Heinrich Heine verflichtet ist. Die Verse „Ein
männlicher Briefmark erlebte"[12] sind geradezu eine artistische Heine-Parodie im
Stile Hanns von Gumppenbergs. Parodierte schon 1847 Scheffel Heines „Ein
Jüngling liebt ein Mädchen"[13] zu: „Ein Hering liebt' eine Auster"[14], so setzt die
„Schnupftabaksdose" den Witz der Liebe ungleicher Tiere mit „Ein Taschen-
krebs und ein Känguruh"[15] und „Tante Qualle und der Elefant"[16] fort. Hans
Bötticher kannte sicher die Parodie Scheffels wie die Vorlage, schrieb doch
sein Vater selbst Parodien auf die beiden wohl bekanntesten Gedichte aus dem
„Lyrischen Intermezzo" (XXXIII und XXXIX), was dann so klingt:

> Ein Jüngling hat einen Dackl,
> Der läuft einer Möpsin nach,
> Die Möpsin jagt einen Pinscher —
> Und alle verschwinden gemach.
>
> [...][17]

Hatte Scheffel noch parodistisch Tiere der Fabel — wenn auch recht ungewöhnliche — in seine Verse eingeführt und bis auf die wörtlichen Anklänge der
ersten Zeile lediglich Heines Ton übernommen, so benutzt Vater Georg Bötticher
die Vorlage fast wörtlich, um seinen faden Scherz aufzuputzen. Wesentlich
geschickter spielt sein Freund Edwin Bormann in „Bodanisches Stilllewen. Frei
nach ä beriehmden Muster" Heines Verse „Ein Fichtenbaum steht einsam"[18] in
sächsische Enge hinüber:

> Ä Bärnboom steht gans solo
> Uf der Widderitzscher Heeh',
> Der krigt ver Langerweile
> Mit eemal 's Liewesweh.
>
> Er treimt von änner Babbel,
> Ooch so ä armen Dhier,
> Das sich zu Schanden schmachdet
> Uf Gonnewitzer Refier...[19]

---

[12] Schnupftabaksdose (A 8), S. 4 (GG, S. 23).

[13] Heine, Sämtliche Schriften 1 (B 39), S. 90 f. (Lyrisches Intermezzo XXXIX).

[14] Scheffel, Werke 1 (B 87), S. 239 f.; siehe dazu auch: Liede, Dichtung als Spiel 1
(B 165), S. 154.

[15] Schnupftabaksdose (A 8), S. 21 (Bumerang [A 86], S. 26).

[16] ebda. S. 30 (Bumerang [A 86], S. 30).

[17] Georg Bötticher, Allerlei Schnick-Schnack (A 528), S. 51 f.

[18] Heine, Sämtliche Schriften 1 (B 39), S. 88 (Lyrisches Intermezzo XXXIII).

[19] Bormann, Leib'zger Lerchen (A 541), S. 76.

Der Sohn nun, Hans Bötticher, entfernt sich noch weiter vom Wortlaut des Vorbildes und übernimmt lediglich die poetischen Mittel Heines: den ironisierenden Stil, die Metrik und die Pointe. Bei Heine ist es „eine alte Geschichte", bei ihm „die Tragik des Lebens", aus Heines beseeltem Fichtenbaum wird ein beseelter Briefmark:

> Ein männlicher Briefmark erlebte
> Was Schönes, bevor er klebte.
> Er war von einer Prinzessin beleckt.
> Da war die Liebe in ihm erweckt.
>
> Er wollte sie wiederküssen,
> Da hat er verreisen müssen.
> So liebte er sie vergebens.
> Das ist die Tragik des Lebens![20]

Der bisher einzige ernstzunehmende[21] wissenschaftliche Betrachter Ringelnatzens, Colin Butler, sieht in diesem Gedicht erste Zeichen einer Neigung zur Tragik[22], findet Vorläufer in der Kinderliteratur[23] und hält die Heine-Parodie des höhern Blödsinns sogar „in some respects similar to Edward Lear's *The Dong with a Luminous Nose* and *The Courtship of the Yonghy-Bonghy-Bò*"[24], wobei natürlich auch die Verse Hans Bötticher vor den tragischen Lears verblassen: „Ringelnatz' verse lacks this emotional charge. Like Lear, Ringelnatz has tried to utilize an established poetic *genre* in order to communicate personal feeling."[25] Der wahre Grund, warum Hans Bötticher versage, sei seine Unfähigkeit, den Leser davon zu überzeugen, daß sein Gedicht das Ergebnis eines tiefen Schmerzes sei[26]. Diese Interpretation fabuliert ins Blaue; denn für die Annahme, daß der „Briefmark" wie das Gedicht Lears eine Unsinnsdichtung aus Sehnsucht und Verzweiflung ist, gibt es keinerlei Anhaltspunkte. Als Hans Bötticher die Verse schreibt, liegt es ihm noch völlig fern, seine Gefühle zu ironisieren; wir werden sehen, welch tiefer Schmerz ihn zu dieser Zeit quält und wie ernsthaft und ohne jede Selbstironie er darüber schreibt[27].

Auch die übrigen Gedichte der „Schnupftabaksdose" sind keine unsinnsgetränkten „Erlebnisgedichte". Fast drei Viertel — fünfunddreißig — der insgesamt siebenundvierzig Gedichte sind Fabeln und in siebenundzwanzig von

---

[20] Schnupftabaksdose (A 8), S. 4 (GG, S. 23).
[21] Die amerikanische Dissertation von Michael Trojanowicz (A 479) wird ihrem Untertitel — „an Interpretation" — in keiner Weise gerecht.
[22] Butler, Assessment (A 418), S. 173.
[23] ebda. S. 171.
[24] ebda. S. 170.
[25] ebda. S. 173.
[26] ebda.
[27] Dazu unten vor allem S. 105—119.

diesen spielen belebte Gegenstände die Rolle der Tiere. Sicher hat man hierin eine der Hauptparallelen zu Morgenstern gesehen. Bei diesem leben Glockentöne[28], ein Schaukelstuhl[29], die Tapetenblume[30], die Luft[31], zwei Flaschen[32], ein blonder Korke[33], ein Würfel[34], die Westküsten[35], das einsame Hemmed[36], usw.; bei Hans Bötticher sind die Schnupftabaksdose[37], der Briefmark[38], ein Schwefelholz[39], Briketts[40], Spiegel und Lampe[41], das Schlüsselloch[42], ein Pflasterstein[43] und andere Dinge beseelt. Lange bevor sie im Kommersbuch mit seinen „Parallelen"[44] als Vorbild zu Morgensterns „Zwei Parallelen"[45] auftauchen, sind lebende und handelnde Dinge im Volks- und Kunstmärchen heimisch, es sei nur an „Strohhalm, Kohle und Bohne auf der Reise", „Von dem Mäuschen, Vögelchen und der Bratwurst", „Die wunderliche Gasterei" aus der Grimmschen Sammlung und an die Märchen Hans Christian Andersens erinnert. Wie die Schnupftabaksdose — „Die hatte Friedrich der Große / Sich selbst geschnitzelt aus Nußbaumholz"[46] — stolz von ihrer Vergangenheit berichtet, so prahlt in Andersens Märchen „Die Liebesleute" der Kreisel: „Ja, aber ich bin aus Mahagoni! [...] der Dorfschulze hat mich selber gedrechselt, er hat seine eigene Drehbank, und es hat ihm viel Spaß gemacht!"[47] Schon dieses Beispiel zeigt, daß es keinerlei zwingenden Grund zur Annahme gibt, Hans Bötticher habe die beseelten Gegenstände Morgenstern abgesehen. Auch traten schon

[28] Morgenstern, Alle Galgenlieder (B 65), S. 40 f.
[29] ebda. S. 43.
[30] ebda. S. 55.
[31] ebda. S. 57.
[32] ebda. S. 60.
[33] ebda. S. 61.
[34] ebda. S. 62.
[35] ebda. S. 66 f.
[36] ebda. S. 69.
[37] Schnupftabaksdose (A 8), S. 3 (GG, S. 23).
[38] ebda. S. 4 (GG, S. 23).
[39] ebda. S. 6 (Bumerang [A 86], S. 20).
[40] ebda. S. 8 (Bumerang [A 86], S. 21).
[41] ebda. S. 9 (GG, S. 24).
[42] ebda. S. 10 (Bumerang [A 86], S. 21 f.).
[43] ebda. S. 12 (Bumerang [A 86], S.22 f.).
[44] Allgemeines Deutsches Kommersbuch (B 48) Nr. 759; auch in Auflagen des 19. Jahrhunderts.
[45] Morgenstern, Alle Galgenlieder (B 65), S. 247; siehe hierzu: Liede, Dichtung als Spiel 1 (B 165), S. 281.
[46] Schnupftabaksdose (A 8), S. 3 (GG, S. 23).
[47] Andersen, Sämtliche Märchen 1 (B 1), S. 286.

lange vor den Versen dieser beiden in einer Fabelsammlung ein Wetterhahn, Glocken, zwei Schlüssel, Tannen und Fichte, ein Tischtuch, Fenster und Ofen, Nullen, ein Leichencarmen und ein Hochzeitscarmen, das Zipperlein und so fort handelnd auf.

Die Nullen.

Fünf nachbarliche Nullen kam
Die Thorheit in den Sinn, sich von der Eins zu scheiden,
Und sie zum wenigsten nicht mehr voran zu leiden;
Sie waren ihr schon längst des Vorzugs wegen gram.
Die Menschen sprachen sie manchmal, mit Furcht und Graus,
Oft mit Verwunderung, oft mit Entzückung, aus;
Drum ließen sie sich auch den Stolz so weit verleiten,
Dieß alles bloß auf ihren Wert zu deuten.
Was? sprach die hinterste, sind das nicht schöne Sachen?
So eine kleine Zahl geht uns fünf Nullen vor?
[...]⁴⁸

Daniel Stoppes „Neue Fabeln oder Moralische Gedichte, der Jugend zu einem nützlichen Zeitvertreibe aufgesetzt", aus denen diese Verse stammen, erschienen 1740; Hans Bötticher hat sie kaum gekannt, doch zeigen sie, daß der Weg von der Vermenschlichung der Tiere zur Verlebendigung der Gegenstände nicht sehr weit und keineswegs neu war.

Für die „Schnupftabaksdose" jedoch sind vor allem die Märchen Andersens entscheidend. Schon Hans Böttichers gemeinsam mit Ferdinand Kahn verfaßtes „Lustiges Märchen" in Versen „Was Topf und Pfann' erzählen kann"⁴⁹ von 1910 beruht auf Andersen. In dessen „Fliegendem Koffer"⁵⁰ erzählt der Kaufmannssohn, wie Töpfe, Schüsseln, Teller, Feuerzange und andere Gegenstände mit den Schwefelhölzern um den Rang streiten. Und der demagogische liberale Marktkorb dieser Geschichte, verwandelt sich in der „Schnupftabaksdose" zu einem „Schwefelholz, / Das sich mit erhabnem Stolz / Einen Anarchisten nannte"⁵¹. Auch Böttichers „Frau Teemaschine sang auf dem Feuer"⁵² hat hier ein Vorbild: „Nun sollte die Teemaschine singen, aber sie sei zu erkältet, sagte sie, sie könne es nur, wenn sie ins Sieden komme; [...]"⁵³. Das Dienstmädchen, das bei Andersen den lustigen Abend der Küchengeschirre verdirbt, taucht auch bei Hans Bötticher wieder auf:

⁴⁸ Stoppe, Neue Fabeln 1 (B 97), S. 40.
⁴⁹ Bibl. A 5.
⁵⁰ Andersen, Sämtliche Märchen 1 (B 1), S. 197—203, Zitat: S. 200.
⁵¹ Schnupftabaksdose (A 8), S. 6 (Bumerang [A 86], S. 20).
⁵² ebda. S. 22 (Bumerang [A 86], S. 26 f.).
⁵³ Andersen, Sämtliche Märchen 1 (B 1), S. 201.

> „Sie faule, verbummelte Schlampe",
> Sagte der Spiegel zur Lampe.
> „Sie altes, schmieriges Scherbenstück",
> Gab die Lampe dem Spiegel zurück.
> Der Spiegel in seiner Erbitterung
> Bekam einen ganz gewaltigen Sprung.
> Der zornigen Lampe verging die Puste.
> Sie fauchte, rauchte, schweelte und ruste.
> Das Stubenmädchen liess beide in Ruhe
> Und doch: Ihr schob man die Schuld in die Schuhe.[54]

Bei Andersen fällt eine alte Schüssel aus Schreck über die liberalen Ansichten des Marktkorbes herunter und zerbricht in Scherben[55]. Hans Bötticher spinnt lediglich den Faden weiter und stellt „Märchen" und Wirklichkeit einander direkt gegenüber. Auch in späteren Gedichten spielt er Phantasie und Wirklichkeit gegeneinander aus, wobei stets die farbigere phantastischere Version der Geschichte als eigentlich wirklich hingestellt wird[56]. Im „Billardopfer"[57], wo Abraham wie Paul Scheerbart[58] mit Sternen und Monden spielt, ist die Dichtung des ersten Teiles wahrscheinlicher als der nüchterne Zeitungsbericht. Denn die Realität hat, wie wir sehen werden, Hans Bötticher sein ganzes Leben nie befriedigt. Deshalb belebt er auch schon in der „Schnupftabaksdose" die alltäglichen Gegenstände seiner Umgebung in Anlehnung an Andersen.

Doch auch dessen Unterhaltung des Küchengeschirrs hat ein berühmtes Vorbild. Bei Goethe heißt es im „Buch der Parabeln" des „West-östlichen Divans":

> Zum Kessel sprach der neue Topf:
> Was hast du einen schwarzen Bauch!
> „Das ist bei uns nun Küchgebrauch;
> Herbei, herbei du glatter Tropf,

---

[54] Schnupftabaksdose (A 8), S. 9 (GG, S. 24).

[55] Andersen, Sämtliche Märchen 1 (B 1), S. 200 („Der fliegende Koffer").

[56] Siehe dazu: Butler, Assessment (A 418), S. 122—137 und: ders., Ringelnatz und seine Zeit (A 419), S. 158—163; Butler sieht in solchen Gedichten oder Erzählungen die Zweifel Ringelnatzens an rationaler Erklärung, macht ihm dies aber zum Vorwurf, da er — weit weniger gebildet und intellektuell als Chesterton und Morgenstern — dazu eigentlich gar nicht in der Lage sei, denn er „bleibt im Rahmen einer hilflos herumlavierenden und höchst durchschnittlichen Gedankenträgheit befangen" (ebda. S. 161). Er versuche als Phantast, der mit dem Rationalismus auf Kriegsfuß stehe, seine Phantasie hilflos dagegen auszuspielen. Der Grund für Butlers unüberwindliche Abneigung gegen Ringelnatzens angebliche Dummheit ist sicher ein falsches Verständnis, das er von „allen Praktikern der Unsinnspoesie" hat. Denn diese hätten „stets auf höchst rationale Weise auf die absolute Inkommensurabilität von Vernunft und Wirklichkeit" verwiesen (ebda. S. 159 f.). Indem er Ringelnatz unter dieser falschen Kennzeichnung a l l e r Unsinnspoeten betrachtet, versperrt er sich selbst den Weg zu einer richtigen Beurteilung.

[57] Kuttel Daddeldu (A 23), S. 74 (GG, S. 101).

[58] Dazu siehe auch unten S. 195—197 und 235 f.

Bald wird dein Stolz sich mindern.
Behält der Henkel ein klar Gesicht,
Darob erhebe du dich nicht,
Besieh nur deinen Hintern."[59]

Und Ringelnatz beginnt ein Gedicht der „Schnupftabaksdose" ganz ähnlich:

Lackschuh sprach zum Wasserstiebel:
„Lieber Freund, du riechst so übel.
[...][60]

Aber auch mit diesem Gedicht ließen sich wiederum die Parallelen zu dem Dänen fortsetzen. Denn es variiert lediglich den Spruch der schweinsledernen Tapete in Andersens „Altem Haus":

„Vergoldung vergeht,
Aber Schweinsleder besteht!"[61]

Weitere belebte Dinge sind durch die Märchen Andersens zum mindesten angeregt, und von hier ist es dann auch nicht mehr weit zum personifizierten Husten[62], Morgensterns „Schnupfen"[63] so ähnlich, aber sieben Jahre vor diesem erschienen.

Andere Gedichte der „Schnupftabaksdose" haben augenscheinlich mit einigen der „Galgenlieder" Morgensterns Ahnen gemeinsam. Nicht nur manche Verse Morgensterns wie „Der Tanz"[64] erinnern in Ton und Witz an den „Spaziergang im Walde" der „Musenklänge aus Deutschlands Leierkasten":

Der Spaziergang im Walde.

Zwei Löwen gingen einst selband
In einem Wald spazoren,
Und haben da von Wuth entbrannt
Einander aufgezohren.

Da kamen eines Tags daher
Des Wegs, zwei Leute, edel,
Die fanden von dem Kampf nichts mehr,
Als beider Löwen Wedel.

Daraus geht nun für Groß und Klein
Die weise Lehr' hervor:
„Selbst mit dem besten Freunde dein
Im Walde nie spazor!"[65]

---

[59] Goethe, Werke I, 6 (B 34), S. 233.
[60] Schnupftabaksdose (A 8), S. 19 (Bumerang [A 86], S. 25).
[61] Andersen, Sämtliche Märchen 1 (B 1), S. 460—470, Zitat: S. 463 und 470.
[62] Schnupftabaksdose (A 8), S. 42 (Bumerang [A 86], S. 35).
[63] Morgenstern, Alle Galgenlieder (B 65), S. 262; zuerst 1919 in: Der Gingganz (B 66), S. 23.
[64] Morgenstern, Alle Galgenlieder (B 65), S. 37.
[65] Musenklänge 1 (B 72), S. 89 f.

— auch Hans Bötticher übernimmt ihn direkt, wandelt lediglich das Szenarium ab und blödelt am Schluß:

> Es trafen sich von ungefähr
> Ein Wolf, ein Mensch, sowie ein Bär,
> Und weil sie lange nichts gegessen,
> So haben sie sich aufgefressen.
> Der Wolf den Menschen, der den Bär,
> Der Bär den Wolf. — Es schmeckte sehr
> Und blieb nichts übrig, als ein Tuch,
> Drei Haare und ein Wörterbuch.
> Das war der Nachlass dieser drei.
> Der eine Mensch, der hiess Karl May.[66]

Der Witz der sich gegenseitig auffressenden Tiere ist überdies ein verbreiteter volkstümlicher Scherz[67], und ebenfalls wohl volkstümliche Ahnen — wie z. B. das schon bei Nestroy auftauchende stumpfsinnige „Eduard und Kunigunde"[68] — hat in den „Musenklängen" das „Ungewöhnliche Evénement", das acht Strophen dasselbe Bild variiert:

> Er.
>
> Der Mond, der scheint so helle,
> Es glühn die Sternelein,
> Er steht mit seiner Zither
> Vor ihrem Fensterlein.

> Sie.
>
> Der Mond, der scheint so helle,
> Es glühn die Sternelein,
> Sie sieht ihn mit der Zither
> Vor ihrem Fensterlein.
>
> [...][69]

Und ihm folgen Palmströms virtuoses Notturno „Der Rock"[70] bei Morgenstern und ein Gedicht Hans Böttichers:

---

[66] Schnupftabaksdose (A 8), S. 11 (Bumerang [A 86], S. 22).
[67] Thimme, Georg Wigand (B 209), S. 21.
[68] Nestroy, Sämtliche Werke 2 (B 74), S. 17 f. („Lumpazivagabundus"); siehe auch: Liede, Dichtung als Spiel 2 (B 165), S. 299.
[69] Musenklänge 1 (B 72), S. 29.
[70] Morgenstern, Alle Galgenlieder (B 65), S. 144.

Die Nacht erstarb. Und der Tag erwachte. —
Draussen unter dem Sternenhimmel
Stand ein Droschkenpferd, ein Schimmel,
Und lachte.

Der Tag entwich und die Nacht begann.
Auf steiniger Ebene ruhte das Pferd.
Es hatte die Beine gen Himmel gekehrt
Und sann.

Und wieder durchzuckten die Sterne den Himmel. — —
Das rechte Auge des Pferdes tränte. — —
Der Mann auf dem Kutschersitze gähnte
Und trank einen Kümmel.[71]

Vollendeten „Stumpfsinn in Versen und Bildern" bieten das „Rezept"[72] und besonders das sinnlose Begräbnis der Ziehharmonika:

Im dunklen Erdteil Afrika
Starb eine Ziehharmonika.
Sie wurde mit Musik begraben.
Am Grabe sassen zwanzig Raben.
Der Rabe Num'ro einundzwanzig
Fuhr mit dem Segelschiff nach Danzig
Und gründete dort etwas später
Ein Heim für kinderlose Väter.
Und die Moral von der Geschicht? —
Die weiss ich leider selber nicht.[73]

Schließt Edwin Bormanns schaurig-sinnlose Balladen-Parodie „Donald und Duncan, eine äußerst schottische Ballade"[74] ähnlich:

Und die Moral von der Geschicht'?
O schaudre, Freund! — doch frage nicht!

so gehört der unsinnige Inhalt des Ziehharmonika-Begräbnisses zu Bormanns „Altem Marabu"[75] und Morgensterns ebenfalls davon abhängiger „Lampe"[76]. Auch hier wird der ratlose Leser bewußt enttäuscht; Morgensterns „Lampe" steht auf der „Insel Fragnichtlang", und Bormanns „Marabu" endet:

Hab' Dank, o lieber Leser du,
Für dein Int'ress' am Marabu!
Allein weshalb im Hindukuh

---

[71] Schnupftabaksdose (A 8), S. 26 (Bumerang [A 86], S. 28).
[72] ebda. S. 23 (Bumerang [A 86], S. 27).
[73] ebda. S. 28 (Bumerang [A 86], S. 29).
[74] Bormann, Humoristischer Hausschatz (A 540), S. 156 f.
[75] ebda. S. 223 f.
[76] Morgenstern, Alle Galgenlieder (B 65), S. 273.

> Er drückt das rechte Auge zu
> Auf einem Fels von Nagelfluh —
> Weiß ich so wenig als wie du!

Manche Gedichte der „Schnupftabaksdose" blödeln aber bisweilen recht albern, so etwa der Schluß von „Es war eine gelbe Zitrone"[77]:

> Bemerkt sei noch zu diesem Lied,
> Ein Unterschied ist kein Oberschied.

Und im letzten Vers des letzten Gedichtes der Sammlung entschuldigt sich Hans Bötticher sogar für solchen Stumpf- und Blödsinn:

> An der Zehe gleich vorn
> Sass ein Leichdorn.
> Der Bader, den man befragte,
> Der sagte:
> Der Leichdorn sei eine Sommersprosse.
> — — — — — — — —
> Verzeihe mir, Leser, diese Posse![78]

Auch als Joachim Ringelnatz hat Hans Bötticher Gedichte im Stile der Sammlung von 1912 und von deren Quellen geschrieben, etwa den „Globus"[79] als Variation von Chamissos „Tragischer Geschichte"[80]. Chamissos Zopfträger stört es, daß sein Zopf hinten hängt:

> [...]
> Er dreht sich wie ein Kreisel fort,
> Es hilft zu nichts, in einem Wort —
> Der Zopf, der hängt ihm hinten.

> Und seht, er dreht sich immer noch
> Und denkt: „Es hilft am Ende doch —"
> Der Zopf, der hängt ihm hinten.

Ringelnatzens Globus sucht sein Hinterteil, wo laut Auskunft der weisen Wand sein Verstand sitze:

> [...]
> Nun dreht seitdem der Globus leise
> Sich um und um herum im Kreise —
> Als wie am Bratenspieß ein Huhn,
> Und wie auch wir das schließlich tun —
> Dreht stetig sich und sucht derweil
> Sein Hinterteil, sein Hinterteil.

---

[77] Schnupftabaksdose (A 8), S. 37 (Bumerang [A 86], S. 33).
[78] ebda. S. 49 (Bumerang [A 86], S. 37).
[79] Kuttel Daddeldu (A 23), S. 92 (GG, S. 105).
[80] Chamissos Werke 1 (B 22), S. 61 f.

Späteres Spiel mit der Bildung sind so „Zwei Schweinekarbonaden"[81], wo das „Mene, Mene, Tekel, U-pharsin" aus Daniel 5, 25 auf die Waage im Fleischerladen bezogen wird. Zu den Fabelparodien der „Schnupftabaksdose" kann die Geschichte vom rasierten Igel „Gladderadatsch"[82] gerechnet werden. Das Gedicht „Es setzten sich sechs Schwalben"[83], die Verse vom „Bandwurm", der „an Würmen litt, die wiederum an Würmen litten"[84] und andere aus der erweiterten und illustrierten Ausgabe des „Kuttel Daddeldu" wollen im Stile von „Novaja Brotnein" (= Novaja Semlja)[85] vor allem stumpfsinnig blödeln. Das meiste davon ist wie auch die Scherzverschen aus „Taschenkrümel"[86] — zum Teil wieder abgedruckt im „Geheimen Kinder-Spiel-Buch"[87] — nicht später als 1922 entstanden. Nachher hat Ringelnatz das Feld geselligen höheren Blödsinns kaum wieder betreten.

Haben die Gedichte der „Schnupftabaksdose" insgesamt mit einigen Galgenliedern und anderen Gedichten Morgensterns tatsächlich lediglich ihren Ursprung in volkstümlichen oder literarischen Scherzen des neunzehnten Jahrhunderts gemein, so brauchen wir auch nicht an Ringelnatzens späteren Worten zu zweifeln, er habe, als er diesen „Stumpfsinn in Versen" schrieb, noch keine Zeile von Morgenstern gelesen. Hinzu kommt außerdem, daß sich unter den Versen Hans Böttichers zu dieser Zeit auch keinerlei Ankläge an die grausige Stimmung der eigentlichen Galgenlieder finden und ebenso wenig eine auch nur ansatzweise Übernahme der virtuos zerstörten Welt Morgensterns vom Nachtschelm bis zum Siebenschwein oder gar von dessen spielerischer Lautwelt.

Wie sehr der Ruhm Morgensterns und die Unkenntnis der gemeinsamen Quellen beider unnötigerweise Ringelnatz von Morgenstern beeinflußt erscheinen lassen, zeigt sich öfters. So kommt etwa Ringelnatzens „Seemannstreue"[88] (wohl von 1920) mit der verwesenden Geliebten als Nachahmung einer Heine-Parodie Hanns von Gumppenbergs und mit den zahllosen Verwesenden in der deutschen Dichtung vor dem ersten Weltkrieg[89] auch ohne Morgensterns „Galgenbruders Lied an Sophie, die Henkersmaid"[90] aus. Ringelnatz hat seine

[81] Kuttel Daddeldu (A 23), S. 95 (GG, S. 106).

[82] ebda. S. 50 (GG, S. 95).

[83] ebda. S. 53 (GG, S. 95).

[84] ebda. S. 95 (GG, S. 106).

[85] ebda. S. 49 (Bumerang [A 86], S. 17).

[86] Bibl. A 17, einige Proben: IM, S. 74 f.

[87] Bibl. A 26.

[88] Kuttel Daddeldu oder das schlüpfrige Leid (A 12), S. 7 f. (GG, S. 78 f.).

[89] Dazu ausführlich: Schmähling, Die Darstellung der menschlichen Problematik in der deutschen Lyrik von 1890—1914 (B 202), S. 29—42 (Kapitel: „Der Tod und das Wasser").

[90] Morgenstern, Alle Galgenlieder (B 65), S. 20.

verfaulende Geliebte direkt von Gumppenberg übernommen, in die Welt des
Kuttel Daddeldu übertragen und in Maassenscher Manier noch ekelerregender
und grausiger gestaltet. Hier zunächst Gumppenbergs „Ballade" nach Heinrich
Heine:

> Das ist der alte, traurige Traum,
>   Wir sitzen unter der Linde,
> Dein kahles Köpfchen faßt es kaum,
>   Daß ich so hold dich finde.
>
> Und leise seufzt dein wurmiger Mund:
>   Ich bin doch schon angemodert —
> O sage mir, warum jetzund
>   Dein krankes Herz noch lodert?
>
> Es haben von meinen Wangen bereits
>   Zwei hungrige Ratten gefressen:
> Und du, du willst mich deinerseits
>   Noch immer nicht vergessen?
>
> O sag' mir, bleicher Heinerich,
>   Ich bin doch im Grab gelegen,
> Und doch noch immer liebst du mich —
>   Ich frage dich: weswegen?
>
> Und ich entgegne dir gequält:
>   Mir fehlen zum Buch der Lieder
> Noch sieben Nummern wohlgezählt —
>   Drum lieb' ich dich schon wieder.[91]

Ringelnatz gibt die regelmäßige Form der Volksliedstrophe auf und parodiert
mit der Erzählung von Kuttel Daddeldus längster Braut Alwine in einer der
mündlichen Rede angenäherten Alltagssprache die sprichwörtliche Seemannstreue. Besonders deutlich sind im mittleren Teil die Gumppenbergschen Verse
in Maassenscher Übertreibung zu erkennen:

> [...]
>
> Gruslig wars: Bei dunklem oder feuchten
> Wetter fing Alwine an zu leuchten.
> Trotzdem parallel zu ihr verweilen
> Wollt ich ewiglich und immerdar.
> Bis sie schließlich an den weichen Teilen
> Schon ganz anders und ganz flüssig war.
>
> Aus. Ein. Aus; so grub ich viele Wochen.
> Doch es hat zuletzt zu schlecht gerochen.
> Und die Nase wurde blauer Saft,
> Wodrin lange Fadenwürmer krochen. —
> Nichts für ungut: das war ekelhaft. —
> Und zuletzt sind mir die schlüpfrigen Knochen
> Ausgeglitten und in lauter Stücke zerbrochen.[92]

---

[91] Gumppenberg, Dichterroß (B 36), S. 20.
[92] Kuttel Daddeldu oder das schlüpfrige Leid (A 12), S. 7 f. (GG, S. 79).

Kommen wir bei der literarischen Einordnung dieses Gedichtes ohne Morgenstern aus, so läßt sich immerhin — obwohl wenig wahrscheinlich — bei den
beiden „bösen" Kinderbüchern, dem „Geheimen Kinder-Spiel-Buch" und dem
„Kinder-Verwirr-Buch" an eine Anregung durch Morgensterns Galgenkind, besonders durch dessen Wiegenlied[93] denken.

Morgenstern und der Vorkriegs-Ringelnatz Hans Bötticher treffen sich also
lediglich in der Neigung zum „höheren Blödsinn"; eine weitere geistige Verwandtschaft besteht zwischen den beiden nicht. Der „Schnupftabaksdose" fehlt
nicht nur das „ästhetische Raffinement"[94] der Galgenlieder, ihr fehlt auch der
größere weltanschauliche Hintergrund[95], der bei Morgenstern bald überdeutlich
sichtbar wird. Selbst die äußerst knappe „Geschichte der Philosophie" von
August Messer[96] war für Hans Bötticher anstrengend zu lesen. Mit der
„Schnupftabaksdose" setzte er lediglich die Tradition der Unsinnsverse der
Künstler- und Gelehrtengesellschaften fort. Erst nach dem Kriege schafft er als
Joachim Ringelnatz eigenständigere Unsinnsdichtungen, vor allem mit den
„Turngedichten", den Gedichten von „Kuttel Daddeldu", den Märchen der
Sammlung „Nervosipopel" und mit einigen Versen für und über Kinder[97].

Mißverstandene Parodien

Es wäre wohl kaum noch etwas über diese Sammlung von Fabel- und anderen Parodien, von Wortspielen, gereimten Kalauern und mehr oder weniger
unsinnigen Versen mit den verschiedensten Themen von der unglücklichen
Liebe über gereimte Lebensweisheiten bis zur Anspielung auf zwischenmensch-
liche Beziehungen zu sagen, hätte nicht Michael Trojanowicz sie als erster unter
der Überschrift „Satire" in seiner amerikanischen Dissertation „The Poetry of
Joachim Ringelnatz"[1] behandelt. Durch ihn angeregt, aber streng gegen ihn ar-
gumentierend nennt auch Colin Butler sein erstes Kapitel „Satire and Social
Comment"[2]. Freilich findet er nun nicht die Satire, die er sucht, und schiebt die
Schuld dem Dichter zu, der zwischen Satire und dürftigem Scherz nicht zu
unterscheiden wisse und zweifelhafte Bastarde („dubious hybrids") geschaffen

---

[93] Morgenstern, Alle Galgenlieder (B 65), S. 100.

[94] Liede, Dichtung als Spiel 1 (B 165), S. 305.

[95] Siehe dazu Liedes Morgenstern-Kapitel, ebda. S. 273—349, besonders S. 307 ff.

[96] August Messer ist der Verfasser dreier Bändchen der Reihe „Wissenschaft und Bildung" im Verlag Quelle und Meyer in Leipzig, die sich mit der „Geschichte der
Philosophie im Altertum und Mittelalter", „vom Beginn der Neuzeit bis zum Ende
des 18. Jahrhunderts" und „im neunzehnten Jahrhundert" befassen; siehe Bibl.
B 171—173.

[97] Siehe dazu die entsprechenden Kapitel im zweiten und dritten Teil.

[1] Trojanowicz, Poetry (A 479), S. 20—31.

[2] Butler, Assessment (A 418), S. 1—92.

habe[3]. Daß Hans Bötticher selbst die Gedichte der „Schnupftabaksdose" „kleine Ulkreime"[4] und im Untertitel sogar „Stumpfsinn in Versen" genannt hat, stört dabei weder Trojanowicz noch Butler.

Es ist rührend, mit welchem Aufwand nun Butler manche Gedichte als schwach[5] und sozial unverantwortlich[6] entlarvt, so etwa die folgenden angeblich sozialkritischen Verse:

> Ein bettelarmer, braver Mann,
> Der Tag und Nacht nur Gutes sann
> Und gar nichts mehr zu essen hatte
> Als eine halbverweste Ratte,
> Der auch kein Bett besass zum Schlafen,
> Der ging in seiner höchsten Not
> Zu einem reichen stolzen Grafen
> Und bat ihn um ein Stückchen Brot.
> Der Graf nahm das gewaltig übel
> Und schlug mit dem Champagnerkübel
> Den braven Bettler lächelnd tot.
> Doch niemand wagte es, den Grafen
> Für solche Freveltat zu strafen.
> Und deshalb wurde sein Betragen
> Dann mit den Jahren noch viel schlimmer. —
>
> So manchen Leser hör' ich sagen:
> Ja, ja! — ja, ja! — So ist das immer!
>
> Ich aber denke still für mich:
> Der Leser ist ein Gänserich.[7]

Butler zieht Gedichte von Arno Holz, Ludwig Scharf und Erich Mühsam heran, um deren echtes Engagement zu zeigen. Hans Bötticher aber werde nicht von dem Bewußtsein sozialen Elends sondern vom Wunsche, als sozialer Kritiker anerkannt zu werden, getrieben[8]. Hätte Butler sich ein bißchen näher mit

[3] ebda. S. 21.

[4] ML, S. 272.

[5] Butler, Assessment (A 418), S. 10; bezieht sich auf „Ein bettelarmer, braver Mann" und „Miliz" (Schnupftabaksdose [A 8], S. 40 und 46 — Bumerang [A 86], S. 34 bzw. GG, S. 29).

[6] Butler, Assessment (A 418), S. 16; bezieht sich auf „Ein bettelarmer, braver Mann" und „War einmal ein Schwefelholz" (Schnupftabaksdose [A 8], S. 6 — Bumerang [A 86], S. 20).

[7] Siehe Anm. 5.

[8] Butler, Assessment (A 418), S. 13 f.; S. 13: „However exaggerated the poems of Arno Holz and, especially, of Ludwig Scharf may be, there is no doubting the fact that they come from the heart." Butler zitiert Scharfs „Proleta sum" nach der Anthologie Budzinskis „Soweit die scharfe Zunge reicht" (B 18), Holzens Verse und Scharfs „Bleichen Verbrecher" schöpft er aus Benzmanns „Moderner deutscher Lyrik" (B 10).

Holz beschäftigt, so wäre ihm bald klar geworden, daß gerade dieser Vorwurf vielmehr auf den virtuosen poetischen Artisten Holz zutrifft[9]. Butler klagt aber Hans Bötticher an, er habe in „Ein bettelarmer, braver Mann" lediglich die Sprache und Gedanken anderer übernommen, sei innerlich aber nicht ergriffen. Deshalb zeiht er ihn blasierter Dreistigkeit und gedankenloser Unwissenheit („the blasé confidence of headless ignorance")[10]. Dieser Tadel trifft nicht den Dichter, sondern den Tadler. Denn, wenn wir im Kontext bleiben wollen, ist Hans Bötticher selbst ein „bettelarmer, braver Mann": Vor der Münchner Zeit landete er einmal völlig mittellos und fast verhungert im Gefängnis, und für die Münchner Jahre gilt, was er im Mai 1914 an „Maulwurf" schreibt: „Meine Schulden wachsen nun auch wieder. Und da meine Hoffnung alle schönen Redensarten und leeren Trostworte, die mir die Menschen geben, als unwert verwirft, sieht mir der Himmel endlos trüb aus."[11]

Aber nicht nur dieses tatsächliche Bewußtsein sozialen Elends — und welches könnte bewußter sein als das eigene? — widerlegen Butler. Bötticher will in diesen Versen überhaupt nicht als Sozialkritiker auftreten. Hätte er das wirklich gewollt, er hätte seine Sozialkritik nicht in einem Bändchen „Stumpfsinn in Versen" versteckt, wäre doch in seinem „ernsten" Band „Gedichte" sicher noch Platz neben dem wirklich sozialkritischen, in seinem Salon-Pathos aber wenig wirkungsvollen „Auf hohem Gerüste"[12] gewesen; doch steht dieses Gedicht, das er 1906 in Hamburg schrieb, mit seiner Thematik recht vereinzelt da. „Ein bettelarmer, braver Mann" aber ist wie viele Gedichte der „Schnupf-

---

[9] Das bestätigt auch neues Material, das Helmut Scheuer in seiner sonst enttäuschend mageren biographischen Studie über Holz (bis 1893) bietet; so will Holz „Zeitgedichte à la ,soziale Lyrik' " vor allem deshalb schreiben, weil sie gerade Mode sind und im Gegensatz zu politischer Lyrik eine „dankbare Nachwelt" fänden (Scheuer, Holz [B 200], S. 22 bzw. 37; u. ö.).

[10] Butler, Assessment (A 418), S. 13; Butlers Beweise einer Abhängigkeit Böttichers von Mühsam sind bisweilen recht kläglich. So ist für ihn der Reim „Borsten/dorsten" in „Ein Pinsel mit sehr talentvollen Borsten" (Schnupftabaksdose [A 8], S. 33 [GG, S. 25 f.]) die Imitation eines Mühsamschen Reimes: „Besunderes/bewunder es". Die Verdrehung eines Wortes — zumal von dessen Stammvokal — um des Reimes willen ist aber ein altes Mittel der komischen und unsinnigen Dichtung. Besonders die „Musenklänge aus Deutschlands Leierkasten" verzeichnen zwei Balladen (von Ludwig Kalisch, 1848): „Entsetzlich" und „Fürchterliche Ballade" (Musenklänge 1 [B 72], S. 103—122), die durchgehend aus solchen verdrehten Reimpaaren bestehen; z. B.:
Und wisse, daß sein Grab sich selber schaufelt,
Wer an dem eigenen Geschick verzwaufelt. (ebda. S. 110).

[11] Brief Nr. AB 31 vom 4. 5. 1914; Frau Baumgarten betonte mir gegenüber ebenso wie Frau Fell (geb. Ruland, Kriegsfreundin „Bampf"), daß Hans Bötticher ständig Mangel litt.

[12] Gedichte (A 6), S. 51 f. (GG, S. 16 f.).

tabaksdose" nichts anderes als eine Parodie, eine Parodie diesmal auf die zahllosen Arme-Leute-Gedichte seit Arno Holz und auf den Salon-Sozialismus,
dem deren Leser huldigen. Richtig ist so gewiß Butlers Feststellung, daß Bötticher diesen Stil zu kopieren versuche[13]. Daß aber jemand, der „Tag und
Nacht nur Gutes sann" und nur „eine halbverweste Ratte" zum Essen hat,
eine Parodie, ja Karikatur von Scharfs stehender Proletenfigur[14] sein soll, ist
doch eigentlich mit Händen zu greifen. Auch die bewußt übertriebene soziale
Kluft zu dem noch überdies „stolzen Grafen", der burlesk-komische Totschlag
mit einem Champagnerkübel können doch wirklich nicht als „mindless cliché"
oder „flippancy" (Leichtfertigkeit) mißverstanden werden. Schließlich beweisen
das auch die Schlußverse:

> So manchen Leser hör' ich sagen:
> Ja, ja! — ja, ja! — So ist das immer!
>
> Ich aber denke still für mich:
> *Der* Leser ist ein Gänserich.[15]

Der Leser ist doch offensichtlich deshalb ein Gänserich, weil er das Gedicht als
übliche soziale Anklage mißverstanden hat.

Colin Butler hält noch ein zweites Geschoß gegen Hans Bötticher bereit:
einige Gedichte der „Schnupftabaksdose" seien ein Angriff auf Wissenschaft
und Kausalanalyse[16]. Er beruft sich dazu unter anderem auf das folgende Gedicht:

> Es bildete sich ein Gemisch
> Von Stachelschwein und Tintenfisch.
> Die Wissenschaft, die teilt es ein
> In Stachelfisch und Tintenschwein.
> Der Fisch bewohnt den Ozean.
> Gefährlich ist es, ihm zu nahn.
> Das Tintenschwein trifft man in Büchern,
> An Fingerspitzen, Taschentüchern.
> Es ist — das liegt ja auf der Hand —
> Dem Igelschwein noch sehr verwandt.[17]

Sind diese Verse im Stile Wilhelm Buschs wirklich „a deliberate comment"[18]
zum Thema Wissenschaft? Einmal ist doch daran zu erinnern, daß solche Tier-

---

[13] Butler, Assessment (A 418), S. 13.

[14] Siehe: Scharf, Tschandala-Lieder (B 84): „Stoßseufzer des Proleten" (S. 21); „Stoßseufzer des Proleten" (S. 30); „Proleten-Weisheit" (S. 33); „Stoßseufzer des Proleten" (S. 36); „Proleta sum" (S. 39 f.).

[15] Hervorhebung von mir.

[16] Butler, Assessment (A 418), S. 107 u. ö.

[17] Schnupftabaksdose (A 8), S. 18 (Bumerang [A 86], S. 25).

[18] Butler, Assessment (A 418), S. 98.

gemische eine nicht gerade kurze Tradition besitzen: Erschien doch bereits im
Jahre 1844 Grandvilles „Un autre Monde" („Entwürfe einer anderen Welt")[19],
wo wir in der Folge „Un Après-Midi au Jardin des Plantes" („Ein Nach-
mittag im Zoologischen Garten") beispielsweise auf einem Bild „le cerf-cerf-
volant" (den „Hirschstorch"), „le bouquetin-puce" (den „Bocksfloh"), „le ca-
soir-chamois" (die „Federgemse") und viele andere finden[20]. Solche aus zwei
oder mehr verschiedenen Tieren zusammengesetzte Phantasiegeschöpfe gehen
zum Beispiel 1908 in die „Lustigen Blätter" ein, die Hans Bötticher sicher
kannte[21]. Dort sieht man den „Nilpferdfrosch", den „Froschtiger" und andere[22]. Bietet Morgenstern als „Neue Bildungen, der Natur vorgeschlagen" den
„Ochsenspatz", die „Kamelente", den „Regenlöwen", die „Turtelunke" usw.[23],
so geht Hans Bötticher noch weiter, schüttelt zwei zusammengesetzte Tier-
namen und vermehrt so noch den bildlichen Unsinn durch das Wortspiel.
Zweifellos wird in „Es bildete sich ein Gemisch" wie in anderen Versen und
im Märchen „Vom Tabarz", die Butler heranzieht, eine Methode der Wissenschaft verulkt[24]. Aber schon allein Hans Böttichers Bekenntnis zur Demut vor
der Wissenschaft[25] verbietet uns, an einen Angriff zu glauben. Sein bestimmt
noch wissenschaftsgläubigerer Vater schrieb Verse, die sich viel schärfer gegen
vermeintliche oder wirkliche Fehler der „zünftigen Gelahrtheit"[26] wenden:

[19] Grandville, Das gesamte Werk 2 (B 35), S. 1167—1350.

[20] ebda. S. 1234—1243, Zitat S. 1241.

[21] In Hans Böttichers hs. Notizen in seinem Exemplar von „Gedichte" (A 6) heißt es
zu „Die lange Nase" (S. 41): „In ‚Lustige Blätter' veröffentlicht"; ich konnte jedoch
in den fraglichen Jahrgängen 20 (1905) bis 25 (1910) keine Veröffentlichung von
Hans Bötticher feststellen. Der erste Halbband 1906 war mir aber nicht zugänglich.

[22] „Neue Kreuzungen". Originelle Paarungen für Direktor Heck (B 51).

[23] Morgenstern, Alle Galgenlieder (B 65), S. 35.

[24] Das sind: „Der Darwin aus Gips" — Bumerang (A 86), S. 37: Die Verfasserschaft
Hans Böttichers ist umstritten, da das 1965 zum erstenmal in dieser Auswahl abge-
druckte Gedicht nur als hs. Eintragung von Selma des Coudres, einer Vorkriegs-
freundin des Dichters, im Exemplar der „Schnupftabaksdose" von Muschelkalk (GR)
vorliegt. Muschelkalk und mit ihr glauben an die Echtheit, Ringelnatzens
heutiger Verleger, Herr Karl H. Henssel, nicht (vgl. Butler, Assessment [A 418],
S. 99, Anm. 1); ich halte es nicht zuletzt aus stilistischen Gründen — das Versmaß
und der Rhythmus klappern im Gegensatz zu den anderen Versen der Sammlung —
für unecht. Die anderen von Butler (ebda. S. 97—108) besprochenen Gedichte sind:
„Es war eine gelbe Zitrone" und „Logik" — Schnupftabaksdose (A 8), S. 37 und 45
(Bumerang [A 86], S. 33 bzw. GG, S. 28); über „Vom Tabarz" — Nervosipopel
(A 25), S. 66—74 (Ringelnatz in kleiner Auswahl [A 73], S. 148—154) — schreibt
Butler ebenso unhaltbar (Assessment [A 418], S. 132—134).

[25] Brief Nr. AB 117 vom 8. 8. 1916; siehe oben S. 19.

[26] Georg Bötticher, Weiteres Heiteres (A 522), S. 27 („Die Tafel").

Der klügste Mensch auf Gottes Welt,
Das ist der Herr Professor:
Wenn mal das All zusammenfällt
Und e i n Professor bleibt — so stellt
Der's wieder her — und besser![27]

Daß die Folgerungen, die Butler — anscheinend selbst recht wissenschafts-
gläubig — aus des Sohnes unschuldigen Versen zieht, zu weit gehen — er
bezichtige die Wissenschaft als Ganzes („science"), sie mißverstehe ihren Zweck
und betrachte ihren Gegenstand nicht „in its own right"[28] —, zeigt etwa auch
seine Fehleinschätzung folgender Verse aus der „Schnupftabaksdose":

Ein Lied, das der berühmte Philosoph Haeckel am 3. Juli 1911 vormittags auf
einer Gartenpromenade vor sich hinsang.

                                           (Von einem Ohrenzeugen.)

Wimmbamm Bumm
Wimm Bammbumm
Wimm Bamm Bumm

Wimm Bammbumm
Wimm Bamm Bumm
Wimmbamm Bumm

Wimm Bamm Bumm
Wimmbamm Bumm
Wimm Bammbumm.[29]

Butler hält diese Verse für ein „piece of abuse"[30], eine Beschimpfung Haeckels.
Hans Bötticher liegt jedoch jede tiefere Kritik fern, er verspottet lediglich den
Zwang, der Haeckel sogar ein hingesummtes Lied systematisieren läßt. Solchen
Spott bieten auch die „Lustigen Blätter", ohne den philosophischen Zoologen
verächtlich machen zu wollen[31]. Wie Wissenschaftsgläubigkeit in Versen aussieht, zeigen Scheffels und seiner Nachfolger Gedichte. Bei Edwin Bormann
singt da ein Leptocardier nach der Weise „Du, du liegst mir im Herzen":

---

[27] ebda. S. 45 („Der Kathedersozialist").
[28] Butler, Assessment (A 418), S. 99.
[29] Schnupftabaksdose (A 8), S. 34 (Bumerang [A 86], S. 31 f.).
[30] Butler, Assessment (A 418), S. 102.
[31] Unter dem Titel „Physiologische Anpassung. Au₃ge ‚ h a e c k e l t' von den ‚Lustigen
    Blättern' " (B 2) finden wir zehn Zeichnungen eidischen Unsinns, die wir mit
    Friedrich Theodor Vischers Worten beschreiben können: „Die Tiergestalt wird mit
    der Menschengestalt vermischt, das Leben mit dem Unorganischen, technische Gegen-
    stände erscheinen als Glieder des menschlichen Körpers[...]" (Über das Erhabene
    und Komische. — Kritische Gänge 4 [B 210], S. 148). Die Zeichnungen stellen u. a.
    den „Flugtechniker" in Vampirgestalt und den „Vaterlandsverteidiger" als Ken-
    tauren mit Kanonenhinterteil, Schwerterarmen und Gewehrnase dar.

Würmlein, laßt euer Scherzen,
Seid ja noch wirbellos:
Sprecht, habt ihr Röhrenherzen?
Nein doch, wir haben sie bloß.
Ja, wir Lepocardier [!] haben sie bloß.[32]

Aus dieser Sphäre philisterhafter Wissenschaftsgläubigkeit in Versen übernimmt
Hans Bötticher mit der Leidenschaft des Ausgeschlossenen die Verehrung und
schreibt, um von seiner eigenen Unbildung abzulenken, bloß Spottverse auf
angebliche oder tatsächliche Übertreibungen wissenschaftlicher Systematisierung.
In diesen Zusammenhang gehört auch das vielzitierte Gedicht „Logik":

Die Nacht war kalt und sternenklar,
Da trieb im Meer bei Norderney
Ein Suahelischnurrbarthaar. —
Die nächste Schiffsuhr wies auf drei.

Mir scheint da mancherlei nicht klar,
Man fragt doch, wenn man Logik hat,
Was sucht ein Suahelihaar
Denn nachts um drei am Kattegatt?[33]

Schon 1956, noch vor Wolfgang Kaysers gewaltsamer Einschränkung des Begriffes, bezeichnete Rudolf Nikolaus Maier dieses Gedicht als „moderne Groteske", worunter er die „Dissonanz von Wortgestalt und Sinn" versteht[34], und
behandelte es — wie könnte es anders sein — zusammen mit einem Gedicht von
Morgenstern. Das Gedicht drücke „eine moderne Form existentialistischen
Weltgefühls"[35] aus, denn hier werde das kausal-logische Denken *ad absurdum*
geführt. Herbert Günther hingegen deutet noch zu Lebzeiten des Dichters
(1931): „Gleichzeitig findet sich zum ersten Mal r e i n e s   S p i e l , — ohne
‚Sinn', aber heiter und erheiternd, etwa in der Romanze von dem Suahelischnurrbarthaar [...]"[36]. In seiner 1964 erschienenen Monographie, in die er
viele eigene frühere Veröffentlichungen wörtlich übernommen hat, tauscht er
dann das Wort „Romanze" gegen das modischere „Groteske" aus[37]. Beide
Begriffe scheinen ihm also wenig zu bedeuten, wie auch Michael Trojanowicz
— dem Zauber des Wortes „grotesk" sichtlich erlegen — alle Gedichte der

[32] Bormann, Humoristischer Hausschatz (A 540), S. 127 (aus: „Die Ahnen des Menschen. Ein Festspiel", S. 125—131). Die unfreiwillige Komik gereimter Wissenschaft schlägt Blasen z. B. in: Dr. Darwinsohn [Pseud.]: Die Darwin'sche Theorie
in Umwandlungsversen (B 23).

[33] Schnupftabaksdose (A 8), S. 45 (GG, S. 28).

[34] Maier, Die moderne Groteske im Unterricht (A 457), S. 641.

[35] ebda. S. 640.

[36] Günther, Ringelnatz? (A 316), S. 78.

[37] Günther, Ringelnatz (A 435), S. 62.

„Schnupftabaksdose" als „minute grotesquerie"[38] verstanden wissen will. Wilhelm Duwe schießt ebensoweit über den Inhalt der Verse hinaus; für ihn hat Hans Bötticher damit „den nur scheinbar so unerschütterlichen Bestand unserer Welt mit einem Fragezeichen versehen"[39]. Die Nähe zu Morgenstern, in der auch er dieses Gedicht sieht, vernebelt ihm den Blick, die Komik der „Logik" beruht ganz gewiß nicht „auf der Diskrepanz zwischen unbedeutendem Inhalt und poetischer Form"[40]. Colin Butler, der als einziger bisher gemerkt hat, daß der Dichter aus Reimnot Norderney ans Kattegatt verlegt, sieht in „Logik" eine Kritik logischer Untersuchung schlechthin:

> It is not the results of the logician's enquiry that interest Ringelnatz, but the question of the necessity of that enquiry. *Logik* gives a biassed answer. Because the logician's attempt to impose a causal interpretation entails a depreciation of individual phenomena, it is held to be inappropriate, and ridiculed.[41]

Butlers Interpretation ist zweifellos richtig; nur sollte er seine Erkenntnis nicht verallgemeinern. Mit Hans Böttichers Kritik kausal-logischen Denkens verhält es sich wie mit seiner „Wissenschaftskritik": Er verspottet unvernünftige Extreme. Die harte Kritik Butlers ist nur aus einem Rationalismus des Kritikers zu verstehen, der ebenfalls bisweilen recht extreme Formen annimmt. Er kann dem Dichter im Grunde nicht nachsehen, daß dieser keine eigene oder übernommene Ideologie besitzt und keine wirklich gesellschaftskritischen Verse schreibt: Hans Bötticher erfüllt — auch später als Joachim Ringelnatz — nicht die seltsame Forderung, die Butler an einen Schriftsteller des ersten Drittels des zwanzigsten Jahrhunderts glaubt stellen zu müssen: ihm fehle „absolut das, was man das ‚moderne Bewußtsein' nennen könnte"[42]:

> Denn gerade in jener Zeit, in der Ringelnatz schrieb, vollzieht sich ein solcher Wandel in politischer, sozialer, moralischer und religiöser Hinsicht, daß der Schriftsteller zu einer Genauigkeit des Denkens und Empfindens verpflichtet wird, die es in dieser Form vorher noch nie gegeben hat und die ihn in manchen Dingen geradezu überfordert.[43]

Hätte Hans Bötticher in „Logik" die Notwendigkeit logischer Untersuchung grundsätzlich leugnen wollen, wie Butler glaubt, so hätte er nicht lediglich das Kausalitätsprinzip ironisch in Frage gestellt. Und doch ist das Gedicht tatsächlich beinahe „die prägnanteste Umschreibung seiner eigenen Position"[44],

---

[38] Trojanowicz, Poetry (A 479), S. 30.
[39] Duwe, Ausdrucksformen (A 423), S. 287.
[40] ebda. S. 288.
[41] Butler, Assessment (A 418), S. 107.
[42] ders., Ringelnatz und seine Zeit (A 419), S. 167.
[43] ebda.; „Empfinden" kann *nie* ‚genau' sein.
[44] ebda. S. 158.

freilich in anderer Hinsicht: Es beginnt mit direkten Übernahmen aus Eichendorffs „Mondnacht":

So sternklar war die Nacht.[45]

und aus Heines erstem „Nordsee"-Zyklus:

Sternlos und kalt ist die Nacht.[46]

Der zweite Vers behält die Romantik bei, doch der dritte mit dem Wortungeheuer „Suahelischnurrbarthaar" und die exakte Zeitangabe des nächsten zerreißen parodierend die Sternennacht-Stimmung. Die genaue Zeitangabe taucht später noch einmal in dem Gedicht „Im Park"[47] auf, wo das kleine Reh um „elf Uhr zwei" am ganz kleinen Baum steht. Ähnlich spielte schon Jean Paul mit solchen genauen Angaben, wo man sie eigentlich nicht erwartet, und er hatte es von Sterne gelernt, den Hans Bötticher um die Zeit der Entstehung dieser Verse las[48]. „Logik" versammelt also in einem geschlossenen Bilde Unerwartetes und Unpassendes. Ähnlich quodlibethaft ist übrigens ein Stilleben, das Hans Bötticher als Mariner im Krieg gesehen haben will: „Ich fand bei meinen abendlichen Streifen ein seltsames Stilleben im Sande. Neben einem Nachttopf lagen eine Hornbrille und ein Granatsplitter, und auf dem Granatsplitter saß eine Hummel."[49] Auch hier freut er sich am Zusammentreffen ungleicher Gegenstände zu einem Bilde, am unsinnigen Nebeneinander, und dies gewiß nicht, weil er logische Untersuchungen für überflüssig hält und glaubt, durch sein Gefühl zu wissen, was wahr sei — so sieht es Butler[50] —, sondern weil es für Bötticher Bereiche gibt, in denen Erklärungsversuche bloß Heiterkeit hervorrufen. Die „ungewöhnlichen oder sinnlosen Assoziationen" sind beileibe nicht „die wichtigste Form seines ‚Denkens‘ "[51], sondern Verse wie:

---

[45] Eichendorff, Sämtliche Werke I, 1 (B 28), S. 382.

[46] Heine, Sämtliche Schriften 1 (B 39), S. 183.

[47] Reisebriefe (A 27), S. 17 (GG, S. 132); vgl. auch „nachts elf Uhr drei" in „Vom Seemann Kuttel Daddeldu" — Kuttel Daddeldu oder das schlüpfrige Leid (A 12), S. 3 (GG, S. 75); hierzu auch unten S. 193.

[48] Vgl. ML, S. 273; zu Jean Paul siehe: Vorschule der Ästhetik, § 35: Humoristische Sinnlichkeit: „[...] von Geld, Zahl und jeder Größe überall bestimmte Größe anzugeben, wo man sonst nur die unbestimmte erwartet [...]" — Werke 5 (B 44), S. 141. Siehe auch beispielsweise bei Sterne, Tristam Shandy 1 (B 96), S. 108 (2. Buch, 16. Kapitel): „He stood before them with his body swayed, and bent forwards just so far, as to make an angle of 85 degrees and a half upon the plain of the horizon; [...]".

[49] AM, S. 198.

[50] Butler, Ringelnatz und seine Zeit (A 419), S. 160.

[51] ebda.

> Und das Leben ist — — alles, was es nur gibt:
> Wahn, Krautsalat, Kampf oder Seife.[52]

die nicht mehr nur in heiterem Zusammenhang stehen, sind vielmehr Ausdruck einer Haltung, die wir noch zu untersuchen haben[53]. Die Kritik aber, die Hans Bötticher in „Logik" übt, ähnelt — bei Berücksichtigung aller geistigen Unterschiede — derjenigen Heines:

> Zu fragmentarisch ist Welt und Leben!
> Ich will mich zum deutschen Professor begeben.
> Der weiß das Leben zusammenzusetzen,
> Und er macht ein verständlich System daraus;
> Mit seinen Nachtmützen und Schlafrockfetzen
> Stopft er die Lücken des Weltenbaus.[54]

War es Hans Bötticher versagt, in den Münchener Künstlerkreisen voll angesehen zu werden, so sicherte ihm die „Schnupftabaksdose" dort wenigstens einen halbwegs ehrenvollen Platz als Poet. Mit der illustrierten und erweiterten Ausgabe des „Kuttel Daddeldu" von 1923, in die er die Verse später zum Teil aufnahm, und durch seine späteren Rezitationen in Kabaretts fanden sie Verbreitung, einmal weil die Vorbilder nun vergessen waren, zum anderen weil mit Morgenstern ein anderer Poet bereits bekannt geworden war, der zum Teil aus der gleichen Tradition schöpfte, zum Teil aber nicht mehr in diese einzuordnen ist. Die Gedichte der „Schnupftabaksdose" gehören zu denen, die man auch heute noch auswendig weiß.

---

[52] „Nachtgalle" — Turngedichte (A 22), S. 67 (GG, S. 63); die erste Fassung dieses Gedichtes findet sich ohne den Titel als Eintragung im Gästebuch des Frankfurter Redakteurs Willo Uhl und dessen Frau Lottelo, bei denen Ringelnatz in den zwanziger Jahren oft wohnte, mit dem Vermerk: „Auf dem Wege von der Weinklause Frankfurt a. Main, August 1921 von Joachim Ringelnatz." Mit der „Zeitungsfrau" (Vers 13) ist Lottelo Uhl gemeint. Das Gedicht weist dort folgende Varianten auf:
Vers 8: „Schon wird es Nacht" statt „Es wird schon Nacht";
Vers 10 f. (das sind die oben zitierten):
„Und das Leben ist — alles, was es mir gibt,
Wahn, Krautsalat, Liebe, auch Seife."
Diese Angaben nach einer Abschrift in SdC; vgl. auch Butler, Assessment (A 418), S. 193 f., Anm. 2.
[53] Siehe dazu unten S. 194 f. und 254—256.
[54] Heine, Sämtliche Schriften 1 (B 39), S. 135 (Die Heimkehr LVIII).

III. Die Lehren des Vaters

Die Stumpf- und Unsinnsverse und Parodien der „Schnupftabaksdose" sind nur die auffälligste poetische Frucht der literarischen Abhängigkeit Hans Böttichers vom Vater. Der Krieg aber machte den letzten Ausläufern der Unsinnsgesellschaften des 19. Jahrhunderts den Garaus. Äußerlich fehlte nun für Ringelnatz nach dem Kriege diese literarische Geselligkeit aus der Welt seines Vaters bis auf wenige Abende der Erinnerung bei Maassen[1]. Seine Vereinzelung als ‚Kabarettnummer' ist nur *ein* Zeichen dafür. Aber auch als Joachim Ringelnatz steht er mit seiner Dichtung noch zum Teil in der Tradition des Vaters, was bei der Betrachtung der entsprechenden Werke jeweils zu vermerken sein wird. Hier soll noch im Zusammenhang gezeigt werden, wie Ringelnatz auch über die bisher behandelte Zeit vor dem Kriege hinaus im Geiste seines Vaters dachte und dichtete. Rät er doch einmal seiner Freundin Alma Baumgarten: „Aber glaube nur ans Alte und glaube an Gott."[2] Wer bei Ringelnatz nach eigenen neuen Gedanken, nach geistvollen Einsichten und tiefschürfenden Betrachtungen sucht, wird sich enttäuscht sehen. Urteile über literarische und andere Zeitgenossen oder über bedeutende Ereignisse kennen wir besonders nach 1918 kaum; für die Jahre bis 1918 finden sich einige in den beiden Bänden seiner Autobiographie, allerdings fast ausschließlich Urteile über persönlich bekannte Schriftsteller und natürlich Bemerkungen zum Weltkrieg. Eine geplante dritte Abteilung seiner Autobiographie „Mein Leben nach dem Kriege" ist nicht über wenige Seiten hinaus gediehen[3]. Die erhaltenen Briefe dieser Zeit — überwiegend an seine Frau — beschränken sich zur Hauptsache auf Persönliches und Alltag, sie enthalten „weder hochfliegende Gedankengänge noch literarische oder philosophische Erörterungen; denn Ringelnatz hatte von jeher die Verpflichtung zu brieflichem Gedankenaustausch von sich gewiesen (z. B. 16. 10. 23)."[4] Und Herbert Günther, der „treue Eckermann"[5], der bereits 1928 an einer Biographie von Ringelnatz arbeitete[6], hat die Chance verpaßt, gerade

---

[1] Siehe oben S. 38 f.

[2] Brief Nr. AB 144 vom 13. 7. 1917.

[3] IM, S. 58—66.

[4] Briefe, S. 221; erwähnter Brief: Nr. M 327, Briefe, S. 94 f.

[5] Brief Nr. M 552 vom 3. 10. 1928, Briefe, S. 114.

[6] Brief Nr. M 570 vom 23. 11. 1928, Briefe, S. 118.

aus der Zeit der zwanziger Jahre von Ringelnatzens Gedanken, geistiger Haltung und äußerem Leben zu berichten.

1. Politik

Trotzdem läßt sich anhand der Zeugnisse, die uns vorliegen, der geistige Einfluß seines Vaters skizzieren. Sein ganzes Leben steht Ringelnatz im Banne der überlieferten Anschauungen, ja er wendet sich mit einem wahrhaft reaktionären Eifer gegen alles „Neue", so schreibt er etwa am 22. November 1919 an seine spätere Frau: „Hüte Dich Muschelkalk vor dem jüdischen Bluff ‚Neu'. Hol Dir Neues aus Dir selber."[1]

Selbst diesen unreflektierten Antisemitismus — von dem in dem Auswahlbriefband „Reisebriefe an M." alle Spuren getilgt sind — hat er von seinem Vater geerbt, der in einem gehässigen Gedicht die ‚jüdische' Presse verunglimpft[2]. Ringelnatz spricht von „Jude im übelsten Sinne"[3], er verprügelt einen Conferencier und schimpft ihn „jüdischen Flegel"[4]; die Herausgeber der „Weltbühne" und des „Tage-Buches" nennt er „listige Blutsauger und niederträchtige Juden"[5] und von einem Künstleragenten meint er: „Du siehst man kann diesen Juden nicht genug treten."[6] Seine Witwe versucht, ihn zu verteidigen: „Es könnte heute so aussehen, als wäre J. R. Antisemit gewesen. Das trifft aber nicht zu. Es gab nur in den 20er Jahren tatsächlich gerade bei Presse und Theater sehr viele ausgesprochen unangenehme Typen von Juden [. . .]"[7]. Und es paßt auch ins Bild dieser unkritisch übernommenen Auffassung, daß Ringelnatz die Juden einmal als „mein Publikum"[8] bezeichnet und den Direktor Tenno einen „sehr netten Juden" nennt[9]. Ringelnatz hat ein verbreitetes Bild von den Juden: sie sind niederträchtige Blutsauger, aber dennoch als Intellektuelle und geistige Oberschicht als Publikum willkommen. Das Interessante an diesem unsympatischen Durchschnittsantisemitismus ist, daß er sich

---

[1] Brief Nr. M 12.

[2] „Eine Presse." — Georg Bötticher, Der deutsche Michel (A 513), S. 31—33.

[3] Brief Nr. M 75 vom 22. 1. 1921.

[4] Brief Nr. M 84 vom ?. 2.1921.

[5] Brief Nr. M 186 a vom 4. 3. 1922; dieser Brief ist in Briefe, S. 65 f. um diese und andere Stellen gekürzt.

[6] Brief Nr. M 262 d vom 11. 12. 1922.

[7] hs. Notiz von Muschelkalk zu einem hs. unvollständigen Verzeichnis der Briefe Ringelnatzens an sie, vor 1964 (GR).

[8] Brief Nr. 117a vom 2. 8. 1921, Briefe, S. 52.

[9] Brief Nr. M 381 vom 10. 7. 1924; Briefe, S. 106.

aus seiner starken Autoritätsgebundenheit an den Vater ebenso erklären läßt
wie zum Beispiel seine Bismarcksche Verspottung des Parlaments:

> [...]
> Doch alles, was im Parlament
> Geschieht, ist nur Getue.
>
> Sie wollen sich in Wirklichkeit
> Nur großtun und vertagen
> Und freun sich auf die Ferienzeit.
> Wo wir die Steuern tragen.
>
> Mir geht das ganz daneben.
> Ich bin selbst im Gesangverein.
> Die wolln halt auch beisammen sein.
> Und jeder Mensch will leben.[10]

Hätte Vater Georg Bötticher diese Verse geschrieben, so wären sie ihm zu verzeihen gewesen, denn die abnehmende politische und geistige Bedeutung des
deutschen Parlaments zwischen 1878 und 1918 durch Beschränkung seiner Be-
fugnisse ist unbestritten[11]. Ringelnatzens ererbtes Urteil über das Parlament
findet sich aber in einem Gedicht vom Januar 1927[12]. Bei Hitlers Putschversuch
vom November 1923 schreibt er an seine Frau: „Heute höre ich im Laden,
daß in Bayern Umsturz sei. Was geht uns die Politik an."[13] Noch 1930 hält
er an seinem fast apolitischen Denken fest: „Der Hitler-Rummel läßt mich
kalt"[14], und es ist ein geringer Trost, wenn er dann im letzten Augenblick —
für die Novemberwahlen 1932 — wohl mehr aus Angst um seine Existenz als
aus Weitsicht seiner Frau rät: „Wenn Du wählst, nur kommunistisch."[15] 1933
heißt es dann freilich: „Hitler ist natürlich ein Unstern für uns. Aber wir
wollen nicht die Hoffnung verlieren."[16] „Für uns" bedeutet aber nicht etwa
‚für Deutschland', sondern für ihn selbst und Muschelkalk, für die private
Existenz, für sein Schicksal als Dichter und Rezitator der eigenen Werke. Wo
er in späten Gedichten das heraufziehende Unwetter fürchtet, sieht er in den
ungünstigen politischen Vorzeichen so etwas wie einen Angriff des Bösen auf
ihn selbst:

[10] „Das Parlament" — Allerdings (A 28), S. 87 f.
[11] Bergsträsser, Die Entwicklung des Parlamentarismus (B 120), S. 147.
[12] Zuerst in: Simplicissimus 31 (1926/27) Nr. 41 vom 10. 1. 1927, S. 542.
[13] Brief Nr. M 346 vom 9. 11. 1923, Briefe, S. 100: der zweite wichtige Satz der zitierten Stelle ist dort freilich gestrichen.
[14] Brief Nr. M 741 vom 7. 12. 1930, Briefe, S. 168.
[15] Brief Nr. M 873 vom 25. oder 26. 10. 1932.
[16] Brief Nr. M 907 vom 2. 2. 1933, Briefe, S. 200; der Brief ist dort falsch datiert
(Januar), er bezieht sich einwandfrei auf Hitlers Wahl zum Reichskanzler am
30. Januar 1933.

> Mag sein, daß alles Böse sich
> Vereinigt hat, uns breitzutreten.[17]

Und er greift zurück auf ein Bild aus früheren Jahren:

> Das Schiff, auf dem ich heute bin,
> Treibt jetzt in die uferlose,
> In die offene See. — Fragt ihr: „Wohin?"
> Ich bin nur ein Matrose.[18]

Dieses Gedicht, von dem wir die letzte Strophe zitiert haben, ist kein Vorausahnen des kommenden unheilvollen Nationalsozialismus, sondern Ausdruck
seiner politischen und persönlichen Hilflosigkeit in einer wirren Zeit, die er
nicht versteht: Er weiß nicht, wohin der Kurs geht.[19] Dennoch scheint er sich
irgendwie wohl dabei zu fühlen, will er doch gar nicht „Herr der Woge",
sondern „trotzig lächeln" und „nur ‚auf See ein Fahrensmann' "[20] sein. Aber
es ist nicht mit einer — gerechten oder ungerechten — Verurteilung solchen
Denkens getan[21], wir haben nach dem Grund solcher Abkapselung gegenüber
allem Politischen zu fragen. Und dieser liegt zweifellos einerseits in der
übermächtigen Vaterfigur, die ihn an den Anschauungen des durch die
staatlichen Verhältnisse teilweise entpolitisierten Bürgertums im ausgehenden
19. und beginnenden 20. Jahrhundert hartnäckig festhalten läßt, zum anderen
in den Erfahrungen aus den für Ringelnatz so wichtigen Jahren des Krieges
und dem Jahre 1919, die wir in größerem Zusammenhang kennenlernen werden[22].

2. Wahre Kunst

So stark im Herkommen verwurzelt, hat Ringelnatz sich anscheinend auch nie
ernsthafte Gedanken über das Wesen der Kunst gemacht; sein Kunstverständnis
scheint sich kaum von demjenigen seines Vaters zu unterscheiden. Wie dieser die
modernste Dichtung und Malerei — in 1898 veröffentlichten Versen[1] — ablehnt, so hat Ringelnatz offenbar kein Verständnis für den „jüdischen Bluff
‚Neu' " in der Literatur, obwohl er des öfteren davon profitiert, etwa wenn die

---

[17] „Ein Liebesbrief" — Gedichte dreier Jahre (A 39), S. 111 (GG, S. 460).
[18] „Schiff 1931" — ebda. S. 122 (GG, S. 465).
[19] Siehe dazu auch unten S. 304.
[20] „Kopf hoch, mein Freund!" — Nachlaß (A 46), S. 13 (GG, S. 514).
[21] Butler, Assessment (A 418), S. 77—92; weitere Einzelheiten zu Butlers Auffassung
    siehe dort.
[22] Siehe unten S. 127—158.
[1] Vgl. „Moderne Gemälde-Ausstellung" und „Die jroße Litteraturballade" — in:
    Georg Bötticher, Weiteres Heiteres (A 522), S. 41—45.

Erzählung „... liner Roma ..." von zeitgenössischen Kritikern als dadaistisch angesehen wird[2]. Er spricht von „wahrer Kunst" — bezeichnenderweise im Zusammenhang mit „wahrer Religion" —, die nichts mit Politik und Krieg zu tun hätte, sondern erhaben und unverletzbar darüber stünde[3]. Es ist nicht nur Naivität, wenn er in Versen auf die Frage nach dem Wesen der Kunst mit dem Hinweis auf volkstümliche Lieder antwortet:

Was ist Kunst?

Was ist Kunst?? Verwegen ging die Frage
Durch Jahrhunderte und bis in meine Tage.
Doch in mein Haar griff eines Windes Wehen.
Und Straßensänger sangen mir von fern:
„Weißt du wieviel Sternlein stehen? —"

Am Himmel hoch erlosch im Licht ein Stern.[4]

Auch ohne die Romantizismen erkennt man, daß Ringelnatz die Kunst für zutiefst irrational hält. Künstlertum ist für ihn von Bildung und Intelligenz unabhängig: „Ich beklagte mich darüber, daß mich alle für dumm hielten. Eichhörnchen tröstete mich. Es wüßte niemand, daß ich ein Künstler wäre."[5] Er weiß aber auch, daß sich die Erfinder der Ringelnatz-Legende, seine modernen „progressiven" Verehrer irren, wenn sie ihn zur Erfüllung ihrer eigenen Wunschträume zu einem poetischen Bürgerschreck, einem satirischen Spötter und kritisch antibürgerlichen Poeten in der Maske des besoffenen Seemannes machen. Denn mit der ihm eigentümlichen spröden Knappheit schreibt er seiner Frau: „Oh diese Neuesten (sie die auf mich schwören) sie sind so blind, sie gehen so ab vom Herzen der Kunst u. fallen auf den Verstand und auf Berechnung herein."[6] Später wirft dann allerdings Colin Butler Ringelnatz vor, ihm fehlten ausgerechnet Verstand und Berechnung[7].

Aber nicht nur die Verehrung von Kunst und Wissenschaft — in der stereotypen Verbindung für Ringelnatz sicher das irrationale und das rationale Wesen — übernahm er aus der geistigen Welt seines Vaters, auch zwei weitere von dessen ,großen' Lehren bestimmen sein Denken, Dichten und Handeln: Freundschaft und Güte.

[2] So Leo Rein (siehe Rezensionen zu A 24).
[3] Brief Nr. AB 56 vom 20. 12. 1914; er verteidigt damit Kipling: Man dürfe ein Kunstwerk nicht danach beurteilen, ob es von einem Feinde herrühre. Im Zusammenhang mit einem tendenziösen Kriegsdrama grenzt er 1918 solche Literatur von „Reinkunst" ab (siehe unten S. 140).
[4] Gedichte, Gedichte (A 41), S. 47 f. (GG, S. 492).
[5] ML, S. 326.
[6] Brief Nr. M 957 a, ca. 1921—1925; zu Ringelnatzens Verhältnis zur Kunst siehe auch unten S. 223—229.
[7] Siehe dazu oben S. 62.

3. Freundschaft

In „Die Freunde. Epistel an einen Freund"[1] preist der Vater Georg Bötticher
schwärmerisch die Freundschaft:

> Die F r e u n d e! — Kann es etwas Herzerfreuenderes geben als dies Wort? — Nun ja,
> die Geliebte! [...] Aber — Hand aufs Herz — ist es denn nur dies Herz, was bei
> dem Namen der Geliebten in holden Aufruhr gerät? Werden nicht auch die Sinne
> lebendig? [...] Und siehst du, deshalb bleibt meine Behauptung doch zu Recht be-
> stehen: das Freundschaftsgefühl — dem kann sich keine noch so liebenswürdige Sinn-
> lichkeit beimischen. Eine reinere, ungetrübtere Herzensfreude gibt es nicht. [...] Es
> ist nicht bedeutungslos, daß man zu sagen pflegt: Sie war ihm nicht bloß eine Mutter,
> eine Schwester, nein auch eine F r e u n d i n, er ihm nicht Vater, Bruder bloß, nein,
> auch ein F r e u n d! So hoch stellt das Volk in seiner Sprache die Freundschaft.[2]

Schon eines der ganz frühen Gedichte des Sohnes — von 1902, fünf Jahre
nach der Epistel des Vaters —, „Freundestreue", übernimmt in geläufigen
poetischen Worten und Sätzen die Gedanken des Vaters:

> Wenn sich zwei so recht versteh'n,
> Ihr Vertrau'n sich schenken
> Und, wohin sie auch immer geh'n,
> Stets einander gedenken,
>
> Wenn nicht Ruhm vermag noch Pracht,
> Ihre Treue zu trüben,
> Jeder allezeit nur bedacht,
> Heißer den Freund zu lieben,
>
> Wenn sich solche Freundschaft hält
> Durch ein ganzes Leben:
> Kann es wohl auf dieser Welt
> Etwas Schöneres geben?
>
> Immer preis' in Ernst und Scherz
> Ich dich wieder aufs neue,
> Die du tröstest und stärkst das Herz,
> Heilige Freundestreue![3]

Weiter von diesem bloß anempfundenen Preis der Freundschaft entfernt ist
dann ein Gedicht, das er 1909 in der Einsamkeit seines schlechtgehenden Zigar-

---

[1] Georg Bötticher, Meine Lieben (A 519), S. 54—66.
[2] ebda. S. 54 f.
[3] Bibl. A 156.

renladens in München schrieb[4]. Das „alte Weh" packt ihn, läßt ihn aufs Meer fliehen, weg von „Haß und Not", doch:

> Einmal nur blick ich zurück.
> Da winkt an Land
> Eine Freundeshand —
> Und wie ich das seh,
> Da hab ich vergessen all Haß und Not.
> Es faßt mich wieder das alte Weh.
> Ich wende das Boot
> Zurück zum Land
> Und küsse die treue Freundeshand.

Etwas von diesem romantisierenden Pathos müssen auch seine persönlichen Freundschaften gehabt haben. Aus welchem Grunde Bruno Frank ihn etwa — vorübergehend? — zurückwies, wissen wir nicht, doch sagen die Verse:

> Du hast das Edelste und Beste,
> Hast eine Freundestreue dir verscherzt.[5]

Aber auch ein großes Stück Unbescheidenheit liegt in seinem Anspruch auf Freundschaft, den er immer wieder erhebt. Doch ist sein Selbstbewußtsein nur scheinbar arrogant, eher Ausdruck seiner geistigen Minderwertigkeitskomplexe. Dafür nimmt er gegen ihm sichtlich Unterlegene gern die Pose des lehrenden Freundes ein. Seiner Freundin Alma Baumgarten z. B. gibt er zu Weihnachten 1916 — gleichsam als Geschenk — einige Lebensregeln,

> [...] die Dir vielleicht wieder schulmeisterlich und unangenehm klingen, die ich aber als wahrer Freund von Dir nicht unterdrücken kann. Denke daran, daß einer sie sagt, der doch noch viel viel mehr Lebenserfahrung hat als Du.[6]

Etwas mehr als ein Jahr später nennt er sie „mein braver Freund, meine liebe und gelehrige Schülerin"[7], und die Briefe an die Kriegsfreundin Annemarie unterzeichnet er häufig mit „Magister" oder „Magis". Er kompensiert damit seine Rolle als Schüler, speziell in seiner Münchner Zeit. Lehrender Freund ist er auch in den vielen Gedichten über Freund und Freundschaft, denn dem weitgehend anonymen Lese- oder Vortragspublikum gegenüber wagt er selbst-

---

[4] „Hinaus an den Strand will ich gehen" — Gedichte (A 6), S. 13 (GG, S. 8 f.); dazu hs. Notiz im Exemplar von Ringelnatz (GR): „In meinem Zigarrenladen München 1909".

[5] „An B. F." — ebda. S. 37 (GG, S. 14 f.); später scheint eine Versöhnung stattgefunden zu haben: „Gestern Nacht war ich mit Bruno Frank zusammen, schön wie es stets bei ihm ist." (Brief Nr. AR 25 vom 23. 8. 1918); und noch später nennt er ihn „meinen Freund" (Brief Nr. M 53 vom 12. 9. 1920, Briefe, S. 23).

[6] Brief Nr. AB 131 vom Dezember 1916.

[7] Brief Nr. AB 148 vom 2. 2. 1918.

bewußt aufzutreten. Doch stört ihn selbst bisweilen der Ernst seiner Spruchweisheiten, und er versucht, ihn mit einem Scherz zu überspielen, etwa in folgendem Gedicht:

Freundschaft
Erster Teil

Es darf eine Freundschaft formell sein,
Muß aber genau sein.
Eine Freundschaft kann rauh sein,
Aber muß hell sein.

Denn Allzusprödes versäumt oder verdirbt
Viel. Weil manchmal der Partner ganz plötzlich stirbt.

Mehr möchte ich nicht darüber sagen.
Denn ich sitze im Speisewagen
Und fühle mich aus Freundschaft wohl
Bei „Gedämpfter Ochsenhüfte mit Wirsingkohl".[8]

In ihrer prosaischen Ungelenkheit gehören solche lehrhaften Verse häufig zu
seinen schlechtesten, weil er an die Rolle im Grunde selbst nicht glaubt und sich
dabei gar nicht wohl fühlt. Neben etwas müden Scherzen wie dem obigen oder:

Die Liebe sei ewiger Durst.
Darauf müßte die Freundschaft bedacht sein.
Und, etwa wie Leberwurst,
Immer neu anders gemacht sein.[9]

gelingen ihm auch Verse, wo ein unerwartetes Bild, das zunächst nur komisch
wirkt, die ernste Aufrichtigkeit besser als alle Beteuerungen unterstreicht:

Wer Anstand und Treue
Aufgibt oder unterbricht,
Scheißt sich selber ins Gesicht.[10]

Doch wenn er als Betroffener die Untreue eines Freundes beklagt, bricht das
alte selbstbewußte Pathos durch, mit dem er sich vor zu großem Schmerz zu
schützen sucht:

Der mir viel Leid antat

Ich verfluche dich nicht.
Ich denke nicht mehr an Rache.
Ich suche, ob in deinem Gesicht
Die Reue erwache.

Du hast unsere Freundschaft kalt gemacht,
Um Geld zu gewinnen. —

---

[8] Flugzeuggedanken (A 32), S. 70 (GG, S. 326).
[9] „Freundschaft/Zweiter Teil" — ebda. S. 71 (GG, S. 327).
[10] „An einen Geschäftsfreund" — ebda. S. 134 (GG, S. 360).

Meine Fäuste sind nicht mehr geballt.
Mir kannst du entrinnen,
Doch nicht der Vergeltung. —
Meinst du, daß du glücklich bist,
Weil du dir siegreich erscheinst?
Du!?! — Das Schicksal stellt jedem Frist.
Noch, noch ist Möglichkeit,
Daß du der Vergeltung entrinnst.
Wenn du dich selbst besinnst,
Zurückgibst. Und rein beginnst.[11]

Doch diese — berechtigte oder unberechtigte — eigensinnige Identifikation mit dem Schicksal — denn er stellt ja selbst die Frist — ist in ihrer Pathetik nicht nur schützende Abwehr; in Ringelnatzens späten Versen findet sich ganz allgemein immer weniger jene Mischung von Scherz und Ernst.[12] Einige Jahre zuvor schrieb er noch Verse aus enttäuschter Freundschaft, die endeten:

Wenn ich ihn jetzt hin und wieder
Sehe, so wende ich mich. Das heißt
Wenn er mich jemals wieder —
Wie neulich, im Hofbräu — mit Kalbsknochen schmeißt,

Hau ich ihm eins in die Fresse.
Denn ich bin doch kein Magistrat. — —
Aber niemals vergesse
Ich, was mir Biegemann Gutes tat.[13]

Bis auf ein Gedicht, welches das Wiedersehen mit einem Kriegsfreund feiert[14], gibt es kein ausdrückliches Preisgedicht auf eine bestimmte Freundschaft. Hans Siemsen schreibt über sein Verhältnis zu Ringelnatz: „Ich brauche das Wort ‚Freund' sehr selten und in diesem Falle mit größter Bescheidenheit und nur mit der ausdrücklichen Erlaubnis des Genannten."[15] Darin klingt nicht nur die Achtung vor dem Menschen, sondern auch besonders der egozentrische Anspruch, mit dem Ringelnatz anscheinend sein Urheberrecht verteidigte. In „Zeitver-

---

[11] Gedichte dreier Jahre (A 39), S. 127 (GG, S. 467); Butler zitiert dieses — gewiß nicht gute — Gedicht in anderem Zusammenhang in einer Fußnote mit der trotz allem ungerechtfertigt bösen Bemerkung: „A footnote is the right place for this" (Assessment [A 418], S. 182).

[12] Siehe dazu auch unten S. 209—213, 221.

[13] „Biegemann" — Reisebriefe (A 27), S. 81 f. (GG, S. 169); Biegemann ist Baron Thilo von Seebach, Ringelnatzens Freund und Lehrer aus der Münchner Vorkriegszeit, vgl. ML, S. 269—299 (passim) und oben S. 34 und 36.

[14] „Wiedersehen mit einem Kriegsfreund (An Fritz Otto, Hersfeld)" — Gedichte dreier Jahre (A 39), S. 115 (GG, S. 461 f.).

[15] IM, S. 101.

sprengte Freunde"[16] sind es weniger die Zeit und alle Winde, die die Kette der Freunde zerrissen haben, wie der Anfang des Gedichtes glauben machen will, sondern die eigene Schuld, die sich wieder schillernd mit dem selbstbewußten Pochen auf Dank mischt:

> Wir glauben an unsere eigene Schuld
> Und an die Vergeltung für Treue.

Kurz vor Ausbruch seiner Todeskrankheit schreibt er aus dem winterlichen Basel an Hans Siemsen:

> Es ist bitter kalt hier. Ich sitze in einem Café mit dem Blick auf den Rhein. Eisschollen ziehen vorüber, und ich sehe immer den vielen kalten Möwen zu, die ihre Kreise flattern und kurz ins kalte Wasser tauchen, um einen Fisch zu schnappen. Ob es unter diesen so offen egoistischen Tieren wohl gute, opferfähige Freundschaften gibt? Sei gegrüßt, mein lieber Freund, von Deinem einsamen — nicht immer, aber oft — einsamen Ringel.[17]

Nicht nur die Apostrophierung der Möwen als kalt macht deutlich, daß mit den „so offen egoistischen Tieren" im Grunde die Menschen gemeint sind und daß seine Einsamkeit dem Mangel an opferfähigen Freundschaften zuzuschreiben ist. Er scheut sich, einem seiner wenigen Freunde direkt die Frage zu stellen, die er drei Jahre zuvor in einem Gedicht aussprach: „Ach, welche Menschen sind denn eigentlich gut?"[18] Schon 1914 läßt er erkennen, daß es ihm an wahren Freundschaften fehlt: „Laß Dich's nicht verdrießen, wenn viele Dich im Stiche lassen, ich stehe auch unter vielen tausend Menschen, tausend Bekannten u. einigen Freunden doch eigentlich recht verlassen da."[19] Und eben diese Verlassenheit läßt ihn in sonst unselbständigen Gedichten bedrückende Bilder finden:

> Brodlose Nächte seh ich müd verdämmern,
> Von kalten Wänden grinst die Einsamkeit.[20]

Doch gleich in einem anderen Gedicht rät er dem Einsamen und Alleingelassenen in einem etwas ungeschickt komischen Bilde:

> Dann lege du wie ein heilig Pfand
> Die rechte in die linke Hand
> Und schwöre dir selber die Treu.[21]

---

[16] Gedichte dreier Jahre (A 39), S. 69 (GG, S. 435); zuerst in *Leipziger Illustrierte 1931 (freundliche Mitteilung von Herrn Fritz Schirmer, Halle).

[17] Brief Nr. VA 63 vom 5. 2. 1934, Briefe, S. 208.

[18] „Wo ist der Mensch, den . . ." — Gedichte dreier Jahre (A 39), S. 105 (GG, S. 456); zuerst in: *Leipziger Neueste Nachrichten, Februar 1931 (freundliche Mitteilung von Herrn Fritz Schirmer, Halle).

[19] Brief Nr. AB 26 vom 15. 3. 1914.

[20] „Bohème" — Gedichte (A 6), S. 52 (GG, S. 18).

[21] „Und wenn sich der Letzte dir entfernt" — ebda. S. 55 (GG, S. 19).

Die allzu hohe und theoretische Auffassung von Freundschaft, die er gläubig von seinem Vater übernahm und immer wieder bedichtete — wir haben nur einen Teil der Verse betrachtet und die Prosa außer acht gelassen —, mag zum Teil Schuld an dem Gefühl der Einsamkeit sein. Diese ist auch der Grund für die Neigung Ringelnatzens, versäumte Freundschaften zu bedauern. In „Lebhafte Winterstraße"[22], wo er den Topos des in der Masse einsamen Menschen aufgreift, klagt er:

> So viele Menschen. Mir ist weh:
> Keinen von ihnen darf ich grüßen.

Und er weiß auch um die Abnutzungserscheinungen, denen Freundschaft und Liebe mit der Zeit unterworfen sein können:

> [...]
>
> Aber wenn an Dorf und Feld und
> Wald vorbei dein Schnellzug braust,
> Du aus deinem Wagen schaust:
>
> Ja dann stehen — stehn auch diese
> Ganz dir zugewandt am Hange,
> Vor dem Stalltor, auf der Wiese —.
> Und sie winken. Winken lange.
>
> Grüßen voll und grüßen frei
> Dich und deine Fahrtgenossen.
>
> Und die reinste Liebe wird vergossen
> Im Vorbei.[23]

Das ist kein mangelhaftes Verständnis der Liebe[24] — wie Butler meint—, sondern Klage: Nur Menschen, die sich nicht kennen, sind reiner Liebe zueinander fähig, und reine Liebe heißt nichts anderes als unerfüllte Sehnsucht und Verzicht eines Einsamen, der Gott dafür dankt, daß er Herzen „wie meins" nicht kennengelernt hat, der persönlichen Bindungen mißtraut und unbekannte Freunde am meisten liebt, „Freunde, die wir nie erlebten":

> Ihr, die nie ich sah,
> Nimmer menschlich sehe,
> Seid mir nun so nah,
> Wenn ich einsam gehe.

---

[22] Flugzeuggedanken (A 32), S. 103 (GG, S. 344).

[23] „Kürzeste Liebe" — Reisebriefe (A 27), S. 57 (GG, S. 155).

[24] In seinem Kapitel über die Liebe bei Ringelnatz — „Hinc illae lacrimae": Butler, Assessment (A 418), S. 170—197 — kritisiert Butler dessen Auffassung von der Liebe, und diese Kritik zeigt, daß er kaum begriffen hat, worum es bei Ringelnatz geht: „What Ringelnatz understands by love is not what for example Hölderlin understood by it [...]" (ebda. S. 181) — Na und?

Was ich weiß, nicht wußte
Über euch, hab ich's versäumt?
Ich's verfehlt? —
Oder mußte
Fern vergehn, was ich erträumt? —

Schenkte Gott die Kunst, das Wort
Ferner, Toter nachzulesen.

Ach wie heiß mich das beschlich:
Dann und dann und da und dort
Ist ein Herz wie meins gewesen,
Still für sich.

Tröstliches Gefühl: Es dächte
Später wer so über mich. —
Keine aller Erdenmächte,
Wär sie noch so übermütig,
Kann uns trennen,
Die wir Gleiche sind zu nennen.

Denn wir waren nie gesellt,
Weil der Gott uns weise, gütig
Fern vonander aufgestellt,
Wissend um die Welt.[25]

Und dem wirklichen Freund ruft er zu:

Und glaube doch: Wir brauchen weite Fernen,
Einander wahr und rein kennen zu lernen.[26]

Gleichzeitig aber klagt er auch darüber, daß sein unstetes Leben dauernde
Freundschaften verhindere:

Wie stets nach dreißig Tagen
Bricht eine neue Welt entzwei.[27]

4. Güte

Freundschaft ist die erste, Güte die zweite ‚große' Lehre von Ringelnatzens
Vater, für Colin Butler nur ein fader Aufguß des Idealismus von Lessing und
Schiller[1]. In dem seiner Familie und seinen Freunden gewidmeten Erinnerungs-
buch „Meine Lieben" rät der Vater Georg Bötticher den Jüngeren: „Und miß-

---

[25] Flugzeuggedanken (A 32), S. 18 f. (GG, S. 297 f.).
[26] „Umarm ihn nicht" — Gedichte dreier Jahre (A 39), S. 71 (GG, S. 437).
[27] „Ab Kopenhagen" — Reisebriefe (A 27), S. 37 (GG, S. 142).
[1] Butler, Assessment (A 418), S. 183, Anm. 3.

achtet nicht die ewige, einzige Lehre dieses Lebens: Seid gut, seid gütig!"[2] Und mit dem beiden eigenen Glauben an die Wirksamkeit von Mahnungen hat der Sohn diese Lehre sehr häufig poetisch variiert, etwa:

> [...]
> Was du verschweigst,
> Was du den andern nicht zeigst,
> Was dein Mund spricht
> Und deine Hand tut,
> Es kommt alles ans Licht.
> Sei ohnedies gut.[3]

Und von sich bekennt Ringelnatz:

> [...] Ich war manchmal gut,
> Weil ich sekundenlang redlich gewesen bin.[4]

In „Umweg"[5] ist Güte nur durch die Tat möglich, sie ist etwas Sanftes: das Haar der „zierlichsten aller Seestuten" wogt unter Wasser „wie Güte"[6]. Der Ehrliche erreicht, „fromm und schwer, ganz müde", sehr viel mehr als der Schwindler[7] und in komischem Pathos heißt es einmal:

> Schlag mich einer flach und breit:
> Mächtig ist die Ehrlichkeit.[8]

— oder: „Das Tier ist ehrlich und deshalb gut."[9] Im wichtigen Augenblick soll man „ganz und groß und hilfsbereit"[10] sein, man kann nie genug geben[11], „Erwirb dir viel und gib das meiste fort" fordert er in „Was du erwirbst an Geist und Gut"[12]. Eine Neigung zur spruchhaften Sentenz zieht sich durch alle Verse von dem frühen Band „Gedichte" bis in die letzten Dichtungen im „Nachlaß"; Ringelnatz dichtet gern moralische Gebrauchsanweisungen, die in ihrem adhortativen Charakter an philosophische Spruchgedichte des 18. Jahrhunderts erinnern:

[2] Georg Bötticher, Meine Lieben (A 519), S. 37.
[3] „Nie bist du ohne Nebendir" — Kinder-Verwirr-Buch (A 34), S. 21 (GG, S. 378).
[4] „Aufgebung" — Reisebriefe (A 27), S. 62 (GG, S. 158).
[5] Allerdings (A 28), S. 13 (GG, S. 211).
[6] „Seepferdchen" — ebda. S. 27 (GG, S. 220).
[7] „Wege" — ebda. S. 75 f.
[8] „Streit" — Flugzeuggedanken (A 32), S. 23 (GG, S. 302).
[9] „Seehund zum Robbenjäger" — ebda. S. 145 (GG, S. 368).
[10] „An Peter Scher" — Allerdings (A 28), S. 141 (GG, S. 267).
[11] „Helfen" — Flugzeuggedanken (A 32), S. 13 (GG, S. 293 f.).
[12] Gedichte dreier Jahre (A 39), S. 97 (GG, S. 452).

> Was du als richtig empfunden,
> Das sage und zeige,
> Oder schweige.
> [...][13]

Der moralische Optimismus schwindet freilich mit der Zeit aus den Versen:
„Ach, welche Menschen sind denn eigentlich gut?" fragt er sich in einem 1931
zuerst veröffentlichten Gedicht[14]. Ist Ringelnatz wirklich der Trottel („numb-
skull"), der in seiner „low intelligence" glaubt, Antworten auf alle Lebensfragen
zu wissen, wie Butler meint[15], wobei er sich auf einige aus dem Kontext der
geistigen Haltung des Dichters gerissene und buchstäblich genommene Verse
stützt? Und verdirbt wirklich Eigendünkel („self-importance"), was er
schreibt[16]? Die Lehrmeisterrolle ist doch nur eine Maske, hinter der er die
eigene Unsicherheit verbirgt. Trotz der vielen Ratschläge, die er im Grunde
nur sich selber gibt — deshalb muten die Gedichte ja auch so egozentrisch
an —, ist er ratlos:

Weiß nicht mehr, was ich sagen wollte

Angegriffen und doch unversehrt
Rollt ein Bächlein zu Tale.
Und ein Stahlhelm ist umgekehrt
Eine stillende Schale.

Mancher Dieb wird erwischt.
Jedes Leben erlischt.
Zu dem Staubgefäß in der Dolde
Schleicht sich auch mancher Dieb — —
Ich weiß gar nicht mehr, was ich sagen wollte — —
Sei lieb![17]

Solche Verse sind kein fader Aufguß eines Lessingschen oder Schillerschen
Idealismus. Ringelnatz übernimmt vom Vater das Postulat „seid gut, seid
gütig!", sieht aber die Unzulänglichkeit bloßen Forderns, weil die Welt wider-
sprüchlich ist — „Und ein Stahlhelm ist umgekehrt / Eine stillende Schale" —,
und er weiß, daß die wenigsten Menschen „gut" sind. Die eigenen Grenzen als
„lyrischer Philosoph"[18] kennt er wohl, wie aus einem Brief an Otto Linnemann
hervorgeht[19]. Dennoch setzt er, bisweilen durchaus erfolgreich, die Maske des
Weisen auf, um nicht das zu verlieren, wonach er sich stets gesehnt hat: Ruhm

---

[13] Gedichte (A 6), S. 45 (GG, S. 15 f.).
[14] Vgl. oben S. 74, Anm. 18.
[15] Butler, Assessment (A 418), S. 191.
[16] ebda.
[17] Gedichte dreier Jahre (A 39), S. 94 (GG, S. 450).
[18] Günther, Ringelnatz (A 435), S. 60 u. ö.
[19] Brief Nr. OL 24, ohne Datum, wohl ca. 1928/30; siehe auch oben S. 37.

und Ansehen. Wohlgemerkt: Maske ist lediglich die lehrhafte Pose, an der Aufrichtigkeit und Ehrlichkeit des Gesagten dürfen wir nicht zweifeln. Und es ist nicht zuletzt diese Ehrlichkeit, die einige dieser Gedichte zu seinen besten werden läßt[20]. So gibt er dann auch einmal, die Rolle durchbrechend, zu: „Man soll — was weiß ich, was man soll!"[21] Und seine ganze Ratlosigkeit endet schließlich in einer Flucht zu drei Rettungswegen:

> [...]
> Mag sein, daß alles Böse sich
> Vereinigt hat, uns breitzutreten.
> Drei Rettungswege gibt's: Zu beten,
> Zu sterben, und „Ich liebe dich!"
>
> Und alle drei in gleicher Weise
> Gewähren Ruhe, geben Mut.
> Es ist wie holdes Sterben, wenn wir leise
> Beten: „Ich liebe dich! Sei gut!"[22]

Dennoch hält Ringelnatz in dieser seltsamen Mischung von naivem Glauben und wissendem Zweifel an den Lehren des Vaters fest.

Und sein „Letzter Roman"[23], an dem er bis kurz vor seinem Tode arbeitete, scheint, soviel man dem Fragment entnehmen kann, im Kern sich um die Möglichkeiten des Gutseins und der Freundschaft zu drehen, heißt es doch an zentraler Stelle bei einer abenteuerlichen Freiballonfahrt: „Kann man hier den geringsten, bösen Gedanken hegen? Hier muß man gut werden."[24] Auf der Erde hingegen scheint das weniger möglich, steht doch in den letzten Notizen die resignierende Frage: „Warum geht es wohl gerade allen ekligen Leuten so gut?"[25] Güte lohnt sich anscheinend nicht. Ebenso gehört auch Freundschaft zu den Angelpunkten des Fragmentes. Die weibliche Hauptgestalt, die Schauspielerin Wera Swanen — sicher ein Porträt Asta Nielsens — verspricht sich Heilung durch Freundschaft[26], und die männliche Zentralfigur, der geheimnisvolle Herr Ment, sucht fast besessen nach Freundschaft und Liebe. Vielleicht sollte der Roman auch hinsichtlich der vom Vater ererbten Lehren eine Art Summe des Lebens ziehen, bricht er doch sein eigenes Denken in den verschiedenen Gestalten des Fragmentes derart, daß sie kaum Individualität gewinnen.

---

[20] Siehe unten S. 296—309.

[21] „Man soll — —" — Allerdings (A 28), S. 53 (GG, S. 231); eine Kopie der Handschrift (GR; Original unbekannt) ist datiert: „München, 28. August 1922".

[22] „Ein Liebesbrief (Dezember 1930)" — Gedichte dreier Jahre (A 39), S. 111 (GG, S. 460).

[23] Nachlaß (A 46), S. 79—190; siehe dazu auch unten S. 306—308.

[24] ebda. S. 138.

[25] ebda. S. 189; von dieser Notiz scheint das hs. Original verloren gegangen zu sein, die übrigen hs. Notizen in der Sammlung GR.

[26] ebda. S. 94.

IV. Der entfremdete Vater

So abhängig Ringelnatz von seinem Vater in literarischer und geistiger Hinsicht ist, so groß sind im persönlichen Bereich die Spannungen und Mißverständnisse, unter denen der Sohn sein ganzes Leben leidet. Gerade weil er der Ansicht ist, ein Vaterherz sei „eine einmal vorhandene schönste Blume"[1], muß ihn des Vaters Unzufriedenheit mit der Erfolgslosigkeit seines seefahrenden und dichtenden Sohnes um so mehr schmerzen. Er hat von seiner Schiffsjungenzeit stets nach Hause berichtet: „Von Papa bekomme ich auch öfters Nachricht. Leider habe ich noch immer nicht Chance, obgleich ich mich eifrig danach umsehe."[2] Doch er fühlt sich nun zu Hause unverstanden.

Den Band „Gedichte" von 1910 widmet er dem Vater. „Der freute sich darüber, wohl schon deswegen, weil damit endlich einmal etwas Positives aus meiner Lebensweise kam."[3] Aber erst eine Erzählung des Novellenbandes „Ein jeder lebt's" von 1913[4], die am besten durchgestaltete „Phantasie", setzt sich mit dem entfremdeten Vater in eigenartiger Maskerade dichterisch auseinander.

Eigenartig ist die Maskerade schon dadurch, daß eine andere Vaterfigur mit hineinspielt: der Graf York von Wartenburg, auf dessen Schloß in Klein-Oels Hans Bötticher vom 4. Februar bis zum 22. Dezember 1912 die Bibliothek, die auch den Nachlaß Diltheys enthielt, zu ordnen hatte. In „Mein Leben bis zum Kriege" schildert ihn der Dichter als strengen Vater und nennt ihn den belesensten Menschen, den er je kennengelernt habe[5]; hierdurch stellt er ihn mit dem Baron von Seebach und Carl Georg von Maassen in eine Reihe, mit jenen Lehrmeistern also, die zum Vater mit seinem „immensen Wissen"[6] gehören.

---

[1] Brief Nr. AB 120 vom 25. 8. 1916.

[2] Brief Nr. EG 17 an seine Schwester Ottilie vom 15. 7. 1903.

[3] ML, S. 269.

[4] Bibl. A 9; zu den einzelnen Erzählungen siehe unten S. 119—126.

[5] ML, S. 308.

[6] ebda. S. 314; vgl. auch „Stalaktiten 1894—1904" (A 543), S. 3 über Vater Georg Bötticher: „Soll auch ein ausbündiger Schmökerer gewesen sein, dem an Bücher- und Geschriftenkenntnis und Belesenheit wohl kein Zweiter gleichgekommen ist weit in der Runde[...]".

Drei Erzählungen in „Ein jeder lebt's" gestalten Personen und Ereignisse aus dieser Zeit[7]. Der Stadtrat Scholz in „Phantasie" aber hat den Grafen Yorck direkt zum Vorbild. In vierzehn Abschnitten erzählt Hans Bötticher von einer Stadtratsfamilie und von den späteren Schicksalen der Kinder und anderer am Geschehen Beteiligter. Im zwölften Abschnitt, der vom Schicksal des wegen eines Diebstahls vom Vater verstoßenen Sohnes Peter berichtet, entwirft der Erzähler das Bild einer zerrütteten Familie:

O du braver, gekränkter Vater! Deine liebste Tochter starb, da ihre Locken kinderblond beglückten, der anderen hat Dünkel das Herz erfroren; und ein verschollener Dieb und ein ver — verlaufenes Weib. Das ist deine Familie, für welche du stets das Beste wolltest. Nicht anders als mit heißem Mitleid in Reue und Liebe kann ich deiner gedenken.[8]

Als Rennfahrer hat Pero Fortezza — so nennt sich Peter Scholz aus Scheu, den väterlichen Namen zu gebrauchen — drei Ziele: „Ich muß heute gewinnen: Einen Lorbeerkranz, ein großes Stück Gold und das alte Vertrauen eines entfremdeten Vaters."[9] Der Vater steht für ihn derart im Mittelpunkt, daß er in einem Autorennen alles wagt. Er beschwört Gott und Teufel, versieht sich mit Amuletten und rast auf grauer Bahn dahin: „Deine Bahn ist grau, glatt und führt dich zu Kränzen."[10] — war ihm geweissagt worden. In einem phantastischen Geschwindigkeitsrausch mischen sich unter die Lorbeerkränze, die er vor sich rollen sieht, Kränze aus Immergrün, Totenkränze:

Lorbeerkränze räderten. Totenkränze, Ruhmeskränze rollten. Immergrün. Räder schnurrten, Atem schnaufte, Musik schmetterte, und dann kollidierte der Italiener Fortezza mit dem hiesigen Rennfahrer Robl. Letzterer kam mit leichten Hautschürfungen davon, während Fortezza besinnungslos ins Hospital transportiert wurde, wo er, von Fieberphantasien gequält, hoffnungslos darniederliegt. (Wie verlautet, soll es sich gar nicht um einen Italiener, sondern um einen Deutschen namens Peter Scholz handeln.)[11]

Der Vater erfährt vom Tode des Sohnes nichts; die Zeitung mit der Meldung zerfaltet er und formt Schiffchen und Soldatenmützen, denn er hat für seine unnachsichtige Strenge bezahlt: er hat den Verstand verloren und ist kindisch geworden. Die Familie ist zerstört; lediglich die Schwester mit dem erfrorenen Herzen wird glücklich[12].

---

[7] „Der tätowierte Apion" — Ein jeder lebt's (A 9), S. 70—81; „Das Grau und das Rot" — ebda. S. 93—112 (dazu siehe unten S. 122—126); „Phantasie" — ebda. S. 113—161 (siehe zu dieser Erzählung auch unten S. 98—100).

[8] ebda. S. 153.

[9] ebda. S. 156.

[10] ebda. S. 152.

[11] ebda. S. 158 f.

[12] ebda. S. 159 f.

Peter Scholz / Pero Fortezza ist kein Selbstporträt des Dichters, aber die Erzählung zeigt, welche Bedeutung Bötticher dem Verhältnis zum Vater beimißt. Nicht nur häuft er alles Unglück auf diese Familie, damit ihm sein eigenes Verhältnis zu seinem Vater weniger schlecht erscheine, auch die drei Wunschziele des Rennfahrers sind seine eigenen. Doch ist ihm dieser Versuch einer Selbstbefreiung in einer Dichtung nicht gelungen. Er hat sein ganzes Leben weiter um den Vater gekämpft, gerade in der Entzweiung war die gegenseitige Liebe zu groß, als daß der Konflikt auf solch magische Weise hätte aus der Welt geschafft werden können oder müssen.

1921 etwa schützt Ringelnatz die Hauptfiguren zweier Märchen vor dem entfremdenden Mißverständnis der Familie und Umwelt dadurch, daß er sie — ganz im Gegensatz zu sich selbst — nichts von ihren phantastischen Reisen erzählen läßt. In „Der arme Pilmartine" heißt es: „Aber weder dem Bürstenhändler noch irgend jemand anderem, nicht einmal seinen Eltern erzählte Fidje auch nur das Geringste von dem, was er erlebt hatte, oder wo er gewesen wäre oder wie er so habe fliegen können."[13] Und von Feix Daddeldu im Märchen „Nervosipopel", der ebenso wie Fidje Pappendeik auf die verschiedenste Weise gebrochene Selbstdarstellung ist[14], wird kurz und bündig gesagt: „Was hatte er wohl alles erlebt? Er sprach nicht darüber."[15] Erst acht Jahre später und so bereits elf Jahre nach des Vaters Tod findet sich wieder ein direkter Niederschlag des ungelösten Knotens in der Beziehung zu seinem Vater. Wohl im gleichen Jahr 1929 wie das „Gedenken an meinen Vater"[16], mit dem wir diesen Teil der Arbeit überhaupt begonnen haben, entstand auch folgendes Gedicht:

An meinen längst verstorbenen Vater

Ach steh noch einmal auf ins Leben,
Du toter Papa!
Der Krieg ist aus. Dann hat sich viel begeben.
Ob du wohl weißt, was mir geschah?

Ach, wenn du kommst, gibt es die Frage nicht:
Wer von uns hatte recht in seiner Meinung?
Wenn du nur kommst — doch komm nicht als Erscheinung.
Komm in mein reingeweintes Augenlicht.

Wenn du nur kommst! Ganz greifbar, nicht geträumt.
Wir werden wie zwei Wellen uns umschlingen.
Was uns durch Alter trennte, was versäumt
War, würde groß und unbefangen schwingen.

---

[13] Nervosipopel (A 25), S. 27 (Auswahl [A 73], S. 140).
[14] Siehe dazu unten S. 237—245.
[15] Nervosipopel (A 25), S. 12 f.
[16] Gedichte dreier Jahre (A 39), S. 24 (GG, S. 408).

Ach weiß ich, daß kein Toter aufersteht.
Doch wenn es das, woran ich glaube, gibt,
Papa, dann hauche in mich ein Gebet.
Wir haben uns bisher nur fremd geliebt.[17]

Noch einmal greift Ringelnatz zu einem ursprünglich magischen Mittel: Mit
dem dreimaligen Anruf: „Ach, wenn du kommst" / „Wenn du nur kommst" /
„Wenn du nur kommst!" beschwört er den Vater, von den Toten aufzuerstehen,
„Ganz greifbar, nicht geträumt." Aber die Beschwörung mißlingt, Ringelnatz
zerbricht die Fiktion und raisonniert: „Ach weiß ich, daß kein Toter aufersteht." Der Dichter glaubt nicht mehr an seine Worte. Das Gedicht ist reflek-
tierte Magie und somit lediglich ein träumerisches Gedankenspiel, ein schmerzliches Spiel freilich: schmerzlich in doppeltem Sinn: einmal weil die Gefühle der
Schuld und des Versäumnisses echt sind. Besonders über den Krieg, dessen Ende
der Vater nicht mehr erlebte, waren sie verschiedener Meinung: „Der Baralong-
Fall[18] gab Anlaß zu scharfen schriftlichen Auseinandersetzungen zwischen meinem Vater und mir. Unsere Ansichten über den Krieg, über unser Volk und die
anderen Völker waren allzu verschieden. Wir einigten uns immer dahin, künftig
alle politischen Polemiken zu vermeiden, aber das ließ sich denn doch nicht auf
die Dauer durchführen."[19] Und 1919, nach dem Tod des Vaters, verspricht der
Sohn:

Sind alle Sümpfe getilgt und Härten,
Dann legen wir Neues an, friedliche Gärten
Darin aufgehend gedeihe, was Ihr noch gesät.[20]

Auf der anderen Seite ist „An meinen längst verstorbenen Vater" ein schmerzliches Spiel, weil Ringelnatz erkennen muß, daß die poetische Kraft in diesen
Versen nicht ursprünglich ist. Deshalb rettet er sich in einen naiven Jenseits-
glauben: „Doch, wenn es das, woran ich glaube, gibt, / Papa, dann hauche in
mich ein Gebet." Wie in den Versen „Gedenken an meinen Vater" stilisiert, ja
mythisiert er hier seinen Vater und klagt: „Wir haben uns bisher nur fremd
geliebt."

---

[17] ebda. S. 108 (GG, S. 458).
[18] Der englische Hilfskreuzer „Baralong" hatte unter amerikanischer Flagge im August
1915 das deutsche Boot U 27, „das im Begriff war, einen englischen Frachtdampfer in
korrektem Prisenverfahren zu versenken, angegriffen und die gesamte schiffbrüchige
Besatzung ermordet." — Kielmansegg, Deutschland und der Erste Weltkrieg (B 153),
S. 385; Vater Georg Bötticher wird wohl äußerst nationalistisch reagiert haben, während der Sohn mehr auf Ausgleich bedacht gewesen sein wird.
[19] Erste Korrekturbogen zu AM (ungekürzt) zu S. 168 (GR).
[20] IM, S. 55; Hans Bötticher sprach dieses sechsstrophige Gedicht „Junge an Alte 1919"
am 16. 4. 1919 bei der „Einweihung der Gedenkplakette für den Vater Georg Bötticher und für Edwin Bormann am Alten Leipziger Rathaus." (ebda. S. 54).

Aber damit nicht genug: Im Jahr der beiden Vatergedichte entsteht auch noch
ein Schlüsselmärchen: „Vom andern aus lerne die Welt begreifen. Ein Märchen."[21]
Die Hauptfigur Schelich ist eine Spielart des Typus Hans Bötticher, eine Verzerrung des eigenen Ich zum Schel - ich (scheelen Ich), was dieser seltsame Name
vielleicht bedeuten mag. Der Name des Vaters „Emanuel Assup" gemahnt an
orientalische Märchen, vielleicht an die Wilhelm Hauffs, die Ringelnatz besonders liebte[22]. „Vom andern aus lerne die Welt begreifen" ist die Geschichte eines
an Einsichtslosigkeit gescheiterten Lebens. Schelich, der Sohn des wohlhabenden
Gutsbesitzers, will nach dem Abitur Seemann werden; der Vater redet ihm das
aus und gibt ihm Zeit zum Überlegen. Dann will der Sohn Flieger werden, was
der Vater wiederum mit dem Hinweis auf die Gefährlichkeit ablehnt:

> „Nein, mein Junge, das gebe ich nicht zu. Der Fliegerberuf ist ein wagehalsiger, und
> sein Ruhm befriedigt auf die Dauer keinen geistig begabten Menschen. Überlege dir
> etwas Besseres. Ich lasse dir Zeit zum Nachdenken, so lange du willst. Aber ich warne
> dich vor dem Müßiggang. Werde nicht faul, wie es zum Beispiel diese Schildkröte ist,
> die tagelang auf ein und demselben Fleck liegt und noch nichts geleistet hat."[23]

Die Schildkröte, ein Geburtstagsgeschenk des Vaters, spielt die Schlüsselrolle in
dem Märchen. Sie taucht an allen entscheidenden Stellen auf. Als der Sohn das
erste Mal seine Berufswahl überdenkt, füttert er sie wie auch die Vögel und
Fische; als er nach der Ermahnung des Vaters, von der Fliegerei Abstand zu
nehmen, fragt: „ ‚Bist du glücklich?' " schweigt sie: „Aber sie gab keine Antwort, sondern zog sich in ihr Gehäuse zurück."[24] Die Vögel jedoch antworten
ihm auf die gleiche Frage:

> „Ja! Ja! Weit über die höchsten Türme, Wipfel und Gipfel, durch die lichten und
> wechselnden Wolken zu jagen, gegen Winde zu steigen; von Winden getragen, sich
> schwebend zu halten; aus steilen Höhen sich fallen zu lassen, um kurz vor dem Auf-
> prall die fangenden Schwingen zu entfalten und frei zu singen, — — das ist wunder-
> schön!"[25]

Schelich wird traurig und stürzt sich von einem hohen Berg. Aber er wird durch
einen großen Vogel gerettet, der ihn in ein fernes Land trägt:

[21] Kinder-Verwirr-Buch (A 34), S. 50—59 (Auswahl [A 73], S. 134—138).
[22] Falls das Märchen erst 1930 geschrieben wurde, wäre noch eine andere Vermutung
möglich: Die Mitbewohner des Hauses Sachsenplatz 12 in Berlin, wo Ringelnatz
seit 28. Februar 1930 lebte, hatten einen Hund mit dem Namen „Assap"; die Freude
am Klang mag dann den Gedanken an den skurrilen Ursprung des Namens ver-
drängt haben (vgl. Brief Nr. M 808 vom 5. 4. 1932, Briefe, S. 186 und Anmerkung
dazu).
[23] Kinder-Verwirr-Buch (A 34), S. 51 (Auswahl [A 73], S. 134).
[24] ebda. S. 52 (Auswahl [A 73], S. 134).
[25] ebda. (Auswahl [A 73], S. 135).

„Fliegen ist schön!" sagte Schelich.

„Ja, fliegen ist schön, aber man muß es erlernen und verstehen." Und der Vogel setzte den jungen Mann in einer fernen, großen Stadt ab und entflog.[26]

Dort gelingt es ihm, Pilot zu werden. Doch der Vater behält recht, er findet keine Befriedigung. Heimgekehrt spricht er kein Wort über seine Erlebnisse, wie er auch nichts aus der Ferne schrieb. Er fragt wiederum die Schildkröte, ob sie glücklich sei.

Sie gab keine Antwort, sondern zog sich in ihr Gehäuse zurück.

Schelich entfernte den Bretterzaun, der sie gefangen hielt. Der alte Assup kam zufällig hinzu und sagte erstaunt und nicht ohne Vorwurf: „Warum zerstörst du, was ich errichtet habe!"

Wieder lebte Schelich wie zuvor. Er ging spazieren und fütterte die Tiere. Einmal betrat er das Arbeitszimmer des Vaters und teilte diesem ruhig mit, daß die Schildkröte entflohen wäre. Assup senior erregte sich sehr. Er wollte sofort seinen Jäger und ein paar Knechte veranlassen, die Verfolgung aufzunehmen. Schelich beruhigte ihn: „Es ist nicht nötig, Vater. Ich habe die Schildkröte bereits aufgespürt. Sie liegt drei Fuß weit von der ehemaligen Zaungrenze entfernt."

Vater Assup lachte und klopfte dem Sohn freundlich auf die Schulter. Plötzlich wurde er wieder ernst und sagte, sich abwendend, leise: „Man kommt nicht weit, wenn man sich heimlich entfernt."[27]

Der Sohn aber hat in seinem Trotz immer noch nichts gelernt, und was ihm mit den Vögeln geschah, passiert ihm nun auch mit den Fischen. Ein großer Fisch rettet ihn vor dem Ertrinken; Schelich wird schließlich Kapitän. Doch auch dieser Beruf befriedigt ihn nicht. Durch einen Knecht aus der Heimat erfährt er von des Vaters Tod.

Da kam ein schweres Schmerzgefühl über den Sohn. Er reiste, so schnell er vermochte, heim.

Am Grabe des Vater fiel er nieder und schluchzte bitterlich. Dann trieb es ihn zu der Schildkröte. Auch sie war tot. Ihr Gehäuse mit den verwitterten Resten lag noch am alten Platz. Schelich bettete die Tierleiche in die Erde ein, neben dem Grabe des alten Assup.

Schelich irrte verzweifelt umher, fragte die Vögel und die Fische, warum sie glücklich wären und warum er nicht glücklich wäre. Doch die Vögel und die Fische antworteten ihm nicht mehr.[28]

Die Schildkröte stirbt mit dem Vater: Sie ist Symbol für die Lehren des Vaters und — was sie schon seit dem Altertum ist — Symbol der Häuslichkeit, des ruhigen Lebens in der Heimat. Der Sohn versteht das Geschenk des Vaters nicht, er versucht das Tier zu befragen. Und es antwortet ihm ja auch, freilich

---

[26] ebda. S. 53 (Auswahl [A 73], S. 135).
[27] ebda. S. 54 f. (Auswahl [A 73], S. 136).
[28] ebda. S. 58 (Auswahl [A 73], S. 137).

auf seine Weise: Es zieht sich in sein Gehäuse zurück. Die Schildkröte ist aber auch Symbol für Verse des Vaters, die der Sohn in einem schlichten Notizheft findet und die das Märchen abschließen:

> Im Schreibtisch entdeckte er ein schlichtes Notizheft. Dahinein hatte der alte Herr noch mit zittriger Hand geschrieben:
>
> > Es sind die harten Freunde, die uns schleifen.
> > Sogar dem Unrecht lege Fragen vor.
> > Wer nimmer fragt, merkt nicht, was er verlor.
> > Vom andern aus lerne die Welt begreifen.[29]

Rätselhaft scheint zunächst der zweite Vers; wieso soll man *sogar* dem Unrecht Fragen vorlegen? Offensichtlich will er sagen: Gerade, wenn du meinst, jemand tue dir (oder du ihm) unrecht, frage dich, ob er (oder du) nicht in Wahrheit recht hat. Denn der Vater, dem Schelich nie folgt, weil er ihn im Unrecht glaubt, hat recht, nicht zuletzt mit dem alles zusammenfassenden Spruch: „Vom andern aus lerne die Welt begreifen." Die Schildkröte tut, was ihr zukommt, sie ist faul und bleibt an ihrem alten Platz; die Vögel und Fische tun, was ihnen zukommt, sie fliegen bzw. schwimmen. Allein Schelich ist so töricht, ohne Lernen ans Fliegen oder Schwimmen zu denken. Die Tiere weisen ihm dann auch den Weg. Aber eigentlich kommt ihm als „geistig begabtem"[30] Menschen weder der Seemanns- noch der Pilotenberuf zu. Das ist die Lehre, die ihm der Vater und alle „andern" geben: Jeder Mensch soll nach dem streben, was ihm wirklich gemäß ist, er soll nach Selbstverwirklichung trachten. Nichts anderes rät Pindar in einem seiner Gesänge dem Sieger mit dem Wagen Hieron: „γένοι', οἷος ἐσσὶ μαθών. — Werde, wer du bist, doch erkenn's erst!"[31] Und darauf spielt Nietzsche mit dem Untertitel seines „Ecco homo" an: „Wie man wird, was man ist"[32]; denn in einem Brief an Erwin Rohde nennt er eben diesen Vers aus der zweiten pythischen Ode „die festlichen Worte, die sich siegreich erwiesen haben"[33]. Auch für den Schelich des Märchens hat sich der Spruch des Vaters siegreich erwiesen, aber so, daß er am Ende verzweifelt und unendlich einsam ist. Denn da Schelich nur von gefährlichen, ihn nicht befriedigenden und daher ihm nicht zukommenden Berufen träumt, sie auch erlernt, bleibt er sich selbst doch ein Rätsel, weil er sich und die andern nicht versteht.

Und jetzt dürfen wir wieder auf Ringelnatz selbst blicken: Ebenso wie Schelich fand er im Seemannsberuf keine Befriedigung — die Gründe dafür

---

[29] ebda. S. 58 f. (Auswahl [A 73], S. 137 f.).
[30] ebda. S. 51 (Auswahl! [A 73], S. 134).
[31] Pindar, Zweite pythische Ode, Vers 72. — Pindar, Siegesgesänge und Fragmente (B 76), S. 124, 125.
[32] Nietzsche, Werke 2 (B 75), S. 1063.
[33] ebda. 3, S. 984 (Brief Nr. 24 vom 3. 11. 1867).

freilich sind vielschichtiger. Das Märchen weist bis in Einzelheiten manche Parallele zum tatsächlichen Leben von Vater und Sohn Bötticher auf. Erfährt Schelich vom Tod des Vaters in der Fremde durch einen Knecht, so erfährt Ringelnatz telefonisch als Kommandant eines Minensuchbootes vom Tod des Vaters. Und ähnlich wie der Vater des Schelich ein schlichtes Notizheft, so hinterläßt nach dem Bericht von Vater Georg Bötticher in seinem Erinnerungsbüchlein „Meine Lieben" dessen Mutter: „Ein dünnes Schreibheft mit blauem Umschlag, in das sie mit zitternder Hand rührende Worte des Dankes eingetragen [. . .]"[34].

Auch Ringelnatz verstand das Geschenk, das ihm sein Vater machen konnte, nicht: die Häuslichkeit, nach der er sich ein Leben lang als reisender Artist sehnen sollte. Wie im Märchen mit dem Vater die Schildkröte stirbt, so stirbt für Hans Bötticher mit seinem Vater sein wirkliches und geistiges Zuhause. Er ist endgültig heimatlos geworden, denn Mutterliebe kannte er ja nicht[35], und weder von Leipzig, wo er aufwuchs, noch von Wurzen, wo er geboren wurde, sprach er je wieder in gutem Sinne, und nur für Vorträge ging er noch nach Sachsen. Und vor allem: anderthalb Jahre nach dem Tode seines Vaters trennt er sich von seinem wahren Namen und veröffentlicht von nun an seine Dichtungen als Joachim Ringelnatz.

Die Zeichnung am Ende des Märchens ist vielleicht ein Selbstporträt des Dichters: Eine männliche Gestalt sitzt vornübergebeugt an einem Tisch, der rechte Arm ruht auf der Tischplatte, darauf liegt sein Kopf, und die Linke bedeckt das Gesicht und zerwühlt das Haar. Nicht nur mit der Gestalt seines Vaters und mit dessen Tod ist er nie ganz fertig geworden, sicher auch nicht mit sich selber; denn nicht zufällig erscheint das Märchen im „Kinder-Verwirr-Buch".

Noch ist aber die Auseinandersetzung mit dem Vater nicht abgeschlossen, denn an deren Ende steht das Bekenntnis, daß er, je mehr er altre und lerne, dem Vater umso näher komme[36]. Und dazu gehört auch, daß er nun wie sein Vater als Dichter *und* Maler gelten will. War dieser im Hauptberuf Musterzeichner, so hat sich Ringelnatz um 1930 ins Berliner Telefonbuch mit der Berufsbezeichnung „Kunstmaler" eintragen lassen[37], und an den Glasmaler Otto Linnemann schreibt er 1927: „Es ist so schön, dass Du etwas an meinen Bildern gefunden hast, die ich ja wirklich wenigstens nicht aus Spielerei, sondern mit

---

[34] Georg Bötticher, Meine Lieben (A 519), S. 27 f.

[35] Brief Nr. AB 24 vom 15. 2. 1914; siehe oben S. 4.

[36] Vgl. „Gedenken an meinen Vater" — Gedichte dreier Jahre (A 39), S. 24 (GG, S. 408).

[37] Günther, Ob ich durchaus kein Maler bin (A 485), S. 139; auch in: ders., Ringelnatz (A 435), S. 133.

viel Liebe, wenn auch mit viel Kampf und Unsicherheit male."[38] Zu den Freunden und Bekannten seines letzten Lebensjahrzehnts zählen vor allem bildende
Künstler: Otto Linnemann, Olaf Gulbransson, Renée Sintenis und deren ebenfalls malender Mann Emil Rudolf Weiss, Carl Hofer, Selma des Coudres, die er
schon aus der Zeit vor dem Kriege kannte, und mit Otto Dix wechselt er hie
und da Briefe. Sein „Letzter Roman"[39] schließlich, den er kurz vor seinem
Tode begann, sollte ganz im Milieu von Malern und Bildhauern spielen.

Und mehr noch: Asta Nielsen, die er schwärmerisch verehrte, war Zeugin
eines erschütternden Vater-Spieles des fast Fünfzigjährigen:

> Weihnachtsabend feierte das Ehepaar allein vor dem im Lichterglanz erstrahlenden
> Baum. Da wurde eine Tür des Buffets geöffnet, und heraus kam eine Glaskuppel, die
> sich über dem Skelett eines Embryos wölbte, das sie mit aufrichtiger Liebe umhegten.
> Sie hatten ausgerechnet, daß dieses Skelett jetzt ein Mensch von sechsunddreißig
> Jahren sein müßte, wenn es sich natürlich entwickelt hätte, aber sie betrachteten es
> stets als ein Kind, holten es an jedem Weihnachtsabend aus dem Buffet und stellten
> es in den Schein der Weihnachtskerzen. Sehr wenige bekamen die Erlaubnis, das
> kleine Gerippe zu bewundern. Es wurde hinter Schloß und Riegel gehalten, um nicht
> von aller Welts Blicken entweiht zu werden. Etwas Mystisches verband es mit dem
> kinderlosen Ehepaar.[40]

Kindlich stillt der Kinderlose, der Kinder so liebte und Kinderbücher schrieb[41],
so seine Sehnsucht. Seine Vater-Spiele knüpfen wiederum an die früheste Jugend an. Hatten Dichten und Malen mit kindlichem Nachahmen des Vaters begonnen, so erinnert er sich auf dem letzten Krankenlager an den geheimnisvollen „Hausgeist" „Pinko"[42] seiner Kinderspiele, dessen Namen er zwischen 1907
und 1909 auch als Pseudonym[43] benutzt hatte. Am 5. September 1934 — fünf
Wochen vor seinem Tode — notiert er in sein Krankenhaus-Tagebuch: „[. . .]
mein Sohn Pinko hat einen Freund geschenkt bekommen."[44] — und zuvor am
30. August: „Mein Sohn, Pinko, die Gelenkpuppe, die neulich am Schilfrohr
schon Sensation erregte, hat heute wieder großen Erfolg durch ‚Ärschlein-Samt-

---

[38] Brief Nr. OL 4 vom 17. 1. 1927, abgedruckt in: Schumann, Himmelsbrücke und
Ozean (A 499), S. 56.
[39] Nachlaß (A 46), S. 79—190; siehe oben S. 79, unten S. 306—308.
[40] Nielsen, Die schweigende Muse (A 407), S. 282 f.
[41] Vgl. dazu auch die seltsame Schwangerschaft von Lepopisov Ren in Nervosipopel
(A 25), S. 15—17; zur Erzählung „Nervosipopel" siehe unten S. 237—241.
[42] ML, S. 14.
[43] Vgl. Verse in: Simplicissimus Künstler-Kneipe und Kathi Kobus (A 3) und „Eine
Fahrt mit der G-Bahn", die 1907 unter dem Pseudonym Pinko erschien (A 99);
siehe auch unten S. 155.
[44] Nachlaß (A 46), S. 64.

Pfirsich-sitzt in Vase' ".[45] Ringelnatz fällt völlig in ein kindliches Vater-Spielen zurück: Pinko, das ist ja er selbst, und jetzt spielt er die Rolle des Vaters. Aber auch das war noch nicht seine letzte Rolle als „Vater", denn die Krankheitsberichte in des Sohnes „Krankenhaus-Tagebuch" unterscheiden sich kaum von jenem Brief des sterbenden Vaters, den Ringelnatz in der Buchfassung von „Als Mariner im Krieg" schließlich wegließ:

— Mein Vater schrieb: „Leipzig den 9. November 1917. — Mein lieber Gustav![46] Mein langes Schweigen hat einzig mein miserables Befinden zugrunde. Es geht mir schlecht. Seit 6 Wochen (ohne ein einziges Mal auszusetzen) bin ich Nacht für Nacht zwei bis drei furchtbaren Hustenanfällen, deren jeder 1—1½ Stunden anhält, ausgesetzt, wonach ich in Schweiß gebadet gänzlich erschöpft daliege, ein paar Stunden aus purer Erschöpfung schlafe, um dann von neuem durch den krachenden Husten — den auch Mama kaum auszuhalten vermag — wieder gewekt und gemartert zu werden. — Der Tag ist dagegen noch eine Erlösung auf 8—10 Stunden, da ich alsdann meist vom Husten befreit bin. Aber bleischwer liegt's mir in den Gliedern und totmatt [!] kann ich mich kaum vom Stuhl nach dem Tisch schleppen, nur selten und kurz ausgehen, um 7 gewöhnlich bin ich schon genötigt, mich zu Bett zu legen (ich schlafe auf dem Divan in meinem Zimmer), wo dann 2 Stunden darauf die nächtliche Marter beginnt. Wenn zuweilen noch Atemnot dazutritt, wird es unerträglich und man ersehnt eine Gabe Morphium — aber wer verschafft einem die? — Alt, schlecht ernährt, durch vorherigen Ruhranfall sehr geschwächt (Ende Juli fand dieser statt) kann man dem gräßlichen Bronchialkatarrh nichts Wirksames entgegensetzen, und so werde ich mich wohl noch lange daran abquälen müssen. Anregende und stärkende Getränke (Wein, Kaffee, Tee) sind entweder nicht mehr zu haben oder unerschwinglich teuer, und doch waren letztere zwei bisher meine letzte und beste Hilfe, um mir wieder für ein paar Stunden Anregung und Halt zu schaffen. (Mit Wein hat mich Wolf[47] ab und zu versorgt, ich genieße ihn homöopathisch, um recht lange damit auszukommen) — Unter diesen Umständen, geliebter Gustav, magst Du Dir denken, w e l c h e   F r e u d e ,   n e i n ,   w e l c h   e i n   d a n k b a r e s   G e f ü h l   D e i n   e b e n   e i n t r e f f e n d e s   P a k e t   i n   m i r   e r r e g t e , als die wundervollen Gaben: T e e ,   K a f f e e ,   W u r s t , Sardinen, Erbsen, Käse zum Vorschein kamen; Du guter lieber Junge hast uns beide, Mama und mich hoch erfreut, und mir geradezu durch Tee und Kaffee   e i n e   g r o ß e   W o h l t a t   erzeigt. Ich fürchte nur, Du hast dennoch sehr starke Auslagen dafür gehabt, und wäre Dir nochmal so dankbar, wenn Du in solchem Falle sie mir ganz offen mitteilen möchtest, daß ich sie zurückerstatten könnte. Denn schon, daß Du mir (und uns) dergleichen verschaffen kannst, ist ja eine große Wohltat. — Mama pflegt mich treulich, aber hat es natürlich in den Nächten auch recht schwer, da der krachende Husten sie, die

[45] ebda. S. 61.
[46] Ringelnatz veröffentlichte AM unter dem Pseudonym „Gustav Hester", „herausgegeben von Joachim Ringelnatz". Sein zweiter Vorname neben Hans (Bötticher) war Gustav; Hester spielt auf den steinernen Engel im Hof von Trude Hesterbergs „Wilder Bühne" in Berlin an. In seinen Briefen an Muschelkalk steht „Hesterberg" oder nur „Hester" für diesen Engel und dieser für Gott. Das Pseudonym „Hester" ist also naiv-frommes Bekenntnis zu Gott; siehe auch unten S. 292.
[47] Gemeint ist Ringelnatzens Bruder Wolfgang (1879—1946).

Feinhörige, stundenlang wachhält. — Also sei innig bedankt, mein lieber Gustav, und beherzige meine Worte wegen des Nennens Deiner Auslagen! Sei geküßt von Deinem alten, sich ganz in Husten auflösenden Pa."[48]

Und auch die Todeskrankheit Ringelnatzens wird wohl letztlich vom Vater stammen, nach der bekannten Annahme, daß Tuberkulose insofern erblich ist, als sie stets in einem hereditären minderwertigen Organ lokalisiert ist[49]. Ringelnatz hat wohl von seinem Vater diese sogenannte „relative Organminderwertigkeit"[50], das heißt besondere Infektionsanfälligkeit der Lunge, geerbt. Der Vater wurde ihm so noch im Tode zum Schicksal. Es zwang dem körperlich stets anfälligen Sohn das letzte tödliche Vater-Spiel auf: Joachim Ringelnatz starb wie sein Vater.

[48] Erste Korrekturbogen zu AM (ungekürzt) zu S. 312 (GR).

[49] Adler, Studie über Minderwertigkeit von Organen (B 114), S. 6 und 17—26 („Heredität").

[50] ebda. S. 7; der Bronchialkatarrh des Vaters — Ringelnatz spricht in AM, S. 306 von einem Lungenemphysem — ist sicher auf ein minderwertiges Respirations-organ zurückzuführen, vgl. Adler, Studie über Minderwertigkeit von Organen (B 114), S. 19. Daß Herbert Günther Vater Georg Bötticher „nach nur viertägiger Grippe" sterben läßt, ist eine Fehldiagnose (Günther, Ringelnatz [A 435], S. 20); siehe auch unten S. 308.

B. DER NASENKÖNIG

„Man darf über alles unter dem Monde und über ihn selber Phantasien haben, wenn man nur nicht die Phantasien für Wahrheiten nimmt — oder das Schattenspiel für ein Bilderkabinett — oder das Bilderkabinett für ein Naturalienkabinett"[1] — rät Jean Paul im „Leben des Quintus Fixlein" seiner fiktiven Pflegeschwester Philippine. Erst sehr spät war Ringelnatz mit dem Bilderkabinett seiner Phantasie zufrieden[2]. Allzu lange hatte er als Hans Bötticher versucht, seine Tagträume in ein Naturalienkabinett des wirklichen Lebens zu verwandeln. In einem Gedicht aus seinen letzten Lebensjahren redet er von den Augen seiner Kindheit, „die / So wenig sahn vor lauter Phantasie."[3]

Damals hatte er wie alle Kinder noch die Möglichkeit, seine Tagträume in der Wirklichkeit auszuspielen, noch gab es für sie „die Anlehnung an reale Objekte"[4], was nach Sigmund Freud das Spiel von der Phantasie unterscheidet. Schon als Neunjähriger bekommt er zu Weihnachten „fünf Schachteln Bleisoldaten — deutsche Marine"[5] und eine Ulanenuniform[6]. Als höchste Wonne empfand er als Kind es, auf dem einzigen Vergnügungsdampfer von Leipzig mitzufahren, und er fühlte sich dabei „sehr seemännisch"[7]. Seine kindliche Phantasie von Abenteuer und Gefahr findet ihre Erfüllung in Spielen mit Bleisoldaten und anderen „kriegerischen Übungen", von denen er in „Mein Leben bis zum Kriege" berichtet: „Ich schien zum Kriegsmann geboren."[8] Er träumte von Abenteuern. Die Uferhänge der Alten Elster sind ihm geheimnisvolle fremde Länder, und im Spiel wird sein Traum Wirklichkeit:

Für mich war der größte Eindruck der Fluß mit seiner Uferromantik. Zwischen den Löchern und dem wirren Gestrüpp der steilen Abhänge kletternd, kämpfend, forschend, erlebte ich die Abenteuer meiner Sehnsucht voraus.[9]

Magisch scheint ihm die Natur belebt, und eine Furcht vor ihrer drohenden Ge-

[1] Jean Paul, Leben des Quintus Fixlein (Der Mond. Eine phantasierende Geschichte). — Werke 4 (B 44), S. 51.
[2] Siehe dazu unten S. 244 f.
[3] „Vor meinem Kinderporträt" — Gedichte dreier Jahre (A 39), S. 106 (GG, S. 457).
[4] Freud, Der Dichter und das Phantasieren, S. 215 (Gesammelte Werke 7 [B 134]).
[5] Georg Bötticher, Meine Lieben (A 519), S. 10.
[6] ebda. S. 11.
[7] ML, S. 26.
[8] ebda. S. 13.
[9] ebda. S. 9.

walt bemächtigt sich auch des jungen Bötticher. Der gealterte Ringelnatz erinnert sich „sechsunddreißig Jahre und länger zurück"[10]:

> Noch unheimlicher waren die hohen alten Pappeln an unserem Ufer. Die hohen
> Pappeln mit ihrem zitternden und schillernden Blättermillionen-Gewoge. Im Sturme
> neigten sie sich so beängstigend tief hin und her, als drohten sie, jeden Moment auf
> uns hereinzubrechen. Sie rauschten unsagbar unheimlich in meine einsame Kinder-
> phantasie.[11]

Etwas von dieser kindlichen Einsamkeit hat Ringelnatz in zwei Arbeiten des
Jahres 1929 eingefangen: in dem Gedicht „An der Alten Elster"[12] und in dem
Ölbild „Am Fluß"[13]. Besser als das größtenteils nur referierende Gedicht gibt
das Bild den kindlichen Träumer wieder. Gegenwart und Vergangenheit ver-
schmelzen: Das jenseitige Ufer — die Gegenwart —, kahl mit Fabrikanlagen
im Hintergrund, die 1893 dort sicher noch nicht standen[14], der breite träge
Fluß in der Mitte, dann im Vordergrund das diesseitige Ufer, die pappelbe-
standene Vergangenheit. Wie verloren liegt zusammengekauert eine kleine Gestalt vorn auf der Wiese. Doch die Illusion der vergangenen Kindheit ana-
chronistisch ironisierend, betrachtet aus einem vorbeifahrenden Auto eine Dame
den Ruhenden. Das ist eine Situation des Märchens: Eine schöne, reiche Dame
erblickt von ihrer Kutsche aus den armen Knaben, läßt ihn zu sich einsteigen
und bringt ihn auf ihr Schloß — so ungefähr im „Gestiefelten Kater"; dort haben wir sogar noch den Fluß, in dem sich der Müllersbursche badet.

> Pappeln, Hang und Fluß, wo dieses Kind
> Soviel heimlichstes Erleben hatte,
> Sind nicht mehr. Mir spiegelt dort der glatte
> Asphalt Wolken, wie sie heute sind.[15]

Die Märchen- und Abenteuerträume seiner Jugend haben sich nicht erfüllt; der
Träumer auf dem Bild sieht das vorbeifahrende Auto nicht, und dieses hält
nicht an[16].

---

[10] ebda. S. 11.

[11] ebda. S. 9.

[12] Flugzeuggedanken (A 32), S. 20 (GG, S. 298 f.).

[13] Das Bild nennt Ringelnatz ausdrücklich „Am Fluß" (ML, S. 10), der übliche Titel
„An der Alten Elster" ist falsch; Abbildungen siehe: Schumann, Himmelsbrücke und
Ozean (A 499), S. 37 und Günther, Ringelnatz (A 435), S. 20.

[14] Vgl. den Stadtplan von Leipzig in: Brockhaus' Konversations-Lexikon, 14. Auflage
(1894) Bd. 11 (B 122), zwischen S. 58 und 59. Dieser Plan zeigt gegenüber der
Straße „An der Alten Elster" nur Wiesen und Weiden; ebda. S. 65: „Die im Westen
zwischen der innern Stadt und den Vororten sich hinziehende Flußniederung um-
faßt schöne Wiesen, Wälder und gut gehaltene Promenaden."

[15] Flugzeuggedanken (A 32), S. 20 (GG, S. 299).

[16] Vgl. die als sich drehend dargestellten Räder und die starken Auspuffgase des Autos.

Als Knabe wollte er die Märchenkutsche der Kinderphantasie nicht verlassen. Er hoffte, seine Träume zu verwirklichen: „Es stand lange bei mir fest: Ich wollte Seemann werden."[17] Der Vater hatte keine grundsätzlichen Einwände. Aber alle, die er um Rat fragte, auch sein Onkel mütterlicherseits, Martin Engelhart, der Kapitän in China war und den Hans Bötticher schon früh „aus Bildern und Erzählungen" kannte[18], rieten ab: „Aber was besagte das einem beseelten Kinderwillen gegenüber."[19] Denn die Kinder- und Jugendzeit Hans Bötticher war wie kaum eine andere geeignet, seine Wunschträume anzuregen und seine Phantasien zu verstärken.

Gerade am Ende des neunzehnten Jahrhunderts — ungefähr seit Hans Böttichers Geburt — war in den Augen vieler Zeitgenossen die „bedeutungsvollste, brennendste, unerbittlichste aller Forderungen der Gegenwart"[20] die Frage der deutschen Seemacht. So drückte es Hans Böttichers Nenn-Onkel Julius Lohmeyer aus[21], der das neue Jahrhundert mit einer Sammlung von „See-, Flotten-Liedern und Meerespoesien" und dem Ruf „Zur See, mein Volk!" begrüßte[22]. Und nicht nur aus dem Munde eines Bekannten scholl dem jungen Hans dieser Ruf entgegen. Seit 1884 begann das Deutsche Reich mit dem Erwerb von Kolonien, und die Attraktion für die Deutschen zuhause waren die Völkerschauen, die auch den achtjährigen Hans begeisterten[23]. Die Flottengesetze von 1898 und 1900 schließlich, die der ehrgeizige politische Dilettant, Kaiser Wilhelm II., seit seiner Thronbesteigung mit markigen Sätzen atmosphärisch vorbereitet hatte — „Unsere Zukunft liegt auf dem Wasser", „Reichsgewalt bedeutet Seegewalt" und „bitter not ist uns eine starke deutsche Flotte"[24] —, lenkten die Aufmerksamkeit auch der Binnenleute auf das wachsende Seewesen[25]. Viele berühmte Seeleute wie Graf Luckner, der 1894 von zu Hause (Dresden!) weglief, kamen aus dem Binnenlande[26].

---

[17] ML, S. 48.

[18] ebda. S. 32.

[19] ebda. S. 48; zu den biographischen Einzelheiten dieser ganzen Zeit vor dem ersten Weltkrieg siehe eben sein kaum stilisiertes „Mein Leben bis zum Kriege".

[20] Lohmeyer, Zur See, mein Volk! (B 55), S. VIII.

[21] Vgl. oben S. 14—16.

[22] Die Anthologie enthält neben drei Gedichten Lohmeyers eines von Victor Blüthgen, dem Hans Bötticher lange verbunden blieb, verschiedene preisgekrönte Flottenlieder und Seemannsballaden wie Fontanes „John Maynard", Arno Holzens „En Boot is noch buten", Liliencrons „Trutz, blanke Hans", Geibels „Eine Seeräubergeschichte" u. a. m.

[23] ML, S. 31; siehe auch unten S. 117 und 121.

[24] Vgl. Wislicenus, Deutschlands Seemacht (B 214), S. V.

[25] Vgl. ebda. S. 303: Von 1881—1899 wuchs in der deutschen Handelsflotte die Zahl der Dampfer von 414 auf 1223.

[26] Diesen und andere Hinweise verdanke ich der Redaktion „Lexikon der Seefahrt", Hamburg.

Die zeitgenössische Literatur und die Tagespresse waren voll von Berichten über die heldenhaften deutschen Matrosen, die im Kampf mit den Eingeborenen in den fernen Kolonien oder zur See sich Ruhm erwarben. Und Hans Bötticher wird an den Uferhängen der Alten Elster von solchen Abenteuern geträumt haben. Es ist nicht verwunderlich, daß gerade zu dieser Zeit die alten Seeromane von James Fenimore Cooper und Frederick Marryat wieder in Mode kamen; von diesen berichtete schon 1880 beispielsweise der seinerzeit als Schriftsteller bekannte Contreadmiral Werner in Erinnerung an die vierziger Jahre: „Später trugen die Seeromane von Cooper und Marryat das ihrige dazu bei, jene Neigung zu befestigen und ließen in mir den unumstößlichen Entschluß reifen, zur See zu gehen."[27] Die Erinnerungen dieses Seemannes lesen sich, was seine Jugend und Schiffsjungenzeit angeht, ganz wie Ringelnatzens Berichte über seine Jugend. Und es steht außer Zweifel, daß auch Hans Böttichers Träume von Abenteuer und Gefahr zur See und in fremden Ländern durch manche der zahllosen verschiedenen Bearbeitungen „für die reifere Jugend" erregt wurden, die in den Jahren 1890—1900 von diesen Seeromanen[28] erschienen, wie Marryats „Masterman Ready" und Coopers „Red Rover", die auch heute noch als „Sigismund Rüstig" und „Der rote Freibeuter" nach weit mehr als hundert Jahren zum festen Bestand der Jugendliteratur gehören.

Zum erstenmal in seinem Leben kommt dem jungen Hans Bötticher eine allgemeine Zeiterscheinung entgegen: Sein Wunsch, Seemann zu werden, bleibt nicht im Reiche kindlicher Phantasien befangen, sondern auch der gut bürgerliche und angesehene Vater wendet nichts dagegen ein, als sein Sohn dem Ruf des Nenn-Onkels Julius Lohmeyer folgt: „Zur See, mein Volk!" Georg Bötticher bringt seinen Sohn selbst nach Hamburg[29].

Aber die anschließende erste Ausfahrt als Schiffsjunge vom April bis September 1901[30] mit den Erlebnissen in British-Honduras, wo er vor der groben Behandlung an Bord in den Urwald flieht, ängstlich in die Stadt zurückkehrt und schließlich wieder eingefangen wird[31], und auch die anderen Fahrten der Jahre vom Dezember 1901 bis Juli 1903, wo die Schiffe in Venedig, Konstantinopel, Nikolajew, Odessa, Algier, Boston, New York, Antwerpen, Lissabon, Rio de

---

[27] Werner, Erinnerungen und Bilder aus dem Seeleben (B 107), S. 3; von Werner erschien auch in einer von Julius Lohmeyer herausgegebenen Reihe: „Admiral Karpfanger. Erzählung aus Hamburgs Vorzeit" (B 106).

[28] Vgl. dazu die entsprechenden Bücherlexika (Kayser, Hinrichs); 1889—1890 erschien auch eine deutsche Gesamtausgabe der Werke Marryats (B 59).

[29] Zu den Einzelheiten siehe ML, S. 48—51.

[30] Der Kapitän des Segelschiffes, auf dem er diese erste Fahrt begann, nannte ihn „Nasenkönig" (ML, S. 145); und das Gedicht „Die lange Nase" beginnt: „Hans wird der Nasenkönig genannt" — Gedichte (A 6), S. 41 (GG, S. 15); siehe auch unten S. 107 f.

[31] ML, S. 104—122.

Janeiro, Buenos Aires, Madeira und Narvik anlegten[32], müssen ihm nicht die ersehnte Erfüllung seiner Träume gebracht haben. Alle diese Seefahrten finden auch kaum poetischen Niederschlag. Er muß von der Äußerlichkeit dieser Erlebnisse und der Fremdheit der Länder seltsam unberührt gewesen sein; denn lediglich sein „Schiffsjungen-Tagebuch" von 1911[33] und „Mein Leben bis zum Kriege" von 1931 geben auf weite Strecken einen eigentümlichen Bericht, der nur die äußeren Ereignisse protokolliert. Ganz selten gelingen ihm anschauliche Bilder und Schilderungen. „Ich bereue sehr", schreibt er am 21. Mai 1914 an Alma Baumgarten, „daß ich manche Länder und Städte, in denen ich war, garnicht [!] recht kennen gelernt habe, weil ich damals die Zeit nicht nutzte und viel zu viel Dinge im Kopfe hatte, die mir gewiß nicht davongelaufen wären."[34] Wie wenig Hans Bötticher von der Wirklichkeit des Schiffsjungendaseins befriedigt war, davon erzählt er indirekt in der zuerst 1928 für sich in „Matrosen. Erinnerungen, ein Skizzenbuch: handelt von Wasser und blauem Tuch" erschienenen, später als Bestandteil von „Mein Leben bis zum Kriege" veröffentlichten autobiographischen Geschichte *Das Abenteuer um Wilberforce*[35].

Im Frühjahr oder Sommer 1902 ist er arbeitslos in Hull. Eines Abends schläft er wieder in einem Schuppen zwischen Zementsäcken, als ihm „zwei Ladies, die den Hügel von Säcken erklettert hatten" neugierig zusehen. Die eine Dame erscheint ihm so, „wie eine Fee für Kinder aussieht"[36]. Die Fee sagt zu dem kindlich Staunenden: „*Ten o'clock . . monument.*" Die Gestalten verschwinden, und: „meine Phantasie hing noch an dem Erlebten und erregte sich immer mehr."[37] Er schöpft wieder Hoffnung auf ein sonderbares Abenteuer, wie er sie aus Büchern kennt: „Ich sann und spann mich immer tiefer in groteske, dumme, eitle Windungen hinein."[38] Doch nicht nur, daß er den Namen des Denkmals nicht verstanden hat, auch ein Wächter vor dem Schuppen hindert ihn, dem phantastischen Rendevouz zu folgen. Später entdeckt er dann in Hull das Denkmal, das Wilberforce-Monument.

Auch hier findet sich also das Märchenmotiv vom armen Lumpen und der „feinen, bestrickenden, reichen Dame"[39] wieder, jenes „sonderbarste Abenteuer"

---

[32] ebda. S. 163—216.
[33] Was ein Schiffsjungen-Tagebuch erzählt (A 7); das Manuskript wurde im Oktober 1910 vom Verlag angenommen (ML, S. 272); mit wenigen unwesentlichen stilistischen Änderungen, Kürzungen und Ergänzungen wieder abgedruckt in ML, S. 48 bis 162, wonach in dieser Arbeit der Einfachheit halber auch zitiert wird.
[34] Brief Nr. AB 32; vgl. auch ähnlich ML, S. 194 f.
[35] Das Abenteuer um Wilberforce / Eine Erzählung. — Matrosen (A 30), S. 200—240; in ML, S. 178—191; 228—241; der Einfachheit halber hiernach zitiert.
[36] ebda. S. 185.
[37] ebda. S. 185 f.
[38] ebda. S. 187.
[39] ebda. S. 186.

aus der „Vorzeit", wie Ringelnatz sein Erlebnis typologisch selbst einstuft. Er phantasiert sich in märchenhafte Situationen hinein.

Sechs Jahre später kündigt er plötzlich eine sichere Stellung als Kaufmann und Vertreter der Firma Ruberoid: „Eine unbändige Sehnsucht nach Hull erfaßte mich."[40] In einer kurzen autobiographischen Skizze für den Verlag „Die Lese" heißt es verhüllend, daß sein „unüberwindlicher Wandertrieb" ihn „erfolglos als fahrenden Musikanten mit der Mandoline nochmals nach Holland, Belgien und England" geführt habe[41]. Zwar nennt er das Boardinghouse Bloom das Ziel seiner Reise, aber auf dem Wege dahin biegt er „unwillkürlich vom direkten Kurse ab" und steht „wenige Minuten später Wilberforce gegenüber"[42]. Vor dem Denkmal bemüht er sich, „seinen Namen in der Art und Weise einer englischen Frauenstimme auszusprechen. — "[43] Und Ringelnatz schließt die Erzählung zwanzig Jahre nach dem Erlebnis: „[. . .] das allerschönste war — das andere Abenteuer — das eigentlich nie gewesen war, das versäumt und verträumt war. Das erträumt und versäumt bleiben sollte. — ‚Ten o'clock Wilberforce-Monument'."[44]

1908 muß seine Phantasie eine solche Macht über ihn gewonnen haben, daß er einem Wahn zuliebe ins Ungewisse aufbricht. Seine hoffnungsreiche Fahrt endet in Antwerpen im Elend. In Kneipen, wo er abgerissen Mandoline spielend bettelt, wird er verlacht und verspottet, er hungert und wird schließlich ins Gefängnis geworfen: „Ich meinte, ich müßte im Wahnsinn enden. Nahe daran muß ich wohl gewesen sein."[45]

An diesem Verhältnis zur Phantasie können wir aber auch den Unterschied zu einem Dichter wie Jean Paul ermessen, den wir ja am Anfang dieses Teiles zitierten; der empfand „Abscheu vor der Unart, den köstlichen Ersatz der Wirklichkeit und die Wirklichkeit zugleich zu begehren, zu den unverwelklichen *Blumenstücken* der Phantasie noch die dünnen *Blumen* der irdischen Freude dazu zu fordern [. . .]"[46]. Hans Bötticher versuchte immer wieder, seine Tagträume zu verwirklichen, obwohl er die Gefahr dabei erkannte und sie schon früh in einer Erzählung gleichnishaft gestaltete. In der längsten Geschichte der „Novellen"-Sammlung „Ein jeder lebt's" von 1913, in „Phantasie"[47], beschreibt

---

[40] ebda. S. 228.
[41] Vgl. Bibl. A 7; siehe auch unten S. 111 f.
[42] ML, S. 233.
[43] ebda.
[44] ebda. S. 241.
[45] ebda. S. 239.
[46] Jean Paul, Leben des Quintus Fixlein (Über die natürliche Magie der Einbildungskraft). — Werke 4 (B 44), S. 205.
[47] Ein jeder lebt's (A 9), S. 113—161.

er in scheinbar ungeordneten Abschnitten, die Momentaufnahmen gleichen, das Schicksal dreier Menschen, die alle an ihrer übergroßen Phantasie zugrunde gehen. Daja, ein achtjähriges Kind, das einsam mit Blumen und Tieren spielt und den Eltern gegenüber verschlossen und störrisch ist, ertrinkt während und wegen ihrer phantastischen Spiele im Schloßteich, wo sie mit den Schwänen Begräbnis spielt[48]. Und mit einer kindlichen Wunschphantasie von einem Herzog, der sie vor den Schwänen, die wild werden, und vorm Ertrinken rettet, sie heiratet und ihr alle Wünsche erfüllt, stirbt das Mädchen. Ihr Begräbnis-Spiel wurde zur Wirklichkeit. Ähnlich phantasierend stirbt Andersens „kleines Mädchen mit den Schwefelhölzern"[49]. Wie Daja sich den Herzog erträumte, so erträumte sich Hans Bötticher die Feen von Hull oder an der Alten Elster die Dame im Auto.

Noch krasser ist die Gefahr der Vermischung von Phantasie und Wirklichkeit im Schicksal des Hauslehrers Michel Andex der gleichen Erzählung, zweifellos ein vielfach gebrochenes und verhülltes Selbstporträt aus seiner Bibliothekars- und Hauslehrerzeit beim Grafen Yorck von Wartenburg[50]. Michel Andex trägt sogar wie er selbst „überlange Gehrockschöße"[51], ist nach gescheiterten Kreuz- und Querfahrten durch alle Welt Hauslehrer bei der Stadtratsfamilie Scholz geworden und wird aus diesem Gefängnis durch die Erbschaft einer alten Mühle befreit: „Nun trugen die Schwingen der Gedanken den bleichen Mann mit dem schlotternden Gehrock hoch in das goldene Futur, wo unabsehbare, jugendlang und jugendheiß erhoffte Wonnen winkten."[52] Doch ist er der erträumten Wirklichkeit nicht gewachsen. Er versteht nicht zu wirtschaften, und hilflos ist er wieder seiner Phantasie ausgeliefert, diese steigert sich zu Halluzinationen: Michel Andex endet im Irrenhaus.

Und die dritte tagträumende Gestalt der Erzählung, die französische Erzieherin der Kinder, träumt ihr ganzes Leben von ihrer Liebe zu einem längst verstorbenen General und endet bettelarm als Opfer eines Brückeneinsturzes.

„Phantasie" ist nicht, wie ein früher Kritiker meint, eine „in jeder Hinsicht amorph gebliebene und abrupte" Novelle[53], sondern — abgesehen von der sentimentalen Pathetik und Unbeholfenheit des Schlusses — ein wohlkomponierter Bilderbogen über die Hilflosigkeit derer, die unter ihrer Phantasie leiden. Wie sich bei den Gestalten der Erzählung Wirklichkeit und Phantasie vermengen, so mischt auch der Erzähler kunstvoll schillernd Traum und Realität. Doch ist

---

[48] ebda. S. 135.
[49] Andersen, Sämtliche Märchen 1 (B 1), S. 409—412.
[50] Siehe oben S. 80.
[51] Vgl. das Fragment des Romans „Ihr fremden Kinder"; siehe dazu unten S. 111 f.
[52] Ein jeder lebt's (A 9), S. 131.
[53] J. E. Poritzky, siehe Rezensionen zu A 9.

die Geschichte für Hans Bötticher alles andere als der Beginn einer Umkehr und
Abkehr von seinem leidvollen Verhältnis zur Phantasie, er jagt auch weiter seinen Tagträumen nach. Mit dem Grund für dieses unrealistische Verhältnis zur
Wirklichkeit aber werden wir auch den eigentlichen Grund seines Dichtertums
gefunden haben.

I. Gestalt und Schicksal

Wir kennen die Abenteuerträume des jungen Hans Bötticher, und wir sahen, wie die Zeitlage sie begünstigte. Aber das reicht zur Erklärung seines Verhaltens nicht aus. Warum träumte er noch als fast Achtzehnjähriger vor der Ausfahrt als Schiffsjunge von „abenteuerlichen, wilden Szenen an fremden Küsten", wo ein dolchartiges Messer, das zu seiner Ausrüstung gehörte, die Hauptrolle spielen sollte?[1] Wenn Herbert Günther diese „Abenteuerlust" als „Unruhe, Erlebnisdrang, Suche nach dem Wesentlichen"[2] erklärt, so sind das eigentlich nur schöne Synonyme für dieselbe Sache. Daß der junge Hans Bötticher ausgerechnet Seemann werden wollte, legt eine andere Überlegung nahe:

> Bei der Betrachtung des körperlichen Befindens neben dem gewählten Beruf finden wir, daß besonders Krankheiten oder dauernde Schwächezustände das Kind veranlassen, tagtraumweise seinen Zustand zu überwinden. [...] das andere [sc. Kind] wählt sich einen Beruf, der die Überwindung dieses Zustandes zur Vorbedingung hat, es will Soldat, Räuber oder Seefahrer werden.[3]

Und so muß sich Hans Bötticher als außerordentlich „minderwertig" — im Sinne Alfred Adlers[4] — gesehen haben. Günther glaubt wiederum von dem Knaben nur, daß er „anscheinend schwer erziehbar und doch nur auf ein tieferes Verstehen wartend"[5], gleichsam also schon ein kindliches Genie gewesen sei, das nur der Entdeckung harrt. Aus Ringelnatzens Erinnerungen und Werk läßt sich auch ersehen, woran er litt und zeitlebens leiden sollte.

Einmal war er das jüngste der drei Geschwister und mußte sich schon altersmäßig ihnen unterlegen fühlen. Dazu kam, daß er noch mit ungefähr zehn Jahren auf dem Gymnasium „lange blonde Locken" und einen auch für die da-

---

[1] ML, S. 50. — Anregung zur Betrachtungsweise dieses Teiles meiner Arbeit erhielt ich durch Walter Muschgs ersten Teil seines „Umrisses eines Gottfried-Keller-Porträts": „Der Zwerg" (B 184), S. 148—177.

[2] Günther, Ringelnatz (A 435), S. 50.

[3] Kramer, Kindliche Phantasien über Berufswahl (B 160), S. 296.

[4] Vgl. besonders: Adler, Studie über Minderwertigkeit von Organen (B 114) und ders., Über den nervösen Charakter (B 112). Ferner die materialreiche Arbeit des Adler-Schülers Oliver Brachfeld: Minderwertigkeitsgefühle beim Einzelnen und in der Gemeinschaft (B 121).

[5] Günther, Ringelnatz (A 435), S. 24.

malige Zeit recht unmännlichen „dunklen Sammetanzug und weißen Spitzen-
kragen" tragen mußte. Er wurde deswegen von seinen Mitschülern gehänselt
und verspottet, und erst ein Einschreiten der Lehrer veranlaßte die Eltern, ihn
von dieser für einen Knaben riesigen Last zu befreien[6]. Vor allem aber litt er
unter seiner langen Nase; sogar die Eltern und Geschwister müssen ihn ihret-
wegen ausgelacht haben, und in der Schule fand man die verschiedensten Spottnamen für „die Gurke in seinem Gesicht"[7]. Hier, schon in der frühen Kindheit
liegen die Wurzeln für seine ganze künftige Entwicklung. Spätestens seit Alfred
Adler wissen wir, daß das Gefühl der Minderwertigkeit, zu dessen Ursachen er
auch „hervorstechende Häßlichkeit"[8] rechnet, „dauernd die Psyche beeinflußt,
im Handeln und Denken, im Träumen, in der Berufswahl, in künstlerischen
Neigungen und Fähigkeiten"[9]. Und Oliver Brachfeld, ein Schüler Adlers, der
wie alle Psychologen mit Vorliebe Beispiele aus Literatur und Dichtung nimmt,
leitet einen Abschnitt über Edmond Rostands „Cyrano de Bergerac" mit folgenden Worten ein:

> *Häßlichkeit* kann man gewiß als eine Art Gebrechen betrachten. Eine zu große, aber
> auch eine vom Individuum als zu klein empfundene Nase kann alle Formen von
> psychologischen Komplikationen hervorrufen.[10]

Adlers Theorie „rückt den sozialen Faktor in den Vordergrund"[11]. Denn das
Minderwertigkeitsgefühl ist ja meist[12] das Ergebnis eines bewußten oder unbe-
wußten Vergleichs zwischen dem Ich und einer sozialen Norm oder einem
Idealbild[13]. Doch kämen wir hier im Grunde auch ohne die Bestätigung durch
moderne psychologische Untersuchungen aus. Denn schon bei Georg Christoph
Lichtenberg findet sich der Kern der ganzen Adlerschen Theorie von Minderwertigkeitsgefühl und Kompensation vorgeprägt:

> Jedes Gebrechen im menschlichen Körper erweckt bei dem, der darunter leidet, ein
> Bemühen, zu zeigen, daß es ihn nicht drückt: der Taube will gut hören, der Klumpfuß
> über rauhe Wege zu Fuß gehen, der Schwache seine Stärke zeigen, usw. So verhält
> es sich in mehreren Dingen.[14]

---

[6] ML, S. 22; vgl. auch Abbildungen in IM, gegenüber S. 16 und Günther, Ringelnatz
(A 435), S. 23 und 24.

[7] „Die lange Nase" — Gedichte (A 6), S. 41 (GG, S. 15).

[8] Adler, Über den nervösen Charakter (B 112), S. 11.

[9] ebda. S. 12.

[10] Brachfeld, Minderwertigkeitsgefühle (B 121), S. 190.

[11] Bühler, Lebenslauf als psychologisches Problem (B 124), S. 21.

[12] Vgl. Brachfeld, Minderwertigkeitsgefühle (B 121), S. 149; 182.

[13] Siehe auch Hans Böttichers Gefühl geistiger Unterlegenheit in den Münchner Künstlergesellschaften (oben S. 32—38); ferner unten S. 200—202 über seine „sexuelle
Perversion".

[14] Lichtenberg, Sudelbücher II (B 52 a), S. 147 (G 77); der verwachsene Lichtenberg
war sich bewußt, daß das auch für ihn galt.

Der mädchenhafte und kleine Hans Bötticher mit der langen Nase mußte versuchen, irgendwie eine Überlegenheit über Eltern, Geschwister und Kameraden zu erringen.[15] Und so blieb ihm als Kind nur seine Phantasie und der Wille, im gefährlichen Leben des Seemannes das Ansehen zu gewinnen, das man dem Nasenkönig noch verwehrte.

Und Ringelnatz selbst erkannte diese Zusammenhänge, denn er gestand später einem Wiener Journalisten: „Ich bin überzeugt, daß mein Gesicht mein Schicksal bestimmt. Hätte ich ein anderes Gesicht, wäre mein Leben ganz anders, jedenfalls viel ruhiger verlaufen. Am meisten bekam ich zu hören, daß ich jenen Köpfen gleichsehe, die aus einer Witzkiste an langen Spiralfedern hervorschnellen."[16] Ähnliches sagte einst Marie von Frisch über Gottfried Keller, den Zwerg mit dem imposanten Haupt, den sie „wie kaum jemand gekannt"[17] hatte: „Wäre Keller einen Kopf höher gewachsen gewesen, so hätte sein Leben sich anders gestaltet."[18]

Die Kabarett-Kritiker hatten denn auch ihre helle Freude an Ringelnatzens schmächtiger Cyrano-Gestalt:

> Ringelnatz, Joachim — genau so sieht er aus: Visage fürs Visier geschaffen, kneiffaltig — knochiges Sturmhaubengesicht, ein geiernder Raubritterschädel als Maximum an Romantik auf einem sehnigen Minimum an Körper, nervenstrangulierter Kondorhals, mager wie eine ramponierte Sprungfeder der Phantasie, die, wenn die Hemmung sich verschiebt, ins Blitzblaue schnellt; ein kleiner dürrer Matrose in ausgewaschener jungenhafter Bluse, die Halsausschnitt nackt mit adernblauer Tätowierung freigibt, aber nicht ein germanischer Seemannstyp von der Waterkant — er stammt aus Leepz'ch — sondern ein vergeistigterer U-Bootskrake, Unterwasserwesen, mit blindträumender Gewalt in den schönen graublauen Augen, die wie Näpfe ins Grenzenlose stielen; [...][19]

---

[15] Es wäre natürlich denkbar gewesen, daß Ringelnatz später auf die sozialen Normen — hier die der Schönheit-Häßlichkeit, Männlichkeit — keine Rücksicht nimmt, weil er sie als durch Konventionen bedingt durchschaut. Aber eine solche Rationalisation wäre „eine Form der Kompensation, die andere nicht so sehr täuscht wie einen selbst." (Allport, Gestalt und Wachstum in der Persönlichkeit [B 116], S. 131).

[16] Dieses Gespräch mit Ringelnatz in: Adelbert Muhr, Joachim Ringelnatz, der dichtende Seefahrer (A 270); der Ausschnitt dieses Zeitungsartikels befindet sich im zweiten der beiden Bücher mit Kritiken, die Ringelnatz sich selbst angelegt hat (GR; vgl. auch die Vorbemerkung zur Bibliographie unten S. 313). Die Authentizität des Gesprächs ist unzweifelhaft; viele biographische Details, besonders Hinweise auf Lektüre waren zur Zeit dieses Artikels im „Neuen Wiener Journal" vom 26. 2. 1924 nur vom Dichter selbst, nicht aus gedruckten Quellen zu erfahren.

[17] Ermatinger, Gottfried Kellers Leben (B 128), S. 651.

[18] ebda. vgl. dazu auch Muschg, Umriß eines Gottfried-Keller-Porträts (B 184), S. 148.

[19] Robert Müller, Ringelnatz (A 269); in den meisten ausführlicheren Kritiken zu Joachim Ringelnatzens Auftreten wird ähnlich über sein Aussehen berichtet. Vgl. unten S. 189—191.

Daß er als kleiner dürrer Matrose für das erträumte seemännische Abenteuer-
leben nicht geeignet war, ahnte er schon während seiner Schiffsjungenzeit. Er
klagte über schwere oder unwürdige Arbeit und darüber, daß man ihn wegen
seines sächsischen Dialektes und seiner seemännischen Unkenntnis verhöhnte;
darüberhinaus mußte er erkennen, daß seine Augen für den Beruf zu schwach
waren[20]. Von allen an Bord wurde er gepeinigt und gedemütigt und sehnte sich
zurück an Land:

> Wie schön hatten es doch die an Land! Kaufleute, Maler, Schriftsteller!
> Über solchen Gedanken saß ich oft stundenlang des Nachts in meiner Koje wach
> und wurde so erbittert mit der Zeit, daß ich einige Male ernsthaft erwog, ob es nicht
> besser sei, meinem, wie mir schien, verfehlten Leben ein schnelles Ende zu berei-
> ten. — — —[21]

Doch eine vorschnelle Aufgabe des gewählten Berufes hätte das zerstört und
unmöglich gemacht, was er sich von ihm erhoffte: Ruhm und Ansehen, besonders bei seinen Bekannten. Als er in Belize, dem Ziel der ersten Schiffsreise, von
Bord floh, dachte er auf seinem Marsch durch den Urwald voller Stolz: „Wenn
mich jetzt in diesem Moment die Eltern oder die Geschwister oder die Schulkameraden hätten sehen können!"[22] — zu ergänzen wäre: Dann hätte der Spott
über den mädchenhaften Kleinen mit der langen Nase bald ein Ende.

[20] ML, S. 64 f.
[21] ebda. S. 65.
[22] ebda. S. 107.

II. Erste Versuche der Gestaltung des Leidens

Seit 1906 versucht Hans Bötticher, sein durch das Aussehen bedingtes Schicksal dichterisch zu gestalten. Während der Tanzstunde, die der zweiundzwanzigjährige Kaufmannslehrling zusammen mit seinem langjährigen Freund Willy Telschow besucht, verlieben sich alle beide in das gleiche Mädchen:

> Es stand schlimm für mich, denn ich hatte krumme Beine, eine lange Nase und einen Gang, der ebenso unsicher war wie meine Handschrift. Telschow dagegen war ein stattlicher Bursche, der sich mit einer spaßigen Eitelkeit kleidete und pflegte.[1]

Mit dieser unsicheren Handschrift widmet er dem „Schwälbchen" ein Gedicht, das die unverheiratet gebliebene Johna K. im Jahre 1949 dem „Hamburger Abendblatt" zur Verfügung stellte und in dem er romantisierend mit seiner Häßlichkeit kokettiert:

Um die Schwalbe

Mir träumte, ein kleines Schwälbchen
Flöge über das Meer.
Ein fremder, häßlicher Vogel
Der jagte hinter ihm her.

Und eine weiße Möwe
Schloß sich zum Wettflug an,
Bis sie dem wilden Jäger
Die Beute abgewann.

Die schnelle, weiße Möwe
Haschte das süßeste Glück.
Es blieb der wilde Fremdling
Weit hinter ihr zurück.

*   *

Ich kenne das Schwälbchen, die Möwe,
Hab neidlos sie oft belauscht,
Wenn sie in junger Liebe
Worte und Küsse getauscht.

Ich kenne den losen Vogel,
Der hinter ihnen blieb,

---

[1] ML, S. 220.

Und weiß, auch er hat das Schwälbchen
Noch immer so herzlich lieb.[2]

Die Klischee-Bilder und fast formelhaft übernommenen Wendungen der traditionellen „Goldschnittlyrik" erdrücken die Tragik des Inhaltes, und die Metapher vom „fremden häßlichen Vogel" und der „wilde Fremdling" gehen unter in der Süßlichkeit des Restes.

Die Hoffnung, als kühner Seemann Ansehen zu erringen, hatte Hans Bötticher zu dieser Zeit schon aufgeben müssen, zuletzt leidvoll als Einjährig-Freiwilliger im Jahre 1904. Sechs Jahre später versucht er, die Einsamkeit des Matrosen, der nicht aussieht, wie Matrosen aussehen, in einer Erzählung zu gestalten, die von allen seinen Prosaskizzen am ungebrochensten fast reine Autobiographie ist.[3] In „Zwieback hat sich amüsiert", wofür ihm die „Woche" im November 1910 neunzig Mark zahlte[4], entwirft er schonungslos das Bild eines Versagers:

> Zwieback war nicht gerade krank. Aber die Kameraden hielten ihn für schwächlich, und er litt darunter; denn als Matrose unter Matrosen für schwächlich zu gelten, ist etwas Qualvolles.
> Zwieback hieß gar nicht Zwieback. Irgendwie war er zu diesem Spitznamen gekommen.
> Niemals hatte er sich krank gemeldet. Er verrichtete den Dienst, den die anderen verrichteten, nur weniger gut als diese. Nie zeichnete er sich aus. In allem blieb er zurück, in allem, und das schmerzte ihn. Er begriff schwer, war ungeschickt und zerstreut beim Exerzieren. Seine Uniformstücke wiesen immer Flecke auf und karikierten die unschönen Formen seines Körpers.
> Er hatte ein merkwürdig langes Gesicht, das durchaus nicht zur Uniform paßte. Außerdem war er sehr klein, aber auch nicht der kleinste. Denn in nichts war er der Erste oder Letzte. Er wurde mit kränkender Selbstverständlichkeit übersehen von den anderen.
> Und immer wieder verglich er sich mit diesen anderen. Das waren starke, wohlgebaute, frische Kerle. Sie sahen wirklich aus, wie Matrosen aussehen. Er, Zwieback, sah doch nicht aus, wie Matrosen aussehen.[5]

Aus dieser Enttäuschung, dieser bitteren Selbsterkenntnis erwächst die ganze Geschichte: Der ausgestoßene Zwieback sehnt sich danach, sich auch einmal wie die anderen in Wirtshäusern und mit Mädchen zu amüsieren. Er träumt davon,

---

[2] Bibl. A 198; das dortige Faksimile der Hs. ist unterzeichnet mit „Dörry", einem damaligen Pseudonym Ringelnatzens; Dr. Dörry war einer seiner Lehrer (vgl. IM, S. 19).

[3] Vgl. ML, S. 214.

[4] Ein jeder lebt's (A 9), S. 20—27; Erstveröffentlichung siehe Anmerkungen zu A 9, zur Bezahlung: Hauptbuch (Abschrift), Bl. II (Sammlung Fritz Schirmer, Halle).

[5] Ein jeder lebt's (A 9), S. 20 f.

daß sich zwei Backfische in ihn verlieben, denen er dann wiederum Phantasien erzählen könnte „von gefährlichen Erlebnissen als Seemann, als rauher Marinesoldat, vielleicht von dem entsetzlichen Sturm am Kap Horn, wo er den Admiral Teerlapp vertreten mußte."[6] In der Wirklichkeit des Tages in Warnemünde ist Zwieback aber dann zufrieden, daß er „als Beispiel eines deutschen Matrosen" zwei Studenten Auskunft über die Marine geben kann und „für eine vollwertige Durchschnittserscheinung" gehalten wird[7]. Und er versucht, den Studenten und sich selbst das Seemannsleben zu verzaubern:

> An eine unvergängliche Poesie sollten sie glauben, begreifend, daß ein Scheinwerfer ein vom Dunkel verborgenes Segel plötzlich in eine weißglühende, orientalische Märchengestaltung verzaubern kann. In die Welt „Marine" sollten sie blicken, so wie Kinder eine große, brausende Maschine betrachten — —[8]

Aber man fühlt sich nicht wohl in dieser Poesie, wenn die Wirklichkeit übermächtig zu verstehen gibt, daß man im Grunde nicht dazu gehört. Und auf die Frage der beiden Studenten, ob er sich bei der Marine wohl fühle, antwortet er bejahend. Aber: „Das lange ‚O ja', das Zwieback, tief Atem holend, zurückgab, klang wie nein."[9] Phantasie und Wirklichkeit klaffen auseinander, und doch ruft er am Ende der Geschichte den fragenden Kameraden mit „Siegerstimme" zu: „ ‚O [. . .] fein, herrlich amüsiert! ' "[10] Die Rose, die ihm die Studenten geschenkt haben, wird zum Quell neuen Selbstbetruges und Selbstmitleides. Zwieback schläft in seiner Hängematte ein, während er Stimmen zu hören vermeint, die abwechselnd „Armer Zwieback!" und „Reicher Zwieback!" rufen[11]. Die anfängliche Selbsterkenntnis und Wirklichkeitsnähe des schonungslosen Selbstporträts weicht einer trügerischen Traumwelt, in der er sich vorgaukelt, er gehöre auch dazu: Alles endet im Quell des Traumes und der Phantasie, im Schlaf.

Ähnlich wie in dem Gedicht „Um die Schwalbe" versucht Hans Bötticher in „Die lange Nase"[12], sein Schicksal darzustellen. Von insgesamt 31 Versen sind in den Gesammelten Gedichten allerdings nur die ersten neunzehn wiedergegeben, in denen erzählt wird, wie der Nasenkönig Hans sich allmählich an den Spott der Eltern, Geschwister, Schulkameraden und anderen „wohl gewöhnt" habe. Der Witwe Ringelnatzens, die die Ausgabe besorgte, hatten offensichtlich

---

[6] ebda. S. 23.
[7] ebda. S. 24 f.
[8] ebda. S. 25.
[9] ebda.
[10] ebda. S. 26.
[11] ebda. S. 27.
[12] Gedichte (A 6), S. 41 f. (GG, S. 15); das Gedicht erinnert in Ton und Thematik an Heines „Der arme Peter" (Junge Leiden, Romanzen IV) — Heine, Sämtliche Schriften 1 (B 39), S. 45.

die restlichen Verse zu viel enthüllt, scheint es doch nicht zum Bild eines angeblich souveränen Poeten zu passen, daß er an seinem „zerklüfteten Nußknacker-gesicht"[13] unmäßig leidet:

> [. . .]
>
> Hans freite des Nachbars Liesel so gern
> Da drüben über der Straße.
> Und er fragt ganz schüchtern mal bei ihr an,
> Da sagt ihm die Liesel: Sie mag keinen Mann
> Mit einer so langen Nase. — —
>
> In der Nacht, im Garten vorm Rasenplatz,
> Da küßt sich die Liesel mit ihrem Schatz.
> Sie tanzen, sie springen, sie singen vereint,
> Und drüben, über der Straße,
> Im Stübchen, wo noch die Lampe scheint,
> Sitzt Hans vorm Spiegel und weint und weint
> Über die lange Nase.

Das Bemerkenswerte an diesen naiv volksliedhaften und etwas ungelenken Versen ist, daß der Dichter sein eigenes Schicksal als „Eine Parabel", wie der Untertitel lautet, als allgemeines Gleichnis verstanden wissen will. Dabei übernimmt er die Szene vor dem Spiegel direkt aus Wilhelm Hauffs „Zwerg Nase"[14]. Dort will der verzauberte Jakob vom Spiegel erfahren, warum ihn Mutter und Vater nicht erkennen: „Der Kleine aber war indes vor den Spiegel getreten und hatte sich beschaut. Tränen traten ihm in die Augen."[15] Und Hauffs Beschreibung des „häßlichen Zwergs" mit der „langen Nase"[16] steht in nichts hinter dem zitierten Ringelnatz-Porträt eines Wiener Kritikers[17] zurück:

> Seine Augen waren klein geworden, wie die der Schweine, seine Nase war ungeheuer und hing über Mund und Kinn herunter, der Hals schien gänzlich weggenommen worden zu sein; denn sein Kopf stak tief in den Schultern, und nur mit den größten Schmerzen konnte er ihn rechts und links bewegen. [. . .] zum mißgestalteten Zwerg war er geworden.[18]

Hans Bötticher besaß in dieser Zeit noch nicht die Distanz zu sich und seiner Gestalt, um ein dem Hauffschen Märchen ebenbürtiges Werk zu schaffen. Er war noch zu sehr in sich selbst verstrickt, und die meisten Vorkriegswerke, die das Leiden zu gestalten versuchen, sind gleichsam eindimensionale Widerspiege-

---

¹³ [o. V.], Joachim Ringelnatz (A 299).
¹⁴ Hauff, Werke 1 (B 37), S. 164—190.
¹⁵ ebda. S. 175.
¹⁶ ebda. S. 171.
¹⁷ Siehe oben S. 103.
¹⁸ Hauff, Werke 1 (B 37), S. 175 f.

lungen der eigenen Situation. Noch hatte er in dieser Dichtung nicht das Kräutlein „Niesmitlust"[19], das ihn wie den Zwerg Nase von seiner Gestalt befreien konnte.

In einem anderen Gedicht dieser Jahre beginnt er sogar, sich mit den „Abnormen" zu identifizieren, und es ist kein Zufall, daß es wie der Schluß der „Langen Nase" in allen späteren Ausgaben fehlt:

Abnorme

Mitten im Strudel der andern
Bleiben sie still und bedacht.
Ihre Gedanken wandern
In häßliche, wilde, glühende Nacht.

Sie stehen vor eisernen Gittern
Um ein verbotenes Land.
Die kalten Stangen zittern
Unter ihrer bebenden Hand.

Sie schließen die Augen und meiden
Das Gitter, verkannt und verlacht,
Und träumen, indem sie leiden,
Von häßlicher, wilder, glühender Nacht.[20]

Die eigene groteske Gestalt — Alma Baumgarten nannte ihn „Kobold" — gab ihm eine besondere Zuneigung zu allen Abseitigen, „stundenlang" konnte er sich mit den idiotischen Kindern eines Zillertaler Dorfes unterhalten[21], oder er schreibt über eine ähnliche Begegnung von 1915:

Besonders gern gab ich mich mit einem idiotischen Kind in unserem Hause ab. Es machte Sprünge wie ein Kalb und hatte sonderbare, für mich wunderbare Handbewegungen. Von jeher liebte ich derartige, geistesgestörte Kinder und konnte ihnen stundenlang zuhören.[22]

Das Gedicht „Abnorme", das Dehmel nicht verleugnen kann, ist Klage und Anklage zugleich, Anklage gegen jene Menschen, die den geistig oder körperlich behinderten Abnormen ihr ‚normales' Land verbieten. Wenn Hans Bötticher je Gesellschaftskritik geübt hat, dann hier. Die Ausgestoßenen flüchten sich in leidenschaftliche und qualvolle Träume und meiden selbst die Berührung — das Gitter — mit den andern.

Hier liegen nun aber auch die Wurzeln jener Gedichte der ersten und der erweiterten Fassung des „Kuttel Daddeldu" und der erweiterten Fassung der „Turngedichte", die sich mit den Ausgestoßenen und Unglücklichen der Ge-

---

[19] ebda. S. 187 f.
[20] Gedichte (A 6), S. 36.
[21] ML, S. 276.
[22] AM, S. 158.

sellschaft befassen. Wir werden noch sehen[23], daß sie bloß das eigene Leid vervielfältigen, daß Ringelnatz sich in diesen Versen von der Lumpensammlerin, der Aftermieterin, dem durchfallkranken Stellungslosen, dem Zahnfleischkranken, dem einhändigen Metalldreher und anderen eine Gruppe Mitleidender schafft. Wie sehr er sich mit diesen Geschöpfen identifiziert, wie sehr sie eigentlich nur Vexierbilder seiner selbst sind, hat er in jenem schon zitierten Gespräch mit einem Wiener Journalisten bekannt, das alle öden Gedenkaufsätze erledigt: „Ich schreibe immer nur mich selbst."[24]

Ein groß angelegter, aber gescheiterter Versuch wird auch der größtenteils von ihm selbst vernichtete und als Konzeptpapier verwandte Roman „*Ihr fremden Kinder*" gewesen sein, an dem er ungefähr zwischen 1910 und dem Kriegsausbruch schrieb und der ihn zugleich auch wiederum von der geistigen Geringschätzung seiner gelehrten Münchner Bekannten befreien sollte:

> Ich schreibe an meinem Roman weiter, weil ich aber dazu unendlich viel & schwere Bücher (auf der Staatsbibliothek) lesen muß, so geht die Arbeit ganz ganz langsam weiter, und ich weiß nicht, ob ich ihr lange treu bleiben kann, da ich auf solche Art ja für lange Zeit kein Honorar zu erwarten habe.[25]

Drei Monate später, acht Tage vor Kriegsausbruch, schreibt er an Alma Baumgarten: „Ich arbeite langsam aber täglich an meinem Roman [...]"[26]. Unter den schweren Büchern, die er auf der Bibliothek liest, wird wohl unter anderem mystische Literatur gewesen sein, wie eine Passage des Fragments vermuten läßt. Drei unzusammenhängende fragmentarische Abschnitte auf vier, teilweise nicht voll einseitig beschriebenen Seiten befinden sich als Schreibmaschinenabschrift in der Sammlung Gescher-Ringelnatz in Berlin[27]. Die Verlage, denen er das Werk anbot, lehnten ab, lediglich die humoristische Wochenschrift „Der Guckkasten" (eine Mischung zwischen „Gartenlaube" und den „Fliegenden Blättern") zahlte für das Kapitel „Lotterie" am 24. Juni 1910 zwölf Mark, druckte es jedoch nicht ab[28]. Sogar seiner Frau gegenüber bagatellisierte er diese

[23] Siehe unten S. 207—212.

[24] Adelbert Muhr, Joachim Ringelnatz, der dichtende Seefahrer (A 270).

[25] Brief Nr. AB 30 vom April 1914.

[26] Brief Nr. AB 36 vom 23. 7. 1914.

[27] Notiz auf einem Fragment: „Als Briefpapier benutzt. Siehe Brief M. und J. R. vom 3. 4. 1929." Diese Briefe sind nicht mehr vorhanden. — Vgl. auch: ML, S. 268; AM, S. 266; IM, S. 43 f.

[28] Hauptbuch (Abschrift), Bl. II (Sammlung Fritz Schirmer, Halle); die Behauptung Ringelnatzens in ML, S. 268: „Zuletzt brachte die Zeitschrift ‚Guckkasten' ein Kapitel daraus" — beruht offensichtlich auf einem Irrtum, da er sich wohl nur auf sein Hauptbuch stützte, wo jedoch nicht vom Abdruck, sondern nur von der Bezahlung die Rede ist. Die Jahrgänge des „Guckkasten" von 1910 bis 1914 enthalten lediglich die Humoreske „Die Ode an Elisa" (A 135), die wie die ganze Zeitschrift bisher als verschollen galt.

Arbeit: Er macht sie zuerst auf eine Truhe aufmerksam, worin sich ein sauberer Pappkasten befinde „mit meinem früh-*unreifen* Roman ‚Ihr fremden Kinder‘. Das darfst du gelegentlich lesen, und schreib was darüber.“[29] — und kommentiert dann: „Ein bissel Herzblut steckt in der Arbeit, aber es ist nichts daraus geworden.“[30] Schon Monate vorher hat er einmal auf den Roman Bezug genommen: „ ‚Fremde Kinder‘ ist mir eine liebe, aber unreife und ganz mangelhafte Arbeit, eignet sich aber, wie Du weißt, vorzüglich zu Frühstückspapier.“[31] Offenbar sollte der Roman sein eigenes Leiden darstellen, die Geschichte seines Minderwertigkeitsgefühles erzählen. Erinnert doch bereits der Titel an den „fremden, häßlichen Vogel“, den „wilden Fremdling“ des Gedichtes „Um die Schwalbe“ und an das Gedicht „Abnorme“; wie sehr ihn dieser Bildkomplex sein ganzes Leben faszinierte, zeigt eine Charakterisierung des geheimnisvollen Herrn Ment in Ringelnatzens „Letztem Roman“: „Ein Fremdling mit fremdem Blut in den Adern, ein einsamer Teufel.“[32] Das erste Fragment von „Ihr fremden Kinder“ — anscheinend aus einem fünften Kapitel — schließt jeden Zweifel daran aus, daß der Erzähler Hans Bötticher selbst ist, so sehr ist es Selbstporträt und Autobiographie. Da es wie kein anderes Zeugnis das Leiden an der eigenen Gestalt beweist und für Böttichers dichterische und menschliche Entwicklung so von größter Bedeutung ist, sei es hier zum erstenmal zugänglich gemacht:

Ich weiss, dass ich hässlich bin. Meine Beine sind krumm. Ich habe ein schiefes, vorstehendes Kinn.

In mancher Gesellschaft scherze ich selbst über meine Fehler. Wenn meine Bekannten darüber spassen, lache ich. In beiden Fällen bin ich unaufrichtig, denn es schmerzt mich innerlich.

Ich pflege bei anderen Menschen immer erst auf Kinn und Beine zu sehen. Wie muss das herrlich sein, normale Gliedmassen zu besitzen. Gewiss ebenso angenehm als das Gefühl gute Kleider, Wäsche und ordentliches Schuhzeug zu haben. Welchen Mut muss das geben. Zerrissene Schuhe zu tragen ist peinigend. Ich kenne das von meinen rheinischen Wandertagen. Wenn man immer nur hinter den Leuten hergehen darf, damit sie den schiefen Absatz nicht merken. Wenn man mit Rücksicht auf einen Defekt am Oberleder gewisse Stellungen meiden muss.... das klingt später lustig und war doch Qual.

Manchmal kränkt es unsäglich, wenn die Leute so offen und roh über mein Kinn und die Säbelbeine sprechen, aber ebenso, wenn sie mit merkbarer Rücksicht dies Thema umgehen. Hela kann darüber reden ohne mir weh zu thun. Im Gegenteil, sie weiss mich immer wieder mit raffinierter Güte zu trösten. Hela sagt recht: Es kommt immer aufs Wie nicht aufs Was an. Ich trage mit Vorliebe lange Gehröcke und leugne

---

[29] Brief Nr. M 116 a vom 1. 8. 1921, Briefe, S. 50.
[30] Brief Nr. M 120 a vom 6. 8. 1921.
[31] Brief Nr. M 107 vom 14. 3. 1921.
[32] Nachlaß (A 46), S. 136.

es, dass ich tanzen kann. Beides der krummen Beine wegen. Ich bin der erste, der im
Herbst den Winterüberzieher hervorholt, der letzte, der ihn im Frühling beiseite legt.
Das ist törichte Eitelkeit, von der wir all ein Stückchen tragen. Ich glaube, wenn
ich ein berühmter Mann wäre, würde mich meine Missgestalt nicht weiter kümmern.
Wenn ich berühmt wäre, dann . . . .

Die Offenheit des Bekenntnisses bestürzt und erschüttert. Die fehlende Distanz
Hans Böttichers jedoch verhindert eine dichterische Gestaltung; zumindest dieser Teil des Fragments bleibt im allzu Subjektiven stecken.

Zu den „rheinischen Wandertagen" — er zog damals im Sommer 1908 dem
Abenteuer von Wilberforce nach — darf nicht unerwähnt bleiben, welch idyl-
lisch harmonisierendes Allerweltsbild Herbert Günther, der doch Ringelnatz
lange Jahre persönlich kannte, zur Hand hat:

> Ringelnatz nimmt sein Segeltuchköfferchen, packt Wäsche und einen ellenlangen Geh-
> rock hinein, buckelt seine Mandoline auf und marschiert los, den Rhein hinunter, ein
> glücklicher Landstreicher.[33]

Im Beruf des Seemanns Ruhm zu erlangen und das Minderwertigkeitsgefühl zu
überwinden, war vorläufig gescheitert. Daß ein neuer Weg, die Kaufmanns-
lehre, die er als Zwanzigjähriger begann, nicht weiter führte, begriff er schnell.
Mehr durch Zufall geriet er nach München und dort in die Künstler- und Lite-
ratenkreise[34]. Wie er zuerst berichtet hatte, daß es lange bei ihm festgestanden
habe, Seemann zu werden[35], so schreibt er nun über die Anfänge der Münchner
Zeit: „Mutter riet mir ernstlich, ein Handwerk zu ergreifen, etwa Schuster zu
werden. Aber ich wollte doch ein Dichter werden. Das war mein glühender
Wunsch."[36]

[33] Günther, Ringelnatz (A 435), S. 30.
[34] Siehe dazu oben S. 25—32.
[35] ML, S. 48.
[36] ebda. S. 267.

III. Poetischer Lorbeer

Hans Bötticher gelang es tatsächlich sehr schnell, ein „Dichter" zu werden, sogar ein gekrönter, wenigstens auf einem Faschingsball des Simplicissimus im Jahre 1909, wo er als Poeta laureatus mit Riesen-Lorbeerkranz und einem Bogen Pergament in der Hand auftritt[1]. Ein andres Photo zeigt ihn auf dem Münchner Faschingswagen der Kathi Kobus als Poeten im Rokokokostüm und Perücke mit einem Buch unterm Arm, das den Traumtitel eines Dichters trägt: „Das Buch für Alle"[2]. Aber das war nicht der Ruhm, den er gesucht hatte. Eine Augenzeugin berichtet von einem Auftritt des Spaßmachers und Narren, den wir im ersten Teil dieser Arbeit einmal mit dem Kalifen der Ludlamiten verglichen haben[3] und den nach eigenem Bekenntnis eine „Art Bajazzogefühl"[4] überkam:

> Freilich, wer diesen jungen, durchaus nicht unbegabten Menschen beobachtet, wenn er heimlich in der hinter dem Küchenraum liegenden Garderobe mit trauriger Miene seine Tasse Kaffee schlürft, der glaubt ihm sein Lachen nicht und gönnt ihm einen andern Lorbeer als das zweifelhafte Grün, das ihm sein nächtliches Publikum um die Hausdichterstirne flicht. [...] Armseliger Mitternachtsruhm eines Brettlpoeten...[5]

Und ganz dick rot und blau hat er selbst folgende Passage eines zeitgenössischen Zeitungsausschnittes angestrichen[6]:

> Ein hagerer, bleicher Mann, mit einer Adlernase und scharfen, durchdringenden Augen bestieg das Podium.
> „Das ist der Bötticher!" raunte mir mein Freund zu.
> Der Mann mit dem unruhigen fahlen Gesicht begann Gedichte zu rezitieren.
> Gedichte von ihm selbst; aber von solch sprudelnder Lustigkeit, daß es mir unerklärlich war, wie ein Mensch, in dessen Zügen soviel Gram und innere Zerrissenheit lagen, überhaupt noch wissen konnte, was Heiterkeit und Lebensbejahung sei. — Und

---

[1] Abbildung in: Simplicissimus-Künstlerkneipe und Kathi Kobus (A 3), S. 32; vgl. auch ML, S. 266.

[2] Foto im Besitz von GR (Mit Widmung für seine Schwägerin Dora Bötticher, die Frau seines Bruders Wolfgang); vgl. auch ML, 251 f.

[3] Siehe dazu oben S. 31 und 32.

[4] ML, S. 266.

[5] Else Grüttel, Münchener Schlendertage (A 217).

[6] Der Ausschnitt befindet sich wie der Aufsatz von Else Grüttel im ersten der beiden Bücher mit Kritiken, die sich Ringelnatz selbst angelegt hat.

alles lachte mit ihm; aber ich bemerkte trotzdem, daß in seinen Augen eine endlose
Trauer war, eine Trauer, die er zu verbergen suchte, und die doch immer hervor-
sprang, ungebändigt.
    Der Hausdichter hielt inne. Man klatschte ihm wütend Beifall. Er dankte kühl und
fast wie spöttisch.
    Als er an uns vorüberging, faßte ihn mein Freund am Arm. „Wie geht's, Bötticher?
Setzen Sie sich einen Augenblick zu uns. — Elsa! eine Bowle!"
    Der Mann nahm Platz in unserer Nähe.
    Bald war ich in ein Gespräch mit ihm vertieft. — Ich fragte, ob die humoristische
Poesie ihm so sehr liege; ob er sich ausschließlich damit beschäftige. — „Nein", sagte
er darauf, und es schien als sei die Stimme ernster geworden, — „das tue ich, um
Geld zu verdienen. Die Leute wollen lachen, und da muß ich mit ihnen lachen." —
„Ein Pierrot- oder Bajazzomotiv", dachte ich. — Hierauf erzählte er mir lange, daß
er andere Gedichte mache, lyrische; wie kein Verleger seine Sachen drucken wolle,
weil sie nicht nach dem Geschmack des Publikums seien; wie er es trotzdem nicht lassen
könne zu dichten, weil es sein Lebenszweck sei. — Hier sei er lustig, weil er bezahlt
werde.
    Als er fortging, bat er mich, ich möchte ihn besuchen; er wolle mir von seinen an-
dern Sachen vorlesen. — — —[7]

Wir kennen die Ursache des Grams, der Zerrissenheit, der endlosen und unge-
bändigten Trauer, die der scharfsichtige René Leclère an dem Mann mit der
Adlernase wahrnahm. Und es gibt wirklich nur ein Klischee, daß auf ihn paßt,
das aber außer diesem Kritiker bisher niemand auf ihn angewendet hat: das
Bild vom Clown, vom Bajazzo, der traurig seine Witze reißt und hinter den
Kulissen weint. Seine poetischen Tränen hinter den Kulissen, seine „andern
Sachen" nahm der Hans-Sachs-Verlag am 1. Juni 1910 an, finanziell brachte
dieser Band „Gedichte" nichts: „Erst bei evtl. 3. Auflage sollte ich einen Anteil
bekommen."[8]

1. „Gedichte"

„The poems in *Gedichte* are uniformly worthless."[1] — so lautet das Urteil
Colin Butlers, und daran sei Hans Böttichers falscher Begriff vom Dichter
schuld; an überkommen Vorstellungen klebend lasse er sich eine „Künstler-
mähne"[2] wachsen und schreibe — ebenfalls Opfer seiner überlieferten Dichter-
vorstellung — über Einsamkeit, Freundschaft, Liebe und Tod ohne eigenen
Stil, will sagen: also ohne Not[3]. Aber die „received ideas as to what a poet

---

[7] René Leclère, Münchener Erinnerungen (A 218).
[8] Hauptbuch (Abschrift), Bl. II (Sammlung Fritz Schirmer, Halle); vgl. auch ML,
    S. 269 f.
[1] Butler, Assessment (A 418), S. 94.
[2] ML, S. 266.
[3] Butler, Assessment (A 418), S. 93 f.

should look like"[4], die Haartracht, die er übrigens keine drei Jahre trägt, oder die Feststellung, er sei thematisch und stilistisch ganz der gängigen Überlieferung erlegen, sagen für sich genommen wenig. Die Frage ist eben, warum er gerade solche Gedichte schreibt.

„Am 28. Juli 1910 erschien mein erstes Buch im Hans-Sachs-Verlag in München. Ein dünner Band lyrischer Gedichte. Gedichte, wie sie von Tausenden junger Schwärmer gedichtet werden, aber in ehrlichen Stimmungen mit unbeschreiblicher Leidenschaft geschrieben."[5] Diese zwiespältige Haltung dem Jugendwerk gegenüber ist verständlich. Aus der „Schnupftabaksdose" nahm er in die zu seinem 50. Geburtstag erschienene, von ihm selbst besorgte Auswahl „103 Gedichte" „Die Ameisen" und „Die Badewanne" auf[6], aus den „lyrischen und sentimentalen"[7] „Gedichten" hat er zu seinen Lebzeiten nie wieder etwas abdrucken lassen. Abgesehen davon, daß er erkannte, wie sehr manche der Tradition, Einflüssen Eichendorffs, Geibels, vor allem aber Heines und Dehmels unverkennbar bis zur Nachahmung verpflichtet waren, hatten viele Verse in zwiefacher Hinsicht mit dem Leiden an seiner Mißgestalt zu tun: Sie sind zunächst der erste ernsthafte Versuch, sich durch Dichterruhm von qualvollen Minderwertigkeitsgefühlen zu befreien, zum andern aber sind sie in all ihrer literarischen Unselbständigkeit von den Träumen des Ausgestoßenen, des „Abnormen" geprägt: Das Gedicht mit diesem Titel sowie die Parabel von dem Nasenkönig Hans, haben wir schon kennengelernt, daneben sind Nacht und Dämmerung die bevorzugten Zeiten; dort fühlt sich der Häßliche sicherer.

Die meisten der Gedichte entstanden 1909, einige im ersten Halbjahr 1910, nur wenige 1908, und lediglich von dreien läßt sich mit einiger Sicherheit feststellen, daß Hans Bötticher sie schon 1906 in Hamburg schrieb[8]. Dazu gehört

---

[4] ebda. S. 94.

[5] ML, S. 269.

[6] Schnupftabaksdose (A 8), S. 5 und 16 (GG, S. 23 f. und Bumerang [A 86], S. 24; 103 Gedichte (A 40), S. 32 und 82 f.

[7] ML, S. 268: „Ich dichtete viel, lyrisch und sentimental." — bezieht sich sicher *auch* auf in „Gedichte" veröffentlichte Verse.

[8] „Ein Traum" — Gedichte (A 6), S. 18 f.; „Flaschenpost" — ebda. S. 49 f.; „Auf hohem Gerüste" — ebda. S. 51 f. (GG, S. 16 f.). Siehe dazu Ringelnatzens Handexemplar (Sammlung GR) mit hs. Bemerkungen zu Entstehungszeit und -ort, sowie bisweilen auch zum Anlaß des Entstehens von 41 der insgesamt 74 Gedichte; danach auch im folgenden die näheren Angaben. — Butler sagt, es sei unmöglich, in Ringelnatzens frühe Werke eine genaue chronologische Ordnung zu bringen (Assessment [A 418], S. 94). Das kann er nur deshalb nicht, weil er sich bei seinem Berlinaufenthalt die Sammlung GR nicht genauer ansah. Er ignoriert in seiner Arbeit überhaupt alles hs. und ungedruckte Material, obwohl es ihm in Hamburg und Berlin vorlag und er es eingesehen hat.

das vielleicht früheste und gleichzeitig peinlichste von allen: „Ein Traum"[9]. Als
matte Nachahmung von Heines „Aus alten Märchen winkt es"[10] vereinigt es
sämtliche zu poetischem Wechselgeld herabgesunkenen romantischen Bilder;
aber auch in seiner — hier miserablen — Traumversunkenheit ist es charakteristisch für viele Verse des kleinen Buches. Heine endet:

> Ach! jenes Land der Wonne,
> Das seh ich oft im Traum;
> Doch kommt die Morgensonne,
> Zerfließts wie eitel Schaum.

Und Hans Bötticher tritt stolpernd diese klaren Verse breit:

> Ödes Erwachen. Wie leerer Schaum
> Zerronnen war alles, was ich im Traum
> So selig geschaut und empfunden. — —
>
> Doch wie ein Trost kams über mich dann:
> O glücklich, wer noch so träumen kann!

Andere Gedichte entlarven den Trost als schöne Selbsttäuschung. Ein großer
Teil sind Sehnsuchtsträume eines Einsamen, der nicht nur zu wenig weiß, um
von den Bekannten ernst genommen zu werden, sondern der sich auch in seiner
Häßlichkeit auf den Münchener Bällen fehl am Platze fühlt:

> Rauschende Feste sind mir vorübergezogen
> Und aus rauschenden Festen wuchs mir der Kummer.[11]

Er will dorthin gehen, „wo die Andern nicht sind"[12], wie ein Gedicht beginnt.
Wenn ein Geiger im Münchener Café Leopold spielt, träumt er sich dorthin,
„wo die Träumenden glücklich sind" und erhebt in seinen Leiden zur Maxime:
„Wandle träumend jeder für sich."[13] An anderer Stelle identifiziert er sich mit
einem „Verschmähten"[14], der „wie ein Knabe" schluchzend zusieht, wie ein
anderer seine Liebste heimführt, oder er schlüpft in die Rolle eines Altgewor-
denen, der klagt und verzichten muß, weil die Liebe nur den Jungen gehört
(„Nachtwanderung"[15]), ein Gedanke, der später in „Wenn ich allein bin"[16] wie-

---

[9] Dazu hs. Notiz: „Hamburg etwa 06; In Hamburger Neueste Nachrichten veröffentlicht."
[10] Heine, Sämtliche Schriften 1 (B 39), S. 92 f. (Lyrisches Intermezzo XLIII).
[11] „Schöne Musik" — Gedichte (A 6), S. 4.
[12] „Dorthin geh, wo die Andern nicht sind" — ebda. S. 5.
[13] ebda. S. 9.
[14] ebda. S. 22.
[15] ebda. S. 24.
[16] Kuttel Daddeldu oder das schlüpfrige Leid (A 12), S. 21 f. (GG, S. 64 f.); siehe
dazu unten S. 216.

derkehrt. Er bedichtet Menschen mit „hoffnungsfernem, wilden Sehnen"[17], spricht von seiner Liebe zu allen, die „im Leben / Klagelos einsam sind"[18], und wie er in der Erzählung „Phantasie" das Kind Daja phantasierend sterben läßt, so stirbt ein Kranker in der — etwas literarischen — Gefängniszelle 108[19]. Manche Gedichte entstanden in der trübseligen Einsamkeit seines schlecht gehenden Zigarrenladens[20]. Eines davon, „Westindische Nächte", ist schwüle Erinnerung an die kläglich gescheiterte Flucht des Schiffsjungen in den Urwald bei Belize und verwirklicht erst noch einen alten Kindertraum; denn schon als Quartaner konnte er sich an „bronzefarbenen, dunkelhaarigen Weibern nicht sattsehen"[21]:

[...]
Und dazwischen seh ich ein schmerzliches Bild.
Muß ich der schönsten aller Kreolenfrauen
Einmal noch in die brechenden Augen schauen.
Sehe sie wortlos in meinen Armen sterben. —
Oh wie grausam seid ihr himmlischen Mächte! — —
Freund verzeih, ich warf wohl den Becher zu Scherben
Ach ich dachte wilder, westindischer Nächte.

Als er einmal eine „einsame Nacht auf dem Bahnhofsvorplatz in München" verbringt, wo „Straßenreiniger [...] mit eisernen Schubkarren übers Pflaster" poltern[22], regt ihn diese Szene zu einem martialischen Gedicht an, zu einem der, wenn man will, zahlreichen vorausahnenden Kriegsgedichte:

Durchmarsch

Ich war durch fernes Rollen erwacht,
Hinuntergeeilt. Das war eine Nacht!
Wie ein Unwetter zog es auf.
Ein polternder Hauf,
Mit rohem Tritt eine dröhnende Masse,
Unheimliche Schatten, wackelnde Lichter.
Kanonenräder rasselten über die Gasse.
[...]
Bis die Ferne das letzte Rollen verschwieg
Und ich lauschte und bebte: — Krieg!

---

[17] „Eine von denen" — Gedichte (A 6), S. 35.
[18] „Einer Unglücklichen" — ebda. S. 37.
[19] „In Zelle 108" — ebda. S. 46.
[20] „Hinaus an den Strand will ich gehen" — ebda. S. 13 (GG, S. 8 f.); „Westindische Nächte" — ebda. S. 15; „Kleine Leute trachten Werke und Leben" — ebda. S. 54 (GG, S. 18); „Kunst" — ebda. S. 54 (GG, S. 18 f.).
[21] ML, S. 31; vgl. dazu auch die Erzählung „Vergebens" — Ein jeder lebt's (A 9), S. 35—46, siehe dazu auch unten S. 121.
[22] hs. Notiz in Ringelnatzens Exemplar.

> Da stand noch ein Mann in der stillen Nacht.
> Der hat gelacht.
> Ich sah ihn nicht lauschen und beben.
> Er sprach irgend ein leeres Wort.
> Ich hab ihm nicht Antwort gegeben.
> Ich schlich mich fort.
> Und dachte nur:
> Erbärmliche Kreatur![23]

Der Krieg erscheint dem gescheiterten Seemann als Traum von Ruhm und
Bewährung, und den wird er dann auch bei Ausbruch des Weltkrieges zu verwirklichen trachten.

Als Ganzes lassen sich die „Gedichte" mit einem Vers des „Dunklen Bilds"
charakterisieren:

> In Farb und Klang verweben
> Sich Bilder, zerfließen, zerschäumen,
> Bilder aus meinem Leben,
> Bilder aus meinen Träumen.[24]

Gewiß, das ist recht heinisch und nicht neu oder originell. Aber wir wissen,
warum er von allen poetischen Möglichkeiten diese ergriff; und wir können
auch aus dem traditionellen Ton die eigene Stimme Böttichers hören, das Besondere dieser Träume sehen; am klarsten in der Schlußstrophe des Gedichtes
„Abnorme", die nochmals zitiert sei:

> Sie schließen die Augen und meiden
> Das Gitter, verkannt und verlacht,
> Und träumen, indem sie leiden,
> Von häßlicher, wilder, glühender Nacht.[25]

Mit seiner Mißgestalt sieht er sich auch als Dichter *abseits* der ‚normalen' Welt
stehen. Aber gleichzeitig erwächst aus diesem Leiden auch eine Schutzhülle: das
stolze Pochen auf die Andersartigkeit, das manche anfänglich recht guten Verse
verdirbt:

> Sieh, ich war oft allein
> Und ich lernte gleich den Zweigen,
> Gleich dem Stein,
> Träume wachen, Worte schweigen.
>
> Denke, daß ich Dichter bin.
> Eure Sonne ist nicht meine.
> Nimm als Freund mich hin,
> Wenn ich dir auch fremd erscheine.

---

[23] Gedichte (A 6), S. 53.
[24] ebda. S. 14.
[25] ebda. S. 36.

Laß mich lauschen aus der Ferne,
Wenn ihr tanzend schwebt,
Daß auch ich das Schwere lerne:
Wie man narrenglücklich lebt.[26]

Wesentlich eigenständiger und gelungener ist aber doch Hans Böttichers Versuch, sich als Erzähler einen Namen zu machen, obwohl er seine „Novellen" der Freundin Maulwurf gegenüber ironisch herabsetzt: „Hans Böttichers Novellen aber sind Schund, Bahnhoflektüre; davor warne ich Dich."[27]

2. „Ein jeder lebt's"

Wie wunderbar das Alles ist! Dieser Satz erschöpft beinahe mein tiefstes Denken. Ich glaube, ich goß ihn in alle meine Prosa wie [? unleserlich] „Das mit dem blinden Passagier", „Die tolle Miß" [!], „Sie steht doch still", „Schlüsselloch" und die beiden unverstandenen Privatiers [d. h. die folgenden Erzählungen], die sich vergeblich um Druckerschwärze bemühen: „Eine kleine Fliege aus Kork" und „Auf der Straße ohne Häuser" — sie rufen eins wie das andre nur mit verschiedener Stimme aus Nebensächlichem heraus: „Wie das Alles so wunderbar ist!"[1]

Solche hochtrabenden Worte mit der Patina vergangener Zeit, wie er sie hier an Walburga Müller[2] richtet, finden sich in vielen Briefen an Freundinnen aus der Vorkriegs- und Kriegszeit. Aber mit diesem fast kindlichen Staunen vor der Welt lenkt Hans Bötticher ab vom Kern der Erzählungen auf das rein stoffliche Äußere. Und noch was Herbert Günther als Grundhaltung der Erzählungen ‚entdeckt', nämlich „des Dichters Ergriffensein vor der Unermeßlichkeit des Menschlichen"[3], variiert bloß den Schluß der Erzählung „Durch das Schlüsselloch eines Lebens", wobei Günther dessen Sinn unnötig abändert: „[...] war es nicht nur Behagen, was ihn erfüllte, war es ein tiefes Ergriffensein vor der Unermeßlichkeit der Menschheit."[4] In die gleiche Richtung zielen Hans Böttichers Titel der Sammlung „Ein jeder lebt's" und dessen am Ende der Erzählung „Phantasie" wiederholtes überdeutliches Kokettieren mit den Worten der lustigen Person von Goethes „Faust": „Es sei genug mit dem, was ich

---

[26] ebda. S. 30.
[27] Brief Nr. AB 16 vom 3. 11. 1913.
[1] Brief Nr. WM 2 vom September 1911 (im Besitz von Herrn Dr. Erwin R. Jacobi, Zürich); teilweise veröffentlicht in: Unbekannter Ringelnatz (A 154), S. 14; die Erzählung „Eine kleine Fliege aus Kork" ist nicht überliefert.
[2] Zu Walburga Müller siehe Briefverzeichnis, S. 381.
[3] Günther, Ringelnatz (A 435), S. 90.
[4] Ein jeder lebt's (A 9), S. 69.

gegeben. Ein jeder lebt's, aber nicht vielen ist's bekannt, und deshalb möchte ich einiges für einige deuten."[5]

Bis auf die beiden letzten Erzählungen des Sammelbandes — „Das Grau und das Rot" und „Phantasie" — erschienen alle zuerst in Zeitschriften; zwei in der „Jugend", zwei in der Illustrierten „Die Woche" und fünf in der von Ludwig Thoma und Hermann Hesse herausgegebenen Wochenschrift „März". Zwei andere Erzählungen aus dieser Zeit hat er nicht in den Band aufgenommen, die ,Humoreske' „Die Ode an Elisa"[6] und die ,Plauderei' „Von Schuster Piks zum Nordpol"[7]. Als erste erschien „Die wilde Miß vom Ohio", für die er am 20. März 1910 von der „Jugend" 40 Mark erhielt[8]. Im Durchschnitt schrieb er dann in den drei Jahren bis Ende 1912 / Anfang 1913 alle drei Monate eine Geschichte, die letzte, „Phantasie", wohl Anfang des Jahres 1913. Die bei den „Gedichten" auffällige literarische Abhängigkeit fehlt den Erzählungen, lediglich „Das Grau und das Rot" trägt, nicht nur im Titel, parodistische Züge, benutzt er doch Elemente aus Stendhals „Le Rouge et le Noir" („Rot und Schwarz") zur Steigerung der Wirkung. Der geniale Archivar ist wie Julian Sorel ein Müllerssohn, und wie dieser das unbeschränkte Vertrauen seines Herrn Rênal besitzt, so wäre der Fürst in „Das Grau und das Rot" ohne den Archivar verloren. Hiermit enden aber schon die bloß noch mit der litera-

---

[5] ebda. S. 160.

[6] Bibl. A 135.

[7] Vgl. ML, S. 302 (dort „Pix"; Piks war Schuster in Bilderlingshof bei Riga, vgl. ebda. S. 300) und Hauptbuch (Abschrift), Bl. II (Sammlung Fritz Schirmer, Halle), wo er verzeichnet, daß er am 2. 1. 1912 fünf Rubel von der Rigaschen Zeitung erhielt; diese ist in Deutschland nicht, in Helsinki nur lückenhaft vorhanden und aus Riga selbst nicht zu beschaffen.

[8] Ein jeder lebt's (A 9), S. 1—6; diese wie alle weiteren Angaben zur Bezahlung von Erzählungen des Bandes nach Hans Böttichers Hauptbuch (Abschrift), Bl. I und II. Die Reihenfolge der mutmaßlichen Entstehung (meist nach dem Datum der Bezahlung) ist folgende:
    1. Die wilde Miß vom Ohio (20. 3. 1910)
    2. Das — mit dem „blinden Passagier" (September 1910)
    3. Sie steht doch still (Oktober 1910)
    4. Zwieback hat sich amüsiert (November 1910)
    5. Vergebens (5. 2. 1911)
    6. Durch das Schlüsselloch eines Lebens (11. 7. 1911)
    7. Auf der Straße ohne Häuser (17. 4. 1912; aber schon im September 1911 fertig, vgl. oben S. 119, Brief Nr. WM 2)
    8. Gepolsterte Kutscher und Rettiche (Dezember 1911)
    9. Das Gute (25. 7. 1912)
    10. Der tätowierte Apion (7. 9. 1912)
    11. Das Grau und das Rot (fertig November 1912)
    12. Phantasie (fertig vor April 1913; am 6. 4. 1913 nimmt Albert Langen den Sammelband an, der dann am 5. Oktober erscheint).

rischen Vorlage kokettierenden Parallelen. Stilistisch klingt in manchen der Erzählungen ab und zu ein Sternescher Witz an, oder es erinnern manche umständlich erzählte Passagen an Thomas Mann, Wilhelm Speyer oder Bruno Frank[9]. So bezeichnet Hans Bötticher selbst die Erzählung „Das Gute"[10] als „Pendant zu jener Frank'schen Novelle ‚Das Böse' "[11], einer schwülstigen und verlogenen Erzählung vom sinnlosen Selbstmord, den ein reicher junger Mann wegen eines geblendeten Hündchens begeht. Hans Böttichers Skizze jedoch trägt höchstens noch im etwas rührseligen Schluß Spuren des Vorbildes.

Zwei der Geschichten — „Zwieback hat sich amüsiert" und „Phantasie" — haben wir schon an anderer Stelle betrachtet. Die Thematik der letzteren kehrt noch einmal in „*Vergebens*"[12] wieder. Hier verzehrt sich Walter Senath in Sehnsucht nach urwüchsigen Samoanern, die er auf dem Jahrmarkt in einer Völkerschau gesehen hat — wir erinnern uns an Hans Böttichers Begeisterung für die Exoten aus den Kolonien[13]. Walter Senaths Phantasien mischen poetisierende Schwüle und kindliche Abenteuerlust, „Krieger mit kalten Messern in schweren Fäusten" und „trotzige Frauen mit reifen Brüsten"[14]. Und all das phantasiert er seiner realistischen Freundin vor, die an den Samoanerinnen nur die dicken Beine[15] sieht. Schließlich verläßt sie ihn seiner Träumereien wegen. Phantasie und Wirklichkeit, verkörpert in zwei verschiedenen Menschentypen, erweisen sich wiederum als unvereinbar. Der Tagträumer steht am Ende allein und hilflos den alltäglichen Dingen gegenüber: „Wer würde künftig ihm aus Liebe Hosen bügeln?"[16] Auch die erste Erzählung „*Die wilde Miß vom Ohio*" will letztlich die Überlegenheit der erlebten wunderbaren Wirklichkeit über den unerfüllten Traum darstellen. Die anfängliche Hochgestimmtheit des „Dichtermilieus"[17] eines Erzählers, der zunächst von seinem reichen „Gedankenkeller"[18]

---

[9] Kurt Tucholsky schreibt zu „Ein jeder lebt's": „Ein Fressen für ‚Einflüsse' suchende Doktoranden. Denn alles ist drin: Altenberg und englische Vorbilder und Bret Hart und Wilhelm Raabe (der in der Vollendung) und Thomas Mann und Harraden (‚Schiffe, die nachts sich begegnen') und noch viel mehr." (Siehe Rez. zu A 9); Tucholsky übertreibt, hier ein Anklang, da eine ähnliche Wendung ist noch kein Einfluß.

[10] Ein jeder lebt's (A 9), S. 7—19; zur Erlebnisgrundlage siehe ML, S. 301 und Brief Nr. WM 6 vom 18. 4. 1912 (im Besitz von Herrn Dr. Erwin R. Jacobi, Zürich).

[11] ebda.

[12] Ein jeder lebt's (A 9), S. 35—43.

[13] ML, S. 31; vgl. oben S. 95.

[14] Ein jeder lebt's (A 9), S. 38.

[15] ebda. S. 39.

[16] ebda. S. 43.

[17] ebda. S. 3.

[18] ebda. S. 2.

geschwärmt hat, schwindet vor den augenscheinlich „leidenschaftlichen, gefährlich schönen, vielleicht teilweise sehr traurigen Erlebnissen"[19], die sich zwei Rei-
sende in der Bahnhofswartehalle von einer wilden Miß berichten. Den Erzähler quält „das Gefühl des Unbefriedigtseins" und eine „häßliche, drückende
Empfindung"[20], weil er nie erfährt, was es mit der wilden Miß auf sich hat.
Die Phantasie vermag ihm die Wirklichkeit nicht zu ersetzen.

Eine andre Seite des Verhältnisses von Phantasie und Wirklichkeit zeigt dann
die Novelle *„Durch das Schlüsselloch eines Lebens"*[21], die durch ihre Kon-
struiertheit enttäuscht. Hier findet ein vom Ball Heimkehrender das Notizbuch
einer Dame, beschließt, diese aufzusuchen, und hofft auf ein Abenteuer. Er trifft
sie in der Wohnung nicht an, wartet, gerät an Briefe, die dem Indiskreten verraten, daß die Unbekannte eine widerstrebend und doch leichtsinnig getriebene
Kokotte ist. Er malt sich die Begegnung träumend aus; doch fürchtet er sich
vor der Wirklichkeit und eilt davon. Thomas Mann, dem Hans Bötticher das
Manuskript zur Beurteilung sandte, schrieb ihm im April 1911: „Die kleine
Sache ist recht artig vorgetragen."[22] Und tatsächlich sind manche der Geschichten etwas artig und leicht und lassen kaum ahnen, wieviel der Verfasser von
seinem eigenen Leiden in den knappen Skizzen — oft ohne rechtes Glück —
gestaltet hat.

Die beste und eindruckvollste der Erzählungen, die bedrückende *„Das Grau
und das Rot"*[23] spielt wie „Der tätowierte Apion" und „Phantasie" mit Menschen und Verhältnissen, die er auf dem Schloß Klein-Oels des Grafen Yorck
von Wartenburg kennengelernt hatte. Sie entfernt sich jedoch soweit von der
Wirklichkeit, daß diese Erlebnisgrundlage unwichtig wird. Da sie ebenso wie
alle Erzählungen des Sammelbandes von 1913 nie wieder gedruckt wurden, soll
im folgenden etwas ausführlicher aus dieser Geschichte zitiert werden.

„Das Grau und das Rot" ist eine symbolreich gedrängte Parabel der Hoffnungslosigkeit. Ein namenloser „hagerer, lederfarbiger, grauhaariger Aktuar,
Archivar, Rentmeister — oder wie, zum Teufel, er sich und man ihn nennen
wollte, konnte oder durfte"[24] lebt auf dem Schloß eines Fürsten ein eintöniges
Leben. Von ihm und von seinen durch ihn „eingeschüchterten und angesteckten"
beiden Lehrjungen geht „etwas Lähmendes, Lebenswidriges, Arbeitsbitteres"
aus, man belächelt sie im Schloß bedauernd und überlegen[25]. Der Aktuar arbei-

---

[19] ebda. S. 5.
[20] ebda. S. 6.
[21] ebda. S. 57—69.
[22] Hauptbuch (Abschrift), Bl. II (Sammlung Fritz Schirmer, Halle) und ML, S. 274.
[23] Ein jeder lebt's (A 9), S. 93—112.
[24] ebda. S. 96.
[25] ebda.

tet in einem ehemaligen Malteser-Pferdestall, der ringsum mit Aktenregalen gefüllt ist. Dieses „graugraue", „totgraue"[26] Büro, „wo Staub und Spinnweb alle Dinge zu einer garstigen ungefähr grauen Färbung ausgeglichen hatten"[27], ist „eine riesige steinerne Truhe"[28], wo „immer ein hoffnungsloses Schweigen zu herrschen schien"[29]. Der Aktuar, ein Muster an Exaktheit und Pflichttreue, ist in „unterdrückter Sehnsucht" lebendig begraben, denn als Sohn armer Müllersleute sollte er nach dem Willen der Eltern Maler werden, war doch Zeichnen der Inhalt seiner Jugend gewesen. Übriggeblieben von diesem Jugendtraum sind nur noch ein Wohlgefallen an Farben und Formen und Kritzeleien auf dem Löschblatt, wo er „verfallene Mühlen mit Strohdächern und Erlenbüschen" zeichnet[30]. Nie hat er versucht, aus seiner Einsamkeit auszubrechen, lediglich in einem ziellosen Herumblättern in den alten Akten der Malteser-Ritter sucht er bisweilen Zerstreuung, doch findet die „vom Leben umhärtete, liebefremde Seele" in den „sauberen, ziervoll verschnörkelten Handschriften der emsigen Mönche" nicht, was sie sucht: „Der Archivar schob das Buch hart von sich und murmelte halblaut: ‚Es ist kein Herz darin'."[31] Denn nichts deutete darauf hin,

[...] daß sie [sc. die Mönche] sich einmal über eine Nachtigall oder die knorrigen Akazien gefreut hätten, daß sie etwa gern Muskatwein tranken und — wenn sie ihn getrunken hatten — sich hinaus, hinweg wünschten, zu lustigen Freunden oder um ein Mädchen singen zu hören.[32]

Das ist sicher auch die Sehnsucht des grauen Aktuars, und was dessen „Leben so gleichmäßig geformt und so grau gestrichen hatte, war vornehmer Pflichteifer, anhängliche Gutmütigkeit, energieloser Pessimismus, aber gewiß noch manches andere Unerkennbare. Denn wir Menschen haben keine Schlüssel zu den tiefsten Ursachen der Dinge, höchstens unvollkommene Dietriche."[33] Plötzlich beginnt der freiwillig Eingeschlossene etwas „Neues, Revolutionäres", nämlich zu trinken — Muskatwein wie die alten Mönche in seinen Phantasien —, und leistet sich einen neuen Federhalter. Wirklich aufgerüttelt wird er aber erst, wie er eines Nachts „an Farbe wie eine Leiche"[34] in einem alten Buche liest:

[26] ebda. S. 97.
[27] ebda. S. 95.
[28] ebda. S. 94.
[29] ebda. S. 97.
[30] ebda. S. 105.
[31] ebda. S. 104.
[32] ebda. S. 105.
[33] ebda.
[34] ebda. S. 106.

Des Hoch Ritterlichen Ambtes der Commenda Geldt Bier Undt Brandtwein Haubt
Rayttungk; über Einnahme Undt Außgaab Auff Ein Jahr. Undt zwar, Vom Ersten
Mayus 1717 bis letzten Aprilis Ao 1718. — —

Es folgten trockene Worte und Ziffern über verschiedene —

„Da!" — Der Archivar legte die Hände an die Wangen und etwas Starres trat in
seinen Blick. Da, auf Pagina 117 leuchtete ein roter Klecks, mehr denn die Hälfte der
Seite einnehmend. —

Rote Tinte oder Blut? erwog ein Zweifel im Gehirn des Rentmeisters. Der erregte
Mann war sich nicht klar darüber; er verstand sich nicht darauf; er roch auch nichts.
Aber er fieberte, indem er vielmals die Gedanken Blut und Tinte wechselte.

Vielleicht war es Blut. Vielleicht war hier einmal ein Zeichen von innerem Leben,
von außerberuflichem Gefühl, von Weichheit. Vielleicht war das Kundschaft von
einem Menschen, der gelitten hatte wie er, der Archivar, und mehr Entschlossenheit
besaß als er, der fürstliche Aktuar.

Mönchsblut. Gewißlich war es Malteserblut.

Der Fleck hatte nahezu die Gestalt eines Herzens; nur der linke Bogen fehlte, und
der Rentmeister ergänzte das Fehlende durch eine unsichtbare Linie mit der Finger-
spitze.[35]

Die Dämonie eines vermuteten Selbstmordes aus Einsamkeit läßt ihn nicht mehr
los, auch wenn dieser Ausbruch aus der selbstauferlegten Gefangenschaft nach
dem Symbol des unvollständig herzförmigen Blutfleckes ihm unvollkommen
scheint. Der unbekannte ferne Leidensgenosse — wir erinnern uns an Ringelnatzens Gedicht „Freunde, die wir nie erlebten"[36] — wird, obwohl der Aktuar
äußerlich „seine ernste Beherrschung"[37] wiedergefunden hat, zur übermächtigen
fixen Idee.

Als er einmal heimlich beobachtet, wie seine Lehrjungen auf den Akten
herumtanzen, läßt er dies nicht nur ungeahndet geschehen, sondern seine Phantasie wird fortan von drei Bildern heimgesucht: dem magischen roten Fleck,
den tanzenden Lehrlingen und einer zerfallenen Mühle[38]. Neben die Mühle der
Kindheit tritt mit den tanzenden Lehrjungen das Bild einer von ihm fast zerstörten hoffnungsarmen Jugend, ein Bindeglied zwischen seinen Jugendträumen
und seiner Altershoffnungslosigkeit, während der rote Fleck als quälender
Alptraum seinen „energielosen Pessimismus"[39] und das Bild des fernen Lei-
densgenossen symbolisiert.

Zu all diesem Elend kommt noch hinzu, daß die einzige Verbindung zur
Außenwelt, der Fürst, dem es vor dem Aktuar graut, mit unmäßig vieler
Arbeit die unheimlich unmenschliche Zuverlässigkeit des Aktuars zerstören will.

[35] ebda. S. 107.
[36] Siehe oben S. 75 f.
[37] Ein jeder leb's (A 9), S. 109.
[38] ebda.
[39] ebda. S. 105.

Eines Tages häufen sich die kleinen Widerwärtigkeiten des Alltags, vom unaufhörlich rieselnden Regen über eine stürmische Konferenz beim Fürsten bis zur
„unglaublich schmierigen Weste" des Dieners[40]. Fürst wie Aktuar verlassen in
dieser Nacht die gewöhnlichen Geleise. Der Fürst hofft, den „Heuchler",
„Duckmäuser" und „Schmeichler"[41] bei irgend etwas Unrechtem zu ertappen
und ihn zu beschämen; er schleicht zur steinernen Truhe und beobachtet durch
ein Fenster, daß der ihm so „selbstbewußt" und „bitterstreng" erscheinende
Aktuar „Allotria" und „kindische Spielereien" treibt, „während alle im Schlosse
glaubten, er arbeite noch so spät."[42] — und er glaubt zu triumphieren:

> Der Aktuar kniete auf dem Fußboden und amüsierte sich damit, seine linke Hand
> mittels eines Bindfadens an das Tischbein zu binden. [...]
> Daneben, auf der Diele, lag ein aufgeschlagenes Aktenheft, und den scharfen Blik-
> ken des Beobachters entging nicht, daß es gröblich mit Tinte besudelt war.
> Schämte sich der grauhaarige Kerl denn gar nicht ob solcher Torheiten? Nein, er
> kicherte fortgesetzt vor sich hin — man hörte es nicht, aber man sah es. Er verknotete
> den Bindfaden über der Fesselung und ergriff mit der Rechten ein Radiermesser, um
> die über den Knoten hinausragenden Enden der Schnur pedantisch abzuschneiden und
> kicherte und redete dabei; vielleicht war der Aktuar betrunken. Um Himmels willen,
> was tat er denn jetzt! —
> Der Fürst sprang zurück, lief rasch aus dem Winkelhof hinaus und um die Ecke
> herum.
> Als er in die Truhe stürzte, war der Aktuar vornübergefallen, hing mit dem linken
> Arm am Tischfuß, und dieser Arm war über und über mit Blut beflossen.
> Der Archivar rollte in weit aufgerissenen Augen ein Paar gräßlich stierende Pupil-
> len, und die bluttriefenden Finger seiner rechten Hand kratzten mit unbegreiflicher
> Anstrengung an einem roten Klecks in dem Aktenbuch, welches ihm zur Seite lag.
> „Den linken Bogen —" stammelte er einmal und nochmals mit entsetzlicher, frem-
> der, gleichsam weit entfernt klingender Stimme.
> Was Seine Durchlaucht der Fürst auch anstellte, er brachte nicht mehr aus dem
> Sterbenden heraus.[43]

Der Einsame hat keine andere Möglichkeit, aus dem Teufelskreis von sehn-
süchtigen Träumen und totgrauer Wirklichkeit auszubrechen gesehen, als dem
Phantom des leidenden, selbstmörderischen Mönches nachzueifern und das halbe
Blutherz durch seinen Tod zu vollenden. In wahnsinniger Freude und mit
irrem Kichern hat er eine pedantische Nachahmung begonnen. Was der verständnislose Fürst für „kindische Spielereien" hält, ist Ausdruck des Leidens —
Hans Bötticher war sich bestimmt der Parallele zu seinen poetischen Spielereien

---

[40] ebda. S. 110.
[41] ebda.
[42] ebda. S. 111.
[43] ebda. S. 111 f.

im Simpl und dem Unverstand der Hörer bewußt. Aber eben dieses pedantische Planen und Vorausberechnen des Ausbruchs aus dem toten Leben muß scheitern, die Vollendung des Herzens gelingt ihm nicht; sein Tod wird zur schlecht inszenierten entsetzlichen Farce.

Der tiefe Pessimismus und die große Verzweiflung dieser Erzählung sind bei Hans Bötticher, auch später bei ihm als Ringelnatz einzig. Mit der Verzweiflung des erfolglosen Dichters und erfolgreichen Simpl-Rezitators gestaltet er ein verwandtes Schicksal, aber gleichzeitig im Gegenbild. Denn mit dem geregelten, lähmenden, lebenswidrigen und arbeitsbittern Leben des Aktuars, mit dessen selbstverschuldeter Einsamkeit verteidigt er zugleich das eigene regellose Leben ohne Verantwortung. Der Stil paßt sich der grauen Rätselhaftigkeit an, einmal erzählt er aus der Sicht des Aktuars, dann aus der des Fürsten, bisweilen nimmt er aber auch die Haltung eines wenig wissenden, nur vermutenden Beobachters an. Dadurch wird über alles, besonders über den distanziert berichteten Selbstmord ein grauer Schleier gezogen, der nicht zuletzt der Geschichte einen eigenartigen Reiz verleiht.

Von hier aus gesehen begreifen wir auch, warum Hans Bötticher seiner Sammlung den geschmäcklerischen Titel „Ein jeder lebt's" gibt: Dieser soll verhüllen, daß er in den Erlebnissen aller Personen seine wirklichen und phantasierten Abenteuer gestaltet. Aber trotz dieser grenzenlosen Subjektivität im Verhältnis zu Stoff und Gestaltung gelingen ihm — wenn auch gewiß nicht in allen Geschichten — Bilder und Szenen von Unglücklichen oder Ausgestoßenen, von Einsamen und Träumern, die wie „Das Grau und Rot" und „Phantasie" mit gestalteten Leiden als Höhepunkte der Dichtung Hans Böttichers, das heißt des Vorkriegs-Ringelnatz, zu unrecht vergessen sind.

IV. Heldenruhm: „Als Mariner im Krieg"

Die Münchner Zeit endete für Hans Bötticher, wie wir oben sahen[1], mit dem Versuch, sich weiterzubilden; er wollte einstweilen auf schriftstellerische Arbeiten verzichten. Aber nicht nur der Ausbruch des Weltkrieges setzte dem ein Ende. Die Atmosphäre der Vorkriegszeit in München mit den Künstlergesellschaften um Carl Georg von Maassen und den hektischen, durchzechten Nächten war ebenfalls wenig geeignet, ein wirklich systematisches Lernen zu ermöglichen. Und auch über Politik sprach man, „hauptsächlich abends und besonders spät nachts, [...] wenn die Köpfe vom Alkohol erhitzt waren":

> Erregte stundenlange Debatten über die Möglichkeit und Aussichten eines Krieges. Maassen, der einen schneidigen Husarenoffizier zum Bruder hatte, war der festen Überzeugung, daß wir im Falle eines Krieges unseren Gegner mächtig verdreschen würden. [...] Als schärfster Gegner dieser Ansicht trat der besonnene Dolch[2] auf, der Sozialdemokrat und gegen den Krieg war. Zwischen ihm und Maassen kam es zu hitzigen Wortgefechten. Ich stand mit Kopf und Herz ganz auch Dolchs Seite.[3]

So heißt es am Schluß von „Mein Leben bis zum Kriege". Doch als schließlich der Krieg wirklich erklärt war, machte er eine Kehrtwendung und zog schon einen Tag früher, als er mußte, in den Krieg[3a].

Zweierlei müssen wir bei der Beurteilung von Hans Bötticher Haltung zum Kriegsausbruch, zum Krieg und zur Novemberrevolution beachten: Wir dürfen bei seinen Äußerungen im Kriegstagebuch „Als Mariner im Krieg" nicht vergessen, daß sie einer macht, der nicht aussieht, wie Matrosen aussehen[4]; zum anderen müssen wir sie mit denjenigen anderer Schriftsteller Deutschlands vergleichen[5].

---

[1] Siehe oben S. 36 f.

[2] Oskar Dolch war ein junger Kunsthistoriker im Kreis um Maassen, der Ende 1914 fiel; noch 1930 überlegt sich Ringelnatz, ob er „Mein Leben bis zum Kriege" Dolch widmen sollte (vgl. Brief Nr. M 697 vom 22. 9. 1930, Briefe, S. 158).

[3] ML, S. 353 f.

[3a] AM, S. 8.

[4] Vgl. „Zwieback hat sich amüsiert" — Ein jeder lebt's (A 9), S. 21; siehe auch oben S. 106 f.

[5] Colin Butler tut weder das eine noch das andere, vgl. Assessment (A 418), S. 26—32.
— Über die Haltung deutscher Schriftsteller zum Beginn des ersten Weltkrieges

1. Die Schriftsteller und der Ausbruch des Weltkrieges

Die Haltung der Intellektuellen und Schriftsteller zum Ausbruch des Weltkrieges ist in ihrer weitgehenden Einmütigkeit heute fast unbegreiflich und erschreckt. Und Butler hält sich vergeblich an seine Quintessenz, den dummen Ringelnatz[1], um dessen Begeisterung und spätere Enttäuschung zu erklären; denn von diesen „Dummheiten" war in Deutschland kaum jemand ausgeschlossen:

Wenn hier ein Versagen festzustellen ist, dann das Versagen des weitaus größten Teils der deutschen Intellektuellen überhaupt. Man hat weiterhin die ungeheuerliche, bis ins letzte organisierte Hetzkampagne des imperialistischen Propagandaapparats zu berücksichtigen, die aufputschende Wirkung der Greuelmeldungen, die zu Hunderten durch die Presse gingen, die Verwirrung, die die soziale Demagogie Wilhelms II. und die Kapitulation der im Bürgertum immer noch als vaterlandsfeindlich verschrienen Sozialdemokratie auslösen mußten. Schließlich ist zu erwähnen, daß auch unter den Intellektuellen und Schriftstellern der Ententeländer, vor allem Englands und Frankreichs, starke nationalistische Tendenzen auflebten.[2]

Die poetische Reaktion auf den Kriegsausbruch reicht von Max Bewers Identifikation des Deutschen Reiches mit dem Reich Gottes[3] über die unterschiedlichsten, sich aus der Tradition Ernst Moritz Arndts nährenden, martialisch

und zur Revolution siehe die im ganzen objektive Arbeit von Friedrich Albrecht, Deutsche Schriftsteller in der Entscheidung (B 115), besonders die Abschnitte „Politisches Engagement unter nationalistischem Vorzeichen — die Haltung deutscher Schriftsteller zum Beginn des ersten Weltkrieges", S. 26—41 und: „Schriftsteller und Novemberrevolution", S. 74—99. Vgl. auch Greul, Bretter, die die Zeit bedeuten (A 431), S. 198—202.

[1] Vgl. Butler, Assessment (A 418), besonders S. 240 und 263 f.

[2] Albrecht, Deutsche Schriftsteller (B 115), S. 35; siehe ebda. S. 30 f.: „Schon ein erster Blick zeigt jedoch, daß kriegsbejahende und kriegsbegeisterte Stellungnahmen von den Vertretern fast aller literarischen Strömungen und Gruppierungen abgegeben wurden." Neben Nationalisten wie Hermann Löns, Ludwig Ganghofer oder gar Adolf Bartels stehen Gerhart Hauptmann, Arno Holz, Karl Henkell, Michael Georg Conrad, Hermann Sudermann, Max Halbe, Richard Dehmel, Thomas Mann, Hugo von Hofmannsthal, aber auch Alfred Döblin, Robert Musil, Arnold Zweig, Klabund, Kritiker wie Alfred Kerr und Julius Bab, die ‚Arbeiterdichter' Karl Bröger, Heinrich Lersch, Hermann Claudius und Alfons Petzold. „Jene anderen, die sich wie Heinrich Mann, Johannes R. Becher, Hermann Hesse, Ricarda Huch, Karl Kraus, Annette Kolb, Leonhard Frank oder Arthur Schnitzler dem chauvinistischen Rausch entgegenstellten, blieben vereinzelt, ihre Stimme wurde kaum gehört." (ebda. S. 31).

[3] Max Bewer, Deutsches Kriegs-Gebetbuch (B 12), S. 2; Ringelnatz über Bewer: AM, S. 85.

begeisterten nationalistischen Verse bis zu den entsetzlichen Worten eines Heinrich Vierordt:

> O du Deutschland, jetzt hasse; mit eisigem Blut,
> Hinschlachte Millionen der teuflischen Brut,
> Und türmten sich berghoch in Wolken hinein
> Das rauchende Fleisch und das Menschengebein![4]

Auch die widerlichen Verse eines Salonsozialisten werfen ein Licht auf die fast dämonisch um sich greifende Gedankenlosigkeit und Brutalität:

> Komm, wir wollen sterben gehn
> in das Feld, wo Rosse stampfen,
> wo die Donnerbüchsen stehn
> und sich tote Fäuste krampfen.
>
> Lebe wohl, mein junges Weib,
> und du Säugling in der Wiegen!
> Denn ich darf mit trägem Leib,
> nicht daheim bei euch verliegen.[5]
>
> Diesen Leib, den halt ich hin
> Flintenkugeln und Granaten:
> Eh ich nicht durchlöchert bin,
> Kann der Feldzug nicht geraten.[6]

Dazu heißt es 1922 in Franz Pfemferts „Aktion": „Diese und andere bestialische Hetzstrophen fabrizierte der Kaiser-Wilhelm-Verherrlicher und Kriegscoupletschreiber, der als Dichter längst krepierte, als Mitunterzeichner des berüchtigten Lügenaufrufs der berüchtigten 93 Intellektuellen vor der Geschichte geächtete Herr G e r h a r t H a u p t m a n n."[7] Und der Widerlichkeit eines demagogischen Aufsatzes über den „Segen des Krieges" des sächsischen Unterhaltungsschriftstellers Georg Freiherrn von Ompteda[8], den Hans Bötticher vielleicht in der Illustrierten „Die Woche" las („Nun, ist es nicht ein Segen, wenn die Masken fallen und man plötzlich den Mann von der Memme, den Ehrlichen vom Schweinehund scheiden kann?"), steht die wortreich verbrämte geistige Leere und das Pochen auf „die sendungsvolle und unentbehrliche Eigenart" des deutschen Volkes in einem anderen Pamphlet gegenüber: in Thomas Manns „Gedanken im Kriege"[9] vom November 1914. Ein Satz wie der folgende gehört zu den peinlichen in dessen Denken: „Es ist wahr: der deutschen Seele eignet etwas Tiefstes und Irrationales, was sie dem Gefühl und Urteil anderer,

---

[4] Zitiert nach: Albrecht, Deutsche Schriftsteller (B 115), S. 36.
[5] Man beachte die hübsche Reminiszenz an Hartmann von Aues „Erec"!
[6] Zitiert nach: Aktion 12 (1922) Nr. 31/32 (B 38).
[7] Pfemfert, Über Herrn Kriegssänger Gerhart Hauptmann (B 188); in derselben Nummer der Aktion im Anschluß an die Hauptmannverse.
[8] Ompteda, Segen des Krieges (B 186), S. 1458.
[9] Mann, Gedanken im Kriege (B 169), S. 1484.

flacherer Völker störend, beunruhigend, fremd, ja widerwärtig und wild erscheinen läßt."[10] Und nicht den „zivilen Geist" erkennt Mann und — nach
seinem Willen — das deutsche Volk als „letztes und menschenwürdigstes Ideal"
an, sondern den „ ‚Militarismus' ", die „soldatische Moralität".[11]

Bei solchen Gedanken ist es nicht verwunderlich, daß es Mann wie „den
meisten Schriftstellern nicht [sc. gelang], das Phänomen dieses Krieges geistig
zu bewältigen"[12]. Der Traum vom Volkskrieg, der in Wirklichkeit ein imperia-
listischer Eroberungskrieg war[13], verleitete viele, auch vom Dichter als dem
Führer der Nation zu träumen. Doch die Versemacher waren höchstens ver-
blendete oder bewußt blendende Verführer, die ihre humanistische Tradition,
wenn sie eine solche besaßen, verrieten und leichtfertig ihre Autorität aufs Spiel
setzten. Auch was die Dichter vom Kriege hielten, wußte Thomas Mann:

> Krieg! Es war Reinigung, Befreiung, was wir empfanden, und eine ungeheure Hoff-
> nung. Hiervon sagten die Dichter, nur hiervon. Was ist ihnen Imperium, was Han-
> delsherrschaft, was überhaupt der Sieg? Unsere Siege, die Siege Deutschlands — mö-
> gen sie uns auch die Tränen in die Augen treiben und uns nachts vor Glück nicht
> schlafen lassen, so sind doch nicht sie bisher besungen worden, man achte darauf, es
> gab noch kein Siegeslied. Was die Dichter begeisterte, war der Krieg an sich selbst,
> als Heimsuchung, als sittliche Not. Es war der nie erhörte, der gewaltige und
> schwärmerische Zusammenschluß der Nation in der Bereitschaft zu tiefster Prüfung
> — einer Bereitschaft, einem Radikalismus der Entschlossenheit, wie die Geschichte
> der Völker sie vielleicht bisher nicht kannte.[14]

Feststellbar ist also ganz objektiv eine allgemeine Kriegsbegeisterung: Die
Motive dürften bei den einzelnen Schriftstellern und Dichtern jedoch ganz
unterschiedlich sein. Neben dem offensichtlichen Motiv „subalterner Gestalten",
„sich bei der Macht anzubiedern"[15], nennt Friedrich Albrecht etwa als wohl
bedeutendstes „die Sehnsucht nach Erlösung aus der Vereinsamung, nach Eingliederung in das Volksganze"[16]. Doch die einzelnen Gründe sind sicher wesentlich differenzierter und entsprechen dem Typ des jeweiligen Dichters.

2. Kriegsromantik und Heldentod

Auch Hans Böttichers Begeisterung kannte keine Grenzen. Die Äußerungen
über Krieg in „Als Mariner im Krieg" sind nicht stilisiert oder nachträglich

---

[10] ebda.
[11] ebda.
[12] Albrecht, Deutsche Schriftsteller (B 115), S. 38.
[13] ebda.
[14] Mann, Gedanken im Kriege (B 169), S. 1475.
[15] Albrecht, Deutsche Schriftsteller (B 115), S. 33.
[16] ebda. S. 31.

abgeändert, sondern tragen in ihrer Aufrichtigkeit durchaus Tagebuch-Charakter, wie ein Vergleich mit der unveröffentlichten Kriegskorrespondenz zeigt[1]. Auf einer Postkarte vom 4. August 1914 zeichnet er sich als Matrosen, der mit riesiger Lanze den russischen Bären durchbohrt, und er kritzelt an die untere Kante Peter von Serbien am Galgen baumelnd[2]. Aber wie eine Novelle mit einem Hinweis auf die Zensur abgelehnt wird, schreibt er: „Ich trieb keine Politik. Oder wenn, dann die patriotischste."[3] Als er in den Krieg zog, dachte er „an Kriegsromantik und Heldentod, und meine Brust war bis an den Rand mit Begeisterung und Abenteuerlust gefüllt."[4] Davon zeugt auch das einzige zu Kriegsbeginn veröffentlichte Gedicht[5]; er selbst berichtet darüber: „Ich hatte ein Gedicht auf die deutschen Matrosen verfaßt. Als ich die fertige Arbeit betrachtete, nahm sie sich aus wie ein Kommisstiefel."[6] Dennoch erfüllt ihn das Urteil eines befreundeten Bataillonsarztes einen ganzen Tag mit Zufriedenheit; schreibt ihm doch dieser: „In einer herrlichen Mondnacht, an der Front mitten im Granatfeuer haben wir beim Stab Ihr Matrosengedicht in der Jugend gelesen und danken Ihnen dafür."[7] Und mit Genugtuung stellt Hans Bötticher

---

[1] Siehe die Briefe an Alma Baumgarten, Annemarie Ruland, Carl Georg von Maassen und Rolf von Hoerschelmann; an diesen schreibt er (Brief Nr. RH 2 vom 12. 11. 1914): „Ach, lieber v. Hörschel, auch Sie wollen lange Briefe! das ist mir wirklich nicht möglich, weil mein Dienst mir nur wenig Zeit läßt, in der ich dann sowie so schon die feuchten Erlebnisse des Tages in einem Tagebuch nochmals durchkaue."

[2] Brief Nr. AB 37 vom 4. 8. 1914.

[3] AM, S. 157.

[4] ebda. S. 7.

[5] Während des Krieges erschienen noch in der hektographierten Weihnachtszeitung „H. M. S. D." [Hilfs-Minen-Such-Division] (A 10) mehrere heitere Gedichte Hans Bötticher, darunter auch ein Kriegsgedicht, das in IM, S. 48 f. wiederabgedruckt ist. Daneben schrieb er manche Gedichte über Krieg und Kriegsgeschehen, die damals nicht veröffentlicht wurden, die er aber zum Teil später in „Als Mariner im Krieg" abdruckte: „Sei freundlich zu dem rauhen Gast" — AM, S. 27; „An meinen Rekrut, Weihnacht 1916" — ebda. S. 249—251; „Fror mein Herz in dieser Einsamkeit" — ebda. S. 381; und ein Zweizeiler „Kein Feind, kein Schuß, kein Spion, kein Mord. / Man wacht und gähnt und wünscht sich an Bord." — ebda. S. 21; ferner sind in AM unter anderem erwähnt: ein Lied zu einer Abschiedsfeier (S. 271), ein Gedicht auf seine eigene Beförderung zum Leutnant der Reserve (S. 302) und ein Gedicht anläßlich der Auflösung der H. M. S. D. (S. 321). Außerdem erschien im Juli 1919 in der „Jugend": „Ihr aus der Gefangenschaft: Willkommen!" (A 171). Und zuvor, im April und Oktober 1918 sollte seine Freundin Annemarie unter ihrem Namen zwei andere Gedichte in der „Jugend" bzw. im „Vorwärts" unterbringen (vgl. Briefe Nr. AR 7 vom 18. 4. 1918 und Nr. AR 33 von Anfang Oktober 1918); in der „Jugend" erschien nichts, der entsprechende Jahrgang des „Vorwärts" war mir nicht zugänglich.

[6] AM, S. 31.

[7] Erste Korrekturbogen zu AM (ungekürzt) zu S. 75 (GR).

fest, daß die Zeitschrift „Simplicissimus" „der Zeit gemäß eine patriotische Tendenz angenommen" habe[8]. Das im Oktober 1914 in der „Jugend" erschienene Gedicht aber tönt so:

> [...]
> Und Krieg! Die Boote kommen von Bord.
> An den Geschützen, die scharf geladen,
> Wetteifern sie — Kameraden, Soldaten —
> Und segeln steif in des Kampfes Mord.
>
> Wie am zerschossenen Panzerturm
> Zerstückelte Menschenleiber kleben,
> Wie schwere Eisenplatten erbeben
> Unter dem Anprall von Schuß und Sturm,
>
> Wie durch Torpedo und Minensprung
> Die städtegleichen Schiffe versinken,
> Daß tausend Männer mit eins ertrinken,
> Ja, tausend Männer, so frisch und so jung!
>
> Das wissen die frohen Matrosen von Kiel,
> Die blauen Jungen von Wilhelmshaven,
> Und achten's den Teufel. Es schauen die Braven
> Unhaltsam kämpfend nur vorwärts zum Ziel.
>
> Und wenn ihr Sieg oder Sterben nah,
> Sie die im Frieden so wortverlegen,
> Sie brausen laut im Granatenregen
> Der Flagge, dem Kaiser ein dreifach Hurrah.
>
> [...]
> Viel Schiffe werden auf ihrer Bahn
> Die Stätte kreuzen, wo jene Helden
> Dann ruhen. Nicht Tafel noch Kreuze melden
> Die Ruhmesarbeit, die dort getan.
>
> Doch weiter lebt es von Mund zu Mund,
> Das Lied von Seemannsende und Treue,
> Und herrlich gibt es sich immer aufs neue
> An Bord der eisernen Kriegsschiffe kund.
>
> Das Freisein an Land — das opfern sie nie.
> Im Dienste treulich durch Meerestosen
> Und Kampf. So leben die deutschen Matrosen.
> — Ja, deutsches Volk, sei du stolz auf sie!
>
>   Bootsmaat Bötticher[9]

[8] ebda. zu S. 45.

[9] Bibl. A 168; zur Signatur vgl. erste Korrekturbogen zu AM (ungekürzt), zu S. 150 (GR): „Ich griff zur Münchner ‚Jugend'. Darin waren oft so stimmungsvolle Bilder von einem Maler, der Bootsmaat R. Fiedler zeichnete. Auch ich setzte unter meine literarischen Veröffentlichungen außer meinem Namen gern meine Charge und manchmal auch den Ort meines augenblicklichen Aufenthalts. Es war mir ein schöner — und oft bestätigter Gedanke, daß Freunde, denen ich sonst nicht schrieb, auf diese Weise etwas über mich erfuhren."

Kein gängiges Bild läßt er aus, und mit den „zerstückelten Menschenleibern",
dem leichtfertigen Ertrinkenlassen von tausend Männern „so frisch und so
jung" und dem dreifachen Hurrah im Sterben auf Kaiser und Flagge steht er
kaum hinter Hauptmanns „Eh' ich nicht durchlöchert bin" zurück. Doch dürfen
wir auch den Unterschied nicht übersehen: Das eine dichtet ein anerkannter
und über Gebühr gefeierter Poet, das andere der unbekannte Bootsmaat Bötticher, dem Hauptmann einst ins Album geschrieben hat: „Kunst ist Religion"[10].
Die Kriegs- und Heldentodphantasien des Matrosengedichtes wurden für den
Verfasser allerdings nie Wirklichkeit. Zunächst sehnte er sich voller Ungeduld,
„irgendwo an Bord zu komen und mitzuthun, wenn die Kanonen und Minen
krachen"[11], und „nach Schüssen und ‚Freiwillige vor' "[12]. Und er weiß — zumindest rückblickend — um die Naivität seiner Begeisterung: „Dann schwoll in
mir die romantische Abenteuerlust, die mich seit meiner frühesten Kindheit
begleitet und vielleicht allzuoft begleitet hatte."[13]

Die „Deutschen Matrosen" sind ja in erster Linie kein Huldigungsgedicht an
die Mariner, sondern Ausdruck eines erneuten Strebens nach Ruhm und Ansehen; er setzt sich in den Versen, bevor er irgendeine kriegerische Tat voll-
bracht hat, bereits ein Ruhmesdenkmal. Der „kleine häßliche Kobold"[14] sah
erneut die Möglichkeit, seine Gestalt hinter glänzenden Ruhmestaten zu verbergen. Doch blieb er während des ganzen Krieges stets hinter der Front und
verrichtete, vom eigentlichen Kriegsgeschehen unberührt, seinen teils aufreiben-
den, teils langweiligen Dienst auf kleinen Minensuchbooten. Nur im Fischerdorf Kneis, unweit Riga, kam er im Mai / Juni 1916 der Front wenigstens bis
auf 3 km nah, besuchte auf eigene Faust sogar einen Schützengraben und legte
Minen, von deren strategischem Wert niemand überzeugt war. Dieses unauf-
fällige und eintönige Leben bot keinerlei Ruhm. Deshalb fing er schon wenige
Monate nach Kriegsbeginn an, Gesuche zu schreiben, mit der Bitte, an die
Front abkommandiert zu werden: „[...] ich habe auf ganz unmilitärische und
strafbare Weise ein Gesuch im Gange, das mir schon in mehreren Instanzen abgelehnt ist, das ich aber trotz Verbotes an imer höhere Instanzen, und, wenn
es sein muß, bis zum Kaiser durchzubringen gedenke; [...]"[15]. Die Sehnsucht
nach „Gefahr und Abenteuer"[16] ließ ihn so zum Querulanten werden. An Rolf
von Hoerschelmann berichtete er von seiner Erfolglosigkeit:

[10] ML, S. 255.
[11] Brief Nr. AB 38 vom 11. 8. 1914.
[12] Brief Nr. AB 40 vom 5. 9. 1914.
[13] AM, S. 31.
[14] Brief Nr. AB 104 vom 9. 3. 1916.
[15] Brief Nr. AB 56 vom 20. 12. 1916.
[16] AM, S. 42 u. ö.

> Von Maaßen bekomme ich oft kriegerische Karten aus dunklen Weltteilen und er läßt
> seine Gefangenen imer unterschreiben, um mir den Mund wässerig zu machen. [...]
> Im Übrigen bin ich recht schiefer Laune, weil alle meine Versuche, auf ein Untersee-
> boot oder zur [!] den Fliegern zu kommen scheitern.[17]

In seiner grenzenlosen Naivität richtete er dann tatsächlich am 20. Juni 1915
ein Gesuch an den Kaiser, den er sogar bei einem Besuch in Wilhelmshaven
persönlich ansprechen wollte[18]:

> Gesuch des Minenmaaten Hester[19] der Seewehr I (in Zivil Schriftsteller) um Aller-
> höchste gnädige Abkommandierung zur Front.
>
> Ew. Kaiserliche Majestät, meinen Allerhöchsten Kriegsherrn bitte ich, ausnahms-
> weise und gnädiglich zu verfügen, daß ich irgendwohin an die Front befohlen
> werde oder sonstwie Gelegenheit erhalte, zu Wasser oder Lande am unmittelbaren
> Kampfe teilzunehmen.
>
> Seit dem 2. August vorigen Jahres bis heute habe ich nur hinter der Front dienen
> dürfen, und seit zwei Monaten habe ich überhaupt nur noch mit Depotarbeiten be-
> schäftigte Leute zu beaufsichtigen. Ich bin jung, gesund, ledig und begeistert, habe
> mich gut geführt und bin nur ein einziges Mal mit einem strengen Verweis bestraft,
> weil ich mich trotz Verbotes an die Front nach Flandern bewarb.[20]

Er wurde wegen dieses allzu großen Eifers belächelt, und wiederum fiel er
nicht durch Ruhmestaten, sondern „meistens wegen meiner langen Nase und
überhaupt wegen meines Äußeren komisch auf"[21]; man verlachte den dichtenden Zwerg, der sich als einziger an die Front sehnte, auch wenn man auf der
anderen Seite seine Kameradschaftlichkeit zu schätzen wußte. Ende Juni 1916
schließlich reichte er ein Gesuch ein, „als Reserve-Offiziers-Aspirant zur
Matrosenartillerie übertreten zu dürfen"[22]. Später erfuhr er, daß die Offiziere
im Fort Thompson „einen großen, langlockigen Dichter erwartet" hatten:
„[...] und als mich der Kompanieführer dann erblickte, hätte er geäußert:
‚Dieser Kröpel wird auf keinen Fall Offizier.'"[23] ‚Kröpel' ist die niederdeutsche
Form für ‚Krüppel'. Und angesichts der Fotografien aus dieser Zeit, wo Hans
Bötticher stets in viel zu großen Uniformen einem hilflosen Habicht ähnlicher
sieht als einem Soldaten und Offizier, verstehen wir seine fast grotesken Anstrengungen, bewußt seine Enttäuschungen als Schiffsjunge und Einjährig-Frei-

---

[17] Brief Nr. RH 2 vom 12. 11. 1914.

[18] AM, S. 97; zu seinen verschiedenen Gesuchen und Bemühungen siehe: ebda. S. 14;
24; 29; 31; 42; 59; 75; 79 f.; 80 f.; 87; 94 f.; 97; 103; 124 f.; 130; 133; 142; 149;
150 f.; 171; 223; u. ö.

[19] AM erschien unter dem Decknamen „Gustav Hester", siehe dazu oben S. 89, Anm. 46.

[20] AM, S. 124 f.; (= Brief Nr. VA 5, Original nicht erhalten).

[21] ebda. S. 268.

[22] ebda. S. 223.

[23] ebda. S. 247 f.

williger zu verdrängen, und seinen unglaublichen Eifer, „unter die kühnsten Kämpfer gegen Deutschlands Feinde gestellt" zu werden[24].

Doch in dieses vergebliche Streben mischten sich schon früh Enttäuschung, Kriegsmüdigkeit und Bitterkeit. Anfang 1916 wünscht er: „Wäre dieser Krieg doch endlich ex!"[25] — und wenige Monate später nennt er die Stimmung „Ende um jeden Preis"[26]. Nur aus diesem Zusammenhang heraus sind zwiespältige Urteile wie das folgende zu verstehen:

Dieser Krieg war für Isolde Kurz wie für manche andere eine heilige, religiöse Angelegenheit. Mir erschien er nur als eine komplizierte und mehr und mehr an Tragik zunehmende Abwickelung von Intrigen und Händeln zwischen einflußreichen Mächten aller Nationen. Konkurrenzkampf, das heißt in bezug auf Ursache und Ziel, denn wieviel Ergreifendes, Edles und Ehrliches dadurch aufgerüttelt war und unabhängig für sich wirkte, erkannte ich wohl. „Der Krieg ist harte Wahrheit, der Frieden ist weiche Lüge", schrieb ich auf eine Spindtür.[27]

Der letzte Gedanke dieses Zitats ähnelt wieder frappant dem Denken eines Ompteda, eines Thomas Mann. Aber auch der Geist seines Vaters und des neunzehnten Jahrhunderts spricht aus solchen Worten, wie er sie einmal an Alma Baumgarten richtet: „Es ist eine tragische Zeit, in der alles wieder wahr und lebendig geworden ist, was die Freiheitsdichter sangen, und was wir in Friedenszeit zu Unrecht oft verlachten."[28] Kein halbes Jahr später erschienen Verse seines Vaters in der „Jugend", die völlig den Geist vaterländischer Gedichte zur Zeit der Befreiungskriege atmen:

An Deutschland

Land dereinst der Lieder
Und der Träumerei —
Wer erkennt dich wieder,
Heut so wach und frei?
[. . .]
Liebend war schon immer
Ich Dir zugewandt,
Und doch hatt' ich nimmer
Dich so recht erkannt:
Erst im heil'gen Bangen,
Zorn und Drang der Zeit
Ist mir aufgegangen
Deine Herrlichkeit![29]

[24] ebda. S. 157.
[25] ebda. S. 169.
[26] ebda. S. 230.
[27] ebda. S. 124.
[28] Brief Nr. AB 80 vom 3. 5. 1915.
[29] Bibl. A 535.

Aber im Gegensatz zu Hans Bötticher glaubte der Vater bis zu seinem Tode an die Unbesiegbarkeit Deutschlands, und ein Vierteljahr vor seinem Tode hetzte er noch gegen England:

> Und Schufte gibt es — nicht zu knapp —
> In diesem edlen Inselreiche![30]

Sein Sohn dagegen vermißte die Wahrheit, die für den Vater mit Deutschland unzertrennlich verbunden war, schon zu Anfang des Jahres 1916: „Die Wahrheit ist tot in unserer Zeit und deshalb ist diese keine grosse. Die Lüge regiert und triumphiert; es ist eine Schmach."[31] Und mit schonungsloser Offenheit bekennt er rückblickend: „Was mich trughaft noch hielt, waren kindliche Ruhmsucht und dürftiger Ehrgeiz. Ich wollte Offizier werden, um vor kleinen Leuten damit großzutun, und ich hoffte noch immer, zu einer gefahrvollen Heldentat zu kommen."[32]

3. „Die Woge. Marine-Kriegsgeschichten"

Will einerseits Hans Bötticher allen bitteren Erfahrungen zum Trotz wieder als Seemann berühmt werden, so gibt er anderseits seine poetische Laufbahn nicht auf: Er fährt zweispännig auf dem Weg zum Ruhm. Neben zahllosen Gelegenheitsdichtungen[1] und einer Weihnachtszeitung „HMSD 1917"[2], die er als Kommandant eines der Boote dieser Hilfs-Minen-Such-Division fast ausschließlich selbst verfaßte und bebilderte und die über Bierzeitungsniveau und Kriegssentimentalitäten nicht hinauskommt, schrieb er während des Krieges zahlreiche ‚Novellen' und ein Drama; ein zweites blieb augenscheinlich unvollendet[3]. Von den Novellen sind zwölf zusammengefaßt in einem Bändchen „Die Woge. Marine-Kriegsgeschichten", das erst 1922 erschien, von denen er aber alle bis auf drei schon während des Krieges in Zeitschriften publiziert hatte[4]. Ursprünglich sollten neun Erzählungen aus dem Jahre 1915[5] schon 1916 als 17. Bändchen in Albert Langens „Kriegsbüchern" erscheinen, wo unter anderen Arnold Zweig Erzählungen und Ludwig Thoma zwei Einakter veröffentlichen[6]. Die

---

[30] Georg Bötticher, Für John Bull (A 536).
[31] Brief Nr. AB 103 vom Februar 1916.
[32] AM, S. 278.
[1] Siehe oben S. 131, Anm. 5.
[2] Bibl. A 10.
[3] Siehe unten S. 139—149.
[4] Nicht während des Krieges erschienen: „Totentanz" — Die Woge (A 16), S. 40—52; „Aus dem Dunkel" — ebda. S. 68—78; „Fahrensleute" — ebda. S. 100—114.
[5] Das geht vor allem aus den Briefen an Alma Baumgarten hervor.
[6] Zweig, Die Bestie. Erzählungen (B 111) und Thoma, Der 1. August. Christnacht 1914. 2 Einakter (B 101).

Zensur des Admiralstabes strich im vorgelegten Exemplar jedoch zwei Geschichten („Totentanz" und „Fahrensleute") ganz, bei den übrigen einzelne Stellen, die den Krieg nicht vorbehaltlos unterstützten, und verbesserte beckmesserisch in Oberlehrer-Manier sogar einzelne Worte, so daß das Buch zu dünn geraten wäre; etwas hinzuzuschreiben schien ihm „mit dem Gift und der Galle im Herzen" aber unmöglich[7]. Drei weitere Erzählungen oder „Skizzen", wie Hans Bötticher sie selbst gern nennt, entstanden dann doch noch 1916 und wurden auch in Zeitschriften veröffentlicht. Daneben muß er noch zahlreiche andere begonnen oder vollendet haben, die entweder ihm selbst oder der Zensur mißfielen. Doch kommt er nur in zwei oder drei Erzählungen über interessante, amüsante oder bewegende Berichte hinaus. Nicht zuletzt wird daran auch die hastige Produktion schuld gewesen sein: „Ich schrieb eine Novelle und noch eine und noch eine, aber sie mißlangen, und ich mußte sie wieder vernichten. Ich schrieb sie zu eifrig, weil ich dringend Geld brauchte."[8] In drei Skizzen schmückt er nachweislich nur Berichte Dritter aus[9], und die Handlung zerrinnt ihm zwischen kriegsbegeisterten Phrasen und sentimentalem Heldentod. Manche Geschichten wie „Auf der Schaukel des Krieges" sind rührend pathetische Phantasien vom Tod fürs Vaterland. „Der Freiwillige"[10] schildert zum Beispiel das beinahe beiläufige Sterben eines ruhmsüchtigen blassen Matrosen, der von „ungewöhnlichen Erinnerungen fürs ganze Leben"[11] träumt und am Herzschlag oder Sonnenstich stirbt, als er sich vom Deckwaschen ausruht. Zwischen beiden Polen, Wunschtraum vom Kriegshelden und einsamer Enttäuschung, spannt sich der Bogen der ganzen Sammlung; sie ist trotz ihrer poetischen Schwächen wiederum ein getreues Abbild der eigenen Träume und Unzufriedenheiten.

Lediglich „Totentanz", „Fahrensleute" und „Die Zeit" heben sich aus der Anspruchslosigkeit der übrigen heraus. „Die Zeit" enthüllt an einer Stelle seine erschreckende Hilflosigkeit vor dem Krieg. Er schwankt zwischen der Dämonisierung des großen Mordens und einer rationalen Erklärung, er vermischt die Bewunderung für das Ungeheure, den Genuß des Rausches am Fortschritt der Zerstörung mit dem Grauen:

---

[7] AM, S. 169; vgl. auch das Vorwort zu „Die Woge" (A 16), S. 7. Das vom Zensor zum Teil mit Rotstift bearbeitete Korrekturexemplar der geplanten Ausgabe von 1916 befindet sich in der Sammlung GR.

[8] AM, S. 246 (ca. Oktober 1916).

[9] „Die Blockadebrecher" — Die Woge (A 16), S. 11—25: vgl. AM, S. 127; „Auf der Schaukel des Krieges" — Die Woge (A 16), S. 53—58: vgl. AM, S. 47; „Aus dem Dunkel" — Die Woge (A 16), S. 68—78: vgl. AM, S. 118 f.

[10] Die Woge (A 16), S. 59—67.

[11] ebda. S. 60.

[...] Völker, Rassen, Weltanschauungen erheben sich Riesen gleich, um Entscheidung zu ringen. Menschen überlisten sich gegenseitig wie die Zauberer der Sagen auf und in der Erde, unter Wasser und in den Lüften. Sie blicken, horchen, sprechen und töten auf Meilenweite und hauchen blutlosen Dingen schaffendes oder vernichtendes Leben ein.
Spürst du auch niemals das Berauschende des Fortschrittes? Lähmt dich nie ein dumpfes Grauen, quälest du dich nicht mit Zweifeln vor dem sinnreichen Wirrsal des Alls, da du auch liest, daß Grausamkeiten wieder schreiend sich ergehen, die wir tief unterm Asphalt vermodert wähnten; daß der Mord wieder in Fürstensold steht und Menschen mit Schild und Keule gegen Menschen ziehen, mit Steinwürfen töten — ?
Die Erde ward zu einer schwarzen Insel zwischen Meeren von Blut und Tränen. Darüber liegt der giftige Dunst der Weltlüge, den Donner erstickend und das Glockenläuten. Und aus diesem Chaos türmt die Wahrheit gigantische Zahlen des Schreckens und des Ruhmes für die Ewigkeit.[12]

Aus dieser Fülle alter Bilder und Topoi spricht nur seine Ratlosigkeit. Denn in einer anderen Geschichte staunt er, „daß Dichter und Maler töten, und heute Bilder und Verse nicht viel mehr als wie Spielzeug gelten; [...]"[13]. „Die Zeit" schildert einen Marsch, den die Mariner seit Wochen zweimal täglich zurücklegen. Eines Tages gewahren sie am Wegrand „auf einer Bank unter Kastanien, bequem vornübergeneigt, mit den Ellbogen auf die Schenkel gestützt" einen „alten, schneeweißbärtigen Herrn. Er blickte gleichsam ausruhend zu Boden und hielt zwischen gefalteten Händen einen Stock, damit zog er, in dem Augenblick als ich passierte, eine leichte, spielerische Linie in den Sand. Er schaute nicht auf bei unserem Vormarsch."[14] Kurz darauf versinkt die ganze Marschkolonne in einen schlafähnlichen Zustand, und der Erzähler berichtet unvermittelt Erinnerungen, zunächst ohne sie als solche zu kennzeichnen, die scheinbar lange dauernd den Marschierenden auf einer kurzen Strecke Weges überfallen. Der ratlose Relativimus der oben zitierten Anschauungen über den Krieg wird aufgehoben in einer größeren Relativität, derjenigen der Zeit. Das ist aber nicht die Erkenntnis eines Weisen über den Dingen, sondern eines Mannes, der so in die Dinge verstrickt ist, daß er zu einer „fixen Idee", zu einem in seiner Einfachheit fast mythischen Bild greift:

Ich bildete mir ein, jener alte Herr mit dem wallenden Schneebart sei der liebe — der große — sei das [sic] große Gott gewesen, und die leichte Furche, die sein Stock im Sande zog, habe die Zeit dargestellt.[15]

Dadurch daß Hans Bötticher die Endlichkeit zum Spiel Gottes erklärt, versucht er, die Enge seiner alltäglichen Öde zu überwinden. Doch es bleibt bei diesem

---

[12] ebda. S. 120 f.
[13] „Lichter im Schnee" — ebda. S. 97.
[14] „Die Zeit" — ebda. S. 116.
[15] ebda. S. 123.

einen Versuch, den er schon in der nicht zustande gekommenen ersten Ausgabe wohl als bedeutsamsten an den Schluß stellt.

Denn es beherrscht ihn noch immer der alte Traum seiner Kindheit, auszubrechen „aus all dem Kriegsjammer in die alles lösende, friedliche Ferne, wo die Seeleute ihre glückliche Zeit haben"[16], und in der Erzählung „Fahrensleute", in der der Krieg als „Kriegsjammer" lediglich die Folie des Geschehens bildet, gelingt es ihm, diese Sehnsucht wie in keiner anderen Dichtung dieser Zeit zu gestalten. In einer Mischung von Wirklichkeit und Märchen, die auf die „Märchen" der Sammlung „Nervosipopel" vorausweist[17], geht der Wunsch eines Stückmeisters in Erfüllung, der mit seiner Braut und einfachen Seeleuten in einer Hafenkneipe zecht: Ein Modellschiff in einem Glaskasten wächst durch Zauber zu natürlicher Größe und sticht die alltägliche Umgebung zerstörend mit den zechenden Seeleuten an Bord in See: Unheimlich, die Wirklichkeit zerstörend und doch kindliche Zuflucht gewährend ist die Phantasie für Hans Bötticher:

Das rasende Schiff überrannte schreiende Menschen und durchgehende Pferde, teilte zermalmend eine Marschkolonne wahnsinnig erschrockener Trainsoldaten, jumpte über die Kaimauer platschend ins Wasser und lief nun mit verdoppelter Geschwindigkeit aus dem Hafen. Lief rücksichtslos, frech an signalisierenden oder schießenden Wachtschiffen vorbei, durchbrach unbeschadet ein entsetzlich krachendes Minenfeld und sonstige Hafensperren, jagte — immer mit vollen Segeln — quer durch eine Seeschlacht und von dannen, weit fort in die warme, blaue Ferne des Hochatlantiks, wohin kein Kanonendonner reicht, und wo wir alle einmal gewesen sind, in den süßesten Stunden unbewußter Kindheit.[18]

4. Der Traum vom Dramatikerruhm: „Der Flieger"

Die Jahre von 1910 bis 1916 standen für Hans Bötticher ganz im Zeichen der Erzählung, wie er in den Jahren zuvor den Ruhm in der Lyrik gesucht hatte. Doch schon zu Anfang des Jahres 1914 spielt er mit dem Gedanken an ein Drama: „Vorgestern habe ich eine Novelle vollendet, betitelt ‚Weiter'. Hätte ich 30 000 gehabt (oder keine Geldeile) so hätte ich ein Drama aus dem Stoff gemacht, der mir sehr dramatisch erschien."[1] Doch erst dreieinhalb Jahre später beginnt er mit dem Entwurf eines Dramas, „das ‚Der Flieger' heißen sollte", und liest ihn etwa Mitte August 1917 seiner Kriegsfreundin Annemarie Ruland

---

[16] „Fahrensleute" — ebda. S. 108.
[17] Siehe dazu ausführlich unten S. 229—245.
[18] Die Woge (A 16), S. 114.
[1] Brief Nr. AB 25 vom 13. 3. 1914.

vor². Bis zum April des nächsten Jahres scheint dann die Ausführung geruht zu haben; am 12. April 1918 schreibt er ihr: „Ein wenig schreibe ich dann und wann am ‚Flieger', aber ich verliere die Übersicht, weil meine Gedanken zu zersplittert sind und ich dauernd durch Dienstliches unterbrochen werde."³ Von dieser Zeit an arbeitet er aber des öfteren nachts an dem Stück, wohl angeregt unter anderem von den häufig in den Briefen erwähnten Kriegsdramen eines Heinrich Gilardone, über den er urteilt: „[...] Gilardone, der das Marinespiel ‚Klar zum Gefecht' geschrieben hat (und das Stück ‚Der feldgraue Hias') was vielleicht nicht als Reinkunst gelten mag aber doch mit großem Pomp u. Aufwand u. unter Protektion von Prinz Heinrich zu wohltätigem Zwecke über ganz Deutschland geht (ich glaube gleichzeitig 5-fach gespielt wird)."⁴ Der Tagesruhm eines solchen Schreibers von tendenziösen Kriegsstükken ist der blendendste, aber auch der vergänglichste. Hans Bötticher wußte das; aber der ungeheure Erfolg Gilardones muß ihn fasziniert haben. Mit seinem „Flieger" wollte er ein Drama schaffen, das nicht nur ein rein nationales Kriegsstück sein⁵, sondern den Glanz des Tagesruhmes mit der Dauer der „Reinkunst", wie er es naiv nennt, verbinden sollte; denn noch im Frühjahr 1933 schrieb er eine Neufassung, die der Zweite Weltkrieg wie so vieles andere aus seinem Nachlaß zerstörte⁶. Zeitweilig ist er mutlos: „Vom Flieger versprich Dir nichts — der wird mal als ‚Perforiertes' enden. Aber noch schreibe ich daran u. bin beim 2. Akt."⁷ Dann kümmert er sich aber wieder eingehend um Details: „Ich fahnde nach Büchern u. Artikeln über die Kriegszustände u. Friedenszustände in England."⁸ Am 22. Juni 1918 meldet er: „Gestern Nacht um 2¹/₂ Uhr habe ich den letzten Satz vom R o h guß des Fliegers geschrieben.

---

² AM, S. 297; „Der Flieger" ist nur in einer hs. Abschrift von Annemarie Ruland (jetzt verwitwete Fell in Berlin) erhalten (vgl. Brief Nr. AR 39 vom November 1918). Die Sammlung Ringelnatz der UB Hamburg besitzt eine Kopie.

³ Brief Nr. AR 5 vom 12. 4. 1918.

⁴ Brief Nr. AR 8 vom 19. 4. 1918; zugänglich war mir von Heinrich Gilardone nur: Der Hias, ein feldgraues Spiel in drei Aufzügen (B 33), ein Stück vom edlen deutschen Offizier in französischer Gefangenschaft, das nicht ohne Witz und Geschick geschrieben ist. Das „Schlußgebet" des Oberleutnants träumt sogar von einem großen freien Völkerbund in Frieden.

⁵ Frau Fell, geb. Ruland sagte mir: „Und auch sonst kann man ja das Stück eigentlich nicht aufführen. Es ist ja ein reines nationales Kriegsstück."

⁶ Vgl. IM, S. 120.

⁷ Brief Nr. AR 15 vom Mai 1918.

⁸ Brief Nr. AR 19 vom 22. 6. 1918; in anderen Briefen erkundigt er sich nach weiteren Einzelheiten und bittet um Bücher über England und Kanada, z. B. Brief Nr. AR 20 vom 24. 6. 1918; vgl. auch den Brief Nr. RH 30 vom 1. 7. 1918: „Auch wäre mir ein großer Gefallen getan, wenn du mir Literatur über die gegenwärtigen allbezüglichen Landesverhältnisse in England verschaffen könntest (leihweise) da ich ein Stück schreibe, das in England spielt."

Nun kann ich Deine Mitarbeit gebrauchen."[9] Besonders bei den Aktschlüssen, der Szenenfolge und anderem war ihm seine Freundin Annemarie behilflich, die als Schauspielerin mit den technischen Details vertrauter war als er. Im Juli 1918 begann er dann, den „Flieger" erneut zu überarbeiten und war ungefähr Mitte August mit der endgültigen Niederschrift fertig. Danach versuchte er vergeblich, das Stück zur Aufführung zu bringen: „Der Drei-Masken-Verlag lehnte den ‚Flieger' ab und sandte das Manuskript ganz zerknittert zurück. Sehr deprimierend."[10] Auch die Freundin bittet er um Hilfe: „Magst Du nicht meinen Flieger Deinem Direktor aufschwatzen? Tatsächlich, wär das auch ein Weg von der kleinsten Bühne aus. Man müßte einen Regisseur oder sonst jemanden oder gar mehrere durch Aussicht auf reichen Gewinnanteil überreden, irgend jemand, der bei einem Direktor den Versuch durchdrückt."[11] Die Münchner Kammerspiele lehnten das Stück ab[12]; auch die Versuche Annemarie Rulands scheiterten, und das Drama Gerhart Hauptmann zur Beurteilung vorzulegen, fehlte ihm der Mut, die „Überzeugung, daß der Flieger es wert sei."[13] Schließlich schreibt er resignierend an Rolf von Hoerschelmann:

> Ich habe mein Theaterstück, das Frank damals zum Lesen hatte, nicht loswerden können. Es fehlt mir völlig jedes Geschäftstalent, wenn es sich um meine Ware handelt, und jede Absage deprimiert mich bis zur Lähmung meiner ganzen Innenmaschine. Wüßte ich nur jemanden, der dieses Stück, das abschreckender Weise trotz modernen Inhaltes in Versen geschrieben ist, wenigstens bei einer Bühne anbrächte, wer [!] sie auch noch so unbedeutend. So aber muß ich die fleißige und anständige Arbeit von einem Jahr, in das Schrankfach „Umsonst" verschließen.[14]

Dieser Brief zeigt noch einmal in aller Deutlichkeit, daß es ihm mit dem „Flieger" in erster Linie um den Ruhm des Dramatikers ging. Und trotz allem versuchte er noch 1922, „ihn anzubringen"[15].

Wir kennen nur das von Hans Bötticher selbst überlieferte Urteil Bruno Franks über dieses nie veröffentlichte Drama: „Gestern Nacht war ich mit Bruno Frank zusammen, schön wie es stets bei ihm ist. Er fand mein Stück gut u. ergreifend aber die Form (Verse) meint er, würden sehr schwer Aufnahme finden. Immerhin wird noch der Versuch gemacht. Auch ist zu streichen, das Stück scheint ihm zu lang."[16]

[9] Brief Nr. AR 19 vom 22. 6. 1918.
[10] AM, S. 357.
[11] Brief Nr. AR 34 vom 20. 10. 1918.
[12] Brief Nr. AR 36 vom 27. 10. 1918.
[13] Brief Nr. AR 38 vom Oktober/November 1918.
[14] Brief Nr. RH 32 vom Oktober (?) 1918.
[15] Brief Nr. M 193 vom 14. 3. 1922.
[16] Brief Nr. AR 25 vom 23. 8. 1918; vgl. dagegen Günther, Ringelnatz (A 435), S. 52: „Der Flieger war zu dünn geraten[...]".

Der „Flieger", in Blankversen geschrieben, ist allerdings ein eigenartiges Stück und nimmt in Hans Böttichers Schaffen einen hervorragenden Platz ein, obwohl oder gerade weil er als Dichtung und Drama gescheitert ist. Die Handlung spielt auf einem englischen Landsitz unweit der Küste während des Krieges, Mitte Juli 1917. Bei dem Besitzer, Herrn Broddy[17], ist als Gutsverwalter ein angeblich kriegsverwundeter hinkender Norweger mit kanadischem Paß, Knut Hinksen, angestellt, der sich in kurzer Zeit durch Geschick und Fleiß unentbehrlich gemacht hat. Wie man im ersten Akt vermutet und wie im zweiten deutlich wird, ist er in Wirklichkeit ein deutscher Fliegerleutnant, dem die Flucht aus englischer Gefangenschaft gelang und der nun auf die Gelegenheit wartet, mit einer der Maschinen des nahegelegenen Flugplatzes zu entkommen. Deswegen hat er schon mit einem englischen Kriegs- und Vaterlandsverächter, Fox Humberlain, der ihn auch auf dem Gut einführte, Verbindung aufgenommen. Das Thema der Flucht eines deutschen Fliegers aus englischer Gefangenschaft wurde zweifelsohne auch durch Gunther Plüschows 1916 erschienenen Bericht von seiner Flucht in „Die Abenteuer des Fliegers von Tsingtau"[18] beeinflußt; außerdem erlebte Hans Bötticher die Ankunft eines anderen deutschen Offiziers, der aus englischer Gefangenschaft entflohen war, in Warnemünde selbst mit[19].

Von den Fluchtvorbereitungen und der Nationalität Knut Hinksens merken die durchweg edlen, fast zu edlen Gutsleute, die ihren Sohn im Kampf gegen Deutschland verloren haben, ebenso wenig wie das Dienstmädchen Kitty und der militärische Aufseher der Gefangenen, Grimsby, ein hinterlistiger Deutschenfresser. Auf dem Gute arbeiten noch zwei gefangene deutsche Matrosen in relativer Freiheit; der eine von ihnen, Schönfeld, ist ein fauler Schurke, der schließlich Hinksen an Grimsby verrät, der andere, Barth, ein schlichtes deutsches Gemüt, das mit Hinksens Plänen vertraut ist. Barth liebt Kitty, Hinksen die Gutstochter Walda, wird aber, um die Verwirrung voll zu machen, auch von deren Mutter geliebt, was er mit „Noch das zu allem" ganz in unserem Sinne kommentiert (II, 6).

Die wagehalsige Flucht, von der ihm Barth abrät, scheint durch die Liebe zu Walda zunächst gefährdet, aber die Liebe zu Kaiser und Reich siegt endgültig, als er eines Morgens beobachtet, wie Walda vom Halunken Schönfeld geküßt wird und der von ‚nächste Nacht wieder‘ spricht. Dieser im übrigen wie vieles völlig unmotivierte Fehltritt gibt das Signal zur Flucht, die der einfältige Barth auch prompt nachmacht: „Blind nach!!" (III, 4). Walda ver-

---

[17] Der Name Broddy ist eine Reminiszenz an seine Schiffsjungenzeit; in Belize arbeitete er vorübergehend in einem Warenhaus „James Brody" (ML, S. 114).

[18] Bibl. B 77.

[19] AM, S. 159 f.

zweifelt ihrer ‚Sünde' wegen und redet wirr vom Sterben, die Mutter, die einmal durch Zufall gehört hat, wie Barth und Hinksen — den Schluß des zweiten Aktes zu krönen — gemeinsam „Deutschland, Deutschland über alles" singen, aus Liebe aber schweigt, wird von Schuldträumen geplagt. Schließlich werden die Broddys verhaftet, denn durch den Verräter Schönfeld und durch Grimsby ist man auf den Flüchtigen aufmerksam geworden. Doch Hinksen, dem die Flucht gelungen und der schon außerhalb des englischen Machtbereiches gewesen ist, kehrt um und stellt sich, weil er für die Broddys fürchtet, die man der bewußten Deckung eines deutschen Spions hätte anklagen können. Barth jedoch wird von einem Posten erstochen. Das Verhältnis der Tochter zu Hinksen wird ruchbar, der Vater verflucht sie, aber Hinksen verzeiht ihr. Auf ihn wartet der Tod, Broddy wendet sich von ihm ab, nur Frau Broddy hält zu ihm, und ihr droht nun auch der ‚befreiende' Tod, denn:

> Knut handelte als Deutscher, wie er's mußte.
> Ich will ihn nicht verlassen. Denn ich bin
> Die Einzige, die sein Geheimnis wußte.

Das Stück entstand in einer doppelten Krisenzeit. Der Krieg war im Sommer 1918 so gut wie verloren; aber auch für Hans Bötticher selbst war jede Möglichkeit zu Heldenruhm endgültig vorbei: Seit dem Frühjahr 1918 lebte er in Seeheim, einem Fischerdorf in der Nähe von Cuxhaven, ein geradezu idyllisches Etappenleben[20] und hatte sich auch innerlich vom Kriege zurückgezogen. Zudem begann hier die Wandlung von Hans Bötticher zu Joachim Ringelnatz.

Gleich nach Beendigung des „Fliegers" fing er Ende August 1918 ein zweites Drama „Fleisch und Blut" an, das er im „ersten Guß" schon am 3. Oktober an seine Freundin Annemarie Ruland in Konstanz sandte[21]; in den Revolutionswirren scheint es aber dann auf der Post verloren gegangen zu sein[22]. Im

---

[20] Siehe dazu unten S. 156—158.

[21] Brief Nr. AR [29] (siehe Anmerkung im Briefverzeichnis); vgl. auch Brief Nr. AR 36 vom 27. 10. 1918: „Gegen Fleisch u. Blut kommen mir schwere Bedenken. Es scheint mir nicht dramatischen Gang zu besitzen." Frau Fell teilte mir mit: „Angeregt dazu wurde er auf einer Urlaubsreise nach Tirol [sc. im August 1918 zu seiner Mutter, die dort nach dem Tode ihres Mannes einem befreundeten Kunsthändler in Meran vorübergehend den Haushalt führte (AM, S. 349)]. Es sollte ‚Die Schlachter' heißen. Und das war auch dramaturgisch besser als ‚Der Flieger'." Der Inhalt dieses Stückes, das nur durch die Briefe an Annemarie Ruland, verw. Fell und durch sie selbst bezeugt ist und dessen zweiter Titel wohl auf einem Irrtum von Frau Fell beruht, läßt sich nicht mehr rekonstruieren. Im Mittelpunkt muß eine Schlachterfamilie gestanden haben.

[22] Vgl. Brief Nr. AR 42 vom 21. 11. 1918: „Liebe Mi, Du unverbesserliche, wir haben Revolution u. Gefahr der Anarchie u. der Bahnverkehr ist eine Hölle. Denk doch einmal aus deinen Kulissen heraus: Also bitte schicke ‚Fleisch u. Blut' *nicht* [doppelt unterstrichen] ab! Es ist mein einziges Exemplar."

Juni 1919 schrieb er das ebenfalls verlorene „Die Bolschewisten. Kein ernstes Stück in vier Akten"[23] und darauf die am 6. November beendete Tragödie in drei Akten „Fäkalie"[24], die gleichfalls im Zweiten Weltkrieg verbrannte. So sehr der Verlust dieser drei Dramen zu bedauern ist, so sehr können wir doch den „Flieger" als Summe seiner bisherigen dichterischen Bemühungen betrachten, war er doch wie die anderen Dramen einer der letzten Versuche, als Hans Bötticher durch ‚hohe' und ‚ernste' Dichtung berühmt zu werden.

Schon die Blankverse zeigen, daß der „Flieger" mehr als ein Spiel fürs Fronttheater sein sollte; und Hans Bötticher griff sicher nicht ohne Wedekinds Einfluß zur gebundenen Form[25]. Doch wirkt diese auf weite Strecken wie eine direkte Nachahmung von Schillers Sentenzen:

> So werden Macht, Erfahrung und Genie
> Gesellen sich vor Meistern beugen lehren.
> Ein großes Werk beginnen ist nicht schwer;
> Nur wer es bis zu seinem Zwecke leitet,
> Erwirbt sich Lohn für Kraft und Kunst. Wir schaffen's.
> (I, 1)

Auch die Schönheit mancher Verse kann nicht über die unselbständige Übernahme klassischer Formen ins zwanzigste Jahrhundert hinwegtäuschen.

> Nun ist es Tag. Die Träume gingen schlafen.
> Was unausführbar schien, jetzt ist es Spiel.
> Die Höhe steig ich nimmer, die ich fiel.
> (III, 2)

Niemand würde auf den ersten Blick vermuten, daß diese Verse 1918 geschrieben wurden. Und wenn vollends gegen Ende des Stückes die Soldaten in antiker Chormanier gemeinsam: „Weh!" rufen, wirkt das unfreiwillig komisch. Archaisierungen sind häufig; neben: „Hinweg! O Schmach!" (III, 9), „Zurück du Fant" (ebda.) findet sich: „Fort! Niemals! Euer Schwur! O Gott, o Gott!"

---

[23] IM, S. 120.

[24] ebda.; vgl. „... liner Roma..." (A 24), S. 41 (Bumerang [A 86], S. 217) und Günther, Ringelnatz (A 435), S. 53: „Fäkalie, das Ende 1918, Anfang 1919 spielt, war als Zeitbild der geschilderten Epoche vielleicht 1919 zu früh geschrieben [was unsinnig ist]; es wollte Gemälde sein und wurde Plakat: die Welt als Kloake und Höllenpfuhl der Gewissenlosigkeit." Im November 1921 begann er erneut, an „Fäkalie" zu arbeiten und besonders einen neuen dritten Akt zu entwerfen; vgl. Briefe Nr. M 164 vom 9. 11. 1921, Nr. M 165 vom 11. 11. 1921 und Nr. M 167 b vom 14. 11. 1921.

[25] Vgl. vor allem dessen „dramatische Gedichte": „Simson oder Scham und Eifersucht" und „Herakles" — Wedekind, Gesammelte Werke 6 bzw. 7 (B 105), S. 219—312, bzw. S. 181—274.

(III, 2) oder: „Ich sinne Euch ein Freundliches —" (III, 3). Bruno Franks zitierte Einwände gegen solche erhabene Versgewaltakte bestehen nicht zu unrecht; doch wäre offensichtlich für den Verfasser eine andere Form keine „Reinkunst" gewesen, die man dem allmählich in der Tradition untertauchenden Hauptmann hätte vorlegen können.

Auch die Summe seiner Gedanken und Vorstellungen zieht Hans Bötticher im „Flieger". Wiederum finden wir in Knut Hinksen bekenntnishafte und biographische Züge. In einer Szene (I, 2) gibt er etwa Walda Ratschläge für ihre Malerei und schließt:

> [. . .] Ich bin Verwalter, war
> Durch Jahre hin Soldat, und früher Seemann.
> Und hab ich auch vordem in meiner Heimat
> So mancherlei betastet und versucht,
> Der Malerei war ich nie mehr als Gast.

Doch die äußeren Bezüge sind weniger interessant, zumal nicht nur Hinksen sondern auch Walda Broddy und andere Sprachrohre Hans Böttichers sind. Vor allem drehen sich jedoch lange Gespräche um zwei Hauptthemen: Einsamkeit und Phantasie. Von der Phantasie des Einsamen spricht Walda:

> Da sog
> Mein Geist die sonderbarsten Bilder an,
> Wie sie zuweilen, auch am lichten Tag,
> Den einsam Wachen von der Erde locken.
> Sie lösen sich aus einem Türgeräusch,
> Aus einer Falte der Gardine oder
> Der Maserung des Tisches — unversehens.
> (I, 7)

Noch zehn Jahre später taucht in dem Gedicht „Komm, sage mir, was du für Sorgen hast" ein ganz ähnliches Bild auf:

> Im Faltenwurfe einer Decke
> Klagt ein Gesicht,
> Wenn du es siehst.[26]

Und Träume sind das einzig Schöne des Lebens, obwohl diesen Märchen der Sinn zu fehlen scheint:

> Aber alle tragen himmelan
> Zu einer stäubchenlosen Harmonie. —
> Ach, wer beschreibt es? Uferloses Baden
> Im Sonnenglanz. Und umso eisiger
> Greift das Erwachen ein. Wie Schabernak
> Dem Trunkenen den Sessel untenwegzieht.
> (I, 7)

---

[26] Allerdings (A 28), S. 127 (GG, S. 258).

Denselben Gedanken variiert ein Dialog Barth-Schönfeld:

> *Barth*   Einbildung
> Ist Gas, nicht greifbar, unsichtbar. Sie lüftet
> Das Schwere an, hält über Wasser, trägt
> Uns in die Luft, vom Irdischen hinweg.
> *Schönfeld*   Bis
> Ein Fünkchen Wirklichkeit sie explodieren
> Macht.
> (II, 1)

Suchten die bisherigen Tagträume Hans Böttichers und ihre poetischen Gestaltungen vorwiegend Abenteuer und Ruhm, waren Mittel zur Überwindung des Gefühls der Minderwertigkeit, so beginnt sich nun — bei aller Abenteuerseligkeit, die den „Flieger" noch prägt (zum Beispiel III, 1) — das Ziel der Phantasie zu ändern. Zum erstenmal zeigt sich hier — bezeichnenderweise kurz nach dem Tode des Vaters und während des Seeheimer Idylls[27] — eine rückwärts gewandte Sehnsucht: der Traum vom bürgerlichen Haus mit Garten, von der Seßhaftigkeit. Doch wie seine Abenteuerträume sich eigentlich nie erfüllten, wie er es sich wünschte, so erfüllte sich auch dieser Wunsch nie, ja sein Nachkriegsleben sollte so unstet wie nie zuvor werden. Hinksen, ebenfalls ein Heimatloser, sagt an einer Stelle:

> Doch nicht die Ferne und die Freiheit locken
> Den Heimwehkranken, er ist draußen, frei.
> Und ungelöst und ungebunden, drängt
> Sein Herz aus all der seichten Neuheit, aus
> Dem undurchdringlich Fremden wieder heim,
> Zurück zur Heimat. Heimat, Walda, Heimat —
> Verbaut, verfallen anders ausgestorben,
> Und doch: Es bleibt ein Wiesenhang, ein Zaun,
> Ein Stein, ein Keller mit dem Hauch von Einst.
> Das Einst, gewesne Jugend — das ist Heimat.
> *Walda*
> So fänden wir die Heimat niemals wieder?
> *Hinksen*
> Nur ihren wehbemoosten Sarg, Reliquien —
> *Walda*
> Ihr wollt mich doch zu den Kaninchen führen.
> Mich friert vor einer Theorie, die solch
> Ein Heiligtum als leeren Wahn verneint.
> *Hinksen*
> Bejaht. So wenig leer wie Flamme ist.
> Wer nicht die Welt mit Phantasie beleuchtet,
> Der tappt am Leben nur vorbei. [...]
> (II, 3)

---

[27] Siehe unten S. 156—158.

Dieses Bekenntnis paßt durchaus nicht zum erfolgreichen, kühnen, berühmten Flieger Knut Hinksen, dem sogar die Engländer, die ihn verhaften, Achtung entgegenbringen; es ist ein ganz persönliches Bekenntnis des Dichters und erstes Anzeichen einer Entsagung, des Verzichts auf die Verwirklichung der Phantasie. Solche häufige Bekenntnisse verhindern aber auch, daß aus Hinksen eine glaubhafte und in sich schlüssige Gestalt wird. Er schwankt zwischen deutschester Kriegsbegeisterung, Verachtung des Ruhms und Grauen vor dem Krieg. Seine plötzliche Umkehr von der unwahrscheinlich gelungenen ehrgeizigen Flucht wird zum Symbol für Hans Böttichers Wandlung, für die Aufgabe des Heldenehrgeizes, für die nunmehrige Verurteilung des Krieges, dessen Schrecken er erst zu erkennen beginnt, als das Blendwerk des vergeblich erstrebten Ruhmes erlischt.

> Was ward in sechsunddreißig Monaten
> Aus mir? Mag sich der tötliche [sic] Gedanke
> An eine zweite Sündflut scheu verhüllen.
> Doch ähnlich hat ein grauenhaftes Elend
> Des Lebens heitre Wiesen überschwemmt.
> Die einen schlang es, andre flüchteten
> Sich auf die Spitze ihres Halmes. Scheint
> Der Höhere auch etwas sichrer als
> Der Tiefere; was frommt es, wenn er diesem
> Die schwache Hand hinüberstreckt solange
> Die Flut noch stetig unter beiden schwillt.
> Gebraucht doch jeder, um sich festzuklammern,
> Das volle Selbst. Und Freundschaft, Liebe, Treue,
> Begeisterung sind ihm nur stützende
> Gerüste. Reiner Jubel, wahres Lachen
> Empfängt Euch nirgends. Millionenstimmig
> Braust der Geschöpfe Seufzen hoch, daß oben
> Der Äther wie ein aufgeregtes Meer
> Akustisch wogen muß.
> (II, 6)

Neben diesen für unseren Zusammenhang wichtigsten Themen spielen Gedanken über Gott, der den Menschen gegenüber keine Verpflichtung hat, aus Laune zerstören kann und dennoch gütig ist[28], über Schicksal, Freundschaft und Liebe wichtige Rollen. Doch auch ein späterer Zug Ringelnatzischer Gedichte kündet sich an: das kindliche Staunen über Dinge der Welt[29], das man so häufig als die ‚Philosophie' Ringelnatzens bezeichnet hat:

> Wer kann die Kräfte
> Ermessen, die das schillernde Insekt
> Befähigen? [...]
> Noch hinter jedem Hinter steckt was hinter.
> (II, 1)

[28] Siehe dazu unten S. 294 f.
[29] Siehe dazu unten S. 249—309, passim; auch S. 195 f.

Diese kindliche Freude am Unscheinbaren ist bei ihm alt. Aus dem Jahre 1913 zum Beispiel berichtet Alma Baumgarten von einem gemeinsamen Spaziergang: „Er beobachtete währenddessen allerlei kleines Getier und freute sich an jedem Blümchen. Jeder Tautropfen war für ihn eine Welt für sich."[30] Die Avanzadora in der Kriegsnovelle „Die Zeit" meint: „Alles ist Wunder"[31] und Hinksen sagt im „Flieger":

> Und allzeit, allwärts webt ein Wunderbares.
> Wer es gewahrt, dem strömt des Himmels Wonne
> So überreich ins Herz, daß er verlangt,
> Der Mitwelt abzugeben.
> (III, 1)

Ist der „Flieger" auch als Drama mißlungen und als Dichtung unbedeutend, so zeugt er wenigstens für eine Wende im Leben und Schaffen Hans Böttichers.

---

[30] Unveröffentlichtes Manuskript von Alma Baumgarten.
[31] Die Woge (A 16), S. 120.

V. Parodie und Selbstparodie

Für den Dichter wie für den Menschen Hans Bötticher waren 1918 und 1919 Jahre der Erfolglosigkeit und des Scheiterns. Er nahm vier große Dramen in Angriff, beendete drei, das letzte mit finanzieller Unterstützung seiner Nenntante Selma Kleinmichel in Berlin.[1] Doch für keines fand er trotz jahrelangen Bemühens einen Verleger oder ein Theater. Sogar noch für ihn als Joachim Ringelnatz war der große Traum das Drama[2]; bis 1933 versuchte er sich immer wieder als Dramatiker, und bis auf einen Sketch „Wenn sie stoppt", der 1920 im Kabarett „Schall und Rauch" uraufgeführt wird, und seine Seemannsballade „Die Flasche" von 1932[3], einen sentimentalen Aufguß des Kuttel Daddeldu in Dramenform, wurde alles abgelehnt.

Zu diesen literarischen Enttäuschungen kam 1918 eine persönliche: die Novemberrevolution, die seine Karriere als Leutnant beendete. Wie alle politischen

[1] IM, S. 55; gemeint ist das Drama „Fäkalie".

[2] Muschelkalk bestätigte mir das in einem Gespräch. Ein Überblick über Ringelnatzens dramatisches Schaffen findet sich in IM, S. 120 f. Die Aufstellung erwähnt nicht das verlorene „Fleisch und Blut". Bis auf den „Flieger", „Bühnenstar und Mondhumor" und „Zusammenstoß" sind alle Dramen, Filme, Sketche usw. verloren oder verschollen. Diese Liste sei ganz zitiert, um wenigstens einen Eindruck von der Wichtigkeit zu geben, die das dramatische Schaffen bei Ringelnatz einnahm:
„ ‚Der Flieger' im Kriege geschrieben (vgl. AM, S. 297 u. S. 357 sowie ‚... liner Roma...', S. 41). Neue Fassung Frühjahr 1933.
‚Die Bolschewisten.' Kein ernstes Stück in 4 Akten (Juni 1919).
‚Fäkalie.' Tragödie in 3 Akten (6. 11. 1919 beendet, vgl. ‚... liner Roma...', S. 41).
‚Wenn sie stoppt.' Sketch, in Berlin (‚Schall und Rauch') im Oktober 1920 uraufgeführt.
‚In städtischer Anlage.' Eine Szene. Im Juli 1923 im Münchener Schauspielhaus unter Hermine Körner geprobt, die Aufführung kam nicht zustande.
Filme: ‚Die Leiche auf Urlaub' Oktober 1920. ‚Eichelsolo und Rückgeburt' November 1920. ‚Vom Seemann Kuttel Daddeldu.'
‚Bühnenstar und Mondhumor.' Einaktige Groteske. Februar 1921.
‚Doktors engagieren.' Operette in 3 Akten. Beendet 23. Mai 1927.
‚Mut, Gesang und Gaunerei.' Singspiel in 2 Akten. Beendet Juli 1928. (Proben aus diesem Singspiel auf S. 98—100 dieses Buches [IM !].)
‚Zusammenstoß.' Spiel in 3 Akten. Beendet Juni 1931. (Ort: Vor und in Berlin; Zeit: 1931.)
‚Briefe aus dem Himmel.' Kammerspiel in 3 Akten. Beendet 1932."

[3] Bibl. A 36 und A 38, siehe unten S. 264.

Ereignisse, wie der Krieg, so wurde auch die Revolution lediglich in der persönlichen Sphäre für ihn wichtig: Sie zerstörte zunächst jäh sein privates Kriegsziel, das er, anders als erhofft, mühsam genug erreicht hatte. Was ihn bei seiner zunächst nur vorübergehenden Rückkehr nach München am 29. November 1918 am meisten schmerzte, bekennt er am Schluß von „Als Mariner im Krieg": „Der Hauptbahnhof war mit weißen Fähnchen geschmückt, aber ich empfand es bitter, daß diese Ehrung mir nicht galt. ‚Es gibt keine Offiziere mehr!' "⁴ Aus diesem Grunde versuchte er, mit aller Kraft wenigstens an den äußeren Rangzeichen festzuhalten: Mit dem Mut des Verzweifelten trug er auch unter den Revolutionären seine Offiziersmütze. Aber sofort sah er auch in der Revolution ein neues Feld für seinen Ehrgeiz und sagte in einer Versammlung von Revolutionären:

> [...] ihr müßt mich anhören und aufnehmen. Ihr braucht Offiziere und Intelligenzen und gebildete Leute. Ihr dürft eure Bewegung nicht gegen alle Offiziere, höchstens gegen dumme und schlechte richten. Ich komme mit meinem ganzen Herzen zu euch. Ich bin allerdings auch kein Verräter am Offiziersstand.⁵

Von den Ideen der Revolution hat er sicher nichts verstanden, weil er sich wie auch andere Mitläufer nie ernsthaft damit beschäftigt haben wird; daß er „mit ganzem Herzen" zu den Revolutionären komme, ist weiter nichts als eine gutgemeinte, wenn auch großsprecherische Naivität. Seine ehrenhaften und lauteren Absichten stehen zwar außer Zweifel, er versuchte zu beruhigen, wo er konnte, aber auch mit beispielloser Verständnislosigkeit: „Wenn eure Ziele wirklich edel und frei von Selbstsucht sind, dann rufe ich gern: Es lebe der Arbeiter- und Soldatenrat!"⁶ In einem grenzenlosen Hochmut hielt er gleichsam als Ersatz für seine verlorene Stellung als Offizier zahllose Reden in Versammlungen und auf der Straße und machte es sich zur Aufgabe, „Soldaten und Zivilisten, auch blindblöde und stolzdumme Offiziere aufzuklären"⁷. Eines Nachts setzte er sich hin und schrieb eine lange Rede „an die Zivilbevölkerung und an das Militär beider Lager"⁸:

> Als die Rede fertig war, gab ich einen offiziellen Telefonspruch auf; ob ich, der Leutnant und Schriftsteller Hester, in Kuxhaven eine öffentliche Rede halten dürfte. Ob der Arbeiter- und Soldatenrat seine Mitglieder dazu einladen würde. Ob der Admiral sämtliche Offiziere und alle ernsten Zivilpersonen dazu einladen würde. Die Versammlung wäre gedacht, daß man ohne Waffen erschiene, und daß möglichst alle unreifen Elemente ferngehalten würden.⁹

---

⁴ AM, S. 384.
⁵ ebda. S. 366.
⁶ ebda. S. 367.
⁷ ebda. S. 369.
⁸ ebda. S. 370.
⁹ ebda.

Der Arbeiter- und Soldatenrat antwortete nicht, der Admiral bestellte ihn zu sich und hatte vor Zorn Schaum vorm Mund. Woher Hans Bötticher, der als Schriftsteller wie als Etappenoffizier gleich unbekannt war, den Glauben nahm, jemand würde auf ihn, den die Offiziere früher als „Kröpel" abgelehnt hatten, hören und seinetwegen sogar Massenversammlungen einberufen, bliebe unbegreiflich, wenn wir uns nicht immer wieder neben seiner Naivität sein übergroßes Minderwertigkeitsgefühl und sein leidenschaftliches Bestreben, dieses auf alle mögliche Art zu kompensieren, vor Augen halten müßten. Sogar im Roten Rat wollte er mäßigend wirken; immerhin zeigte er insofern ein gewisses politisches Verständnis, als er im politischen Apparat mitarbeiten wollte. Unverständnis aber legt er an den Tag, wenn er „gleich mit an die äußerste Spitze gewählt" werden wollte[10]:

> Ich wurde zur politischen Abteilung des Roten Rates bestellt. Matrose Jost wollte mich zur Mitarbeit gewinnen. Wir kannten uns von der Minenabteilung her. Er las mir einige Statuten der Internationale vor und fragte, ob die mit meiner politischen Meinung übereinstimmten. Indessen schien er es mehr auf die Ausbeutung meiner besseren Stilgewandtheit und meiner Belesenheit abgesehen zu haben. Und auf meine Forderung, in den engsten Ausschuß gewählt zu werden, ging er nicht ein. Also zog ich wieder ab.[11]

So war er nun auch als Revolutionär gescheitert, wie er als Marineoffizier in Seeheim nur über zahllose Schlangen und Kröten geherrscht hatte.

1. Die Wandlung: Hans Bötticher — Joachim Ringelnatz

Auch das folgende Nachkriegsjahr 1919 brachte eine Reihe persönlicher Niederlagen und bitterer Erfahrungen. Er wohnte unentgeltlich in der Nähstube des Tapezierers Wilhelm Oertner in Berlin, der „bei dem Bruder von Tante Selma Kleinmichel (Seelchen), dem bekannten Innenarchitekten Dunsky, angestellt" war. „Tante Seelchen bemühte sich um das berufliche Fortkommen."[1] Denn Hans Bötticher hatte ja so gut wie nichts gelernt. Im Winter 1918 auf 1919 suchte er auf vielen Reisen durch Nord- und Süddeutschland für Dunsky und seine Schwester nach einem „hübsch gelegenen Bauernhaus (evtl. anzubauen) mit ca. 12 bis 14 Morgen Land für Acker-, Obst-, Gemüsebau, Stall für 2 Kühe, 2 Pferde, Preis ca. 30 bis 50 000 Mark"[2]. Er sollte dort wohl eine Art

---

[10] ebda. S. 368.
[11] ebda. S. 374.
[1] IM, S. 53.
[2] Brief Nr. M 9 vom 12. 12. 1918, veröffentlicht in „Kunterbunte Nachrichten" (A 82), S. 3; Teildruck in IM, S. 54; vgl. auch Brief Nr. AR 52 vom 5. 1. 1919.

Verwalter- oder Gärtnerstelle bekommen und in diesem „ackerbauenden Still-
leben"[3] dichten. Deshalb besuchte er auch seit Ende Januar 1919 in Freyburg an
der Unstrut (unweit von Halle und Leipzig) einen zweieinhalbmonatigen Kurs
der Obst- und Gartenbauschule Binder.[4] Doch alles schlug fehl, der Plan gelang-
te nicht zur Ausführung, das Geld seiner Tante brauchte er auf, während er
bis zum 6. November an „Fäkalie" arbeitete. Er stand vor dem Nichts: „Aber
das Tagebuch verzeichnet im November 1919: *Wegen Essenmangel noch ma-
gerer geworden,* im Dezember *Friere und hungere.*"[5] Und in dem von seiner
Witwe zusammengestellten Gedenkbuch „In memoriam Joachim Ringelnatz"
heißt es: „November und Dezember Hunger und Not, auf Stellungssuche."[6]

„... liner Roma ..."

Gerade aus dieser Zeit besitzen wir so gut wie keine Zeugnisse, doch hat er im
August 1921 versucht, die „Stimmung, die Personen, die ganze Atmosphäre
dieser Nachkriegsjahre"[1] in einem Roman zu gestalten. Schon im September
1920 schreibt Ringelnatz seiner Frau: „Meine Romangedanken wollen sich noch
nicht kristallisieren."[2] Und erst fast ein Jahr später heißt es dann, wiederum in
einem Brief an Muschelkalk: „Roman: ich fange ihn einfach an, noch wenig
von der großen Linie des Ganzen im Kopf, — aber so wird's: lauter — hundert
kleine winzige Kapitelchen. Das erste ist geschrieben."[3] Wenig später berichtet
er: „Ich komme mit meiner Romanidee nicht weiter; das bedrückt mich etwas.
Ich bin also wieder faul."[4] Den Briefen ist zu entnehmen, daß er kaum länger
als einen Monat zu der schließlichen Ausarbeitung der zwölf kurzen Kapitel
von „... liner Roma ..."[5] gebraucht hat, einem stark autobiographisch gefärb-

---

[3] Brief Nr. M 9 vom 12. 12. 1918, Veröffentlichungen siehe oben Anm. 2.

[4] IM, S. 53; ein Faksimile einer Seite aus seinem Notizbuch als Gartenbauschüler,
  ebda. Siehe auch Brief Nr. AR 53 vom 30. 1. 1919: „Im Übrigen lerne ich fleißig
  Obst und Gemüse, komme nicht zum dichten [...]".

[5] Günther, Ringelnatz (A 435), S. 43.

[6] IM, S. 55.

[1] IM, S. 57.

[2] Brief Nr. M 45 vom 3. 9. 1920, Briefe, S. 15.

[3] Brief Nr. M 121 vom 8. 8. 1921.

[4] Brief Nr. M 124 b vom 10. 8. 1921.

[5] Bibl. A 24; zur Bedeutung des Titels: Der Erzähler Gustav findet ein Paket mit Druck-
  bogen einer Kolportageschrift auf einem Flüßchen treibend; auf dem Rest des Titel-
  blattes ist noch zu lesen: „liner Roma. [...] Und was bedeutet liner Roma? Da
  fehlt was vorn und was hinten. Ich hab' mir's ergänzt ‚Berliner Romane'. Berliner
  Romane haben meist keinen ordentlichen Anfang und kein rechtes Ende." (S. 34 —
  Bumerang [A 86], S. 211 f.) — Zu diesem Werk siehe auch die gänzlich andere und
  manches mißverstehende Interpretation Butlers: Assessment (A 418), S. 77—84.

ten Stimmungsbild der Zeit, wo er als Hauptfigur unter seinem zweiten Vornamen Gustav auftritt. Für die meisten anderen Figuren lassen sich die wirklichen Vorbilder finden.

Aus der Not des Mangels einer „großen Linie" machte er eine — scheinbare — Tugend und setzte, den Ausschnittscharakter der nur lose durch die Personen verbundenen Kapitel ergänzend, vor jedes eine bruchstückhafte Zeitungsnotiz, die lediglich stimmungs- und zeitgemäß mit dem folgenden Abschnitt zu tun hat. Ebenfalls ohne direkten Zusammenhang mit dem Ganzen sind zehn beigegebene eigene Aquarelle, die durch ihre unbeholfene Naivität oft beängstigend und bedrückend die Einsamkeit, Brutalität und Verworrenheit des Großstadtlebens illustrieren[6]. Hinzu kommt noch innerhalb der einzelnen Kapitelchen eine Sprunghaftigkeit des Erzählens, ein ständiger Wechsel der Haltung zwischen Bericht und innerem Monolog, Brief[7] oder Dialog[8]. Colin Butler vergleicht diesen Stil mit den „Merz-Bildern" von Kurt Schwitters[9]; doch könnten wir, wenn wir schon an Schwitters denken wollten, eher einen direkten Einfluß von dessen Prosa vermuten, wie sie Ringelnatz aus der „Anna Blume" von 1919[10] oder aus Schwitters' Vorträgen gekannt haben mag. Auch aus anderen Prosaarbeiten von Dadaisten könnte man stilistische Anregungen vermuten, so aus Abschnitten von Walter Serners „Letzte Lockerung, Manifest dada"[11]. Doch finden wir auch bei unserem Dichter selbst in der Anfang 1913 geschriebenen Erzählung „Phantasie"[12] einen Wechsel der Erzählhaltungen und eine Art ‚Collage-Technik' in gemäßigter Form. An einen anderen literarischen Einfluß erinnert Ringelnatz selbst, indem der Gustav des „... liner Roma..." im Weinkeller von Lutter & Wegner zecht: „Niemand außer Gustaven hört in dem Lärm, wie Hoffmann leise an der Wand kratzt, an der Stelle, wo früher das historische Bild hing. Gustav verläßt den Keller, springt drei Schritte rückwärts, weil Murr quer über den Weg huschte. —"[13] Man darf freilich nicht wie Leo Rein in einer zeitgenössischen Rezension versuchen, daraus jetzt eine genaue Paralele zu E.T.A. Hoffmanns „Lebensansichten des Katers Murr" zu

---

[6] Der Plan, George Grosz als Illustrator zu gewinnen, scheiterte; vgl. Brief Nr. M 288 vom 14. 3. 1923 und Nr. M 297 b vom 31. 3. 1923.

[7] ... liner Roma... (A 24), S. 33—36 (Bumerang [A 86], S. 211—213).

[8] ebda. S. 40 (Bumerang [A 86], S. 216).

[9] Butler, Assessment (A 418), S. 77 f.

[10] Schwitters, Anna Blume. Dichtungen (B 90), zugänglicher in den 1965 erschienenen „Gesammelten ‚Anna Blume'-Texten": ders., Anna Blume und ich (B 91), S. 43—88.

[11] Bibl. B 93, wieder zugänglich in: ders., Letzte Lockerung. Ein Handbrevier für Hochstapler und solche die es werden wollen (B 94), S. 9—55 (dort allerdings erweiterte Fassung von 1927).

[12] Siehe oben S. 80—82 und 98—100.

[13] ... liner Roma... (A 24), S. 47 (Bumerang [A 86], S. 221).

konstruieren und Ringelnatz Versagen vorwerfen.[14] Er hat lediglich die Idee der Vermischung anscheinend zusammenhängender Texte übernommen, wobei erst noch Art und Zweck der Collage in „... liner Roma..." gänzlich anderer Natur sind.

Ein anderer Rezensent, Hans Reiser, kommt dem Wesen der Erzählung näher:

> Fragment einer Schilderung Berlins, ein Spiegelscherben, vor die seltsame Stadt gehalten, vor die seltsame Zeit. Wie Ringelnatz selbst: absichtlich zerbrochen, gestaltlos wie aus Protest gegen die unwahren und unechten Gestalter abgerundeter Bildchen.[15]

Absichtlich hat zwar Ringelnatz nichts zerbrochen — das ist ein fundamentaler Irrtum —, aber daß er diese Zeit des Hungers, der Not und inneren Zerrissenheit im Bild des Nachkriegs-Berlin festhielt, und die Art, wie er es tat, sind tatsächlich ein getreues Abbild der eigenen Ratlosigkeit und Verzweiflung in den Jahren 1919/1920. Er sieht sich nachträglich bei der Niederschrift dieses Zeit- und Selbstporträts in der Rolle des unschuldig vom Schicksal Geschlagenen: „Wer verdient das Leben? Alle andern sind schuldbeladen. Ich, Gustav, bin der einzige anständige Charakter. So aussichtslos ... so hoffnungslos ..."[16]. Kurz zuvor heißt es ähnlich von Berlin selbst: „Denn Berlin ist ja so hoffnungslos abgegrast von der schlingenden niedertretenden Vielheit."[17] Hat ihm hier Berlin nichts zu bieten, so heißt es an anderer Stelle: „Und nun umgaukeln mich wieder die Möglichkeiten Berlins."[18] Und er tadelt andere, „weil sie die Großstadt nicht vertragen oder nicht begreifen."[19] In seiner Ratlosigkeit spielt Gustav mit dem Gedanken an Selbstmord; die Zeit der Seefahrt mit den Mißerfolgen während des Krieges ist für ihn und für den Dichter endgültig vorbei:

> Wurde mir die Seefahrt doch leid? Ich bin ein verbrauchter Süßwassermatrose, der sein Leben auf dem Lande beschließen möchte. — Die Hochsee hat ihre Wunder, aber in die Tiefe muß man tauchen, sie zu heben, und man kehrt dabei leicht nicht wieder zurück. Andere bescheiden sich, dringen an der Oberfläche rasch vorwärts. Noch ein anderer erhängt sich. Der läuft nur einen Knoten und erreicht doch am ehesten sein Ziel. Das wäre etwas für dich, Gustav.[20]

Neben dem Anerkennen der Realität und dem Tod öffnet sich Gustav wie bereits dem „Flieger" als weitere Möglichkeit die Flucht in die Jugendphantasien.

---

[14] Siehe Bibliographie, Rezensionen zu A 24.
[15] Siehe ebda.
[16] ... liner Roma ... (A 24), S. 44 (Bumerang [A 86], S. 219).
[17] ebda. S. 43 (Bumerang [A 86], S. 218).
[18] ebda. S. 36 (Bumerang [A 86], S. 213).
[19] ebda. S. 10 (Bumerang [A 86], S. 194).
[20] ebda. S. 43 (Bumerang [A 86], S. 219).

In der Gestalt des „Pinkomeier" — Pinko nannte Ringelnatz als Kind einen
„Hausgeist", und Pinko oder Pinko Meyer war eines seiner frühen Pseudonyme[21] —, der, obwohl schon tot, wieder auflebt, personifiziert Ringelnatz
seine Kinderphantasie; und diese taucht gerade dort wieder auf, „wo keine La-
ternen leuchten"[22], in der schwarzen Nacht, die den Berliner Landwehrkanal
umgibt. Diese Einsamkeit findet sich einige Jahre später wieder in dem Gedicht
„Berlin (An den Kanälen)", das beginnt:

> Auf den Bänken
> An den Kanälen
> Sitzen die Menschen,
> Die sich verquälen.

und endet:

> An den Kanälen
> Auf den dunklen Bänken
> Sitzen die Menschen, die
> Sich morgens ertränken.[23]

Für Gustav aber ist diese Einsamkeit noch Quell der Phantasie; hier begegnet
er „Pinkomeier":

> Gustav summt: Es schwimmt eine Leiche im Landwehrkanal. Reich sie mir mal her,
> aber knutsch sie nicht so sehr. Dann lauscht er, strengt seine Augen an. — Eine Leiche
> treibt langsam näher. — „Es schließe sich der Ring!" — „Völlig!" antwortet eine
> Stimme, die Leiche bremst. Gustav stößt einen Bootshaken in ihren Leib und langt
> sie damit heraus. Es ist Pinkomeier. Er begleitet Gustaven trällernd, trällert das Lied
> vom sublunarischen Wandel. Dabei redet er Dummheiten, die morgen vergessene
> Weisheiten sind. Und Gustav notiert sich einige kluge Bemerkungen, um sie morgen
> als wirren Blödsinn zu verbrennen. — „Mehr Humor, Gustav, Ataraxie auch im
> Verrecken!" sagt Pinkomeier.[24]

Ringelnatz hat die komische Szene mit Symbolen und Anspielungen überladen:
Daß die Leiche seiner Phantasie — denn das ist Pinkomeier ohne Zweifel, wie
seine Eingebungen zeigen, die sich Gustav notiert — gerade in dem Element
seiner Wunschträume schwimmt, ist bittere Selbstironie. Ein seemännisches Requisit zieht die Leiche heraus und verhilft ihr so wieder zum Leben. Außerdem
trällert der neu belebte Pinkomeier das „Lied vom sublunarischen Wandel".
Das kann einmal als ‚Gang der irdischen Dinge' oder als ‚Wandlung der irdischen Dinge (oder Menschen)' verstanden werden. Die Deutung wird erleichtert
durch das Fragment des dritten Teils von Ringelnatzens Autobiographie „Mein

[21] Vgl. ML, S. 14 und oben S. 88 f.
[22] ...liner Roma... (A 24), S. 47 (Bumerang [A 86], S. 222).
[23] Reisebriefe (A 27), S. 55 f. (GG, S. 154).
[24] ...liner Roma... (A 24), S. 48 (Bumerang [A 86], S. 222).

Leben nach dem Kriege"[25], in der alle Personen (wie schon in „Als Mariner im Krieg") Decknamen tragen. Dort heißt es nach der knappen Schilderung des „düsteren stehlenden, schießenden und schiebenden Berlin" und des eigenen Elends: „Im November 19 schrieb ich neuartige Gedichte unter dem Pseudonym Wandelhub."[26] Dieses eigenartige Pseudonym eines Pseudonyms heißt wohl sicher nichts anderes, als daß Hans Bötticher an-‚*hub*' sich zu ‚*wandel*'-n, ebenso wie seine Phantasie, Pinkomeier, das Lied vom sublunarischen *Wandel* ihm vorsingt. Die mysteriösen Worte „Es schließe sich der Ring!" und die Antwort „Völlig!" sind eigentlich die geheimen Erkennungsworte der Mitglieder der Hermetischen Gesellschaft, der Ringelnatz ja vor dem Kriege in München angehörte[27], aber hier macht er durch sie deutlich, daß sich um diese Zeit mit der Wahl des Pseudonyms und allem, was damit zusammenhängt, ein Kreis geschlossen hat.

Im ganzen sicherlich von unterschiedlicher Qualität — Colin Butler hat sich allerdings über Gebühr an zwei oder drei matten oder leicht sentimentalen Stellen gestoßen und erkennt die eigentliche Bedeutung des ‚Romans' nicht[28] —, ist „... liner Roma..." der Rückblick auf die Zeit der Wandlung von Hans Bötticher zu Joachim Ringelnatz. Das Tagebuch verzeichnet, abweichend von der Angabe in der fragmentarischen Nachkriegs-Autobiographie, unter dem 19. Dezember 1919: „Seit einer Woche Ringelnatz-Gedichte geschrieben." und „In memoriam" ergänzt: „Der Name Ringelnatz taucht hier das erstemal auf. Das Vorwort zu den Turngedichten, als dem ersten der unter diesem Namen erschienenen Bücher, datiert vom 20. Dezember 1919."[29]

Seeheimer Idyll

Zu seinem Pseudonym hat sich Ringelnatz fast nie geäußert. Auf die Frage Herbert Günthers antwortet er, der Name habe keine Bedeutung, „er sei ihm eingefallen"[1]; Günther selbst weist auf die beiden möglichen Etymologien hin:

---

[25] IM, S. 58—66.

[26] ebda. S. 63.

[27] Siehe oben S. 32—38; im Brief Nr. RH 30 vom 1. 7. 1918 berichtet Ringelnatz an Rolf von Hoerschelmann über ein Zusammentreffen mit einem ihm unbekannten hermetischen Vater: „Und als wir lange beisamen saßen — da fiel zwischen diesem Herrn und mir auf einmal das Wort ‚Clam o Clam' Und stiegen auf Stühle u. riefen ‚es schließe sich der Ring', ‚völlig' Und küßten uns zur Brüderschaft als Hermeten die sich zufällig gefunden hatten. Es war der Vater Auen. Ein schönes Erlebnis."

[28] Butler, Assessment (A 418), S. 77—84.

[29] IM, S. 57.

[1] Günther, Ringelnatz (A 435), S. 43.

Ringelnatter oder Ringelnaß, wie „manche Seeleute"[2] das Seepferdchen nennen. Als die ‚Vossische Zeitung' einmal wegen eines Artikels über Pseudonyme an ihn die Frage richtet: „1. Warum Pseudonym? 2. Warum gerade dieses Pseudonym?", lehnt er eine Antwort ab[3]. Doch läßt sich folgendes vermuten:

In der Küstenbatterie Seeheim hat Ringelnatz um sein Steinhaus einen Garten mit einem Terrarium angelegt, das er täglich mit Reptilien füllt. Auf den Kopf eines Briefes an Annemarie Ruland vom 21. Mai 1918 schreibt er kommentarlos: „8 Kreuzottern, 8 Ringelnattern, 66 Eidechsen."[4] Mitten im Krieg schafft er sich ein Idyll der Zufriedenheit:

Ich hatte mich doch so glücklich in meine Einsamkeit eingelebt. Eine meiner Hauptfreuden war das Terrarium. Es wies die verschiedensten Landschaften auf. Harte oder poröse Felsen, Heidelandschaft, Wiesengelände mit Gänseblümchen, feuchten Moosgrund, einen Kletterbaum, unterirdische Gänge und eine eingegrabene Suppenterrine als Teich. Täglich mehrmals, aber jedesmal nur auf ein Viertelstündchen, lief ich in den Wald oder auf die Wiesen mit Einmachgläsern und einem Fangnetz. Jedesmal brachte ich Schlangen, Eidechsen oder Insekten zurück. Bald wußte ich genau, wo ich Kupferottern, wo ich Ringelnattern oder Grashüpfer zu suchen hatte. Ich wußte Tümpel mit ganz kleinen Fröschen oder Molchen, und ich baute Fallgruben an den Waldwegen, aus denen ich morgens Fetthennen, Mistkäfer, Sandböcke und Raupen holte. Und ich tat Regenwürmer, ein Stück faules Holz und etwas Kuhfladen in das Terrarium. Später verband ich dieses durch ein Gazerohr mit einer Insektenfalle. Das Lockmittel war Apfelwein. Die Fliegen und Käfer fingen sich, vom Teller aufschwirrend, in einem Glasballon und der einzige Ausweg von dort führte in das Terrarium, wo nun immer ein weithin hörbares Urwaldgesumme war. Oh, ich war sehr glücklich.[5]

Der Herr Leutnant läuft mit seinem Burschen wie ein Kind über die Wiesen und fängt Hummeln mit einer Streichholzschachtel; er befiehlt einem „besonders gefräßigen Matrosen", ihm „auf einer ausgesuchten sonnigen Stelle einen Haufen zu setzen, der als Fliegenköder" für seine hungrigen Eidechsen dienen sollte[6]. Fast täglich werden der kauzige Offizier und seine Reptilienzucht von den Leuten der Umgebung besucht, es kommen ganze Schulklassen und auch Offiziere benachbarter Stellungen. Der gutmütige Kobold mit der Habichtsnase muß endgültig zum Gespött der andern geworden sein. Manche Matrosen nutzen seine Kindlichkeit aus und erzählen ihm, sie hätten irgendwelche Tiere ge-

---

[2] ebda. S. 44.
[3] Vgl. Brief Nr. M 799 vom 10.(?) 3. 1932, Briefe, S. 182: „Der Vossischen habe ich abgesagt." Dieser Brief ist auf die Rückseite des Briefes der ‚Vossischen Zeitung' geschrieben; die Anfrage der Zeitung ist in den „Briefen" nicht mitabgedruckt oder erwähnt, wodurch der zitierte Satz inhaltlos bleibt. Eine vollständige Abschrift des Schreibens der Vossischen in der Briefsammlung GR.
[4] Brief Nr. AR 13 a.
[5] AM, S. 329.
[6] ebda. S. 343.

fangen und in sein Terrarium gesetzt, worauf der erfreute Vorgesetzte den Lüg-
nern fast jede Bitte erfüllt. Auch seine engste Freundin aus dieser Zeit, Anne-
marie Ruland, berichtet heute, sie habe ihn damals wegen seiner übertriebenen
Schlangenzucht häufig aufgezogen. Und sie glaubt, ihn besonders wegen der
Ringelnattern verspottet zu haben; der Spottname habe schon so ähnlich wie
,Ringelnatz' geklungen[7].

Das Spielen mit dem Terrarium wiederholt die eigene Kindheit, wo er ähnliche Spiele trieb, schreibt er doch mit knapp dreizehn Jahren an seine Schwester über die Vorfreude auf eine Wanderung mit seinem Vater:

> Wie schön das werden wird, wenn wir erst wie die armen Handwerksburschen um-
> her ziehen, Schlangen, Eidechsen, Käfern, Blumen, Tannenzapfen, Steine, Muscheln,
> Äpfel, Birnen, und andere Früchte sammeln.[8]

In den Seeheimer ,Kinderspielen' haben wir den Anstoß zum Namen ,Ringel-
natz' zu suchen; aber der Prozeß der Wandlung, der sich über rund zwei Jahre
hinzieht, ist undenkbar ohne die literarische Erfolglosigkeit und den Tod des
Vaters, der starb, bevor das Seeheimer Idyll begann, und seit dem er sich heimatlos sah[9]. Mit der Aufgabe seines Namens wollte er auch von seinem bisherigen literarischen und wirklichen Leben Abschied nehmen. Er nahm nicht nur
den Spottnamen ,Ringelnatz'[10] (vorausgesetzt Frau Fell erinnert sich richtig,
was für mich außer Zweifel steht), sondern er nahm auch seine Gestalt an, bekannte sich zu ihr und gab die Jugendträume von Seemannsleben, Abenteuer
und Gefahr auf: Wenn er später von sich sagt: „Ihr kennt meine lange Nase,/
Mein vom Sturm zerknittertes Gesicht"[11], so erinnert das an einen Vers in dem
Gedicht „Seepferdchen": „Und hast ein bekümmertes altes Gesicht"[12]. Ein zeit-
genössischer Kritiker schreibt direkt: „Er sieht aus — wissen Sie, wie er aussieht? Wie ein Seepferdchen."[13] Es ist völlig klar, daß sich Ringelnatz dieser
Ähnlichkeit mit dem langnasigen Ringelnaß, dem Seepferdchen, nicht nur bewußt war, sondern daß sie für die Wahl des Pseudonyms den Ausschlag gab.
Die Zeit der Selbstparodie begann; mit den „Turngedichten" und mit dem
„Kuttel Daddeldu" fing er dann auch an, seine Vergangenheit parodistisch zu
zerstören.

---

[7] Nach einem Gespräch mit Frau Annemarie Fell, geb. Ruland.

[8] Brief Nr. EG 8 vom 17. 7. 1896.

[9] Siehe oben S. 84—87.

[10] Zum Vornamen ,Joachim' siehe unten S. 292.

[11] „Ich komme und gehe wieder" — Kasperle-Verse (A 50 und A 70), S. 30 (Bumerang
[A 86], S. 43).

[12] Allerdings (A 28), S. 27 (GG, S. 221); zuerst in: Simplicissimus 31 (1926/27) Nr. 12
vom 21. 6. 1926, S. 167.

[13] Alo [d. i. A. C. Locher]: Joachim Ringelnatz — ein Porträt (A 251).

2. „Joachim Ringelnatzens Turngedichte"

„Joachim Ringelnatzens Turngedichte", wie der Titel der ersten Ausgabe von 1920 lautet, sollen in ihrer Gesamtheit unter drei Gesichtspunkten betrachtet werden: ihre Bedeutung für den Dichter selbst, ihre literarische Herkunft und ihr Verhältnis zur tatsächlichen Situation und geistigen Atmosphäre der Entstehungszeit.

In der zweiten Dezemberwoche 1919 begann Hans Bötticher, Gedichte unter dem neuen Pseudonym Ringelnatz zu schreiben, am 2. Januar 1920 lehnte der „Simplicissimus" sie ab[1]. Wir dürfen annehmen, daß es sich dabei um die Turngedichte gehandelt hat, nicht nur weil sie vor den „Kuttel Daddeldu"-Versen erschienen, sondern auch weil er diese wiederum in seinem Tagebuch sicher nicht als „Ringelnatz-Gedichte" ohne Hinweis auf „Kuttel Daddeldu" bezeichnet hätte.

Die Quellen

Am Ende der ersten und auch der erweiterten Ausgabe der „Turngedichte" findet sich ein Verzeichnis der „Benutzten Quellen". Herbert Günther freut sich über diese „weitere Mystifikation"[2], Colin Butler findet die Liste „facetious"[3]. Dazu verleitet die Zusammenstellung der unterschiedlichsten Titel und nicht zuletzt das komische Lautspiel von Verfasser und Verlag gleich im ersten Titel:

Benutzte Quellen

Das deutsche Turnen, von Prof. Dr. Rudolf Gasch, Göschen.

Die Schnupftabaksdose, Verlag R. Piper & Co., München.

Théodore Cahu, Celles qui se donnent, Paris, E. Flammarion.

Das Berliner Adreßbuch, 1916, drei Bände.

Jacobus Schnellpfeffer, Die Gedichte eines Gefühllosen, München und Berlin, Verlag zum toten Kind, 1903 (sehr selten).

Deutsches Reimlexikon, Verlag Philipp Reclam jun.

Petri Burmanni, Poematum, libri quatuor, Amstelaedami, 1645.

Das Geheimnis des Fiakers, von F. Hume, Verlag Robert Lutz (vergriffen).

The vicar of wakefield, by Himself, o. O. 1789.

Duden, 9. neubearbeitete Auflage 1919.

---

[1] IM, S. 58.

[2] Günther, Ringelnatz (A 435), S. 64.

[3] Butler, Assessment (A 418), S. 49. — Zum Verhältnis der Erstausgabe von 1920 und der Neuausgabe von 1923 siehe unten S. 174, Anm. 27.

Berliner Morgenpost, 22. Jahrgang, Nr. 351, 4. Spalte, 4. Zeile von unten.
(Für Überlassung dieser Quelle sei hiermit Herrn Architekt A. Pfenniger, Berlin, nochmals bestens gedankt.)
(An dieser Stelle sei auch Herrn Dietrich Oberzel für gütige Übersetzung des Wortes „Knock-out" nochmals gedankt.)[4]

Doch der offensichtlich parodistische Charakter dieser Liste ist nur Tarnung. Zur nicht geringen Verblüffung eines genaueren Betrachters stellt sich nämlich heraus, daß nicht nur alle erwähnten Titel wirklich existieren, sondern daß sie überdies auch ein ganz bestimmtes Verhältnis zu Ringelnatz selbst, zu den Gedichten oder deren literarischer Herkunft haben. So lautet sogar die nur parodistisch aussehende letzte Quelle, die 4. Zeile von unten der 4. Spalte (der Titelseite) der „Berliner Morgenpost" — vom 20. Dezember 1919 übrigens, dem Tag, auf den auch das „Vorwort" des Herausgebers datiert ist — gleichsam mottoartig für die „Turngedichte": „(Lachen und Unruhe)."[5]

Verhältnismäßig durchsichtig sind drei Titel: das Berliner Adreßbuch, das Reimlexikon und der Duden. In der Orthographie war Ringelnatz zeitlebens nie sehr bewandert, und noch aus späten Jahren gibt es Briefe, wo er seine Frau bittet, beiliegende Gedichte anhand des Duden zu verbessern; besonders seine handschriftlichen Briefe sind rührende Zeugnisse der Unsicherheit. Das Berliner Adreßbuch gehört zur parodistisch verhüllenden Seite des Verzeichnisses: Keiner der in den Turngedichten vorkommenden Namen — bis auf „Schulze" natürlich — ist im Berliner Adreßbuch von 1916 aufgeführt[6]. Durchaus wahrscheinlich aber ist, daß Ringelnatz das Reimlexikon benutzt hat: So reimt sich beispielsweise in „Am Hängetau"[7] ‚Pendel‘ auf das ungewöhnliche ‚Lavendel‘; im Reimlexikon sind das die beiden einzigen Reim-Lexeme auf ‚-endel‘[8]. Weitere Beispiele ließen sich anführen.

Eine zweite Gruppe bilden die Werke des Petrus Burmannus[9] und Oliver Goldsmiths[10]. Sie sind Symbole für ein Stück Vergangenheit, das er hinter sich

---

[4] Joachim Ringelnatzens Turngedichte (A 11), S. 16; erweiterte Auflage von 1923: Turngedichte (A 22), S. 85; auch in: Günther, Ringelnatz (A 435), S. 64.

[5] Es handelt sich um den Artikel „Eine stürmische Sitzung [der Nationalversammlung am 18. 12. 1919]. Noske gegen die Unabhängigen. — Ein Vorstoß der Rechten. — Weihnachtspause."

[6] Freundliche Mitteilung von Herrn Norbert Gescher, Berlin.

[7] Joachim Ringelnatzens Turngedichte (A 11), S. 12 (GG, S. 43).

[8] Willy Steputat, Deutsches Reimlexikon. — Leipzig: Reclam [1920] (= RUB Nr. 2876—2877 a), S. 137 (B 205); eine frühere Auflage war mir nicht zugänglich.

[9] Genauer Titel: Petri Burmanni Poematum libri quattuor. Curavit Petro Burmanno jun. — Amstelaedami: Vywert 1746; die Jahresangabe ‚1645‘ bei Ringelnatz beruht auf einem Irrtum, Burmannus wurde erst 1688 geboren und starb 1741, und sein Sohn besorgte diese einzige Ausgabe (B 19).

[10] Es wird sich um einen Nachdruck handeln.

läßt: Ohne Zweifel hat er diese Werke in der Bibliothek des Grafen Yorck von Wartenburg kennengelernt, wo er die drei wichtigen Erzählungen „Der tätowierte Apion", „Das Grau und das Rot" und „Phantasie" schrieb, bzw. die letztere sicher schon skizzierte[11]. Die Erwähnung Goldschmiths scheint von besonderer Bedeutung, denn die Parallelen zu seinem eigenen Leben sind nicht zu übersehen, dafür genügen schon einige Sätze Walter Muschgs über den Engländer:

Als ein haltloser Mensch wanderte er zu Fuß unstet und kümmerlich durch halb Europa, fristete in London sein Leben erst als Apotheker, dann als Arzt und wechselte langsam zum Brotjournalismus hinüber. Im „Traveller" beschreibt er diese Wanderschaft als seine vergebliche Irrfahrt nach einem Beruf und nach irdischem Glück. Der „Vicar of Wakefield", dieses poetische Gemälde des ländlichen Pfarrhausfamilienlebens, wurde von einem darbenden, unordentlichen Junggesellen im Londoner Stadtlärm aus sehnsüchtiger Erinnerung an das Elternhaus geschrieben.[12]

Bei Ringelnatz gibt es zwar kein vergleichbares Werk der Sehnsucht, nur einige Erinnerungsträume und das Seeheimer Idyll, aber die Lage, in der er die „Turngedichte" schrieb, erinnert an diejenige Goldsmiths. Vor allem aber versucht Ringelnatz jetzt — darin gänzlich verschieden von Goldsmith —, seine Vergangenheit im Lärm der „Turngedichte" zu ersticken.

Zwei Trivialromane des Quellenverzeichnisses könnten eine dritte Gruppe bilden: der von matter Dekadenz-Erotik umhauchte Dialog-Roman „Celles qui se donnent"[13] von Théodore Cahu und der seinerzeit außerordentlich erfolgreiche Kriminalroman „Das Geheimnis des Fiakers"[14] von F. Hume. Als Trivialliteratur sollen sie wohl auf die geistige Anspruchslosigkeit des deutschen turnerischen Denkens anspielen; wobei der Kriminalroman mehr in die Irre führt als der erotische, der einige Beziehung zur Zotenhaftigkeit von Gedichten wie „Freiübungen" oder „Am Barren"[15] haben mag, die in ihrer derben Offenheit die nervenschwache Salonerotik des Pariser Romanciers parodieren.

---

[11] Siehe dazu oben S. 80—82, 98—100, 120, 122—126.

[12] Muschg, Tragische Literaturgeschichte (B 181), S. 295.

[13] Théodore Cahu: Celles qui so donnent. Roman dialogué. — Paris: Ernest Flammarion [1899] (B 21). In Deutschland besitzt keine Bibliothek ein Exemplar, das Werk ist aber an der Bibliothèque Nationale vorhanden. Théodore Cahu schrieb zahlreiche Offiziers- und erotische Romane. Vielleicht spielt Ringelnatz in einem Brief (Nr. AB 146 vom 12. 9. 1917) darauf an: „Schade, daß ich versäumte, die zwei Bücher nach Ludwigshafen zu senden, die ich gern übersetzt hätte. Es sind französische allerdings sehr unanständige Erotica." — was man von Cahus Werk nach der Lektüre kaum behaupten kann.

[14] F. W. Hume: Das Geheimnis eines Fiakers. 3. Auflage. — Stuttgart: Robert Lutz 1901; 1. Auflage 1895, 12. Auflage 1912 (B 43). Dieser Roman hat typischen Kolportage-Charakter in seinem klischeehaften Gegensatz Arme-Leute-Milieu und gute Gesellschaft.

[15] Siehe dazu unten S. 200—202.

Eine der bedeutendsten jedoch ist die erste ‚benutzte Quelle‘, die richtig heißt: „Geschichte der Turnkunst von Prof. Dr. Rudolf Gasch“, als 504. Bändchen der Sammlung Göschen im Jahre 1910 erschienen[16]. Seit 1906 war Gasch Professor am König Georg-Gymnasium in Dresden, zuvor aber seit 1897 Oberlehrer am König Albert-Gymnasium in Leipzig, das Ringelnatz besucht hat. Und so lesen wir auch in dessen Erinnerungen an die Lehrer: „Der einzige interessante Mann schien mir der Turnlehrer Dr. Gasch. Weil er eine Nase aus Hühnerfleisch hatte, von einem Duell her.“[17] Doch verdeckt die kollegiale Freude an einer ebenso seltsamen Nase wie der seinen noch andere Gründe dafür, daß er noch dreißig Jahre später nur diesen einen Lehrer erwähnt.

Wie seine beiden Erinnerungsbände an vielen Stellen berichten, litt Ringelnatz sein ganzes Leben unter Alpträumen, die meist um die Schule und das Militär kreisen. Und so träumte er:

> [...]
> Meist von der Schule und vom Militär — —
> Als ob ich schuldbeladen wär — —
> Und wenn ich aufwache, schwitze ich
> Und manchmal kniee ich oder sitze ich,
> Du weißt ja, wie neulich!
> O, es ist greulich.
>
> Warum man das überhaupt weitererzählt?
> Hat doch niemand Vergnügen daran,
> Weil man da frei heraus lügen kann. —
> Aber so ein Traum quält.
> [...][18]

Was Schule und Militär in seinen Gedanken verbindet, ist das Gefühl der Minderwertigkeit, das er beim Turnen und Exerzieren drückend empfunden haben muß. Als er bei Dr. Gasch turnte, trug er noch seine langen blonden Locken[19] und war bei den Übungen gewiß auch wie sonst das Gespött der Mitschüler. Beim Militär waren ihm nicht nur seine stets wunden Füße hinderlich, sondern er turnte recht ungeschickt, so daß sein mitleidiger Leutnant seinen guten Willen lobte und ihn tröstete: „Ich habe bemerkt, daß die Einjährigen-Maate manchmal über Sie lachen, wenn Ihnen ein Griff oder eine Wendung mißlingt; ich habe die Maate deswegen zur Rede gestellt.“[20] Wie sehr Turnen und Schule für ihn zusammenhingen, zeigt auch eine Passage aus „Ringkampf“,

---

[16] Bibl. B 137.
[17] ML, S. 22; zum Schulturnen vgl. auch ebda. S. 45.
[18] „Über meinen gestrigen Traum“ — Flugzeuggedanken (A 32), S. 50 (GG, S. 320).
[19] ML, S. 22; siehe auch oben S. 101 f.
[20] AM, S. 233.

wo er, von den Präpositionen zu ‚packen' unvermittelt in einen Merkvers der Grammatik übergeht:

> Packen sich an, auf, hinter, neben, in,
> Über, unter, vor und zwischen,
> Statt, auch längs, zufolge, trotz
> Stehen auf die Frage wessen.
> Doch ist hier nicht zu vergessen,
> Daß bei diesen letzten drei
> Auch der Dativ richtig sei.[21]

Mit der Parodierung der Turner, ihres Denkens, ihrer Übungen und ihrer Lieder will er sich von seinen Alpträumen befreien. Die Turngedichte sind so gesehen der erste poetische Ansatz zu einer Selbstparodie[22], die fast gleichzeitig in „Kuttel Daddeldu" und 1921 in einigen Märchen ihre Fortsetzung und ihren Abschluß finden wird.

Es lassen sich aber auch direkte Beziehungen vom einstigen Lehrer Ringelnatzens und Oberturnwart des Leipziger Turnvereins, Verfasser zahlloser Schriften zum Turnwesen, Herausgeber von Turn- und Wanderliedern und des „Handbuches des gesamten Turnwesens", zu den „Turngedichten" Ringelnatzens feststellen. So verspottet das Gedicht „Zum Keulenschwingen"[23] sicher den Turnlehrer Rudolf Gasch selbst als eifrigen und begeisterten Verfechter dieser Sportart, der von sich schreibt: „Der Verfasser hat das Keulenschwingen seit vielen Jahren selbst eifrig betrieben, im Allgemeinen Turnverein zu Leipzig und beim Schulturnen gelehrt und geübt."[24] Auch der Untertitel des „Turngedichtes am Pferd": „Schon den Römern bekannt"[25] ist ein direktes Gasch-Zitat[26].

---

[21] Joachim Ringelnatzens Turngedichte (A 11), S. 6 (GG, S. 53).

[22] Der Begriff der Parodie wird in dieser Arbeit in doppeltem Sinne gebraucht; der jeweilige Sinn ist aber stets eindeutig aus dem Zusammenhang erkennbar. Zum einen rede ich von der Parodie literarischer Texte (siehe dazu Alfred Liedes Artikel „Parodie" in der zweiten Auflage des „Reallexikons der deutschen Literaturgeschichte" [B 166]), zum anderen von der Parodie im allgemeineren Sinn als Parodie von „Anschauungen, Sitten und Gebräuchen, Vorgängen und Personen" (Paul Lehmann, Die Parodie im Mittelalter [B 163], S. 3). Diese Zweigleisigkeit des Begriffes muß erlaubt sein, da sonst die Gestalt eines Parodisten wie Ringelnatz nicht zu fassen ist. Die literarischen Parodien Ringelnatzens sind erst im Zusammenhang mit seiner Selbstparodie voll verständlich. Den Begriff Selbstparodie verwende ich in ähnlichem Sinne Walter Muschg in Bezug auf E.T.A. Hoffmann und seinen „Klein Zaches" in: Umriß eines Gottfried-Keller-Porträts. Der Zwerg (B 184), S. 152 f.

[23] Turngedichte (A 22), S. 23 (GG, S. 45 f.).

[24] Rudolf Gasch, 32 Turntafeln für das Keulenschwingen (B 138), S. 3.

[25] Turngedichte (A 22), S. 24—27 (GG, S. 46—48).

[26] Rudolf Gasch, Turnkunst (B 137), S. 13.

Fast ebenso bedeutsam sind die beiden übrigen Bücher des Verzeichnisses, das eigene „Die Schnupftabaksdose" und das seines Freundes Jakobus Schnellpfeffer alias Carl Georg von Maassen. Denn die „Turngedichte" in ihrer Gesamtheit tragen wie die Verse der „Schnupftabaksdose" noch durchaus den Stempel des neunzehnten Jahrhunderts. Ludwig Marcuse irrt nicht nur in der Jahreszahl, wenn er schreibt: „Was war, vor vierzig Jahren, das Neue des Jahrzehnts? Die ‚Turngedichte' (1923) von Ringelnatz — nicht die ‚Sonette an Orpheus' (1923)."[27] *Beide* Gedichtsammlungen — auch das Werk Rilkes — gehören in hohem Maße einer Tradition an. Auch die Ringelnatzische Verspottung der deutsch gesinnten Turner und ihrer Lieder hat mehr Vorläufer, als man vermutet.

Wohl über fünf Jahre vor dem Erscheinen von Friedrich Ludwig Jahns „Die Deutsche Turnkunst"[28] (1816) schrieb Theodor Körner Spottverse auf die neumodische Turnsucht. Da Ringelnatz die Freiheitsdichter — wozu man ja Körner rechnet — als Kind des neunzehnten Jahrhunderts kannte und verehrte[29], so war ihm wohl auch dessen „Anmeldung des Großpapa bei dem Turnwart zum Voltigieren" vertraut. Denn nicht nur solche barocken erklärenden Titel[30] tauchen bei Ringelnatz wieder auf, sondern auch die komische Figur des turnenden Greises kehrt übersteigert in einem seiner Gedichte wieder[31]. Bei Körner spricht der alte Bonifacius Schmetterling ganz fachmännisch:

> [...]
> Begünstigte doch die Mutter Natur
> Zu diesem Beruf meine schlanke Figur.
> Sind auch meine Füße wie Gartenmesser,
> So schließen die Waden um desto besser;
> Und ist mein Bauch auch dick und groß,
> So pariert er doch manchen gefährlichen Stoß.
> Ich schicke mich zu den gewagtesten Sprüngen;
> Die Nadel wird mir besonders gelingen;
> Die Jungfer, der Bärensprung und die Uhr,
> Die passen vortrefflich zu meiner Statur;
> Auf einer Hand mich zu balancieren,

[27] Marcuse in: Reinisch, Zeit ohne Eigenschaften (B 192), S. 183; Marcuses Aufsatz ist ein kritischer Diskussionsbeitrag zu Bruno E. Werners Rede auf dem 3. Geisteswissenschaftlichen Kongreß in München (Nov. 1960): „Literatur und Theater in den zwanziger Jahren", ebda. S. 50—81. Auf Marcuses Kritik antwortet Werner, dessen Dictum bezüglich Ringelnatz in Frage stellend, in einer Replik, ebda. S. 205—208 (J. R.: S. 207).

[28] Bibl. B 151.

[29] Vgl. Brief Nr. AB 80 vom 3. 5. 1915 und unten S. 174.

[30] Vgl. Wilke, Gedicht-Überschrift (B 215), S. 118, 167 u. ö.; siehe unten S. 208.

[31] Siehe unten S. 183 f.

Wird nicht im geringsten mich genieren;
Der Sattelbaum, der gefährlichste Pas,
Ist für mich nur Kinderei und Spaß;
Vor- und rückwärts über das Pferd zu setzen
Ist meine Lust und mein Ergötzen.
                [...][32]

Die ideale Turnergestalt wird hier ersetzt durch einen fetten, gebrechlichen, eingebildeten Alten, der die Mode der Jugend mitmachen will und sich so der Lächerlichkeit preisgibt. Aber dennoch spürt man in Körners Versen keinen Angriff auf das Turnwesen.

Erst August von Kotzebue[33] wird kaum zwei Jahre nach dem Erscheinen der Jahnschen „Turnkunst" ein streitbarer Gegner des turnerischen „Aufhängens bei den Beinen"[34]. Ferner verspottet er die unsinnige Schlußfolgerung, daß ein guter Patriot auch ein Turner und umgekehrt sein müsse, und den fanatischen Ausschließlichkeitsanspruch der Turner[35]:

Niemand zweifelt, daß die Deutschen im letzten Befreiungskriege durch Tapferkeit und Gewandtheit die Palme davon getragen, obgleich die edle Turnkunst erst später in Gang gebracht wurde. Wenn nun aber erwiesen ist, daß kein Krieg rühmlicher geführt werden kann, als der letzte auch o h n e die Turnkunst geführt worden, woher denn das Geschrei von ihrer Unentbehrlichkeit?[36]

In einem anonymen Drohbrief nannte man Kotzebue daraufhin einen wiedergeborenen „Teufel" und drohte ihm mit dem Feuertod — seine „Geschichte des deutschen Reiches"[37] war ja während des Wartburgfestes schon in Flammen aufgegangen[38]. Sein Mörder aber, Karl Ludwig Sand, war wie die meisten

---

[32] Körner, Sämtliche Werke (B 50), S. 232 f.; Hinweis auf dieses Gedicht in: Göhler, Die Leibesübungen in der deutschen Sprache und Literatur (B 139), Sp. 3030; als sonstige Beispiele für „heitere" Turngedichte dort nur Hinweise auf untypische Verse Dehmels und Hermann Claudius'. Ringelnatz heißt der „Klassiker [!] dieser Sport- und Spottgedichte" (ebda. Sp. 3031).

[33] Den Hinweis auf Kotzebues Kritik der Turnerei verdanke ich Horst Taubmanns wertvoller szenischer Dokumentation „Ein Teufel, Kotzebue genannt" (B 208), S. 16—19.

[34] Kotzebues Angriffe auf die Turnkunst finden sich in den vier Bänden seines „Literarischen Wochenblattes" von 1818 und 1819 (B 159); Zitat: „Turnkunst" — ebda. 1 (1818) No. 1, S. 4.

[35] „Die Turnkunst" [Polemik gegen zwei Turnschriften] — ebda. 2 (1818) No. 30, S. 234—237, Zitat: S. 234.

[36] „Turnkunst" — ebda. 1 (1818) No. 1, S. 3.

[37] Kotzebue, Geschichte des deutschen Reiches von dessen Ursprunge bis zu dessen Untergange (B 158).

[38] „Noch ein Paar vernünftige Worte über die Turn-Angelegenheit, nebst Proben von Unvernunft" — Literarisches Wochenblatt 1 (1818) No. 4, S. 28—30, Zitat: S. 29 (B 159). Zu weiteren Sottisen Kotzebues vgl. die „Verzeichnisse aller Schriften" am Ende des 2., 3. und 4. Bandes des „Literarischen Wochenblattes".

Patrioten und besonders der Bund der „Gießener Schwarzen"[39] ein begeisterter Anhänger der Turnkunst.

Zu den Kritikern der übertriebenen Turnerei gehört auch Franz Pocci mit dem Zwischenspiel in einem Aufzuge „Kasperl als Turner"[40], einer Satire auf den ordentlichen Professor der Germanistik, Mitbegründer des deutschen Turnwesens, Verfasser von Turnerliedern und Initiator der erwähnten Bücherverbrennung auf der Wartburg, Hans Ferdinand Maßmann, den auch Heinrich Heine als Günstling Ludwigs II. mit folgender Klage des Königs verhöhnte:

> [...]
>
> Doch daß man aus meiner Krone stahl
> Die beste Perle, daß man
> Mir meinen Turnkunstmeister geraubt,
> Das Menschenjuwel, den Maßmann —
>
> Das hat mich gebeugt, das hat mich geknickt,
> Das hat mir die Seele zerschmettert:
> Mir fehlt jetzt der Mann, der in seiner Kunst
> Den höchsten Pfahl erklettert!
>
> Ich sehe die kurzen Beinchen nicht mehr,
> Nicht mehr die platte Nase;
> Er schlug wie ein Pudel frisch-fromm-fröhlich-frei
> Die Purzelbäume im Grase.
>
> Nur Altdeutsch verstand er, der Patriot,
> Nur Jakob-Grimmisch und Zeunisch;[41]
> Fremdwörter blieben ihm immer fremd,
> Griechisch zumal und Lateinisch.
>
> Er hat, ein vaterländisch Gemüt,
> Nur Eichelkaffee getrunken,
> Franzosen fraß er und Limburger Käs,
> Nach letzterem hat er gestunken.
>
> O, Schwager! gib mir den Maßmann zurück!
> Denn unter den Gesichtern
> Ist sein Gesicht, was ich selber bin,
> Als Dichter unter den Dichtern.
>
> [...][42]

Wir dürfen annehmen, daß Ringelnatz diese Verse Heines kannte, da fast alle Gedanken in den „Turngedichten" wiederkehren. Franz Pocci nennt Maßmann

---

[39] Vgl. dazu Fittbogen, Die Dichtung der Unbedingten (B 132), bes. S. 90 f.; weitere Literatur: ebda. S. 75, Anm.

[40] Pocci, Sämtliche Kasperl-Komödien 3 (B 78), S. 37—49; zuerst erschienen im Jahre 1875 in: Pocci, Lustiges Komödienbüchlein. Fünftes Bändchen (B 79).

[41] August Zeune gründete 1814 die heute noch pflegende „Gesellschaft für deutsche Sprache".

[42] „Lobgesänge auf König Ludwig" (II) — Heine, Sämtliche Schriften 4 (B 39), S. 460f.

nicht wie Heine direkt, aber der Turnprofessor Barrenreck in „Kasperl als Turner" ist als Satire auf ihn gedacht[43], und er singt alberne Turnlieder wie:

> Erwacht ihr Schläfer alle!
> Mein Turnerhorn erschalle!
> Auf, auf! zu Schritt und Sprung.
> Du deutsches Herze, stark und jung![44]

Wie der Turnprofessor, der auf eigene Kosten nur Wasser trinkt, sich schließlich mit Kasperl auf dessen Kosten in einer Kneipe besäuft, grölen beide vor einer wüsten Balgerei:

> Turnerei,
> Frank und frei,
> Eins und zwei,
> Zwei und drei,
> Holla hei![45]

Ringelnatzens Turner lassen sich durchaus mit dem turnenden Kasperl und dem Turnprofessor vergleichen. Und auch hier wird wieder der innere Zusammenhang zwischen Ringelnatzens „Kabarett"-Dichtung und den Dichtungen der Unsinnsgesellschaften des 19. Jahrhunderts deutlich. Denn Graf Franz von Pocci, „dieser verspätete, innerlich und äußerlich aristokratische Rokokomensch [...], ein herrliches Gesellschaftsgenie und wahrer Homo ludens", war ja selbst die Seele zweier berühmter Münchner Unsinnsgesellschaften der Mitte des letzten Jahrhunderts[46]. So ist es gar nicht abwegig anzunehmen, Ringelnatz habe die Kasperl-Komödie des auch noch zu Beginn des 20. Jahrhunderts berühmten Grafen, sei es durch seinen Vater oder noch wahrscheinlicher durch die Münchner Kreise um Carl Georg von Maassen kennengelernt[47].

Ganz sicher kannte Ringelnatz einen weiteren großen Bespötter des Turnens: Ludwig Eichrodt, der mindestens drei Parodien auf Turner und Turnlieder schrieb. Die Pointe von Ringelnatzens „Turner-Marsch" ähnelt der von Eichrodts „Vormärzlichen Turnerliedern":

---

[43] Pocci, Lustiges Komödienbüchlein (B 80), S. 28 (Einleitung von Franz Pocci, Enkel); vgl. auch Dreyer, Franz Pocci (B 127), S. 55 und Schott, Puppenspiele des Grafen Pocci (B 203), S. 76.

[44] Pocci, Sämtliche Kasperl-Komödien 3 (B 78), S. 44.

[45] ebda. S. 46.

[46] Liede, Dichtung als Spiel 2 (B 165), S. 291; es handelt sich um die beiden Gesellschaften der „Zwanglosen" und des „Alt-England"; weitere Literatur siehe ebda.

[47] Das Werk Poccis (1807—1876) erschien vornehmlich in Münchner Verlagen, die „Sämtlichen Kasperl-Komödien" sogar 1909 und 1910 zu Hans Böttichers ‚Glanzzeiten' im Simpl; vor allem aber: Pocci war der Hausdichter des berühmten „Münchner Marionettentheaters", das seit seiner Gründung (1858) durch Josef Leonhard Schmid (1822—1912) bis 1933 Stücke Poccis spielte.

Eichrodt:

> Die deutsche Hausfrau führt er heim,
> Und legt ins Kind des Turnens Keim,
> Auf daß es einstmals werd' entbrannt
> Für Freiheit, Fürst und Vaterland.[48]

Ringelnatz:

> Heil! Umschlingt euch mit Herz und Hand,
> Ihr Brüder aus Nord-, Süd- und Mitteldeutschland!
> Daß einst um eure Urne
> Eine gleiche Generation turne.[49]

Der „Vormärzliche Turnphilister"[50] entlarvt die scheingeistige Haltung, und „Das große Turnerlied oder Was Südmichel der Schüler über das edle Turnen gemacht hat"[51] könnte sogar ein direktes Vorbild für Ringelnatz gewesen sein. Verspottet dieser in einem Gedicht jeweils eine turnerische Übung, so hecheln Eichrodts dreiundzwanzig Strophen im Ton des Bänkelsangs und Wilhelm Busch vorwegnehmend die verschiedensten Übungen durch. Er beginnt mit der Feststellung, daß der Vorzug des Menschen vor dem Tiere nicht im Denken, sondern im Turnen liege. Und das erste Turngerät bei Eichrodt wie bei Ringelnatz ist das Reck:

> Am Reck zuerst der edle Schwung
> Giebt Kraft ihm und Begeisterung,
> [...]

Ringelnatzens „Klimmzug" variiert dieselbe parodistische Verbindung von Reck- und geistigem Schwung:

> Das ist ein Symbol für das Leben.
> Immer aufwärts, himmelanstreben!
> Feste zieh! Nicht nachgeben![52]

Auch die Turnübungen karikierenden Bilder sind bei Eichrodt vorgeprägt; bei Ringelnatz heißt es:

> Dieweil du kletterst, wächst das Tau
> Dir hintenraus und wedelt.[53]

Eichrodt lacht über den Turner am Reck:

---

[48] Zitiert nach R. M. Meyer, Deutsche Parodien (B 63), S. 186; dieses Gedicht aus dem „Buch Biedermaier" nicht in den „Gesammelten Dichtungen" Eichrodts (B 29).

[49] Joachim Ringelnatzens Turngedichte (A 11), S. 1 (Umschlag) (GG, S. 34).

[50] Eichrodt, Gesammelte Dichtungen 1 (B 29), S. 408—410.

[51] ebda. S. 226—229.

[52] Joachim Ringelnatzens Turngedichte (A 11), S. 3 (GG, S. 39).

[53] „Am Hängetau" — ebda. S. 12 (GG, S. 43).

Mit Anmut, lustig und gewandt,
Macht er hierauf den Schulterstand,
Da sitzt die Schulter auf der Stang,
Die Beine stehn der Luft entlang.

Und dem „Kniehang"[54] Ringelnatzens ähnelt beim Meister des höhern Blödsinns der an seiner Zehe hängende Turner:

Zum Zeichen, daß ihm's wohlergeh',
Hängt sich der Turner in die Zeh'
Und baumelt da im Weltenraum
Oft stundenlang voll süßem Traum.

Eichrodt endet mit einem wahren Feuerwerk erheiternder Gegenüberstellungen von unzusammenhängendsten angeblichen Turnertugenden:

Schön ist der Pyramidenstand,
Der Turner liebt das Vaterland,
Backofenschieben liebt er auch,
Thut's ihm gleich öfter weh am Bauch.

Frisch, fröhlich, fromm und frei, so heißt
Sein Wahlspruch und so ist sein Geist,
Im Dauerlauf bewährt er das,
Doch lungert er auch gern im Gras.

Noch vieles treibt er meisterlich,
Springt reihenweise über sich,
Er wandert über Berg und Thal,
Und seine Muskeln sind wie Stahl.

Drum vivat hoch die Turnerei!
Der Turner nur lebt sorgenfrei
Und singt, im Knopfloch einen Strauß
Sein Lied in alle Welt hinaus.

Nicht vergessen werden bei den literarischen Ahnen der „Turngedichte" darf freilich Wilhelm Buschs Bilderbogen „Die Folgen der Kraft", der beginnt:

Mit kühnem Mut aus seinem Bett
Schwingt sich der Turner Hoppenstedt.

Schon ist das Hantelpaar bereit
Zu frisch-fromm-freier Tätigkeit.

Der Bizeps wird zuerst geübt,
Er, der dem Arm die Spannkraft gibt.

Einseitig aber ist der Mann,
Der's nicht mit beiden Händen kann.

[...][55]

---

[54] ebda. S. 13 (GG, S. 42 f.).
[55] Busch, Gesamtausgabe 2 (B 20), S. 183—189; Zitat: S. 183 f.

Der zeitgenössische Hintergrund

Die meisten der Ringelnatzischen „Turngedichte" haben eine bestimmte Übung zum Vorwurf, einige sind fiktive Biographien, wie Butler sie nennt[1], und eines, der „Turner-Marsch", der mit drei Biedermeier-Vignetten den Umschlag der Erstausgabe ziert, parodiert als einziges die Lieder der Turner:

Turner-Marsch
(Melodie: Leise flehen meine Lieder)

Schlagt die Pauken und Trompeten,
Turner in die Bahn!
Turnersprache laßt uns reden.
Vivat Vater Felix Dahn![2]
Laßt uns im Gleichschritt aufmarschieren,
Ein stolzes Regiment.
Laß die Fanfaren tremulieren!
Faltet die Fahnen ent!

Die harte Brust dem Wetter darzubieten,
Reißt die germanische Lodenjoppe auf!
Kommet zu Hauf!
Wir wollen uns im friedlichen Wettkampf üben.

Braust drei Hepp-hepps und drei Hurras
Um die deutschen Eichenbäume!
Trinkt auf das Wohl der deutschen Frauen ein Glas,
Daß es das ganze Vaterland durchschäume.
Heil! Umschlingt euch mit Herz und Hand,
Ihr Brüder aus Nord-, Süd- und Mitteldeutschland!
Daß einst um eure Urne
Eine gleiche Generation turne.[3]

---

[1] Butler, Assessment (A 418), S. 50; fiktive Biographien sind so:
„Zum Aufstellen der Geräte (Ein Muster)" — Joachim Ringelnatzens Turngedichte (A 11), S. 7 (GG, S. 33).
„Fußball (nebst Abart und Ausartung)" — ebda. S. 9—11 (GG, S. 48—50) — mit Einschränkungen.
„Der Athlet" — ebda. S. 11 f. (GG, S. 50 f.).
„Zum Wegräumen der Geräte" — ebda. S. 14 f. (GG, S. 55 f.).
„Zum Keulenschwingen" — Turngedichte (A 22), S. 23 (GG, S. 45 f.).
„Das Turngedicht am Pferd (Schon den Römern bekannt)" — ebda. S. 24, 27 (GG, S. 46—48).
Alle diese Gedichte kommen ohne Turnübungen nicht aus, weshalb sich manche auch als ,Übungsgedichte' verstehen lassen.

[2] Ich kann im ganzen Gedicht keine Stelle entdecken, wo sich dieser „Name bequemerweise auf Jahn reimt" — so Butler, Ringelnatz und seine Zeit (A 419), S. 147.

[3] Joachim Ringelnatzens Turngedichte (A 11), S. 1 (GG, S. 34).

Colin Butler behandelt dieses Gedicht in seinen beiden Arbeiten über Ringelnatz, dem englischen Original und der deutschen Kurzfassung, recht ausführlich[4], behauptet aber, der „Humor" siege leider „auf Kosten der vorgegebenen Tendenz"[5] und Ringelnatzens ganzer Haltung liege „überhaupt kein Verständnis zugrunde"[6]. Butlers Untersuchung zeigt, wie sehr auch hier wieder wie bei der „Schnupftabaksdose"[7] ein falscher Blickwinkel — vor allem aufgrund des mißverstandenen Vorwortes des „Herausgebers" zur Erstausgabe der „Turngedichte"[8] (denn es gibt keine „vorgegebene Tendenz") — bei mancher richtiger Sicht im einzelnen schließlich zu einer Fehlinterpretation führt.

Besonders im 19. Jahrhundert ist es selbstverständlich, daß man gesellige Lieder auf bekannte Melodien singt, so daß der neue Text von der bekannten Melodie profitiert. So ist es bei den scherzhaften Liedern eines Edwin Bormann[9] oder im Kommersbuch, wo auch ein Lied „Turnerbund" nach der Melodie „Strömt herbei, ihr Völkerscharen"[10] zu singen ist. Ringelnatz verfährt in seiner Parodie ebenso, allerdings etwas drastischer: Nach der zarten Schubert'schen Weise: „Leise flehen meine Lieder" sollen die Turner grölen: „Schlagt die Pauken und Trompeten". Butler weist auf andere Gewaltakte wirklicher Turnlieder hin, die beispielsweise nach der Melodie „Freude, schöner Götterfunken" zu singen seien[11].

Die Wendungen und Gedanken des „Turner-Marsches" sind Gemeingut aller Turnlieder. Klarer, als Butler meint, ist die Bedeutung des Verses „Turnersprache laßt uns reden"[12]. Auf vierundzwanzig Seiten seines „Vorberichtes" zur „Deutschen Turnkunst" legt Jahn dar, was er unter „Turnsprache" versteht[13]. Zunächst verherrlicht er die „Deutsche Sprache" als „Ursprache" mit einer Klarheit, „die jeder Aftersprache mangelt"[14]; er wütet gegen „ S p r a c h -

---

[4] Butler, Assessment (A 418), S. 32—41 und ders., Ringelnatz und seine Zeit (A 419), S. 146—149.

[5] ebda. S. 147.

[6] ebda. S. 149.

[7] Siehe oben S. 55—64.

[8] Bibl. A 11.

[9] Vgl. Bormann, Humoristischer Hausschatz (A 540).

[10] Allgemeines deutsches Kommersbuch (B 36), Nr. 226.

[11] Butler, Assessment (A 418), S. 33; ders., Ringelnatz und seine Zeit (A 419), S. 146. Es handelt sich um Friedrich Götz' „Auf! Mit frischem Turnerblute". — In: Jenaisches Liederbüchlein für die turnende Schuljugend. — Jena: Dobereiner 1864, S. 7. Zitiert nach Butler, da mir die Sammlung leider nicht zugänglich war.

[12] Butler, Assessment (A 418), S. 33 f. — Er verweist nur auf eine Briefstelle Jahns aus zweiter Hand und den möglicherweise „mindless cant" der Turner.

[13] Jahn, Deutsche Turnkunst (B 151), S. XIX—XLV.

[14] ebda. S. XXIII f.

s c h w a c h e und A f t e r d e u t s c h e ", die sich der „Wälschsucht" ergeben
und „ m e i n d e u t s c h e n "[15]. Dann zählt er 65 (!) Zusammensetzungen mit
‚Turn-‘ auf, bezeichnet diese Silbe als „D e u t s c h e n   U r l a u t "[16] und
fordert von der Turnsprache als Kunstsprache unter anderem folgende Eigenschaften: „ernst, gesetzt, männlich und edel", „einfach, klar, bündig, herzlich,
Deutsch heraus, nicht hinter dem Berg haltend, wahrheitsvoll, volkfaßlich,
gleich fern von Schmutz und Putz" und schließlich „schlecht und recht, kurz,
kernig und körnig", denn die Turnsprache brauche „ S p r e c h - und L e b e -
w ö r t e r und die müssen anstellig und ausrichtig, ja ringfertig lauten"[17]. Jahns
Kauderwelsch und seine kuriosen Gedanken fordern die Parodie geradezu
heraus; auch Heine erinnert ja daran, daß Maßmann nur „altdeutsch", „Jakob-
Grimmisch" und „Zeunisch" spreche.

Manche Stellen des „Turner-Marsches" mögen auf direkte Anregung zurück-
gehen. So verwendet Arthur Rehbein in seinem „marschmäßigen" „Turner-
schafter-Lied" ebenfalls den anscheinend parodistischen Reim ‚Urne — turne':

> Mag ruhn in alten Urnen,
> was morsch und lebensmüd',
> wir leben und wir turnen,
> weil noch die Flamme glüht.[18]

Die deutsche „harte Brust", die „deutschen Eichenbäume", die „deutschen
Frauen", das Trinken, das „ganze Vaterland", „Herz und Hand" — keiner
der Gemeinplätze vaterländischer und turnerischer Lieder fehlt. Die sprachlichen Formen wie die falsche und deshalb komische Tmesis: „Faltet die Fahnen
ent!" oder karikierende Übertreibungen:

> Die harte Brust dem Wetter darzubieten,
> Reißt die germanische Lodenjoppe auf!

und nicht zuletzt der makabre Schluß:

> Daß einst um eure Urne
> Eine gleiche Generation turne.

machen die Parodie zur recht bissigen Polemik gegen den Geist des deutschen
Turnwesens.

Wenn die Verbindung von Patriotismus und turnerischer Gymnastik schon
den Spott Kotzebues hervorrief, so müssen wir uns auch fragen, ob und welche
zeitgeschichtlichen Hintergründe Ringelnatzens „Turngedichte" haben. Colin

---

[15] ebda. S. XIX f., siehe auch S. XXI: „m e i n d e u t s c h e (r) Volksvergessenheit".
[16] ebda. S. XXVI f.
[17] ebda. S. XXXVIII f.
[18] Kleines Kommersbuch der Greifswalder Turnerschaft Cimbria (B 49), S. 61.

Butler meint, der Dichter habe „eine satirische Parallele zwischen dem kriegslüsternen Chauvinismus des 19. Jahrhunderts und dem Revanchismus der
Versailles-Geschädigten" ziehen wollen[19]. Er vergleicht die Zeit der Verbitte-
rung unmittelbar nach dem Versailler Vertrag mit derjenigen der Befreiungskriege und stützt sich dabei auf das parodistische Vorwort der Erstausgabe, wo
es heißt:

> Denn indem der Verfasser als Erster erkannte, daß parallel und gleichzeitig mit den
> bisher gebräuchlichen Leibesübungen eine turnerische Ausbildung der Sprache und des
> Denkvermögens gepflegt werden müsse, um das deutsche Volk wieder auf die herz-
> erquickende Höhe von 1813 zu bringen — hat er vielleicht die wichtigste sozialhy-
> gienische Frage des Jahrhunderts gelöst.[20]

Nimmt man diese Worte wie Butler ernst:

> Here [sc. im Vorwort] Ringelnatz seems to have grasped the preeminence of the
> battle for the minds of the young that lay behind the cry for physical education after
> the War. It had been inherent in Jahn's pseudophilosophical patriotism, and, in a
> more extreme form, in the sabrerattling ‚Turnlieder'. It reached its climax in Adolf
> Hitlers *Mein Kampf*, which synthesized an already long-established drift of ideas
> towards the control of mind through physical fitness.[21]

so verheißen sie politische Satiren, und Butlers Kritik an den Gedichten wäre
gewiß berechtigter. Nur hat dieser übersehen, daß das mit „Der Herausgeber"
unterzeichnete Vorwort ziemlich sicher nicht von Ringelnatz, sondern tatsächlich vom Herausgeber und Verleger Alfred Richard Meyer stammt. Der Stil,
an Morgenstern geschult[22], ist ganz derjenige Meyers, wie wir ihn etwa aus
seinen seit 1913 erscheinenden Munkepunke-Werken kennen[23]; der fingierte
letzte Aufenthalt des angeblich verschollenen Dichters, die „Laurahütte auf Schikoku"[24], und die Ortsangabe „Piassava"[25] bei der Unterschrift erinnern an Meyers eigene Titel[26]. Das Vorwort wurde auch nicht in die erweiterte Ausgabe der
„Turngedichte" im Kurt Wolff-Verlag aufgenommen, weil offensichtlich bei
den ohnehin schwierigen Verhandlungen Meyer sein Vorwort dem Münchner

---

[19] Butler, Ringelnatz und seine Zeit (A 419), S. 147.

[20] Joachim Ringelnatzens Turngedichte (A 11), S. 2; wieder abgedruckt in: Günther,
Ringelnatz (A 435), S. 62—64.

[21] Butler, Assessment (A 418), S. 38.

[22] Vgl. Morgensterns „Versuch einer Einleitung" zu seinen Galgenliedern; seit der Erstausgabe von 1905 immer wieder abgedruckt, auch in der 37. und 38. Auflage (B 64).

[23] Vgl. A. R. Meyer, Der große Munkepunke (B 62), z. B. S. 10, S. 137—142 u. ö.

[24] Laurahütte ist ein Ort in Schlesien, Schikoku bekanntlich die kleinste der vier japanischen Hauptinseln.

[25] Piassava sind die Blattfasern verschiedener Palmen, die besonders zur Herstellung
von Besen und Bürsten verwendet werden.

[26] Vgl. A. R. Meyer, Der große Munkepunke (B 62), S. 229—269.

Konkurrenten nicht mit abtreten wollte[27]. Zudem wäre es unverständlich, wenn Ringelnatz sein eben geschaffenes neues Ich gleich im ersten Werk für seit über einem Jahr verschollen erklärt hätte. Undenkbar ist es für Ringelnatz, daß er die Befreiungskriege als durch „kriegslüsternen Chauvinismus" geprägt interpretiert, schreibt er doch einige Jahre vorher im Krieg: „Es ist eine tragische Zeit, in der alles wieder wahr und lebendig geworden ist, was die Freiheitsdichter sangen, und was wir in der Friedenszeit zu Unrecht oft verlacht."[28] Freilich hatte sich nun auch für Joachim Ringelnatz das geistige Klima geändert, doch ein deutlicheres politisches Bekenntnis fänden wir wohl eher in den beiden verlorenen Dramen dieser Zeit „Die Bolschewisten" und „Fäkalie".

[27] An dieser Stelle sei etwas zur Entstehungsgeschichte der beiden Neuausgaben der „Turngedichte" (A 22) und „Kuttel Daddeldus" (A 23) gesagt, nicht zuletzt weil der einzige erhaltene Briefwechsel Ringelnatzens mit einem Verleger derjenige mit Kurt Wolff ist (siehe unten S. 425 f.). Anfang Februar 1922 machte Hans Reimann Ringelnatz gegenüber eine Anspielung, „daß Kurt Wolff alle meine Meyer-Bücher aufkaufen wolle [...]" (Brief Nr. M 182 c vom 11. 2. 1922, Briefe, S. 64 f.). Ringelnatz hat dann im März ein „Versmanuskript", über dessen Inhalt wir nichts wissen, an Kurt Wolff gesandt. Der kam mit seinem Berliner Lektor Kurt Pinthus überein, daraus und aus den drei bei A. R. Meyer erschienenen Büchern (Bibl. A 11, 12, 14) zwei Gedichtbände zu machen. Wolff bat deshalb Ringelnatz, wegen der Abtretung der Verlagsrechte mit Meyer zu verhandeln (Brief von Kurt Wolff an Ringelnatz Nr. KW III vom 15. 3.). Meyer war „anfangs etwas gekränkt", verlangte als Abfindung 5 000,— Mark (Brief Nr. KW 4 vom 21. 3.), ging mit seiner Forderung aber auf 4 000,— Mark herunter (Brief Nr. KW 5 vom 25. 3.) — vgl. auch die Briefe Nr. M 190 vom 11. 3., Briefe, S. 66; Nr. M 200 vom 24. 3., ebda. S. 69; Nr. M 220 a vom 13. 4., ebda. S. 76. — Am 18. April sandte Ringelnatz an Kurt Wolff „noch einige, meist ganz neue Gedichte, mit der Bitte, sie den anderen in Ihrem Besitz befindlichen Gedichtmanuskripten beizufügen" (Brief Nr. KW 6). Darauf antwortete Wolff: „Dr. Pinthus wird auf Grund dieses Materials [d. h. der zwei Manuskripte mit Gedichten Ringelnatzens und der drei Meyer-Bändchen] die Zusammenstellung von zwei Gedichtbänden, für die ich die Titel ,Turngedichte' und ,Kuddel [!] Daddeldu' vorschlage, vornehmen [...]"; Ringelnatz sollte die Gruppierung gegebenenfalls überprüfen (Brief von Wolff an Ringelnatz Nr. KW V vom 19. 4.). Im November jedoch verlangte Kurt Wolff „noch weitere Gedichte für die beiden Gedichtbände, damit diese noch dicker würden" (Brief Nr. M 248 c vom 11. 11. 1922). Und so griff Ringelnatz sogar auf neun Gedichte aus der „Schnupftabaksdose" von 1912 (A 8) zurück, die dann in der neuen „Kuttel Daddeldu"-Ausgabe abgedruckt wurden. Von den zehn Gedichten der Erstausgabe „Kuttel Daddeldu oder das schlüpfrige Leid" (A 12) wurden außer den drei eigentlichen Daddeldu-Gedichten nur drei weitere in die Neuausgabe aufgenommen, die restlichen sieben finden sich in der Neuausgabe der „Turngedichte" (A 22). Zur „Kuttel Daddeldu"-Ausgabe Kurt Wolffs gesellten sich weitere 13 der 15 Gedichte aus der „Gebatikten Schusterpastete" (A 14) und 24 bisher nicht in Buchform erschienene. Die Neuausgabe der „Turngedichte" weist (neben den oben genannten) 15 neue Gedichte auf, davon 9 neue Turngedichte gegenüber der Erstausgabe von 1920 (A 11). — Siehe auch unten S. 192 f. (Anm. 4) und 207 (Anm. 5 und 6).

[28] Brief Nr. AB 80 vom 3. 5. 1915.

Immerhin ist nicht zu übersehen, daß der Anstoß zu den „Turngedichten" teilweise doch der zeitgenössischen Atmosphäre entstammt. Nach 1918 nahmen
nicht nur „der planmäßig betriebene Sport, sondern auch die allgemeine Hinwendung der Jugend zu Leibesübungen und Naturgenuß" beispiellos zu[29]. Im
Programm vom 19. Oktober 1919 der rechtsliberalen Deutschen Volkspartei,
der Partei des Bildungsbürgertums, der Industrie und Gustav Stresemanns
heißt es:

> Die deutsche Volkspartei tritt ein für einen tatkräftigen Ausbau der Jugendpflege
> unter dem Gesichtspunkt der Erhaltung und Stärkung der deutschen Volkskraft.
> Alles, was zur körperlichen, geistigen und sittlichen Ertüchtigung der Jugend dient,
> ist nachdrücklich zu fördern.[30]

Daß die Deutschnationale Volkspartei „Stählung des Körpers, sittliche Erstar-
kung und deutsche und staatsbürgerliche Gesinnung" neben Volkstumsgedanken
und Antisemitismus auf ihre Fahnen schrieb[31], ist kaum verwunderlich; aber
auch der unverdächtige Friedrich Naumann nahm in sein Programm der Deutschen Demokratischen Partei vom Dezember 1919 die Forderung nach „körper-
licher und sittlicher Stählung" des Volkes auf[32], und die NSDAP schließlich
rief nach der „gesetzlichen Festlegung einer Turn- und Sportpflicht"[33]. Gegen
solche parteipolitische Auswertung der neu erwachenden Turnbewegung wandte
sich der sozialdemokratische Volkswohlfahrtsminister schon am 22. November
1919, wenn er forderte, „daß Parteipolitik von der Jugendpflege ferngehalten
wird."[34] Denn der Stolz der meisten Deutschen war nach dem Kriege ungebrochen; nicht nur die Dolchstoßlegende trug dazu bei, sondern der Stolz war
auch sicher eine Reaktion auf den Vertrag von Versailles[35]. Wenig andere Or-
ganisationen waren historisch zur Propagierung nationaler Gedanken geeig-
neter als die Turnverbände, die alle Volksschichten umfaßten. Trotzdem sind
die Turngedichte Ringelnatzens nirgends direkt zeitbezogen, sie wären grundsätzlich auch vor dem Kriege denkbar gewesen. Ringelnatz war eben kein
„politisch zielbewußter Autor"[36]; er, der 1921 in den Umtrieben der Nazis

---

[29] Friedensburg, Die Weimarer Republik (B 135), S. 319.

[30] Salomon, Parteiprogramme 3 (B 197), S. 65.

[31] ebda. S. 88; das Programm wurde im Oktober 1920 beschlossen.

[32] ebda. S. 44; auf dem Parteitag vom 13.—15. 11. 1919 beschlossen.

[33] ebda. S. 93; das Programm stammt vom 24. 2. 1920.

[34] Zitiert nach: Festschrift zum VIII. Akademischen Turnbundsfest in Allenstein.
30. Juli bis 3. August 1925 (B 131), S. 123.

[35] Vgl. dazu Conze, Die Zeit Wilhelms II. und die Weimarer Republik (B 126), S. 177.

[36] Butler, Ringelnatz und seine Zeit (A 419), S. 147. Daß Butler Tucholsky gegen
Ringelnatz ausspielt, ist — besonders in der manipulierten Art und Weise in „Rin-
gelnatz und seine Zeit" (S. 147 f.) — unfair. Tucholsky spricht nicht in „ähnlichem
Zusammenhang" wie Ringelnatz, wenn er sagt: „Das Weltbild, das sich da entrollt,

in München lediglich einen „Hautausschlag"[37] erblickte, sah nur die grenzenlose Komik der deutschen Turner und war sich überdies der Oberflächlichkeit und partiellen Zotenhaftigkeit mancher Gedichte durchaus bewußt: „Am billigsten ziehen eben doch die Turngedichte"[38]. Und er steht mit seiner unpolitischen Sicht nicht allein: Der überwiegende Teil der Beiträge in der Sondernummer des „Simplicissimus" zum „Deutschen Turnfest München" vom 16. Juli 1923[39] — zu einer Zeit also, wo, wie Butler vermutet[40], auch die Nationalsozialisten wohl mit ihrer paramilitärischen „Turn- und Sportabteilung" in Erscheinung traten — verulkt die Turner. Das Titelblatt von Karl Arnold, dem Illustrator der erweiterten Ausgabe der „Turngedichte" von 1923, trägt die Unterschrift „Einigkeit macht stark" und zeigt eine Turnerpyramide: Zuunterst eine neutrale Turnerfigur mit dem vierfachen „F" auf der Brust; auf ihren Schultern reichen sich ein Hakenkreuzler und ein Bürger der Weimarer Republik mit der Nationalflagge hinter dem Rücken eines Zentrumspolitikers die Hand. Dieser trägt schließlich auf seinem Kopf einen ganz kleinen Royalisten mit Krone. Auch der kritische Karl Arnold sah in den Turnern keine potentielle Gefahr von rechts, sondern die groteske turnerische Begeisterung *aller* Parteien[41]. Lediglich ein Gedicht Alfred Kihns stößt politisch vor:

> Friedrich Anton Knorzig war ein edler
> Teutscher Mann von echtem Schrot und Korn.
> Unverbesserlicher Eigenbrötler
> Ließ er schäumen den privaten Zorn.

ist erschütternd. Nichts von Erfahrung, nichts von Menschenkenntnis, nichts von Goethe oder Dostojewski. [...] Die dachten mit dem Bizeps und schrieben mit den Fäusten." Tucholsky, Zwei Mann in Zivil [1919]. — In: ders., Gesammelte Werke 1 [B 102], S. 529). Tucholsky redet hier von Ludendorff und nicht von Turnern. Denn das Frappante der Turnbewegung war ja, daß ihr viele angehörten, die durchaus ihren Goethe und Dostojewski kannten; das Beispiel Maßmanns ist nur das grellste, und die akademischen Turnerbünde sind zahlreich. Bei Ringelnatz findet sich sogar ein ganz ähnlicher Gedanke wie der Tucholskys: „Und die Zei [d. i. Polizei] wünscht füge Dummheit, / Weil sie keinen Shakespeare kennt." — „Die zwei Polis" — Allerdings (A 28), S. 67.

[37] München (A 138), S. 580.
[38] Brief Nr. M 68 vom 13. 1. 1921, Briefe, S. 27 f. (dort nur teilweise wiedergegeben und ohne diese Stelle).
[39] Simplicissimus 28 (1923/24) Nr. 16.
[40] Butler, Ringelnatz und seine Zeit (A 419), S. 149.
[41] So erschien beispielsweise auf sozialistischer Seite von 1896 an das „Jugend-Liederbuch für den Arbeiter-Turnerbund. Hrsg. vom Jugendausschuß des Turnvereins ‚Fichte', Berlin" in immer neuen Auflagen; die 7. Auflage erschien 1919 im Arbeiter-Turnverlag, 1920 folgte eine weitere Ausgabe. Schließlich gab es zu dieser Zeit auch eine sozialistische „Arbeiterturnzeitung". Alle diese Ausgaben waren mir leider nicht zugänglich, die Angaben nach: Wegehaupt, Deutschsprachige Kinder- und Jugendliteratur der Arbeiterklasse (B 211 a), S. 13—27.

In polit'schen Dingen war der Wilde
Völkisch-royaler Demokrat.
(Dies vortreffliche Parteigebilde
Nagte gänzlich unbemerkt am Staat.)
Auch bezüglich der Moraltrompete,
Der Erziehung und des Weltenbaus,
Focht er durch Broschüren und Pamphlete
Höchst persönlich seine Meinung aus.
[...]⁴²

Aber auch hier ist der völkische Turner ausdrücklich ein politischer „Eigen-brötler", und das Gedicht heißt „Individualität".

Ringelnatzens „Turngedichte" wollen keine politische Satire sein; bloß das erneute Aufflammen der kuriosen Verquickung von Turnerei und Vaterland sowie das komische Gebaren der Turner an sich waren Ziel der Parodie. Butler verkennt die Situation von 1919 und unterschiebt heimlich seiner Interpretation das Bild der frühen Zwanziger Jahre, noch dazu im klaren Rückblick der Historiker. Die Kritik Butlers, Ringelnatz sei nicht fähig gewesen, die Zeichen der Zeit zu erkennen und „to make gymnastics a parodistic symbol of con-temporary life"⁴³, schießt über das Ziel hinaus und fragt sich nicht, ob die seit einem Jahrhundert allen Deutschen geläufige vaterländische Turnerei überhaupt dazu geeignet gewesen wäre. Denn auch für einen revolutionären Literaten wie Richard Huelsenbeck waren die Jahre nach 1917 und somit auch die unmittel-bare Nachkriegszeit keineswegs durch patriotische Turner gekennzeichnet, im

---

⁴² „Individualität" (B 47).

⁴³ Butler, Assessment (A 418), S. 55; besonders gedankenlos und wissenschaftlich unhaltbar ist die Art, Folgerungen aus einem zeitlich später liegenden Ereignis zu ziehen — ders., Ringelnatz und seine Zeit (A 419), S. 148 f.: „Auch der Rest seiner *Turngedichte* [sc. außer dem „Turner-Marsch"], wie auch deren vermehrte Nach-auflage von 1923 [die Neuausgabe war ja schon im April, spätestens im Dezember 1922 fertig zusammengestellt — siehe oben S. 174, Anm. 27, das im folgenden erwähnte Turnfest acht Monate später!], tragen nicht dazu bei, das Bild ernstlich zu verändern, — und das trotz [wieso: ‚trotz'?] Syntaktisch bezieht sich ‚trotz' auf beide Auflagen] des Aufgebots von 200 000 sogenannten ‚Friedensturnern', die sich 1923 allein in München [es war schließlich das Deutsche Turnfest, was Butler ver-schweigt] versammelten und unter denen sich wahrscheinlich auch schon die ‚Turn-und Sportabteilung' der neuen Nazipartei befand. Die einzige Folgerung, die man daraus ziehen kann [aus Ringelnatzens Stellung zu einem Ereignis, das *nach* dem Entstehen der Gedichte liegt!], ist die simple Tatsache [simpel, in der Tat], daß Ringelnatz zwar sehr bedacht darauf war, den rechten Lärm zu verursachen, daß er jedoch an den Themen seiner Gedichte nur ein höchst oberflächliches Interesse hatte. Einmal ganz grob gesprochen [in der Tat!], liegt dieser Haltung kein Miß-verständnis, sondern überhaupt kein Verständnis zugrunde." Das „große inter-pretatorische Hackebeil", in dessen Besitz sich Butler irrtümlich wähnt (ebda. S. 167), fällt dem Kritiker aus der Hand und aufs Haupt. Daher das Unverständnis.

Gegenteil, der „Turnvater-Jahn-Exzeß" war viel zu historisch, als daß er gar
ein Symbol der Gegenwart hätte sein können; Huelsenbeck schreibt 1920:

> Es war in Deutschland jene Stimmung, die immer einem sogenannten idealistischen
> Aufschwung, einem Turnvater-Jahn-Exzeß, einer Schenkendorfperiode vorauszu-
> gehen pflegt.[44]

Die deutsche Turnerei war nur eine Seite des neuen „idealistischen Auf-
schwungs" und, da sie eine jedem Deutschen längst vertraute Erscheinung
war, sicher nicht die markanteste, sondern bloß die komischste. So sind denn
die Turngedichte Ringelnatzens ,nur' ein — bisweilen etwas verkrampftes —
Gelächter, wie es auch schon Eichrodt und andere angestimmt hatten.

Die Gedichte

Wenden wir uns den einzelnen „Turngedichten" selbst zu, so erinnern die
Goethe-Parodien darunter an die komische Verbindung von literarischer Bildung und turnerischem Eifer bei dem Germanisten Maßmann. Abgesehen von
dem

> Im Wachen teils und teils im Traum
> Und Freitags nachmittags am Schwebebaum.[1]

in dem Gedicht „Zum Aufstellen der Geräte (Ein Muster)", das Goethes „Und,
halberwacht und halb im schweren Traum"[2] aus „Ilmenau" parodiert, haben
zwei Gedichte Goethesche Verse zum Vorwurf: „Klimmzug"[3] und „Kniebeuge"[4]. „Klimmzug" zieht die komische Wirkung aus der Diskrepanz zwischen
dem mühsamen Klimmzug und den Schlußgedanken von Faust II. Ringelnatz
beginnt:

> Das ist ein Symbol für das Leben.
> Immer aufwärts, himmelanstreben!
> Feste zieh! Nicht nachgeben!

Denkt er hier an die Verse aus dem Chor der Engel („Wer immer strebend
sich bemüht, / Den können wir erlösen."[5]), so schließt er blödelnd, die letzten
Verse von Faust II parodierend:

> Kragen total durchweicht.
> Äh — äh — äh — endlich erreicht.
> Das Unbeschreibliche zieht uns hinan,
> Der ewig weibliche Turnvater Jahn.

---

[44] Huelsenbeck, En avant Dada (B 150), S. 27.
[1] Joachim Ringelnatzens Turngedichte (A 11), S. 7 (GG, S. 33).
[2] Goethe, Werke I, 2 (B 34), S. 146.
[3] Joachim Ringelnatzens Turngedichte (A 11), S. 3 (GG, S. 39 f.).
[4] Turngedichte (A 22), S. 8 (GG, S. 35 f.).
[5] Goethe, Werke I, 15, 1 (B 34), S. 330 (5. Akt, Vers 11 936 f.).

Die Technik von „Kniebeuge" kehrt genau um, zwischen den kurzen Kommandos „Knie — beugt!" und „Beine — streckt!" wird in lässiger Umgangssprache Goethes „Prometheus" parodiert:

> Knie — beugt!
> Wir Menschen sind Narren.
> Sterbliche Eltern haben uns einst gezeugt.
> Sterbliche Wesen werden uns später verscharren.
> Schäbige Götter, wer seid ihr? und wo?
> Warum lasset ihr uns nicht länger so
> Menschlich verharren?
> Was ist denn Leben?
> Ein ewiges Zusichnehmen und Vonsichgeben. —
> Schmach euch, ihr Götter, daß ihr so schlecht uns versorgt,
> Daß ihr uns Geist und Würde und schöne Gestalt nur borgt.
> Eure Schöpfung ist Plunder,
> Das Werk sodomitischer Nachtung.
> Ich blicke mit tiefster Verachtung
> Auf euch hinunter.
> Und redet mir nicht länger von Gnade und Milde!
> Hier sitze ich; forme Menschen nach meinem Bilde.
> Wehe euch, Göttern, wenn ihr uns drüben erweckt!
> Beine streckt!

Aus Goethes: „Ich kenne nichts Ärmeres / Unter der Sonn', als euch , Götter!"[6] wird das derbe „Schäbige Götter, wer seid ihr? und wo?", und die Schöpfung ist ganz einfach „Plunder". Die Komik steigert sich am Schluß zu dem Bild, wo der in der Kniebeuge hockende Turner mit dem Menschen formenden Prometheus parallel gesetzt wird. Die Verse sind aber bei aller äußeren Komik, bei aller parodistischen Übertreibung voll bitterer Enttäuschung. Das „Wir Menschen sind Narren" ist bekenntnishafter, als es scheint, ein Fluch auf sein bisheriges Leben als narrengleicher Hausdichter der Kathi Kobus im Vorkriegsmünchen. Er versteckt den Fluch in einem Turngedicht, und diese Bitterkeit ist das komisch gebrochene Aufwallen einer Stimmung dessen, der sich vor dem übergroßen Ernst erschreckt in die Parodie flüchtet, was an den Versen 8—11 besonders deutlich wird. Der zehnte und der elfte Vers — „Schmach euch, ihr Götter, daß ihr so schlecht uns versorgt, / Daß ihr uns Geist und Würde und schöne Gestalt nur borgt." —, wo an Schillers Begriffspaar ‚Anmut und Würde' erinnert wird, sind bittere Selbstironie und Selbstparodie Ringelnatzens, hatten doch die Götter ihm die schöne Gestalt nicht einmal geborgt. So werden ihm auch die kräftigsten Gestalten unter den Turnern, die Athleten, Boxer und Ringer zu geistlos tierischen Muskelmenschen[7]. Daß er trotz allem

---

[6] ebda. I, 2, S. 76.
[7] Vgl. die Gedichte: „Ringkampf" — Joachim Ringelnatzens Turngedichte (A 11), S. 5 f. (GG, S. 52 f.); „Der Athlet" — ebda. S. 11 f. (GG, S. 50 f.); „Box-Kampf" — ebda. S. 13 f. (GG, S. 51 f.).

aber von der Schönheit mancher Turnübungen angetan war, zeigt sich in seinem „Felgeaufschwung", wo er die müde Anmut des Rilke der „Neuen Gedichte", den Ton von Versen wie „Römische Fontäne" oder „Der Ball"[8], aber daneben auch mit Bildungen wie „zages Doppelspiel" die „nervenschwache Muse"[9] Stefan Georges parodiert:

> [...]
>
> Ein abgerissenes Sichvorwärtsschwingen —
> Ein seelenloses Steigen über nichts. —
> Von Leiden spricht das Zucken des Gesichts.
> Nur in der Ferne tönt ein Vesperklingen.
>
> Nun sinkt das Haupt herab, und wie zum Schwören
> Hebt sich der Füße zages Doppelspiel.
> Und abermals erlahmt die Kraft am Ziel,
> Um wieder sich von neuem zu betören.
>
> [...][10]

Auch die Parodie eines Modernsten finden wir: im „Wettlauf", wo Ringelnatz das großstadt-pathetische „6 Tage Rennen" Walter Mehrings[11] hernimmt. Mehring trug dieses Gedicht, das vom Vorkriegs- und Kriegspathos seiner „Sturm"-Balladen geprägt ist, seit 1919 in Hans von Wolzogens „Schall und Rauch" vor[12], wo sich Hans Bötticher am 22. November 1919 vergeblich um ein Engagement bewarb[13]. Vielleicht ist hier auch einer der äußeren Anstöße zu den „Turngedichten" zu suchen. Sicher hat Ringelnatz auch die Orestie-Parodie Mehrings, die zum Eröffnungsprogramm von „Schall und Rauch" gehörte, gesehen, wo Ägisth als Literat in Morgentoilette schwitzend am Punchingball übt:

> [...]
> Man läßt sich nicht durch den Kakao zieh'n,
> Schluckt Mondamin und Kokain.
> Treibt täglich einige Stunden Gymnastik
> „Mein System", zur Erhöhung der Muskelplastik.
> Schließlich merkt man betrübten Angesichts:
> Mit der Güte des Menschen war's wieder mal nichts.[14]

---

[8] Rilke, Sämtliche Werke 1 (B 83), S. 529 („Römische Fontäne") und S. 639 f. („Der Ball").

[9] So Gumppenberg in seiner George-Parodie „american bar" — Dichterroß (B 36), S. 75.

[10] Turngedichte (A 22), S. 14 (GG, S. 40).

[11] Mehring, Das Neue Ketzerbrevier (B 60), S. 25—29.

[12] Vgl. Mehring, Der Zeitpuls fliegt (B 61), S. 19: „ ‚Schall und Rauch' 1919—1921" (Notiz zu „6 Tage Rennen").

[13] Günther, Ringelnatz (A 435), S. 111.

[14] Zitiert nach: Greul, Bretter, die die Zeit bedeuten (A 431), S. 220; über „Schall und Rauch" vgl. ebda. S. 219—223.

So bieten die „Turngedichte" kaum Neues: viel Eichrodt, ein wenig Heine, Pocci und Wilhelm Busch, zwei Goethe-Parodien, eine Rilke- und eine Mehring-Parodie, im Stil etwas Mehringsche und dadaistische Syntaxzerstörung, daneben aber noch den alten Bänkelsangton und in den „Freiübungen (Grund-Stellung)"[15] etwas verklemmte Stammtischsexualität. Im ganzen also — sieht man von der persönlichen Bedeutung als Beginn der Selbstparodie ab — sind die Gedichte der Versuch, das väterliche Erbe zu modernisieren.

Dies wird auch deutlich an jenen Versen, welche die Stumpfsinnverse der „Schnupftabaksdose"[16] fortsetzen, wie etwa „Zum Bockspringen (Nach einer Fabel Ae-sops)":

> Wie war die Geschichte mit Bobs Wauwau?
> Ich erinnere mich nicht ganz genau,
> Ob dieser Hund Bobs
>   — Eins, zwei, drei — hops! —
>
> Ob dieser Hund ein Rebhuhn gebar?
> Auf welcher Seite er schwanger war,
> Und inwiefern und ob's
>   — Eins, zwei, drei — hops! —
>
> Ein Dackel war, der das Rebhuhn erzeugte,
> Und ob er das arme Geflügel dann säugte. —
> Ich glaube, der Dackel war ein Mops. —
>   — Eins, zwei, drei — hops! —
> [...]

Solche unsinnige Verserzählung, die an den logischen Unsinn volkstümlicher Stumpfsinnverse wie „Dunkel war's, der Mond schien helle"[17] erinnert, entschuldigt Ringelnatz dann auch durch den „au! au!"-Ruf am Schluß:

> Ein seltsamer Mops war Bobs Wauwau.
>   — Eins, zwei, drei — hops! au! au![18]

Ganz ähnlich — bis auf das in „Zum Bockspringen" durchgehende Reimspiel „Ae-sops" — „Bobs" — „hops" — „ob's" — „Mops" — „Klops" — blödelt „Das Turngedicht am Pferd (Schon den Römern bekannt)"[19], dessen Erstveröffentlichung in der „Jugend" Ringelnatz mit: „Allen Schund werde ich los! Ha Ha!"[20] kommentiert. Nicht so albern wie diese zehnstrophige ‚Ballade' vom „Roll- und Bier- und Leichenwagenkutscher", der „Pedell an einem

[15] Joachim Ringelnatzens Turngedichte (A 11), S. 4 (GG, S. 34 f.).
[16] Bibl. A 12; siehe oben S. 39—64.
[17] Lewalter-Schläger, Kinderlied und Kinderspiel (B 52), Nr. 492, S. 159.
[18] Turngedichte (A 22), S. 9 (GG, S. 42 f.).
[19] ebda. S. 24, 27 (GG, S. 46—48).
[20] Brief Nr. M 219 vom 13. 4. 1922, Briefe, S. 76; vgl. dazu unten S. 256.

Turninstitut" wird, ist der „Kniehang", der Heinrich Seidels bekanntes „Lied
vom Hahn" variiert; die erste Strophe lautet:

> Ich wollt, ich wär ein Gockelhahn,
> da stünd ich auf dem Zaune
> und krähte meine Hühner an
> in allerbester Laune![21]

Bei Ringelnatz kommen Wortspiele hinzu, die bildliche Komik, die eine Fledermaus mit dem „Aufhängen bei den Beinen"[22] des Turners vergleicht, und
schließlich die Vollendung dieses Bildes im boshaften letzten Vers:

> Ich wollte, ich wär eine Fledermaus,
> Eine ganz verluschte, verlauste,
> Dann hing ich mich früh in ein Warenhaus
> Und flederte nachts und mauste,
> Daß es Herrn Silberstein grauste.
> Denn Meterflaus, Fliedermus, Fledermaus —
> (Es geht nicht mehr, mein Verstand läuft aus.)[23]

In den „Turngedichten" verstärkt sich das Spiel mit den Wörtern, das schon
in der Sammlung „Ein jeder lebt's" Bildungen wie „lokomotivierende Meer-
schaumpfeife"[24] oder „er-violetteten"[25] hervorgebracht hat. Da finden wir —
neben dem Spiel im zitierten „Kniehang" —: „Faltet die Fahnen ent!"[26],
„Teils Burschenschaft, teils Flegel"[27] oder das verkrampfte „Kannst du dich
über ihn werfen / Just wie beim Koi, dann tu's!"[28] Diese einfachsten „Spiele mit
der gegebenen Sprache"[29], denen wir nun oft in den Gedichten Ringelnatzens begegnen, werden vielfach überschätzt; Herbert Günther etwa übertreibt, wenn er Bildungen wie „Hei! das gibt den Muskeln die Latur"[30] für
„sprachschöpferisch" und „genial", oder scherzhafte Zusammensetzungen wie
„Pustegehtaus-Lauf"[31] für „Komprimierung der Sprache" hält[32]. Solche Sprach-
spiele gehören zu Ringelnatzens Kindlichkeit, von der wir im dritten Teil der
Arbeit im Zusammenhang zu reden haben[33].

---

[21] Allgemeines Deutsches Kommersbuch (B 48), Nr. 695.
[22] So verspottete ja schon Kotzebue die Turner; vgl. oben S. 165.
[23] Joachim Ringelnatzens Turngedichte (A 11), S. 13 (GG, S. 42 f.).
[24] Ein jeder lebt's (A 9), S. 3 („Die wilde Miß vom Ohio").
[25] ebda. S. 118 („Phantasie").
[26] „Turner-Marsch" — Joachim Ringelnatzens Turngedichte (A 11), S. 1 (GG, S. 34).
[27] „Am Hängetau" — ebda. S. 13 (GG, S. 43).
[28] „Ringkampf" — ebda. S. 6 (GG, S. 53).
[29] Vgl. dazu Liede, Dichtung als Spiel 2 (B 165), S. 21—31.
[30] „Der Bücherfreund" — Allerdings (A 28), S. 58.
[31] „Spute dich!" — Gedichte, Gedichte (A 41), S. 10 (GG, S. 480).
[32] Günther, Ringelnatz (A 435), S. 79.
[33] Siehe unten besonders S. 267—271.

Eigenständiger als die bisher besprochenen „Turngedichte" sind einige, die eine bestimmte Sportart zum Vorwurf haben, und die turnerischen Lebensläufe, obwohl beide natürlich auch schon bei den oben besprochenen Ahnen der Turngedichte vorgeprägt sind. Gerade diese Gedichte beweisen, wie sehr es Ringelnatz lediglich auf die Komik ankam und wie wenig er die Absicht hatte „to write ‚Zeitkritik' "[34]. Die seltsamen Auswüchse und Übertreibungen eines Turnbesessenen karikiert beispielsweise „Zum Keulenschwingen"[35], das ja vielleicht eine direkte Verspottung seines ehemaligen Turnlehrers Gasch ist[36]; gehören diese Verse noch zum Kreis der literarischen Parodien, hier mit ihrer Nachahmung des Bänkelsangtones, so ist in den beiden Gedichten „Zum Aufstellen der Geräte (Ein Muster)"[37] und „Zum Wegräumen der Geräte"[38] ein ganz eigener Ton zu hören. Als Beispiel soll von den beiden komischen Berichten über seltsame Turner der zweite betrachtet werden — den turnenden Großpapa kennen wir ja von Theodor Körner[39]:

> Veterinär, gleichzeitig Veteran,
> Ein Mann der 92 Jahre zählte,
> Daß man zuletzt ihn aus Gewohnheit wählte,
> Und trotzdem biegsam, schmiegsam wie ein Schwan.
> Das war — trotz eines halbgelähmten Beines —
> Der Ehrenvorstand unsres Turnvereines.
> Und wirklich nahm er's noch im Dauerlauf
> Und Schleuderball mit jedem Rennpferd auf.
>
> Wettläufer sah ich — nun Gott weiß wie viel,
> Doch ihrer keiner hielt wohl mit der gleichen
> Bescheidenheit gelassen vor dem Ziel.
> Denn niemand konnte ihm das Wasser reichen.
> Dann griff er abseits zum Pokal. Und Hei!
> Wie Donner klang sein Frisch-Fromm-Fröhlich-Frei.
> Wie sich sein Vollbart, den er gern sich wischte,
> Nach einem 80 cm-Sprung
> Mit Kokosfasern einer Matte mischte,
> Das bleibt mir ewig in Erinnerung.
> Im Springen konnte überhaupt dem Alten
> Zuletzt wohl keiner mehr die Stange halten.
>
> Einmal, nach dem Genuß von sehr viel Weißwein,
> Verstauchte er beim Spaltsitz auf dem Reck
> Ganz unvermutet plötzlich sich das Steißbein.

[34] Butler, Assessment (A 418), S. 47, Anm. 1.
[35] Turngedichte (A 22), S. 23 (GG, S. 45 f.).
[36] Siehe oben S. 163.
[37] Joachim Ringelnatzens Turngedichte (A 11), S. 7 (GG, S. 33).
[38] ebda. S. 14 f. (GG, S. 55 f.).
[39] Siehe oben S. 164 f.

Er aber wich und wankte nicht vom Fleck.
Im Gegenteil, er brach, um uns zu necken,
Sich noch den Sitzknorren der Sitzbeine am Becken.
Er turnte gern der Jugend etwas vor
Und mühte sich vor Buben oder Mädeln,
Die Beine in die Ringe einzufädeln,
Wobei er niemals die Geduld verlor.
Dann staunte ehrfurchtsvoll solch junges Ding,
Wenn er wie Christbaumschmuck im Nesthang hing.

Denn was ein Nesthängchen werden will, krümmt sich bei Zeiten.

Wie in diesem so wählt Ringelnatz auch in den anderen Gedichten nie unsympathische turnerische ‚Helden', sondern bloß komische oder lächerliche. Der rührende 92jährige Turnnarr, der's im Schleuderball mit jedem Rennpferd aufnimmt, macht als Ehrenvorstand des Turnvereins nur eine lächerliche Figur und hat nichts mit dem „Revanchismus der Versailles-Geschädigten" zu tun[40]. Auch die „deutsche Frau" in „Am Barren (Alla donna tedesca)" hat nichts mit irgendwelchen nazistischen Vorläufern einer doppeldeutigen Körperkultur[41] gemein, sondern ist wie manche Verse von Vater Georg Bötticher[42] eine Spitze gegen das Emanzipationsstreben der Frauen, das ja 1918 mit der politischen Gleichberechtigung einen Sieg davon getragen hatte. Die turnerische Emanzipation jedoch wirkte zunächst nur lächerlich:

> [...]
> Mußt dich keck emanzipieren
> Und mit kindlichem „Ätsch-Ätsche"
> Über Männer triumphieren,
> Mußt wie Bombe und Kartätsche
> Deine Kräfte demonstrieren.
> Deutsches Mädchen — Grätsche! Grätsche![43]

Und so sah die rechte Presse in Deutschland auch keineswegs in den Gedichten einen Angriff auf Gesinnungsgenossen — denn das sollten sie ja nie sein —, sondern man verurteilte sie, wohl mit dem Zeigefinger auf solche Stellen wie den letzten Vers des zitierten Gedichtes, ‚nur' als „Schweinetrog-Poesien"[44]. Und ein Kritiker wie der 1933 emigrierte Kurt Pinthus sieht — sicher auch nicht in Ringelnatzens Sinn — in den Turngedichten ganz allgemein bloß „eine

---

[40] Butler, Ringelnatz und seine Zeit (A 419), S. 147.

[41] ebda.

[42] Vgl. die „heiteren Glossen zur Frauenfrage": „Vom Über-Weiblichen" (A 529), die mit einigen eigenen Beiträgen Georg Bötticher 1906 herausgab.

[43] Joachim Ringelnatzens Turngedichte (A 11), S. 5 (GG, S. 42).

[44] „In möglichst kulturvoller Form" (A 223) erschien am 3. 9. 1920 in der „Deutschen Tageszeitung", teilweise wieder abgedruckt in IM, S. 68.

grausige Verhöhnung des Bürgertums"[45]. Ähnlich meint Peter Natron, daß mit
den „zwerchfellerschütternden" Gedichten „nicht ganz unpolitisch dem Unfug
einer Begeisterung für Sinnloses entgegengetreten wird"[46]. Doch in dieser Rezension der Erstausgabe hat sicher nur das irreführende Vorwort Alfred Richard Meyers[47] die Politik mit ins Spiel gebracht. Für alle Kritiker des ‚Kabarettisten' Ringelnatz aber sind die Verse völlig unpolitisch, sogar bis hin zu
dem gewiß kritischen jungen Erich Kästner, der von Ringelnatzens „kostbaren
Turnparodien"[48] spricht.

Auf vierfachem Wege haben wir uns den „Turngedichten" genähert: Zunächst galt die Untersuchung ihrer Tradition und ihrer Bedeutung für Ringelnatz persönlich; ferner haben wir erkannt, daß das Vorwort nicht vom Dichter
stammt und somit eine ausdrückliche Absicht, Zeitsatire zu schreiben, fehlt,
dann haben wir die Unmöglichkeit dargestellt, die über ein Jahrhundert alte
Verbindung von Patriotismus und Turnkunst nach dem Kriege als Symbol für
die Gegenwart mit ihrem gerade beginnenden unheilvollen Rechtsradikalis-
mus[49] zu verwenden. Und schließlich zeigte auch die Betrachtung der Gedichte
selbst, was sie wirklich sind: Parodien. Nicht zuletzt aber sind sie auch der Beginn der Selbstparodie Ringelnatzens, die in der Gestalt und in den Gedichten
von „Kuttel Daddeldu" ihren Höhepunkt finden wird.

Nur am Rande sei noch vermerkt, daß die literarischen Parodien der Sammlung auch in späteren Gedichten fortgesetzt werden, so im „Ritter Socken-
burg"[50], der den Schillerschen „Ritter Toggenburg"[51] in den Hinterhof der
Großstadt versetzt, wobei der Ritter nicht Schillerisch in stiller Sehnsucht stirbt,
sondern in den Norden geht und homosexuell wird. Selbst in unsinnigen Fasel-
gedichten wie den „Ausgetretenen" lassen Ringelnatz die Klassiker nicht los;
Schillers „Lied von der Glocke" („Leer gebrannt / Ist die Stätte")[52] und das

---

[45] Pinthus, Joachim Ringelnatz (A 253).
[46] Siehe Rezension zu A 11.
[47] Siehe oben S. 173 f.
[48] Kästner, Die Groteske als Zeitgefühl (A 278).
[49] Wie wenig Ringelnatz an die turnerischen Rechtsradikalen dachte, beweist zusätzlich
    ein Vers aus „Zum Aufstellen der Geräte (Ein Muster)": „Vom Hang der Freiheit
    sprach sein roter Schlips." — Joachim Ringelnatzens Turngedichte (A 11), S. 7
    (GG, S. 33). Wie ,vaterländisch' Ringelnatz im Grunde noch in dieser Zeit gesinnt
    war, zeigt, daß er am 29. 5. 1923 bei der „Skagerrak-Gedenkfeier" der Marine-
    Offiziers-Vereinigung in München „vaterländische" Gedichte vortrug: vgl. den
    Artikel „Skagerrak-Gedenkfeier" in den ,Münchener Neuesten Nachrichten' (A 255).
[50] Allerdings (A 28), S. 12 (GG, S. 210 f.).
[51] Schiller, Sämtliche Werke 1 (B 88), S. 373—375.
[52] ebda. S. 435.

Ende von Uhlands „Des Sängers Fluch"[53] stehen dem Schluß des Gedichtes Pate:

> Dann trank sie Benzin und verschlang hinterher
> Plumpudding. Und schrieb an die Feuerwehr.
> Nun ist die Stätte wüst und leer,
> Nur mehr eine kahle Ruine.
> Weil auf dem Löwenurine
> Kein Blümlein gedeiht noch Kraut.
>
> Und das ist jammerschade.
> Denn dort liegt Berta von Sade
> In Asche, und wurde viel verdaut.[54]

Auch in „Letzter Ritt. Eine Sentimenze"[55] erkennen wir durch die Parodie der Romanze die Sehnsucht nach ‚ernster' Dichtung, wie Ringelnatz sie vor dem Kriege schrieb und später wieder schreiben sollte.[56]

3. „Kuttel Daddeldu"

Mit den „Turngedichten" und dem „Kuttel Daddeldu" begann Ringelnatz seine Karriere als Rezitator „eigener Dichtungen", wie es in den Ankündigungen heißt. Er ergriff diese Tätigkeit nicht „mit unglaubwürdiger Fixigkeit", wie Butler behauptet[1]. Nach den gescheiterten Plänen, sich als Gutsverwalter seiner Nenntante ein Auskommen zu schaffen, war er vom 13. Januar bis 30. April 1920 Archivangestellter im Zeitungsverlag Scherl[2], mußte dann aber Berlin verlassen: „Der Demobilmachungs-Ausschuß Groß-Berlin teilte mir mit, daß ich nicht zur Arbeitsaufnahme im Stadtbezirk Berlin berechtigt sei, weil ich bei Ausbruch des Krieges nicht dort, sondern in München gelebt hätte."[3] Auch in München wollte er „einen bürokratischen Posten annehmen", bis dahin aber „Vorträge halten"[4], das heißt wieder bei der Kathi Kobus auftreten. Nicht

---

[53] Uhland, Werke 1 (B 103), S. 267—269.
[54] Allerdings (A 28), S. 156 (GG, S. 277 f.).
[55] ebda. S. 136 (GG, S. 264).
[56] Zum Verhältnis von „Unsinnspoesie" und ‚ernster' Dichtung bei Ringelnatz siehe besonders unten den Abschnitt „Mannimmond" S. 223—229.
[1] Butler, Ringelnatz und seine Zeit (A 419), S. 145.
[2] IM, S. 58; vgl. auch ebda. S. 63: „Anfang 1920 erhielt ich endlich eine kleine Anstellung als Archivbeamter bei Scherl. Ich saß dort dürftig gekleidet, hatte mit Aktenbündeln zu tun und englische Zeitungen durchzulesen und kam mit meinen Kollegen und Vorgesetzten gut aus."
[3] ebda. S. 63.
[4] Brief Nr. EG 43 vom 22. 4. 1920 an den Vater von Muschelkalk.

nur eine *captatio benevolentiae*, sondern auch die ehrliche Absicht des gescheiterten Seemannes ist, was er dem künftigen Schwiegervater schreibt: „Aber, hochverehrter Herr Pieper, ich baue doch nicht meine materiellen Hoffnungen auf diese Dichterei, sondern rechne damit, daß ich noch längere Zeit gezwungen werde sein, nebenher eine feste Stellung zu bekleiden [...]"[5]. Ringelnatz hatte sicher nicht von Anfang an vor, beim „Kabarett" zu bleiben. Zunächst wußte er auch nicht, ob er nach Ostpreußen, wo seine Braut Muschelkalk zu Hause war, übersiedeln sollte.[6] Deshalb schlug er zunächst in München angebotene Stellungen aus, fand aber doch schließlich, als die Entscheidung für München gefallen war, eine Beschäftigung bei der Postüberwachungsstelle, trug aber gleichzeitig „allabendlich im Simpl vor unterm Namen Ringelnatz"[7]. Er spricht bald von seinen zwei Hauptberufen und ist froh, daß er im Simpl „auf diesem Gebiete [...] wieder gut eingeschlagen" hat[8]. Ende August 1920 kündigt er die Stelle bei der Post und tritt am 1. September 1920 in Hans von Wolzogens Berliner „Schall und Rauch" auf[9]. Damit beginnt das ihn selbst am meisten quälende Leben als „reisender Artist", dem erst der erste Paragraph der nazistischen „Verordnung zum Schutz von Volk und Staat" vom 28. Februar 1933 ein Ende setzte; am 12. April 1933 erhielt die „Künstler-Kneipe Simplicissimus" von der Polizeidirektion München eine Verfügung, die Ringelnatzens Auftreten im Mai untersagte[10]. Nur ein Gastspiel in der Schweiz im Februar 1934 führt den bereits Todkranken noch einmal in die Varieté-Atmosphäre damaliger Künstlerlokale. Und noch da verfolgen ihn seine Turngedichte, schreibt er doch vom Basler Auftritt: „Im ,Gambrinus' ist heute Sporttag. Da trage ich ,Fußball' vor."[11]

Die Gestalt

Vor allem aber wird Ringelnatz lebenslang mit jener Gestalt identifiziert, der wir uns nun zuwenden wollen: mit „Kuttel Daddeldu", der zerstörenden

[5] Brief Nr. EG 44 vom 9. 5. 1920.

[6] Vgl. Brief Nr. M 27 vom 4. 5. 1920.

[7] ebda.

[8] Brief Nr. M 38 vom Juli 1920.

[9] Vgl. Hösch, Kabarett von gestern (A 448), S. 179 f.: Wolzogen sah ihn im August im „Simpl" und engagierte ihn für September und Oktober.

[10] Siehe Faksimile dieser Verordnung in: Kakuwo [d. i. Karl Kurt Wolter], Die Pappeln hinterm Siegestor (A 401) im Bildanhang; vgl. auch Briefe, S. 142: Verbot einer Veranstaltung mit Ringelnatz im Curiohaus, Hamburg, vom 8. Oktober 1933.

[11] Brief Nr. M 929 b vom 7. 2. 1934, Briefe, S. 208. Zu den einzelnen Stationen dieser Zeit von 1920—1934 siehe das Verzeichnis der Briefe an Muschelkalk, unten S. 390—419; vgl. auch IM, S. 67—130; Günther Ringelnatz (A 435), S. 112—131; und unten S. 251—259.

Selbstparodie der eigenen Seemannsträume, der Träume des zwergenhaften Sai-
lors mit der langen Nase. In einer Erzählung, die — schon während des Krieges geschrieben — 1922 im Sammelband „Die Woge" erschien[1], läßt Ringelnatz
zwei junge Damen am Strand einen Matrosen bewundern:

> „Friedel, schau mal den!"
> „Hui, ein schneidiger Kerl. Welche Heldenbrust."
> „Und der Wuchs; wie eine Statue. Das ist das [sic] echte Prototyp eines Matrosen.
> Deutschland zur See, übers Meer Ausschau haltend."[2]

Aus der unüberwindlichen Diskrepanz zwischen dieser Idealvorstellung und der
eigenen Zwergengestalt zieht Ringelnatz nun eine bewundernswerte Konse-
quenz: Er schafft „Kuttel Daddeldu".

Hatte er als Knabe und als Schiffsjunge das Klischee-Idealbild vom starken
Matrosen in Abenteuer und Gefahr aus zeitgenössischen Berichten und aus der
Literatur — wie den Romanen von Cooper und Marryat[3] — kennengelernt, so
wurzelt die Parodie darauf, der ungeschickte „old Seelerbeu Kuttel"[4], ebenfalls
in einer weit verbreiteten Vorstellung. Alle Gedichte Kuttel Daddeldus spielen
an Land, und von der Seefahrt wird darin höchstens erzählt. Aus dem Munde
eines passionierten Seemannes des vorigen Jahrhunderts erfahren wir etwas
über das Bild der Binnenleute vom Seemann an Land:

> Im allgemeinen steht der Seemann im Inlande in dem Rufe, eine überwiegende Nei-
> gung zum Genusse von geistigen Getränken zu haben. Vielfach verdankt er diesen
> Ruf den Marryatschen Romanen, aber so lebenswahr dieselben auch den englischen
> Matrosen zeichnen, so wenig paßt in dieser Beziehung ihre Schilderung auf unsere
> deutschen Seeleute.[5]

Wolfgang Stammler aber schließt in dieses Bild auch die deutschen Matrosen ein
und faßt zusammen:

> Dabei sind diese sturm- und wetterfesten Männer an Land voll kindhaften Ver-
> trauens [...]. Willig und großartig gibt Janmaat in wenigen Nächten aus, was er in
> anstrengender Arbeit durch lange Monate verdient hat [...].[6]

---

[1] „Aus dem Dunkel" — Die Woge (A 16), S. 68—78.

[2] ebda. S. 69 f.; Ringelnatz hütete sich jedoch, eine wahre Idealgestalt zu zeichnen.
Denn der Matrose sächselt und ist blind. Anregung für diese Gestalt war ein schwer-
verwundeter Rußlandkämpfer, ein „komischer Sachse, dem die Augen ausgeschossen
waren" (AM, S. 119).

[3] Siehe oben S. 95 f.

[4] „Vom Seemann Kuttel Daddeldu" — Kuttel Daddeldu oder das schlüpfrige Leid
(A 12), S. 3 (GG, S. 75).

[5] Werner, Das Buch von der deutschen Flotte (B 213), S. 160.

[6] Stammler, Seemanns Brauch und Glaube (B 204), Sp. 2922 f.

Und so schafft Ringelnatz mit Kuttel Daddeldu eine Gestalt, die einerseits ganz zum verbreiteten Bild des Seemannes gehört, in ihrer komischen Verklärung als Selbstparodie aber das Ergebnis eines langen persönlichen Entwicklungsprozesses ist, den wir kennengelernt haben.

Kuttel Daddeldu ist aber nicht nur der Held einiger Gedichte, er wird viel mehr, er wird nach Hans Bötticher und neben Joachim Ringelnatz sein drittes Ich, unterschreibt er doch etwa oft Briefe an Freunde mit „Euer Kuttel"[7].

Das Publikum aber folgt seinen Absichten und identifiziert ihn mit seiner Selbstparodie. Der einst von Heldentod und Gefahren Träumende, der sich noch als Reserveoffiziers-Anwärter „wie ein Dandy"[8] pflegte, wird jetzt zur unfrisierten Kuriositätennummer einer Varieté- und Kabarettatmosphäre, die sich etwa aus folgender Besprechung erschließen läßt:

> Den Höhepunkt der Vortragskunst bildet aber Joachim Ringelnatz mit seiner blauen Lyrik; die Turngedichte und Erzählungen von „Diddel-Daddel-Dur" [!] setzen alle Lachmuskeln in Bewegung. (Warum trägt Ringelnatz nicht mehr die „Riesendame" vor?) Das Haus-Gesangsballett (u. a. mit Elfriede Zahl und Lotty Kellermann) vergnügt sich mit dem geliebten Harry im „Massenbett" (angeblich nur wegen der Wohnungsnot). Beim Strumpfband-Ballett können die Gäste nicht nur geistige Fühlung mit den charmanten Mädelchens nehmen.[9]

Schon der Name des besoffenen Verseschmieds gilt als „Schlager":

> Und der Mann selbst ist der zweite Schlager: Ein gedrungener Leib, um den der lose Matrosenanzug flattert, kurzfingrige Hände von jäher eckiger Geste und auf langem, nacktem Hals ein sonderbar flachgedrückter Kopf mit einer wahren Geiernase, tief zwischen allerhand Falten und Rissen liegenden Augen und einem ungezähmten, verwilderten, braunen Haarschopf [...].[10]

Und man zweifelt ernstlich am Takt solcher Kritiker, die lachend ausrufen: „Dieses Gesicht, diese Physiognomie, dieser Kopf — so etwas hat man noch nicht gesehen!"[11] Ein Kölner schließlich faßt alles knapp zusammen: „Personalbeschreibung: Joachim Ringelnatz besteht aus einem trigonometrischen Gesichtserker, einem Schlittschuh-Kinn und einer Matrosenkluft, total blau."[12] Ringelnatz wurde zum „sonderbaren Kauz in Matrosenkleidung"[13], zum „köstlichen Original"[14], zum „Matrosendichter aus der großen Seestadt München"[15],

---

[7] So z. B. noch im Brief Nr. OL 15 vom 31. 10. 1932.

[8] AM, S. 237.

[9] [o. V.], Weiße Maus in der „Eremitage" (A 252).

[10] [Bruno Ertl]er, Joachim Ringelnatz (A 272).

[11] Alo [d. i. A. C. Locher], Joachim Ringelnatz (A 234).

[12] C. Heil, Joachim Ringelnatz trägt vor (A 307).

[13] [o. V.], Weder Schall noch Rauch (A 229).

[14] [o. V.], Schall und Rauch (A 224).

[15] [o. V.], Schall und Rauch (A 222).

der „fröhlich-trunkenen Blödsinn"[16] bietet. Ein Prager empfiehlt, die Verse auf einem dicken Teppich zu lesen, „damit man gelegentlich kopfstehen und mit den Beinen strampeln kann"[17].

Ringelnatz und seine Frau Muschelkalk haben alle diese Kritiken gesammelt und sorgfältig in ein dickes Wachstuchheft und in ein altes Französisch-Lehrbuch eingeklebt[18]. Einst hatte es ihn gequält, wenn man über seine Gestalt Witze riß oder sie schweigend übersah, nun war die öffentliche Zurschaustellung seiner selbst als Kuttel Daddeldu zur Quelle seines Ruhmes geworden.

Der junge Erich Kästner hat freilich die Fragwürdigkeit solchen Ruhmes erkannt:

> Eines nur enttäuscht an ihm: Das ist die Art seiner Wirkung im Publikum. Auch auf die Gefahr hin, daß er behaupten wird, meine Anteilnahme unbesehen entbehren zu können, muß ichs mitteilen: Es ist so traurig, daß sich die meisten gewöhnt haben, über Ringelnatz als einen Hanswurst und Suppenkaspar zu lachen. Merken denn so wenige, daß man keine Kabarettnummer, sondern einen Dichter vor sich hat?[19]

Daneben ließen natürlich Stimmen das Pendel nach der anderen Seite hin ausschlagen, schöngeistig und scheintief etwa der Ringelnatz-Enthusiast und -Parodist aus leidenschaftlicher Liebe Hans Harbeck:

> Der Kuttel Daddeldu, Ringelnatzens (nicht einmal idealisiertes) Ebenbild, ist kein Witzbold, sondern ein Metaphysiker mit tragikomischen Gebärden. Er besitzt innere Komik, weil er ein tragischer Erkenntnistheoretiker ist. [...] Seine Weltanschauung ist ein beseelter und wundervoll vertiefter Dadaismus.[20]

oder mit übersteigerter Huldigung als offensichtlicher Reaktion auf die Oberflächlichkeit des Kabarettpublikums der ernsterzunehmende Kurt Pinthus:

> Mittendrin [sc. im Programm der „Wilden Bühne" Trude Hesterbergs] aber schwankt einer auf die Bühne, über den die Leute am meisten lachen. Und gerade dieser ist die ernsthafteste Sache des Programms. Denn von diesem R i n g e l n a t z behaupte ich, daß er der größte lyrische Dichter unserer Epoche ist.[21]

Hie und da hört einer einen „Klang voll ernster Lebenstiefe und herbem Erkennen"[22] oder wird von einer gewissen Ergriffenheit vor diesem seltsamen Kopf gepackt:

---

[16] [o. V.], Schall und Rauch (A 231).

[17] Rezension von „Kuttel Daddeldu" (A 23) im Prager Tageblatt, siehe Bibliographie, Rezensionen zu A 23.

[18] Siehe dazu die Vorbemerkung zur Bibliographie unten S. 313.

[19] E[rich] K[ästner], Vortragsabend Joachim Ringelnatz (A 284).

[20] Harbeck, Der Daddeldualismus (A 256); hier zitiert nach dem Wiederabdruck in: ders., Herz im Muschelkalk (A 204), S. 21.

[21] K[urt] P[inthus], Kabarett. Beispiel: Wilde Bühne (A 261).

[22] [Bruno Ertl]er, Joachim Ringelnatz (A 272).

Mit einfacher Matrosenbluse, tätowiert, klein, sehnig, ebenso schmal als gedrungen, breitwogenden Schiffergangs und mit einem Kopf, mit einem ganz unbeschreiblichen Kopf, der entweder lächerlich-komisch oder gewaltig-schön ist, ich weiß es nicht genau, jedenfalls aber erschütternd.[23]

Näher kommt dem Wesen Ringelnatzens dann aber doch das Schlagwort seines Freundes Willo Uhl vom „tragischsten Dichter-Clown dieser wirrenden Zeit"[24]. Aber wenn das Publikum solches merkt, schaltet es ab, denn dies entspricht nicht den Erwartungen, die man an die „Münchener Urtype"[25] stellt: „Nein, der Kölner ist kein Publikum für diesen schweigsamen und großen Dichter. Der Kölner gröhlt lieber ‚die Bütt' hinauf. Hier konzentriert sich sein ganzes Kulturbedürfnis."[26]

Andere zeitgenössische Kritiker wiederum verbreiten ein Bild Ringelnatzens als Bohémien und Bürgerschreck: „Wäre Ringelnatz nur in einem Zipfelchen seines Menschentums noch offiziell und würdevoll — dann wäre sein Spiel, sein Dichten und Sagen ohne Recht und Billigkeit. [. . .] Er ist der ehrliche Prophet seines absoluten Desinteressements."[27] Aber solche Kritiker beschreiben nur ihre eigenen Wunschvorstellungen und ranken um ihre Eindrücke vom Dichter das Bild, das sie sich von ihm machen[28].

Erich Kästner vermutet wenigstens, daß Ringelnatzens „groteske Einfälle, seine erschütternd zusammenhangslosen Zusammenhänge, seine jungenhaften Derbheiten" die Schutzmaske seien, hinter der er seine „kindhafte Sentimentalität" verstecke[29]. Völlig fehl und seltsam hat nun allerdings zuletzt wieder Colin Butler die neue Gestalt Ringelnatzens gedeutet, wenn er sie für das Bild eines Supermannes oder Übermenschen[30] hält und schreibt: „Between Henry Miller's *homo naturalis* and Nietzsche's Zarathustra comes Ringelnatz' Kuttel Daddeldu."[31] Dabei hat schon 1921 wenigstens ein Rezensent erkannt, daß „die Verse des Seemannes Kuttel Daddeldu tief tragisch bei aller Komik des Ausdruckes" sind[32].

---

[23] Adelbert Muhr, Joachim Ringelnatz, der dichtende Seefahrer (A 270).
[24] W[illo] U[hl], Vortragsabend Joachim Ringelnatz (A 287).
[25] [o. V.], Joachim Ringelnatz in den literarischen Kammerabenden (A 304).
[26] [o. V.], Ringelnatz (A 308).
[27] Diebold, Ringelnatz und wir (A 277).
[28] Vgl. auch Felix Joachimson, Drei Frauen und Ringelnatz (A 260): „Sein Werk ist Bekenntnis tiefster Verkommenheit, ohne privat zu sein. Sein Werk ist ein grauenhafter Zerstörungsprozeß, wurzelnd im Revolutionären, im Triebhaften, im Paradoxen der Zeit. Sein Werk ist echtes Kabarett, weil es Gegenwartsdichtung ist." Siehe auch oben S. 69 und unten S. 206.
[29] E[rich] K[ästner], Vortragsabend Joachim Ringelnatz (A 284).
[30] Butler, Assessment (A 418), S. 221: dort auf Olaf Gulbransson bezogen („his Superman of the moment"), aber mit deutlicher Parallelisierung zu Kuttel Daddeldu.
[31] ebda. S. 66.
[32] P[eter] N[atron], siehe Bibliographie, Rezensionen zu A 11.

Die Maske des Kuttel Daddeldu, in der Ringelnatz nun auftritt, verleiht seinen Kuttel-Daddeldu-Gedichten eine Gestalt für das Variété. Und vielleicht wird auch diese Gestalt verständlicher, wenn wir uns nun den Gedichten selbst zuwenden.

Die Gedichte

Den betrunkenen Seemann an Land hatte etwa schon Shakespeare mit Stephano und Trinculo in seinem „Sturm" gezeichnet. Das Lied Stephanos bei seinem ersten Auftritt enthält viele Elemente Kuttel Daddeldus:

> „Der Meister, der Bootsmann, der Konstabel und ich,
> Wir halten's mit artigen Mädchen,
> Mit Lieschen und Gretchen und Hedwig;
> Doch keiner fragt was nach Käthchen,
> Denn sie macht ein beständig Gekeifel;
> Kommt ein Seemann, da heißt's: ‚Geh zum Teufel!'
> Den Pech- und Teergeruch haßt sie aufs Blut;
> Doch ein Schneider, der juckt sie, wo's ihr nötig tut.
> Auf die See, Kerls, und hol sie der Teufel!"[1]

Tritt Stephano „singend, eine Flasche in der Hand" auf, so werden Ringelnatzens Auftritte beschrieben: „Sein einziges Requisit ist das Weinglas oder die Schnapsbuddel. Halb geleert schon, wenn er auf die Bühne torkelt. Sein erstes Wort: ‚Prost.' "[2] Alkohol, Weiber, Geschlechtsverkehr, Pech- und Teergeruch, Flüche und Prügel[3]: modernisieren wir diese Motive Shakespeares sprachlich und dekorativ und setzen wir die skurrile kindliche Phantasie Ringelnatzens hinzu, so haben wir den Kreis der Kuttel-Daddeldu-Gedichte im groben abgeschritten. Nur eines fehlt noch: die Selbstparodie.

Ringelnatz schrieb insgesamt neun solcher Gedichte[4], wobei sechs balladenähnliche Erzählungen von Erlebnissen des Seemannes und drei Berichte oder Gedanken sind, die Daddeldu selbst in der ersten Person äußert. Gleich das erste Gedicht „Vom Seemann Kuttel Daddeldu", das die Figur vorstellt, berichtet von einem, dem alles mißlingt:

---

[1] Shakespeare, Werke 14 (B 95), S. 144 (II, 2).

[2] Eugen Tannenbaum, Kabarett-Silhouetten / Joachim Ringelnatz (A 248).

[3] Vgl. auch die Prügelszene Stephano-Trinculo (III, 2) — Shakespeare, Werke 14 (B 95), S. 151—155.

[4] In *Kuttel Daddeldu oder das schlüpfrige Leid* (A 12), der Erstausgabe von 1920:
„Vom Seemann Kuttel Daddeldu" — S. 3 f. (GG, S. 75 f.);
„Daddeldus Lied an die feste Braut" — S. 5 f. (GG, S. 76—78);
„Seemannstreue" — S. 7 f. (GG, S. 78 f.).

Eine Bark lief ein in Le Haver,
Von Sidnee kommend, nachts elf Uhr drei.
Es roch nach Himbeeressig am Kai,
Und nach Hundekadaver.

Kuttel Daddeldu ging an Land.
Die Rü Albani war ihm bekannt.
Er kannte nahezu alle Hafenplätze.

Weil vor dem ersten Hause ein Mädchen stand,
Holte er sich im ersten Haus von dem Mädchen die Krätze.

Weil er das aber natürlich nicht gleich empfand,
Ging er weiter, — kreuzte topplastig auf wilder Fahrt.
Achtzehn Monate Heuer hatte er sich zusammengespart.

In Nr. 6 traktierte er Eiwie und Kätchen,
In 8 besoff ihn ein neues straff lederbusiges Weib.
Nebenan bei Pierre sind allein sieben gediegene Mädchen,
Ohne die mit dem Celluloid-Unterleib.

Daddeldu, the old Seelerbeu Kuttel,
Verschenkte den Albatrosknochen,
Das Haifischrückgrat, die Schals,
Den Elefanten und die Saragossabuttel.
Das hatte er eigentlich alles der Mary versprochen,
Der anderen Mary; das war seine feste Braut.

Daddeldu — Hallo! Daddeldu,
Daddeldu wurde fröhlich und laut.
Er wollte mit höchster Verzerrung seines Gesichts
Partu einen Niggersong singen
Und „Blu beus blu".
Aber es entrang sich ihm nichts.

Daddeldu war nicht auf die Wache zu bringen.
Daddeldu Duddel Kuttelmuttel, Katteldu
Erwachte erstaunt und singend morgens um vier
Zwischen Nasenbluten und Pomm de Schwall auf der Pier.

Daddeldu bedrohte zwecks Vorschuss den Steuermann,
Schwitzte den Spiritus aus. Und wusch sich dann.

Daddeldu ging nachmittags wieder an Land,
Wo er ein Rentiergeweih, eine Schlangenhaut,

In „*Die gebatikte Schusterpastete*" (Oktober 1921) (A 14):
„Die Weihnachtsfeier des Seemanns Kuttel Daddeldu" — S. 8—10 (GG, S. 80—82);
„Kuttel Daddeldu und Fürst Wittgenstein" — S. 10—12 (GG, S. 82—85);
„Kuttel Daddeldu besucht einen Enkel" — S. 12—14 (GG, S. 85 f.);
„Seemannsgedanken übers Ersaufen" — S. 14 f. (GG, S. 86 f.);
„Kuttel Daddeldu im Binnenland" — S. 15—18 (GG, S. 88—90);
„Kuttel Daddeldu und die Kinder" — S. 18—20 (GG, S. 90—92).
Die erweiterte Ausgabe „Kuttel Daddeldu" (A 23) von 1923 enthält dann alle diese
Gedichte. — Siehe auch oben S. 174, Anm. 27.

> Zwei Fächerpalmen und Eskimoschuhe erstand.
> Das brachte er aus Australien seiner Braut.[5]

Schon diese Verse enthüllen erschütternd, wie sehr der Kuttel Daddeldu Selbstparodie ist, wie auch für den Kuttel Daddeldu das nun schon häufig zitierte Bekenntnis: „Ich schreibe immer mich selbst"[6] gilt, denn diese Verse gehen auf die
erste ‚seemännische' Nacht an Land des siebzehnjährigen Schiffsjungen im Ha-
fenviertel (Rue Albani) von Le Havre zurück. In seinem „Schiffsjungen-Tagebuch" von 1911 erzählt er:

> Die Nacht verlief wüst. „*Voulez-vous tirer un coup?*" hörte ich in den Gassen
> schreien, nach denen ich mich verschämt hingefragt hatte. Ein Ehemann bot mir mit
> ergreifender Großmut seine Frau Gemahlin für wenige Franken an, und ich fand in
> sehr üblen Häusern sehr saubere Zimmer mit sehr hoch geschichteten sauberen Betten.
> Als ich um viereinhalb Uhr von irgendeiner polizeilichen Macht geleitet wieder an
> Bord kam, blutete meine Nase, war alles um mich herum betrunken, und ich wußte
> ungefähr, daß mir das Geld, welches ich nicht verjubelt hatte, von verschiedenen
> Seiten gestohlen war.[7]

Ausgerechnet die eigenen ersten unsicheren Schritte in die Welt der Seemanns-
bordelle nimmt er als Folie für Kuttel Daddeldus weitgereiste Promiskuität.
Auch hier noch ist er also mit der Selbstparodie in Kindheit und Jugend verstrickt. Noch authentischer — sogar in Orten und Namen — ist dann das Gedicht „Kuttel Daddeldu im Binnenland"[8].

Bevor wir die weiteren Kuttel-Daddeldu-Gedichte betrachten, müssen wir
kurz einen Blick auf Ringelnazens Gedichte und Gedanken über Alkohol
und Rausch werfen, denn die Verse von „Kuttel Daddeldu" sind in mancher
Hinsicht *Alkoholdichtungen*, „Alkohol in Versen" wie Peter Michelsen meint[9],
und auch hierin sind sie Selbstparodie. Tatsächlich steht ganz allgemein fest,
daß Ringelnatz ohne Alkohol oder Kaffee nicht dichten und — wie mir seine
Kriegsfreundin, Frau Fell, erzählte — nicht einmal seine Verse im engsten
Freundeskreis vorlesen konnte, ohne sich vorher wenigstens Mut angetrunken
zu haben. Überall in seinen Briefen und Erinnerungsbüchern erfahren wir, wie
sehr er vom Alkohol abhängig war. Im Krieg verkriecht er sich mit einer Flasche Rum hinter einer Mine, um ein Gedicht zu schreiben, und jubelt: „Wieviel
schöne Gedichte können aus dieser Flasche kommen!"[10] Eine Geldsendung seiner Freundin Maulwurf bereichert nicht wie vorgesehen seine kargen Mahl-

---

[5] Kuttel Daddeldu oder das schlüpfrige Leid (A 12), S. 3 f. (GG, S. 75 f.).

[6] Adelbert Muhr, Ringelnatz, der dichtende Seefahrer (A 270); siehe oben S. 110.

[7] ML, S. 62.

[8] Ausführlicher siehe dazu unten S. 204.

[9] So der Titel des Gedenkaufsatzes von Michelsen (A 352).

[10] AM, S. 100 f.

zeiten, er braucht sie, um sich „nachher lieber eine halbe Flasche Sautern zu leisten und dabei zu dichten"[11], oder er erzählt Muschelkalk: „Dann ging ich noch auf ½ Stündchen ins russische Restaurant, trank tausend Schnäpse und geriet in gute Dichterstimmung."[12] Dichterstimmung bedeutete für Ringelnatz offensichtlich Flucht aus der Realität, die nur durch künstliche Rauschmittel, durch Alkohol zu schaffen ist. Ganz in diesem Sinne heißt es noch in einer Unterhaltung des fragmentarischen „Letzten Romans": „ ‚[...] Jetzt habe ich wahrhaftig einen Rausch.' — ‚Das ist wie ein Mikroskop. Man sieht Wunder.' — ‚Mir ist sehr, sehr wohl.' "[13] Dieser Rausch verhilft nicht zu größerer Erkenntnis, sondern er beflügelt die Phantasie; und das ist auch das Hauptmotiv für Ringelnatz zu trinken. Verse wie „Genau besehn" sind so gesehen sicher ‚rauschhaft' entstanden:

> Wenn man das zierlichste Näschen
> Von seiner liebsten Braut
> Durch ein Vergrößerungsgläschen
> Näher beschaut,
> Dann zeigen sich haarige Berge,
> Daß einem graut.[14]

Auch die Verwirrung in dem fast programmatischen „Überall" ist in ihrer ganzen kindlichen Naivität Alkoholdichtung:

> Überall ist Wunderland.
> Überall ist Leben.
> Bei meiner Tante im Strumpfenband
> Wie irgendwo daneben.
> Überall ist Dunkelheit.
> Kinder werden Väter.
> Fünf Minuten später
> Stirbt sich was für einige Zeit.
> Überall ist Ewigkeit.
>
> Wenn du einen Schneck behauchst,
> Schrumpft er ins Gehäuse.
> Wenn du ihn in Kognak tauchst,
> Sieht er weiße Mäuse.[15]

Und doch hat solche Alkoholdichtung auch literarische Vorbilder; schon 1922 wies Anton Schnack in einer Ringelnatz-Besprechung auf Paul Scheerbart hin[16], und Alfred Liede zieht Parallelen zwischen dessen „Katerpoesie" und den Ver-

---

[11] Brief Nr. AB 98 vom 27. 10. 1915.
[12] Brief Nr. M 69 vom 14. 1. 1921, Briefe, S. 29.
[13] Nachlaß (A 46), S. 129.
[14] Allerdings (A 28), S. 146 (GG, S. 270 f.).
[15] Reisebriefe (A 27), S. 114 (GG, S. 180 f.).
[16] [Anton] Sch[na]ck, Besuch im Kabarett (A 242).

sen unseres Dichters[17]. Am häufigsten versinkt Ringelnatz in jene kindliche Besoffenheit, die in Scheerbarts „Fliegenlied" vorgeprägt ist:

> Fliege, fliege, kleine Fliege!
> Fliege, fliege in die Wiege!
> Siege! Siege![18]

und die bei Ringelnatz in Versen erscheint, welche manchmal an Wortspiele
aus Hans Arps gleichzeitig erschienenen „Pyramidenrock"[19] erinnern:

> Konikoki Kakadu...
> Rose auf und Rose zu.
> Ferkel Ei und Ferkel Zwei.
> Wer nicht fehlt ist mit dabei.
>
> Stachus, Kios, Kaos, Kies,
> Spinne, Speise, Scheiße, schieß.
> Sexu Elefant Asie.
> Fische haben nie kein Knie.
>
> Ritze Rotze Ringelratz
> Zwei Miezeschwein, ein Grunzekatz.
> Mein Großpapa heißt Lali,
> Der wird des Nachts ganz lila.[20]

Als andere Form erträumt er den „Guten Rausch":

> [...] Nach dem sechsten Glase,
> Oder nach dem dritten oder zehnten,
> Kommen sie — nicht etwa in Ekstase —
> Sondern in den variiert ersehnten
>
> Zustand, klar und dennoch mild zu sehn,
> Mild zu horchen auf die Andern, Fremden
> Und wie Engel in schneeweißen Hemden
> Sozusagen vor sich selbst zu stehn.
> [...][21]

In solchem Zustand will er wohl seine ernsten Gedichte entstanden wissen.
Doch sind die Gedanken dieser Verse nur eine Variation alter Vorstellungen,
wie Ringelnatz sie sicher aus Goethes „West-östlichem Divan" kannte:

> So lang man nüchtern ist,
> Gefällt das Schlechte;

---

[17] Liede, Dichtung als Spiel 1 (B 165), S. 91.
[18] Scheerbart, Katerpoesie (B 86), S. 28.
[19] Arp, Der Pyramidenrock (B 4); wieder abgedruckt in: ders., Gesammelte Gedichte 1 (B 3), S. 79—118.
[20] Kinder-Spiel-Buch (A 26), S. 1 f.
[21] Reisebriefe (A 27), S. 31 (GG, S. 139).

Wie man getrunken hat,
Weiß man das Rechte;
[...]²²

Auch Scheerbart kannte die verschiedenen Stimmungen im Rausch, „Sei sanft
und höhnisch!" nennt er einen „Charakter-Cyklus"²³ von Versen, die zwischen
„Wurschtigkeit", Verzweiflung und Verdruß, Wut und Resignation schwanken.
Neben dem guten Rausch steht denn auch bei Ringelnatz der voller Zerstö-
rungswut, oft mit Erinnerungen aus der Seemannszeit wie in „Ich raffe mich
auf (Einem Freund zum Dreißigsten gewidmet)":

Der Nachttopf klirrt. Ich bin entschlossen!
Der Doornkaat hat mich umgestimmt.
Wenn jetzt auch alles in der Stube schwimmt,
Ist doch noch lang kein Blut vergossen.

[...]

Hei, Wind gemacht! Die Federn stieben.
Den deutschen Seemann schreckt der Seesturm nicht.
Er denkt, den Tod vor Augen, seiner Lieben. —
Ach was — Quatsch: Lieben —. Bums! Ein Schrank zerbricht.

Der Schrank ist mein, und ich bin frei.
Und wenn er mir auch nicht gehörte — —
Wie wär's, wenn ich das Fenster mal zerstörte?
Päng! — schlitterkläng — — Es ist entzwei!

Plautz — liegt mein Ofen. Er wog tausend Kilos.
Wo ist mein Frack? — ich habe Blut geleckt. —
Zu lange war ich schwach und energielos.
Dein Doornkaat Rosie, hat mein Blut geweckt.²⁴

Dieser schwache Nachhall von Scheerbarts „Donnerkarl, der Schreckliche / Ein
Heldengedicht" zerstört freilich bloß die Zimmereinrichtung und ist im Vergleich zur Mordlust seines Vorgängers relativ harmlos, denn dort heißt es:

Reich mir meine Platzpatronen,
Denn mich packt die Raserei!
Keinen Menschen will ich schonen,
Alles schlag ich jetzt entzwei.
Hunderttausend Köpfe reiß ich
Heute noch von ihrem Rumpf!
Hei! Das wilde Morden preis ich,
Denn das ist der letzte Trumpf!
Welt verschrumpf!²⁵

²² Goethe, Werke I, 6 (B 34), S. 205 (IX. Das Schenkenbuch).
²³ Scheerbart, Katerpoesie (B 86), S. 17—25.
²⁴ Allerdings (A 28), S. 72.
²⁵ Scheerbart, Katerpoesie (B 86), S. 29.

Doch der Rausch der Zerstörung ist selten bei Ringelnatz, der ja trinkt, um
Wunder zu sehen, um aus der Wirklichkeit zu fliehen. Häufiger ist die betrunkene Parodie, wie wir sie schon im „Snuhigi-Song (aus dem Japanischen
übersetzt)" der Kriegsweihnachtszeitung „HMSD 1917" finden, der ebenfalls
an Scheerbarts Katerpoesien erinnert:

> Der erste Tag, der machte es:
> Da las ich vor. Rings lachte es.
> Graf Mongschupi,
> Wie schön sind Sie!
> Mein lieber Freund in Dotrto,
> Herr Börries, war ebenso.
> Mein Gott, wie ist der Mensch gleich froh,
> Wenn er ein wenig voll is'.
> Graf Mongpischu,
> Wie schön pist tu,
> Heil dir! Sis mihi mollis.[26]

Dieser Song ist Parodie in doppeltem Sinne: Einmal verspottet er einen säch-
sischen Oberleutnant, über den sich seine Kameraden amüsierten, „wenn er
Münchhausensche Balladen ernst vortrug"[27], zum andern parodiert er eben die
„Gräfin Monbijou" des „Herrn Börries" von Münchhausen, die beginnt:

> Am ersten Tag im Karneval,
> — Der erste Tag, der machte es, —
> Am ersten Tag im Karneval
> Auf allen Straßen lachte es,
> Da küßte Gräfin Monbijou
> Die Perlweinschale von Kristall,
> [...][28]

Wenden wir uns jetzt wieder den Gedichten von „Kuttel Daddeldu" zu, so
können wir feststellen, daß dessen Betrunkenheit weder die zerstörerische von
„Ich raffe mich auf" noch der gute Rausch ist, sondern die Parodie von Ringelnatzens eigenem Motiv zu trinken und dessen häufigster Form: der kindlichen
Besoffenheit und dem Wunsch, die Hilflosigkeit im wirklichen Leben zu überwinden, in den Rausch zu fliehen. So versteht auch Ludwig Klages den Rausch
ganz allgemein: Der „zu allen Zeiten und bei sämtlichen Völkern der Erde verbreitete Gebrauch von Betäubungsmitteln" sei Zeichen der „leidenschaftlichen
Sehnsucht der Seele, aus dem Kerker zu flüchten, in den sie der Geist ge-
sperrt"[29]. Wie Scheerbart seine kosmische Sehnsucht, seine Träume vom astralen
Aufschwung beim Alkohol zu vergessen sucht[30]:

[26] HMSD 1917 (A 10), S. 8; wieder abgedruckt in: IM, S. 49.
[27] AM, S. 314.
[28] Münchhausen, Balladen und ritterliche Lieder (B 71), S. 82.
[29] Klages, Vom kosmogonischen Eros (B 155), S. 71.
[30] Vgl. Liede, Dichtung als Spiel 1 (B 165), S. 89.

3. „Kuttel Daddeldu"   199

> Wenn die große Sehnsucht wieder kommt,
> Wird mein ganzes Wesen wieder weich.
> Und ich möchte weinend niedersinken —
> Und dann möcht ich wieder maßlos trinken.[31]

so erstickt Ringelnatz seine große Sehnsucht nach Ruhm und Abenteuer, seinen Traum von hohem Dichterruhm in der Selbstparodie und im Rausch der Gedichte von Kuttel Daddeldu.

„Daddeldus Lied an die feste Braut"[32] ist Katerpoesie reinsten Alkohols. Doch während Scheerbart nur den Inhalt und die Bilder ‚verrückt', die syntaktische Ordnung beibehält und die Hochsprache nicht verläßt, vermischt Ringelnatz Hochsprache, Dialekt, Englisch in phonetischer Schreibweise und auch Seemannsausdrücke[33], und er unterstreicht die Besoffenheit noch durch syntaktische Konstruktionsmischungen. Kuttel Daddeldu sagt: „Hör mich einmal ernsthaft auf mich"[34], was ‚Hör mich an' und ‚Hör auf mich' zusammenzieht, oder er macht aus ‚Wie ich — bei Gott — hoffen will': „Wie Gott will hoffen"[35]. Der Schluß des Gedichtes vollendet in sich steigernder Verwirrung, die vorangegangene Sätze und Inhalte auseinanderreißt und neu zusammensetzt, den alkoholisierten Unsinn:

> Ich habe noch immer die graue Salbe von dir,
> Das ist ganz egal; das ist auch ein Souvenir.
> Wer mir die Salbe nimmt —
> Ich bin der gutmütigste Kerl, glaub es mir;
> Ich habe noch keinem Catfisch ein Haar gekrümmt —
> Wenn ich zurück bin aus Schangei,
> Wie Gott will hoffen, —
> Wer mir die Salbe nimmt,
> Dem hau ik die Kiemen entzwei.
>
> Bulldogg aheu! Ich bin nicht besoffen.
> Wirklich nicht!
> Wirklich nicht!
> Wer mir die Salbe krümmt,
> Dem renn ich die Klüsen dicht. —
> Komm her, Deesy, wir schlagen die Bulldogg entzwei.
> Wenn ich aus Kiatschu, Kiatschau —
> Porko dio Madonna!

[31] Scheerbart, Katerpoesie (B 86), S. 9.
[32] Kuttel Daddeldu oder das schlüpfrige Leid (A 12), S. 5 f. (GG, S. 76—78).
[33] Vgl. dazu: Matrosen (A 30), S. 111 („Ihre Sprache"): „Sie sprechen ein Mischmasch aus vielerlei Küstensprachen. Platt und Messingsch, Spanisch und Skandinavisch, Holländisch und Pidgin-Englisch oder Bêche de mer. [...] Da gibt es einen Ausdruck aus Sprachverquickung ‚mi no savi', den die Seeleute und Küstenbewohner aller Länder verstehen, und der soviel bedeutet wie ‚Kannitverstan'."
[34] Kuttel Daddeldu oder das schlüpfrige Leid (A 12), S. 5 (GG, S. 77).
[35] ebda. S. 6 (GG, S. 77).

> Mary, du alte Sau,
> Wer dir die Salbe stiehlt aus Schangei,
> Der wird einmal Kapitän Daddeldus Frau.[36]

In dieser seemännischen Versoffenheit darf natürlich auch *das Sexuelle* nicht fehlen. „Mary, mach mal deinem Daddeldu / Die Hosentür zu" heißt es hier. Sieht man von der „festen Braut", dem stehenden Requisit vieler Seemannslieder ab, so betrachtet Kuttel Daddeldu die Frauen vorwiegend als Lustobjekt. Sein erster Weg in „Vom Seemann Kuttel Daddeldu" führt ihn von einem Bordell ins andere. Gewiß war die Dirne mit ihrem Milieu seit dem frühen Naturalismus eines der häufigsten Themen der Lyrik[37], und das Thema Seemann fordert den poetischen Bordellbesuch geradezu heraus. Aber die Art, wie der Wedekind-Verehrer seine vermeintlichen sexuellen Freiheiten behandelt, ist höchst verdächtig. Schon mit dem Turngedicht „Freiübungen" spielt er in Stammtischmanier die Ehrbarkeit gegen die Begierde aus:

> [...]
> Denn was die Frau an einem Manne reizt,
> (Hüften fest — Beine spreizt! — Grundstellung)
> Ist Ehrbarkeit. [...][38]

Man braucht kein Psychologe zu sein, um zu erkennen, daß er auch auf diesem Gebiet sein maßloses Minderwertigkeitsgefühl zu kompensieren versucht, und doch sei Alfred Adler als Gewährsmann zitiert:

> Regt sich bei einem Knaben der Zweifel an seiner Männlichkeit[38a], wie jedes konstitutionell minderwertige Kind sich den Mädchen verwandt fühlt, so wählt er sein Ziel in einer Art, die ihm die Herrschaft über alle Frauen (meist auch über alle Männer) verspricht. Dadurch wird frühzeitig seine Haltung zu den Frauen bestimmt. Er wird stets Neigung zeigen, seine Überlegenheit über die Frau durchzusetzen, wird das weibliche Geschlecht entwerten und erniedrigen[...].[39]

Wenn wir einem Brief an seine Verlobte trauen dürfen, in dem es heißt: „Hast Du so wenig über Sexuales gelesen, gesehen, so wenig über diese geheimnisvollen Kräfte nachgedacht, die die Erde und Gestirne um die Erde [sicher verschrieben für ‚Sonne'] kreisen machen?"[40] — so hat sich Ringelnatz so etwas wie eine

---

[36] ebda. (GG, S. 77 f.).
[37] Vgl. z. B. Hermann Conradis „Das verlorene Paradies" in den 1885 erschienenen Modernen Dichter-Charakteren (B 26), S. 98 f. (Conradis Verhältnis zur Sexualität ähnelt trotz mancher Unterschiede dem Ringelnatzens) und Karl Henckells „Die Dirne" in: Henckell, Gesammelte Werke 2 (B 40), S. 44 f.
[38] Joachim Ringelnatzens Turngedichte (A 11), S. 4 (GG, S. 35).
[38a] Bei Ringelnatz liegt der Ursprung dazu in seinem mädchenhaften Äußern während der Schulzeit, siehe oben S. 101 f.
[39] Adler, Nervöser Charakter (B 112), S. 46.
[40] Brief Nr. M 15 vom 2. 1. 1920.

kosmische Sexualtheorie angelesen oder zurechtgebastelt, vielleicht unter dem
Einfluß des in München wirkenden Alfred Schuler, von dem und dessen Vorstellungen er in seiner Münchner Vorkriegszeit gehört haben mag[41]. Aber nur
einen Monat früher, am 1. Dezember 1919, das heißt eine Woche, bevor er beginnt, Ringelnatz-Gedichte zu schreiben, bekennt er sich in unreflektierter Naivität zur groteskesten Überspitzung der landläufigen Meinung von der geistigen Minderwertigkeit der Frau:

> Ich finde in der Frau vorwiegend Tier, daneben etwas — männlichen Geist — und
> ein Fünkchen Göttlichkeit oder gottverliehene Wunderkraft. Diese Wunderkraft,
> dieses Fünkchen verehre ich mit meiner künstlerischen Seele und meiner Philosophie.
> Dem männlichen Geist bringe ich freudigst Freundschaft und Treue und suche ihn
> — oft hart beharrlich — zu pflegen und weiterzubilden, und habe ihm viel zu
> schenken. Und dem Tier muss, will ich untertan sein und ich liebe es schmutzig und
> grausam und überlegen.[42]

Diese Sätze erschrecken, denn sie passen so ganz und gar nicht zum welterfah-
renen Seemann, der das Leben kennt und von dem ein Kritiker behauptet: „Er
weiß um die Qualen der Dirnen und Nonnen, der Proletarier und Menschen-
knechte; er weiß um das Verhängnis der Blutschande und der tragischen Liebe;
[. . .]"[43]. Ringelnatz weiß, wie gefährlich es sein könnte, wenn diese Briefstelle
des in der Selbstparodie anscheinend so Überlegenen in fremde Hände käme.

---

[41] Alfred Schuler (1865—1923), der mit seinem schwülen Phalluskult auch Stefan
George in seinen Bann zog, dichtete beispielsweise um 1890 seine erosschwangeren
„Kosmogoniae Fragmenta" oder um 1900 in „Neronis Domini Phallikos" einen
Preis des Geschlechtlichen, der ganz an Ringelnatzens Anschauungen erinnert:
　　　[. . .]
　　　Aus ihm
　　　Rollt das Leben in goldnen Spiralen.
　　　Breiter und breiter das kreisende Swastika.
　　　Schwächer je breiter. Kälter je weiter.
　　　Somma und Mondring erstarrt sein Fluß.
　　　[. . .]
　　　(„Kosmogoniae Fragmenta" — Schuler, Dichtungen aus dem Nachlaß [B 89],
S. 12—21; „Neronis Domini Phallikos" — ebda. S. 28). Ursprung für alle diese
Gedanken sind teilweise mißverstandene antike und vorgriechische Mythen von
Eros als dem ältesten Gott, wie sie schon in Hesoids „Theogonie" (Vers 116—122)
und danach in Platons „Symposion" (6. Kapitel 178 a) auftauchen und wie sie
Schulers Freund Ludwig Klages in seinem Buch „Vom kosmogonischen Eros"
(B 155), S. 31—45 dargestellt hat: Anregung dazu gab beiden ohne Zweifel Johann
Jakob Bachofen; vgl. z. B. in dessen „Mutterrecht" über dionysische Orphik, welche
„die höchste Kraft der Mysterien [. . .] auf die phallische als höchste zeugende
Lichtmacht gedachte Potenz übertrug." — Bachofen, Gesammelte Werke 3 (B 118),
S. 820 f.; vgl. auch Bd. 7, S. 63 f., 73, 137.
[42] Brief Nr. M 13 vom 1. 12. 1919.
[43] Tuerk, Groß-Köln: Joachim Ringelnatz (A 306).

Denn jeder ‚Gedanke' dieses hochmütigen Briefausschnittes ist so offensichtlich
der verzweifelte Stolz eines Unsicheren, die „künstlerische Seele" und „Philosophie" darin sind so deutlich Abwehr möglicher Geringschätzung, Wunschtraum auf dem Weg zum Ruhm und Maske eines bloß scheinbar Weisen[44], daß
er am Ende des Briefes anfügt: „Der Vorsicht keine Grenzen: Verbrenne den
Brief."

Wenn Ringelnatz später und augenscheinlich im Alkoholrausch von seiner
„phantastischen Perversität"[45] spricht oder behauptet: „Ach Unanständigsein —
so ganz voll und durch sich darin sielen können, das ist — das wäre — eine
schöne anständige Sache"[46], dann verstehen wir seine berühmte „Seemannstreue"[47] auch nicht mehr ausschließlich literarisch als Parodie von Gumppenbergs Heine-Parodie[48]. Das eindeutige Wortspiel, das mottoartig das Gedicht
einleitet — „nafikare necesse est" —, und die Liebe zur langsam zerfallenden
Leiche seiner Alwine sind gleichzeitig auch Parodie seines — hier sexuellen —
Kompensationsstrebens. Daß das Publikum nach diesem Gedicht geradezu
„tobte", ist verständlich; Ringelnatz aber hat es bisweilen als Zugabe verweigert[49], sicher nicht nur wegen dessen Derbheit, sondern auch weil das Gedicht
für ihn mehr als nur ein Spiel mit der Perversität und dem Ekel ist, nämlich die
vielleicht peinlichste Form der Selbstparodie. Später nehmen solche Derbheiten
in den Gedichten deutlich ab und verschwinden schließlich ganz. In dem Gedicht „An Berliner Kinder" des „Kinder-Verwirr-Buchs" endet die Aufzählung
des ‚unzüchtigen' Treibens der Eltern mit: „Ach schweigen wir lieber. — Pfui
Spinne, Berlin!"[50] Der obszöne Tribut an die Erwartungen der Leser wird
zum moralischen Zeigefinger.

Ringelnatz schreibt selbst einmal, daß er das „Schmutzige" und die Gestaltungen seiner „phantastischen Perversität" nur „als Spiel" liebe[51]. Aber wie so
mancher Spieler steht er unter dem Zwang seines Spieles, des ‚Spieles' Kuttel
Daddeldu, ohne das er vielleicht an seinen Tagträumen zugrundegegangen
wäre.

Doch entspringen die Obszönitäten nicht einer verkommenen Dekadenz,
sondern einer grenzenlosen Naivität und Kindlichkeit. Deshalb kann Ringel-

---

[44] Siehe dazu oben S. 78 f.
[45] Brief Nr. M 94 vom 28. 2. 1921, Briefe, S. 37 f., dort aber um ein Beträchtliches,
     auch um diese Stelle, gekürzt.
[46] Brief Nr. M 135 vom 21. 8. 1921.
[47] Kuttel Daddeldu oder das schlüpfrige Leid (A 12), S. 7 f. (GG, S. 78 f.).
[48] Siehe oben S. 53—55.
[49] Brief Nr. M 144 b vom 8. 9. 1921, Briefe, S. 60.
[50] Kinder-Verwirr-Buch (A 34), S. 43 (GG, S. 384).
[51] Vgl. Anm. 45.

natz auch Kuttel bei einer Abortfrau Weihnachten feiern lassen[52], deshalb wirken seine Flüche nie wie Verwünschungen, deswegen ist sein ganzes derbes Be-
nehmen, das „selbst der simpelsten populären Politesse" widerspricht[53], so gar
nicht anstößig, und deshalb kann er den Kindern auch die besoffensten und un-
anständigsten Märchen erzählen[54]. Wer wie Butler diese Kindlichkeit nicht sieht
oder höchstens beiläufig von Infantilismus spricht[55], muß Daddeldu mißverstehen, denn dieser lebt augenscheinlich, „als ob die Macht des Bösen eine bloße
Erfindung sei"[56]. Doch werden wir von der Kindlichkeit Ringelnatzens in
einem andern Zusammenhang noch ausführlich zu reden haben[57].

Die Gedichte von Kuttel Daddeldu aber handeln trotz ihrer augenscheinli-
chen Fröhlichkeit — „Daddeldu wurde fröhlich und laut"[58] — auch „Von
einem, dem alles danebenging", wie Ringelnatz andere Verse aus der gleichen
Zeit überschrieb[59]. In dem bereits zitierten ersten Gedicht „Vom Seemann Kuttel Daddeldu" landet er statt bei seiner Braut im Bordell, verschenkt das ihr
Zugedachte und bringt ihr am Schluß völlig unpassende, unsinnige Dinge „aus
Australien" mit. Statt zu einem fröhlichen Lied reicht es nur zu einer Grimasse:

> Er wollte mit höchster Verzerrung seines Gesichts
> Partu einen Niggersong singen
> Und „Blu beus blu".
> Aber es entrang sich ihm nichts.[60]

Dieses Versagen im ersten Gedicht ist programmatisch. In Daddeldus unbehol-
fenem, trunkenem „Lied an die feste Braut", von der er sogar den Namen nicht
mehr weiß, — ähnlich wie Schwitters' „Anna Blume"[61] eine Parodie traditio-
neller Liebesgedichte — gehen die Liebesbeteuerungen mit dem Goethes

---

[52] „Die Weihnachtsfeier des Seemanns Kuttel Daddeldu" — Schusterpastete (A 14),
S. 8 (GG, S. 81).
[53] „Kuttel Daddeldu und Fürst Wittgenstein" — ebda. S. 12 (GG, S. 85).
[54] Vgl. „Kuttel Daddeldu und die Kinder" — ebda. S. 18—20 (GG, S. 90—92) und
„Kuttel Daddeldu erzählt seinen Kindern das Märchen vom Rotkäppchen" (A 21,
47, 80 und A 467, S. 133—135); siehe auch unten S. 280 f. und 289 f.
[55] Butler, Ringelnatz und seine Zeit (A 419), S. 156.
[56] ebda. S. 155; hiermit wandelt Butler eine Behauptung von Trojanowicz nur un-
wesentlich ab; Butler: „Unausgesprochen wird damit gesagt, daß seine [sc. Daddel-
dus] innere Größe in seiner moralischen Überlegenheit besteht." — Trojanowicz,
Poetry (A 479), S. 66: „His [sc. Daddeldus] adventures in the world of the proper
bourgeois show him to be their ethical superior [...]".
[57] Siehe dazu unten den dritten Teil „Das uralt Kind", S. 249—309.
[58] „Vom Seemann Kuttel Daddeldu" — Kuttel Daddeldu oder das schlüpfrige Leid
(A 12), S. 4 (GG, S. 75).
[59] Turngedichte (A 22), S. 82 (GG, S. 70 f.).
[60] Kuttel Daddeldu oder das schlüpfrige Leid (A 12), S. 4 (GG, S. 76).
[61] Schwitters, Anna Blume und ich (B 91), S. 46.

„Gingo biloba"[62] parodierenden: „Du — du bist — mein zweites Ich" im
Rausch unter, es endet nicht mit der Liebeserklärung, sondern mit Beschimpfung
und Unsinn:

> Mary, du alte Sau,
> Wer dir die Salbe stiehlt aus Schangei,
> Der wird einmal Kapitän Daddeldus Frau.

Am deutlichsten findet sich „Kuttel Daddeldu im Binnenland"[63] nicht zurecht.
Doch lüftet hier auch Ringelnatz zu deutlich die Maske, bettelt um Mitleid, und
überdies ist das Geschehen zu wenig interessant. Lediglich an einer Stelle ge-
gelingt es ihm, etwas von seiner narrengleichen Tragikomik einzufangen: dort,
wo Kuttel Daddeldu Kindern begegnet:

> Alsbald, von wegen das Taumeln und Stammeln,
> Begannen sich Kinder um ihn zu sammeln.
> Und der Kinder liebende Daddeldu,
> Nur um die Kinder zu amüsieren,
> Fing an, noch stärker nach rechts und links auszugieren,
> Als ob er betrunken wäre. Und brüllte dazu:
> „The whole life is vive la merde!"[64]

Dem „unglücklich nüchternen Daddeldu" bleibt nur übrig, als Narr die Kinder
zu amüsieren: ein kaum verhüllter Hinweis auf die eigene Rolle als Dichter
nach den gescheiterten Versuchen, im Leben Fuß zu fassen, im Leben und nicht
in der bürgerlichen Mittelklasse, wie Butler das „Binnenland" deutet, der das
Gedicht bloß als Kritik an der herrschenden Gesellschaft versteht[65]. Denn diese
Versuche wären in jeder Gesellschaft gescheitert, wie alle Versuche eines naiv
Harmlosen: „Harmlosigkeit verdient schon Lohn"[66] heißt es später in einem
Gedicht.

Und so endet „Kuttel Daddeldu im Binnenland" auch als einziges der Dad-
deldu-Gedichte im offenen Schmerz:

> Später im D-Zug, unter der Bank hinter lauter ängstlichen Beinen,
> Fing Daddeldu plötzlich an, zum einzigsten Male zu weinen
> (Denn später weinte er niemals mehr.) — —
> Beide Flaschen Eau de Kolon waren leer.

Beginnt schon das erste Kuttel-Daddeldu-Gedicht gleichsam mit einem Selbst-
zitat, indem es wie die erste Strophe von „Logik"[67] in einem Bilde Unerwar-

---

[62] Goethe, Werke I, 6 (B 34), S. 152 (West-östlicher Divan).
[63] Schusterpastete (A 14), S. 15—18 (GG, S. 88—90).
[64] ebda. S. 17 (GG, S. 89).
[65] Butler, Assessment (A 418), S. 74 f.
[66] „Hamburger Zimmerleute" — Gedichte, Gedichte (A 41), S. 35 (GG, S. 488).
[67] Schnupftabaksdose (A 8), S. 45 (GG, S. 28); siehe oben S. 63 f.

tetes versammelt: Nacht und genaue Uhrzeit mit Himbeeressig und Hunde-
kadaver, so parodiert schließlich „Die Weihnachtsfeier des Seemanns Kuttel
Daddeldu"[68] sogar eines von Ringelnatzens eigenen früheren Gedichten, den
„Weihnachtsbaum" vom Winter 1909, der ganz den Geist von seines Vaters
„Weihnachtsbüchlein"[69] atmet:

> [...]
> Dicht am Fenster im kleinen Raum
> Da stand, behangen mit süßem Konfekt,
> Vergoldeten Nüssen und mit Lichtern besteckt,
> Der Weihnachtsbaum.
> Und sie brannten alle, die vielen Lichter,
> Aber noch heller strahlten am Tisch
> (Es läßt sich wohl denken
> Bei den vielen Geschenken)
> Drei blühende, glühende Kindergesichter. —
> Das war ein Geflimmer
> Im Kerzenschimmer!
> [...]
> Im Schaukelstuhl lehnte der Herzenspapa
> Auf dem nagelneuen Kissen und sah
> Über ein Buch hinweg auf die liebe Mama,
> Auf die Kinderfreude und auf den Baum.
> [...]
> — Und die liebste Mama? — Sie saß am Klavier.
> Es war so schön, was sie spielte und sang,
> Ein Weihnachtslied, das zu Herzen drang.
> Lautlos horchten die andern Vier.
> [...][70]

Dieses bürgerliche Weihnachtsidyll unterscheidet sich auf den ersten Blick
allerdings kraß von der „Weihnachtsfeier des Seemanns Kuttel Daddeldu". Der
Seemann will eigentlich bei seiner Braut, die — wie unbürgerlich! — bei einer
Abortfrau in die Lehre geht, Weihnachten feiern, landet dann aber in einer
Hafenkneipe, wo er in weicher Stimmung und kindlicher Trunkenheit wieder-
um alles verschenkt, was er seiner Braut zugedacht hat:

> [...]
> Aber nun sangen die Gäste „Stille Nacht, Heilige Nacht",
> Und da schenkte er jedem Gast eine Tasse
> Und behielt für die Braut nur noch drei.
> Aber als er sich später mal darauf setzte,
> Gingen auch diese versehentlich noch entzwei,
> Ohne dass sich Daddeldu selber verletzte.

[68] Schusterpastete (A 14), S. 8—10 (GG, S. 80—82).
[69] Georg Bötticher, Meine Lieben (A 519), S. 5—37.
[70] Gedichte (A 6), S. 43 f.

Und ein Mädchen nannte ihn Trunkenbold
Und schrie: er habe sie an die Beine geneckt.
Aber Daddeldu zahlte alles in englischen Pfund in Gold.
Und das Mädchen steckte ihm Christbaumkonfekt
Still in die Taschen und lächelte hold
Und goss noch Genever zu dem Gilka mit Rum in den Sekt.
Daddeldu dachte an die wartende Braut.
Aber es hatte nicht sein gesollt,
Denn nun sangen sie wieder so schön und so laut.
Und Daddeldu hatte die Wanzen noch nicht verzollt,
Deshalb zahlte er alles in englischen Pfund in Gold.

Und das war alles wie Traum.
Plötzlich brannte der Weihnachtsbaum.
Plötzlich brannte das Sofa und die Tapete,
Kam eine Marmorplatte geschwirrt,
Rannte der große Spiegel gegen den kleinen Wirt.
Und die See ging hoch und der Wind wehte.
[...]

Hieß es zehn Jahre früher: „Und sie brannten alle, die Lichter,/Aber noch heller strahlten [...] Kindergesichter", so läßt der Verfasser nun dasselbe friedliche Bild in einer Orgie der Zerstörung untergehen, wobei die Parallelen von
den brennenden Kerzen und den strahlenden Kindergesichtern zu dem nun anders brennenden Weihnachtsbaum und den brennenden Sofa und Tapete gewiß
nicht zufällig sind. Aber Daddeldu ist nicht der Zerstörer, sondern das Opfer:
Er wankt, aller Geschenke und seines Geldes beraubt, verhöhnt hinaus und
kommt zur Weihnachtsfeier seiner Braut zu spät. Die weihnachtliche Gefühls-
seligkeit Kuttel Daddeldus ist die gleiche wie die frühere Hans Bötticher; dort
dringt das Weihnachtslied der Mutter und hier der Gesang im „König von
Schweden" zu Herzen: „Denn nun sangen sie wieder so schön und so laut", daß
Daddeldu seine Geschenke nicht für die Braut behalten kann. Das weihnachtliche Zuhause ist zwar zerstört, die Feier findet in der Hafenkneipe statt, geblieben jedoch sind die Gedanken und ‚Werte' der Welt seines Vaters. Die
Selbstparodie — hier literarisch und persönlich — bedeutet im Grunde keine
wirkliche Zerstörung der Vergangenheit, sie versteckt diese nur. Und gegen
die Meinung vieler anderer Kritiker hat der Marxist Lothar Kusche recht, wenn
er behauptet: „Der polternde Bürgerschreck Ringelnatz, so sarkastisch er auch
spöttelte, ist zeitlebens selber ein Bürger geblieben."[71]

---

[71] Lothar Kusche, Nachwort zu: Überall ist Wunderland (A 84), S. 258 (2. Auflage,
   1966); Ringelnatzens Witwe bestätigt das.

4. Das schlüpfrige Leid

Die Erstausgabe von „Joachim Ringelnatzens Turngedichten"[1] enthielt nur
Turnparodien; von den dreizehn Gedichten der ersten Auflagen von „Kuttel
Daddeldu oder das schlüpfrige Leid"[2] sind jedoch nur drei der Titelfigur gewidmet. Michael Trojanowicz, der — ohne sich um Erstausgaben oder die Entste-
hungsweise der erweiterten Ausgaben zu kümmern — alle Gedichtbände Ringelnatzens als unvollendete, aufgegebene Zyklen ansieht, kommentiert die
zweite, erweiterte Neuausgabe des „Kuttel Daddeldu" von 1923[3], die er für die
Erstausgabe hält:

> In *Kuttel Daddeldu,* Ringelnatz' third collection of satirical verse, he again intends
> to present a poetry cycle revolving around a central theme, the primitive sailor and
> his exploits, but again he abandons his theme midway through the collection.[4]

Aber nicht die Verspottung der bürgerlichen Welt ist das Thema des eigentlichen, angeblich satirischen ‚Zyklus', wie auch Butler meint, denn Ringelnatz
stellt so wenig wie ein ungezogenes Kind die Wertordnung der Gesellschaft in
Frage; das gemeinsame Thema a l l e r Gedichte der Erstausgabe ist „das
schlüpfrige Leid". Dieser zweite Teil des Doppeltitels der ersten Ausgabe ist
mehr als nur ein witziges Wortspiel (Leid — Lied); von der Bedeutung des
‚Schlüpfrigen' haben wir schon gesprochen. Als Parodien aber sind Ausdruck
des Verzichts und des Leidens nicht nur die Gedichte Kuttel Daddeldus, sondern auch der Rest der Sammlung. Sieben dieser Gedichte und auch andere der
erweiterten Neuausgabe[5] und der Neuausgabe der „Turngedichte"[6] sind als
Klagen Einsamer oder Unglücklicher auf den ersten Blick Balladen bzw. Rol-

---

[1] Bibl. A 11.

[2] Bibl. A 12.

[3] Bibl. A 23; siehe dazu oben S. 174, Anm. 27.

[4] Trojanowicz, Poetry (A 479), S. 66.

[5] „Mutter Frühbeißens Tratsch" — Kuttel Daddeldu (A 23), S. 66 (GG, S. 99 f.).
„Feierabendklänge eines einhändigen Metalldrehers an seine Frau mit den preis-
gekrönten Beinen" — ebda. S. 69 f.
„Balladette" — ebda. S. 78 (GG, S. 102).
„Was der Liftboy äußert" — ebda. S. 85 f. (GG, S. 104 f.).
„Frühlingsanfang auf der Bank vorm Anhalter Bahnhof" — ebda. S. 114 (GG,
S. 109 f.).

[6] „Nachtgalle" — Turngedichte (A 22), S. 67 (GG, S. 63).
„Gewitter" — ebda. S. 75 f. (GG, S. 66 f.).
„Der Zahnfleischkranke" — ebda. S. 77 (GG, S. 67 f.).
„Aus dem Tagebuch eines Bettlers" — ebda. S. 78—81 (GG, S. 68—70).
„Von einem, dem alles danebenging" — ebda. S. 82 (GG, S. 70 f.).

lengedichte Ausgestoßener oder sozial Niedriggestellter, undenkbar ohne das
Vorbild Wedekinds[7] und Arno Holzens[8] und vor oder ungefähr gleichzeitig
mit manchem vergleichbaren Gedicht in Bertolt Brechts „Hauspostille"[9] entstanden. Die langen erklärenden Titel der meisten Gedichte — wie die „Worte
eines durchfallkranken Stellungslosen in einen Waschkübel gesprochen"[10] —
haben ihre Vorbilder im Volkslied und volkstümlichen Geschichtslied; die Dichter des Barock liebten sie besonders[11]. Ein fliegendes Blatt von 1550 hat die
Aufschrift: „Klagelied Philipp Landgrafs aus Hessen im Jahre 1550", und ein
anderes Volkslied aus „Des Knaben Wunderhorn" heißt „Lied des abgesetzten
Sultan Selim im alten Serail, nachdem er sich der Kunst gewidmet"[12]. Auch
manche sozialen Gedichte aus der Zeit des Naturalismus nehmen solche Titel
wieder auf, man denke nur an Karl Henckells „Das Lied des Steinklopfers"[13].
Und sicher nach dem Vorbild Ringelnatzens greift dann Brecht diese volkstümlichen Titel auf, so im „Lied der verderbten Unschuld beim Wäschefalten"[14], das
1921 entstand.

   Wie die Erzählung „. . . liner Roma . . ."[15] tragen die Gedichte den Stempel
der unmittelbaren Nachkriegszeit und sind trotz der wechselnden Rollen Ausdruck des eigenen Leides, diesmal gestaltet im verwandten Leiden anderer. Das
Mitleid bleibt selbst dort erhalten, wo Ringelnatz die Häßlichkeit geradezu
ästhetisch genießt und sich so in eine Reihe mit manchem zeitgenössischen fernen
Baudelaire-Nachfolger stellt. Man denke nur, mit welch wahrer Lust am
Scheußlichen in Arno Holzens „Phantasus" die dreizehn ekelerregenden Ge-
richte geschildert werden, die der Unglückliche verzehren muß[16]. Die erste
Strophe des Gedichts „Die Lumpensammlerin"[17] schildert die Physiognomie der
Alten, deren Finger über „Speichel und Rotz zittern":

                   Hält sie den Kopf gesenkt wie ein Ziegenbock,
                   Ihre Gemüsenase,
                   Ihr spitzer Höcker, ihr gestückelter Rock
                   Haben die gleiche farblose Drecksymphonie

---

   [7] So z. B. „Ilse" — Wedekind, Gesammelte Werke 1 (B 105), S. 25; „Brigitte B." —
       ebda. S. 56—58; „Der Tantenmörder" — ebda. S. 107 f. und andere.
   [8] Vgl. besonders dessen „Buch der Zeit": „Großstadt" — Holz, Das Werk 1 (B 42),
       S. 51—117.
   [9] Brecht, Gesammelte Werke 8 (B 16), S. 169—263.
  [10] Kuttel Daddeldu oder das schlüpfrige Leid (A 12), S. 19 f. (GG, S. 61—63).
  [11] Siehe Wilke, Gedicht-Überschrift (B 215), S. 118, 167 u. ö.
  [12] Des Knaben Wunderhorn (B 110), S. 367—369, 710.
  [13] Henckell, Gesammelte Werke 2 (B 40), S. 3 f.
  [14] Brecht, Gesammelte Werke 8 (B 16), S. 196—198 („Hauspostille").
  [15] Siehe oben S. 152—156.
  [16] Holz, Phantasus (B 41), S. 142—191.
  [17] Kuttel Daddeldu oder das schlüpfrige Leid (A 12), S. 12 f. (GG, S. 57 f.).

Der Strasse.
Mimikry.

Zur Qualverwandtschaft gehören aber nicht nur sympathetische Physiognomien, sondern auch die Vermutungen über die Herkunft, die durch das Elend verborgen wird:

Was hat die Hexe für ein Leben geführt?
Vielleicht hat sie Lateinisch gesprochen.
Vielleicht hat einst eine Zofe sie maniküt.
Vielleicht ist sie vor tausend Jahren als Spulwurm
Durch das Gedärm eines Marsbewohners gekrochen.

In ähnlich Holzischer Phantasus-Manier[18], aber bei allem Schmerz („Es ist beinahe so, daß ich weine") viel gelöster und heiterer spricht erst Jahre später Ringelnatz von sich selbst:

Als ich noch ein Seepferdchen war,
Im vorigen Leben,
Wie war das wonnig, wunderbar
Unter Wasser zu schweben.[19]

Und noch diese vorgeschichtliche Existenz Ringelnatzens hat ein „bekümmertes altes Gesicht", als wüßte es „um kommendes Leid", nämlich um das Leid, das er mit dem Aussehen eines Seepferdchens zu erdulden haben wird. Die Lumpensammlerin jedoch hat noch ihr unwürdiges Dasein als Spulwurm im Gedärm eines Marsbewohners begonnen und kriecht nun im ,wirklichen' Leben als Hexe durch den Abfall der Großstadt.

Aber auch die verwirrte Naivität des Gedichtes „Chansonette" gehört zum schlüpfrigen Leid der Sammlung:

War ein echter Prinz und hat Warzen im Bett.[20]
Und kniete vor jeder Schleife.
Vaters Leiche lag auf dem Bügelbrett
Und roch nach Genever und Seife.

Wenn der Pfaffe unter meine Röcke schielt,
Sagt die Alte, werd ich Geld bekommen.
Meinem Bruder, der so schön die Flöte spielt,
Haben sie die Nieren rausgenommen.

[18] Vgl. Holz, Phantasus (B 41), S. 7: „Sieben Billionen Jahre vor meiner Geburt / war ich eine Schwertlilie."

[19] „Seepferdchen" — Allerdings (A 28), S. 27 (GG, S. 220).

[20] Der erste Vers gibt wenig Sinn. Ich vermute, daß „Warzen" in der Erstausgabe ein Druckfehler statt „Wanzen" war, den Ringelnatz dann seiner unverständlichen Komik wegen beibehielt. Eine — wenig wahrscheinliche — Deutung wäre, „Warzen" metaphorisch für ,alte Weiber' und „jede Schleife" dann als ,junge Mädchen' zu verstehen.

> Glaubst du noch an Gott? und spielst du Lotterie?[21]
> Meine Schwester kommt im Juli nieder.
> Doch der Kerl ist ein gemeines Vieh.
> Schenk mir zwanzig Mark; du kriegst sie wieder.
>
> Ausserdem: ich brauche ein Korsett,
> Und ein Nadelchen mit blauen Steinen.
> In ein Kloster möcht ich. Oder bei's Ballett.
> Manchmal muss ich ganz von selber weinen.[22]

Das scheinbar Witzige an diesem besoffenen Durcheinander ist nur das Tragikomische aller unglücklich Betrunkenen. In der Erzählung „Auf der Straße ohne
Häuser", die er noch als Hans Bötticher schrieb, wird sogar — in der Abwandlung des Gedichtes „Auf der Straße"[23] von Arno Holz — ein Verhungernder,
der einen Telegraphenmast umklammert, von den Vorübergehenden als scheinbar Betrunkener verlacht und verspottet[24]. Doch sind Armut und Elend der
„Chansonette" so groß, daß es des Alkohols eigentlich nicht bedarf. Eine Verwirrung von Grund auf endet im schrecklichsten, im grundlosen Weinen:
„Manchmal muss ich ganz von selber weinen." Ein Gedicht wie dieses oder „Das
Geseires einer Aftermieterin"[25] könnten durchaus Verse von Alfred Lichtenstein
zum Vorbild haben, so dessen „Ärgerliches Mädchen", das beginnt:

> Es ist schon spät. Ich muß verdienen.
> Aber die gehn heute alle vorbei mit blasierten Mienen.
> Nicht einen Glücksgroschen wolln sie mir geben.
> Es ist ein jämmerliches Leben.
> [. . .][26]

oder — mit erklärendem Titel wie bei Ringelnatz — sein „Wüstes Schimpfen
eines Wirtes", das endet:

> Am liebsten machte ich die Bude zu.
> Und weinte mich tot . . .[27]

---

[21] Das ist ein Stück Ringelnatz: zu seinem grenzenlosen und naiven Glauben an Gott
siehe unten S. 290—295, auch spielte Ringelnatz laufend Lotterie und ließ kaum
ein Preisausschreiben aus.

[22] Kuttel Daddeldu oder das schlüpfrige Leid (A 12), S. 17 (GG, S. 60).

[23] Holz, Das Werk 1 (B 42), S. 105 f.

[24] Ein jeder lebt's (A 9), S. 31 f.

[25] Kuttel Daddeldu oder das schlüpfrige Leid (A 12), S. 14 (GG, S. 65 f.).

[26] Lichtenstein, Gesammelte Gedichte (B 54), S. 27; dieses und das folgende Gedicht
erschienen in der Ausgabe der „Gedichte und Geschichten" von 1919 (B 53), die
Ringelnatz — vielleicht noch als Hans Bötticher — kennengelernt haben mag. Darüber hinaus erschien die erste Sammlung der Gedichte Lichtensteins („Die Dämmerung") 1913 im Verlag Alfred Richard Meyers wie ja auch die ersten Ringelnatz-
Veröffentlichungen.

[27] Lichtenstein, Gesammelte Gedichte (B 54), S. 27.

Aber anders als diese in satter Vorkriegszeit entstandenen und in ihren Reimpaaren komisch leiernden Verse des Kandidaten der Jurisprudenz ist die Verzweiflung in Ringelnatzens Rollengedichten echt — wir kennen seine bittere
Lage in den Nachkriegsjahren[28]. Zwei andere Gedichte aus dieser Zeit unter-
streichen das: „Wenn ich allein bin"[29] und „Von einem, dem alles danebenging",
das von der gleichen verwirrten Einsamkeit wie „Chansonette" erfüllt
ist. Ringelnatz sucht keine großen Worte mehr wie in seinen „Gedichten" von
1910; nun zerredet er weder sein Leid, noch versucht er, es in schöne Formen
zu gießen. Die Verse beginnen unverfänglich mit der Klage eines Unglücklichen:

> Ich war aus dem Kriege entlassen,
> Da ging ich einst weinend bei Nacht,
> Weinend durch die Gassen.

Doch für dieses Gedicht, das Ringelnatz erst in die Neuausgabe der „Turng-
dichte" aufnahm, gilt ja noch das Thema des „schlüpfrigen Leides". Und so zerstört er die Stimmung des Leides durch eine ins Derbe gekehrte Heinische
Pointe:

> Denn ich hatte in die Hosen gemacht.

Und in dieser Mischung von Lächerlichkeit und Schmerz fährt er fort:

> Und ich habe nur die eine
> Und niemanden, wo sie reine
> Macht oder mich verlacht.
>
> Und ich war mit meiner Wirtin der Quer.
> Und ich irrte die ganze Nacht umher,
> Innerlich alles voll Sorgen.
> Und sie hätten vielleicht mich am Morgen
> Als Leiche herausgefischt.
> Aber weil doch der Morgen
> Alles Leid trocknet und alle Tränen verwischt — —[30]

Der Dichter will uns glauben machen, sein ganzes Leid bestehe in diesem pein-
lich-komischen Mißgeschick; und er spielt im ganzen Gedicht mit einer komischen Doppeldeutigkeit im Anschluß an das Bild der ‚vollen Hosen', wenn er
sagt, daß bei ihm „innerlich alles voll Sorgen" sei und „der Morgen / Alles Leid"
trockne. Doch solch lächerliche Banalitäten, wozu auch der Streit mit der Wirtin
gehört, lenken nicht eigentlich vom wahren Leid ab; in tiefem Schmerz genügen sie, um die Ausweglosigkeit und Hoffnungslosigkeit übergroß bewußt zu
machen. Ähnlichem begegnen wir auch in anderen Gedichten; ganz besonders
sind die „Worte eines durchfallkranken Stellungslosen in einen Waschkübel ge-

---

[28] Siehe oben S. 149—152.
[29] Siehe dazu unten S. 213—218.
[30] Turngedichte (A 22), S. 82 (GG, S. 70 f.).

sprochen"[31] eine Häufung von widerwärtigem Alltagsärger. Doch mitten im scheinbar belanglosen Gequassel bricht der Schmerz durch:

[...]

Als mich Miss Hedwin erkannte und rief,
Die hab ich vor Jahren, in Genf, einmal — versetzt.
Nun sind meine Absätze schief.
Und sie trug ein Reitkleid und fütterte Kücken.
Aber ich darf mich nicht bücken.
Denn meine — ach mein ganzes Herz ist zerfetzt.

[...]

Der dritte Vers dieser Strophe erinnert uns unwillkürlich an die Qual Hans Böttichers: „Wenn man immer nur hinter den Leuten hergehen darf, damit sie den schiefen Absatz nicht merken. [...] .... das klingt später lustig und war doch Qual."[32] Die ganze Qual des „Stellungslosen" ist sicher auch die Ringelnatzens, der ja im November und Dezember 1919 selbst auf Stellungssuche war und Hunger und Not litt[33]. Aber er schützt sein „zerfetztes Herz" durch einen unsinnigen Gedichtschluß, der durch Übertreibungen so wie die Heinische Pointe in den zuvor besprochenen Versen im Grunde das Leid des Witzelnden nur noch deutlicher macht. Mit solchen Abwandlungen eines Stilmittels von Heine beginnt eine typische Eigenart vieler Gedichte Ringelnatzens, die Butler, ohne allerdings auf diesen Ursprung hinzuweisen, so zusammenfaßt: „A recurrent feature [sc. in Ringelnatz' poetry] is the evocation of a sentimental mood, which is then dispelled by a deliberately uncouth interpolation [...]"[34]. Butler folgt bei der Definition des Begriffes ‚sentimental' dem „Shorter Oxford English Dictionary" in dessen Auslegung des englischen ‚sentiment' als ‚mawkishness' (Süßlichkeit)[35]; doch reicht diese einseitige Wörterbuch-Definition nicht aus, um jene gefühlsreiche Trauer zu erklären, die man bisweilen mit dem abgegriffenen Ausdruck ‚Sentimentalität' umschreiben könnte. Ringelnatz selbst charakterisiert sich einmal in einem Brief an Muschelkalk wohl etwas mehr als ein halbes Jahr nach Entstehen der zitierten Verse auch als sentimental, aber freilich ganz anders, als Butler es versteht: „[...] und ich bin mit jener schönen harten Sentimentalität und Traurigkeit gefüllt, die mein Wesen ausmachen und die Du mehr und mehr an mir erkennen wirst."[36] Und wohl fast zehn Jahre später heißt es in dem schon an anderer Stelle zitierten Brief an Otto Linne-

[31] Kuttel Daddeldu oder das schlüpfrige Leid (A 12), S. 19 f. (GG, S. 61—63).
[32] Erstes Fragment von „Ihr fremden Kinder", siehe oben S. 110—112.
[33] IM, S. 55.
[34] Butler, Assessment (A 418), S. 159.
[35] ebda.
[36] Brief Nr. M 47 b vom 5. 9. 1920, Briefe, S. 23.

mann: „Ich bin viel viel ungebildeter wie Ihr und viel dümmer und deshalb viel sentimentaler [...]"[37]. Wie er hier den Zusammenhang seiner ‚Sentimentalität' mit seinem Minderwertigkeitsgefühl sieht, so kennt er auch die Schwäche mancher gefühlsseliger Gedichte seiner Jugend[38] und solcher aus späterer Zeit, parodiert er doch auch hierin sich selbst: Ein Gedicht erzählt von seiner Liebschaft mit einer Blindschleiche:

> Und Jahre vergingen. Dann schlief ich einmal
> Mit Blindschl und träumte im Betti
> (Jetzt werde ich wieder sentimental)
> Gerade, ich äße Spaghetti.[39]

Wenn wir uns schon an eine Definition von ‚Sentimentalität' halten wollen, so scheint mir die des Brockhauses von 1895 in ihrer Neutralität am geeignetsten. Dort heißt es, daß Sentimentalität „der Zustand eines Übergewichts der Empfindung über das thätige Streben"[40] sei. Und wenn wir in diesem Sinne Empfindsamkeit nicht mehr nur negativ sehen, können wir auch das wichtigste Gedicht der Einsamkeit aus „Kuttel Daddeldu oder das schlüpfrige Leid" besser verstehen:

Wenn ich allein bin

Wenn ich allein bin, werden meine Ohren lang,
Meine, meine Pulse horchen bang
Auf queres Kreischen, sterbenden Gesang
Und all die Stimmen scheeler Leere.

Wenn ich allein bin, leck ich meine Träne.

Wenn ich allein bin, bohrt sich meine Schere,
Die Nagelschere in die Zähne;
Sielt höhnisch träge sich herum die Zeit. —
Der Tropfen hängt. — Der Zeiger steht. —

Einmal des Monats steigt ein Postpaket
Aufrührerisch in meine Einsamkeit.
So sendet aus Meran die Tante Liese
Mir tausend fromme, aufmerksame Grüsse;
Ein jeden einzeln sauber einpapiert,
Mit Schleifchen und mit Fichtengrün garniert,
Vierblätterklee und anderm Blumenschmuck —

Ich aber rupfe das Gemüse
Heraus mit einem scharfen Ruck,

---

[37] Brief Nr. OL 24, wohl 1928—1930; siehe oben S. 37.

[38] Rückblickend schreibt Ringelnatz über Gedichte aus der Zeit um 1910 in ML, S. 268: „Ich dichtete viel, lyrisch und sentimental." Siehe oben S. 115.

[39] „Blindschl" — Allerdings (A 28), S. 19—21, Zitat S. 20 (GG, S. 214—216, Zitat S. 215).

[40] Brockhaus' Konversations-Lexikon 14 (B 122), S. 862.

Zerknülle flüchtig überfühlend
Den Alles-Gute-Wünsche-Brief
Und fische giftig tauchend, wühlend,
Aus all den Knittern und Rosetten
Das einzige, was positiv:
Zwei Mark für Zigaretten.
Die Bilder meiner Stube hängen schief.
In meiner Stube dünsten kalte Betten.

Und meine Hoffart kuscht sich. Wie ein Falter
Sich ängstlich einzwängt in die Borkenrinde.
Wenn ich allein bin, dreht mein Federhalter
Schwarzbraunen Honig aus dem Ohrgewinde.

Bin ich allein: Starb, wie ein Hund verreckt,
Hat mich ein fremdes Weib mit ihren Schleiern
Aus Mitleid oder Ekel zugedeckt.
Doch durch die Maschen seh ich Feste feiern,
Die mich vergassen über junger Lust. —

Ich reisse auseinander meine Brust
Und lasse steigen all die Vögel, die
Ich eingekerkert, grausam dort gefangen,
Ein Leben lang gefangen hielt, und nie
Besass. Und die mir niemals sangen.
Wenn ich allein bin, pups ich lauten Wind.
Und bete laut. Und bin ein uralt Kind.
Wenn ich —[41]

Für Colin Butler, der nichts von den Nöten Ringelnatzens ahnt, ist ein solches Gedicht nur „the externalization of a shallow self-pity which is all too prevalent in Ringelnatz' work [...], compounded by self-importance."[42] Anton Kuh hingegen hat das Gedicht „das Furchtbarste und Glänzendste"[43] Ringelnatzens genannt. Es beginnt mit einem Bild trostloser Langerweile und tiefer Verlassenheit, die Ringelnatz in einem (auf Schallplatte erhaltenen) monoton leiernden Vortrag[44] erschütternd unterstrichen hat. Die sprachliche Verwirrung — horchende Pulse — entspricht der inneren Ratlosigkeit; die Töne und Geräusche der Außenwelt sind „Stimmen scheeler Leere", übergroße Projektion der inneren Leere nach außen, die den Einsamen verhöhnt: „Sielt höhnisch träge sich herum die Zeit. —" Die anaphorische dreifache Beschwörung des Allein-

---

[41] Kuttel Daddeldu oder das schlüpfrige Leid (A 12), S. 21 f. (GG, S. 64 f.).
[42] Butler, Assessment (A 418), S. 154.
[43] Kuh, Joachim Ringelnatz. Zum Aufenthalt des Dichter-Kabarettiers in Wien (A 266).
[44] Schallplatte ohne Etikett, wahrscheinlich Probepressung. Seinen eigenen Schmerz ironisierend schrieb Ringelnatz aufs unbedruckte Mittelstück: „Ein rheinisches Mädchen / gesungen von Asta Nielsen"; im Besitz von GR.

seins („Wenn ich allein bin") hebt die Orientierung in der Welt völlig auf:
Die Zeit bleibt stehen: „Der Tropfen hängt. — Der Zeiger steht. —" Einen
Augenblick lang glauben wir hier den „größten Ton der orphischen Lyrik"
erklingen zu hören, wo sich „das private Ich des Dichters ins Anonyme eines
höheren Ich, ins Ichsein schlechthin" erweitert, „wo das Individuum in seinem
ewigen Alleinsein die Stimme erhebt."[45] Aber bald verläßt Ringelnatz diesen
Weg; das Postpaket der Tante Liese aus Meran läßt uns in seiner ganzen
Prosaik ermessen, wie schwer ihm doch ein solcher Aufstieg fiel und wie oft
sich das Private als Merkmal des Dilettantischen hervordrängte, getreu jenem
naiven Bekenntnis Ringelnatzens, seine Gedichte seien „nicht schwer zu erraten
[im Sinne von ,verstehen'], weil leicht erfühlbar — ich selbst. *Moi même*."[46]
Doch gelingt ihm nach dem unorganischen, allzu privaten Einsprengsel noch
einmal die Objektivierung des Subjektiven. Noch einmal kehrt das dreimalige
„Wenn ich allein bin / Bin ich allein" wieder, und Ringelnatz findet eindrucks-
volle Bilder für seine Einsamkeit:

> Und meine Hoffart kuscht sich. Wie ein Falter
> Sich ängstlich einzwängt in die Borkenrinde.

Während ein anderer großer Einsamer bei einem ähnlichen Bild in einem Gedicht, das er wegen der allzu großen Privatheit nie veröffentlicht —:

> [...] Wie die beneidenswerten
> Käfer und Würmchen der Erde,
> Die im Gewitter
> In ihre heimlichen Wohnungen ducken,
> Will ich dann auch in
> Meines Herzens Wohnung
> Zu kehren meinen,
> Mit gleicher ahnungsvoller Freude,
> Als fänd ich einen Tropfen Nahrung,
> Einen Lebensgedanken;
> [...][47]

— während nämlich Eduard Mörike in diesen Versen des Gedichts „Im Freien",
wenn ihm die Vereinigung mit der Natur nicht gelingt, wenigstens in seines

---

[45] Muschg, Dichterische Phantasie (B 183), S. 64 f.; in Anlehnung an Goethes und
Schillers „Über den Dilettantismus" (Goethe, Werke I, 47 [B 34], S. 299—324)
heißt es bei Muschg, wobei er sich besonders auf den Epimetheus der „Pandora"
Goethes bezieht: „Diese Sprache des Ich scheint dazu verurteilt, sich im Subjektiven
zu verlieren. Aber alle Kunst strebt ins Objektive, das Private ist in ihr das Merkmal des Dilettantischen. Die Objektivität der magischen Dichtung ist die Inner-
lichkeit."

[46] Adelbert Muhr, Joachim Ringelnatz, der dichtende Seefahrer (A 270).

[47] Mörike, Sämtliche Werke (B 69), S. 287.

Herzens Wohnung neues Leben zu finden glaubt, bleibt bei Ringelnatz nur noch
das von der Natur abgezogene Bild übrig, der Rückzug in das Herz geschieht
nicht mit „ahnungsvoller Freude", sondern „ängstlich" und voll Trauer.
Alleinsein bedeutet für ihn den Tod mitten im Leben: „Bin ich allein: Starb,
wie ein Hund verreckt". Die menschliche Umwelt reduziert sich auf die Gestalt
eines „fremden Weibes", deren Gefühle auf „Mitleid oder Ekel". Und die
Schleier der Vergessenheit lassen den erst Siebenunddreißigjährigen die Maske
des einsamen Alten annehmen. Doch das erschütternde Bekenntnis des eigenen
Versagens, jenes Versagens, das der Selbstparodie vorausging, drängt er in ein
Bild zusammen, das die Eichendorffsche „Wehmut" parodierend abwandelt,
denn dort heißt es:

> Ich kann wohl manchmal singen,
> Als ob ich fröhlich sei,
> Doch heimlich Tränen dringen,
> Da wird das Herz mir frei.
>
> So lassen Nachtigallen,
> Spielt draussen Frühlingsluft,
> Der Sehnsucht Lied erschallen
> Aus ihres Käfigs Gruft.
>
> Da lauschen alle Herzen,
> Und alles ist erfreut,
> Doch keiner fühlt die Schmerzen,
> Im Lied das tiefe Leid.[48]

und Ringelnatz dichtet:

> Ich reisse auseinander meine Brust
> Und lasse steigen all die Vögel, die
> Ich eingekerkert, grausam dort gefangen,
> Ein Leben lang gefangen hielt, und nie
> Besass. Und die mir niemals sangen.

Er vergleicht sich nicht mehr mit den gefangenen Nachtigallen; denn er ist ja
äußerlich frei, nicht Gefangener eines Amtes wie Eichendorff, aber er hat etwas
erstrebt, was zu erreichen er nicht imstande ist: hohes Dichtertum, um seine
Einsamkeit zu überwinden. Aber nun muß er erkennen, daß die Vögel —
Symbol für alle seine Wunschträume — ihm nicht singen, er läßt sie frei und
verzichtet scheinbar auf Traum und Anspruch. Doch wird auch dieser Verzicht
in der Selbstparodie wieder vorübergehen. Denn schon in der erweiterten
Neuausgabe des „Kuttel Daddeldu" von 1923 taucht mit dem Gedicht „Vorm
Brunnen in Wimpfen"[49] der alte, ganz von der literarischen Tradition ab-

---

[48] Eichendorff, Sämtliche Werke 1, 1 (B 28), S. 81.
[49] Kuttel Daddeldu (A 23), S. 121 (GG, S. 112 f.); hs. Original auf einer Ansichtskarte
von Bad Wimpfen (undatiert) im Besitz von GR.

hängige Hans Bötticher wieder auf, der — bewußt oder unbewußt — den Engelschor der Szene „Nacht" aus dem ersten Teil des „Faust"[50] parodiert:

> Dauernd zerteilt euch selber enteilend,
> Seid ihr getrieben ein treibendes
> Ganzes, rein Bleibendes.

Und wie er noch später, 1933, das Eichendorffsche Bild von der gefangenen Nachtigall wieder aufgreift, stilisiert er sich als Vogel ohne Gesang aus äußerer Not, der schließlich gänzlich ‚verstockt' schweigt:

> *Großer Vogel*
>
> Die Nachtigall ward eingefangen,
> Sang nimmer zwischen Käfigstangen.
> Man drohte, kitzelte und lockte.
> Gall sang nicht. Bis man die Verstockte
> In tiefsten Keller ohne Licht
> Einsperrte. — Unbelauscht, allein
> Dort, ohne Angst vor Widerhall,
> Sang sie
> Nicht — —,
> Starb ganz klein
> Als Nachtigall.[51]

Sicher nicht zuletzt weil er mit dem wachsenden Ruhm und der Anerkennung — die ihn jedoch nie aus der finanziellen Not befreiten — sein Selbstgefühl stieg, tat er nun so, als besäße er die Vögel, die er zur Zeit der parodistischen Selbsterkenntnis aus ihrer Gefangenschaft entließ, kehrte sich mehr und mehr von der verzweifelten Gestalt des gescheiterten Kuttel Daddeldu ab und versuchte wieder, auch als ‚ernster Lyriker' Anerkennung zu finden. Aber nur jene Gedichte gelingen noch, welche direkt zu dem Schlußbekenntnis des Gedichtes „Wenn ich allein bin" gehören: „Und bin ein uralt Kind"[52], einem Bekenntnis freilich, auf das hier noch einmal ein völlig ratlos monoton leierndes und abbrechendes „Wenn ich —" folgt.

---

[50] Goethe, Werke I, 14 (B 34), S. 43 f., Vers 801—805:

> [...]
> Thätig ihn preisenden,
> Liebe beweisenden,
> Brüderlich speisenden,
> Predigend reisenden,
> Wonne verheißenden
> [...]

[51] Der Nachlaß (A 46), S. 14 (GG, S. 525 f.); vgl. auch Butlers allzu politische Deutung des Gedichts (Assessment [A 418], S. 86—88).

[52] Siehe dazu unten S. 249—309.

An „Wenn ich allein bin" können wir sehen, was Ringelnatzens angebliche
Sentimentalität wirklich ist: *nicht* Süßlichkeit, wie Butler meint — der übrigens
das Gedicht nur eines Seitenblickes würdigt —, sondern die eigentliche ratlose
Grundhaltung des gescheiterten ‚Kröpels', der als Seemann berühmt werden
wollte und als Dichter fast nur Mißerfolge erlitt, der trotz der Selbstparodie
sein Schicksal eigentlich nicht zu meistern versteht[53] und dann seinen Gefühlen,
seinem Schmerz oder später auch bisweilen seiner Freude erliegt. Des öfteren
meistert er dann aber wenigstens seine Empfindung in der Dichtung, wie besonders in den Gedichten aus der Zeit der Selbstparodie. Wo das nicht gelingt,
sind manche Verse in negativem Sinne gefühlsselig, nicht so freilich der Schluß-
stein der ersten Ausgabe des „Kuttel Daddeldu" und zugleich auch die Quintessenz des „schlüpfrigen Leides":

Ansprache eines Fremden an eine Geschminkte
vor dem Wilberforcemonument

Guten Abend, schöne Unbekannte! Es ist nachts halb zehn.
Würden Sie liebenswürdigerweise mit mir schlafen gehn?
Wer ich bin? — Sie meinen, wie ich heisse?

Liebes Kind, ich werde Sie belügen,
Denn ich schenke dir drei Pfund.
Denn ich küsse niemals auf den Mund.
Von uns beiden bin ich der Gescheitre.
Doch du darfst mich um drei weitere
Pfund betrügen.

Glaube mir, liebes Kind:
Wenn man einmal in Sansibar
Und in Tirol und im Gefängnis und in Kalkutta war,
Dann merkt man erst, daß man nicht weiss, wie sonderbar
Die Menschen sind.

Deine Ehre, zum Beispiel, ist nicht dasselbe
Wie bei Peter dem Grossen L'honneur. —
Übrigens war ich — (Schenk mir das gelbe
Band!) — in Altona an der Elbe
Schaufensterdekorateur. —

Hast du das Tuten gehört?
Das ist Wilson Line.

Wie? Ich sei angetrunken? O nein, nein! Nein!
Ich bin völlig besoffen und hundsgefährlich geistesgestört.
Aber sechs Pfund sind immer ein Risiko wert.

Wie du misstrauisch neben mir gehst!
Wart nur, ich erzähle dir schnurrige Sachen.
Ich weiss: Du wirst lachen.

---

[53] Siehe auch unten S. 222 f.

Ich weiss: Dass sie dich auch traurig machen.
Obwohl du sie gar nicht verstehst.

Und auch ich —
Du wirst mir vertrauen, — später, in Hose und Hemd.
Mädchen wie du haben mir immer vertraut.

Ich bin etwas schief ins Leben gebaut.
Wo mir alles rätselvoll ist und fremd,
Da wohnt meine Mutter. — Quatsch! Ich bitte dich: Sei recht laut!

Ich bin eine alte Kommode.
Oft mit Tinte oder Rotwein begossen;
Manchmal mit Fusstritten geschlossen.
Der wird kichern, der nach meinem Tode
Mein Geheimfach entdeckt. —
Ach Kind, wenn du ahntest, wie Kunitzburger Eierkuchen schmeckt!

Das ist nun kein richtiger Scherz.
Ich bin auch nicht richtig froh.
Ich habe auch kein richtiges Herz.
Ich bin nur ein kleiner, unanständiger Schalk.
Mein richtiges Herz. Das ist anderwärts, irgendwo
Im Muschelkalk.[54]

Erhob sich „Wenn ich allein bin" bis auf den Mittelteil über das bloß Subjek-
tive, so scheint dieses Gedicht mit dem unruhig zerhackten Rhythmus ganz im
Persönlichen befangen zu sein. Biographisch knüpft es an das uns bereits bekannte Erlebnis mit dem Wilberforcemonument in Hull[55] an:

Über solchen Träumen verflog mir die Zeit sehr rasch. Nach allen Seiten auslugend
war ich derweilen andauernd im Kreise um das Denkmal geschritten. Auf dem Platze
war nur wenig Verkehr um diese Stunde. Als ich wieder jemand um die Uhrzeit
fragte, war es ein Viertel vor elf.
Ich sprach ein kleines vorbeigehendes Mädchen an, das grell geschminkt war und
nach Himbeeren roch. Sie nahm mich mit in ihr weit entlegenes Zimmer, und ich hatte
dort außer allem Erwarteten ein seltsames und eindrucksvolles Erlebnis, über das ich
nicht reden mag.[56]

Dieses Geheimnisvolltun gehört zum kindlichen Ringelnatz und ist eigentlich
für das Gedicht ohne Bedeutung. Die trunkene Verwirrtheit der Verse hat denselben Ursprung wie die der eigentlichen Kuttel-Daddeldu-Gedichte: die ratlose
Suche nach dem eigenen Ich. Schon der Titel nimmt die vor dem Kriege so
häufige Selbstbezeichnung „Fremder" („Ihr fremden Kinder" usw.)[57] auf. Die
Frage nach seiner Identität biegt er ab in eine Frage nach seinem Namen und

---

[54] Kuttel Daddeldu oder das schlüpfrige Leid (A 12), S. 23 f. (GG, S. 98 f.).
[55] Siehe oben S. 97 f.
[56] ML, S. 191.
[57] Siehe oben S. 111.

faselt traurigen Quatsch daher, der wiederum den ‚sanften' Katerpoesien
Scheerbarts verwandt ist. Ringelnatz weiß, daß alle seine „schnurrigen"
Kuttel-Daddeldu-Gedichte den wachen Hörer oder Leser traurig machen, obwohl — oder weil — man über sie lachen muß. Die hochtrabende Weltge-
wandtheit der dritten Strophe wird in den folgenden Versen zurückgenommen.
Zunächst spricht er von seiner Mißgestalt: „Ich bin etwas schief ins Leben gebaut" und schließt direkt das Bekenntnis an, daß er sich in der Welt nicht
zurecht finde, daß er nicht wisse, wie er in diese gekommen sei. In einem ergrei-
fenden Bild konzentriert er die Ratlosigkeit: „Wo mir alles rätselvoll ist und
fremd, / Da wohnt meine Mutter."

Zu den meistgedeuteten Versen Ringelnatzens gehört die folgende Strophe
von der alten Kommode; die meisten Interpreten erklären sie ungefähr wie
Hugo Hartung:

> Und Zartheit des Herzens ist das letzte Geheimnis der alten Kommode, mit der sich
> der Dichter einmal verglichen hat: „Der wird staunen, der nach meinem Tode mein
> Geheimfach entdeckt." Ach, wir kannten es schon vorher — wir Schriftsteller, Maler,
> Schauspieler —, die wir im alten „Simpl" zu München ihn oft wie eine Kaimauer
> gegen das Anbranden plumpen Mißverstehens beschützten [. . .].[58]

Leicht verständlich sind die Symbole für die dichterischen Versuche, den Rausch
und die Außenseiterrolle: Tinte, Rotwein und Fußtritte, wobei ihn die Fußtritte erst noch ‚verschließen'. Aber nicht Hartungs „Zartheit des Herzens"
wird man nach seinem Tode im Geheimfach entdecken. Denn darüber kichert
man nicht — so daß Hartung auch verfälschend „staunen" schreibt. Man kichert
über etwas unerwartet Komisches, man kichert über Ringelnatzens ernsten
hochfliegenden Dichterehrgeiz, der so gar nicht mit der Gestalt des Kuttel
Daddeldu übereinstimmt, man kichert über das „groteske, wenn auch nur teilweise Minderwertigkeitsgefühl"[59] und was sonst noch an Unerwartetem da zum
Vorschein kommt. In diesem Gedicht wird auch ein weiterer Grund deutlich,
warum Ringelnatz Ernstes und Heiteres mischt — danach wird er später in den
Briefen an Muschelkalk immer wieder seine Gedichte ganz grob scheiden[60].
Oben haben wir den literarischen Ursprung dieser Mischung von übergroßer
Empfindsamkeit und Derbheiten in der Heinischen Pointe gesehen und festgestellt, daß Ringelnatz damit nur den Ausdruck des Leides in den Gedichten
erhöht. Hier in der „Ansprache" folgt auf das tragische Bild der im Fremden
und Rätselvollen wohnenden Mutter: „Quatsch! Ich bitte dich: Sei recht laut!"

---

[58] N. Dymion [d. i. Hugo Hartung], „Ich bin eine alte Kommode . . ." (A 335),
S. 710 f.; das Ringelnatz-Zitat dort kursiv.

[59] AM, S. 148.

[60] Vgl. unter anderem Brief Nr. M 791 vom 1. (?) 3. 1932, Briefe, S. 181: „Sende mir
sofort aus neuem Buch heitere und ernste Gedichte, die ich sonst nicht vortrage."

In der Angst vor der allzu ernsthaften und deutlichen Bloßlegung seines Innersten will er seine ratlose Einsamkeit überschreien. Und Colin Butler irrt, wenn er den verzweifelten Schmerz des Gedichtes und insbesondere dieser Stelle als „sentimental mood"[61] abwertet; das kann er nur, weil ihm die ganze menschliche und dichterische Entwicklung von Hans Bötticher zu Joachim Ringelnatz, weil ihm die Gestalt des Dichters verborgen geblieben ist und weil er deshalb als Stimmung mißverstehen muß, was Ausdruck eines „central experience" ist, das er bei Ringelnatz vermißt[62]: Butler hat Ringelnatzens Geheimfach nicht entdeckt.

So würgt nun in unserem Gedicht Ringelnatz den Vergleich seiner selbst mit der alten Kommode durch einen eigenartigen Witz ab: „Ach Kind, wenn du ahntest, wie Kunitzburger Eierkuchen schmeckt!" Und die Gefährlichkeit seiner Doppelexistenz wird ihm deutlich; die Selbstparodie wird ihm fragwürdig:

> Das ist nun kein richtiger Scherz.
> Ich bin auch nicht richtig froh.

Nicht fragwürdig wird jedoch diese Dichtung, denn nirgendwo findet sich Heuchelei; nirgendwo verbirgt er dem aufmerksamen Beobachter etwas. Er geht fast bis zur Selbstentäußerung und -verleugnung:

> Ich habe auch kein richtiges Herz.
> Ich bin nur ein kleiner, unanständiger Schalk.
> Mein richtiges Herz. Das ist anderwärts, irgendwo
> Im Muschelkalk.

Diese letzten Verse des Gedichtes erinnern von ferne an spätere Zeilen Hans Arps:

> [...]
> Als sei der ewige Schalk
> in eigener Person
> aus der himmelblauen Verzweiflung der
> Unendlichkeit
> in uns gefahren,
> gaben wir uns mit der übertriebensten
> Possenhaftigkeit
> einem schabernakalischen Scheinmanöver
> [...][63]

Ringelnatzens Verse sind allerdings wesentlich verhaltener und weniger bildreich und enden einerseits mit einem Bekenntnis zu seiner Frau Muschelkalk, der er das neue Gedicht am 7. August 1920, dem Tage der standesamtlichen

---

[61] Butler, Assessment (A 418), S. 159.

[62] ebda. S. 265, in Anlehnung an Walter Killy, Deutscher Kitsch (B 156), z. B. S. 18, 32 u. ö.

[63] Arp, wortträume und schwarze sterne (B 5), S. 79.

Trauung, zum ersten Mal vorliest[64], zum anderen aber sind sie wie das Gedicht „Seepferdchen" Versuch einer Antwort auf die Frage nach dem Wesen
und Ursprung der eigenen Person. Fürchtet und glaubt er, kein richtiges Herz
zu haben, weil er als Kuttel Daddeldu *nur* Schalk geworden ist, so findet er
in der Liebe seiner Frau Hilfe und zugleich Selbstbestätigung. Noch sechs
Jahre später ist ihm das Gedicht Symbol für seine Rettung: „Ich habe gestern in
der Rampe die ‚Ansprache eines Fremden' so schön wie nie zuvor gesprochen.
Gott sei mit Dir! Ich hab Dich unendlich lieb."[65] Sein Herz ist zuletzt doch
nicht bei der „übertriebenen Possenhaftigkeit" — wie Hans Arp es nennen
würde — des Kuttel Daddeldu; ja sogar eingeschlossen im Muschelkalk, bleibt
die Sehnsucht nach der Befreiung erhalten und mischt sich in eine weitere
Parodierung und Verzerrung seines Schicksals, in einige Märchen von 1921.[66]
       Denn Ringelnatzens Angst, das eigene Schicksal nicht meistern zu können,
bleibt lebenslang die Quelle der zahlreichen Klagegedichte:

> *Aufgebung*
>
> Ich lasse das Schicksal los.
> Es wiegt tausend Milliarden Pfund;
> Die zwinge ich doch nicht, ich armer Hund.
>
> Wie's rutscht, wie's fällt,
> Wie's trifft — so warte ich hier. —
> Wer weiß denn vorher, wie ein zerknittertes Zeitungspapier
> Weggeworfen im Wind sich verhält?
>
> Wenn ich noch dem oder jener (zum Beispiel dir)
> Eine Freude bereite,
> Was will es dann heißen: „Er starb im Dreck"? —
> Ich werfe das Schicksal nicht weg.
> Es prellt mich beiseite.
>
> Ich poche darauf: Ich war manchmal gut.
> Weil ich sekundenlang redlich gewesen bin. —
> Ich öffne die Hände. Nun saust das Schicksal dahin.
> Ach, mir ist ungeheuer bange zumut.[67]

Rund drei Jahre nach den ersten Daddeldu-Versen ist dieses Gedicht entstanden — das „Er starb im Dreck" erinnert uns an einen Vers aus „Wenn ich
allein bin": „Bin ich allein: Starb, wie ein Hund verreckt"[68] — und ist so
auch ein Beweis dafür, daß die Selbstparodie nicht von Dauer war und nicht

---

[64] IM, S. 66.

[65] Brief Nr. M 440 vom 13. 8. 1926; siehe dazu auch unten S. 298 f.

[66] Siehe unten S. 229—245.

[67] Reisebriefe (A 27), S. 62 (GG, S. 158); zuerst in: Simplicissimus 28 (1923/24) Nr. 4
vom 23. 4. 1923, S. 54.

[68] Kuttel Daddeldu oder das schlüpfrige Leid (A 12), S. 22 (GG, S. 65).

so tief ging, wie es zunächst den Anschein hatte; auch nach der Wandlung erscheint er wieder in völliger Passivität als „zerknittertes Zeitungspapier". Doch ein Sieg der Selbstparodie bleibt erhalten: der — wenn auch etwas fragwürdige — Ruhm des Kuttel Daddeldu und der Joachim Ringelnatzens.

5. Mannimmond

Am 22. Januar 1921, in der Zeit des ersten großen Erfolges mit den „Turngedichten" und den Versen von „Kuttel Daddeldu", schreibt Ringelnatz aus Berlin an seine Frau: „Ich habe meine Drama-Idee plötzlich zurückgestellt, um einen grotesken Einakter auszudenken."[1] Anfang Februar heißt es dann aus Breslau: „Fange an zu dichten an Mondsache."[2] Und schon eine Woche später kann er berichten: „Mannimmond ist *im 1. Guß* fertig. Ich nenne es nun ,Bühnenstar und Mondhumor' [...]."[3] Seit dem 18. Februar feilt er „noch etwas an Mannimmond"[4], diktiert das fertige Stück am 22. Februar in die Maschine, korrigiert das Diktat und sendet einen Durchschlag am nächsten Tag an den Kurt Wolff-Verlag[5], der ihm sechs Wochen später absagt[6]. Der Verlag Albert Langen, der seine Sammlung von Erzählungen „Ein jeder lebt's"[7] 1913 herausgegeben hat, lehnt ebenso ab wie das Berliner Theater „Komödie"[8]. Das bisher unveröffentlichte und mit wenigen eigenhändigen Korrekturen versehene Originaltyposkript tauchte erst 1967 wieder in einem Berliner Antiquariat auf[9]. Deshalb ist die „einaktige Groteske" *„Bühnenstar und Mondhumor"* auch bis heute völlig unbekannt geblieben.

---

[1] Brief Nr. M 75.

[2] Brief Nr. M 78 vom 2. 2. 1921, Briefe S. 30 (dort stark, auch um diese Stelle gekürzt).

[3] Brief Nr. M 82 vom 9. 2. 1921, Briefe, S. 30 f. (obiges Zitat nach der Abschrift [GR] korrigiert).

[4] Brief Nr. M 85, Briefe, S. 31 f. (dort falsch: 19. 2.; außerdem sehr stark, auch um diese Stelle gekürzt).

[5] Vgl. Briefe Nr. M 87 vom 22. 2. 1921, Briefe, S. 32 f. und Nr. M 88 vom 23. 2. 1921, ebda. S. 33; der Brief Nr. KW 1 an den Kurt Wolff-Verlag trägt das Datum des 22. 2., wurde aber erst einen Tag später abgesandt.

[6] Brief Nr. KW I von Kurt Wolff vom 1. 4. 1921; vgl. auch unten S. 233 f.

[7] Bibl. A 9.

[8] Vgl. Brief Nr. M 88 vom 23. 2. 1921, Briefe, S. 33 (dort u. a. auch um die Erwähnung des Albert Langen-Verlages gekürzt); siehe auch Brief Nr. M 108 vom 15. 3. 1921: „Alle literarischen Sachen liegen bei mir fest [...]", Briefe, S. 47.

[9] Es wurde von Karl H. Henssel, dem jetzigen Verleger Ringelnatzens, erworben und Muschelkalk geschenkt (GR).

Der Kern des Geschehens ist kurz folgender: Alles spielt sich in einer Mondnacht vor einem Hause ab, in dem die große Schauspielerin Hela Handen
wohnt, betreut von Frau Bärwald, ihrer Logiswirtin. Außerdem leben dort
noch der Reporter und Friseur Snockel, eine Karikatur des oberflächlichen
Kritikers und Schwätzers, und Frau Quarz, die eine Likörstube betreibt. Eine
Einbrecherepisode, die mit der totalen Betrunkenheit des Diebes endet, soll
hier nicht interessieren. Mittelpunkt des handlungsarmen Stückes ist die Schauspielerin, die aber nur gegen Ende kurz auftritt. Sie wird von den verschiedensten Menschen verehrt. Neben der naiven Anhänglichkeit der Logiswirtin
stehen die übliche Künstlerverehrung eines Studenten — sie mißlingt, weil dieser am Schluß betrunken ist — und die persönliche Beziehung der Künstlerin
zu einem „Herrn", der seine Frau mit ihr betrügt. Und schließlich ist da noch
die Hauptfigur des Stückes, ein „verdächtiges, gelbsüchtiges Individuum", wie
es im Personenverzeichnis heißt. Auch dieser Mann liebt die Schauspielerin,
freilich „so auf meine Weise" (S. 12). Die eigentliche Handlung setzt erst im
letzten Drittel des Stückes ein, als die Frau des „Herrn" auftaucht; das Individuum gibt ihr die Gewißheit, daß ihr Mann sie betrügt. Da steigt dieser aus
dem Fenster der kranken Künstlerin und fragt erregt nach einem Arzt. Das
Individuum gibt eine mißverständliche Auskunft:

> Indiv.   (Nach rechts weisend) Dort Strasse hinab im letzten linkem [!]
>   Hause. Es ist —
> Herr   (Davonlaufend) Im letzten linken Haus —
> Indiv.   Es ist ein Rossarzt. (S. 12)

Schließlich schickt es die Frau zu einem richtigen Arzt. Als es allein ist, steigt
die Schauspielerin im Hemd aus ihrem Fenster, „tritt mondwandelnd heraus",
„klimmt langsam am Blitzableiter empor" und verschwindet nach oben. Das
Individuum hält sie nicht zurück. Als ein Schutzmann sie an der Dachrinne
hängend erblickt, ruft Frau Quarz eilig nach Kissen und Betten, um einen
Sturz zu mildern. Der „Herr" kehrt in diesem Augenblick zurück, sieht die
Schauspielerin am Dach, ruft sie mit ihrem Namen an, schreit entsetzt um
Hilfe, und die Mondwandlerin stürzt herab. Der herbeigeholte Arzt stellt
fest, daß sie noch lebt. Die Frau des „Herrn" jedoch greift, von ihrem Mann
verspottet, zum Revolver und erschießt die verletzte Künstlerin und sich
selbst — nur das Individuum hat übrigens gewußt, daß sie eine Waffe bei sich
trug. Ein Feuerwehrmann, der Student und seine Musikanten, der Einbrecher
erscheinen, und das Individuum entzieht sich der Verwirrung: „Ich verstecke
mich jetzt. Nüchternheit will aufräumen. Und es ist nicht meine Art, die Arbeit
zu stören." (S. 16)

Das Individuum scheint die Schlüsselfigur zu dieser seltsamen „Künstler-
geschichte" zu sein, die sich um die „bedeutende" Schauspielerin Handen dreht.
Diese will den Menschen „selbstlos dienen", obwohl sie weiß:

Muss ich mich daran gewöhnen,
Dass ich höher steigend einsamer werde,
[...](S. 13)

Und diese Verse, welche die mondwandelnde Künstlerin spricht, als sie aus
ihrem Fenster klettert, beginnen:

Komme ich doch dir immer
Näher und niemals nah,
Je mehr ich sehe, was nimmer
Zuvor ich sah. (S. 13)

Hier kommen die Wünsche der Künstlerin zum Ausdruck, die sie im geheimen
hegt und die hier beim Mondwandeln wie in einem Traum durchbrechen. Aber
was ist der Mond für die Künstlerin? Warum will sie ihm näher kommen?
Volkstümliche Vorstellungen vom Mond geben uns keine Klarheit, da herrscht
ein „Chaos der Vorstellungen"[10], und über seinen Charakter läßt sich zusam-
menfassend nur soviel sagen: „Das Halbklare, Unscharfe erweckt den Eindruck
des Fremdartigen, Nichtmenschlichen, Geheimnisvollen. Nacht und Mond sind
allezeit mit dem Gefühl für das Besondere, Geheime, Verborgene verbunden
worden."[11] Aber es ist auch immer wieder in den verschiedenen Anschauungen
von der gefährlichen „gemütsstörenden Wirkung" des Mondlichtes die Rede[12].
So wäre denn in unserem Stück der Mond vielleicht so etwas wie das Unerreich-
bare, Geheimnisvolle, Unerklärbare, die Vollendung in der Kunst — das Ziel
der Künstlerin, etwas das zu ihrem Sturz beiträgt. Frau Quarz erzählt einmal
von ihr, daß sie „an magnetischen Krämpfen" leide; sie fragt das Individuum:

Fr. Quarz [...] Glauben Sie auch an den Einfluss des Mondes?
Indiv. Ich habe Beweise. Wenn Sie zum Beispiel jetzt langsam Stufe für
Stufe, diese fünf Treppen hochsteigen, bis oben hin, wo das Dach-
fenster ist, und sagen dabei unaufhörlich vor sich hin: „Alzibibatros!
Alzibibatros!" — Und gucken dann oben in den Mond!!! Dann wissen
Sie plötzlich nicht mehr [,] wie Ihr Hund heisst.
Fr. Quarz Ach gehn Sie weg. Darauf fällt niemand rein.
Indiv. Bin ich ein Possenreisser? Ich sage Ihnen, Sie können sich acht Tage
lang nicht mehr auf den Namen Alzibibatros entsinnen.
Fr. Quarz Reden Sie nun Unsinn oder wirklich vernünftig? (S. 6 f.)

Das Ganze erweist sich später wirklich als Posse, da Frau Quarz sich sehr wohl
an den Namen erinnern kann. Das Individuum redet offenbar Unsinn. Immer
wieder glauben die andern, daß es sich über sie lustig macht, oder sie empfinden,
was es sagt, als Spott. Die Liebe dieses Individuums zur Künstlerin ist „armse-
lig", von direktem Kontakt ist es ausgeschlossen:

[10] Handwörterbuch des deutschen Aberglaubens 6 (B 145), Sp. 478.
[11] ebda. Sp. 481.
[12] ebda. Sp. 503.

Ich wache manchmal für sie. Und dann lehne ich mich an diese Mauer. Ich weiss, an
dieser Mauer steht ihr Bett. Und wenn sie unruhig träumt und mit der Schulter oder
mit den Beinen an die Mauer anstösst — dann kommt mir's zu durch den Stein wie
ein elektrischer Strom. (S. 12)

Diese Figur gehört zu den zahllosen Ausgestoßenen und „Fremden" bei Ringelnatz[13]. Aber als das Individuum dem „Herrn" wegen der Handen helfen
soll, lehnt es ab mit der Begründung: „Weil ich sie liebe." (S. 12) Es redet Unsinn, liebt die Künstlerin, hilft ihr aber auch dann nicht, als sie mondwandelnd
dem sicheren Absturz entgegensteigt. Was dieses Individuum, das Ringelnatz
selbst spielen wollte, und was die bedeutende Schauspielerin darstellen sollen,
formuliert Ringelnatz in einem Brief an seine Frau etwas verhüllend: „Ich [...]
suche im Bühnenstar die hohe, redliche Kunst u. in dem Individuum den hohen Humor (gleichzeitig als Mann im Monde gedacht) zu verkörpern."[14] Wir
wissen bereits soviel, daß wir das schützende Wort vom „hohen Humor" näher
erklären können. Das Individuum liebt die hohe Kunst vergeblich, bei ihm
reicht es nur zum „Possenreisser" (S. 6), und die hohe Kunst stirbt ja letztlich
durch es. „Bühnenstar und Mondhumor" ist also beinahe so etwas wie eine
Allegorie auf das Verhältnis von hoher Kunst und Possenreißerei. Nur macht
Ringelnatz aus dieser Allegorie wieder eine teilweise unsinnige Posse, eine
„Groteske", wie er sie modisch nennt[15]. Denn verschiedene Einzelheiten machen
eine geschlossene Deutung schwer, wo nicht gar unmöglich. Wenn das Individuum Mann im Mond — oder „Mannimmond", wie es sich selber nennt (S. 8)
— ist, wäre es dann strafweise in den Mond versetzt, wie volkstümliche Vorstellungen nahelegen? Es ist aber nirgends von einem Vergehen dieses Mannes
die Rede. Dann strebt die „hohe Kunst" vergeblich nach dem Monde, das Individuum als Mann im Mond ist jedoch schon da und hätte also erreicht, was der
Kunst unmöglich ist? Die wandelnde Künstlerin charakterisiert ihr Mondziel
so:

> Bist du kühler, lächelnder, gelber
> Gesell, wie du scheinst:
> Traurig im Lachen, vergnügt, wenn du weinst,
> Allen dienlich und Niemandem treu als dir selber,
> [...] (S. 13)

Die Künstlerin sehnt sich nach dem „Mondhumor", wie es ja im Titel des Stükkes heißt. Daß in dieser Hinsicht Mond und Mann im Mond wahrscheinlich
identisch sind, deutet das Ende des Einakters an; als das Individuum abgeht,

---

[13] Siehe dazu vor allem oben S. 111.
[14] Brief Nr. M 82 vom 9. 2. 1921, Briefe, S. 30 f. (Zitat nach der Abschrift [GR]
korrigiert).
[15] Zur Groteske siehe Liede, Dichtung als Spiel 1 (B 165), S. 11—14.

verschwindet laut Bühnenanweisung auch das Mondlicht. Und das „gelbsüchtige" Individuum spricht einmal vom Humor als einer Objektivität, die Tatsachen so nimmt, wie sie sind:

> Eins — zwei — vier — drei.
> Mir geht alles vorbei.
> Und kommt mir selber das nicht traurig vor,
> Heisst solche Objektivität „Humor". (S. 8)

Der hohen Kunst, deren Seele „zart wie Schmetterlingsflügel" ist (S. 3), geht nach Ringelnatzens Meinung also dieser Humor ab, den das possenreißende Individuum besitzt. Aber auch diese Deutung kann letztlich nicht völlig befriedigen. Denn dieser anscheinend so objektive Mannimmond liebt ja die Künstlerin als „Abseitsstehender", „Ausgestossener" (S. 12), kommentiert dann aber ‚objektiv'-ironisch deren Sturz: „Vertikaler Fall einer Lunatischen." (S. 15) Und was soll schließlich die Erschießung der Schauspielerin, also der Kunst, durch die Frau des „Herrn"? Vielleicht ist dieser Schluß nicht mehr als eine parodierende Reminiszenz an das Ende von Wedekinds „Erdgeist"[16] oder des „Kammersängers"[17], wo ja Revolverschüsse und Mord bzw. Selbstmord die Dramen im Grunde ohne Lösung enden lassen.

Und Frank Wedekind könnte auch mit einem Stück das indirekte Vorbild für die Grundtendenz von Ringelnatzens Einakter geliefert haben. Wedekind litt unter dem Mißerfolg seiner Dramen — besonders des „Marquis von Keith" —, und der gleichzeitige Ruhm als Kabarettpoet und Bänkelsänger ließ ihn es besonders tief fühlen. Eine unmittelbare Frucht dieser Enttäuschung ist „König Nicolo oder So ist das Leben"[18]. In dieser nur durch Geschichte und Kostüm verhüllten Selbstdarstellung sagt der vom Metzger Pietro Folchi abgesetzte König — der direkte Bezug zu Wedekinds Rolle als Dichter ist unüberhörbar — : „Denn wenn der S c h w e i n e s c h l ä c h t e r auf den Thron erhoben wird, dann bleibt für den König schlechterdings keine andere Lebensstellung im Staate mehr übrig, als die eines — H o f n a r r e n ."[19] Und auf der „Elendenkirchweih", wo sich die Fahrenden und Gaukler treffen, werden die ernsten Worte des jetzt unerkannt lebenden Königs vom Publikum als „Posse" aufgefaßt; ein Theaterdirektor ist begeistert von den „ P a r o d i e n "

---

[16] Wedekind, Gesammelte Werke 3 (B 105), S. 1—97.

[17] ebda. S. 195—240.

[18] ebda. 4, S. 99—181; Ringelnatz kannte Wedekind persönlich und verehrte ihn. Sicher war er mit dessen Werken vertraut; die erste Auflage des „König Nicolo" erschien 1902 bei Albert Langen in München, die zweite 1907 und die dritte dann 1911 bei Georg Müller. Aufführungen in München sind von 1909—1911 bezeugt, und 1919 gab es sogar eine Verfilmung.

[19] ebda. S. 118 (2. Bild).

des Königs, wie jener „das Teuerste, das Heiligste, was ich bis jetzt in den Tiefen meiner Seele verschlossen hielt"[20], mißversteht.

Aber hier wird auch der Unterschied zu Ringelnatz deutlich — bei aller übrigen Verschiedenheit von Persönlichkeit, dichterischer Entwicklung und Werk —: Ringelnatz parodiert sein ganzes Streben nach Ruhm als Seemann und reißt öffentlich Possen als „Kuttel Daddeldu"[21]. Und sein „Bühnenstar und Mondhumor", das er sich „aus Wein und Herzen zusammengebraut hat"[22], ist auch keine klare Parabel vom gestürzten (Dichter-)König als Narr, sondern eine unsinnige Posse mit zahllosen Ungereimtheiten, von denen wir oben nur einige herausgehoben haben. Diese haben ebenso wie die Einbrecher- und Studentenepisode, der Reporter und Friseur, der Schutzmann *einen* Zweck: keine endgültige Klarheit aufkommen zu lassen, zu verhindern, daß Nüchternheit aufräumt, wie das Individuum ironisch bei seinem Abgang bemerkt. Nur soviel läßt sich sagen: Ringelnatz dachte sicher bei dieser teilweise possenhaften Allegorie vom Unsinn redenden Mannimmond und hoher redlicher Kunst an seine eigene künstlerische Entwicklung von Hans Bötticher zu Joachim Ringelnatz. Und deshalb nimmt — trotz einiger Wedekind-Reminiszenzen — „Bühnenstar und Mondhumor" eine einzigartige Stellung im Werk des Dichters ein, ist dieser Einakter doch so etwas wie die innere Geschichte der Selbstparodie, so wie „...liner Roma...", der ein halbes Jahr später entstand, von der äußeren Zeit der Selbstparodie berichtete.[23]

Wenn Unsinnspoesie grundsätzlich Dichtung aus Unvermögen ist, wie Alfred Liede meint, wobei erst die Art und Tiefe des Unvermögens eine eigentliche Wertung ermögliche[24], dann ist Ringelnatz dafür ein geradezu klassisches Beispiel. Denn mit den Unsinnsversen der „Turngedichte", „Kuttel Daddeldus", der eben besprochenen „Groteske" — in der er dieses Problem sogar zum Gegenstand einer freilich von Unsinn strotzenden Dichtung macht — und anderen Werken[25] verläßt er zunächst das Feld der ‚ernsten' Dichtung, weil er sein — relatives — Unvermögen und seine Erfolgslosigkeit erkannt hat.

Doch bleibt bei diesem Stück wie bei den folgenden Märchen ein trotz allem unbefriedigender Rest: Ihr eigentlicher Wert und ihre Bedeutung konnten den

---

[20] ebda. S. 150 f. (7. Bild); auch Wedekinds „Karl Hetmann, der Zwergriese (Hidalla)" ebda. S. 182—266 — trägt ja selbstparodistische Züge. Hetmann, der häßliche Zwerg, der eine Moral der Schönheit propagiert, geht am „Fluch der Lächerlichkeit" (so heißt das 4. Bild von Wedekinds „Musik" — ebda. 5, S. 92) zugrunde; als man ihn am Schluß für den Zirkus als „dummen August" engagieren will, erhängt er sich.

[21] Vgl. oben S. 189—192.

[22] Brief Nr. M 87 vom 22. 2. 1921, Briefe, S. 33.

[23] Siehe oben S. 152—156.

[24] Liede, Dichtung als Spiel 1 (B 165), S. 430.

[25] Siehe vor allem das nächste Kapitel.

Zeitgenossen nicht deutlich werden, da ihnen der Hintergrund unbekannt war; bisweilen grenzen diese Dichtungen ans Hermetische, wie eine Passage aus dem weiter oben besprochenen „. . . liner Roma . . .“[26]. Dennoch hatte Ringelnatz sofort nach Beendigung der Werke nichts Eiligeres zu tun, als sie zu veröffentlichen. Vielleicht war die Publikation für ihn eine vorübergehende Befreiung von seinen persönlichen und dichterischen Problemen, vielleicht sollte das allzu Persönliche der Werke dadurch mehr literarische Objektivität erhalten.

6. Sehnsucht nach Befreiung: Die Märchen

Keine zwei Jahre, nachdem Ringelnatz sich in der Gestalt des Kuttel Daddeldu selbst parodiert hat, schreibt man schon Parodien auf seine Gedichte — so jedenfalls müssen wir verstehen, was er über eine uns unbekannte Angelegenheit berichtet:

> Die Miesbacher Geschichte macht mir Freude. Wie ich es deute, handelt es sich um eine Dichtung nach dem f e s t s t e h e n d e n T y p u s R i n g e l n a t z - Daddeldu, also wie man häufig auch in Wilhelm-Buschmanier etc. dichtet.[1]

Zweifellos täuscht sich Ringelnatz in diesem hochgegriffenen Vergleich von 1921. Seine Verse haben nie die Popularität derjenigen Wilhelm Buschs erlangt; was jedoch zumindest zeitweise eine vergleichbare Popularität erreichte, war eben die Gestalt „Ringelnatz-Daddeldu“, die ihn später zu seinem Ärger immer häufiger in Parodien verfolgte[2]. So nennt er etwa eine Ringelnatz-Parodie Hans Reimanns von 1923 „ekelhaft“[3], und wohl über parodistische Huldigungsgedichte schreibt er noch 1929 an seine Frau: „Die ewigen Gedichte, die man über mich macht, sind doch merkwürdig alle gleich dumm. Ich werfe sie in den Papierkorb.“[4]

Wie zu allen Dichtungen sind auch Ringelnatzens Äußerungen zu den „Märchen“, wie er die „Elf Angelegenheiten“ des Sammelbandes „Nervosipopel“ in Briefen und im Untertitel in den Erstveröffentlichungen häufig nennt[5], sehr spärlich, und nicht nur deshalb entging allen bisherigen Betrachtern und Kri-

---

[26] Siehe oben S. 156.

[1] Brief Nr. M 173 a vom 22. 11. 1921.

[2] Vgl. die Nummern A 203—A 213 der Bibliographie, vor allem die von Herbert Günther 1968 als Privatdruck herausgegebene Sammlung „Dem Zauberer Kuttel Daddeldu“ (A 213); zur Manie wurden die Parodien und Huldigungsgedichte dem Ringelnatz-Korybanten Hans Harbeck: vgl. dessen „Herz im Muschelkalk“ (A 204).

[3] Brief Nr. M 292 a vom 21. 3. 1923; gemeint ist Reimanns „Ringelnatzweis' “ (A 208).

[4] Brief Nr. M 644 vom 3. 12. 1929, Briefe, S. 132.

[5] Bibl. A 25, Erstveröffentlichungen siehe Bibliographie.

tikern die Bedeutung dieser Prosaarbeiten. Freilich hat der Verlag sie bereits
auf ein Nebengeleise geschoben, auf dem die Forschung noch heute gern wei-
terfährt, er kündigt sie nämlich mit den Worten an: „Die deutsche Literatur
wird bald in ihrer grotesken Abteilung einen neuen Begriff bilden müssen: Rin-
gelnatzereien."[6] Die damals noch neumodische Bezeichnung ‚grotesk' taucht
dann prompt bei Herbert Günther wieder auf: „Es sind Grotesken. [...]
Manche von ihnen sind geistreich, alle witzig und voller überraschender Einfälle, so daß man beim Lesen lachen muß, ob man will oder nicht."[7] Und wie
die meisten übrigen Liebhaber dieses Modeworts hält sich dann auch Colin
Butler[8] an die unglücklich einseitige Lebensangstdefinition Wolfgang Kaysers,
so daß Ringelnatz mit seinem angeblichen Optimismus, seiner Naivität[9] gar
nicht imstande ist, eine ‚echte' Groteske zu schreiben, zumal ihn eine „central
deficiency in his experience"[10] daran hindere. Deshalb fällt Butler über die
Märchen in „Nervosipopel" dann auch ein vorschnelles Urteil:

> Likewise, attempts in *Nervosipopel* to utilize some elements of the grotesque misfire
> because Ringelnatz is only interested in their local illogical effect, not their meta-
> physical inferences.[11]

und trifft sich unerwartet mit jenem Rezensenten, der als Stimme des durchschnittlichen Literaturkonsumenten und Bierhumoristen herablassend und hohn-
lächelnd behauptet, diese „Grotesken" hätten mit der „deutschen Literatur
[...] n i c h t s zu tun":

> Ringelnatz zieht herum, liest vor und publiziert; seine Sächelchen sind einzeln zu
> verdauen in einer beschwipsten Stimmung oder während einer längeren Nachtsitzung
> — nur darf man keinen G e d a n k e n in ihnen vermuten; es sind Grotesken, die
> einen Anfang haben und ins Sinnlose fliegen (vielleicht mit einer oder zwei Ausnah-
> men, wie beim Zwiebelgast [!]) — wie gesagt, eine könnte man verdauen, bei den elf
> wird mir übel. Ich habe meine „Bier-Zeitungen" und „Biermimiken" schon mit 22
> Jahren verbrannt — schade, ich wäre sonst berühmt geworden wie Christian Morgen-
> stern oder Ringelnatz. So stirbt man ruhmlos.[12]

Diese Kritiker sehen die eigentliche literarische Tradition nicht, in der
Ringelnatzens sogenannte „Grotesken" stehen. Wolfgang Kayser versucht

---

[6] Zitiert nach: E[?].Westf[?], siehe Bibliographie, Rezension zu A 25.

[7] Günther, Ringelnatz (A 435), S. 95; in Günthers Aufsatz „Ringelnatz, der unbekannte Erzähler" (A 436), S. 12 hieß es noch 1947: „Es sind Grotesken, und zwar
Grotesken guten Stiles."

[8] Butler, Assessment (A 418), S. 168 f.

[9] So: Trojanowicz, Poetry (A 479), S. 15, dem Butler beipflichtet.

[10] Butler, Assessment (A 418), S. 169.

[11] ebda. S. 168.

[12] E[?]. Westf[?], siehe Bibliographie, Rezension zu A 25.

zwar, „zwischen den Jahren 1910 und 1925 eine Gruppe von Schriftstellern als ‚Erzähler des Grotesken' " in eine etwas zweifelhafte literarische Tradition unter der Überschrift „Die Erzähler des Grauens" zu stellen[13].

Daß beispielsweise Franz Kafka mit Kaysers Begriff der „kalten Groteske"[14] nicht gedient ist, wird heute wohl allgemeiner anerkannt. Und Kafka kann uns auch ein Stichwort geben mit seiner Erzählung „Die Verwandlung"[15]: Im Mittelpunkt steht das alte Märchenmotiv vom Menschen, der in ein Tier verwandelt wird, was ja im Hinblick auf eine mögliche Erlösung des Gregor Samsa nicht ohne Bedeutung ist. Auch in Ringelnatzens „Nervosipopel" spielen Verwandlungen eine große Rolle[16], wobei die Parallele jedoch nur motivisch verstanden sein soll. Wie Kafka so benutzen auch andere Dichter besonders seit dem Ausgang des 19. Jahrhunderts in verstärktem Maße Märchenmotive oder die Form des Märchens[17] (eine parallele Erscheinung sind zweifellos die zahlreichen Kinderbücher, die auch berühmte Autoren seit der Jahrhundertwende schreiben[18]). Paul Scheerbart war wohl einer der ersten dieser Neueren. Und — um nur einige zu nennen — über Victor Hadwiger, dessen „Abraham Abt" (1912 bei Alfred Richard Meyer erschienen[19]) auch mehrere Märchen enthält, über Albert Ehrensteins „Zaubermärchen"[20] von 1916/19 bei Kurt Wolff, über einige Erzählungen Mynonas (das ist Salomo Friedlaender) „Schwarz-weiß-rot" im selben Verlag[21] bis hin zu Joachim Ringelnatz reicht diese hier nur an-

---

13 Kayser, Das Groteske (B 152), S. 149—161; Zitat: S. 149; in eine ähnliche Tradition „von Autoren grotesker Erzählungen" stellt Joseph Strelka „Mynona neben Ehrenstein, Ewers, Heym, Meyrink, Scheerbart und Sternheim" — vgl. Strelka, Mynona. — In: Expressionismus als Literatur (B 130), S. 623—636; Zitat: S. 624.

14 Kayser, Das Groteske (B 152), S. 160.

15 Als selbständige Veröffentlichung zuerst 1915 in Kurt Wolffs Reihe „Der jüngste Tag" als Band 22/23; Kafka, Erzählungen (B 45), S. 56—99.

16 Siehe dazu unten S. 237—241.

17 Auf diese moderne Tradition des Kunstmärchens macht eine Anthologie aufmerksam, deren Untertitel leider irreführt: „Die goldene Bombe. Expressionistische Märchendichtungen und Grotesken" (B 32); viele der Dichter dort abgedruckter Erzählungen haben mit dem Expressionismus — wie weit man den Begriff auch fassen mag — nicht das Geringste zu tun. Auch das Vorwort von Hans Geerken befriedigt leider nicht. Fritz Martini sieht in seinem Aufsatz über Albert Ehrenstein die neuen Märchendichtungen und „Grotesken" ebenfalls fälschlich als typisch „expressionistisch" an: Martini, Albert Ehrenstein. — In: Expressionismus als Literatur (B 130), S. 700.

18 Siehe unten S. 272 f.

19 Auswahl daraus in: Geerken, Goldene Bombe (B 32).

20 Unter diesem Titel erschien 1919 die veränderte Fassung von „Nicht da — nicht dort" (B 27); Auswahl in: Geerken, Goldene Bombe (B 32).

21 Bibl. B 73; Auswahl in: Geerken, Goldene Bombe (B 32).

gedeutete Tradition moderner Kunstmärchen. Nur wenn man die Sackgasse um-
strittener Definitionen des Grotesken meidet, wird man diese Tradition recht
würdigen können. Von der äußeren Gemeinsamkeit der genannten Erzählungen
darf natürlich nicht auf eine gemeinsame geistige Haltung geschlossen werden —
ein Fehler vieler Betrachter, den wir bei der Untersuchung des Verhältnisses
von Ringelnatz und Morgenstern kennengelernt haben.

Ein Urteil über Ringelnatzens in „Nervosipopel" gesammelte Märchen muß
anders ausfallen als das der oben zitierten Kritiker, wenn man auch noch die
Stellung der Erzählungen im Leben und Werk des Dichters etwas genauer
untersucht. Auch hier ist es wie so oft bei Ringelnatz: Eine literarische Zeit-
strömung kommt seiner persönlichen und dichterischen Entwicklung entgegen.[22]

Ringelnatz hat seit dem ersten „Ostermärchen", einem völlig unselbständigen
Traummärchen, das 1901 in „Auerbach's Deutschem Kinder-Kalender", den der
Vater herausgab, erschien[23], immer wieder Märchen geschrieben, so etwa die
zwei bisher unbekannten „Der ehrliche Seemann" und „Der Wunderbrunnen",
die 1908 im „Grobian" bzw. 1914 in den Münchener „Jugendblättern" veröffentlicht wurden. „Der ehrliche Seemann"[24] verwendet das Märchenmotiv
von der Prinzessin, die eine Fee ist und sich verheiraten will, den Freiern aber
gefährliche Aufgaben oder Rätselfragen stellt. Der einzige dabei von Lüge und
falscher Gesinnung Freie ist ein Seemann:

> Nun setzte sich die Fee die Zauberbrille auf und gebot dem Seemann, den Mund zu
> öffnen. Kaum hatte sie einen Blick in diesen getan, so rief sie: „Pfui Teufel, du
> priemst ja!" und damit verschwand sie mitsamt ihrem Schlosse, den Dienern, Wagen
> und Pferden und der Seemann erwachte in seiner Hängematte.

In dem Kindermärchen „Der Wunderbrunnen", das Hans Bötticher zusammen
mit zehn Kindergedichten in einer Nacht, am 30. Oktober 1913, schrieb[25], ist
der Bauer Stumpf durch Fleiß und Ehrlichkeit reich geworden, aber der „Kobold Unzufried" hat sich bei ihm eingenistet. Eine alte Frau rät ihm:

> „[...] für dich gibt es nur eine Rettung. Mache dich abends allein auf den Weg, bis
> du das Tal Einsamkeit erreichst. Das Tal ist dunkel, aber du mußt warten, bis die
> Erleuchtung kommt; dann wirst du das Schloß Sehnsucht, den Demutsbrunnen und
> die weiße Frau Gnadenlieb erblicken."[26]

Im Demutsbrunnen mahnt ihn dann der Geist der Mutter, er solle auch anderen Menschen Gutes erweisen und sich demütig vor seinem Gott neigen[27]. Jeden

---

[22] Siehe dazu vor allem unten S. 259 f.
[23] Bibl. A 98; wieder abgedruckt in IM, S. 13—16.
[24] Bibl. A 134.
[25] Vgl. Hauptbuch (Abschrift), Bl. V (Sammlung Fritz Schirmer, Halle); Bibl. A 136.
    Von den Kindergedichten sind offenbar nicht alle in den „Jugendblättern" abge-
    druckt worden, ich konnte nur fünf ausmachen: Bibl. A 163, 164, 166, 167, 170.
[26] Der Wunderbrunnen (A 136), S. 182.
[27] ebda. S. 183.

Abend findet nun der Bauer im Tal Einsamkeit und am Brunnen der Demut Erquickung; doch das Schloß Sehnsucht erreicht er nicht, weil der Brunnen „tausendmal schöner" ist. Von dieser demütigen Selbstbescheidung in der Einsamkeit, die er den Lesern der „Jugendblätter" empfiehlt, war Hans Bötticher zur Zeit der Niederschrift vielleicht gar nicht so weit entfernt, aber mit Ausbruch des Krieges erglänzte für ihn wieder ein neues Schloß der Sehnsucht[28].

War das „Ostermärchen" noch frei von Persönlichem, so sind „Der ehrliche Seemann" und „Der Wunderbrunnen" bereits Kämpfe mit dem eigenen Schicksal, einige Märchen des Jahres 1921 aber gehören schließlich völlig zur Selbstparodie, und in seinem letzten Märchen „Vom andern aus lerne die Welt begreifen", das wir schon besprochen haben[29], hat er dann das Verhältnis zu seinem Vater und das Problem der Selbstverwirklichung zu gestalten versucht.

Die Märchen der späteren Sammlung „Nervosipopel" hat Ringelnatz wohl in den Monaten April bis Juni 1921 geschrieben, als er zuhause in München war und lediglich abends im Simpl auftrat. Im August sind sie fertig: „Gebe doch Gott, daß die Märchen einen Verleger finden. Ich habe doch schon mit ,...liner Roma...' und den zwei Dramen gar kein Glück, obwohl das bessere Arbeiten sind"[30], stöhnt er Mitte August in Verkennung ihres Wertes aus der Anschauung heraus, daß Dramen[31] und Romane ,ernsthaftere' Dichtungen als Märchen — der „reinste Ausdruck der Phantasie"[32] — wären. Doch nehmen weder Cassirer noch der Recht-Verlag die Geschichten an[33]. Da Ringelnatz weiß, daß in Kurt Wolffs Reihe „Der jüngste Tag" und außerhalb dieser zahllose Werke mit der so oft mißbrauchten Bezeichnung „grotesk" erschienen, bietet er ihm Ende September 1921 „ein Bändchen grotesker Märchen"[34] an. Erst vier Monate später zeigt sich Kurt Wolff interessiert: „Wir haben Ihre Grotesken-Märchen gelesen und sind grundsätzlich bereit, sie im Rahmen der

[28] Siehe oben S. 127—148.
[29] Siehe oben S. 84—87.
[30] Brief Nr. M 130 vom 16. 8. 1921.
[31] Wahrscheinlich meint Ringelnatz den „Flieger" (siehe oben S. 139—148) und „Fäkalie" (verschollen, siehe oben S. 144), die er beide um diese Zeit überarbeitete und verschiedenen Verlagen anbot (Briefe an Muschelkalk 1921/22, passim); vielleicht ist auch der Einakter „Bühnenstar und Mondhumor" (Februar 1921) gemeint (siehe oben S. 223—229).
[32] So definiert Helmut Lobeck das Märchen — Lobeck, Kunstmärchen (B 167), S. 909.
[33] Brief Nr. M 129 b vom 15. 8. 1921: „Die Märchen von Cassirer verpack mit dem beiliegenden Brief sauber in Papier o h n e a n d e r e Verlagsadressen. Verrate nicht, daß sie schon anderwärts angeboten sind. Und bringe sie persönlich zum Recht-Verlag."
[34] Brief Nr. KW 2; siehe auch oben S. 223; vgl. auch Brief Nr. M 162 vom 29. 9., Briefe, S. 62 (dort ohne diese Stelle): „Bringe sofort das Märchenmanuskript [...] zum Kurt Wolff-Verlag [...]"; ferner Brief Nr. M 166 vom 12. 11. 1921.

im Entstehen begriffenen Reihe Groteskenbücher zu veröffentlichen."[35] Doch weder diese geplante Reihe noch die Publikation der Märchen kommt bei Kurt Wolff zustande. Denn am 19. Februar 1922 fragt Ringelnatz noch einmal beim Verlag an, der dann am 7. März endgültig abgesagt zu haben scheint[36]. Die meisten Geschichten erscheinen so seit August 1921 in Zeitungen und Zeitschriften, bis sie erst 1924 im Münchener Verlag Gunther Langes gesammelt herauskommen[37]. Ringelnatz selbst weiß dabei um die unterschiedliche Qualität der insgesamt „Elf Angelegenheiten", wie der Untertitel des Sammelbandes lautet; „Diplingens Abwesenheit" nennt er „ s e h r schlecht"[38], „Abseits der Geographie" hält er für „das beste von allen"[39].

Wenden wir uns nun den einzelnen Märchen zu, so ist *„Vom Zwiebelzahl"*[40] die Geschichte von der Verwirrung und den Unklarheiten menschlicher Beziehungen. Zwei erbitterte Feinde, der Quacksalber Tretebalg und der „gebildete, gelehrte Herr Dr. Quilippi" lernen einander kennen und schätzen, weil der Berggeist Zwiebelzahl, der seine Abstammung vom Rübezahl nicht verleugnen kann, die vom Quacksalber auf den Arzt abgeschossene Pistolenkugel erst einmal um die Erde schickt, bevor sie trifft. Dabei enthüllt sich der anfänglich so genial scheinende Naturarzt Tretebalg als vollendeter Dummkopf, der, um das Blut zu stillen, seinen Speichel in die Wunde seines Opfers fließen läßt und sich sechs Stunden auf diese setzt. Der studierte Arzt hingegen hatte Tretebalg eine mit Nitroglycerin gefüllte Zeitbombe in Form einer Taschenuhr geschenkt: „Denn nicht konnte Herr Tretebalg ahnen, daß er just in diesen Stunden auf einem der abgefeimtesten Lustmörder saß [...]"[41]. Beide werden von Gewissensqualen gepeinigt und wollen jeweils dem anderen ihre Untat gestehen — wobei der Pistolenschütze natürlich vermutet, ein anderes Attentat als seines habe den Arzt verletzt. Sie streiten sich, wer zuerst reden darf, und die Geschichte endet schließlich:

> „Ich habe", überschrie ihn Tretebalg hastig, um den Satz zu Ende zu bringen, „auf Sie geschossen!"

---

[35] Brief von Wolff an Ringelnatz Nr. KW II vom 24. 1. 1922.

[36] Brief Nr. KW 3; darauf Notiz vom Verlag: „beantw. 7/3." (dieser Antwortbrief nicht erhalten); zum weiteren Verhältnis zu Kurt Wolff siehe oben S. 174, Anm. 27.

[37] Gegenüber der Bibliographie von Kayser / des Coudres (A 2) konnte ich fünf weitere Märchen-Erstveröffentlichungen in Zeitschriften nachweisen; lediglich „Vom Baumzapf", „Vom Tabarz" und „Das halbe Märchen Ärgerlich" scheinen nicht im Vorabdruck publiziert worden zu sein.

[38] Brief Nr. M 140 a vom 1. 9. 1921, Briefe, S. 57.

[39] Brief Nr. M 162 vom 29. 9. 1921, Briefe, S. 62.

[40] Nervosipopel (A 25), S. 33—40.

[41] ebda. S. 39.

Quilippi streckte sich. „Sie?? — Wie?? — — Sie?? — Um die Ecke herum??"
Da explodierte die Uhr.[42]

Der Versuch, Klarheit in die menschlichen Verstrickungen und Charaktere zu
bringen, wird in diesem komischen Doppelmord erstickt. Ebenso unsinnig wie
die ganze Erzählung mit ihren komischen oder auch unsinnigen Einzelheiten
muß den beiden Ärzten ihr Ende erscheinen. Der Dichter selbst ist eigentlich
ratlos und erstickt alle aufkommenden Fragen im Unsinn.

Bei der in Erfindung und Phantastik etwas dürftigen Geschichte von „Diplingens Abwesenheit"[43] können wir dem Urteil des Verfassers ruhig beipflich-
ten: sie ist wirklich sehr schlecht. Die Märchen „Vom Tabarz"[44], „Vom Baumzapf"[45] und auch „Die Walfische und die Fremde"[46] sehen so aus, als wären sie
wie die Märchen des Grafen Quiekenbach in „Das halbe Märchen Ärgerlich"[47]
entstanden: „Erzählte sie [die Märchen], anfangs versuchsweise in der Sprache
der Eingeborenen, später aus Bequemlichkeit in Magdeburger Dialekt, Improvisiertes, Erlogenes und Erstunkenes, was er halt so einkokuste oder auskaktoste,
Fuselgefasel."[48] Ihre kindliche Fabulierlust und trunkene Stimmung weisen
wieder einmal auf Paul Scheerbart, mit dem „Kokuskaktosbier"[49] und dem
Schnaps „Drackfallqueribus"[50] treffen sie sich in der gleichen Freude am seltsamen komischen Klang mit Scheerbarts „Labommel-Schnaps"[51]. Überhaupt ist
beiden die Vorliebe für spielerische, phantastische Wort- und vor allem Na-
mensbildungen eigen, wobei die Scheerbarts leichter erfunden scheinen. Beide
parodieren auch gern alte Märchenfiguren, bei Scheerbart ist eine Fee „eine etwas verschrobene Dame"[52], in Ringelnazens „Nervosipopel"[53] eine Kokotte.
Komik und Phantastik mancher Ringelnazischer Märchen erinnern auch sonst
an Scheerbart — vor allem, aber nicht ausschließlich an dessen „Hausmärchen".
Wenn wir aber dem Urteil Alfred Liedes trauen dürfen, so sind die beiden
trotz der äußeren Übereinstimmungen grundverschieden, denn Liede faßt das

---

[42] ebda. S. 40.
[43] ebda. S. 41—46; „Dipling" = Dipl.-Ing. = Diplom-Ingenieur.
[44] ebda. S. 66—74 (Auswahl [A 73], S. 148—154).
[45] ebda. S. 47—52.
[46] ebda. S. 83—89 (Auswahl [A 73], S. 144—148).
[47] ebda. S. 75—82.
[48] ebda. S. 81 f.
[49] ebda. S. 81.
[50] „Vom Zwiebelzahl" — ebda. S. 35 f.
[51] „Die neue Maschine. Ein Sturmmärchen" — Scheerbart, Der Aufgang zur Sonne.
Hausmärchen (B 85), S. 85.
[52] ebda. S. 96.
[53] Nervosipopel (A 25), S. 9—17.

Wesen der Dichtung Paul Scheerbarts folgendermaßen zusammen: „Scheerbarts Dichtung ist aber nicht etwa eine Satire auf die Zeit und die Zeitgenossen, er spottet nicht, sondern lacht frei aus der Tiefe einer unstillbaren Sehnsucht nach einer andern Welt."[54] Auch Ringelnatzens Phantastik steht durchaus nicht, wie etwa Wolfgang Kayser landläufigen Urteilen nachspricht, „im Dienst einer scharfen Gesellschaftskritik"[55], aber Ringelnatz lacht nicht frei aus Sehnsucht nach einer anderen Welt, sondern er sehnt sich gerade nach diesem freien Lachen, das ihm als Kuttel Daddeldu und als „Fremdem" der „Ansprache eines Fremden an eine Geschminkte vor dem Wilberforcemonument" fehlt: „Das ist nun kein richtiger Scherz."[56] Ringelnatzens Lachen ist nie das astrale und gelöste, dröhnende und kindliche Scheerbarts, sondern es ist unfrei, gebunden an die eigenen Probleme. Und selbst diese Sehnsucht wird lediglich in den ersten drei Märchen etwas sichtbarer, in den anderen läßt höchstens bisweilen der Ton noch ahnen, daß mehr als kindliches Fabulieren dahintersteckt. Mit seinem überschäumenden Unsinn scheint *Das halbe Märchen Ärgerlich* als einziges völlig frei vom Persönlichen zu sein. Es beginnt mit einer Parodie auf die Sprache mancher ‚Philosophen':

> [...] Vielleicht hätte man gerade in dem Nichtzugegenseienden das Abwesende suchen müssen; jedenfalls unterblieb das Unverhoffte eines Tages, und indem hierdurch die nicht unterbrochene Hohlheit einfach nicht im Stande war, einem von je her bestehenden Leersein Platz zu machen, wurde Graf Quiekenbach geboren.[57]

und weitet sich zur Parodie auf Doppelgängererzählungen und Lügengeschichten aus. Dabei wendet Ringelnatz zahllose unsinnige Mittel an: vom Wortspiel über offenen Widerspruch und Unwahrscheinlichkeiten im Stil der Lügenmärchen, bis zu unsinnigen Bildern, die ganz Scheerbartisch sind: „Lange noch sah der Graf ihm nach, bis die flatternde Zunge am Horizont verschwand."[58] Auch eine ganze Szene der Geschichte, voll bildlichem Unsinn, könnte ebensogut von Scheerbart sein:

> Es war ihm schon etliches versetzt; dann wurde aufs Strengste zugepackt, den Burschen zu strafen. Die Hämmer sausten zuletzt im Asphalt-Arbeiter-Takt auf den Grafen.
> Darüber wurde der lange hagere Herr Quiekenbach kurz und breit, wurde schließlich zu einer Scheibe mit beweglichen Sohlen. Aber dieser Wanze verblieb ein großes,

[54] Liede, Dichtung als Spiel 1 (B 165), S. 77.
[55] Kayser, Das Groteske (B 152), S. 222 (Anm.).
[56] Kuttel Daddeldu oder das schlüpfrige Leid (A 12), S. 24 (GG, S. 99).
[57] Nervosipopel (A 25), S. 75 f.; ähnlich spielte schon Albert Ehrenstein mit der Sprache in seinem Märchen „Der Fluch des Magiers Anateiresiotidas" — Ehrenstein, Nicht da — nicht dort (B 27), S. 21.
[58] Nervosipopel (A 25), S. 77.

grünes Glasauge; grün und doch schön, aus Glas, weil starr, aber es war doch beseelt und trotzte allem Illustren, überblendete alle bestehenden Lumina.[59] Doch all dieser blühende Unsinn kommt nicht voll zur Entfaltung: Es ist ja nur ein halbes Märchen, ein ähnlich gewaltsamer Schluß wie der von „... liner Roma..." würgt die freie Phantasie ärgerlich ab, dem „Fuselgefasel" der Phantasie macht der berechnende Gegenwitz des Autors den Garaus. Ringelnatz war augenscheinlich unfähig, reinen freien Unsinn auf längere Strecken durchzuhalten.

Auch die drei ersten Märchen „Nervosipopel", „Abseits der Geographie"[60] und „Der arme Pilmartine"[61] sind voll von solchem scheinbar zwecklosen Unsinn. Doch diese Märchen sind mehr als Märchenparodien oder witzige Erzählungen; sie gehören zur Selbstparodie und sollen deshalb im Mittelpunkt unserer Betrachtung stehen.

„Nervosipopel" steht nicht umsonst an der Spitze der Sammlung und hat dieser den Titel gegeben. Beinahe programmatisch für die folgenden beiden Märchen spielt hier der Verfasser ein doppeltes Spiel: zum einen mit dem eigenen Schicksal, zum anderen mit der Selbstparodie. Unsinn, schwer zu enträtselnde Symbole und eine deutliche, wenn auch verzerrte Beleuchtung des eigenen Schicksals vermischen sich in der Parodie des Feenmärchens.

Die Hauptgestalt Feix Daddeldu ist ein Bruder Kuttel Daddeldus und eines weiteren verschollenen Seemanns und zugleich eine Summe aller einzelnen parodistischen oder ernsthaften Selbstporträts von Kuttel Daddeldu, Gustav Gastein[62], Zwieback[63], Michel Andex[64] und anderen.

Die Erzählung beginnt mit Feixens rätselhafter Abkunft: „Mitschüler erzählten als Witz, seine Mutter sei Leichenbändigerin und seine Großmutter Löwenfrau gewesen. Es war etwas daran, aber der Fall lag doch anders. Indessen nahm Feix Daddeldu dergleichen Nachreden nicht übel. Er lachte dazu."[65] Weitere Aufklärung wird nicht gegeben. Aber wir erinnern uns an Ringelnatzens Gedicht „Ansprache eines Fremden an eine Geschminkte vor dem Wilberforcemonument", dort heißt es ja:

> Wo mir alles rätselvoll ist und fremd,
> Da wohnt meine Mutter. [...][66]

---

[59] ebda. S. 80 f.
[60] ebda. S. 18—24.
[61] ebda. S. 25—32 (Auswahl [A 73], S. 138—143).
[62] Die Hauptfigur in „... liner Roma..." (A 24); siehe oben S. 152—156.
[63] „Zwieback hat sich amüsiert" — Ein jeder lebt's (A 9), S. 20—27; siehe oben S. 106 f.
[64] „Phantasie" — ebda. S. 113—161; siehe oben S. 99.
[65] Nervosipopel (A 25), S. 9.
[66] Kuttel Daddeldu oder das schlüpfrige Leid (A 12), S. 24 (GG, S. 99); siehe oben S. 220.

Solche Rätselstellen mit unerklärlichen oder unerklärten Einzelheiten in dem
Märchen und deren scheinbar oberflächliche Witzigkeit sind Symbol seiner ganzen Unsicherheit, Symbol dafür, daß er sich im Leben, das er auf diese Weise
parodiert, im Grunde nicht zurecht findet; deshalb häuft er unsinnige Einzelheiten, anstatt vernünftig zu erklären.

Feix Daddeldu ist ein Durchschnittsmensch: „Es war ihm überhaupt nichts
Bedeutsames vorzuwerfen."[67] Er hat zunächst nur einen wirklichen Fehler, der
ihm auch den seltsamen Vornamen ‚Feix‘ eingetragen hat:

> Jedoch das Allerärgerlichste war das Lachen. Wie Feix zu dem, was er im Grunde
> genommen gar nicht tat, lachte. So gemein! Gemein konnte man eigentlich nicht sagen,
> Feix lachte ja die anderen nicht aus, nicht einmal an. Sondern er lachte einfach gleich-
> mäßig heraus oder vielmehr in sich hinein, nicht boshaft, nicht schadenfroh, nicht höh-
> nisch, aber so — so — so dumm! Obwohl er vermutlich gar nicht dumm war.[68]

Feix lacht bei einer schmerzhaften Notoperation[69], einmal lacht er „mächtig"[70],
ein anderes Mal schnalzt er mit der Zunge und lächelt[71] und zweimal feixt er
eben[72]. In keiner anderen Erzählung wird so viel gelacht, nirgends hat Ringelnatz eine Figur geschaffen, deren bloßer Name ein dauerndes Grinsen aus-
drückt. Das dumme und unerklärliche Lachen, Symbol für die leidvollen Scherze seines Schöpfers („Das ist nun kein richtiger Scherz") macht Feix wie diesen
nicht recht froh („Ich bin auch nicht richtig froh")[73] und befreit ihn auch nicht,
es fehlt ihm etwas zum Glück: ein Buchstabe trennt den Namen „Feix" von
‚Felix‘, dem Glücklichen.

Auf Max-und-Moritz-Streiche in der Schule folgen solche des Drogistenlehr-
lings, denn die Eltern versagen „ihm seinen einzigsten Wunsch, Seemann zu
werden."[74] Die Lehre und die starren Eltern verhüllen nur wenig das Selbstporträt, denn schließlich fassen die Eltern Feixens doch den Entschluß, „daß
Feix sich erst einmal als Seemann ein bißchen Lebensernst zusammensegeln
sollte."[75] In der spielerischen Verdreifachung der Selbstparodie[76] ist er nun rät-

---

[67] Nervosipopel (A 25), S. 10.
[68] ebda.
[69] ebda. S. 12.
[70] ebda. S. 14.
[71] ebda.
[72] ebda. S. 15.
[73] „Ansprache eines Fremden an eine Geschminkte vor dem Wilberforcemonument" —
    Kuttel Daddeldu oder das schlüpfrige Leid (A 12), S. 24 (GG, S. 99).
[74] Nervosipopel (A 25), S. 10.
[75] ebda. S. 11.
[76] Ein ähnliches Spiel mit der eigenen Dichtung findet sich in „Bordell": „— Duddeldei
    Daddeldu, / So ein echter Vollblutmatrose, / Zweimal so breit und so stark wie du."
    (Allerdings [A 28], S. 49 [GG, S. 227]; vgl. dazu auch Anmerkung in der Biblio-
    graphie zu A 28).

selhaft ruhig, Kuttel hingegen in ironischem Widerspruch zu den Gedichten tüchtig und beliebt und der dritte Daddeldu ein leichtsinniger Abenteurer:

> Er ward kein so tüchtiger und beliebter Seemann wie Kuttel, aber auch kein so leichtsinniger Abenteurer wie sein anderer, sein verschollener Bruder. Sondern genügte seinen Pflichten mit Durchschnittsleistungen. Seine Kameraden und Vorgesetzten hatten ihn im Grunde genommen gern, war doch sozusagen nichts gegen ihn einzuwenden. Aber seine Ruhe war keine Ruhe mehr. Nicht etwa Faulheit. Aber er machte die ältesten Jahnmaate, diese wetterharten, bedächtigen Bärenkerle, er machte sie kribbelig; [...][77]

Nachdem Feix sich in tropischen Ländern herumgetrieben hat, kehrt er heim: „Was hatte er wohl alles erlebt? Er sprach nicht darüber."[78] Warum er schweigt, haben wir schon besprochen[79]. Recht seltsam ist, was er aus Indien heimbringt, nämlich „eine große quadratische Pappschachtel und darin: ein Moskito."[80] Dieser ist dressiert und spricht eine fremde Sprache, denn den Umgang mit ihm haben Feix die Inder gelehrt[81]. Das seltsame Tier verleiht Macht über die Menschen, und so ist Feix „allein in Sonne gehüllt", wenn es einen Syphilitiker heilt, indem es seine Krankheitskeime auf fünf andere Mitreisende verteilt. Der Pfarrer, den Feix besuchen soll, erscheint „verbunden und total zerstochen"[82] bei Frau Daddeldu. Der Moskito gibt Feix eine gewisse Macht über andere Menschen, die teils zerstörerisch, teils heilsam ist. Und diese Macht ist das Ergebnis seiner Seefahrten. Durch den Moskito rückt Feix gleichsam aus seiner Bedeutungslosigkeit in den Mittelpunkt des Interesses.

Doch die Macht endet bald: Die Mutter beschwört eine Fee, und diese steigt eines Morgens als Elefant, dann als Krokodil und schließlich in „ätherischer Feengestalt" aus dem Pappkasten und mahnt:

> „Lächle nicht!" sagte die Fee ernst. „Vom höchsten Glück bis zum tiefsten Unglück ist nur ein knapper Schritt. Gesundheit soll dereinst abgerechnet werden, denn sie ist geliehene Begabung, andern zu helfen."[83]

Scheint sie so dunkel andeuten zu wollen, daß Feix mit der verliehenen Macht nichts anzufangen wisse und nur die schädlichen dummen Streiche seiner Jugend fortsetze, so faßt die darauf folgende Weisheit offenbar dieselbe Mahnung in noch dunklere Worte: „ ‚Es kann ein lästernder Töter gütig sein, und es kann ein schlafender Unterlasser ewige Mordschuld auf sich laden.' "[84] Und

---

[77] Nervosipopel (A 25), S. 11 f.
[78] ebda. S. 12 f.
[79] Siehe oben S. 82.
[80] Nervosipopel (A 25), S. 13.
[81] ebda. S. 14.
[82] ebda.
[83] ebda. S. 15.
[84] ebda.

schließlich endet die ganze Unterhaltung in reinem Unsinn, in kindlicher Geheimsprache und einer Parodie des Rumpelstilzchenmotives: „Du weißt nicht,
wer ich bin."

> Feix feixte. Die Fee wechselte ihre Beinstellung, dann rollte sie plötzlich ihre Augen
> feurig und sagte mit hohler Stimme: „Bebinissi kolabia ivustalinski!"
> Feix feixte und schnalzte. „Du!" rief die Fee drohend. „Du weißt nicht, wer ich
> bin."
> „Doch" — erwiderte Feix — „ein rechter Nervosipopel!" Die Fee verschwand.[85]

Auf diese kindliche Geheimsprache[86], das kindersprachliche „Nervosipopel" und
den Märchenunsinn folgen aber plötzlich ganz und gar nicht märchenhafte
Sätze, die Ringelnatzens Schicksal wieder in den Vordergrund rücken. Nach
dem Verlust der Macht durch den Moskito ist Feix allein:

> Von allen aufgegeben und gemieden, begann Feix nun einen liederlichen Lebens-
> wandel. Sein Stammlokal wurde das Café Nashorn, wo Dirnen verkehrten.[87]

Zweifellos ist das ein kaum verhüllter Hinweis auf sein eigenes Bohème-Leben
im Vorkriegsmünchen. Spätestens hier wird deutlich, für welche Erscheinungen
in Feixens und auch in Ringelnatzens Leben der Moskito Symbol ist: zunächst
allgemein für Fähigkeit, Begabung und Ruhm, aber nach außen hin für einen
Ruhm durch Schabernack, der die geliehene Begabung nicht recht ausnutzt.

Die Fee verwandelt sich in die Kokotte Lepopisov Ren, die umgekehrte Nervosipopel, in die sich Feix Daddeldu verliebt. Wie sie schwanger wird, zeigt er
zum ersten Mal ernsthafte Aufmerksamkeit: „Feix pflegte sie, aufmerksam, ordentlich, beharrlich, treu, rührend."[88] Seine Äußerungen der Rücksicht nehmen
komische und bizarre Formen an. Doch nach neun Monaten hört die Schwan-
gere nicht auf zuzunehmen. Nach fast zwölf Monaten geschieht dann folgendes:

> Dreiviertel der Stube war von der Wöchnerin ausgefüllt. Feix grübelte abmagernd
> darüber nach, was an der Verzögerung schuld sei. Lepopisov Ren meinte: Die ver-
> brauchte Zimmerluft.
> Also mußte sie ins Freie. Die Türöffnung maß 98:200, das Fenster nur 90:180. Feix
> brach eigenhändig die Frontwand des Zimmers nieder.
> Es war ein sonniger Julitag. Lepopisov Ren hatte Ausgang. Feix sah ihr außer
> sich vor Freude nach.

---

[85] ebda.
[86] Vgl. auch ML, S. 9: „Mit Ottilie [seiner Schwester] hatte ich eine Geheimsprache:
Die Mongseberrongsprache. Mongseberrong hieß bei uns Stachelbeere." Und Brief
Nr. EG 15 vom 14. 3. 1903 an seine Schwester: „Ich bin erstaunt daß es bei euch
schon ‚Monseberon' giebt." Vgl. auch ML, S. 14 über sein kindliches Geheimnisvolltun; siehe auch unten S. 270.
[87] Nervosipopel (A 25), S. 15.
[88] ebda. S. 15 f.

Sie glitt hinaus, halb schwankend, halb schwebend. Draussen legte sie sich auf die Seite, — Feix war fieberhaft gespannt — drehte sich kugelartig weiter herum, bis ihr Bauch zu oberst kam, und auf einmal und langsam stieg sie. Stieg ruhig und majestätisch höher und höher, himmelwärts. Feix verhatterte sich in eine Rouleauschnur. Und sie stieg stetig. Plötzlich fing Feix an, wie rasend zu hupfen, aber es war schon zu spät, er erreichte nichts mehr. Sie stieg höher, feierlich, stieg wie ein Luftballon. Ohne Gondel. Aber oben, im Zenith des Ballons, auf dem Nabel, saß deutlich, unbeweglich, ernst und blaß ein Moskito.[89]

Nach allem, was er von seinen Seefahrten heimgebracht hat, nach dem Moskito, den er nur zum Schabernack gebraucht hat, verliert Feix nun auch die Gefährtin seiner Bohèmezeit. Doch diese ganze parodistische Maskerade hat nichts genützt, die verwandelte Fee weckte zwar seine menschlichsten Eigenschaften und ließ ihn mit ihrer — freilich überlangen — Schwangerschaft ein Kind erhoffen. Aber auch diese Muse ist zu groß für ihn, und er kann sie nicht zurückhalten. Der ganze Verwandlungsunsinn ist sicher auch ein Hinweis auf die Selbstparodie des Dichters, auf seine Wandlung von Hans Bötticher zu Joachim Ringelnatz. Und daß der Moskito am Schluß „unbeweglich, ernst und blaß" erscheint, weist uns darauf, daß die Befreiung durch das Lachen, durch die Selbstparodie nicht gelungen ist. Das Spiel mit dem eigenen Schicksal ist in diesem Märchen zu einer wirren Mischung von deutbarem Sinn und unverständlichem Unsinn geworden. Daß unsere Deutung aber trotzdem den Intentionen des Dichters entsprechen könnte, zeigt ein Blick auf die beiden anderen wichtigen Märchen der Sammlung.

„Abseits der Geographie" — für Ringelnatz das beste von allen — ist nicht in dem Maße Zerrbild des eigenen Lebens wie „Nervosipopel". Der Droschkenkutscher Porösel, der sich auf den Rat seines Pferdes aus Langerweile „aus der Welt schaffen"[90] will, setzt sich in einem fremden Haus in ein Klosett und spült sich in ein Land, „wo es nicht anders zuging als bei uns, bis auf wenige, aber tief einschneidende Unterschiede: Dortzulande tat nichts weh."[91] Aber wie Feix Daddeldu nichts Rechtes mit dem Moskito anzufangen weiß, berichtet Porösel in seinem Tagebuch von den „großen, alles umwälzenden Folgeerscheinungen eines solchen Nichtwehtuns [. . .] nur unwesentliche, oft geradezu dürftige Begebenheiten"[92]. Der Droschkenkutscher heißt nun nur der „engköpfige Tagebuchschreiber", denn er langweilt sich auch in diesem Märchenland und dieser verkehrten Welt, wo es kein Sterben gibt. Er sehnt sich heim und spült sich zuletzt über ein Klosett wieder zurück, diesmal direkt in die Wohnung seiner Schwester:

---

[89] ebda. S. 17.
[90] ebda. S. 19.
[91] ebda. S. 21.
[92] ebda.

Der Zufall wollte, daß diese etwas kränkliche Jungfrau gerade saß, als Porösel unter ihr auftauchte.

„Pfui Teufel!" schrie sie und lief empört davon.

Der Heimkehrende war durch diese rohen Begrüßungsworte so tief enttäuscht und gekränkt, daß er einen Moment wie angewurzelt, wortlos dastand. Dann schleuderte er das mitgebrachte Tagebuch seiner Schwester nach, richtete sich entschlossen auf, zog am Strang und spülte sich zurück in jene geheimnisvolle Fremde, wo er verscholl.[93]

In diesem unsinnsträchtigen Gleichnis der Heimatlosigkeit erreicht der Held über das Ekelhafte (Klosett!) das Reich der Phantasie, das Land ohne Schmerzen, Geburt und Tod. Aber er wird hin- und hergerissen, und wie er aus Heimweh wieder zurückkehren will, zeigt sich ihm die Wirklichkeit von einer derart widerwärtigen Seite, daß er schleunigst wieder in die Phantasie flieht.

Eine vergleichbare Rolle spielt das Ekelhafte[94] in dem Märchen „Das schlagende Wetter"[95], wo der eine der beiden „unehelichen Söhne" E. T. A. Hoffmanns „eine städtische Bedürfnisanstalt an der Alster" pachtet[96]. Er stellt nach und nach in allen vier Klosettzellen Bohrversuche an; zunächst aber zapft er nur die städtische Wasserleitung und eine Rohrleitung mit Petroleum an. Dann aber gelingt es ihm schließlich, im vierten Klosett die ganze Erde zu durchbohren, und dabei stößt er auf seinen Bruder, der von China aus ebenfalls zu bohren begonnen hatte. Dieses geheime Rohr wird geschäftlich ausgenutzt: man schmuggelt „Opium gegen Bayerische Malzbonbons" und tauscht Nachrichten aus. Doch die Brüder wollen einander aus dem Weg schaffen und schießen — gleichzeitig — in das Bohrloch hinein:

> Im Erdinnern platzten die beiden losgefeuerten, mit Aufschlagzündern versehenen Geschosse aufeinander, an einer Stelle, wo sich Gase angesammelt hatten. Das schlagende Wetter fand nur zwei schmale, etwa fünf Zentimeter breite Ausgänge, die es mit Stichflammenkraft benützte.
>
> In einem chinesischen Tempel und in einer Hamburger Bedürfnisanstalt wurde gleichzeitig je ein verkohlter Nachkomme E. T. A. Hoffmanns gefunden.[97]

Vergleichbar sind die beiden Märchen — „Abseits der Geographie" und dieses — nur in dem Weg, den die Hauptgestalten benutzen, um ihr Dasein zu verändern.

Das dritte Märchen, „Der arme Pilmartine", ist die Geschichte einer ganz ähnlichen Reise wie der Porösels. Der eigentliche Held, Fidje Pappendeik[98],

---

[93] ebda. S. 24.
[94] Zum Ekelhaften bei Ringelnatz siehe auch unten S. 282—284.
[95] Nervosipopel (A 25), S. 59—65.
[96] ebda. S. 62.
[97] ebda. S. 65.
[98] Siehe dazu auch oben S. 82.

stiehlt dem Fallschirmspringer Pilmartine die Schau. Er benimmt sich wie Feix Daddeldu „lausejungenmäßig"[99] und grölt unter dem Protest des Publikums, das den Fallschirmspringer sehen will.

Aber Fidje Pappendeik überschrie alle: „Laßt mich doch, ich fahre jetzt nach dem Monde!" Damit sprang er über die Barriere, lief in die abgesperrte innere Wiese, wo außer einem Arzt, einem Schutzmann, einem Fahrrad, einer Bahre und zwei Sanitätern sich nichts und niemand befand. Fidje Pappendeik aber sprang mit behender Schnelligkeit auf das Fahrrad, fuhr ein Stück über die holperige Wiese hin, und auf einmal — — — ehe jemand daran dachte, den Störenfried — — auf einmal — ohne daß irgend jemand bemerkte — — niemand ahnte oder war darauf gefaßt — kurz, auf einmal hob sich das Fahrrad, und Fidje Pappendeik fuhr auf einem ganz gewöhnlichen Fahrrad, nichts anderes, als wie jeder Radfahrer fährt, fuhr aber durch die Luft, auf, über Luft, fuhr schräg aufwärts in die Wolken.[100]

Da selbst die Wissenschaftler dieses Phänomen nicht erklären können, gerät das wunderbare Ereignis in Vergessenheit, man erinnert sich lediglich noch „an eine Massenvision und jemanden, der wirklich weg war."[101] Doch unvermutet kehrt Fidje auf seinem Fahrrad zurück, verweigert alle Auskunft über seine phantastische Reise, stellt sich bei den vielen Fragen blödsinnig oder schneidet Grimassen und lebt „harmlos vergnügt, durchschnittsmäßig" dahin[102]. Erst als der Staatsanwalt durch falsche Zeugen einen „hochsensationellen sexual-politischen Ritualdoppelraubmord-Prozeß"[103] gegen ihn anstrengt, berichtet er in einem szenischen Dialog mit dem Staatsanwalt. Zunächst habe er den Mond als Ziel gehabt, sei aber auf dem Fixstern Glycerin gelandet, wo die Menschen nur Leberwurst äßen; dann sei er auf den Planeten Klopsia geraten, wo es nur anständige Leute gäbe und wo er zwei Jahre in einem Kohlrabibeet verschlafen habe. Auf dem Seitenmond Exlibris schließlich habe er ein „fürchterliches" Erlebnis gehabt:

Angeklagter: Ich erwachte plötzlich. Die Lampe brannte. Da sah ich aus dem Türspalt des Kleiderschrankes einen nackten Arm herausragen, der mir meine zerknüllte Hose reichte und eine hohle Stimme sagte: „Liederjahn!" Ich sträubte mein Haar, kroch unters Bettdeck. Und als ich wieder erwachte, hatte ich ein halbes Jahr verschlafen. Da radelte ich zur Erde zurück. (Minutenlanger Lärm, dann Stille.)

Staatsanwalt: Angeklagter, Sie haben bisher dreist gelogen.

Angeklagter: Ja.[104]

[99] Nervosipopel (A 25), S. 25 (Auswahl [A 73], S. 138).
[100] ebda. S. 25 f. (Auswahl [A 73], S. 138 f.).
[101] ebda. S. 27 (Auswahl [A 73], S. 140).
[102] ebda. S. 28 (Auswahl [A 73], S. 141).
[103] ebda. S. 29 (Auswahl [A 73], S. 141).
[104] ebda. S. 31 f. (Auswahl [A 73], S. 143); diese Stelle ist vielleicht eine Parodie auf eine ähnliche Kleiderschrank-Szene in Thomas Manns schwüler Erzählung „Der Kleiderschrank. Eine Geschichte voller Rätsel." — Mann, Erzählungen (B 58), S. 159.

Erlogen sind jedoch lediglich die albernen Erlebnisse, denn die Aufforderung des Staatsanwalts, mit der banalen Erklärung seines Aufsteigens aufs Fahrrad fortzufahren, nimmt Fidje wörtlich: „Dann fahre ich fort" und erhebt sich wieder mit dem Rad „sehr schnell gen Himmel": „Und kam nie zurück."[105]

Gegenüber dem Märchen „Abseits der Geographie" mit seiner Flucht durchs Klosett entfernt sich hier der Held auf dem Märchen vertrauten Flugwege aus der Wirklichkeit, wie wir es aus Storms Kindermärchen „Der kleine Häwelmann"[106] oder aus „Peterchens Mondfahrt" des Gerdt von Bassewitz[107] kennen. Aber von den Abenteuern der Sternfahrt wird nichts berichtet, offenbar hat Fidje etwas erlebt, was des Berichtes nicht wert wäre oder was der rational denkende Staatsanwalt und der ‚Durchschnittsmensch' gar nicht verstehen würden [108], und so erzählt er lieber „Improvisiertes, Erlogenes und Erstunkenes" wie der Graf Quiekenbach in „Das halbe Märchen Ärgerlich". Dennoch ist, wie die Rückkehr sowohl Fidjes als auch Porösels in die Sterne bzw. ins Land ohne Schmerzen zeigt, die Phantasie der Wirklichkeit vorzuziehen.

Ringelnatz hat ein ähnlich zwiespältiges Verhältnis zu Phantasie und Wirklichkeit. Er scheiterte früh bei dem Versuch, seine Träume zu verwirklichen: er wurde kein rechter Seemann; er scheiterte mit seinem ersten Versuch, Dichter zu werden, vor allem was den Ruhm anbetrifft; und auch die dichterische Befreiung durch die Selbstparodie der „Turngedichte" und des „Kuttel Daddeldu" mißlang insofern, als er nun der Gefangene dieser Selbstparodien wurde. Nicht nur sein ganzes Leben, sondern auch heute noch gründet sich sein Ruhm auf diese beiden Gedichtsammlungen, die keine Träume mehr, sondern ein einziges Anerkennen der Wirklichkeit sind. Kein Jahr später versucht er, sich in den Märchen zu befreien. Die Selbstparodie taucht nun wieder in den Strudel der Phantasie, nicht ohne Selbstironie übrigens. Denn wie in „Abseits der Geographie" Porösel sich durch Abtrennung eines Gliedes vermehren will, steckt er ausgerechnet seine Nase in die Fleischmaschine, verstreut „die herausgedrehten Würmer aus Nase im Garten" und freut sich darauf, nun „allmorgendlich beim Kaffee vom Balkon aus zuzusehen, wie sich im Garten sein stattlicher Nachwuchs entwickelte. Ein Amselschwarm verdarb ihm das Vergnügen, fraß gleich am ersten Tage alle Fleischwürmer auf. Herr Porösel war froh, als ihm eine neue Nase wuchs."[109] Für Ringelnatz wird die Dichtung jetzt bis an das Lebensende das Vehikel, seine Phantasien zu verwirklichen, geradezu programmatisch heißt es noch ungefähr zehn Jahre nach den Märchen:

---

[105] Nervosipopel (A 25), S. 32 (Auswahl [A 73], S. 143).
[106] Storm, Sämtliche Werke 1 (B 98), S. 309—312.
[107] Bibl. B 6.
[108] Siehe dazu auch oben S. 82.
[109] Nervosipopel (A 25), S. 22.

Der Abenteurer

„Abenteurer, wo willst du hin?"
Quer in die Gefahren,
Wo ich vor tausend Jahren
Im Traume gewesen bin.

Ich will mich treiben lassen
In Welten, die nur ein Fremder sieht.
Ich möchte erkämpfen, erfassen,
Erleben, was anders geschieht.

Ein Glück ist niemals erreicht.
Mich lockt ein fernstes Gefunkel,
Mich lockt ein raunendes Dunkel
Ins nebelhafte Vielleicht.

Was ich zuvor besessen,
Was ich zuvor gewußt,
Das will ich verlieren, vergessen. —
Ich reise durch meine eigene Brust.[110]

Doch glaubt Ringelnatz, daß diese Reise durch die eigene Brust, die Flucht in die Phantasie vor der Wirklichkeit nur dem Kind oder kindlich Gebliebenen gelingen kann: Porösel hat als engköpfiger und beschränkter Mann zwar lediglich am Nebensächlichen eine kindliche Freude, Fidje Pappendeik hingegen ist tatsächlich noch ein Kind. Und als Kind weiß er auch nicht, wie ihm die Flucht gelingt. Als er erklären soll, wie er fliege, antwortet er: „Das kann ich nicht. Ich setze mich einfach drauf und fliege los", worauf der Staatsanwalt, der gebildete Erwachsene, entgegnet: „Quatsch! Ich setze mich einfach drauf und fliege nicht los. Also!?"[111]

Ringelnatz schrieb die Märchen zu einer Zeit, als er ein Ausschneidebuch mit Versen für Kinder machte[112]; ungefähr ein Jahr später dichtet er am „Geheimen Kinder-Spiel-Buch"[113]. Das schmerzenfreie Land Porösels und das Sternenland Fidjes sind Länder, die an die Phantasieländer der Kinder erinnern[114]. Und so gesehen ist das Verhältnis Ringelnatzens zu Phantasie und Wirklichkeit echt kindlich, wenn wir den Worten des Kinderpsychologen Hans Zulliger folgen: „Das Kind sucht die Außenwelt sich einzuverleiben und sie mit dem Mittel der Phantasie zu meistern — wir aber sind bestrebt, die Außenwelt scharf zu erfassen, um uns ihr anzupassen oder um sie, soweit dies geschehen kann, gemäß unseren Lustansprüchen abzuändern."[115]

---

[110] Gedichte dreier Jahre (A 39), S. 36 (GG, S. 415).
[111] Nervosipopel (A 25), S. 32 (Auswahl [A 73], S. 143).
[112] Zirkus Schnipsel (A 15), siehe unten S. 275 f.
[113] Bibl. A 26, siehe unten S. 276—286.
[114] Vgl. dazu Zulliger, Heilende Kräfte im kindlichen Spiel (B 219), S. 43—58: 3. Kapitel: „ ‚Sangoi-Land', eine Kinder-Kollektiv-Phantasie [...]".
[115] ebda. S. 58.

C. DAS URALT KIND

Schon öfters haben wir darauf hingewiesen, daß die größte Wirkung Ringelnatzens zu Lebzeiten von seiner Persönlichkeit ausging, von dem herumziehenden Rezitator eigener meist derbkomischer Dichtungen[1], der auch außerhalb der Vorstellungen in den frühen zwanziger Jahren „allzeit im Matrosenkostüm" umherläuft[2]. Von seinem weichen Kern in rauher Schale raunte aber nicht nur die Flüsterpropaganda der Freunde[3]; als einmal die Bühnenbeleuchtung versagte, war offensichtlich derart von sich selbst ergriffen, daß er im Schutze der Dunkelheit seine „besten ernsten Gedichte" vortrug[4]. So spricht schon 1924 Oskar Loerke vom „legendenumwobenen Joachim Ringelnatz":

> Künstler, die zwanzigmal bedeutender sind als er, behaupten überzeugt und selbstlos, er sei zehnmal bedeutender als sie. Wie kommt das? Es ist die Verbeugung vor dem Artisten. Sie kennzeichnet heute den weltläufigen Mann [...].[5]

Und Friedrich Luft faßt 1958 zusammen:

> Die Leistung seines gelebten Lebens war eigentlich größer als sein schmales Dichtwerk. Ihm gelang, was so wenigen Poeten gelingt: er hat es verstanden, seine ganze Existenz durchweg zu stilisieren.
>
> Wer heute Ringelnatz sagt, der denkt nicht vorerst an einen seiner Verse, der sieht nicht seine Bücher vor sich. Er sieht den Mann. Er sieht die sächsische Seemannskarikatur, die er darstellte, den kleinen Menubbel mit dem gewaltigen Zinken einer Nase im Gesicht, den absurden Sailor, dem der Matrosenanzug um die kleinen Glieder schlottert; die Rumbuddel meist am Munde, aber immer in der Hand.

[1] Nach Möglichkeit sollte der Ausdruck ‚Kabarettist' vermieden werden, weil er — besonders im Falle Ringelnatz — keinerlei Erkenntniswert hat. Denn erstens gehörte Ringelnatz nach dem Kriege nie fest zu einem Kabarettensemble, und zweitens waren die Etablissements, in denen er auftrat, so verschieden — vom Spezialitätentheater bis zum Tanzcafé —, daß der Ausdruck ‚Kabarettist' nur verwirrt. Sie waren lediglich die einzige Möglichkeit, von dem öffentlichen Vortrag der Gedichte zu leben.
   Der Titel dieses dritten Teiles der vorliegenden Arbeit ist die Abwandlung eines Teiles des vorletzten Verses: „Und bin ein uralt Kind" aus „Wenn ich allein bin" — Kuttel Daddeldu oder das schlüpfrige Leid (A 12), S. 22 (GG, S. 65).

[2] Brief Nr. M 285 vom 9. 3. 1923, Briefe, S. 88.

[3] Vgl. vor allem Paul Wegeners Gedenkaufsatz von 1935 „Scheu und einsam" (A 480), wieder abgedruckt in IM, S. 134—136.

[4] Brief Nr. M 235 b vom 11. 9. 1922, Briefe, S. 84; es handelt sich um die Gedichte, die wir im Abschnitt „Das schlüpfrige Leid", oben S. 207—223, betrachtet haben.

[5] Loerke, Bücherkarren, S. 212, siehe Bibliographie, Rezension zum „Geheimen Kinder-Spiel-Buch" (A 26).

Die Sicherheit und heimliche Melancholie, mit der er die torkelnde Poetengestalt
erst schuf und dann konsequent selbst lebte, ist bei dieser erstaunlichen Erscheinung
gewiß das Erstaunlichste.[6]

Eine solche Schilderung zeigt aber auch, wie höllisch die Selbstparodie Ringelnatz wenigstens für die Publikumsaugen gelungen ist; Luft spricht von Sicherheit bei einem lebenslang völlig Unsichern, nichts ahnt er vom „Nasenkönig",
von dem unüberwindlichen Minderwertigkeitsgefühl des „kleinen Menubbels
mit dem gewaltigen Zinken einer Nase im Gesicht", dem Ursprung seiner Dichtungen wie seiner Gestalten.

Aber noch ein Zug, den wir hie und da schon angedeutet haben und ohne den
nicht nur viele seiner Gedichte kaum erträglich, sondern durch den manche geradezu einen einzigartigen Reiz gewinnen, prägt diese erstaunliche Persönlichkeit: seine Kindlichkeit und Naivität. In einem kauderwelschen Durcheinander,
das an die letzten Verse von „Wenn ich allein bin" anknüpft, erzählt er einmal
augenscheinlich leicht betrunken Freunden von sich:

> „Ich bin ein uralt Kind, [...] übrigens steht dies wortwörtlich in einem meiner Ge-
> dichte. Und sie sind nicht schwer zu erraten, weil leicht erfühlbar — ich selbst. *Moi
> même.* Boys, der Wein ist gut! Was hab' ich schon alles getrunken ... Nie genug, nie
> genug. Ach ja, ich bin Deutscher; stamm' ich aus Passau, Leipz'ch oder von der Water-
> kant? Ich weiß es nicht. Meine Heimat ist die See, seine [wohl: meine] Heimat ist das
> Abenteuer, der [sic] Dauer im Wechsel. Oder eigentlich auch nicht. Seht, heute mit
> meinen einundvierzig Jahren liebe ich eine Häuslichkeit, ich liebe es, mein Heim aus-
> zuschmücken, in Ruhe zu lesen, rauchend zu ruhen. Vielleicht gerade deshalb, weil ich
> fünfunddreißig Berufe gehabt habe und in ebensovielen Ländern herumgekommen bin.
> Ich war Auslagenarrangeur, Hirte, Tapezierer, Sekretär bei zwei Fürsten und so
> weiter ... hauptsächlich aber Seemann. Und nebenbei schrieb ich immer wieder.
> [...]"[7]

Wieder einmal wird Ringelnatzens lebenslange unsichere Verwirrung deutlich,
nie ist er Hirte oder Tapezierer gewesen, und wie wenig er wirklich „hauptsächlich Seemann" war, haben wir gesehen. Die Verwirrung aber („Ich weiß es
nicht", „Oder eigentlich auch nicht") ähnelt dem Gedankengang mancher Gedichte, die Gedanken aufnehmen, verwerfen und in kindlicher Ratlosigkeit enden, wie etwa die Verse „Man soll — —", wo es schließlich heißt: „Man soll —
was weiß ich, was man soll!"[8]

---

[6] Luft, Salut für Kuddel [!] Daddeldu (A 368).
[7] Muhr, Joachim Ringelnatz, der dichtende Seefahrer (A 270).
[8] Allerdings (A 28), S. 53 (GG, S. 231); das Gedicht stammt vom 28. August 1922
(Kopie des unbekannten Originals bei GR).

I. Der reisende Artist

Von Anfang 1921 bis Ende 1933, der Zeit seiner Vortragsreisen durch ganz Deutschland[1], Österreich und die Schweiz, war er jeweils etwa die Hälfte des Jahres zuhause, das heißt in München, bzw. ab 1930 in Berlin. In diesen eigentlichen ‚Ringelnatz-Jahren‘ publizierte er in Zeitschriften, wie dem „Simplicissimus“, dem „Tagebuch“, der „Weltbühne“, der „Literarischen Welt“ und ungezählten anderen, etwa 600 Gedichte (also etwa 46 pro Jahr), die er dann in den sechs Haupt-Gedichtbänden sammelte. Hinzu kommt noch, was mit dem Nachlaß im Kriege verbrannte und einige größere Arbeiten: die einaktige Groteske „Bühnenstar und Mondhumor“[2] (Februar 1921), die Märchen (April bis Juli 1921)[3], „...liner Roma...“ (August 1921)[4], die verschollene Operette „Doktors engagieren“ (Mai 1927)[5] und das ebenfalls verschollene Singspiel „Mut, Gesang und Gaunerei“ (Juli 1928)[6], dann die beiden umfangreichen Erinnerungsbücher „Als Mariner im Krieg“ (Mitte 1927) und „Mein Leben bis zum Kriege“ (zweite Hälfte 1930), ferner die bebilderten Reminiszenzen aus seiner Seemannszeit „Matrosen“[7] (Mitte 1927), das Drama „Die Flasche“ (April 1929), sowie ein fades Spiel in drei Akten „Zusammenstoß“ (Juni 1931)[8] und ein verlorenes Kammerspiel „Briefe aus dem Himmel“ (1932)[9]. Zweifellos sind die Gedichte dieser Zeit — die Dramen gingen bis auf den uninteressanten „Zusammenstoß“ und die unbedeutende „Flasche“ verloren — neben den beiden Bänden der Autobiographie der eigentliche Ertrag der Jahre nach 1921.

Die erste große Gedichtsammlung, die *„Reisebriefe eines Artisten“* vom Herbst 1927, enthält Verse aus den Jahren 1921 bis 1927, wohl wenige von

---

1 Siehe dazu auch oben S. 87 und 187.
2 Siehe oben S. 223—229.
3 Siehe oben S. 229—245.
4 Siehe oben S. 152—156.
5 Vgl. IM, S. 121.
6 Vgl. ebda.
7 Bibl. A 30.
8 Vgl. IM, S. 121; unveröffentlichtes Typoskript im Besitz von GR.
9 Vgl. ebda.; siehe auch „Die Flasche und mit ihr auf Reisen“ (A 38), S. 122: Ringelnatz erwähnt dort in dem „Tagebuch von 1932“, daß sich der Intendant vom Koblenzer Landestheater für sein „neues Stück ‚Briefe aus dem Himmel‘ interessiere“.

1921[10] und jeweils etwa gleichviel aus den folgenden Jahren, die meisten zuerst im „Simplicissimus" rund einen Monat (ausnahmsweise auch ein Jahr) nach der Entstehung erschienen. 1928 bringt dann „*Allerdings*" die Ernte der Jahre 1926 und 1927 mit Nachzüglern seit 1922 und Frühprodukten von 1928 ein. Die „*Flugzeuggedanken*", von denen Ringelnatz im September 1929 die ersten Korrekturbogen erhält[11], stammen fast ausschließlich aus den Jahren 1928 und 1929, die „*Gedichte dreier Jahre*" im großen und ganzen aus den Jahren 1930 bis 1932. „*Gedichte, Gedichte von Einstmals und Heute*" erscheint im Juni 1934 und streut ein knappes halbes Hundert neue Verse von 1932 und 1933 unter wiederabgedruckte alte, und aus den letzten vier bis fünf Jahren sammelt „*Der Nachlaß*" von 1935 auf seinen ersten Seiten. Keinerlei neue Gedichte bringt das Bändchen „*103 Gedichte*", die Ringelnatz selbst zu seinen 50. Geburtstag am 7. August 1933 auswählte. Eine Sonderstellung, über die wir noch sprechen werden[12], nehmen die beiden ‚schlimmen' Kindergedicht-Bücher von 1924 und 1931 ein. Überblickt man das ganze Œuvre seit 1921, so sind die Gedichte von sehr unterschiedlicher Qualität, die Belanglosigkeiten und oft hilflosen Spruchweisheiten sind neben dem Bedeutungsvolleren recht zahlreich.

Am 18. Oktober 1922 druckte der „Simplicissimus" zwei Gedichte Ringelnatzens unter dem gemeinsamen Obertitel „*Reisebriefe eines Artisten*": „Cassel" und „Die Karpfen Wilhelmstraße 15"[13], mit denen Ringelnatz die Versifizierung kleiner und kleinster Erlebnisse des reisenden Artisten einleitete. Bis 1926 erschienen nun laufend solche Reisebriefe, ein letzter — „Amberg"[14] — am 19. 12. 1927 sogar noch nach der Buchausgabe. Die fortlaufenden Veröffentlichungen vor deren Erscheinen waren schon am 4. Januar 1926 mit „Zürich (An Hügin)" zuende, und dieser Reisebrief sei als Muster zitiert:

> Frage ich mich: Führ ich
> Gern ein zweites Mal dorthin

---

[10] Wahrscheinlich sind die Gedichte „Aus Breslau" (Reisebriefe [A 27], S. 46 [GG, S. 147 f.]) und „Königsberg in Preußen" (ebda. S. 106 f.) schon 1921 bei den entsprechenden Aufenthalten in Breslau (Februar) und Königsberg (März) entstanden.

[11] Brief Nr. M 625 vom 20. (?) 9. 1929.

[12] Siehe unten S. 276—290.

[13] Simplicissimus 27 (1922/23) Nr. 29 vom 18. 10. 1922, S. 418: „Cassel", in den „Reisebriefen" (A 27), S. 12 unter dem Titel „Hanau"; „Die Karpfen Wilhelmstraße 15", ebda. S. 11 unter dem Titel „Cassel (Die Karpfen in der Wilhelmstraße 15)" (GG, S. 129).

[14] Simplicissimus 32 (1927/28) Nr. 38 vom 19. 12. 1927, S. 526; Reisebriefe (A 27), S. 54 (GG, S. 153); dieses Gedicht sandte Ringelnatz schon Anfang Dezember 1926 an den „Simplicissimus", der es erst ein Jahr später veröffentlichte (vgl. Brief Nr. M 457 vom 10. 12. 1926). Derart lange Zeit zwischen Entstehen und Veröffentlichung verstrich selten; meist waren es ein oder zwei Monate, bisweilen weniger.

Nach (Hamburgli-) Zürich?? —
Merk ich doch, daß ich im Zweifel bin.
Ungeachtet dessen — immerhin!
Wer, wie ich, die ganze Stadt
Und die weitere Umgebung
Zwecks privater Schiller-Neubelebung
Oberhalb und unterhalb durchbummelt hat,
Der kommt aus der hohlen Gasse
Tagelang oft gar nicht mehr heraus.
Doch ist dort auch eine ganze Masse
Ernster Künstler und auch sonst zu Haus
Und vertragen sich wie Katz und Pack und Maus.
Ihnen, mir, auch anderen wahrscheinlich,
Ist die Stadt zu übertrieben reinlich.
Nirgends Pferdefrüchte auf dem Pflaster.
Nirgends Sünde, nirgends Laster.
Und die Polizei berührt uns peinlich.
In den Kneipen sah ich beim Walliser
Anfangs lauter breitgenährte Spießer,
Immer sechs um einen Patriarchen,
Und ihr Sprechen klang mir erst wie Schnarchen.
Aber bald entdeckte ich, Gott sei Dank,
Daß sie doch trotz ihrer Meistermienen,
Wachgehalten vom politischen Dreiklang,
Freier, schöner waren, als sie schienen.
Ja, sie schwimmen wirtschaftlich im Glücke,
Hamstern zentnerschwere Frankenstücke,
Zahlen winzi-niedli-kleine Rappen.
Hmm!
Das Glück geht ihnen durch die Lappen,
Und ihr Unglück hält sich fern.
Immerhin: ich würde doch sehr gern
Wieder einmal frische Luft dort schnappen.
O daß sie ewig nicht so friedlich bliebe
Die kriegverschonte, teure Schweiz!
Ich grüße Zürich einerseits und andrerseits
Und viele Freunde dort, die ich sehr lieb habe.[15]

Der ‚falsche‘ Reim ‚lieb habe‘ statt ‚liebe‘ auf ‚bliebe‘ kennzeichnet die bewußte
Beiläufigkeit des Ganzen. Alle gereimten „Reisebriefe“ plaudern in dieser sa-
loppen Umgangssprache mit grammatikalischen Inkonzinnitäten, wie wir sie
seit den Gedichten von „Kuttel Daddeldu“ kennen[16] und hier in den Versen

[15] Reisebriefe (A 27) S. 115 f. (GG, S. 181 f.); zuerst in: Simplicissimus 30 (1925/26)
Nr. 40 vom 4. 1. 1926, S. 588. Der Maler Karl Hügin war seit den Berliner Nachkriegsjahren mit Ringelnatz befreundet. Ringelnatz war in der ersten Oktoberhälfte
1925 in Zürich, das Gedicht entstand also wohl im November / Dezember 1925.
[16] Siehe oben S. 199.

12—14 finden. Ringelnatz häuft Andeutungen und Nebensächlichkeiten, angefangen vom „Ungeachtet dessen — immerhin!" über die „private Schiller-
Neubelebung" bis zum kaum verständlichen, weil mit zuviel understatement
nur angetippten, „Und die Polizei berührt uns peinlich". Die Quintessenz von
den nicht recht glücklichen und nicht recht unglücklichen reichen Schweizern
kann als Klischee ebensowenig befriedigen wie der herzlose Wunsch, dieses Land
möge nicht immer so friedlich bleiben. Wie viele „Reisebriefe" wird das Gedicht durch die allzu private Unmittelbarkeit und Formlosigkeit zerstört, die
mehr oder weniger flott dahingeplauderten Kleinigkeiten sind für Außenstehende völlig uninteressant. Bei „Frankfurt an der Oder", vielleicht einem
der frühesten Reisebriefe[17], spürt Ringelnatz selbst die Mattigkeit der Verse
und endet:

> Ich preßte allen Witz heraus
> Und schrieb mit stumpfer Feder
> An alle Freunde: „Grüße aus
> Frankfurt an der Entweder."

Nur in den seltenen Fällen, wo Ringelnatz Gegenstände, Gedanken und Erinnerungen durcheinanderwürfelt[18], gewinnt die Formlosigkeit einen gewissen Reiz
und setzt die „Logik"[19] oder die schon zitierten Verse aus „Nachtgalle" fort:

> Und das Leben ist — — alles, was es nur gibt:
> Wahn, Krautsalat, Kampf oder Seife.[20]

Nur wo das Leben ungeordnet in eigentlich unvereinbaren Dingen auf den
Menschen einstürmt wie in dem früher zitierten Gedicht „Überall"[21] oder wo
es als ein Unrat, Dreck und Leichen tragender Strom erscheint und der Dichter
dabei noch witzelt, wie in den folgenden Versen aus „Die Strömung":

> Dann kam ein Wasserleichelchen;
> Es war von außen offenbar
> Noch ziemlich frisch.
> Dahinter trieb ein Speichelchen,
> Das abgesondert war
> Von einem Fisch.[22]

---

[17] Reisebriefe (A 27), S. 40 (GG, S. 143 f.); zuerst in: Simplicissimus 30 (1925/26)
Nr. 9 vom 1. 6. 1925, S. 139; Ringelnatz war aber höchstwahrscheinlich nur ein
einziges Mal dort, und zwar, wie auch aus dem Gedicht ersichtlich, nur auf der
Durchreise am 28. 2. 1921 (vgl. Brief Nr. M 94 vom selben Tag, Briefe, S. 37 f.).

[18] Butler beschreibt dieses Phänomen nur und kennt nicht die Ursache: „Ringelnatz'
apprehension of reality is unusually direct." (Assessment [A 418], S. 134).

[19] Schnupftabaksdose (A 8), S. 45 (GG, S. 28); siehe oben S. 61—64.

[20] Turngedichte (A 22), S. 67 (GG, S. 63); siehe oben S. 64, Anm. 52.

[21] Reisebriefe (A 27), S. 114 (GG, S. 180 f.); siehe oben S. 195.

[22] ebda. S. 45 (GG, S. 146 f.); zuerst in: Simplicissimus 32 (1927/28) Nr. 10 vom
6. 6. 1927, S. 126.

da wird eine naive Daseinsfreude sichtbar, die geradezu rauschhaft Reiseein-
drücke mit Erinnerungsfetzen mischt, aber auch ebenso rauschhaft zwischen-
durch die reimende Form verläßt und in hastende Prosa verfällt, wie in dem
Gedicht „Augsburg", dessen „life and colour"[23] selbst Butler bewundert:

> Ich bin da im Weißen Lamm
> Abgestiegen.
> Leider ließ ich im Zug deinen schönen, neuen Schwamm
> Liegen.
> Mir bleibt nichts verschont.
> Hier hat auch Goethe gewohnt —
> Wollte sagen „erspart". —
>
> Augsburg hat doch seine Art;
> Besonders wenn Markt ist, und Zwiebeln, verhutzelte Weiblein
> Und Butter und Gänse auf steinaltem Pflaster sich tummeln.
>
> Dort, wo früher Hasen- und Hundemarkt war,
> Schreib ich diesen Brief. Eine wunderliche
> Ganz enge Kneipe — Marktleute — Kupferstiche —
> Nur Schnäpse —
>
> Verzeih, mir ist nicht ganz klar,
> Aber sonderbar.
> Schade nur um den herrlichen Schwamm!
> Die ihn finden, die freun sich.
>
> Auf der Reise nach Italien 1790.
> Es lebe Goethe! Das Lamm! Und der Schwamm!
> Ach was! Schwamm drüber! Punktum Streusand!
> Prosit: es lebe Neuseeland.[24]

Der Schluß des Gedichtes findet sich ganz ähnlich auch schon bei Paul Scheerbart. Dieser schließt seinen „Charakter-Zyklus" „Sei sanft und höhnisch" in der
„Katerpoesie":

> Charakter ist nur Eigensinn.
> Es lebe die Zigeunerin!
> Schluß!![25]

Ähnlich gelöst ist auch der „Frühling hinter Bad Nauheim"[26], der endet:

> Der Wind entführt mir meinen Hund.
> Die Eier, der Kognak, das Brötchen

---

[23] Butler, Assessment (A 418), S. 137.

[24] Reisebriefe (A 27), S. 127 (GG, S. 188 f.); zuerst in: Simplicissimus 29 (1924/25)
Nr. 32 vom 5. 11. 1924, S. 426; vgl. auch Brief Nr. M 391 vom 17. 10. 1924:
„ ‚Augsburg' am 17. Okt. an Simpel gesandt. M. 40,—".

[25] Scheerbart, Katerpoesie (B 86), S. 25.

[26] Reisebriefe (A 27), S. 123 (GG, S. 186); zuerst in: Simplicissimus 29 (1924/25) Nr. 9
vom 26. 5. 1924, S. 126.

Schmecken heute besonders gut:
Und siehe da: mein alter Hut
Macht Männchen und gibt Pfötchen.

Heitere, tröstliche Kleinigkeiten, kindliche Privatheiten und naive Subjektivität
retten manche „Reisebriefe", aber lange nicht alle, zu viele sind wirklich in
jeder Hinsicht belanglos. Denn aus Geldmangel läßt Ringelnatz so gut wie
jedes Gedicht drucken, verkauft seine schlechtesten Verse und freut sich sogar,
wenn ihm das wie mit dem „Turngedicht am Pferd" gelingt: „,Pferd' sandte
ich von hier oder Berlin an ‚Jugend' und dachte schon, daß sie das nehmen
würden. Allen Schund werde ich los! Ha Ha!"[27] Oder er pflichtet Muschelkalk
bei: „Mein Gedicht ‚Heimfahrt aus Prag' ist wirklich sehr doof"[28]. Es mag
auch der Zorn des Enttäuschten mitspielen, der auf seinen Dramen sitzenblieb
und sich hämisch freute, wenn die Zeitschriften und Verlage stockenden und
faden „Schund" wie den Reisebrief „Stuttgart"[29] abdruckten, der beginnt:

Ich kam von Düsseldorf, dort sah ich Radschläger.
Ich kam nach Stuttgart, dort trank ich Steinhäger
Denn mit dem schwäbischen Wein
Scheint mir nicht allzuviel los zu sein,
Wenigstens nicht mit dem billigen.
Doch ich wohnte in dem Olgabau,
Einem Schlosse einer hohen Frau,
Die mir auch die besten Sorten tat bewilligen.
Ach, ich schwirrte von Vergnügen zu Vergnügen.
Schien auch dem Publikum zu genügen.
Durfte über ein Auto verfügen,
[...]

Über Frankfurt hat er wenige Tage nach der Ankunft im September 1923
„schon zwei Gedichte", und zwar „ein schlechtes und ein besseres geschrieben"[30],
einen belanglosen Gruß an Renée Sintenis[31] und die frühe Summe aller „Reisebriefe eines Artisten":

---

[27] Brief Nr. M 219 vom 13. 4. 1922, Briefe, S. 76; „Das Turngedicht am Pferd (Schon
den Römern bekannt)" — Jugend 1922, Nr. 10 vom 15. 5. 1922, S. 386 (Turngedichte [A 22], S. 24, 27 [GG, S. 46—48]).

[28] Brief Nr. M 767 vom 3. 11. 1931, Briefe, S. 175; die Verse sind in keinem der
Gedichtbände abgedruckt und auch sonst unbekannt.

[29] Reisebriefe (A 27), S. 98 f. (GG, S. 172—174); zuerst in: Simplicissimus 30 (1925/26)
Nr. 38 vom 21. 12. 1925, S. 555.

[30] Brief Nr. M 314 vom 7. 9. 1923.

[31] Reisebriefe (A 27), S. 71 (GG, S. 163); zuerst in: Simplicissimus 28 (1923/24) Nr. 47
vom 18. 2. 1924, S. 581.

Frankfurt am Main

Und vieles andere: Applaus und Wein,
Freunde und Freiheit, wie es immer hieß.
Am schönsten aber, wenn ich ganz allein
In einem Winkel, der die Grüße mied,
Das taumelnd Aufgewirbelte sich setzen ließ
Und ruhig Täuschendes vom Echten schied.
Dann gingen Gott und Teufel durch die Wände;
Dann sah ich Schiffe im Polar vereist
Und sah im Waschfaß deine fleiß'gen Hände.
Und ob mitunter läppisch oder feist
Die Nachbarschaft mich störte oder stank,
Was ich errechnete, war immer Dank
Nebst einer Rechnung über Apfelwein. —

Um diesen Winkel, diese Stunde —
So zwischen Tageslicht und Bühnenlicht —
Mag, so wie andres anderswo, Frankfurt am Main
Um mich gewesen sein,
Das weiß ich nicht.[32]

Ringelnatz sieht im Grunde gar nicht die Städte, in denen er auftritt, er ist
immer mit sich und seiner Phantasie allein; nur daß er jetzt diese ruhelose
Einsamkeit durch ein rastloses Niederkritzeln von Gedichten im Zug, in öden
Hotelzimmern und in Restaurants zu überwinden sucht. Die Vortragsreisen
haben Ringelnatz beileibe nicht zu einem weltoffenen, zu einem wirklichkeits-
nahen, das heißt die Wirklichkeit ordnenden und interpretierenden Menschen
gemacht, sondern sie haben ihn weiter in eine Einsamkeit getrieben, aus der
er nur fröhlich aufwacht, wenn er zu Hause bei seiner Frau ist. Die Stelle aus
einem Brief an seine Frau: „Ich liebe Dich so innig. Aber hier ists auch zum
Sterben."[33] — könnte geradezu als Motto für das Reiseleben dienen. Aber
zehn Tage später kann er dann auch wieder an Muschelkalk schreiben: „Bon
soir madame la lune! Et salu jusque demain. Ibich habibebi liebieb, piep. [. . .]
Ichio binio wiederio vergnügto! Asta la vista sine arruar!"[34]

Und die ganze Eintönigkeit und Freudlosigkeit seines Daseins als reisender
Artist — an Cläre Popp schrieb er einmal: „Ich [. . .] hab in meinen artistischen
Puffs viel Verdruß"[35] — faßt das Reisegedicht „Schnee" zusammen. Ringel-

[32] Reisebriefe (A 27), S. 22 (GG, S. 135); zuerst in: Simplicissimus 28 (1923/24)
   Nr. 28 vom 8. 10. 1923, S. 346.
[33] Brief Nr. M 930 vom 11. 2. 1934.
[34] Brief Nr. M 933 b vom 21. 2. 1934.
[35] Brief Nr. CP 2 vom 2. 4. 1923.

natzens Freund Otto Linnemann, der Frankfurter Glasmaler, berichtet über
den äußeren Anlaß:

> Um so scheußlicher war's draußen: ein kalter, nasser Winterabend, der auf dem Hin-
> weg noch schöne Schnee war zu einem braunen Brei getaut. „Ist es denn wirklich
> nötig, daß das Reinste und Weißeste, das uns der Himmel heruntergeschickt, auf eine so
> schmutzige Weise sterben muß?" Ein ganz kurzes Nachdenken, dann tröstete er mich
> auf meine Frage mit den Worten: „Nur in der Stadt; draußen auf dem Feld bleibt
> der Schnee bis zuletzt weiß . . ."[36]

Und wenig später erscheint dann im Dezember 1924 das Gedicht im „Simplicissimus":

> Zwischen den Bahngeleisen
> Vertränt sich morgenroter Schnee. — —
> Artisten müssen reisen
> Ins Gebirge und an die See,
> Nach Leipzig — und immer wieder fort, fort.
> Nicht aus Vergnügen und nicht zum Sport.
> Manchmal tut's weh.
>
> Der ich zu Hause bei meiner Frau
> So gern noch wochenlang bliebe;
> Mir schreibt eine schöne Dame:
> „Komm zu uns nach Oberammergau.
> Bei uns ist Christus und Liebe,
> Und unser Schnee leuchtet himmelblau." —
> Aber Plakate und Zeitungsreklame
> Befehlen mich leider nicht dort—,
> Sondern anderswohin. Fort, fort.
>
> Der Schnee ist schwarz und traurig
> In der Stadt.
> Wer da keine Unterkunft hat,
> Den bedaure ich.
>
> Der Schnee ist weiß, wo nicht Menschen sind.
> Der Schnee ist weiß für jedes Kind.
> Und im Frühling, wenn die Schneeglöckchen blühn,
> Wird der Schnee wieder grün.
>
> Beschnuppert im grauen Schnee ein Wauwau
> Das Gelbe,
> Reißt eine strenge Leine ihn fort. —
> Mit mir in Oberhimmelblau
> Wär's ungefähr dasselbe.[37]

Im Symbol des verschiedenfarbigen Schnees verdichten sich die Stimmungen
des reisenden Artisten. Er beginnt mit einem Bild des Leides: an Tränen und

---

[36] IM, S. 92.

[37] Reisebriefe (A 27), S. 78 f. (GG, S. 167 f.); zuerst in: Simplicissimus 29 (1924/25)
Nr. 38 vom 15. 12. 1924, S. 519.

Blut erinnert der zweite Vers des Gedichtes. Doch auf dieses Bild, das an Verse mancher sogenannter ‚Expressionisten' erinnert, folgt eine bildlose Klage über seinen Reisezwang: er reist nur, um seinen Lebensunterhalt zu verdienen. Mitten im Plauderton taucht dann wieder der Schnee auf: diesmal himmelblau, und diese Farbe steht für seine Sehnsucht, aus diesem Leben auszubrechen. Aus dem schwarzen traurigen Schnee der Stadt sehnt er sich hinweg, dorthin, wo keine Menschen sind, wo der Schnee weiß ist. Aber für ihn gibt es auch eine andere Rettung: seine Kindlichkeit, denn: „Der Schnee ist weiß für jedes Kind." Ein wirkliches Ausbrechen nach „Oberhimmelblau" aber gibt es nicht. Und so bewahren Ringelnatz denn auch kindlich übermütiges Sprachspiel, naives Bestreben, den bösen Reisealltag in Versen zu verarbeiten, vor dem Untergang.

Freilich beginnen nun aber auch bei dieser Selbstheilmethode viele Gedichte dieser Zeit „krampfhaft" zu werden, wie die gewiß nicht überkritische Muschelkalk von den Flugzeuggedichten meint[38], die dem 1929 veröffentlichten Band *„Flugzeuggedanken"* den Namen geben. Es ist kein Zufall, daß Ringelnatz diese Gedichte in den Jahren 1928 und 1929 schreibt. Zwar erscheinen die Verse „Weltverkehr" schon 1925 in der ersten Nummer der Luftfahrtzeitschrift „Ikarus"[39], aber erst 1928 setzen die eigentlichen Gedichte über das Erlebnis des Fliegens, Flugzeuge und Flieger ein. Denn im April dieses Jahres gelang den Piloten von Hünefeld, Hermann Köhl und James C. Fitzmaurice die erste Atlantiküberquerung in Ost-Westrichtung — und im „Simplicissimus" erscheint das erste Flugzeuggedicht Ringelnatzens am 21. Mai[40]. Die Helden dieses Fluges wurden in aller Welt mit einem Jubel gefeiert, der nur dem vergleichbar ist, der die ersten Astronauten in unseren Tagen empfing[41]. Die zwanziger Jahre gelten überhaupt als das „klassische" und „strahlende" Zeitalter der Luftfahrt: „Der Flieger, der Meere und Kontinente überflog, wurde zum Helden der gay twenties, der heiteren zwanziger Jahre. [...] Das Fliegen war reines Glück, kühnes Abenteuer, herrliche Freiheit. In den Fliegern erlebte das Zeitalter seine eigene Sehnsucht."[42]

Es ist dies das letzte Mal, daß Ringelnatz eine Erscheinung der Zeit aufgreift und sich zunutze macht, aber wiederum nicht als bloße Masche, sondern auf-

---

[38] Brief Nr. M 547 vom 12. 9. 1928, Briefe, S. 114.

[39] Reisebriefe (A 27), S. 50 (GG, S. 150 f.); zuerst mit drei Zeichnungen von Ringelnatz in: Ikarus 1 (1925) Nr. 1 (Sommerheft) S. 124; von Ringelnatz erschien dort erst im Februar 1928 ein weiteres Flugzeuggedicht, dem im selben Jahr noch zwei, im nächsten zwei weitere folgten.

[40] „Flugzeuggedanken" — Simplicissimus 33 (1928/29) Nr. 8, S. 110; Flugzeuggedanken (A 32), S. 7 (GG, S. 289).

[41] Vgl. dazu Köhl / Fitzmaurice / Hünefeld, Unser Ozeanflug (B 157).

[42] Helmut Günther, Zwischen Freiheit und Terror (B 141), S. 167.

grund seiner persönlichen Anlage und Entwicklung: Einst fand sein Wunsch,
Seemann zu werden, in den Zeitumständen Nahrung[43]; vor dem Kriege wurde
er, der mit den Unsinnsgesellschaften des neunzehnten Jahrhunderts durch
seinen Vater eng verbunden war, Hausdichter in der „Künstler-Kneipe Simplicissimus"[44]; nach dem Kriege, als die deutsche Turnerei besonderer Kritik
ausgesetzt sein mußte, nahm er in seinen „Turngedichten" eine aus demselben
Jahrhundert stammende Tradition wieder auf[45]; auch sein Kuttel Daddeldu
kam als Ergebnis eines ganz persönlichen Entwicklungsprozesses der allgemeinen Zeitlage entgegen[46]; so reihten sich ja ebenfalls seine Märchendichtungen,
die ihn aus der Selbstparodie befreien sollten, in eine Tradition moderner
Kunstmärchen ein[47]; und schließlich — sieht man von den noch zu besprechen-
den Kindergedichten ab[48] — bedichtet er auch die neueste Zeiterscheinung,
„das allermodernste Beförderungsmittel"[49], nicht ohne hier — allerdings wie
sonst nie in diesen Fällen — bisweilen recht „krampfhaft" zu werden.

Doch auch poetisch betritt Ringelnatz hier kein Neuland[50]. Ein Jahr vor den
„Flugzeuggedanken" veröffentlichte Peter Supf, der zum Hausdichter der er-
wähnten Zeitschrift „Ikarus" aufgestiegen war[51], eine Anthologie unter dem
Titel „Das Hohe Lied vom Flug. Erste Sammlung deutscher Flugdichtung"[52].
Von Supf, der selbst Flieger war, erschienen schon 1919 die „Lieder aus den
Lüften"[53] mit Versen wie:

> Durch Wolken auf wie schmalen Schiffes Kiel
> Aufgleitet an der glatten Welle Schiefe
> — Da leuchtet Himmel hell und überviel —
> So wölbt sich Bläue funkelnd in der Tiefe,
>
> Vor Gott ein Lachen und ein Lichterspiel.[54]

[43] Siehe oben S. 95 f.
[44] Siehe oben S. 25—39.
[45] Siehe oben S. 164—169.
[46] Siehe oben S. 187—206 und unten S. 280.
[47] Siehe oben S. 230—232.
[48] Siehe unten S. 271—290.
[49] Paul Schurek, siehe Bibliographie, Rezensionen zu A 32.
[50] Literatur zur Flugdichtung (Ringelnatz nirgends erwähnt): Bibl. B 141; 146; 182;
193; 194.
[51] Seit Heft 2 des ersten Jahrganges 1925.
[52] Bibl. B 100; dort finden sich auch schon zwei Gedichte von Ringelnatz, allerdings
unter der Rubrik „Spott und Scherz"; es handelt sich um „Weltverkehr" (vgl. Anm.
39) und „Fernflug", beide nach den Erstdrucken im „Ikarus" („Fernflug": Ikarus 4
[1928] Nr. 2 [Februar] S. 10 f. — Flugzeuggedanken [A 32], S. 35—37 [GG,
S. 309—312]).
[53] Bibl. B 99; zu Peter Supf siehe: Richter, Deutsche Flugdichtung (B 193) und ders.,
Peter Supf (B 194).
[54] Zitiert nach Supf, Hohes Lied (B 100), S. 76.

Doch nicht nur in solcher an Conrad Ferdinand Meyer und Rilke geschulten
Sprache klingt es in der Anthologie. Der Ton reicht von daktylischen Hymnen
Hans Brandenburgs[55], über Romantizismen und pathetische Verse Richard
Dehmels („Gebet im Flugschiff", „Vogel Greif"[56]), über die gewollt dunkle
Prophetie Rilkes („O erst *dann,* wenn der Flug"[57]) bis zu den modernen,
neuen Tönen René Schickeles und Alfred Wolfensteins, die sicher mit ihren Ver-
sen im Banne Filippo Tommaso Marinettis standen. Denn schon 1909 verkündete
dieser in seinem „Manifest des Futurismus" unter anderem: „[...] besingen
werden wir [...] den gleitenden Flug der Flugzeuge, deren Propeller wie eine
Fahne im Winde knattert und Beifall zu klatschen scheint wie eine begeisterte
Menge."[58] Von Libero Altomare erschienen dann auch in der Anthologie
„I Poeti Futuristi" von 1912 Verse mit grellen pathetischen Schreien und
kühnen Bildern:

> [...]
> Hör meine Seele, sie schreit
> weißglühend wie das stählerne Herz
> deines Motors, der röchelt,
> pfeift, schluchzt,
> widerspenstige Kehle gewürgt von unsichtbaren Händen!...
> [...][59]

Aber Ringelnatz setzt weder die alte noch die neue Tradition stilistisch
fort; lediglich in Thema und Begeisterung liegt das Verbindende. Ringelnatzens
Flugzeuggedichte mit ihrem ungeformten Staunen sind in gewisser Hinsicht
ein Ersatz der früheren Begeisterung für die Seefahrt. Liebevoll und doch etwas
ängstlich argwöhnisch belebt er die neuen Wunder des technischen Zeitalters,
in denen „Romantik und Realismus so unvermittelt nebeneinander stehen"[60];
am deutlichsten wird das in „Aus der Vogelkunde"[61] oder in „An ein starten-
des Flugzeug":

> Da stehst du in nächster Nähe
> Vor mir, stumm, starr, dumm und grau.
> Torkle davon, du listige Krähe,
> Töff töff und surr und dann auf in das Blau.
> [...][62]

---

[55] ebda. S. 58—62.
[56] Dehmel, Gesammelte Werke in drei Bänden 1 (B 25), S. 189; 181 f.
[57] Rilke, Sämtliche Werke 1 (B 83), S. 745 f. (Sonette an Orpheus).
[58] Zitiert nach: Baumgarth, Geschichte des Futurismus (B 119), S. 26 f.
[59] Zitiert nach: ebda. S. 264.
[60] Muschg, Der fliegende Mensch in der Dichtung (B 182), S. 453, Ringelnatz wird
      dort natürlich nicht erwähnt.
[61] Flugzeuggedanken (A 32), S. 39 (GG, S. 313).
[62] ebda. S. 27 (GG, S. 304).

Wie ihm als Kind die Natur magisch belebt erschien, so werden ihm nun die „Flugmaschinen"[63] zu selbständigen Wesen, die dem Menschen überlegen erscheinen („listige Krähe"), beschwört Ringelnatz doch in der letzten Strophe das Flugzeug:

> Um Gottes willen, du Loser, entrinn nicht
> Der Erde, die doch menschlich dich schuf.
> Überstürz dich auch nicht und besinn dich
> Auf unser Vertraun und auf deinen Beruf.

Aber selten gelingt es Ringelnatz wie hier beim startenden Flugzeug („Torkle davon, du listige Krähe"), ein Bild zu schaffen, das die technische Welt weder romantisiert noch in Sachlichkeit vertrocknet, oder gar die Modernolatrie des Futurismus wiederaufnimmt, sondern ein Bild wirklichkeitsnaher, naturmagischer Verklärung, das ein völlig unreflektiertes kindliches Verhältnis zu den Dingen offenbart; in dem Gedicht „Natur" hat er diese Haltung auszudrücken versucht:

> Wenn immer sie mich fragen,
> Ob ich ein Freund sei der Natur,
> Was soll ich ihnen nur
> Dann sagen?
>
> Ich kann eine Bohrmaschine,
> Einen Hosenträger oder ein Kind
> So lieben wie eine Biene
> oder wie Blumen oder Wind.
>
> [...][64]

Die „Fliegerleute" sind derart überzeugend seine neuen Helden, daß der Verfasser des Artikels ‚Ringelnatz' in Kunischs „Handbuch der deutschen Gegenwartsliteratur" dem Dichter 1970 sogar posthum sicher einen Traum erfüllt, wenn er behauptet, Ringelnatz habe es „im Frieden zum Flieger gebracht"[65], wo für ihn doch lediglich zeitweise 40 % Flugpreisermäßigung auf den Inlandflügen der Deutschen Lufthansa herausschauten. Mit den Flugzeugen und Fliegern nimmt Ringelnatz eigentlich nur die frühere Begeisterung des Kriegsdramas „Der Flieger"[66] wieder auf, das er im Frühjahr 1933 sogar wieder hervorholt und bearbeitet[67]; ja ein Gedicht wie „Fliegerleute (1928)" ähnelt bis auf die fehlende Kriegslüsternheit seinen „Deutschen Matrosen" von 1914[68], nur daß er sich jetzt nicht mehr ein verfrühtes Denkmal seines künftigen Ruh-

---

[63] So heißt es in: „Aus der Vogelkunde".
[64] Flugzeuggedanken (A 32), S. 123 (GG, S. 353 f.).
[65] Erné, Joachim Ringelnatz (A 427), S. 136; der Artikel ist reines Feuilleton.
[66] Siehe oben S. 139—148.
[67] Vgl. IM, S. 120.
[68] Bibl. A 168; siehe oben S. 132 f.

mes setzt, sondern sich damit begnügt, fremde Helden in wenig überzeugender salopper Leutseligkeit in der Dichtung zu glorifizieren:

> [...] Die Fliegerleute,
> Piloten, Bordmonteure, Flugleiter,
> Bezirksleiter, Funker und so weiter,
> Auch die im Büro und der luftige Boy
> Sind goldige Kerls. — Ihnen Gutes! Ahoi!
>
> Nur ehrliche Leistung bringt nach der Ferne
> Durch Wetter und Wogen ein Schiff.
> Doch bei der Luftfahrt kommt die moderne
> Weltmännische Bildung hinzu und der Schliff.
>
> Humorvoll und kühn, sich beherrschend, bescheiden —.
> Heraus ohne Schmeichelei:
> Ich mag diese Kerls leiden.
>
> [...][69]

Dieser Rückfall in den Vorkriegsseemannston weist uns auf die entscheidende schriftstellerische Linie Ringelnatzens in den Jahren 1925 bis 1932: Es sind *Jahre der Erinnerung*. Im September 1925 beginnt er das Buch „Matrosen. Erinnerungen, ein Skizzenbuch: handelt von Wasser und blauem Tuch"[70], das er dann im August / September 1927 endgültig zusammenstellt: „Sende mir gelegentlich, es kann auch nach Köln sein, die Novelle ‚Wilberforce'. Die will ich in das Matrosenbuch nehmen, die füllt dann schön. Und sieh auch nach, welche Gedichte noch dafür in Frage kommen, die brauche ich dann auch alle in Abschrift. Z. B. ‚Die Kartenlegerin', wenn das noch nicht erschien."[71] Die folgenden Jahre bringen nicht nur die beiden je fast 400seitigen Bände der Autobiographie, von der fast drei Viertel über seine Seemannszeit berichten, sondern auch jene Gedichte und jenes Märchen, die sich des Vaters erinnern[72].

Und so kehrt sich Ringelnatz im Laufe seines Lebens von der parodistischen Maskerade des Kuttel Daddeldu ab, und seinen späteren Gedichten über Seefahrt und Seeleute fehlt jegliche Komik, sie atmen alle eine rückblickende Verklärung. Wie er als Knabe von „abenteuerlichen, wilden Szenen an fernen Küsten"[73] träumte, so sitzt er später gedankenverloren vor seiner alten Schiffsuhr:

---

[69] Flugzeuggedanken (A 32), S. 21 (GG, S. 299 f.); zu Ringelnatzens Fliegerbegeisterung siehe auch den Beileidsbrief eines befreundeten Piloten an M. anläßlich Ringelnatzens Tod in IM, S. 104, 106.

[70] Bibl. A 30; vgl. Brief Nr. M 424 vom 16. 9. 1925.

[71] Brief Nr. M 468 vom 19. 8. 1927, Briefe, S. 110 f.

[72] Siehe oben S. 4 und S. 82—87.

[73] ML, S. 50.

[...]
Nachts, wenn ich still vor ihr hocke,
Dann höre ich mehr als Ticktack.
Dann klingt was wie Nebelglocke
Und ferner Hundswachenschnack.

Und manche Zeit versäume
Ich vor der spukenden, unkenden Uhr,
Indem ich davon träume,
Wie ich mit ihr nach Westindien fuhr.[74]

Was einst Qual für den langnäsigen Schiffsjungen war, der von allen verspottet
und verprügelt wurde, wird nun im Alter zur seligen Erinnerung:

[...]
Doch Seefahrt, wie vordem sie war,
war wunderbar,
Roch nach Gewürzen und Teer.[75]

Und etwa gleichzeitig dichtet der fast Fünfzigjährige, der als Knabe aus der
Unfreiheit auf seinem ersten Segelschiff in den Urwald Mittelamerikas floh,
Verse über „Segelschiffe", die das alles vergessen zu haben scheinen:

[...]
Es rauscht wie Freiheit. Es riecht wie Welt. —
Natur gewordene Planken
Sind Segelschiffe. — Ihr Anblick erhellt
Und weitet unsere Gedanken.[76]

Und ebenso wie viele Gemälde Ringelnatzens um Meer und Seefahrt kreisen,
versucht er immer häufiger in späten Gedichten die komische Verzerrung der
parodierten Matrosenwelt durch eine ernste und sogar tragische Seemannswelt
zu ersetzen. In der dramatischen Seemannsballade „Die Flasche"[77], die bisweilen zu gefühlsselig ist, spielt er selber auf einer Tournee im Mai und Juni
1932 den Matrosen Hans Pepper, der noch einige Züge Kuttel Daddeldus trägt.
Aber war dieser eine tragikomische Figur, so findet Pepper ein nur tragisches
Ende: Er ertrinkt auf See. Und Gedichte wie „An der harten Kante"[78] und
„Fernes Grab"[79] — beides Verse von 1933 zu eigenen Gemälden — sind fast
düster in ihrer ernsten Stimmung. Die Zeit, wo Ringelnatz als Hans Bötticher
seine Phantasien verwirklichen wollte, ist vorbei, vorbei ist auch längst die

[74] „Meine alte Schiffsuhr" — Flugzeuggedanken (A 32), S. 128 (GG, S. 356).
[75] „Seefahrt" — Gedichte dreier Jahre (A 39), S. 80 (GG, S. 442).
[76] ebda. S. 79 (GG, S. 441).
[77] Bibl. A 36 und A 38.
[78] Nachlaß (A 46), S. 19 (GG, S. 517); Abbildung des Gemäldes ebda. zwischen S. 44
    und 45.
[79] ebda. S. 19 f. (GG, S. 517 f.); Abbildung des Gemäldes ebda. zwischen S. 48 und 49.

Zeit der Selbstparodie. Ringelnatz lebt seit den Märchen in seiner Dichtung eine Mischung zwischen den „unverwelklichen *Blumenstücken* der Phantasie"[80] und einer rückwärtsgewandten Sehnsucht. Auch zu dem ebenfalls aus dem Nachlaß-Band und aus dem selben Jahr 1933 stammenden Gedicht „Hafenkneipe" gibt es ein Gemälde Ringelnatzens; die Verse beginnen fast ‚daddelduisch' und enden in wehmütiger Erinnerung:

> In der Kneipe „Zum Südwester"
> Sitzt der Bruder mit der Schwester
> Hand in Hand.
> Zwar der Bruder ist kein Bruder,
> Doch die Schwester ist ein Luder
> Und das braune Mädchen stammt aus Feuerland.
>
> In der Kneipe „Zum Südwester"
> Ballt sich manchmal eine Hand,
> Knallt ein Möbel an die Wand.
>
> Doch in jener selben Schenke
> Schäumt um einfache Getränke
> Schwer erkämpftes Seemannsglück.
> Die Matrosen kommen, gehen.
> Alles lebt vom Wiedersehen.
> Ein gegangener Gast sehnt sich zurück.
>
> Durch die Fensterscheibe aber träumt ein Schatten
> Derer, die dort einmal
> Oder keinmal
> Abenteuerliche Freude hatten.[81]

Und nur den Kindern im Kasperltheater kann er noch kaum ein Jahr vor seinem Tode unbefangen diese verklärte Seemannsrolle vorspielen:

> Ich komme und gehe wieder,
> Ich, der Matrose Ringelnatz.
> Die Wellen des Meeres auf und nieder
> Tragen mich und meine Lieder
> Von Hafenplatz zu Hafenplatz.
>
> Ihr kennt meine lange Nase,
> Mein vom Sturm zerknittertes Gesicht.
>
> Dass ich so gern spasse
> Nach der harten Arbeit draussen,
> Versteht ihr das?
> Oder nicht?[82]

---

[80] Jean Paul, Leben des Quintus Fixlein (Über die natürliche Magie der Einbildungskraft) — Werke 4 (B 44), S. 205; siehe dazu auch oben S. 98.

[81] Nachlaß (A 46), S. 18 (GG, S. 516); Abbildung des Gemäldes ebda. zwischen S. 36 und 37.

[82] Kasperle-Verse (A 50 und A 70), S. 30 (Bumerang [A 86], S. 43).

Wie Ringelnatz den Kindern seines Freundes Eugen Schmidt diese für sie geschriebenen Verse vorträgt, berichtet dieser:

> Und wenn leise hinter dem geschlossenen Vorhang La Paloma aufklingt und Ringel-
> natz selbst erscheint und sich am Hinterkopf kratzt, sind meine Kinder still und
> ehrfürchtig. Und dann spricht er ruhig dieses Lied [...].[83]

Die Kinder nehmen ihn ernst, und nur sie glauben noch an das, woran er
schon als Hans Bötticher nicht mehr glaubte, „an eine unvergängliche Poesie"[84]
des Seemannslebens. Und so ragen aus dieser ganzen Zeit die Gedichte hervor,
die uns Ringelnatzens Kindlichkeit — fast — ungetrübt vor Augen führen.

---

[83] IM, S. 127.
[84] „Zwieback hat sich amüsiert" — Ein jeder lebt's (A 9), S. 25.

II. Gedichte für und über die Kinder

Ringelnatz gab sich schwer, er war verschlossen und spröde, wie es überzarte Menschen meistens sind. Neuen Menschen gegenüber war er mißtrauisch und scheu, wie ein fremdes Wild. Am schnellsten gab er sich Kindern, die hingen sofort an ihm.[1]

1. Kindliches Spiel

Ringelnatz ist sein ganzes Leben Kind geblieben und hat wie in der eigenen Jugend[2] Unfug getrieben und phantasiereiche Spiele gespielt. Als Dreißigjähriger etwa tauft er in einem schnell zusammengestellten Pastorenhabit die Stoff- und Holztiere der Schülerinnen des Eisenacher Pensionats der Dora Kurtius[3], wobei er die Tiere ernsten Gesichtes mit halb feierlichen, halb albernen Worten in einen Waschzuber taucht[4]. Im Kriege fabriziert er ein Bild aus lauter Schusternägeln, und als er in Halswigshof bei Riga Gast seines Freundes Seebach ist[5], malt er „ein Gemälde mit Fliegenleim, das erst durch Fliegenleichen zur Geltung kam"[6]. Oder er versteckt sich — ebenfalls in Halswigshof — mit seiner Liebsten „hoch im Wipfel einer Kiefer": „Nur wenn die Baronin kontrollierend den Park durchstreifte, verhielten wir uns mäuschenstill und stießen einander lächelnd an."[7] Zu jeder Mahlzeit trägt er damals „eine neue Blume im Knopfloch, gelegentlich auch ein Kohlblatt, einen Hobelspan oder ein längliches Steinchen."[8] Kennengelernt haben wir schon seine Idylle in Seeheim, wo er sich nachts mit der Taschenlampe Kröten und Kolbenkäfer fängt[9]

---

[1] Wegener, Scheu und einsam (A 480), wieder abgedruckt in IM, S. 135, gekürzt in Briefe, S. 141.

[2] ML, S. 12—14, u. ö.

[3] Zum Pensionat Kurtius siehe unten S. 383.

[4] Mündliche Mitteilung von Frau Alma Baumgarten; weitere kindliche Spiele in Eisenach z. B. AM, S. 119.

[5] Siehe oben S. 34 und 36.

[6] ML, S. 288.

[7] ebda.

[8] ebda. S. 290.

[9] AM, S. 333.

und im Bett Gott dafür dankt, daß es ihm gut geht[10]. Von seinen Basteleien nach dem Kriege berichtet Muschelkalk:

> Auch mit anderen Erfindungen hat J. R. sich vielfach beschäftigt. Aus abgelegten Handschuhen, Stiefeln u. dgl. fabrizierte er durch Kochen, Glühen und andere komplizierte Prozesse Fabeltiere, mit denen er phantasiebegabten Freunden große Freude bereitete. — Eine praktische Erfindung zum Ausgleich zu kurzer Tischbeine, um das Wackeln der Tische zu verhindern, wurde 1921 unter dem Namen „Drill-Drall" patentiert. — Ein Reklame-Spielzeug „Tanzbeinchen im Sektkübel" schenkte Ringelnatz Weihnachten 1922 der Firma Kupferberg Gold.[11]

Immer muß er seinen Freunden und Bekannten etwas vorspielen; an Weihnachtsabenden verschenkt er „Kinderinstrumente" und macht den „Simpl" „einfach zur Kinderstube"[12]. Die „Streiche" des Erwachsenen füllen viele Ringelnatz-Erinnerungsaufsätze der Zeitgenossen; wir kennen die Geschichten, wie er die „Blumen im Teppichmuster mit der Gießkanne" begießt[13], wie er ein Butterbrot an die Decke wirft, das auch längere Zeit kleben bleibt[14], wie er zur Freude von Kindern, die ihre Suppe nicht essen wollen, mit der flachen Hand in seinen Teller schlägt und die Suppe umherspritzt[15] usw. Alfred Polgar schreibt einmal: „Kommt Onkel Ringel, gibt es Spiel und Spaß, alles erlaubt er, dem selbst ein Kinderherz im stachelhaarigen Busen schlägt, alles erlaubt er ihnen, jeden Streich und Übermut."[16] Zum Geburtstag seines Freundes Muckelmann (des Juweliers Carl Wilkens in Hamburg) kauft er „kuriose Raritäten [...] in den bunten, kleinen Läden der Hafengegend":

> Zunächst sollte zu jedem Gegenstand ein Vers gemacht werden. Was da alles neben wirklichen Kunstgegenständen zu bedichten war, vermag ich im einzelnen nicht genau mehr zu benennen. Es war zu vieles und Unterschiedliches. Sogar eßbare Dinge — rosa Puppen aus Zuckergummi, schreckliche Lakritzengebilde waren dabei. Dann erinnere ich ein papiernes wildkariertes Vorhemd mit dazu passenden Röllchen, merkwürdige Muscheln, Groschenliteratur, kleines Tauwerk, getrocknete tropische Früchte, fremdländische Waffen und ein Ohrschwämmchen, das Ringelnatz in zierlichen Worten als „Nasenpopler" anpries.[17]

In diesem Spieltrieb mitsamt dem häufigen Bedichten von Geschenken ähnelt Ringelnatz durchaus Eduard Mörike, allerdings sind seine Naivität und sein

---

[10] ebda. S. 335.
[11] IM, S. 71; Reklamedichtungen Ringelnatzens vgl. ebda. S. 35—39.
[12] ebda. S. 96 (Erinnerung von Otto Heusinger, Simpl-Wirt).
[13] Wegener, Scheu und einsam (A 480); auch: IM, S. 135; Briefe, S. 141.
[14] Günther, Ringelnatz (A 435), S. 125 (Erinnerung von Frau Gutzeit-Wegener, der Schwester Paul Wegeners).
[15] ebda. S. 84.
[16] Siehe Bibliographie, Rezensionen zu „Allerdings" (A 28).
[17] IM, S. 93 („Von ,Las Palmas' bis ,Ohio' ", Erinnerungen von Cläre Popp — siehe unten S. 427).

Spiel völlig undämonisch[18]. Seine Kindlichkeit ist diejenige eines Menschen, der nie erwachsen geworden ist. Und so erschüttert uns auch die folgende Schilderung Paul Mayers vom fast Fünfzigjährigen:

Wenn Joachim Ringelnatz mit einem seiner Spielzeuge erschien, mit einer Kindertrompete oder einem fliegenden Fisch, standen alle Räder [in Rowohlts Verlag] still. Da blieb keine Türe geschlossen, jeder wollte den Ex-Matrosen Joachim Ringelnatz mit der Cyrano-Nase am Werk sehen. Am meisten Spaß hatte Rowohlt. Bevor aber „Onkel Ringel" recht in Form kam, bat er, ihm eine Gurke zu beschaffen; solcher Appetit anregender Mittel bedurfte er in den letzten Jahren, da er nur noch trinken und kaum etwas essen konnte. Der Besuch Onkel Ringels verzauberte alle ernsten Männer wieder in Kinder, die sie unter der Oberfläche männlichen Gehabens ja auch sind. Ringelnatz, damals schon gezeichnet vom Tode, schuf uns Augenblicke glückseliger Selbstvergessenheit.[19]

Eines der schönsten Zeugnisse für seine Kindlichkeit sind seine Briefe, in denen er alles kunterbunt durcheinander schreibt und die er oft mit Zeichnungen oder Kritzeleien schmückt. So schreibt er etwa an Alma Baumgarten:

Auf deine Fragen folgende Antworten:
1. Pflaumen habe ich noch nicht getrunken.
2. Ein Zebra habe ich gesehen; es war aber ein Esel und sah mich aus einem Spiegel an.
3. Von alten Schnittchen wimmelt es hier leider.[20]

Als Absender gibt er einmal an: „H. Entschulge Klex! Spanien, Rindermarkt 16"[21]. Er freut sich „wie ein eingezuckerter Schimpanse"[22], wundert sich „Ei, ei, ei! (drei Eier) [...]"[23], streut willkürlich des öfteren ein „piep!" zwischen die Sätze seiner Briefe[24] und nennt Alma Baumgarten: „Du mißratenes Gerstenkorn im Auge Deiner Eltern".[25]

Seine „echt ringelnatzischen Anreden" faßt Muschelkalk folgendermaßen zusammen:

„Du armer Strumpf", „Du liebe, einsame Laterne", „Du fleißiges, quizantolisches Bauchknöpfchen", „Du Diamanten-Gold-Butterblümchen", „Du urgeliebter Wasserstiefel", „Ach, Du Goldpudding, Du süßer Aluminiumfrosch", „Du goldfiedertes Porzellantöpfchen".[26]

[18] Vgl. Liede, Dichtung als Spiel 1 (B 165), S. 27—32 u. ö.
[19] Mayer, Ernst Rowohlt (A 404), S. 98.
[20] Brief Nr. AB 11 vom 8. 8. 1913.
[21] Brief Nr. AB 29 vom 7. 4. 1914.
[22] Brief Nr. AB 66 vom 3. 2. 1915.
[23] Brief Nr. AB 104 vom 9. 3. 1916.
[24] z. B. Briefe Nr. AB 66 vom 3. 2. 1915, Nr. AB 79 vom 24. 4. 1915, Nr. AB 87 vom 24. 6. 1915 u. ö.
[25] Brief Nr. AB 104 vom 9. 3. 1916.
[26] Briefe, S. 222.

Sehr häufig sind natürliche Spiele mit der Sprache[27]. Seine Geheimsprache, die Mongseberrongsprache, kennen wir, und auch einen maccaronischen Brief haben wir bereits zitiert[28]. Oft spielt er in den Briefen an Muschelkalk mit der ,Bi-Sprache': „Obi Wiebi ibich Dibich liebibebi."[29] oder „Dibich liebibt übibe-bir alles [...]"[30]; daneben verfaßt er ein ganzes „Gedicht in Bi-Sprache", bei dem ebenso nach jedem Vokal ein ,bi' eingeschoben ist:

> Ibich habibebi dibich,
> Lobittebi, sobi liebib.
> Habist aubich dubi mibich
> Liebib? Neibin, vebirgibib.
>
> Nabih obidebir febirn,
> Gobitt seibi dibir gubit.
> Meibin Hebirz habit gebirn
> Abin dibir gebirubith.[31]

Drei Monate vor seinem Tode schreibt er aus dem Sanatorium an Muschelkalk:

> L. Paut,
>
> how is Paut? delightful terrible. She goes by feet in the hot night to Kremmen. The devil may catch her. For punishment bring me for Saturday a piece of wood on my table, I mean Holzbrettchen, if possible very little one. And some Oskar-silie. Do you know, what that is! Oh, you very loved canon-stöpseling. I hate you like beer. You with the hot nose! o, come, o come! I slept wonderful this night with my corset, but I took also a lot of different pills. And now, please, hold your pipe and sing the Wachtam. Many regards. Yours old
>
> Ringelplaster.[32]

Und als er im Mai 1913 im Mädchenpensionat Kurtius in Eisenach Alma Baumgarten kennenlernt, fragt er einmal während des Unterrichts, „ob den Damen das ernste schöne Gedicht von Goethe bekannt wäre, worin das Wort Rinder-

---

[27] Siehe dazu oben S. 181 f.

[28] Siehe oben S. 257.

[29] Brief Nr. M 576 vom 2. 12. 1928, Briefe, S. 121.

[30] Brief Nr. M 672 b vom 21. 4. 1930, Briefe, S. 149.

[31] Allerdings (A 28), S. 99 (GG, S. 243 f.); siehe dazu Böhme, Kinderlied und Kinderspiel 1 (B 15), Nr. 1505, S. 304 f. („Die Geheimsprachen"), wo B-, H-, Nef-, Bo-, Bei-, O- und Erbese-Sprache erwähnt sind; vgl. auch Liede, Dichtung als Spiel 2 (B 165), S. 231 mit weiterer Literatur zu Geheim- und Kindersprachen (Anm. 54). Bei Ringelnatz siehe auch „Die Flasche und mit ihr auf Reisen" (A 38), S. 130: „Grischa und ich unterhielten uns improvisierend in einer fingierten Fremdsprache, die aus willkürlich zusammengereimten Lautmischungen bestand, aber von uns mit temperamentvollen Gesten begleitet wurde. Weil mir dabei zufällig das sinnlose Wort ,peux' unterlief, nannten wir diese Sprache fortan die Peuxsprache." Vgl. oben S. 240.

[32] Brief Nr. M 946 vom 19. 7. 1934, Briefe, S. 215.

brust vorkäme", und zitiert dann den verbreiteten Bildungsscherz mit „Füllest wieder Busch und Tal":

> [...]
> Was von Menschen nicht gewußt
> Oder nicht bedacht,
> Durch das Laby
> Rinderbrust
> Wandelt in der Nacht.[33]

Und ein bibliophiler Erasmus-Druck mit Werken von Ringelnatz zu Ehren von Arno Holz trägt das Motto: „Recht Kind zu sein, wem zieht die Lust nicht durch das Laby Rinderbrust?"[34] Es ist eine echt kindliche Freude an seltsam klingenden Wörtern, der wir schon häufig bei Ringelnatz begegnet sind. Einmal findet er das Wort „Heulüftchen" reizend, „das ich demnächst dichterisch verwerten will"[35], dann lernt er wieder tagelang ein unsinniges, von ihm erfundenes Wortungeheuer auswendig: „Orotscheswenskiforrestowskiofurchtbariwucharisumaniusambaripipileikakamankabudibabalutschistaneilemamittararakandara."[36] Sein Verhältnis zur Sprache ist völlig ungebrochen, naiv. Obwohl er in dem Gedicht „Das scheue Wort"[37] sieht, wie „ein Literat es erwischte / Und, falsch belauscht, / Eitel aufgebauscht, / Mittags dann seichten Fressern auftischte" und „ein Parodist / Mit geschäftlich sicherem Blick [...] das Wort mit Speichel und Mist / In einen Aufguß gestohlener Musik" taucht, glaubt er an die geheimnisvolle Kraft des Wortes, da ein „Dichter es sanft einträumte, / Ihm ein stilles Palais einräumte. — —":

> Denn das Innerste, Heimlichste
> An ihm war weder lauschend noch lesend
> Erreichbar, blieb öffentlich abwesend.

2. Die Kinderbücher

Zu den ersten Büchern, die von Ringelnatz noch unter seinem eigentlichen Namen Hans Bötticher erschienen, gehören zwei Bilderbücher in Versen von 1910: „Kleine Wesen" und „Was Topf und Pfann' erzählen kann"[1]. Mit solchen

[33] ML, S. 338.
[34] Bibl. A 20.
[35] Brief Nr. AB 85 vom 12. 6. 1915.
[36] ML, S. 322.
[37] Flugzeuggedanken (A 32), S. 138 f. (GG, S. 362 f.).
[1] Bibl. A 4 und 5; vgl. Hauptbuch (Abschrift), Bl. If. (Sammlung Fritz Schirmer, Halle): „1910, 25. Febr. ‚Was Topf u. Pfann erzählen kann', mit Kahn zusammengeschrieben, jeder 40,— M für Löwensohn, Fürth. [...] 17. April. Bilderbuch ‚Kleine Wesen'. Schneider Esslingen zahlt 200 Mark dafür."

Kinderbüchern reiht er sich in eine ihm bekannte Tradition ein. Nicht nur sein Vater Georg Bötticher selbst[2], auch die meisten Poeten aus dessen Bekanntenkreis schrieben Kinderbücher und Kinderverse. So hatte Julius Lohmeyer, den wir als Mitglied des „Allgemeinen Deutschen Reimvereins" und des väterlichen „Kränzchens" bereits kennengelernt haben[3], als seinerzeit bekannter und beliebter Schriftsteller Dutzende von Kinderbüchern veröffentlicht. Aber auch zwei andere Mitglieder des „Reimvereins", Heinrich Seidel und Johannes Trojan, ein intimer Freund von Vater Georg Bötticher, waren als Kinderlieddichter bekannt. Ebenso wie diese Dichter und ihr Werk waren Ringelnatz auch die volkstümlichen Verse des zu Unrecht vergessenen Victor Blüthgen[4] geläufig, der Kinderlieder schrieb, denen man ihren literarischen Ursprung nicht ansieht:

Die fünf Hühnerchen

Ich war mal in dem Dorfe,
Da gab es einen Sturm,
Da zankten sich fünf Hühnerchen
Um einen Regenwurm.

Und als kein Wurm mehr war zu sehn,
Da sagten alle: „Piep!"
Da hatten die fünf Hühnerchen
Einander wieder lieb.[5]

Hans Böttichers Verse für Kinder verdanken Victor Blüthgen sehr viel; finden sich doch unter dessen Gedichten zahllose Anklänge an volkstümliche Kinderverse, wie wir sie schon in den ersten poetischen Versuchen Hans Böttichers entdeckt haben.

Doch wir müssen seine Kinderbücher aus der Münchner Zeit auch in größerem Zusammenhang sehen. Im ersten Jahr des neuen Jahrhunderts erschien von der schwedischen Pädagogin Ellen Key ein Werk, das weltberühmt werden sollte: „Barnets århundrade" — „Das Jahrhundert des Kindes"[6]; der Titel

---

[2] Vgl. z. B. Georg Böttichers Kinderbücher, unter anderen: Die Landpartie (A 512); O diese Kinder! Lustige Bubenstreiche (A 515); Die „lieben" Kleinen (A 524). Doch von diesen Kinderversen gilt, was Hermann L. Koester in seiner „Geschichte der Jugendliteratur" (A 549), S. 24 feststellt: Georg Böttichers „ironisierende Art der Verse [...] ist nichts für kleine Kinder".

[3] Siehe oben S. 14—16.

[4] Siehe oben S. 15, Anm. 3; mit Victor Blüthgen stand Ringelnatz, als er — noch Hans Bötticher — seine ersten Kinderbücher schrieb, in Briefwechsel. Wir besitzen davon noch einen Brief (Nr. VA 1 von März/Dezember 1909), der beginnt: „Du lieber, reizender Onkel Blüthgen".

[5] Zitiert nach: Gäfgen, Victor Blüthgen [Nachruf] (A 546), S. 508; vgl. auch: Frida Schanz, Victor Blüthgen, der Kinderliederdichter. — In: V. B. Ein Gedenkbuch (B 545), S. 107—114; siehe auch Kunze, Schatzbehalter (A 453), S. 385 f.

[6] Schwedische Erstausgabe 1900; deutsche Ausgabe (autorisierte Übertragung von Francis Marco): 1. und 2. Aufl. — Berlin: S. Fischer 1902.

wurde zum Schlagwort. Und tatsächlich setzt ungefähr seit 1890 auf den verschiedenen Gebieten eine verstärkte Hinwendung zum Kinde ein: Die Anfänge der Kinderpsychologie liegen in dieser Zeit, auch die Pädagogik sah das Kind anders als bisher, und schließlich begann auf die unterschiedlichste Weise in der Literatur der Siegeszug von Kind und Kindlichkeit: „Die Jahrhundertwende ist auch in der Dichtung das Zeitalter des Kindes, sie übertrifft hierin die Romantik weit. Kaum ein Dichter möchte nicht Kind sein nach Nietzsches Behauptung, daß der Dichter die Welt verkindliche."[7] Und so veröffentlichte — meist zusammen mit seiner Frau Paula — der gefeierte Richard Dehmel um die Jahrhundertwende mehrere Kinderbücher und gab Verse für Kinder heraus[8]. Rilke zum Beispiel schreibt 1896 überschwenglich an den „Verehrten Meister" von dessen Kinderliedern: „Und selig die Zeit, wenn kluge junge Mütter aus dem Volke an der Wiege singen werden: ‚Tipp, Tapp, Stuhlbein...‘ "[9]. Diese Verse sind ganz volkstümlichen Vorbildern nachgestaltet:

> Tipp, tapp, Stuhlbein,
> hüh, du sollst mein Pferdchen sein!
> Klipp, klapp, Hutsche,
> du bist meine Kutsche,
> wutsch!
>
> [...][10]

Das einzige, was von Dehmels Werk bleibenden Wert hat, sind dann auch wirklich seine Kinderdichtungen. Peter Hille hingegen fühlt sich wie Else Lasker-Schüler „zeit seines Lebens als großes Kind"[11]. Christian Morgenstern wiederum schreibt Gedichte für Kinder[12], aber er ist so wenig kindlich wie viele Dadaisten, die ebenfalls noch mit ihrer angeblichen Kindlichkeit kokettieren[13]. Gustav Falke schließlich, den Detlev von Liliencron entdeckte — mit dem Vater Georg Bötticher ja befreundet war —, gehört ebenso zu den „guten oder für ihre Zeit sogar bedeutenden Künstlern", die „an der Gestaltung des Kinderbuchs Anteil genommen" haben[14]. Und Horst Kunze zählt zu den wert-

---

[7] Liede, Dichtung als Spiel 1 (B 165), S. 326.

[8] Am besten zugänglich im sechsten 1908 erschienenen Band von Dehmels „Gesammelten Werken in zehn Bänden" (B 24): „Der Kindergarten. Gedichte, Spiele und Geschichten für Kinder und Eltern jeder Art."

[9] Rilke, Briefe (B 82), S. 28, Brief Nr. 13 vom 29. 11. 1896.

[10] „Die Reise" — Dehmel, Gesammelte Werke in zehn Bänden 6 (B 24), S. 19.

[11] Liede, Dichtung als Spiel 1 (B 165), S. 326.

[12] Vgl. Morgensterns „Osterbuch" von 1910 (B 68) und „Klein Irmchen" von 1921 (B 67).

[13] Liede, Dichtung als Spiel 1 (B 165), S. 326.

[14] Kunze, Schatzbehalter (A 453), S. 371.

vollsten Kinderbüchern dieser Jahre Hans Böttichers „Kleine Wesen"[15]. Nirgends aber will dieser damals, als er sich in die Reihe der Kinderbuchschreiber stellte, als Kind gelten, diese „Mode" macht er nicht mit. Denn seine Kindlichkeit ist weder übernommen noch gespielt.

Hans Böttichers Kinderbücher aber sind ganz in dieser Tradition und zeitgenössischen Atmosphäre entstanden und damit sowohl dem Geiste des Vaters wie dem Zeitgeist verpflichtet. Ringelnatzens eigener Ton beginnt nicht schon — wie einige Betrachter meinen[16] — mit „Kleine Wesen"; das Buch enthält herkömmliche, aber zweifelsohne gute Kinderverse, die sich auch ohne Ironie oder Erwachsenenton an die Kinder wenden:

Der Stein

Ein kleines Steinchen rollte munter
Von einem hohen Berg herunter.

Und als es durch den Schnee so rollte,
Ward es viel größer als es wollte.

Da sprach der Stein mit stolzer Miene:
„Jetzt bin ich eine Schneelawine".

Er riß im Rollen noch ein Haus
Und sieben große Bäume aus.

Dann rollte er ins Meer hinein,
Und dort versank der kleine Stein.[17]

Ungefähr gleichzeitig mit den beiden ersten veröffentlichten Kinderbüchern schrieb Hans Bötticher — wohl im Februar / März 1910 — ein weiteres Kinderbuch, das allerdings nicht verlegt wurde: „Was nachts passiert. Ein Bilderbuch von Hans Bötticher"[18]. Im ganzen sicher weniger gelungen als „Kleine Wesen" enthält es doch einige ungekünstelte Kinderverse:

---

[15] ebda. und ebda. S. 391—393.

[16] So zum Beispiel Günther, Ringelnatz (A 435), S. 81 und Trojanowicz, Poetry (A 479), S. 10—19: „My discussion above shows that, beginning with *Für kleine Wesen* [das ist der Titel der neuen Auflage von 1958!], Ringelnatz achieved a tone and a style which was not derivative but which was characteristic of him alone." (S. 19).

[17] Kleine Wesen (A 4), S. 12.

[18] Original-Typoskript (Titelblatt, 12 gez. Bll., 1 ungez. Bl.) im Besitz der Handschriften-Sammlung der Stadtbibliothek München (aus dem „Schwabing-Archiv" Rolf von Hoerschelmanns). Sicher bezieht sich auf dieses bisher völlig unbekannte Werk eine Notiz in Hans Böttichers Hauptbuch (Abschrift), Bl. I (Sammlung Fritz Schirmer, Halle): „Felix Mühlbauer verlor ein ihm angebotenes *Buch*manuskript. Kein Ersatz!" Die Stadtbibliothek München plant zur Zeit eine bibliophile Veröffentlichung.

Im Walde.

Am Tannbaum „Zum Eichkatz" versammelt sich heut,
Was unter den Tieren das Tageslicht scheut.
Glühwürmchen sorgen für's nötige Licht,
Denn Papa Uhu hält heute Gericht.
Frau Nachtigall hat Herrn Frosch verklagt,
Weil er kürzlich zu einer Motte gesagt:
Seine Froschfrau singe auf jeden Fall
Viel schöner als die Frau Nachtigall. (Bl. 5)

Dreieinhalb Jahre später schreibt er wieder Kindergedichte und ein Kindermärchen[19]. Doch der Unsinn dieser in den „Jugendblättern" erschienenen Verse:

Ist euch das hübsche Lied bekannt
Von dem fidelen Elefant,
Der plötzlich durch das Fenster guckte
Und einen Blumentopf verschluckte?
Mein Vater hat das seinem Jungen
Oft zur Gitarre vorgesungen.
Auch Liesel sang und Mutter sang.
Großmutter hat nur still genickt
Und hat an einem Strumpf gestrickt;
Der wurde hundert Meter lang.[20]

ist harmlos und wird beispielsweise von dem Fabelunsinn der „Kinderpredigt"
in „Des Knaben Wunderhorn" weit übertroffen:

[...]
Und die drei Schwestern Lazari,
Katharina, Sibilla, Schweigstilla,
Weinten bitterlich
Und der Hahn krähete Buttermilch![21]

Nach dem Krieg setzen die Arbeiten für Kinder wieder 1921 mit dem Ausschneidebuch *„Der lehrreiche, erstaunliche und gespaßige Zirkus Schnipsel! Entdeckt von Joachim Ringelnatz"* ein[22]. Die gereimte Gebrauchsanweisung beginnt:

Nimm eine Schere und gib acht:
Jetzt kommt etwas, was Freude macht,
Wenn man gescheit ist und geschickt
Und sich nicht in den Daumen zwickt.

und endet:

---

[19] Genaueres dazu siehe oben S. 232 f.
[20] Bibl. A 164.
[21] Des Knaben Wunderhorn (B 110), S. 824; auch Böhme, Kinderlied und Kinderspiel 1
(B 15), Nr. 1515, S. 308.
[22] Bibl. A 15; die gereimte Gebrauchsanweisung wieder abgedruckt in IM, S. 70 f.

> Viel Glück denn! Und verwechsle nie
> Das Zebra mit dem Kolibri.

Ein Vorspruch verkündet wohl eher reklametüchtig als ironisch: „In Vorbereitung befinden sich weitere Hefte mit neuen Figuren und Gedichten sowie fremdsprachige Ausgaben für sämtliche Länder der Erde", doch erschien lediglich dieses Heft, obwohl Ringelnatz den Entwurf zum zweiten am 2. Januar 1922 dem Verlag übergab[23]. Ähnliches Pech hatte er zunächst mit anderen Kinderversen, vom Oktober 1922[24], die erst fast zwei Jahre später erschienen. Der Verlag Osterheld[25] und der Kurt Wolff-Verlag[26] lehnten das „Kinderspielbuch" oder „Geheime Kinderbilderbuch", wie es der Verfasser in seinen Briefen nennt, ab, obwohl es Kurt Pinthus, der das Manuskript für Kurt Wolff las, nach Ringelnatzens Mitteilung „riesigen Spaß gemacht" hatte[27]. Und doch hat neben den „Turngedichten" und den Versen von Kuttel Daddeldu das *Geheime Kinder-Spiel-Buch*, das dann 1924 bei Kiepenheuer erschien[28], bis heute am meisten zu Ringelnatzens Ruhm beigetragen.

Die zeitgenössische Kritik schwankt zwischen strikter Ablehnung und Anerkennung unter Vorbehalt. Der Vermerk auf der Umschlagseite: „Für Kinder von 5 bis 15 Jahren gedichtet und bebildert von Joachim Ringelnatz" mußte gemäß polizeilicher Verfügung vom 8. Juli 1924 durch einen Hinweis, daß das Buch „nur für Erwachsene" bestimmt sei, verdeckt werden, denn der Polizeipräsident urteilte:

> Das in Ihrem Verlag erschienene Buch [...] bildet eine ernste Gefahr für die sittliche Entwicklung der Kinder. — — [...] Dieser Inhalt beeinflußt vielmehr die sittlichen Auffassungen sowohl wie den Geschmack der Kinder in einem Sinne, der als durchaus verderblich bezeichnet werden muß und polizeilicherseits nicht geduldet werden kann.[29]

Aber selbst die „Zeitschrift für Sexualwissenschaft" glaubte, Ringelnatz wolle an den Hintergründen des Kinderdaseins „die Sinnlosigkeit, Eindeutigkeit [?] und Bodenlosigkeit des ganzen erwachsenen Daseins" zeigen:

> So stellt sich denn ein abstoßendes Bild der Kinderseelenwirklichkeit dar, abstoßend und unwahr deshalb, weil es in einer gemeinen Einseitigkeit die tatsächliche Wirklichkeit auf den Kopf stellt. Scheiße, Ferkel, rotzen, kotzen, Klosett, Nachttopf, Mords-

---

[23] ebda. S. 71.

[24] Vgl. Briefe Nr. M 241 b vom 13. 10. 1922 und Nr. M 244 vom 19. 10. 1922.

[25] Brief Nr. M 266 a vom 16. 12. 1922.

[26] Vgl. Brief Nr. KW 8 vom 11. 12. 1922: „Dr. Pinthus teilte mir mit, daß Sie davon absehen, mein ‚Geheimes Kinderbilderbuch' zu verlegen."

[27] Brief Nr. M 248 c vom 11. 11. 1922.

[28] Bibl. A 26.

[29] IM, S. 87.

gestank, tot-treten und alle nur erdenklichen Assoziationen dieser Grundbegriffe machen die Elemente dieses Buches aus. [...] Das Buch ist ein Symptom für die Geisteshaltung der Gegenwartsdekadence [...].[30]

Selbst für diesen Sexualwissenschaftler sind Ringelnatzens Verse „Schweinereien", und er fordert indirekt für Kindergedichte „Harmlosigkeit heiterer Freude und Frische, in absoluter Reinheit und Unberührtheit"[31]. Oskar Loerke hingegen findet, daß die Gedichte „für ihr [sc. der Kinder] Gemüt und bombenfest unschuldiges Gewissen passen"[32]. Von den Literaturwissenschaftlern hält Colin Butler die Verse für eine ikonoklastische Sammlung von „bad parodies of 19th century children's verse"[33], während Michael Trojanowicz darin mißlungene satirische Angriffe auf allgemeine Verhaltensweisen der Erwachsenen findet[34]; Herbert Günther schließlich meint:

Das *Geheime Kinder-Spiel-Buch* enthält [...] neun[35] gereimte Spiel-Gedichte, die mit der Unschuldsmiene des Urbösen oder dem schwarzen Humor eines gutmütigen Satans die Kinder zu Auflehnung, Unheil, Bosheit anstiften. Und der Witz dabei ist selbstverständlich, daß sie pädagogisch gewiß die gegenteilige Wirkung erzielen.[36]

Die Skala der Interpretationen ist also groß; am nächsten aber kommt man wohl Ringelnatzens Absicht und Leistung, wenn man von der Herkunft der besonderen Art der Kindlichkeit ausgeht, die sich in den acht Gedichten niederschlägt.

Die Idee zum „Geheimen Kinder-Spiel-Buch" kam dem Verfasser Anfang Oktober 1922[37], und am 19. Oktober fragt er seine Frau:

Habt ihr irgendein *absonderliches eigenes* (womöglich recht unfugreiches oder gar gefährliches) Kinderspiel getrieben (wie zum Beispiel mein Ärztespiel oder mein Bombenspiel mit den Korsettstäben??[)] Ich brauche sowas für mein Kinderbuch, das lauter solche eigentlich nicht empfehlenswerte aber phantasiereiche Kinderspiele bringen soll.[38]

Zunächst werden wir hier auf den Ursprung der Spiele in Ringelnatzens eigener Kindheit verwiesen — so gesehen sind die Spielgedichte Erinnerungen in

---

[30] Dr. Richard Samuel, siehe Bibliographie, Rezensionen zu A 26.

[31] ebda.

[32] Loerke, Bücherkarren, S. 212 f., siehe Bibliographie, Rezensionen zu A 26.

[33] Butler, Assessment (A 418), S. 213, Anm. 1.

[34] Trojanowicz, Poetry (A 479), S. 66—72, besonders S. 71 f.

[35] Günther hat sich verzählt, es sind nur acht.

[36] Günther, Ringelnatz (A 435), S. 82.

[37] Brief Nr. M 241 b vom 13. 10. 1922: „Ich habe eben abends noch einen Vers für eine Kinderbuchidee geschrieben."

[38] Brief Nr. M 244 vom 19. 10. 1922; Ärztespiel: „Das Doktor-Knochensplitter-Spiel", Bombenspiel: „Schlacht mit richtigen Bomben" (Kinder-Spiel-Buch [A 26], S. 12 f. bzw. 10 f. [GG, S. 120 bzw. 119]).

einer Mischung von Phantasie und Wirklichkeit. Von seinen eigenen jugend-
lichen Tierquälereien berichtet er noch fast acht Jahre nach dem Entstehen der
Spielgedichte:

> Wie kam ich nur dazu, und warum konnte es niemand verhindern, daß ich in der
> Schule wie daheim so gar nicht gut tat, immer wieder auf Verbotenes aus war, alberne,
> eitle Streiche und sogar Roheiten beging? Wie war es möglich, daß ich zum Beispiel
> längere Zeit hindurch Tiere quälte? Nicht nur wie die meisten Kinder tun, Maikäfer,
> Schmetterlinge in unzulängliche Gehäuse einsperrte und sie in plumper Behandlung
> lädierte oder fallen ließ. Ich riß Fliegen die Flügel aus. Entsetzlich grausam behandel-
> te ich einen Kolbenkäfer aus dem Aquarium meines älteren und verständigeren Bru-
> ders. Ich legte den Käfer rücklings auf die äußeren Fenstersims und begoß ihn mit
> Schwefelsäure, von deren schrecklicher Wirkung ich unterrichtet war. Nie werde ich
> den Anblick vergessen, wie das Insekt vor Schmerz hochschnellte und vom Sims herab
> auf die Straße fiel. Aber auch damals schon überkam mich ein Grausen.
> Es war keine Spur von sadistischen Gelüsten in mir. Aber warum quälte ich Tiere?
> Aus Wißbegierde?[39]

Aus der — trotz allem verklärten — Erinnerung[40] an solche kindlichen Grausamkeiten entstehen nun Gedichte wie „Maikäfermalen". Und es steht keineswegs ein moralischer Impetus hinter der Anleitung zu einem solch schlimmen
Spiel; das Gedicht will nicht Abscheu erwecken, auch jetzt ist die Freude des
Dichters deutlich herauszuhören:

> Setze Maikäfer in Tinte. (Es geht auch mit Fliegen.)
> Zweierlei Tinte ist noch besser, schwarz und rot.
> Laß sie aber nicht zu lange darin liegen,
>   Sonst werden sie tot.
> Flügel brauchst du nicht erst rauszureißen.
> Dann mußt du sie alle schnell aufs Bett schmeißen
>   Und mit einem Bleistift so herumtreiben,
> Daß sie lauter komische Bilder und Worte schreiben.
> Bei mir schrieben sie einmal ein ganzes Gedicht.
>
>   — — —
>
> Wenn deine Mutter kommt, mache ein dummes Gesicht;
> Sage ganz einfach: „Ich war es nicht!"[41]

Kindlich ist die einfache Sprache in Hauptsätzen und ungeschickten Wendungen: „Sonst werden sie tot", verspielt die Prahlerei: „Bei mir schrieben sie einmal ein ganzes Gedicht", mit der er sein eigenes Dichten direkt in die kindliche

---

[39] ML, S. 27 f.

[40] Vgl. Liede, Dichtung als Spiel 2 (B 165), S. 35: „Die Freude an solchem Unsinn
pflanzt sich im Erwachsenen fort; freilich nicht im ‚höheren Blödsinn‘, in der ge-
zwungenen Befreiung des Gebildeten, sondern meist nur in der verklärten Erinnerung an die eigene Jugend."

[41] Kinder-Spiel-Buch (A 26), S. 3 (GG, S. 117).

Sphäre versetzt. Die Grausamkeit dieses Gedichtes und der anderen aber hat direkte Vorbilder im echten Kindervers, wo wir Zeilen wie die folgenden auf eine Krähe finden:

> Kra, Kra, Kra,
> Dei' Haus brennt a,
> Messer schleifen,
> Kopf abschneiden.[42]

oder häufig auf Wegschnecken, die unter allerlei Androhungen aus ihrem Haus hervorgelockt werden sollen, wie: „Wenn du mir deine vier nicht zeigst / Reiß' ich dir dein Häusle ein."[43] Wer vielleicht noch solche Verse als das Produkt sadistischer Eltern betrachtet und die Reinheit und Ursprünglichkeit der Kinder mit gesellschaftlichen Normen verwechselt[44], der sei daran erinnert, daß nicht nur Sigmund Freud von einer „morallosen Kindheitsperiode"[45] spricht, sondern auch der Kinderpsychologe Hans Zulliger einzelne Handlungen — mindestens bis zum fünften Lebensjahr — als „sadistisch"[46] bezeichnet. Freud meint sogar: „Das Kind kann also ‚polymorph pervers' genannt werden [...]"[47], und er stellt ausdrücklich fest, daß „Grausamkeit [...] dem kindlichen Charakter überhaupt nahe" liege, „da das Hemmnis, welches den Bemächtigungstrieb vor dem Schmerz des anderen haltmachen läßt, die Fähigkeit zum Mitleiden, sich verhältnismäßig spät ausbildet."[48] Und von dem Pädagogen Freud können alle vorschnellen Verurteiler solcher kindlicher Grausamkeiten lernen: „Wir heißen das Kind aber darum nicht ‚schlecht', wir heißen es ‚schlimm'; es ist unverantwortlich für seine bösen Taten vor unserem Urteil wie vor dem Strafgesetz."[49] Ihm folgt als Ringelnatz-Rezensent Oskar Loerke, wenn er vom „bombenfest unschuldigen Gewissen" und der „natürlichen Roheit der Kinder" spricht[50]. Nun setzt Loerke allerdings hinzu, es handle sich bei Ringelnatz um „gemachte Naivität", und meint sogar: „Nur feixt die Naivität und grinst

---

[42] Böhme, Kinderlied und Kinderspiel 1 (B 15), Nr. 1139, S. 227.

[43] ebda. Nr. 890, S. 181.

[44] Erich Mühsam schreibt zum Beispiel: „Die Seele des Kindes ist das Allerheiligste im Tempel der Menschheit. In ihr lagert das Glück und die Freiheit der Welt. In der Seele des Kindes vereint sich das tiefste Wissen um die Schönheit und Güte der Welt mit dem stärksten Mut zum Bekennen der Wahrheit. Die Seele des Kindes ist der Spiegel unserer Tugenden und die Geißel unserer Fehler." (Brevier für Menschen — Mühsam, Sammlung [B 70], S. 238).

[45] Freud, Traumdeutung. — Gesammelte Werke 2/3 (B 134), S. 256.

[46] Zulliger, Das Kind in der Entwicklung (B 218), S. 118.

[47] Freud, Archaische Züge und Infantilismus des Traumes. — Gesammelte Werke 11 (B 134), S. 213.

[48] ders., Die infantile Sexualität. — ebda. 5, S. 93.

[49] ders., Traumdeutung. — ebda. 2/3, S. 256.

[50] Loerke, Bücherkarren, S. 213, siehe Bibliographie, Rezensionen zu A 26.

marode"[51], Ringelnatz sei ein fortschrittlicher Poet, der mit solchen Versen das „zeitlos Dichterische als Hypochondrie der sanften Heinriche" verhöhne[52]. Auf den ersten Blick ist diese Sicht nicht abwegig, denn als satirischer Exponent einer Verfallszeit könnte Ringelnatz schon deshalb gelten, weil er im Kabarett der wirren Nachkriegszeit berühmt wird, und eine kindliche und augenscheinlich dennoch verdorbene Figur wie Kuttel Daddeldu also offensichtlich dem Zeitgeschmack entgegen kommt. Zugleich deutet sich aber die Grundhaltung der ‚bösen' Kinderspielgedichte schon in den Kuttel-Daddeldu-Versen an: „Kuttel Daddeldu und die Kinder" vor allem verbindet bereits den klangvollen Fabulierunsinn des Seemannes mit der Kinderwelt:

> Wie Daddeldu so durch die Welten schifft,
> Geschieht es wohl, dass er hie und da
> Eins oder das andre von seinen Kindern trifft,
> Die begrüssen dann ihren Europapa:
> „Gud morning! — Sdrastwuide! — Bong Jur, Daddeldü!
> Bon tcherno! Ok phosphor! Tsching — tschung! Bablabü!"
> Und Daddeldu dankt erstaunt und gerührt
> Und senkt die Hand in die Hosentasche
> Und schenkt ihnen, was er so bei sich führt,
> — — Whiskyflasche,
> Zündhölzer, Opium, türkischen Knaster,
> Revolverpatronen und Schweinsbeulenpflaster,
> Gibt jedem zwei Dollar und lächelt: „Ei, ei!"
> Und nochmals: „Ei, Ei!" — Und verschwindet dabei.
>
> Aber Kindern von deutschen und dänischen Witwen
> Pflegt er sich intensiver zu widmen.
> Die weiss er dann mit den seltensten Stücken
> Aus allen Ländern der Welt zu beglücken.
> Elefantenzähne — Kamerun,
> Mit Kognak begossnes malaiisches Huhn,
> Aus Friedrichroda ein Straussenei,
> Aus Tibet einen Roman von Karl May,
> Einen Eskimoschlips aus Giraffenhaar,
> Auch ein Stückchen versteinertes Dromedar.
>
> Und dann spielt der poltrige Daddeldu
> Verstecken, Stierkampf und Blindekuh,
> Markiert einen leprakranken Schimpansen,
> Lehrt seine Kinderchen Bauchtanz tanzen
> Und Schiffchen schnitzen und Tabak kauen.
> Und manchmal, in Abwesenheit älterer Frauen,
> Tätowiert er den strampelnden Kleinchen
> Anker und Kreuze auf Ärmchen und Beinchen.

---

[51] ebda.
[52] ebda. S. 212.

Später packt er sich sechs auf den Schoss
Und läßt sich nicht lange quälen,
Sondern legt los:
Grog saufen und dabei Märchen erzählen;
[...]⁵³

Nun wissen wir freilich — im Gegensatz zur Loerke —, daß bereits die Kuttel-Daddeldu-Gedichte nicht einfach eine virtuose Mache, sondern das Ergebnis eines langen persönlichen Entwicklungsprozesses sind, dem die allgemeine und literarische Zeitlage mehr oder weniger zufällig und aus Mißverständnissen heraus zum Erfolg verhilft.

Kehren wir nun zum eigentlichen Thema dieses Kapitels zurück, so sind wir nicht erstaunt, daß Ringelnatzens Kindergedichte und Gedichte über Kinder letztlich aus der glücklichen, aber melancholischen Erinnerung an die eigene Jugend entstanden sind, wie sie sich etwa acht Jahre nach dem „Geheimen Kinder-Spiel-Buch" und somit um die Zeit der Entstehung des „Kinder-Ver-wirr-Buches"⁵⁴ in folgenden Versen niederschlägt:

Vor meinem Kinderporträt

Da ich ganz fremd mein Kinderbildnis sah,
Die Augen meiner Kindheit standen da
Vor mir, photographiert. Die Augen, die
So wenig sahn vor lauter Phantasie.

Nun wird mein Jahrgang wohl bald sterben müssen.
Diese Betrachtung klingt zurecht sehr schal.
Auch ist's ein schiefes Tun, sich selbst zu küssen.
Ich wurde weinerlich vor fremden Leuten.
Ich sah mich selber im Eswareinmal
Und wußte mir so viel daraus zu deuten.⁵⁵

Die Sehnsucht nach der eigenen „ganz fremd" gewordenen Kindheit ist über-deutlich: Er küßt sein Kinderbildnis und weint, er ist verliebt in seine Kind-heit. Daß er auch in seine Kindlichkeit verliebt ist, die er sich nicht nur aus Liebe zur eigenen Kindheit bewahrt hat, sondern die sein eigentliches Wesen ausmacht, zeigt eine Art Gebet der Einsamkeit, „Zwischen meinen Wänden", das ein Jahr vor seinem Tode zuerst veröffentlicht wurde⁵⁶ und das beginnt:

Ich danke dir: Ich bin ein Kind geblieben,
Ward äußerlich auch meine Schwarte rauh.

⁵³ Schusterpastete (A 14), S. 18 f. (GG, S. 90 f.).
⁵⁴ Bibl. A 34.
⁵⁵ Gedichte dreier Jahre (A 39), S. 106 (GG, S. 457).
⁵⁶ Gedichte, Gedichte (A 41), S. 11 (GG, S. 481); zuerst in: Deutsche Zukunft 1 (1933) Nr. 6 vom 19. 11. 1933, S. 8.

Wenden wir uns nun den einzelnen Gedichten für Kinder zu, so erkennen wir schnell, daß sie — auch die ‚schlimmen‘ Kinderspielgedichte — viel stärker in der Ringelnatz sehr vertrauten[57] Tradition der Kinderlieder stehen, als man gemeinhin annimmt. Wir haben oben bei der Betrachtung der Verse des Knaben Hans Bötticher gesehen, wie er ein Kinderlied übernimmt und erweitert.[58] Das Gedicht „Himmelsklöße (Das Spiel, das Frau Geheime Hofrat Anette von Belghausen Berlin S. W., Königgrätzerstr. 77[I], als Kind so gern gespielt hat.)"[59] knüpft an zahllose Kinderverse und an das „Himmelspiel" an, wo die Kinder durch verschiedene Felder einer Figur in das oberste Feld, den ‚Himmel‘, hüpfen müssen[60]. Wie alle anderen Gedichte besteht es in der Hauptsache aus einer gereimten Spielanleitung, doch fügt er hier auch die Verse hinzu, welche die Kinder beim Spiel singen sollen. Beides gab es schon vorher; neu ist lediglich der Ton der Anleitung. In ungleichlangen Versen, paarig oder kreuzweise gereimt, die wie auch sonst bei Ringelnatz in einer der ‚normalen‘ Umgangssprache weitgehend angepaßten Syntax alle gesuchte Naivität in Niedlichoder Artigkeiten vermeiden, spricht er die Sprache der Kinder:

> Je mehr Kinder dabei mitmachen,
> Umso mehr giebt es nachher zu lachen.
>
> — — — —
>
> Dicke Papiere sind nicht zu gebrauchen.
> Man muß Zeitung oder Briefe von Vaters Schreibtisch nehmen.
> Keiner darf sich schämen,
> Das Papier mit der Hand in den Nachttopf zu tauchen.
> Wenn es ganz weich ist, wird es zu Klößen geballt
> Und mit aller Wucht gegen die Decke geknallt.
> Man darf auch vorher schnell noch Popel hineinkneten.
> Solche Klöße bleiben oben minutenlang kleben.
> Jedes Kind muß nun unter einen der Klöße treten
> Und den offenen Mund nach der Decke erheben.
> Vorher singen alle im Rund:
> „Lieber Himmel tu uns kund,
> Wer hat einen bösen Mund."
> Bis der erste Kloß herunterfällt
> Und trifft zum Beispiel in Fannis Gesicht.
> Dann wird die Fanni umstellt.
> Und alle singen (nur Fanni nicht):
> „Schweinehündin, Schweinehund!
> Himmelsklöße taten kund:

[57] Siehe oben S. 271—275.
[58] Siehe oben S. 6—9.
[59] Kinder-Spiel-Buch (A 26), S. 5 f. (GG, S. 117 f.); „Berlin S. W., Königgrätzerstr. 77[I]" war die Adresse der Familie Wilhelm Oertner, wo Ringelnatz und seine Frau bei Aufenthalten in Berlin wohnten; siehe Briefe, S. 10.
[60] Böhme, Kinderlied und Kinderspiel 2 (B 15), Nr. 451, S. 599.

Du hast einen bösen Mund.
Sperrt sie in den Kleiderschrank
Wegen ihrem Mordsgestank."

— — —

Streckt eurem Vater frech die Zunge
Heraus. Und ruft: „Prost Lausejunge!"
Dann — wenn er vorher auch noch grollte —
Vergißt er, daß er euch prügeln wollte.

Auch dieses ‚ekelhafte' Spiel ist keine Erfindung eines rohen oder hämischen Erwachsenen; der Untertitel des Gedichtes könnte durchaus ernst gemeint sein. Die moderne Kinderpsychologie kennt sehr häufige ähnliche Spiele mit Urin oder Kot. So berichtet uns Hans Zulliger von selbsterfundenen Spielen:

Ein vierjähriges Mädchen pißt im Garten in eine Grube, macht aus der feuchten Erde runde Plätzchen. Darüber befragt: „Ich mache Kuchen!" Es drückt die Lehmerde zwischen den Fingern durch, freut sich an den Würstchen und jauchzt: „Schau, wie das scheißt!"

Augenscheinlich wurzelt die Lust am Spiele auf der Sättigung *urethraler-analer* und *oraler* Triebansprüche.[61]

Die Reihe solcher Spiele, wo Kinder sogar ihren eigenen zu Püppchen geformten Kot verspeisen[62] oder mit ihren Kotballen wie mit Puppenkindern spielen[63], ließe sich fortsetzen. Schon Freud hatte festgestellt, daß das kleine Kind die Ekelschranke noch nicht kennt[64], da sie erst anerzogen werde. Uns interessiert hier nicht so sehr die Wurzel dieser Lust an ekelhaften Spielen, wie sie Zulliger oben angedeutet und an anderen Stellen seiner Arbeiten ausführlicher erklärt[65]. Für uns ist wichtiger, daß Ringelnatz, wenn er offenbar ebenfalls mit Lust von solchen Spielen berichtet, zeigt, wie sehr er auch in dieser Hinsicht „ein Kind geblieben" ist. Bei der Besprechung der Märchen sind wir schon darauf gestoßen, wie Porösel über das Ekelhafte ins Land der Phantasie flieht oder wie ein „unehelicher Sohn E. T. A. Hoffmanns" in städtischen Klosetts nach Reichtum bohrt[66]. Vor allem in Gelegenheitsversen im Gästebuch Carl Georg von Maassens spielt „Scheiße" eine große Rolle; dort heißt es zum Beispiel:

Die Summe jeden Techtelmechts
Ist: Scheiße links und Scheiße rechts —
Doch durch die Scheiße wieder mild

[61] Zulliger, Bausteine zur Kinderpsychotherapie (B 216), S. 15.
[62] ders., Heilende Kräfte im kindlichen Spiel (B 219), S. 21.
[63] ders., Das Kind in der Entwicklung (B 218), S. 81 f.
[64] Freud, Archaische Züge und Infantilismus des Traumes. — Gesammelte Werke 11 (B 134), S. 213.
[65] Vgl. vor allem Zulliger, Das Kind in der Entwicklung (B 218), S. 80-117.
[66] Siehe oben S. 241 f.

oder:

Gestimmt, bringt Ringelnatz ein Bild:
[folgt Zeichnung: Vogel zieht Holzpferdchen
über stolperndes Mädchen][67]

Es war ein kleines Stückchen Scheiße,
Das ging am Freitag auf die Reise
Und kam erst Montags durch die Brille.
[...][68]

Wie die Kinder so haben auch gewisse Naturvölker und hatte die „Dreck-Apotheke" des 17. bis zum Anfang des 19. Jahrhunderts völlig andere Auffassungen in Bezug auf die Exkremente[69]. Und in dieser ‚ekelhaften' Schlimmheit trifft Ringelnatz sich auch mit einem viel bedeutenderen Kindlichen, mit Mozart:

Bona nox! bista rechta Ox;
bona Notte liebe lotte;
bonne Nuit, pfui, pfui;
Good Night, good Night,
heut müss ma noch weit;
Gute Nacht, gute Nacht,
scheiß ins Bett, daß' kracht;
Gute Nacht, schlaff fei g'sund
und reck den Arsch zum Mund.[70]

Blicken wir jetzt wieder auf das zitierte gereimte Kinderspiel von den in Urin getauchten „Himmelsklößen" zurück, so liegt ihm außer der Erinnerung an solche ekelhaften Spiele auch noch ein verbreitetes Spielprinzip[71] zugrunde: durch irgendein Zufallsurteil oder eine zufällige Ungeschicklichkeit scheidet ein Spieler aus und wird mit einem Neckvers verhöhnt. Im Ton ähnelt etwa folgender Spottreim ganz dem Ringelnatzischen:

Bäckerklos, Bäckerklos,
Mach' die Wecke nit so groß,
Mach' se nit so kleine!
Sonst kriegste scheiwe Beine.[72]

und bei einem „Kettenspiel" wird der Fehlbare verspottet:

[67] Gästebuch von Maassens (im Besitz der Handschriften-Sammlung der Stadtbibliothek München), S. 141, Eintrag wohl vom 8. 7. 1921.
[68] ebda. S. 199, Eintrag vom 14. 8. 1922.
[69] Vgl. Zulliger, Das Kind in der Entwicklung (B 218), S. 83—85.
[70] Mozart, Köchel-Verzeichnis 561. — Zitiert nach: Liede, Dichtung als Spiel 2 (B 165), S. 35.
[71] Böhme, Kinderlied und Kinderspiel 2 (B 15), passim.
[72] ebda. 1, Nr. 1345, S. 280.

Lina hat sich umgedreht
Und hat den ganzen Kreis verdreht.
:|: Pfui, schäme dich! :|:[73]

Solche Parallelen zu alten Kinderversen sind zahlreich; die vier „Abzähl-
Reime" etwa, die das „Geheime Kinder-Spiel-Buch" eröffnen, bilden unsinnige
Auszählreime vom Typus „Lirum, larum Löffelstiel, / Die alte Weiber freßet
viel"[74] weiter, wobei Ringelnatz nur die schlimme Seite hervorhebt und mit
einem Merkvers für Berliner U-Bahnstationen überdies die bekannteste Stelle
aus „Die Überschwemmung in Leipzig" der „Musenklänge aus Deutschlands
Leierkasten" abwandelt; dort heißt es:

Auf dem Dache sitzt ein Greis,
Der sich nicht zu helfen weiß.[75]

Ringelnatz variiert:

Bülow, Nolle, Witte, Zoo...
Auf dem Dache sitzt ein Floh,
Der sich nicht zu helfen wo.[76]

Ähnlich spielt er noch in den einleitenden Zwei- und Vierzeilern des „Kinder-
Verwirr-Buches" von 1931:

Kleine Lügen und auch kleine
Kinder haben kurze Beine.[77]

Trotzdem sind die ‚schlimmen' „geheimen" Kinderspielgedichte keine Parodien im landläufigen Sinne, denn sie verspotten die alten Kinderverse- und
spiele nicht. Aber sie sind auch nicht nur wie beispielsweise die Kindergedichte
Dehmels eine virtuose Nachahmung volkstümlicher Vorbilder. Ringelnatzens
Verse stehen, was die Form betrifft, auf der Grenze zwischen einer Art artisti-
scher Parodie[78] und einer Fortsetzung der Tradition mit modernen, veränder-
ten Mitteln. Was aber die Haltung betrifft, die den Versen zugrunde liegt, so
ist es echte Kindlichkeit und die Sehnsucht nach der eigenen Kindheit. Deshalb
ist auch die Naivität nicht „gemacht"[79], sondern echt, was ja nicht zuletzt auch

---

[73] ebda. 2, Nr. 97, S. 449; vgl. ähnlich auch das Spiel „Ring suchen", ebda. Nr. 603
(Dritte Art), S. 662.
[74] ebda. 1, Nr. 1843, S. 407 und viele andere.
[75] Musenklänge 2 (B 72), S. 21.
[76] Kinder-Spiel-Buch (A 26), S. 1.
[77] Kinder-Verwirr-Buch (A 34), S. 7 (GG, S. 375).
[78] Vgl. zur artistischen Parodie: Liede, Parodie (B 166), S. 14—41.
[79] So mißversteht ja Loerke die Verse des „Geheimen Kinder-Spiel-Buches", siehe
oben S. 279 f.

sein Verhältnis zum Ekelerregenden zeigt. Wollte man irgendeines der Kindergedichte Ringelnatzens als eine Art bilderstürmende Parodie, eine kritische Parodie also, verstehen — so kennzeichnet ja Butler die „bad parodies"[80] —, dann wären das vielleicht die drei Strophen des Gedichtes „Aus meiner Kinderzeit"[81]. Die beiden letzten Strophen sendet er am 2. Januar 1926 seinem Freund Otto Linnemann[82], für den Druck in den „Reisebriefen eines Artisten" stellt er ihnen aber eine voran, die aus dem Rahmen der in den andern Strophen benützten Technik volkstümlicher Kinderpredigten und Kettenreime[83] völlig herausfällt:

> Vaterglückchen, Mutterschößchen,
> Kinderstübchen, trautes Heim,
> Knusperhexlein, Tantchen Rös'chen,
> Kuchen schmeckt wie Fliegenleim.
>
> Wenn ich in die Stube speie,
> Lacht mein Bruder wie ein Schwein.
> Wenn er lacht, haut meine Schwester.
> Wenn sie haut, weint Mütterlein.
>
> Wenn sie weint, muß Vater fluchen.
> Wenn er flucht, trinkt Tante Wein.
> Trinkt sie Wein, schenkt sie mir Kuchen:
> Wenn ich Kuchen kriege, muß ich spein.

In der Boshaftigkeit dieser Verse, die nicht mehr nur die Schlimmheit eines kindlichen Erwachsenen ausdrücken, verhöhnt Ringelnatz, wonach er sich sehnt. Es ist der Widerstreit des Erwachsenen mit dem Kinde in ihm, der solche Verse hervorbringt, die dann so aussehen, als seien sie eine Satire auf bürgerliches Heim und bürgerliche Kinderstube. Aber nicht nur Ringelnatzens Berichte in „Mein Leben bis zum Kriege", auch die wenigen handschriftlichen Briefe aus seiner Kinderzeit zeigen uns ein von enttäuschter Sehnsucht freies Bild, ebenso die Kinderverse, die wir im nächsten Abschnitt zu betrachten haben.

Nicht zu übersehen ist in diesem Zusammenhang auch, daß sogar noch ein Gedicht des „Kinder-Verwirr-Buches" von 1931 bei aller eigenen Schlimmheit des Verfassers in der direkten Nachfolge von Carl Georg von Maassens „Gedichten eines Gefühllosen" steht, über deren Einfluß wir früher gesprochen haben[84]. Auch von Maassen dichtet ja:

---

[80] Butler, Assessment (A 418), S. 213, Anm. 1.

[81] Reisebriefe (A 27), S. 95 (GG, S. 170).

[82] Brief Nr. OL 3 vom 2. 1. 1921; Variante im dritten und vierten Vers der zweiten Strophe in der Handschrift: „Wenn er lacht, schimpft meine Schwester. / Wenn die schimpft, weint Mütterlein."

[83] Vgl. Böhme, Kinderlied und Kinderspiel 1 (B 15), Nr. 1507—1529, S. 306—312.

[84] Siehe oben S. 39—41.

[...]
Und er wirft mit einem Steine
Nach des armen Kindes Haupt,
Das schreit laut, jedoch beim Greise
Es sich schon gerettet glaubt.

Quatsch! Der Stein, er traf so sicher,
Das Gehirn fliegt weit umher,
An dem Alten, an dem Gitter,
An dem Bäumchen hängt es schwer.
[...]⁸⁵

Freilich verrät hier der Bänkelsängerton mit den literarischen Anklängen (z. B.
in den beiden letzten Versen des Zitates), daß von Maassens Haltung nicht
Schlimmheit, sondern intellektuelles Spiel mit dem Entsetzen ist, daß seine
Verse nur Parodie sein wollen, worauf die „Einleitung und Vorwort" mit
ihrer Empfehlung des Buches an „unbefleckte Mädchen" überdies hinweisen.
Und wenn selbst noch diese Empfehlung in den Titeln der beiden ‚schlimmen'
Kinderbücher Ringelnatzens nachklingen sollte, so ist doch dessen Verhältnis
zu den Untaten viel naiver. Ein Kindermord sieht in seinem Gedicht „Silvester
bei den Kannibalen", das vielleicht Poccis „Kasperl bei den Menschenfressern"⁸⁶
weiterspinnt, wie ein übermütiges Spiel kindlich gebliebener Erwachsener aus.
Wie Hans Bötticher mit seinen Spielkameraden in der Kindheit sang:

Seht einmal, dort sitzt er,
Jack, der Bauchaufschlitzer.
Holte sich ein Weibchen,
Schnitt ihm auf das Leibchen,
Holt sich Lung' und Leber raus,
Machte sich ein Frühstück draus.⁸⁷

so dichtet nun Ringelnatz gekonnter und glatter:

Am Silvesterabend setzen
Sich die nackten Menschenfresser
Um ein Feuer, und sie wetzen
Zähneklappernd lange Messer.

Trinken dabei — das schmeckt sehr gut —
Bambus-Soda mit Menschenblut.

Dann werden aus einem tiefen Schacht
Die eingefangenen Kinder gebracht
und kaltgemacht.

---

⁸⁵ Schnellpfeffer [d. i. C. G. v. Maassen], Gedichte eines Gefühllosen (B 56), S. 39.
⁸⁶ Pocci, Heitere Lieder (B 81), S. 41—46.
⁸⁷ ML, S. 10.

Das Rückgrat geknickt,
Die Knochen zerknackt,
Die Schenkel gespickt,
Die Lebern zerhackt,
Die Bäuchlein gewalzt,
Die Bäckchen paniert,
Die Zehen gesalzt
Und die Äuglein garniert.

Man trinkt eine Runde und noch eine Runde.
Und allen läuft das Wasser im Munde
Zusammen, ausnander und wieder zusammen.
Bis über den feierlichen Flammen
Die kleinen Kinder mit Zutaten
Kochen, rösten, schmoren und braten.

Nur dem Häuptling wird eine steinalte Frau
Zubereitet als Karpfen blau.
Riecht beinah wie Borchardt-Küche, Berlin,
Nur mehr nach Kokosfett und Palmin.

Dann Höhepunkt: Zeiger der Monduhr weist
Auf Zwölf. Es entschwindet das alte Jahr.
Die Kinder und der Karpfen sind gar.
Es wird gespeist.

Und wenn die Kannibalen dann satt sind,
Besoffen und überfressen, ganz matt sind,
Dann denken sie der geschlachteten Kleinen
Mit Wehmut und fangen dann an zu weinen.[88]

Solche Grausamkeiten kennen wir auch bei einem anderen Dichter, bei dem man sie nicht vermuten würde: Gottfried Keller beglückwünschte Marie Frisch zu ihrem ersten Kinde:

> Auf ihr Kindchen freue ich mich: das wird gewiß ein allerliebstes Tierchen! Wenn es ordentlich genährt ist, so wollen wir's braten und essen, wenn ich nach Wien komme, mit einem schönen Kartoffelsalat und kleinen Zwiebeln und Gewürznägelein. Auch eine halbe Zitrone tut man dran![89]

Wie solche Äußerungen Kellers nur verständlich sind, wenn wir seine Zwergengestalt bedenken[90], so sind die Verse Ringelnatzens nur noch erträglich, wenn wir die Persönlichkeit des ebenfalls mißgestalteten Ringelnatz kennen und so annehmen dürfen, sie seien nicht bloß erstarrte Weiterführung eines einmal gefundenen Tones. Darüber hinaus aber sind diese kannibalischen Verse, die

---

[88] Kinder-Verwirr-Buch (A 34), S. 44—46 (GG, S. 384 f.).
[89] Keller, Briefe 2 (B 46), S. 241 (Brief Nr. 207 vom 18. 7. 1875).
[90] Vgl. Muschg, Umriß eines Gottfried-Keller-Porträts. Der Zwerg (B 184), S. 169: Muschg spricht von der „kindhaften Unausgeglichenheit seines Wesens".

in ihrem Sadismus einzig im späten Werk Ringelnatzens dastehen, eine Absage
an die schlimmen Kindergedichte. Denn nach all der Grausamkeit — auch wenn
sie von dem Naturvolk der Kannibalen wie vom Kinde nicht als solche empfunden wird — weinen die Schlächter mit Wehmut: das würde weder ein
Naturvolk noch ein Kind nach begangenen ‚Schlimmheiten' tun. Das Weinen
des letzten Verses ist das des Dichters, der den Zwiespalt zwischen seiner Kindlichkeit und seinem Erwachsenendasein erkennt. Und so endete bereits „Kuttel
Daddeldu und die Kinder" mit einer Enttäuschung der Kinder und neuerlicher
Verlassenheit des Helden:

> So erzählt Kuttel Daddeldu heiter, —
> Märchen, die er ganz selber erfunden.
> Und säuft. — Es verfliessen die Stunden.
> Die Kinder weinen. Die Märchen lallen,
> Die Mutter ist längst untern Tisch gefallen,
> Und Kuttel — bemüht, sie aufzuheben —
> Hat sich schon zweimal dabei übergeben.
> Und um die Ruhe nicht länger zu stören,
> Verläßt er leise Mutter und Göhren.
>
> Denkt aber noch tagelang hinter Sizilien
> An die traulichen Stunden in seinen Familien.[91]

Der Zwiespalt kindlicher Erwachsener — ‚wirklicher' Erwachsener wird in diesen Versen personifiziert: der kindliche Daddeldu, der besoffen Unsinn ver-
zapft und dabei glücklich ist, auf der einen, die weinenden Kinder auf der
anderen Seite. Ringelnatz weiß, daß die kindliche Schlimmheit eines Erwachsenen leicht als Bosheit oder Grausamkeit mißverstanden werden kann, und
er erkennt, daß ihn dieser Ton letztlich doch nicht in seine eigene Kindheit
zurückversetzt.

Deshalb kann er auch ein Jahr[92] nach den Gedichten des „Geheimen Kinder-
Spiel-Buches", nämlich im Oktober 1923, eine Märchenparodie schreiben, die
einmal das „Fuselgefasel"[93] mancher Märchen des Jahres 1921, zum anderen
die Selbstparodie im Kuttel Daddeldu fortsetzt: „Kuttel Daddeldu erzählt seinen Kindern das Märchen vom Rotkäppchen und zeichnet ihnen sogar was
dazu"[94]. Er muß die Geschichte zudem noch für Alfred Richard Meyer fast wie

---

[91] Schusterpastete (A 14), S. 20 (GG, S. 92).

[92] Butler verweist in einer Anmerkung auf dieses Märchen und setzt es zeitlich vor
das 1924 erschienene, aber schon 1922 gedichtete „Geheime Kinder-Spiel-Buch", da
er sich wie stets nur an das Jahr der Veröffentlichung, nicht der Entstehung hält
(Butler, Assessment [A 418], S. 213, Anm. 1).

[93] „Das halbe Märchen Ärgerlich" — Nervosipopel (A 25), S. 82; siehe oben S. 235—237.

[94] Bibl. A 21, 47, 80, zugänglicher in: Röhrich, Gebärde-Metapher-Parodie (A 467),
S. 133—135.

zur Strafe zwölfmal abschreiben und illustrieren[95], er schafft allerdings nur zehn Abschriften und stöhnt befreit: „Die häßliche Arbeit für A. R. Meyer habe ich nun hinter mir."[96] Anders als in den schlimmsten schlimmen Kindergedichten besteht hier der ganze Witz in der Zerstörung des Originals, das heißt also auch in der parodistischen Zerstörung der eigenen Kindheit, gehören doch „die Märchen von Andersen, Hauff, Grimm"[97] zu seiner lebenslangen Lieblingslektüre. Nachdem der betrunkene Daddeldu das Märchen völlig durcheinander und mit anderen Märchenmotiven vermischt erzählt hat und die Großmutter den Wolf, das Rotkäppchen und den Jäger verschlingen läßt, fährt er die Kinder an:

> Ja da glotzt ihr Gören und sperrt das Maul auf, als käme da noch was. — Aber schert euch jetzt mal nach dem Wind, sonst mach ich euch Beine.
> Mir ist schon so wie so die Kehle ganz trocken von den dummen Geschichten, die doch alle nur erlogen und erstunken sind.
> Marsch fort! Laßt euren Vater jetzt eins trinken, ihr — überflüssige Fischbrut![98]

Von solch parodistischer Kinderdichtung finden wir später nichts mehr bei Ringelnatz; und auch die schlimmen Kinderspielgedichte haben ja nur in „Silvester bei den Kannibalen" einen widerrufenden Nachhall.

3. Der kindliche Gott

Erst jene Gedichte, in denen Grausamkeit und Parodie völlig fehlen, führen uns zum Kern von Ringelnatzens Kindlichkeit, so etwa die „Kindergebetchen", die zu seinen bekanntesten Versen überhaupt gehören:

Erstes

Lieber Gott, ich liege
Im Bett. Ich weiß, ich wiege
Seit gestern fünfunddreißig Pfund.
Halte Pa und Ma gesund.
Ich bin ein armes Zwiebelchen,
Nimm mir das nicht übelchen.

Zweites

Lieber Gott, recht gute Nacht.
Ich hab noch schnell Pipi gemacht,

[95] Brief Nr. M 329 vom 18. 10. 1923, Briefe, S. 101: dort fälschlich November.
[96] Brief Nr. M 342 vom 5. 11. 1923, Briefe, S. 98.
[97] „Krankenhaus-Tagebuch" — Nachlaß (A 46), S. 70, Eintrag vom 27. 9. 1934.
[98] Rotkäppchen (A 21), [S. 15].

Damit ich von dir träume.
Ich stelle mir den Himmel vor
Wie hinterm Brandenburger Tor
Die Lindenbäume.
Nimm meine Worte freundlich hin,
Weil ich schon sehr erwachsen bin.

Drittes

Lieber Gott mit Christussohn,
Ach schenk mir doch ein Grammophon.
Ich bin ein ungezognes Kind,
Weil meine Eltern Säufer sind.
Verzeih mir, daß ich gähne.
Beschütze mich in aller Not,
Mach meine Eltern noch nicht tot
Und schenk der Oma Zähne.[1]

Zunächst ist auch hier die Tradition zahlreicher volkstümlicher Kindergebete zu erkennen vom Typus:

Lieber Gott und Engelein,
Laßt mich fromm und gut sein,
Laßt mir doch auch mein Hemdlein
Recht bald werden viel zu klein.[2]

Ton, Wortwahl, Mischung von Heiligem und Profanem — „Ich hab noch schnell Pipi gemacht" —, die sprunghafte Reihung der Gedanken sind Elemente volkstümlicher kindlicher Gebetsparodien, auch dort finden wir Verse wie:

Jesus sprach zu seinen Jüngern:
Wer keinen Löffel hat, ißt mit den Fingern.
Und der Herr, der sprach zu seinen Jüngern:
Wer kein Brot hat, der muß verhüngern. Amen.[3]

Aber auch hier würde man sich täuschen, wenn man in Ringelnatzens Kindergebetchen und ihrer Mischung von Scherz und Ernst eine satirische Übersteigerung volkstümlicher Gebetsparodien sähe, denn — für uns eigentlich nicht mehr erstaunlicherweise — besitzt Ringelnatz tatsächlich eine ausgesprochen naive Religiosität, einen richtigen Kinderglauben. Das beste Zeugnis dafür sind wiederum die Briefe an seine Frau. Dort finden sich immer wieder Wendungen wie: „Nun, wie aber oft gesagt, das wollen wir Gott überlassen."[4] — „Rak-

---

[1] Flugzeuggedanken (A 32), S. 26 (GG, S. 303).

[2] Des Knaben Wunderhorn (B 110), S. 804; vgl. auch Böhme, Kinderlied und Kinderspiel 1 (B 15): XIII. Kindergebete und fromme Reime, Nr. 1530—1604, S. 313—330 (dort auch das „Kindergebet" aus „Des Knaben Wunderhorn": Nr. 1553, S. 316).

[3] ebda. Nr. 1522, S. 307.

[4] Brief Nr. M 105 b vom 11. 3. 1921, Briefe, S. 46 (dort mehrere Briefe zu einem zusammengezogen!).

kere Dich nicht zu sehr ab, und bete und vertraue Gott."[5] — „Beten wir, daß alles gut weitergehe!"[6] Als das Kabarett Trude Hesterbergs, die „Wilde Bühne" in Berlin, abbrennt und so Ringelnatzens Verdienst geschmälert wird, schreibt er: „[...] vor allem will ich unseren guten, guten Engel besuchen, der sicher, und viel besser als ich, weiß, warum das abbrennen und warum ich Geld verlieren muß."[7] Der steinerne Engel im Hof der „Wilden Bühne", den Ringelnatz „Hester" nennt, gilt ihm als Bild für Gott! Als kurz darauf im wiederhergerichteten Kabarett gespielt werden kann, dankt Ringelnatz: „Der liebe Gott verwöhnt uns unbegreiflich."[8] Wie ein Kind fragt er seine Frau: „Bist Du mir gut? Betest Du? Sparst Du?"[9] oder er freut sich nach einem erfolgreichen Verkauf von Bildern in der Galerie Flechtheim: „Was sagst Du nun zu mir und zu Gott?"[10] Sein Gott ist der Gott des Alten Testamentes, der unmittelbar im Alltag belohnt und straft: „Ich habe den Kopf und das Herz voll mit einer Engagementssache, die mich anfangs heute erfreute und wieder die Dir bekannte sofortige göttliche ‚Belohnung' war, weil ich tags zuvor frei und gut über Gott gesprochen hatte; [...]"[11]. Als Ursache für ein relatives Glück und Wohlergehen sieht er seinen „Glauben an Gott und an Gottes alles übertreffende Überlegenheit"[12]. Und wenn er unmittelbar an dieses Bekenntnis die Mahnung für seine Frau anschließt: „Sei Du auch bei langer Trennung in diesem und manchem anderen Sinne recht ringelnatzig, nicht pieperisch[13] und nicht bötticherisch!"[14], so läßt sich vermuten, daß auch das Pseudonym zu seinem Glauben gehört: Joachim bedeutet schließlich ‚Gott möge retten'. Noch heute trägt Muschelkalk den Siegelring ihres verstorbenen Gatten; darauf ist das Geheimzeichen Ringelnatzens eingraviert, das er hinter jede Unterschrift setzte und das ‚Ich glaube an Gott' bedeuten soll. Und Muschelkalk bestätigte mir auch im Gespräch, daß Ringelnatz vor wichtigen Dingen gebetet habe.

Von hier aus erscheinen auch die „Kindergebetchen" mit ihren vertraulichen Scherzen in einem anderen Licht; ohne gemachte Naivität fühlt sich Ringelnatz in das Kind ein, das solche Gebete spricht. Auch das „Schlummerlied"[15], das

---

5 Brief Nr. M 203 vom 28. 3. 1922, Briefe, S. 70.

6 Brief Nr. M 205 vom 31. 3. 1922, ebda.

7 Brief Nr. M 327 vom 16. 10. 1923, ebda. S. 95.

8 Brief Nr. M 330 a vom 20. 10. 1923, ebda.

9 Brief Nr. M 140 a vom 1. 9. 1921, ebda. S. 57.

10 Brief Nr. M 308 vom 24. 4. 1923, ebda. S. 92.

11 Brief Nr. M 362 vom 13. 2. 1924, ebda. S. 104.

12 Brief Nr. M 301 vom 9. 4. 1923, ebda. S. 90.

13 Muschelkalks Mädchenname war Pieper.

14 Brief Nr. M 301 vom 9. 4. 1923, Briefe, S. 91.

15 Allerdings (A 28), S. 22 (GG, S. 216 f.).

hier in einer von der gedruckten abweichenden handschriftlichen Fassung (mit Widmung vom 22. September 1923 an Lottelo Uhl[16]) zitiert sei, ist ganz kindlich:

> Will du aufs Töpfchen?
> Spürst du ein Dürstchen?
> Oder ein Würstchen?
> Senke das Köpfchen.
>
> Draußen die Nacht, die kalte,
> Ist düster und fremd.
> Deine Hände falte. —
> Der liebe Gott küßt dein Hemd.
>
> Gute Nacht! Gute Ruh!
> Ich bin da,
> Deine Mutter, Mama,
> Müde wie du.
>
> Nichts mehr fragen!
> Nichts sagen!
> Nichts wissen!
> Augen zu!
> Horch in dein Kissen:
> Es atmet wie du.[17]

Ringelnatz hat diese Verse wahrscheinlich für die Tochter Lottelo Uhls, die er besonders liebte und „Rosenknöspchen"[18] nannte, geschrieben. Sie beginnen mit geläufigen allabendlichen Fragen einer Mutter an ihr Kind; die Schilderung der düsteren Nacht draußen macht den heimlichen Raum nur noch vertrauter. Das Alleinsein — und für das Kind ist Einschlafen und Schlafen Alleinsein — erleichtert ihm die Mutter dadurch, daß sie sich nicht nur sprachlich, sondern auch persönlich („Ich bin da [...] Müde wie du") auf dieselbe Stufe stellt. Die letzte Strophe ist in ihrer schlichten Naivität ein vollendetes In-den-Schlaf-Singen; der Abschluß von der Außenwelt ist vollkommen, und dennoch kann sich das Kind nicht allein fühlen, denn die Mutter gibt ihm einen Vertrauten, einen Gefährten mit in den Schlaf:

> Horch in dein Kissen:
> Es atmet wie du.

In diesem großartigen Schluß des „Schlummerliedes" gelingt eine Vereinigung mit den Dingen, eine belebende Identifizierung, wie sie nur dem Kinde möglich ist. Die Wirklichkeit draußen, die kalte, düstere und fremde Nacht ist ver-

---

[16] Zu den Uhls siehe oben S. 64, Anm. 52.

[17] Handschrift: SdC.

[18] Brief Nr. VA 22 an Lottelo Uhl vom September 1925 (Beileidsbrief zum Tode Willo Uhls).

schwunden, die Einsamkeit ist aufgehoben in der kindlichen Vereinigung mit
dem Kissen, das so wie es selber atmet. Und über allem steht der liebe Gott, der
für Ringelnatz der Vertraute der kleinen und der erwachsenen Kinder ist: „Der
liebe Gott küßt dein Hemd.“

In dem Gedicht „Kind, spiele!“ erscheint der Mensch als Spielzeug Gottes,
aber nicht eines dämonischen Gottes wie in Goethes „Egmont“ und nicht eines
unbekannten, willkürlichen Marionettenspielers wie in Büchners „Danton“
(„Puppen sind wir von unbekannten Gewalten am Draht gezogen“[19]), sondern
eines vertrauten, kindlichen „lieben Gottes“:

Kind, spiele!
Spiele Kutscher und Pferd! —
Trommle! — Baue dir viele
Häuser und Automobile! —

Koche am Puppenherd! —
Ziehe deinen Püppchen die Höschen
Und Hemdchen aus! — Male dann still! —
Spiele Theater: „Dornröschen“
Und „Kasperl mit Schutzmann und Krokodil“! —

Ob du die Bleisoldaten
Stellst in die fürchterliche Schlacht,
Ob du mit Hacke und Spaten
Als Bergmann Gold suchst im Garten im Schacht,
Ob du auf eine Scheibe
Mit deinem Flitzbogen zielst, — — —

Spiele! — Doch immer bleibe
Freundlich zu allem, womit du spielst.
Weil alles (auch tote Gegenstände)
Dein Herz mehr ansieht, als deine Hände.
Und weil alle Menschen (auch du, mein Kind)
Spielzeug des lieben Gottes sind.[20]

Gott ist das größte spielende Kind; Ringelnatz projiziert die Kindlichkeit auch
auf Gott. Im „Flieger“ von 1917/18[21] ist Gott neben dem zornigen Richter
noch ein ‚schlimmes‘ Kind, das schrankenlos spielen und die Menschen mit seinem Spiel auch quälen kann:

Gott
Hat keine Pflicht. Er hat die vollste Macht
Aus Spielerei, wie aus gerechtem Zorn
Uns ewig, unausdenkbar schwer zu quälen.
(II, 7)

---

[19] Büchner, Sämtliche Werke und Briefe 1 (B 17), S. 41 (II, 5).
[20] Kinder-Verwirr-Buch (A 34), S. 15 f. (GG, S. 376 f.).
[21] Siehe oben S. 139—148.

In dieser Auffassung Ringelnatzens vom kindlichen Gott enthüllt sich nun auch der tiefste Sinn aller ‚schlimmen‘ Kindergedichte, der Kreis in Ringelnatzens Kindlichkeit und Religiosität hat sich geschlossen. Und den Grund für die Abkehr von der ‚schlimmen‘ Kindlichkeit gibt uns eben der Schluß des zitierten Gedichtes: Nun soll das Kind als der reinste Mensch freundlich mit allem spielen, damit auch Gott freundlich mit seinem Spielzeug spielt. Die ganze Welt wird zur Kinderstube eines lieben Gottes.

III. Der Tod

In Ringelnatzens einzigem aufgeführten und veröffentlichten Theaterstück „Die Flasche. Eine Seemannsballade" singt der Russe Grischa (dem Asta Nielsens damaliger Mann Gregory Chmara als Vorwurf diente) ein „kleines russisches" Lied:

Liedchen

> Die Zeit vergeht.
> Das Gras verwelkt.
> Die Milch entsteht.
> Die Kuhmagd melkt.
> Die Milch verdirbt.
> Die Wahrheit schweigt.
> Die Kuhmagd stirbt.
> Ein Geiger geigt.[1]

Der Anklang an Volkslieder wie die „Ammenuhr"[2] ist deutlich und erledigt die Kritik Butlers, die obigen Verse seien nur durch den Reim Lyrik und nicht einmal schickliche Prosa ertrüge acht aufeinanderfolgende Hauptsätze ohne einen einzigen Gedanken[3]. Ringelnatz will das „Liedchen" als Volkslied verstanden wissen. Ein rein ländlicher Bildkomplex mit Gras, Kuh, Milch, Kuhmagd als Symbolen des Lebens, des Entstehens und Vergehens wird durch zwei allgemeine Feststellungen gedeutet: „Die Zeit vergeht." — „Die Wahrheit schweigt." Vergänglichkeit und stille Wahrheit sind gewiß keine neue Erkenntnis, und auch das Totenlied des letzten Verses kennen wir zur Genüge. Aber das „Liedchen" — ob nach russischem Vorbild oder nicht — ist die letzte Steigerung eines hervorstechenden Zuges von Ringelnatzens späten Gedichten: Er sucht nun derart Schlichtheit und Kindlichkeit, daß er oft hart an der Grenze zum Banalen steht. Und doch meint Erich Carlsohn, man könne „seinen Versen im Volkslied begegnen" und seine Gedichte für „große und kleine Kinder" seien „die reizendsten Beiträge seines Schaffens"[4]. In einem Gedicht des letzten zu Lebzeiten Ringelnatzens erschienenen Sammelbandes „Gedichte, Gedichte" ant-

---

[1] Die Flasche und mit ihr auf Reisen (A 38), S. 43 (GG, S. 391).
[2] Des Knaben Wunderhorn (B 110), S. 830 f.
[3] Butler, Assessment (A 418), S. 237.
[4] Carlsohn, Ringelnatz-Gedächtnis in Hamburg (A 373), S. 1713.

wortet er dann ja auch selbst auf die Frage „Was ist Kunst?" mit dem Hinweis
auf das Volkslied[5].

Wohl drei Jahre vor dem „Liedchen" (die „Flasche" ist im April 1929 im
ersten Guß fertig[6]) legt er mit dem Gedicht „Komm, sage mir, was du für Sorgen hast", das am 24. Mai 1926 im „Simplicissimus" erscheint, den Grundton
vieler seiner späteren Gedichte fest:

> Es zwitschert eine Lerche im Kamin,
> Wenn du sie hörst.
> Ein jeder Schutzmann in Berlin
> Verhaftet dich, wenn du ihn störst.
>
> Im Faltenwurfe einer Decke
> Klagt ein Gesicht,
> Wenn du es siehst.
> Der Posten im Gefängnis schießt,
> Wenn du als kleiner Sträfling ihm entfliehst.
> Ich tät es nicht.
>
> In eines Holzes Duft
> Lebt fernes Land.
> Gebirge schreiten durch die blaue Luft.
> Ein Windhauch streicht wie Mutter deine Hand.
> Und eine Speise schmeckt nach Kindersand.
> Die Erde hat ein freundliches Gesicht,
> So groß, daß man's von weitem nur erfaßt.
> Komm, sage mir, was du für Sorgen hast.
> Reich willst du werden? — Warum bist du's nicht?[7]

Zwei Bildkomplexe werden in den ersten beiden Strophen einander gegen-
übergestellt: Lerche/Faltenwurf und Schutzmann/Posten im Gefängnis, wobei
ihnen chiastisch jeweils die Wahrnehmungsbereiche des Hörens und Sehens zu-
geordnet sind. Die Bilder „Es zwitschert eine Lerche im Kamin" — eine Ge-
dichtauswahl des Henssel-Verlages trägt diesen Titel[8] — und „Im Faltenwurfe
einer Decke / Klagt ein Gesicht" sind Gestaltungen einer Phantasie, die sich al-

[5] Gedichte, Gedichte (A 41), S. 47 f. (GG, S. 492); siehe auch oben S. 69.

[6] Vgl. Brief Nr. M 603 vom 1. 4. 1929; vgl. auch: Die Flasche und mit ihr auf Reisen
(A 38), S. 87, wo es heißt, er habe die „Flasche" „auf Hiddensee [er war am
10.—29. 6. 1929 dort, vgl. IM, S. 104] bei Asta Nielsen und für Asta Nielsen geschrieben".

[7] Allerdings (A 28), S. 127 (GG, S. 258); zuerst in: Simplicissimus 31 (1926/27) Nr. 8,
S. 102. Butlers Kritik dieses Gedichtes ist unsachlich und blind (die letzte Strophe
strotze vor falscher Anmaßlichkeit), weil er von jedem Dichter politische Stellung-
nahme fordert und Ringelnatz „absolute Indifferenz den zerfallenden politischen
und sozialen Ordnungen gegenüber" vorwirft (Butler, Ringelnatz und seine Zeit
[A 419], S. 150).

[8] Bibl. A 67.

lerdings jetzt nicht allzuweit von der Wirklichkeit entfernt, sondern sich an
alltägliche Dinge anlehnt und diese spielerisch belebt; doch muß man solche
kleinen ‚Wunder‘ sehen und hören können. Hören und sehen aber kann jeder,
was der zweite Bildkomplex meint: die harte Wirklichkeit, und da besonders
die bedrohliche des Alltags. Der Widerstreit zwischen Tagtraum und Wirklichkeit — wie wir wissen ein altes Thema bei Ringelnatz[9] — wird jetzt in der
dritten Strophe versöhnt, wo die ganze Welt in einen Glanz von Kindlichkeit
eingehüllt wird. Das Gedicht wendet sich weder „an den ‚kleinen Mann‘ von
der Straße" noch „an den Mann mit dem kleinen Geiste"[10], sondern an jene
kindlichen Menschen, welche die Wirklichkeit verwirrt („Ich tät es nicht") und
welche „den Anschluß an das Mannesalter verpaßt" haben, wie Bastian Müller
einmal boshaft von Ringelnatz meint[11]. Die letzte Strophe gewinnt ihre Schönheit aus dem Ineinandergreifen von Sehnsucht und Erinnerung; die Phantasie,
die ihn eine Lerche im Kamin singen hören läßt, bietet ihm jetzt vollen Ersatz
für die graue Wirklichkeit: Die Sehnsucht nach dem fernen Land, nach Abenteuern, die ihn einst trieb, Seemann zu werden, erfüllt jetzt eines Holzes Duft,
und die Sehnsucht nach der eigenen Kindheit erfüllen ihm ein Windhauch und
die Erinnerung an Kindersand. Deshalb hat nun die Erde „ein freundliches Gesicht", er betrachtet alles durch „ganz winzige, herzförmige Fenster", blickt aus
seinem Innern und kann nun, selbst ein Hilfloser, sagen: „Komm, sage mir,
was du für Sorgen hast", und alles scheint dem Kindlichen leicht: „Reich willst
du werden? — Warum bist du's nicht?", weil ihm die Phantasie genügt. Vier
Jahre später umschreibt Ringelnatz in „Entgleite nicht" den gleichen Kern mit
„Glück der Einfachheit":

> [...]
> Es war ein wunderschönes Hausen
> In guter, kleinerbauter Heimlichkeit. —
>
> Ganz winzige, herzförmige Fenster gibt's. —
>
> Im reichen Raum vergißt man leicht das Draußen. —
>
> Entgleite nicht, du Glück der Einfachheit.[12]

Ringelnatz versucht, sich aus einem doch recht abenteuerlichen Leben und aus
der wirren Zeit der frühen dreißiger Jahre in das Glück der Einfachheit zu-
rückzuziehen, das er nun bei seiner Frau findet. Immer ist er noch ein erschütternd hilfloser Zwerg, verloren wäre er aber nur *ohne* seine Frau (wie er früher

[9] Siehe dazu vor allem oben S. 93—100.
[10] Butler, Ringelnatz und seine Zeit (A 419), S. 166.
[11] Siehe Bibliographie, Rezensionen zu A 46.
[12] Gedichte dreier Jahre (A 39), S. 60 (GG, S. 429 f.).

ohne die Selbstparodie verloren gewesen wäre), wie der sonst mit Ringelnatz kaum bekannte Peter Suhrkamp in einem öffentlichen gedruckten Geburtstagsbrief von 1933 beobachtet:

> Vor wenigen Wochen sah ich Sie in der Untergrundbahn. Sie standen neben Ihrer Frau im Durchgang. Zu Ihren Füßen stand, meine ich, ein Paket. Ihr Gesicht läßt sich wohl nicht mehr verstecken, deshalb wohl hatten Sie auch den schwarzen steifen Hut auf. Aber es war Ihnen da in jenem Moment nicht ganz angenehm, daß Sie Ringelnatz waren. Am liebsten hätten Sie sich unsichtbar gemacht. Aber Ihre Frau war ja bei Ihnen, an der konnten Sie sich halten. Als sie sich setzen konnte, gingen Sie hinterher und stellten sich und das Paket zu ihren Füßen auf. Menschenskind, Sie sind ja verloren ohne Ihre Frau — [...][13]

Und in der ersten Strophe der Verse „Ein Liebesbrief (Dezember 1930)", dessen zwei Schlußstrophen wir schon an anderer Stelle zitiert haben[14], nennt Ringelnatz einen weiteren Grund — neben der Kindlichkeit in „Komm, sage mir, was du für Sorgen hast" — dafür, warum die Erde für ihn ein freundliches Gesicht hat:

> Von allen Seiten drängt ein drohend Grau
> Uns zu. Die Luft will uns vergehen.
> Ich aber kann des Himmels Blau,
> Kann alles Trübe sonnvergoldet sehen.
> Weil ich dich liebe, dich, du frohe Frau.[15]

Und die drei Rettungswege der nächsten Strophe: „Zu beten, / Zu sterben, und ‚Ich liebe dich!' ", von denen er willentlich freilich nur die Liebe zu Gott und zu seiner Frau gewählt hat, sind im Grunde die kindliche Geborgenheit in seines — wie Mörike es nennen würde[16] — „Herzens Wohnung". Und diese Rettung durch Muschelkalk, die wir schon in der letzten Strophe der „Ansprache eines Fremden an eine Geschminkte vor dem Wilberforcemonument" gefunden haben[17], faßt er nun mit der Rettung durch Gott in „Heimliche Stunde" in den lapidaren Zeilen zusammen:

> Ich liebe Gott und meine Frau,
> Meine Wohnung und meine Decke.[18]

Auf solchen Versen gründet sich übrigens Butlers Meinung, Ringelnatz sei „vor allem ein Dichter undifferenzierter und unkomplizierter Gefühlsaufwallungen"[19], weil er zum Beispiel nicht wirklich wisse, was Angst sei, blase er seine

[13] Suhrkamp, An Ringelnatz (A 321), S. 432.
[14] Siehe oben S. 79 und auch S. 67 f.
[15] Gedichte dreier Jahre (A 39), S. 111 (GG, S. 459 f.).
[16] „Im Freien" — Mörike, Sämtliche Werke (B 69), S. 287; siehe auch oben S. 215.
[17] Siehe oben S. 221 f.
[18] Gedichte dreier Jahre (A 39), S. 33 (GG, S. 413).
[19] Butler, Ringelnatz und seine Zeit (A 419), S. 166.

unwichtige Ängstlichkeit zu einer existenziellen Angst auf[20]. Dieser Vorwurf
übersieht nicht nur, daß der zwergenhafte Ringelnatz wirklich Angst hat, sondern auch, daß es verschiedene Dichtertypen gibt und darunter einen, den bereits David Friedrich Strauß an Schubart beschreibt:

> Dieser ist aber für's Erste immer nur der Dichter der vereinzelten Hervorbringung,
> der heute den, morgen jenen poetischen Einfall hat und auf's Papier wirft; zur Aus-
> führung einer größeren Schöpfung aber, welche stetiges Fortarbeiten an demselben
> Thema verlangt, niemals kommt. Denn die Stimmung des Augenblicks, welche die
> Muse des Naturdichters ist, bleibt sich nicht lange gleich: heute ist sie lustig — so
> entsteht ein Schwank; morgen traurig — so entsteht eine Elegie; die Stimmung des
> dritten Tages mag einem Liebesliede, die des vierten einer Selbstanklage das Dasein
> geben. In das Gebiet der Lyrik nämlich fallen diese vereinzelten Hervorbringungen
> des Naturdichters eben deswegen, weil er von seiner subjektiven Stimmung nicht los-
> kommt, ihrer nicht Meister werden kann.[21]

Gewiß ist Ringelnatz kein Naturdichter, in welchem Sinne man auch immer
diesen von Goethe übernommenen Begriff[22] verstehen will; aber was Strauß beschreibt, ist auch nicht primär das Zeichen eines ‚geborenen', nicht ausgebildeten
und nur lyrischen Poeten, sondern vielmehr dasjenige der *subjektiven Naivität*,
der *ichbezogenen Kindlichkeit*. Direkt neben der kindlichen Freude steht die
Angst dessen, der in der Welt eigentlich verloren ist, und direkt neben den
„heiteren" und gelösten Gedichten stehen die „ernsten", wie Ringelnatz selbst
seine Verse einteilt[23], Verse einer Angst, von der sein Freund Paul Wegener etwas geahnt haben muß, als er den folgenden Klappentext für die „103 Gedichte" verfaßte, auch wenn er dabei an die nun abgefallene Schutzmaske anknüpft:

> Ringelnätzchen, liebes Seelchen, was sind doch die Menschen stumpf, daß sie doch so
> oft mißverstehen, daß sie nicht fühlen, wie hinter deiner Klabautermannfratze ein
> zartes Kinderherz wohnt, so ängstlich, daß es im Dunkel dieses Welt-Dschungels zu
> singen anfängt. Du flüchtest immer wieder in deine Spielstube, das Treiben der Er-
> wachsenen ist dir nie ernst. Wie der süße Buddha scheußliche Schreckgestalten an-
> nimmt, um die Dämonen zu verjagen, so tarnst du dich als wüster Gesell und er-
> schreckst die Welt, damit sie nicht in deine Seele schauen soll![24]

---

[20] ders., Assessment (A 418), S. 257.

[21] Strauß, Schubart's Leben 2 (B 207), S. 306 f.

[22] Siehe dazu unter anderem: Goethe, Der deutsche Gil Blas. — Werke I, 42, 1 (B 34),
S. 88—99; ders., Deutscher Naturdichter [Über Anton Fürnstein]. — ebda. I, 41, 2,
S. 48—51.

[23] Brief Nr. M 791 vom 1. (?) 3. 1932, Briefe, S. 181; siehe oben S. 220.

[24] Wegener, Klappentext zur Erstausgabe von „103 Gedichte" (A 40), die zum 50.
Geburtstag Ringelnatzens erschien, wahrscheinlich aus der Geburtstagsrede Wegeners
im Hotel Kaiserhof, Berlin; vgl. IM, S. 123 f.

Die „scheußliche Schreckgestalt" der Selbstparodie war ja längst von ihm abge-
fallen, auch wenn sie — allerdings verklärt —[25] noch 1932 in der dramatischen
Seemannsballade „Die Flasche"[26] von 1929 für eine Tournee wieder ausgewer-
tet wird. Aber trotzdem häufen sich mit Beginn der dreißiger Jahre Verse einer
„schlimmen Stimmung", wie Ringelnatz ein Gedicht dieser Zeit überschreibt:

> Ich bin so traurig satt,
> Und all mein Überlegen
> Vergrübelt sich entgegen
> Dorthin, wo nichts mehr Farbe hat.
>
> Als wenn ich klug und geldreich wär
> Und gar kein Herz besäße.
> Ich zürne dumpf ins Ungefähr,
> Betaste hohle Späße.
>
> Und will nicht Freunde mit mir ziehn
> In dieses trockene Weinen.
>
> Ach Sonne, die so oft mir schien,
> Wollest mir bitte wieder scheinen.[27]

Jetzt klingen wieder Töne an aus der Zeit der Selbstparodie, aus den Gedichten
des schlüpfrigen Leides, wo es ja ganz ähnlich hieß:

> Das ist nun kein richtiger Scherz.
> Ich bin auch nicht richtig froh.
> Ich habe auch kein richtiges Herz.[28]

Doch nicht alle späten Verse voller Angst, Schmerz und Traurigkeit gelingen,
viele bleiben eigentümlich bilderarm im Bericht der eigenen Angst stecken, sind
wohl zum Teil, wie oft bei Ringelnatz, nur für den Broterwerb veröffentlicht
worden („Bin ich hier nicht die reine Gedichtfabrik?"[29]), für sie gilt das Wort
Walter Muschgs:

Pessimismus ist nicht tragisches Denken, nur die Vorstufe zu ihm. Er bleibt in der
persönlichen Verstimmung stecken und erschöpft sich in egoistischen Ausschweifungen
der Phantasie. Er quält sich im Netz subjektiver Grübeleien ab, die ihn am genialen
Aufflug hindern.[30]

---

[25] Siehe oben S. 264 und 296 f.
[26] Bibl. A 36 und 38.
[27] Gedichte dreier Jahre (A 39), S. 11 (GG, S. 400 f.).
[28] „Ansprache eines Fremden an eine Geschminkte vor dem Wilberforcemonument" —
Kuttel Daddeldu oder das schlüpfrige Leid (A 12), S. 24 (GG, S. 99); siehe oben
S. 219—221.
[29] Brief Nr. M 222 vom 16. 4. 1922, Briefe, S. 78.
[30] Muschg, Tragische Literaturgeschichte (B 181), S. 435.

Doch gerade dieses Netz zerreißt Ringelnatz bisweilen; in dem berühmten Gedicht „Und auf einmal steht es neben dir" etwa, das den Gesammelten Gedichten den Titel lieferte, gelingt der Aufflug, weil die Verse sich nicht in Quä-
lereien erschöpfen, sondern bei allem Schmerz und aller Klage einen verklären-
den Hauch von Kindlichkeit atmen:

> Und auf einmal merkst du äußerlich:
> Wieviel Kummer zu dir kam,
> Wieviel Freundschaft leise von dir wich,
> Alles Lachen von dir nahm.
>
> Fragst verwundert in die Tage.
> Doch die Tage hallen leer.
> Dann verkümmert deine Klage...
> Du fragst niemanden mehr.
>
> Lernst es endlich, dich zu fügen,
> Von den Sorgen gezähmt.
> Willst dich selber nicht belügen
> Und erstickst es, was dich grämt.
>
> Sinnlos, arm erscheint das Leben dir,
> Längst zu lang ausgedehnt. — —
> Und auf einmal — —: Steht es neben dir,
> An dich angelehnt — —
> Was?
> Das, was du so lang ersehnt.[31]

Alles in diesem Gedicht ist kindliches Staunen und kindlicher Schmerz des Alt-
gewordenen, des „uralten Kindes", als das er sich schon 1920 sieht[32]: vom
äußerlichen, fast körperlichen Spüren des Kummers und der Einsamkeit bis zum
verwunderten Fragen. Doch *scheint* das Leben nur sinnlos und arm; denn einmal steht das Langersehnte „neben dir". Was aber ist das Langersehnte? Herbert Günther zählt diese Verse „zu den Gedichten des Todes, die man fast
Gedichte der Todessehnsucht nennen möchte."[33] Aber das Langersehnte ist
kaum der Tod, sondern eine unnennbare Errettung aus Kummer und Klage im
letzten Augenblick, die Errettung durch jenes Nichtbenennbare, von dem auch
die Verse „Im Aquarium in Berlin" schweigen:

> [...]
>
> Auch dein Herz ist stehengeblieben
> Und lauscht — du merkst es nicht —

---

[31] Gedichte dreier Jahre (A 39), S. 125 (GG, S. 466); zuerst im Juli 1931 im * Berliner
Tageblatt erschienen (freundliche Mitteilung von Herrn Fritz Schirmer, Halle).
[32] Siehe oben S. 214 und 217.
[33] Günther, Ringelnatz (A 435), S. 77.

Auf etwas, was nie geschrieben
Ist und was keiner spricht.[34]

Und unwillkürlich fällt der Blick zurück auf einen jener anspruchslosen Verse, mit denen wir dieses Kapitel begonnen haben: „Die Wahrheit schweigt." In solchen Gedichten wie „Und auf einmal steht es neben dir" weitet sich die Naivität Ringelnatzens, die Hoffnung auf etwas, das er nicht benennen kann, zur Naivität des Menschen überhaupt. Vollständig ist er freilich nicht in seiner nun schlichten Kindlichkeit aufgehoben, das weiß er, und er hat dieses Wissen sogar in zwei Zeilen niedergelegt, die eigentlich dem letzten Germanisten beweisen müßten, daß Ringelnatz wirklich nicht dumm ist:

Nur vor den angeblich wahren
Deutlichkeiten erschrickt ein Kind.

Diese Verse stammen aus dem Gedicht, mit dem Ringelnatz das „Kinder-Verwirr-Buch" beschließt und das schon im Titel ein leidenschaftliches ‚Doch' des kindlichen Erwachsenen allem Schmerz und aller Wirklichkeit entgegensetzt:

Doch ihre Sterne kannst du nicht verschieben

Das Sonderbare und Wunderbare
Ist nicht imstande, ein Kind zu verwirren.
Weil Kinder wie Fliegen durch ihre Jahre
Schwirren. — Nicht wissend, wo sie sind.

Nur vor den angeblich wahren
Deutlichkeiten erschrickt ein Kind.

Das Kind muß lernen, muß bitter erfahren.
Weiß nicht, wozu das frommt.
Hört nur: das muß so sein.

Und ein Schmerz nach dem anderen kommt
In das schwebende Brüstchen hinein.
Bis das Brüstchen sich senkt
Und das Kind denkt.[35]

Die Überschrift ist eigentlich die Quintessenz des Gedichtes, sie könnte ebensogut am Schluß der Verse stehen; aber sie ist auch die Quintessenz von Ringelnatzens eigener Stellung, sie macht noch einmal — wie zuvor schon „Kuttel Daddeldu und die Kinder" oder „Silvester bei den Kannibalen"[36] — deutlich, wie groß der Gegensatz zwischen der bewahrten Kindlichkeit und dem Erwachsenendasein des Dichters ist.

---

[34] Gedichte dreier Jahre (A 39), S. 64 (GG, S. 432).

[35] Kinder-Verwirr-Buch (A 34), S. 65 (GG, S. 386 f.); zuerst im Juni 1931 (einen Monat vor „Und auf einmal steht es neben dir"!) im *Berliner Tageblatt erschienen (freundliche Mitteilung von Herrn Fritz Schirmer, Halle).

[36] Siehe oben S. 287—289.

Und wenn Ringelnatz auch in einem Gedicht, das ebenfalls ungefähr gleichzeitig entstand, vorgibt, zu wissen, wo er ist, so hat für ihn doch im Wirrwarr dieser Jahre das „Schiff 1931" die Richtung verloren; im ersten Teil dieser Arbeit haben wir festgestellt, daß dieses Gedicht kein Vorausahnen des kommenden Nationalsozialismus ist, sondern lediglich Ausdruck seiner persönlichen Hilflosigkeit und Ratlosigkeit in privaten und politischen Dingen[37], ein kindliches Erschrecken vor „angeblich wahren Deutlichkeiten":

Schiff 1931

Wir haben keinen günstigen Wind.
Indem wir die Richtung verlieren,
Wissen wir doch, wo wir sind.
Aber wir frieren.

Und die darüber erhaben sind,
Die sollten nicht allzuviel lachen.
Denn sie werden nicht lachen, wenn sie blind
Eines Morgens erwachen.

Das Schiff, auf dem ich heute bin,
Treibt jetzt in die uferlose,
In die offene See. — Fragt ihr: „Wohin?"
Ich bin nur ein Matrose.[38]

In „Wenn es unversehns ganz finster wird" wird die Ratlosigkeit zur Angst. Schon der Titel spielt auf eine kindliche Furcht an, denn vor nichts fürchtet sich das Kind so wie vor dem Dunkel. Das Gedicht aber endet in einer unverhüllten Selbstanklage und in einer Angst, vor der auch der Kinderglaube nicht mehr hilft, auch wenn sie durch ein „Vielleicht" abgeschwächt wird:

Wenn es unversehns ganz finster wird — —
Wenn sich Fliegen vor dem Tod erbosen,
Summend — gegen feuchte Stirnen stoßen — —

Wenn ein Fensterblümchen sein Köpfchen versteckt —
Wenn ein Zündholzblinken dich erschreckt — —

Was bei Licht du übersehen
Hast, will es nun vor dir stehen?

Willst du Lachen gegen Lachen
Heucheln? Hohle Witze machen?
Daß du vorm Gewissen fliehst,
Öffentlich,
Lachenden Gesichts??

---

[37] Siehe oben S. 68.
[38] Gedichte dreier Jahre (A 39), S. 122 (GG, S. 464 f.).

Hüte dich!
Weißt du, was du morgen siehst? — —
Vielleicht nur und für immer: nichts.[40]

1933 muß sich Ringelnatz von der Welt im wahrsten Sinne des Wortes zurück-
ziehen, denn seit April darf er nicht mehr auftreten und ist so seines Einkom-
mens beraubt[41]. Konnte er noch wenige Jahre zuvor übers Sterben witzeln:

> [...]
> Und sollte es hier einen Sarg,
> So krumm, wie ich bin, geben,
> So möcht ich gern in Königsbarg
> Begraben sein und leben.[42]

mochten die Todesahnungen in dem Gedicht „So ist es uns ergangen" noch
mahnen:

> [...]
> Der Tod geht stolz spazieren.
> Doch Sterben ist nur Zeitverlust. —
> Dir hängt ein Herz in deiner Brust,
> Das darfst du nie verlieren.[43]

und in einem anderen Gedicht das Leben preisen:

> O schönes Auferdensein!
> Und ich darf noch leben.[44]

so ist es für ihn nun „unversehns ganz finster" geworden, ihm bleibt nichts. Die
letzten Verse der letzten Sammlung „Gedichte, Gedichte von Einstmals und
Heute", die erschien, als Ringelnatz schon im Sanatorium Sommerfeld auf dem
Sterbebett lag, heißen „Psst!". Noch einmal fordert er sich selbst zum Träumen
auf, noch einmal verschließt er sich vor der Welt, nichts anderes ist ihm übrig
geblieben, und nichts erfahren wir aber auch mehr von seinen Träumen, und
vielleicht ist gerade dies auch ein Bekenntnis, ein Bekenntnis zu seinem endgültigen Scheitern, einem Scheitern auch als Dichter, so wie er sich diesen ‚Beruf'
einst erträumt hatte: „Aber ich wollte doch ein Dichter werden."[45]:

---

[40] ebda. S. 121 (GG, S. 464).

[41] Vgl. oben S. 187.

[42] „Königsberg in Preußen (Februar 1929)" — Flugzeuggedanken (A 32), S. 112 (GG, S. 348).

[43] Nachlaß (A 46), S. 13 (GG, S. 526).

[44] „Und ich darf noch" — Gedichte, Gedichte (A 41), S. 86 (GG, S. 500); sicher vor dem Auftrittsverbot durch die Nazis vom 12. April 1933 geschrieben: „Noch immer in Arbeit gestellt / Und die Arbeit genießend".

[45] ML, S. 267; vgl. auch oben S. 112.

Psst!

Träume deine Träume in Ruh.

Wenn du niemandem mehr traust,
Schließe die Türen zu,
Auch deine Fenster,
Damit du nichts mehr schaust.

Sei still in deiner Stille,
Wie wenn dich niemand sieht.
Auch was dann geschieht,
Ist nicht dein Wille.

Und im dunkelsten Schatten
Lies das Buch ohne Wort.

Was wir haben, was wir hatten,
Was wir — —
Eines Morgens ist alles fort.[46]

Die Dichtung Ringelnatzens ist mit diesen Versen am Ende. Das zeigt nicht
zuletzt auch „Der letzte Roman"[47], den er im April 1934 „ganz plötzlich" beginnt[48], an dem er bis in die letzten Tage schrieb und der Fragment blieb. Bastian Müller schreibt mit Recht:

> Ich weiß nicht, ob er gut oder schlecht geworden wäre, ich glaube fast, er wäre sehr
> schlecht geworden ..., aber in dieser Prosa tut sich die Seele Ringelnatz' noch einmal
> auf, fast ohne Bitterkeit, ganz in seiner Leichtigkeit, mit seiner Vorliebe für Aben-
> teuer, für Aufregendes, fürs Fabulieren — der ganzen Vorliebe eines Kindes für den
> Zufall und das Glückhafte.[49]

Man spürt auch an Ringelnatzens nacktem, direktem Berichtstil, daß dieser Roman nur eine Flucht vor dem Tod ins Schreiben ist, Ablenkung und zugleich
Selbsttäuschung des Kranken. Er zersplittert darin sein eigenes Schicksal und
stattet die verschiedensten Gestalten mit seinen persönlichen Zügen aus. Die
Handlung spielt ganz in der Wunschwelt von Malern und Bildhauern, wie er
sie von seinen Zürcher Freunden kannte, wollte er doch auch als Maler seinem
Vater immer näher kommen, wie wir oben sahen[50]. Dem reichen, des Lebens
überdrüssigen Robert Ment, der geheimnisvollsten Figur des Fragments, legt
Ringelnatz Worte in den Mund, welche die Stimmung mancher seiner Gedichte
umreißen: „Meine Sentimentalität ringt jetzt mit meinem Humor. In meiner
Seele ist auf einmal etwas wie Zwielicht."[51] Und wie dieser reiche und einsame

---

[46] Gedichte, Gedichte (A 41), S. 93 (GG, S. 503).
[47] Nachlaß (A 46), S. 79—190.
[48] ebda. S. 77 (Notiz von Muschelkalk).
[49] Bastian Müller, siehe Bibliographie, Rezensionen zu A 46.
[50] Siehe oben S. 87 f.
[51] Nachlaß (A 46), S. 92.

„Fremdling mit fremdem Blut in den Adern, ein einsamer Teufel"[52] noch ein letztes Mal an all die Selbstbezeichnungen des Dichters als „Fremder"[53] und an das Gefühl des Ausgestoßenseins bei ihm erinnert, so trägt der Bildhauer Hans Butterbrott neben dem Vornamen und Anklängen an seinen Vaternamen Bötticher auch sonst Züge des Dichters, worüber die Wunschphantasie vom Äußeren des Bildhauers mit einer „wohlgeformten Nase"[54] nicht hinwegtäuscht. Auch in Kleinigkeiten hält er sich sehnsüchtig an eigene Erinnerungen: Der Bauer Müller, eine Randfigur, ist beispielsweise ehemaliger Mariner und fuhr auf einem Küstenschoner namens „Nixe"[55] — ein Schiff Hans Böttichers hieß „Nymphe"[56]. Ringelnatz wollte wohl darüber hinaus für sein Leben wichtige Lehren des Vaters wie Güte und Freundschaft[57] zum gedanklichen Angelpunkt des Romans machen. Doch seine Phantasie findet kein schönes Märchenland mehr wie einst Fidje Pappendeik oder Porösel[58]. Jetzt bieten ihm kühne Seefahrten nichts mehr, die Suche nach den „Cervantesschen Windmühlen"[59] führt ihn in eine „unheimlich freudlose und traurige" Gegend — so läßt er nur wenig verschlüsselt wiederum Robert Ment von seinen Streifzügen in abgelegene Gegenden Berlins während eines Gesprächs mit dem Senator Kai[60] berichten:

„Diese Streifen haben mir unendlich viel mehr ins Herz und in den Kopf geschenkt, als viele luxuriöse oder auch kühne Seefahrten, an denen ich teilnahm. — Herr Wirt, noch eine Flasche — Diese Gegend ist unheimlich freudlos und traurig, aber sie wirkt so krähenscheu, menschenfern und unbegrenzt. Kurz bevor man hierher kommt, biegt eine großzügig angelegte, nicht vollendete Fahrstraße ab. Geht man dort zu Fuß, so blickt man sehr bald über den Rand einer schwindelhohen modernen Brücke. In der Tiefe dehnt sich ein erstorbenes, unheimliches, zerklüftetes Land aus, mit kahlen Bergen und kahlen Tälern, aber mit vielen Höhlen, und überall offen vor Augen liegend oder aus dem Erdreich hervorlugend, glitzern und blinken Schätze, die alle Kinder, die sich dorthin verirren, in ein maßloses Entzücken versetzen müssen — —"

Der Senator nickte. „Kenne ich. Dieses Märchenland stinkt wie die Pest. Es ist ein städtisches Schutt-Ablagerungsterrain."[61]

---

[52] ebda. S. 136.

[53] Siehe oben S. 111 und 219.

[54] Nachlaß (A 46), S. 98.

[55] ebda. S. 151.

[56] ML, S. 211.

[57] Siehe oben S. 70—79.

[58] Siehe oben S. 241—245.

[59] Nachlaß (A 46), S. 89.

[60] Anregung zu dieser Figur war der Senator Otto Kaysel, den Ringelnatz am 4. Dezember 1927 in Ludwigslust besuchte (vgl. IM, S. 93).

[61] Nachlaß (A 46), S. 89 f.

Mit diesem erstorbenen und kahlen Märchenland schafft der Todkranke auch
ein Symbol seiner sterbenden Phantasie, die den Aufflug in diesem „Letzten
Roman" nicht mehr schafft, sondern im Abfall, im Ekelhaften stecken bleibt,
durch das ihr früher in zwei Märchen der Aufschwung gelang[62].

Und so stehen in den letzten Notizen unvermittelt plötzlich da: „Wo ist
Gott?" oder als scheinbare Notiz zu einer geplanten Szene: „Jemand könnte
aufschreien: Gib mir noch einmal meine ganze Gesundheit wieder!"[63] Ringelnatz durchspielt in Personen und Gedanken nicht nur die verschiedensten Situationen seines Lebens, sondern auch seinen Aufenthalt in der Lungenheilanstalt
Sommerfeld, wo er im Juni 1934, bereits unheilbar an Magen- und Lungen-
tuberkulose erkrankt[64], eingeliefert wurde, wollte er in dem Roman verwenden.

Ringelnatzens Krankenhaus-Tagebuch[65] ist wohl „erschütternd in [. . . seiner]
grausamen Realität"[66], aber es zeigt auch wie kein anderes Zeugnis nochmals
den Kern seines Wesens. Denn nirgends findet sich ein Blick über die Öde und
Qual des Sanatoriums hinaus. Ringelnatz ist ganz in diese kleine Welt und in
sich selbst versunken. In dem Augenblick, wo er ahnen mußte, daß er sterben
würde, ist der Tod praktisch aus seinen Gedanken verschwunden. In seinen
letzten Aufzeichnungen finden sich keine Gedanken übers Sterben. Er berichtet
von allem Möglichen, besonders von Kleinigkeiten. Wie ein Kind freut er sich
über das Unscheinbarste, unbändig aber über ein sauberes Klosett:

> . . . Ich machte mich auf und entdeckte im Gang nach der Männerabteilung, aber
> schon nahe dem Röntgensaal, eine Tür. Daran stand „Nur für Patienten". Ich öffnete:
> hinter einem Vorraum ein einzelliges Klosett, pieksauber, Papier und funktionierende
> Wasserspülung. Das war eine Entdeckung! Für mich so schön, wie die Entdeckungen
> und Überraschungen, die in den Märchen von Andersen, Hauff, Grimm vorkommen,
> die mir M. doch alle hier vorgelesen hat. — —[67]

Und Muschelkalk über dieses kranke Kind:

> Wenn Ringel elend ist, sieht er aus wie ein erstauntes, erschrockenes Kind mit ganz
> großen Augen. Wenn es ihm gutgeht, sieht er aus wie ein schon gestorbener Weiser.
> Und zwischendurch ist er ganz der alte, macht Jux, krakeelt usw.[68]

---

[62] Siehe oben S. 241 f.

[63] Nachlaß (A 46), S. 189; alle hs. Notizen in der Sammlung GR.

[64] Das teilte mir Frau Stadtoberin Luise Klein († 7. 10. 1972) in Berlin mit, die Ringelnatz in Sommerfeld und dann auch zuhause bis zu seinem Tode pflegte; zu Ringelnatzens Tod siehe auch oben S. 88—90.

[65] Nachlaß (A 46), S. 47—72.

[66] Bastian Müller, siehe Bibliographie, Rezensionen zu A 46.

[67] Nachlaß (A 46), S. 70, Eintrag vom 27. 9. 1934.

[68] ebda. S. 63, Brief Muschelkalks an H[ans Siemsen] vom 3. 9. 1934.

Ringelnatz war im Leben, aber auch in der Dichtung alles andere als der saufende Kabarettpoet oder seine Selbstparodie Kuttel Daddeldu, wie es die Legende verbreitet. Mit all seinen dichterischen Stärken und Schwächen ist er doch wohl eine tragische Gestalt, zumindest aber eine der interessantesten Figuren seiner Zeit, und mit seiner Kindlichkeit einer der letzten Repräsentanten einer verlorenen Naivität in der deutschen Literatur, der sein lebenslanges Streben nach Überwindung seines Minderwertigkeitsgefühles, seines Bemühens, eine „große Rolle" zu spielen, trotz allem in einem Kindergedicht parodieren kann:

Kinder, spielt mit einer Zwirnsrolle!

Gewaltigen Erfolg erzielt,
Wer eine große Rolle spielt.

Im Leben spielt zum Beispiel so,
Ganz große Rolle der Popo.

Denkt nach, dann könnt ihr zwischen Zeilen
Auch mit geschlossenen Augen lesen,
Daß Onkel Ringelnatz bisweilen
Ein herzbetrunkenes Kind gewesen.[69]

---

[69] Kinder-Verwirr-Buch (A 34), S. 25 (GG, S. 379).

BIBLIOGRAPHIE

Vorbemerkungen

Die folgende Bibliographie ist zweigeteilt. Der Teil A bringt ein Verzeichnis der Werke Ringelnatzens und der Literatur über ihn; dabei wurde die 1959 zum 25. Todestag des Dichters erschienene Ringelnatz-Bibliographie (A 2, im folgenden „KdC"), die Werner Kayser und Hans Peter des Coudres aufgrund der Sammlung des letzteren und Fritz Schirmers (Halle) zusammenstellten, bis auf die Abschnitte „Vertonungen" (KdC 122—131) und „Anekdoten" (KdC 241—248) vollständig aufgenommen. Die dortigen Anmerkungen zu KdC 1—75a (= A 1—78) wurden stets um nur bibliophil interessante Angaben gekürzt, oft verändert und ergänzt. Ich habe die Bibliographie nicht nur bis 1972 fortgeführt, sondern es gelang mir auch, insgesamt 57 bisher unbekannte, zu seinen Lebzeiten in Zeitschriften erschienene Veröffentlichungen Ringelnatzens, darunter die erste Publikation Ringelnatzens überhaupt (A 96), neu aufzunehmen. Dadurch wuchs der Umfang des Werkverzeichnisses von 120 Nummern bei KdC auf 201 in der vorliegenden Bibliographie; außerdem wurde der Nachweis der Erstveröffentlichungen von Erzählungen (Bibl. A 9, 16, 25) vermehrt. Die Literatur über Ringelnatz wurde ebenfalls ergänzt und vervollständigt (zusätzlich 205 Nummern).

Der Abschnitt „Zeitgenössische Kritiken" (A 214—321) — die Buchrezensionen (gegenüber KdC ebenfalls vermehrt) werden jeweils bei den Werken angeführt — stützt sich fast ausschließlich auf die Zeitungsausschnitte, die Ringelnatz und seine Frau Muschelkalk selbst sammelten und in ein schwarzes Wachstuchheft [K 1] und ein altes Französisch-Lehrbuch [K 2] einklebten; beide Kritikenbücher befinden sich in der Sammlung Gescher-Ringelnatz, Berlin. Von den rund zweihundert Kritiken habe ich ein knappes Hundert ausgewählt, wobei mir die Vervollständigung einiger weniger Angaben (besonders des Datums) wegen der Schwierigkeit, solche oft entlegenen Zeitungen einzusehen, nicht nötig erschien, zumal ja alle Originale vorliegen. Wo hier — wie auch sonst — kein genauer Nachweis gelang, wurde ( ) gesetzt. Die zeitgenössischen Kritiken, die in IM wiedergegeben sind, wurden meist nicht in diese Bibliographie aufgenommen.

Literaturgeschichten wurden nur verzeichnet, wenn die Behandlung von Ringelnatz über Daten und bloße Registrierung hinausgeht. Verzichtet wurde auf einen Nachweis von Vertonungen, auf ein Verzeichnis der Schallplattenaufnahmen, der Anekdoten, auf eine Aufstellung der Gemälde und Zeichnungen und auch auf die Reklameverse Ringelnatzens; diese sind in IM, S. 35—39, 103, sowie zwischen S. 32 und 33 (Faks.) so gut wie vollständig aufgeführt. Auch Texte von Ringelnatz, die in IM (A 1), Günther, Ringelnatz (A 435) und anderen speziellen Ringelnatz-Arbeiten zum erstenmal erschienen, sind nicht gesondert angegeben.

Korrekturen und Ergänzungen zu Angaben bei KdC wurden meist ohne besonderen Hinweis vorgenommen.

Das Register am Ende der Arbeit erschließt diese systematische Ringelnatz-Bibliographie nach den Verfassern (einschließlich der Rezensenten).

Der zweite Teil B der Bibliographie bringt zunächst in der vorliegenden Arbeit benutzte Primärliteratur und im zweiten Abschnitt Sekundärliteratur, die sich nicht direkt auf Ringelnatz bezieht.

A. JOACHIM-RINGELNATZ-BIBLIOGRAPHIE

I. Bibliographien

1. In memoriam Joachim Ringelnatz. Eine Bibliographie, eingefügt in biographische Notizen, unveröffentlichte Gedichte und Erinnerungen der Freunde. (Privatdruck von Gerhard Schulze. Bearbeitung: M[uschelkalk Ringelnatz, d. i. Leonharda Gescher].) — (Leipzig 1937: Poeschel & Trepte.)
   KdC 1. — Enthält unter anderem: „fragmentarischen Anfang" eines geplanten dritten (neben A 29 und A 33) autobiographischen Buches „Mein Leben nach dem Kriege" (S. 58—66).
   REZ.: Manfred Kyber in: Die Literatur 39 (1936/37) S. 707 f.

2. Kayser, Werner, und Hans Peter des Coudres: Joachim-Ringelnatz-Bibliographie. Mit 10 Abbildungen. — Hamburg: Dr. Ernst Hauswedell 1960. (= Schriften des Philobiblon Bd. 2.) Zuerst in: Philobiblon 3 (1959) Heft 3, S. 204—234.

II. Werke und Briefe

1. Buchveröffentlichungen

1909

3. Simplicissimus Künstler-Kneipe und Kathi Kobus. Hrsg. vom Hausdichter Hans Bötticher. — (München:) Selbstverlag [1909].
   KdC 3. — Enthält von J. R.: Viellieber Freund! (S. 2—11); Simplicissimus-Träume. 1. Traum (S. 33—35); Simplicissimus-Träume. 3. Traum (S. 37); Die Simplicissimus-Bowle (S. 40); Wie Kathi zu ihrem Hausdichter kam. [Unter dem Pseudonym:] Pinko Meyer (S. 41 f.); 2. Simplicissimus-Lied [Mit Kathis Bild und dem Simpl-Hund auch als Sonderdruck] (S. 44); Zum 1. Mai 1909 Siebenjähriges Stiftungsfest. [Unter dem Pseudonym:] Fritz Dörry (S. 48).

1910

4. Kleine Wesen. Text von Hans Bötticher. Bilder von Fritz Petersen. — Eßlingen und München: J. F. Schreiber [1910].
   KdC 4. — Vgl. A 77, 85, 465; siehe auch Alfred Richard Meyers Aufsatz über dieses Buch: „Der allererste Ringelnatz" (A 317).

5. Was Topf und Pfann' erzählen kann. Ein lustiges Märchen mit Bildern von Franziska Schenkel, Dichtung von F[erdinand] Kahn und H[ans] Bötticher. — [Fürth in Bayern: G. Löwensohn 1910.]
   KdC 5. — Neuauflage [1925].

6. Hans Bötticher. Gedichte. — München, Leipzig: Hans Sachs-Verlag. Schmidt, Bertsch & Haist 1910.

KdC 6. — *REZ.: Hans Taub in: Münchener Neueste Nachrichten vom 13. 12. 1911*
[K 1].

1911

7. Was ein Schiffsjungen-Tagebuch erzählt. Hans Bötticher. — München: Die Lese
1911 (= Die Bücher der Lese.)
KdC 7. — *Nur leicht verändert übernommen in ML, S. 48—162 (ebda. S. 48:*
„Nur weniges änderte ich im Ausdruck. Dagegen habe ich einiges fortgelassen und
einiges hinzugefügt.") — Im „Autorenspiegel" der Zeitschrift „Die Lese": Hans
Bötticher schreibt uns . . . [Autobiographische Skizze]. — In: Die Lese (1911)
S. 162; auch als Reklamepostkarte mit photographischem Porträt. — REZ.: [Lud-
wig Schröder] in: Leipziger Neueste Nachrichten vom 4. 2. 1911 [K 1]; René
Prévot in: Münchner Post 1911 ( ).

1912

8. Die Schnupftabaksdose. Stumpfsinn in Versen und Bildern von Hans Bötticher
und R[ichard] J. M. Seewald. — München: R. Piper [1912].
KdC 8. — *Die meisten Gedichte wurden später in A 22 und A 23 aufgenommen;*
wieder vollständig abgedruckt in A 86, S. 19—37. — REZ.: O[?] G[?] in: Kri-
tische Rundschau (München) 1 (1914) Nr. 9 vom 1. 2. 1914 [K 1].

1913

9. Ein jeder lebt's. Novellen von Hans Bötticher. — München: Albert Langen (1913).
KdC 9. — *Erstveröffentlichungen der Erzählungen dieses Bandes: Die wilde Miß*
vom Ohio (S. 1—6). — In: Jugend 1910, Nr. 22 vom 23. 5. 1910, S. 506—508;
Das Gute (S. 7—19). — In: März 6 (1912) Bd. 4, Heft 42 vom 19. 10. 1912,
S. 94—101; Zwieback hat sich amüsiert (S. 20—27). — In: Die Woche 13 (1911)
Nr. 3 vom 21. 1. 1911, S. 117—119; Auf der Straße ohne Häuser (S. 28—34). —
In: März 6 (1912) Bd. 3, Heft 31 vom 3. 8. 1912, S. 179—183; Vergebens (S. 35
bis 43). — In: Jugend 1912, Nr. 36 vom 27. 8. 1912, S. 1044—1048; Sie steht doch
still (S. 44—46). — In: Münchner Illustrierte Zeitung 3 (1910) Nr. 45 vom 6. 11.
1910, S. 725; Gepolsterte Kutscher und Rettiche (S. 47—56). — In: März 6 (1912)
Bd. 1, Heft 5 vom 3. 2. 1912, S. 180—186; Durch das Schlüsselloch eines Lebens
(S. 57—69). — In: März 5 (1911) Bd. 3, Heft 37 vom 12. 9. 1911, S. 442—449;
Der tätowierte Apion (S. 70—81). — In: März 6 (1912) Bd. 4, Heft 50 vom
14. 12. 1912, S. 418—425; Das — mit dem „blinden Passagier" (S. 82—92). — In:
Die Woche 12 (1910) Nr. 44 vom 29. 10. 1910, S. 1880—1882; Das Grau und das
Rot (S. 93—112) und Phantasie (S. 113—161) wurden in diesem Sammelband
erstmals veröffentlicht (vgl. Hauptbuch Ringelnatzens [Abschrift], Sammlung
Fritz Schirmer, Halle).
REZ.: Leo Heller in: Der Turmhahn. Staackmanns Halbmonatsschrift. Hrsg. von
Karl Hans Strobl 1 (1914) 1. Januarheft, S. 63; Peter Hamecher in: Tägliche
Rundschau vom 14. 5. 1914 [K 1]; Heinrich Otto in: Der Bücherwurm 4 (1913/14)
S. 120 f. [K 1]; J. E. Poritzky in: Berliner Tageblatt vom 14. 1. 1914 [K 1]; Ri-
chard Rieß in: Münchener Neueste Nachrichten (Morgenblatt) vom 9. 3. 1914
[K 1]; F[riedrich] St[ieve] in: Kritische Rundschau 1 (1914) Nr. 9 vom 1. 2. 1914
[K 1]; Peter Panter [d. i. Kurt Tucholsky] in: Die Weltbühne 18 (1922) Nr. 44
vom 2. 11. 1922, S. 482 (wieder abgedruckt in: ders., Gesammelte Werke 1 [B 102],
S. 1065 f.); Valerian Tornius in: Leipziger Neueste Nachrichten vom 19. 11. 1913
[K 1].

1917

10. H. M. S. D. [Hilfs-Minen-Such-Division] 1917. — [Cuxhaven] 1917. [Masch., hektographiert].
    KdC 10. — Weihnachtszeitung, von Hans Bötticher herausgegeben und in AM, S. 314 f. erwähnt. Die meisten zeichnerischen und poetischen Beiträge von H. B. Wiedergabe einer Zeichnung in IM, S. 47; Textproben ebda. S. 48—51.

1920

11. Joachim Ringelnatzens Turngedichte. — Berlin-Wilmersdorf: Alfred Richard Meyer [1920].
    KdC 11. — REZ.: Monatsschrift für Turnen, Spiel und Sport 1 (1921) S. 68 [K 1], wiederabgedruckt in: IM, S. 68; P[eter]N[atron] in: Badischer Generalanzeiger vom 21. 11. 1921 [K 1].
    (2. und 3. Auflage) [1920].
    Vgl. A 22.

12. Joachim Ringelnatz. Kuttel Daddeldu oder das schlüpfrige Leid. — Berlin-Wilmersdorf: A. R. Meyer [1920].
    KdC 12. — REZ.: A[?] M[?] in: Blätter für akademisches und geistiges Leben. Hochschul- und Literaturbeilage des Kölner Tageblattes vom 20. 1. 1921 [K 1]; P[eter] N[atron] in: Badischer Generalanzeiger vom 21. 11. 1921 [K 1].
    Vgl. A 13, 23, 55, 65.

13. Joachim Ringelnatz. Kuttel Daddeldu oder das schlüpfrige Leid. (2. und 3. Auflage). — Berlin-Wilmersdorf: A. R. Meyer [um 1920].
    KdC 13. — Neusatz, verkleinertes Format und veränderte Seitenzahl.
    Vgl. A 12, 23, 55, 65.

1921

14. Joachim Ringelnatz. Die gebatikte Schusterpastete. (1. und 2. Auflage). — (Berlin-Wilmersdorf: Alfred Richard Meyer 1921.)
    KdC 14. — Vor allem weitere Kuttel-Daddeldu-Gedichte, aufgenommen in A 23.

15. Der lehrreiche, erstaunliche und gespassige Zirkus Schnipsel! Entdeckt von Joachim Ringelnatz. Heft 1 [mehr nicht erschienen]. — (Berlin: Industrieverlag Baruch & Cie. [1921].)
    KdC 15. — Die gereimte Gebrauchsanweisung dieses Ausschneide-Spielzeugs ist wieder abgedruckt in IM, S. 70 f.

1922

16. Die Woge. Marine-Kriegsgeschichten von Hans Bötticher ⟨Joachim Ringelnatz⟩. — München: Albert Langen 1922.
    KdC 16. — Erstveröffentlichungen der Erzählungen dieses Bandes: Die Blockadebrecher (S. 11—25). — In: Simplicissimus 20 (1915/16) Nr. 34 vom 23. 11. 1915, S. 398 f., 401, 404, 406; Die zur See (S. 26—33). — In: Simplicissimus 20 (1915/16) Nr. 6 vom 11. 5. 1915, S. 66 f., 70 f.; Nordseemorgen 1915 (S. 34—39). — In: Jugend 1915, Nr. 22 vom 21. 5. 1915, S. 406—410; Totentanz (S. 40—52). — In: ( ); Auf der Schaukel des Krieges (S. 53—58). — In: Jugend 1915, Nr. 44 vom 23. 10. 1915, S. 850—853; Der Freiwillige (S. 59—67). — In: März 9 (1915) Bd. 3, Heft vom 31. 7. 1915, S. 74—80; Aus dem Dunkel (S. 68—78). — In: ( ); Flag-

genparade (S. 79—85). — In: Simplicissimus 21 (1916/17) Nr. 2 vom 11. 4. 1916,
S. 18 f., 26; Nach zwei Jahren (S. 86—91). — In: Jugend 1916, Nr. 50 vom
2. 12. 1916, S. 1047 f.; Lichter im Schnee (S. 92—99). — In: Simplicissimus 21
(1916/17) Nr. 43 vom 23. 1. 1917, S. 546 f., 552; Fahrensleute (S. 100—114). —
In: Simplicissimus 25 (1920/21) Nr. 34 vom 17. 11. 1920, S. 442 f., 448; Die Zeit
(S. 115—123). — In: Simplicissimus 20 (1915/16) Nr. 36 vom 7. 12. 1915,
S. 422 f. — REZ.: Berta Badt in: Das literarische Echo 25 (1922/23) Sp. 834; Hans
Glenk in: Weltbühne 19 (1923) S. 57 f.; R[ichard] R[ieß] in: Leipziger Tageblatt
vom 26. 11. 1922 [K 2], auch unter vollem Namen in: National-Zeitung (Berlin)
vom 29. 11. 1922 [K 2].
3. Tausend [1940 von Rowohlt angezeigt].

17. Joachim Ringelnatz. Taschenkrümel. Original-Manuskript. — [Berlin-Wilmers-
    dorf: Alfred Richard Meyer] (1922).
    KdC 17. — Schlußvermerk: „Dieses unveröffentlichte Original-Manuskript wurde
    vom Verfasser im August 1922 eigenhändig in zehn Exemplaren geschrieben. Als
    Zeugen waren Hans Bötticher und der Seemann Kuttel Daddeldu zugegen. Jo-
    achim Ringelnatz.“ — Einige der Stumpf- und Unsinnsverse dieses Büchleins wur-
    den in das „Geheime Kinder-Spiel-Buch“ (A 26) aufgenommen.

18. Joachim Ringelnatz. Janmaate. Topplastige Lieder. Geschmückt mit Radierungen
    von Max Pretzfelder und einer Lithographie von Rudolf Großmann. — [Berlin:]
    Galerie Flechtheim [1922] (= 19. Druck des Verlages der Galerie Flechtheim).
    KdC 18. — Bibliophile Ausgabe einiger Kuttel-Daddeldu-Gedichte.

19. Joachim Ringelnatz. Fahrensleute. Geschmückt mit [10] Kaltnadelradierungen von
    Otto Schoff. — [Berlin:] Galerie Flechtheim 1922 (= 23. Druck der Ausgaben der
    Galerie Flechtheim).
    KdC 19. — Enthält als Erstveröffentlichung das Gedicht „Gespräch im Sturm auf
    der Raa“ (Bl. 5 f.); zur Erstveröffentlichung der Erzählung „Fahrensleute“ siehe
    A 16.

20. Weitab von Lappland. Von Joachim Ringelnatz. Motto: Recht Kind zu sein, wem
    zieht die Lust nicht durch das Laby Rinderbrust? (Arno Holz zu Ehren mit einem
    Bildnis Ringelnatzens von Linde-Walther und zwei Textzeichnungen von Paul
    Haase auf den Stein geschrieben von Wilhelm Redlin.) — Berlin 1922: Hermann
    Birkholz) (= Erasmusdruck. 12.)
    KdC 20. — Enthält: „Eheren und Holzeren. Ein Märchen“ (Erstveröffentlichung
    siehe A 25) und die beiden Gedichte „Das Terrbarium“ und „Jene brasilianischen
    Schmetterlinge“.

1923

21. Joachim Ringelnatz. Kuttel Daddeldu erzählt seinen Kindern das Märchen vom
    Rotkäppchen und zeichnet ihnen sogar was dazu. — [Berlin-Wilmersdorf: Alfred
    Richard Meyer] (1923).
    Bei KdC nur als Vermerk mit Hinweis auf den Faksimiledruck von 1935 (A 46).
    — Auf Bl. 2 die Anmerkung: „Dieses Buch schrieb Joachim Ringelnatz für Alfred
    Richard Meyer Oktober 1923 teils in Salzwedel teils in Liverpool in zehn beziffer-
    ten Exemplaren mit treuer Seemannshand. Jedes Buch ist vom Autor, den Lite-
    rarhistorikern zum Schabernack, immer anders bebildert worden.“
    Vgl. A 47, 80; zugänglicher in: Röhrich, Gebärde-Metapher-Parodie (A 467),
    S. 133—135.

22. Joachim Ringelnatz. Turngedichte. Mit 17 Zeichnungen von Karl Arnold. — München: Kurt Wolff (1923).
    KdC 21. — In diese erweiterte Ausgabe sind die Gedichte von A 11 aufgenommen, siehe oben in der Arbeit S. 174, Anm. 27. — REZ.: G. Herrmann in: LeipzigerNeueste Nachrichten vom 29. 2. 1924; C[?] M[?]—R[?] in: Hamburger Korrespondent vom 3. 2. 1924 [K 2].
    6.—10. Tausend 1925; 11.—13. Tausend 1928; [am 28. 9. 1929 von Rowohlt übernommen] 13. Tausend 1930 (nach KdC).
    Vgl. A 11.

23. Joachim Ringelnatz. Kuttel Daddeldu. Mit 25 Zeichnungen von Karl Arnold. — München: Kurt Wolff (1923).
    KdC 22. — In diese erweiterte Ausgabe sind Gedichte aus A 8 und A 14 aufgenommen, siehe oben in der Arbeit S. 174, Anm. 27. — REZ.: Prager Tageblatt vom 30. 12. 1923 [K 2]; Richard Euringer in: Die schöne Literatur 25 (1924) S. 58; C[?] M[?]—R[?] in: Hamburger Korrespondent vom 3. 2. 1924 [K 2].
    6.—15. Tausend 1924; [am 28. 9. 1929 von Rowohlt übernommen] 23. Tausend 1930.
    Vgl. A 12, 13, 55, 65 und den Nachtrag A 95 a unten S. 359.

1924

24. Joachim Ringelnatz. . . . liner Roma . . . Mit 10 Bildern von ihm selbst. — Hamburg: Johannes Asmus 1924.
    KdC 23. — REZ.: M[?] G[?]g in: 8-Uhr-Abendblatt vom 10. 5. 1924 [K 1]; Leo Rein in: Die Literatur 27 (1924/25) S. 300; Hans Reiser in: Die schöne Literatur 25 (1924) S. 337.
    Ohne die Bilder wieder abgedruckt in: Bumerang (A 86), S. 190—225.

25. Joachim Ringelnatz. Nervosipopel. Elf Angelegenheiten. — München: Gunther Langes (1924).
    KdC 24. — Mit farbiger Einbandzeichnung von Ringelnatz. — Erstveröffentlichungen der Märchen dieses Bandes: Nervosipopel. Ein Märchen (S. 9—17). — In: Der Drache. Eine ungemütliche sächsische Wochenschrift. Hrsg. von Hans Reimann (Leipzig) 2 (1920/21) Heft 52 vom 28. 9. 1921, S. 1—5; Abseits der Geographie. Ein Märchen (S. 18—24). — In: Simplicissimus 27 (1922/23) Nr. 21 vom 23. 8. 1922, S. 298 f., 306; Der arme Pilmartine. Ein Märchen (S. 25—32). — In: Jugend 1922, Nr. 3 vom 1. 2. 1922, S. 98—100; Vom Zwiebelzahl. Ein groteskes Märchen (S. 33—40). — In: Frankfurter Zeitung und Handelsblatt 66 (1921) Nr. 628 vom 25. 8. 1921 (Erstes Morgenblatt), S. 1 f.; Diplingens Abwesenheit. Ein Märchen (S. 41—46). — In: Der Drache 3 (1921/22) Heft 43 vom 26. 7. 1922, S. 753—756; später auch in: Jugend 1923, Nr. 19 vom 1. 10. 1923, S. 560 f.; Vom Baumzapf (S. 47—52). — In: ( ); Eheren und Holzeren. Ein Märchen (S. 53—58). — In: Simplicissimus 27 (1922/23) Nr. 33 vom 15. 11. 1922, S. 462 f.; Das schlagende Wetter. Ein Märchen (S. 59—65). — In: Der Freihafen. Blätter der Hamburger Kammerspiele 4 (1921) S. 42—45; Vom Tabarz (S. 66—74). — In: ( ); Das halbe Märchen Ärgerlich (S. 75—82). — In: ( ); Die Walfische und die Fremde (S. 83 bis 89). — In: Simplicissimus 27 (1922/23) Nr. 15 vom 12. 7. 1922, S. 210 bis 212. [Die Untertitel stammen aus den Erstveröffentlichungen.] — REZ.: E[?] Westf[?] in: Rheinisch-Westfälische-Zeitung [ca. Okt./Nov. 1924] [K 2].
    Bis auf „Nervosipopel" und „Das halbe Märchen Ärgerlich" wieder abgedruckt in der Auswahl-Ausgabe der Deutschen Soldatenbücherei (A 51); „Der arme Pilmar-

tine", „Vom Tabarz" und „Die Walfische und die Fremde" auch in: Auswahl
(A 73), S. 138—143, 148—152 und 144—148; „Eheren und Holzeren" auch in
A 20 und in: Schumann, Himmelsbrücke und Ozean (A 499), S. 83—86; vgl.
auch B 8.

26. Joachim Ringelnatz. Geheimes Kinder-Spiel-Buch mit vielen Bildern. — Potsdam:
Gustav Kiepenheuer 1924.
KdC 25. — 1931 von Rowohlt übernommen. Die Notiz auf dem Einband „Für
Kinder von 5 bis 12 Jahren gedichtet und bebildert von Joachim Ringelnatz"
mußte laut polizeilicher Verfügung (vgl. IM, S. 87) mit gut sichtbarem Vermerk
„Nur für Erwachsene" versehen werden. — REZ.: Oskar Loerke in: Berliner
Börsen-Courier Nr. 153 vom 30. 3. 1924, wieder abgedruckt in: O. L., Der Bü-
cherkarren. Besprechungen im Berliner Börsen-Courier 1920—1928. Unter Mitar-
beit von Reinhard Tgahrt hrsg. von Hermann Kasack. — Heidelberg/Darmstadt:
Lambert Schneider 1965 (= Veröffentlichungen der Deutschen Akademie für Spra-
che und Dichtung, Darmstadt, 34. Veröffentlichung) S. 212 f.; Richard Samuel in:
Zeitschrift für Sexualwissenschaft 11 (1924/25) S. 133.
Vgl. A 93.

1927

27. Joachim Ringelnatz. Reisebriefe eines Artisten. — Berlin: Ernst Rowohlt 1927.
KdC 26. — REZ.: Rote Fahne 10 (1927) Nr. 242; Max Herrmann-Neisse in: Die
neue Bücherschau 6 (1928) S. 104 f.; Jörn Oven in: Die schöne Literatur 29 (1928),
S. 94; Kurt Pinthus in: Die literarische Welt 3 (1927) Nr. 43, S. 5; Die Räder 8
(1927), S. 802.
5.—9. Tausend 1928.
Vgl. A 45.

1928

28. Joachim Ringelnatz. Allerdings. Gedichte. — Berlin: Ernst Rowohlt 1928.
KdC 27. — Das Gedicht „Bordell" (S. 47—52) erschien ursprünglich als Einleitung zu: Eugen Hamm, Vorstadt-Bordell. 8 Original-Lithographien. Mit einlei-
tendem Gedicht von Joachim Ringelnatz. — Leipzig: Menes-Verlag [1923]. Das
im Faksimile der Handschrift gedruckte vierseitige Gedicht ist von J. R. signiert.
— REZ.: Axel Eggebrecht in: Die literarische Welt 4 (1928) Nr. 32, S. ( ); Anton
Kuh in: Der Querschnitt 9 (1929) Heft 1, S. 74; Robert Neumann in: Die Literatur 31 (1928/29) S. 64—66; Alfred Polgar in: Das Tagebuch 9 (1928) S. 1054
bis 1056; Conrad Wandrey („Deutsche Lyrik der Gegenwart. 3.") in: Deutsche
Rundschau 220 (1929), S. 55.
6.—12. Tausend ( )
Vgl. A 42.

29. Gustav Hester [d. i. Joachim Ringelnatz]. Als Mariner im Krieg. Hrsg. von Jo-
achim Ringelnatz. — Berlin: Ernst Rowohlt 1928.
KdC 28. — Zeitungsvorabdruck in: 8-Uhr-Abendblatt. Nationalzeitung (Berlin) 81
(1928) Nr. 135—170 vom 13. 6.—24. 7. 1928. — REZ.: Erich Birkenfeld in: Der
Gral. Monatsschrift für Dichtung und Leben 23 (1928/29) Heft 7 vom April 1929,
S. 622 f.; Robert Breuer in: Deutsche Republik 3 (1928) Heft 11 vom 14. 12. 1928,
S. 330—332; Otto Flake in: Die schöne Literatur 30 (1929) Heft 5 vom Mai 1929,
S. 214 f.; Hans E. Friedrich in: Die christliche Welt 45 (1931) Sp. 327; Balder Ol-
den in: Das Tagebuch 9 (1928) S. 2267—2269; Friedrich Sternthal in: Die litera-

rische Welt 5 (1929) Nr. 1, S. 5; James B. Wharton in: The Nation (New York)
129 (1929) No. 3341 vom 17. 7. 1929, S. 69 f.; Fedor von Zobeltitz in: Die Litera-
tur 31 (1928/29) S. 293.
8.—15. Tausend 1929; 16. Tausend 1935.
Vgl. A 71, 87.

30. Joachim Ringelnatz. Matrosen. Erinnerungen, ein Skizzenbuch: handelt von Was-
    ser und blauem Tuch. — Berlin: Internationale Bibliothek 1928.
    KdC 29. — Enthält unter anderem 18 Prosabeiträge von J. R. über Leben, Den-
    ken und Gefühle der Matrosen, Reproduktionen von Gemälden und Zeichnungen
    Ringelnatzens, von Dokumenten und Photos aus seiner Seemannszeit, zahlreiche
    sonstige Abbildungen, Seemannslieder, darunter auch verschiedene eigene Ringel-
    natzens; Das Abenteuer um Wilberforce. Ein Erlebnis (S. 200—240), wieder abge-
    druckt in ML, S. 178—191, 228—241; ferner im Wiederabdruck „Die zur See"
    (S. 173—186) aus „Die Woge" (A 16), S. 26—33. — REZ.: Herbert Günther in:
    Hamburger Acht-Uhr-Abendblatt vom 16. 2. 1929; ders. in: Bremer Nachrichten
    vom 21. 2. 1929; M[elchior] V[ischer] in: Die literarische Welt 5 (1929) Nr. 21,
    S. 6.

31. Einige Gedichte von Joachim Ringelnatz. Als Eigendruck illustriert und gesetzt
    von Beatrice Vorhaus. — [Leipzig 1928: Staatliche Akademie für graphische
    Künste und Buchgewerbe.]
    KdC 30. — Enthält: Abendgebet einer erkälteten Negerin; Der Briefmark; Die
    Blindschleiche; Die Ameisen.

1929

32. Joachim Ringelnatz. Flugzeuggedanken. — Berlin: Ernst Rowohlt 1929.
    KdC 31. — REZ.: Michael Gesell [d. i. Otto Ernst Hesse] in: Vossische Zeitung
    (Berlin) vom 1. 12. 1929 [in Gedichtform]; Ernst Lissauer in: Die Literatur 32
    (1929/30) S. 365; M. Mann in: Kunst und Kritik 1929, S. 215 f.; Paul Schurek in:
    Die schöne Literatur 31 (1930) Heft 2 vom Februar 1930, S. 86; Melchior Vischer
    in: Die literarische Welt 5 (1929) Nr. 49, S. 8; Der Gral. Monatsschrift für Dich-
    tung und Leben 26 (1931/32) Heft 1 vom Oktober 1931, S. 74.
    Vgl. A 43.

1931

33. Mein Leben bis zum Kriege von Joachim Ringelnatz. — Berlin: Ernst Rowohlt
    1931.
    KdC 32. — Der Abschnitt „Mein Schiffsjungentagebuch" (S. 48—162) ist ein nur
    wenig veränderter Wiederabdruck von A 7 (siehe da); „Das Abenteuer um Wil-
    berforce" (S. 178—191, 228—241) zuerst in „Matrosen" (A 30), S. 200—240. —
    REZ.: Otto Doderer in: Die neue Literatur 32 (1931) Heft 9 vom September 1931,
    S. 438 f.; [Albert Erich] G[ünther] in: Deutsches Volkstum 1931, 9. Heft, S. 742;
    Herbert Günther in: Die Literatur 33 (1930/31) S. 589; Camille Schneider in:
    Revue germanique 23 (1932) S. 286.
    13. Tausend 1935.
    Vgl. A 64 und 88.

34. Joachim Ringelnatz. Kinder-Verwirr-Buch mit vielen Bildern. — Berlin: Ernst
    Rowohlt 1931.
    KdC 33. — REZ.: Herbert Günther in: Die Literatur 34 (1931/32) S. 298; ders.

in: Berliner Tageblatt vom 19. 12. 1931; Camille Schneider in: Revue germanique 23 (1932) S. 286 f.
Vgl. A 91.

35. Joachim Ringelnatz. Auslese aus seinen Gedichten und seiner Prosa. Leonidenfest 1931. Mit einer Originalradierung von B[runo] Héroux und einem Vorwort von Max Mendheim. — (Borna 1931: Robert Noske.)
   KdC 34. — Enthält: Abschnitt „Gymnasium" aus ML, S. 22—31 sowie zum erstenmal in einer Buchveröffentlichung folgende Gedichte, die alle in „Gedichte dreier Jahre" (A 39) aufgenommen wurden: Gedenken an meinen Vater; Freund und Freund versäumen sich; Frau Werner hieß das Tier; Was du erwirbst an Geist und Gut; Don Quijote; Kritik; Leise Maschinen; Lustig quasselt der seichte Bach; Und auf einmal steht es neben dir; Traurig geworden; Nichts geschieht.

1932

36. Die Flasche. Eine Seemannsballade von Joachim Ringelnatz. [Bühnenmanuskript] — Berlin: Drei Masken-Verlag 1932 [Maschinenschriftlich, hektographiert].
   KdC 35. — REZ.: Zur Uraufführung am 9. Januar im Schauspielhaus Leipzig: Fritz Mack in: Leipziger Neueste Nachrichten vom 11. 1. 1932; Friedrich Michael in: Die neue Literatur 33 (1932) Heft 3 vom März 1932, S. 140 f.; Hans Natonek in: Neue Leipziger Zeitung vom 11. 1. 1932; Paul Renovanz in: Leipziger Abendpost vom 11. 1. 1932; Georg Witkowski in: Die Literatur 34 (1931/32) S. 336 f.; Das deutsche Drama in Geschichte und Gegenwart. Ein Jahrbuch 4 (1932) S. 227; Leipziger Volkszeitung vom 11. 1. 1932; Berliner Tageblatt vom 11. 1. 1932; Deutsche Allgemeine Zeitung vom 12. 1. 1932. — Aufführung im Thalia-Theater, Hamburg, März 1932: Hamburger Fremdenblatt vom 7. 3. 1932. — Kammerspiele Berlin, Januar 1933: Paul Fechter in: Deutsche Allgemeine Zeitung vom 12. 1. 1933; Otto Ernst Hesse in: B. Z. am Mittag vom 11. 1. 1933; Alfred Kerr in: Berliner Tageblatt vom 11. 1. 1933; Kurt Pinthus in: 8 Uhr-Abendblatt (Berlin) vom 11. 1. 1933.
   Vgl. A 38, 63 und 68.

37. „Daddeldu ahoi!" Text: (Joachim) Ringelnatz. Musik: (Georg Blumensaat). — (Berlin-Charlottenburg: Selbstverl. der Studierenden der Vereinigten Staatsschulen [1932].)
   KdC 122 (dort unter „Vertonungen"). — Enthält: 1. Fahrt mit Daddeldu! Rumba („Daddeldu ahoi! Laß uns eine Reise machen"); 2. Tango („Denn nur zu zweit"). Wieder abgedruckt in: IM, S. 116—118 („Tango" dort mit weiterer Strophe).

38. Die Flasche und mit ihr auf Reisen von Joachim Ringelnatz. — Berlin: Rowohlt 1932.
   KdC 36. — Enthält: Die Flasche ⟨Eine Seemannsballade⟩ (S. 7—84); Mit der „Flasche" auf Reisen ⟨Ein Tagebuch von 1932⟩ (S. 85—179). — REZ.: Max Geisenheyner in: Frankfurter Zeitung und Handelsblatt vom 22. 12. 1932, S. 953 f.; Herbert Günther in: Die Literatur 35 (1932/33) S. 300; ders., Ringelnatz privat. — In: Mittag (Düsseldorf) vom 28. 1. 1932.

39. Gedichte dreier Jahre von Joachim Ringelnatz. — Berlin: Rowohlt 1932.
   KdC 37. — REZ.: Michael Gesell [d. i. Otto Ernst Hesse] in: Vossische Zeitung (Berlin) vom 17. 4. 1932; Herbert Günther in: Berliner Tageblatt vom 17. 4. 1932; Wilhelm Homuth in: Eckart 8 (1932) S. 283; Ernst Lissauer in: Die Literatur 35 (1932/33) S. 482; Rudolf Paulsen in: Berliner Börsen-Zeitung vom 19. 6. 1932.
   Vgl. A 44 und 60.

1933

40. 103 Gedichte von Joachim Ringelnatz. — Berlin: Rowohlt 1933.
*KdC 38. — Eine Auswahl der Gedichte zum 50. Geburtstag. — REZ.: Herbert Günther in: Die Literatur 36 (1933/34) S. 50 f.; Johannes Kirschweng („Neue Lyrik") in: Hochland 31 (1933/34) Bd. 2 [Heft vom Juli 1934], S. 365—373, Ringelnatz: S. 365 f.; Karl A. Kutzbach in: Die neue Literatur 35 (1934) Heft 6 vom Juni 1934, S. 371; Walther G. Oschilewski in: Die literarische Welt 9 (1933) Nr. 35, S. 6; Peter Scher [d. i. Hermann Fritz Schweynert] in: Frankfurter Zeitung und Handelsblatt 79 (1935) Nr. 254 vom 19. 5. 1935 (Zweites Morgenblatt), S. 6 (= Das Literaturblatt der F. Z. 68 [1935] Nr. 20) [Besprechung vom 13.—15. Tausend].
7.—8. Tausend 1933; 9.—15. Tausend 1934; 16.—24. Tausend 1935; 25.—29. Tausend 1938; 31. Tausend ( ).*

1934

41. Gedichte, Gedichte von Einstmals und Heute von Joachim Ringelnatz. — Berlin: Rowohlt 1934.
*KdC 39. — 7.—10. Tausend 1934; 11.—15. Tausend 1935; 16.— 21. Tausend 1938; 22.—23. Tausend 1940; 24.—28. Tausend 1940.
Vgl. A 58.*

1935

42. Joachim Ringelnatz. Allerdings. Gedichte. (13.—17. Tausend; Neue durchgesehene Ausgabe.) — Berlin: Rowohlt 1935.
*KdC 40. — Um 12 Gedichte gekürzt, kleineres Format.
18.—19. Tausend, Stuttgart: Rowohlt 1940; 20. Tausend ( ).
Vgl. A 28.*

43. Joachim Ringelnatz. Flugzeuggedanken. (8.—12. Tausend; Neue durchgesehene Ausgabe.) — Berlin: Rowohlt 1935.
*KdC 41. — Um 5 Gedichte gekürzt, kleineres Format.
Vgl. A 32.*

44. Gedichte dreier Jahre von Joachim Ringelnatz. (6.—10. Tausend.)— Berlin: Rowohlt 1935.
*KdC 42. — Kleineres Format. — 11. Tausend 1935; 12.—13. Tausend 1940.
Vgl. A 39 und 60.*

45. Joachim Ringelnatz. Reisebriefe eines Artisten. (10.—14. Tausend; Neue durchgesehene Ausgabe.) — Berlin: Rowohlt 1935.
*KdC 43. — Um 2 Gedichte gekürzt, kleineres Format.
Vgl. A 27.*

46. Der Nachlaß von Joachim Ringelnatz. — Berlin: Ernst Rowohlt 1935.
KdC 44. — Enthält: Neue und letzte Gedichte (S. 7—14); Zu eigenen Gemälden (S. 15—20); Zu Photographien und auf Bestellung (S. 21—28); Sprüche und Kleinigkeiten, Vergessene Verse (S. 29—42); Krankenhaus-Tagebuch, 7. Juni bis 2. Oktober 1934 (S. 43—73); Der letzte [!] Roman. Ein Fragment (S. 75—190). 20 Abb. von Gemälden von J. R. — REZ.: E. Detmold in: Der Gral 31 (1937), S. 189; Herbert Günther in: Die Literatur 38 (1935/36) S. 193 f.; Hermann Hesse in: National Zeitung Basel, Nr. 586 vom 18. 12. 1935; Lavinia Mazzucchetti in: Leonardo (Firenze) 7 (1936) S. 315 f.; Bastian Müller in: Die Neue Rund-

schau 47 (1936) Bd. 1, S. 336; W [?]. H [?]. in: Deutsche Zukunft 4 (1936) Nr. 4
vom 26. 1. 1936, S. 18 — Entgegnung darauf (Leserbrief): Erna Michel ebda.
Nr. 6 vom 9. 2. 1936, S. 14.

47. Joachim Ringelnatz. Kuttel Daddeldu erzählt seinen Kindern das Märchen vom
Rotkäppchen und zeichnet ihnen sogar was dazu. [Faksimiledruck.] —[o. O.]
(1935).
KdC 45. — Das im Offsetverfahren hergestellte Faksimile von Nr. 10 des 1923
handgeschriebenen Textes (A 21) trägt folgenden Druckvermerk: „Joachim Rin-
gelnatz zum Gedenken ließ Karl Schönberg im Winter 1935 für seine Freunde
und für Freunde des Dichters diesen Faksimiledruck eines von Joachim Ringelnatz
mit der Hand geschriebenen und gezeichneten Manuskriptbuches in 30 Exem-
plaren herstellen."
Vgl. A 21 und 80; zugänglicher in: Röhrich, Gebärde-Metapher-Parodie (A 467),
S. 133—135.

1936

48. Joachim Ringelnatz. „Für die Mode, nicht dagegen sei der Mensch." Gedichte für
Venus. — (Chemnitz [1936]: Wilhelm Adam.)
KdC 46. — Enthält neben Venusgedichten von J. R. für die Norddeutsche Tricot-
weberei A.-G., Chemnitz, zwei Aufsätze: H[ans] S[iemsen]: Reklameverse von
Ringelnatz (S. 7—11); K[arl] G[oeritz]: Wie Venus zu Ringelnatz kam!
(S. 13—15).

1939

49. (Joachim Ringelnatz.) The Christmas Celebration of the sailor Kuttel Daddeldu
(At Petersen Quai number four) (Übersetzer: Franz E. Thomas.) — [Stuttgart]
(1939): [Heinrich Ledig-Rowohlt].
KdC 47. — Übersetzung des Gedichts „Die Weihnachtsfeier des Seemanns Kuttel
Daddeldu" (Schusterpastete [A 14], S. 8—10 [GG, S. 80—82]).

50. Joachim Ringelnatz. Kasperle-Verse. (Erstmalige Veröffentlichung aus dem Nach-
laß.) — Berlin: Verlag die Wage Karl H. Silomon [1939].
KdC 48. — Erschien zugleich in der Serie: „Des Bücherfreundes Fahrten ins
Blaue". Heft 31/32. — Vornotiz: „Die Verse schenkte Joachim Ringelnatz zu den
Figuren, die Doktor Eugen Schmidt in Baden-Baden an Weihnachten 1933 für
seine Kinder geschnitzt hatte und die in den vorliegenden Zeichnungen von ihm
wiedergegeben sind." Vgl. IM, S. 126 f.
Vgl. A 70; wieder abgedruckt in: Bumerang (A 86), S. 38—43.

1940

51. Aus der Seemannskiste von Joachim Ringelnatz. Mit 12 Originalzeichnungen von
H. Bindewald. — Berlin: Karl Siegismund 1940 (= Deutsche Soldatenbücherei.
Reihe A, Bd. 4).
KdC 49. — Enthält neun Märchen aus „Nervosipopel" (A 25), siehe da, und
einige Gedichte.
2. Auflage 1940 (=Deutsche Soldatenbücherei. Bd. 5).
3. Auflage 1941 [Ohne Serienangabe].

52. Betrachtungen über dicke und dünne Frauen. (Verfasser: Joachim Ringelnatz.)
[Faksimiledruck nach einer Handschrift vom 30. Juli 1923.] — (Philadelphia [fin-
giert!] 1940/41:) [Gerhard Schulze, Leipzig].

KdC 50. — Druckvermerk: Philadelphia auf Kosten guter Freunde in 100 Exem-
plaren gedruckt im Jahre 1940/41. — Wieder abgedruckt in: Bumerang (A 86),
S. 43—47.

1941

53. Betrachtungen über dünne und dicke Frauen. (Verfasser: Joachim Ringelnatz.) —
    Imprimatur Pavianum [fingiert!] (1941).
    KdC 51. — Druckvermerk: Gedruckt in Pavia in 1000 Exemplaren. — Veränder-
    ter Raubdruck von A 52, kein Faksimile.

1944

54. Joachim Ringelnatz. Überall ist Wunderland. ([Gedichte.] Ausgewählt von Char-
    lotte Deuritz und Heinz Ledig.) — Stuttgart: Michael Greiner [1944].
    KdC 52. — Bei Michael Greiner, Stuttgart, erschien in gleicher Ausstattung und
    in gleichem Format eine weitere, von Johannes Illig in Göppingen hergestellte
    Ausgabe, die 15 Seiten mehr hat.
    Vgl. A 56 und 57.

1945

55. Die Erfahrungen des Seemannes Kuttel Daddeldu. (Zeichnungen: Ewald Meyer.)
    [Hrsg. von Hans Jürgen Hansen, der auch das Vorwort schrieb.] — Stavanger
    1945: Dreyers Grafiske Anstalt.
    KdC 53. — Auswahl aus „Kuttel Daddeldu" (A 12 usf.) nach dem Gedächtnis für
    eine deutsche Marineeinheit gedruckt.

1946

56. Joachim Ringelnatz. Überall ist Wunderland. ([Gedichte.] Ausgewählt und zu-
    sammengestellt von Charlotte Deuritz und H[einz] M[aria] Ledig.) — Stuttgart:
    Michael Greiner [1946].
    KdC 54. — Gegenüber A 54 verändertes Format und 11 Seiten mehr.
    Vgl. A 54 und 57.

57. Joachim Ringelnatz. Überall ist Wunderland. ([Gedichte.] Ausgewählt und zusam-
    mengestellt von Charlotte Deuritz und H[einz] M[aria] Ledig.) — Stuttgart,
    Hamburg: Rowohlt [1946].
    KdC 55. — Gegenüber A 56 verändertes Format, gleiche Seitenzahl.
    Vgl. A 54 und 56.

58. Gedichte, Gedichte von einstmals und heute von Joachim Ringelnatz. — Berlin:
    Karl H. Henssel 1946.
    KdC 56. — Vgl. A 41.

1947

59. Gedichte von Joachim Ringelnatz. (Gesetzt und gedruckt von Hans Koschwitz.) —
    (Leipzig [um 1947]: Akademie für Grafik und Buchkunst.)
    KdC 57. — Druckvermerk: Akademie für Grafik und Buchkunst Werkstatt Typo-
    grafie, Wintersemester 1947/48 gesetzt und in wenigen Exemplaren gedruckt von
    Hans Koschwitz. — Enthält 19 ausgewählte Gedichte von J. R. (vgl. Anm. KdC).

60. Joachim Ringelnatz. Gedichte dreier Jahre. — Berlin: Karl H. Henssel (1947).
    KdC 58. — 2. Auflage 1948 [Nach Angabe des Verlages].
    Vgl. A 39 und 44.

1949

61. Tiere. Gedichte von Joachim Ringelnatz. Mit 13 Zeichnungen von Renée Sintenis.
— Berlin: Karl H. Henssel (1949).
KdC 59. — Ausgewählte Tiergedichte aus dem Gesamtwerk.

1950

62. Joachim Ringelnatz. und auf einmal steht es neben dir. Gesammelte Gedichte. —
Berlin: Karl H. Henssel 1950.
*KdC 60. — Enthält in Anlehnung an die Titel der entsprechenden Erstausgaben,
aus denen jedoch nicht alle Gedichte aufgenommen wurden: Frühe Gedichte; Die
Schnupftabaksdose; Turngedichte; Kuttel Daddeldu; Geheimes Kinderspielbuch;
Reisebriefe eines Artisten; Matrosen; Allerdings; Flugzeuggedanken; Kinderver-
wirrbuch; Die Flasche und mit ihr auf Reisen; Gedichte dreier Jahre; Gedichte,
Gedichte; Der Nachlaß. — Nicht aufgenommen wurden neben sämtlichen in Zeitschriften erschienenen Versen die Gedichte aus folgenden Erstausgaben: A 3, 4, 5,
10, 15, 17, 19, 48, 50, 52. — Diese Ausgabe wird teilweise ergänzt durch „Bumerang" (A 86), siehe da. — REZ.: Karl Jakob Hirsch in: Deutsche Woche (München) vom 31. 10. 1951; Erich Holtz in: Bücherei und Bildung 3 (1951) Heft 5,
S. 378; Karl Kinndt [d. i. Reinhard Koester] in: Nacht-Depesche (Berlin) vom
10. 5. 1951.
Ab 36. Tausend 1954: Neusatz, aber keine textliche Veränderung (547 S. statt
521 S.); ungefähr in den sechziger Jahren geriet nach Angabe des Verlages die
Auflagenzählung mit der Lizenzausgabe (A 69) durcheinander; Gesamtauflagen:
170.—175. Tausend [Angabe im Buch] 1972.
Vgl. A 69.*

63. Die Flasche. Eine Seemannsballade von Joachim Ringelnatz. Nur als Manuskript
für Bühnenzwecke angefertigt. — München: Drei Masken Verlag [nach 1950]
[Maschinenschriftlich, hektographiert].
KdC 61. — Vgl. A 36, 38 und 68.

1951

64. Joachim Ringelnatz. Mein Leben bis zum Kriege. — Berlin: Karl H. Henssel 1951.
*KdC 62. — Gegenüber ML (A 33) um ein „Namensverzeichnis" vermehrt. —
REZ.: Eugen Roth, Ringelnatz erzählt seine Jugend. — In: Die Neue Zeitung
(München) vom 24./25. 11. 1951.
Vgl. A 33 und 88.*

1952

65. Joachim Ringelnatz. Kuttel Daddeldu. — Berlin: Karl H. Henssel 1952.
*KdC 63. — Gegenüber A 23 um Seemannsstücke aus dem Gesamtwerk stark er-
weiterte Ausgabe.
2. Auflage 1954 [Nach Angabe des Verlages.]
Vgl. A 12, 13, 23, 55.*

66. Joachim Ringelnatz. Ausgewählte Gedichte. (Nachwort von Alfred Polgar.) (Die
Auswahl besorgte Muschelkalk [d. i. Leonharda Gescher].) — Hamburg: Rowohlt
(1952) (= rororo Taschenbuchausgabe 46).
KdC 64. — Lizenzausgabe des Karl H. Henssel Verlages, Berlin.

1953

67. Es zwitschert eine Lerche im Kamin. Eine kleine Ringelnatz-Auswahl [Gedichte]. (Nachwort von M[uschelkalk, d. i. Leonharda Gescher].) — Berlin: Karl H. Henssel 1953.
   KdC 65. — Ab 2. Auflage 1954 mit anderem Titel: Joachim Ringelnatz: Es zwitschert eine Lerche im Kamin. Eine Auswahl.
   2. Aufl. 1954; 3. Aufl. 1957; 4. Aufl. 1958; 5. Aufl. 1960; 6. Aufl. 1962; 7. Aufl. 1965; 8. Aufl. 1966; 9. Aufl. 1968; 10. Aufl. 1970.

68. Die Flasche. Eine Seemannsballade von Joachim Ringelnatz in der Bearbeitung von Ludwig Kusche. Musik: Ludwig Kusche. Als unverkäufliches Manuskript vervielfältigt. [Textband] — München: Drei Masken Verlag [1953] [Maschinenschriftlich].
   KdC 66. — Vgl. A 36, 38 und 63. — REZ.: K[?] L[?] S[?] in: Badische Neueste Nachrichten vom 5. 3. 1955, S. 16.

69. Joachim Ringelnatz. und auf einmal steht es neben dir. Gesammelte Gedichte. — [Frankfurt a. M.:] Büchergilde Gutenberg (1953).
   KdC 67. — Lizenzausgabe des Karl H. Henssel Verlages, Berlin, 1954; 1955; 1958 [Neusatz: 547 S. statt 521 S.; vgl. A 62]; weitere Auflagen sind bei der Originalausgabe (A 62) mitgezählt.

1954

70. Joachim Ringelnatz. Kasperle-Verse. — Berlin: Karl H. Henssel 1954.
   KdC 68. — Vgl. A 50.

1955

71. Joachim Ringelnatz. Als Mariner im Krieg. — Berlin: Karl H. Henssel 1955.
   KdC 69. — Gegenüber AM (A 29) um ein „Namensverzeichnis" vermehrt. Vgl. A 29 und 87.

72. Ringelnatz in kleiner Auswahl als Taschenbuch. — Berlin: Karl H. Henssel (1955).
   KdC 70. — Vgl. A 73.

1956

73. Ringelnatz in kleiner Auswahl als Taschenbuch. [2. Auflage] — Berlin: Karl H. Henssel [1956].
   KdC 71. — Enthält (wie A 72) eine Auswahl aus den Gedichten und: Vom andern aus lerne die Welt begreifen. Ein Märchen (S. 134—138). — Zuerst in: Kinder-Verwirr-Buch (A 34), S. 50—59; Der arme Pilmartine; Die Walfische und die Fremde; Vom Tabarz [nicht in A 72!]; diese drei Märchen aus „Nervosipopel" (A 25), siehe da.
   3. Aufl. 1957; 4. Aufl. 1959; 5. Aufl. 1960; 6. Aufl. 1961; 7. Aufl. 1962; 8. Aufl. 1964; 9. Aufl. 1966; 10. Aufl. 1969; 11. Aufl. 1971 [Nach Angabe des Verlages].

74. Bumerang. (Ausgewählte Gedichte von Joachim Ringelnatz.) — (Bielefeld [1956]: Wilhelm Eilers jr.).
   KdC 72. — Lizenzausgabe des Karl H. Henssel Verlages, Berlin. Für Werbezwecke bestimmt.

75. Joachim Ringelnatz. Komm, sage mir, was du für Sorgen hast. Gedichte. — Hamburg, Berlin: Deutsche Hausbücherei (1956) (= Deutsche Hausbücherei. Bd. 300). *KdC 73. — Lizenzausgabe des Karl H. Henssel Verlages, Berlin.*

1957

76. Joachim Ringelnatz. Fünf Gedichte. Seefahrt. Meine alte Schiffsuhr. Hafenkneipe. Segelschiffe. Der Abenteurer. (Holzstiche und Typografie von Heiner Vogel, der auch das Bändchen zusammenstellte.) — Leipzig 1957 (: Hochschule für Grafik und Buchkunst).
KdC 74. — [Umschlagtitel:] Wie viele Gedanken begleiten die Schiffe. Gedichte von Joachim Ringelnatz.

1958

77. Hans Bötticher ⟨Ringelnatz⟩. Für [!] kleine Wesen. Mit Zeichnungen von Richard Seewald. — Esslingen und München: J. F. Schreiber [1958].
KdC 75. — Vgl. A 4 und A 85. — [3. Auflage 1959].

78. Shishu. Mokuzo no kinenhi. Ringerunattsu [Joachim Ringelnatz]. Itakura Tomone yaku. 1. — (Tokyo:) Kokubunsha (1958) [Japanisch] (= Pipo-sosho. 47).
KdC 75 a. — [Gedichtsammlung. Hölzernes Denkmal. Übersetzt von Tomone Itakura.] — Enthält: 69 ausgewählte Gedichte.

1959

79. Joachim Ringelnatz. Gedichte — Gedichte. (Die Auswahl der Gedichte traf Herbert Reinoss, Linolschnitte von Hans-Peter Willberg.) — [Gütersloh:] Bertelsmann-Lesering [1959] (= Kleine Lesering-Bibliothek Bd. 31).
Lizenz des Karl H. Henssel Verlages, Berlin.

1961

80. Joachim Ringelnatz. Kuttel Daddeldu erzählt seinen Kindern das Märchen vom Rotkäppchen und zeichnet ihnen sogar was dazu. [2. Aufl.] — (Berlin: Karl H. Henssel 1961).
Druckvermerk: Dieser Nachdruck wurde von Herrn Erich Mälzner im Siebdruckverfahren in 150 Exemplaren im Auftrag des Karl H. Henssel Verlages für Ringelnatzfreunde hergestellt. Weihnachten 1961.
Vgl. A 21 und 47; zugänglicher in: Röhrich, Gebärde-Metapher-Parodie (A 467) S. 133—135.

1962

81. Joachim Ringelnatz. Kuttel Daddeldu. Eine Auswahl von Gedichten. (Illustration: Armin Zoll.) — Leipzig: Hochschule für Grafik und Buchkunst 1962.

1963

82. Joachim Ringelnatz. Kunterbunte Nachrichten. Dreiundzwanzig Briefe aus Berlin. (Ausgewählt von Muschelkalk [d. i. Leonharda Gescher].) — (Berlin: Friedenauer Presse Wolff 1963).
Lizenzausgabe des Karl H. Henssel Verlages, Berlin.

1964

83. Joachim Ringelnatz. Reisebriefe an M[uschelkalk]. (Ausgewählt und herausgegeben von Muschelkalk Ringelnatz [d. i. Leonharda Gescher].) — Berlin: Karl H. Henssel 1964.
REZ.: Eckart Klessmann, Wie ernst ist der Humor zu nehmen? Beliebt, aber nicht bekannt: Joachim Ringelnatz [Sammelbesprechung von Günther, Ringelnatz (A 435); Reisebriefe an M.; GG (A 62)]. — In: Die Welt der Literatur 1 (1964) Nr. 18 vom 12. 11. 1964, S. 576.

84. Joachim Ringelnatz. Überall ist Wunderland. (Mit einem Nachwort von Lothar Kusche.) — Berlin: Rütten & Loening (1964).
(2. Auflage 1966) Lizenzausgabe des Karl H. Henssel Verlages, Berlin.
Vgl. A 94.

85. Hans Bötticher ⟨Ringelnatz⟩. Für [!] kleine Wesen. Mit Zeichnungen von Richard Seewald. — Eßlingen, München: J. F. Schreiber [1964].
[Neudruck]; vgl. A 4 und 77.

1965

86. War einmal ein Bumerang. Bekanntes und Unbekanntes von Joachim Ringelnatz. — Berlin: Karl H. Henssel (1965).
Diese Ausgabe soll GG (A 62) ergänzen und enthält neben ausgewählten Gedichten, die auch dort abgedruckt sind: erstmals wieder vollständig „Die Schnupftabaksdose" (A 8): S. 19—37; „Kasperle-Verse" (A 50 und 70): S. 38—43; „Betrachtungen über dicke und dünne Frauen" (A 52): S. 43—47; „...liner Roma..." (A 24): S. 190—225; ferner zwei hier erstveröffentlichte Gedichte: „Eltern denken über Kinder nach": S. 8 (Hs. GR); „Der Darwin aus Gips": S. 37 (siehe oben S. 59, Anm. 24).
2. Auflage (7.—11. Tausend) 1965.

87. Joachim Ringelnatz ⟨Gustav Hester⟩. Als Mariner im Krieg. (Ungekürzte Ausgabe.) — [Reinbek bei Hamburg:] Rowohlt (1965) (= rororo Taschenbuch Ausgabe 799/800).
Lizenzausgabe des Karl H. Henssel Verlages, Berlin.
26.—35. Tausend 1966; 36.—40. Tausend 1968; 41.—48. Tausend 1969.
Vgl. A 29 und 71.

1966

88. Joachim Ringelnatz. Mein Leben bis zum Kriege. (Ungekürzte Ausgabe.) — [Reinbek bei Hamburg:] Rowohlt (1966) (= rororo Taschenbuch Ausgabe 855/56).
Lizenzausgabe des Karl H. Henssel Verlages, Berlin.
26.—33. Tausend 1968; 34.—38. Tausend 1970; 39.—43. Tausend 1972.
Vgl. A 33 und 64.

1967

89. Joachim Ringelnatz. Komm, sage mir, was du für Sorgen hast (Gedichte). (Illustriert von John Günther.) — Stuttgart, Hamburg: Deutscher Bücherbund [1967].
Lizenzausgabe des Karl H. Henssel Verlages, Berlin.

1969

90. Joachim Ringelnatz [Gedichte]. (Ausgewählt von Lothar Kusche.) — Berlin: Verlag Neues Leben (1969) (= Poesiealbum 26).
Lizenzausgabe des Karl H. Henssel Verlages, Berlin.

91. Joachim Ringelnatz. Kinder-Verwirr-Buch mit vielen Bildern. (2. Auflage.) — Berlin: Karl H. Henssel (1969).
Faksimileausgabe von A 34 in gleichem Format und gleicher Ausstattung.

1970

92. Joachim Ringelnatz. Laß uns eine Reise machen. Das kleine Kabarett-Repertoire. (Hrsg. von Helga Bemmann in freundlicher Zusammenarbeit mit Muschelkalk Ringelnatz [d. i. Leonharda Gescher]. Textrevision Fritz Schirmer, Halle.) — Berlin: Henschelverlag 1970 (= Klassische kleine Bühne).
Lizenzausgabe des Karl H. Henssel Verlages, Berlin. — Enthält: Auswahl aus den Gedichten, Ringelnatz-Fotografien und fünf neue Ringelnatz-Vertonungen (Auswahl und Zusammenstellung: Wolfgang Goldhan, Berlin). Zum erstenmal hier in einer Buchveröffentlichung: „Die Riesenpalme" (A 187), „Reisegeldgedicht" (A 193) und „Es säuselt sich ein leiser Sang" (Erstveröffentlichung aus dem Gästebuch von „Mary's Old Timers Bar", Zürich 1934, erwähnt in: Lilli Ann, Goldstaub auf Zürich. — In: Film und Frau [Hamburg] 11 [1959] Heft 7, S. 22).

93. Joachim Ringelnatz. Geheimes Kindes-Spiel-Buch mit vielen Bildern. — [Mainz 1970: Michael Bartuschek].
Fotomechanischer Raubdruck der Ausgabe von 1924 (A 26) in verändertem Format (21 x 15 cm), mit braunem Pappeinband und Reproduktion des Original-Einbandes.

1971

94. Joachim Ringelnatz. Überall ist Wunderland. Gedichte. — Berlin, Weimar: Aufbau-Verlag (1971) (= bb [-Taschenbuch] 229).
Lizenzausgabe des Karl H. Henssel Verlages, Berlin. — Textidentisch bis auf das fehlende Nachwort mit A 84, aber Neusatz.

95. Joachim Ringelnatz. Du mußt die Leute in die Fresse knacken. Gedichte. Auswahl und Nachwort Lothar Klünner, [28 Feder-]Zeichnungen Günther Bruno Fuchs. — Berlin: Karl H. Henssel (1971).
Auf dem Titelblatt: „Gesucht wird der Rädelsführer, Auflaufstifter, Störer der öffentlichen Sicherheit und Ordnung, der asoziale, antiautoritäre, subversive Erreger öffentlichen Ärgernisses, der Verführer Minderjähriger, der Stadt- und Landstreicher, Obdachlose, Beamtenbeleidiger, Verächter der herrschenden Sitte und Moral, die hilflose Person jenes J. R. wegen Verstoßes gegen § 125, § 124, § 48, § 183, § 182,§ 361,3, § 361,8, § 185 StGB".

2. Prosa, die nicht in Buchveröffentlichungen aufgenommen wurde

96. Änne Häringsgeschichte. ⟨Sächsisch.⟩ Hans Bötticher. — In: Meggendorfer's humoristische Blätter. Farbig illustrierte Wochenschrift. — Eßlingen: J. F. Schreiber. 8 (1896) Nr. 303, S. 26 f.

97. Das chinesische Spiel. Ein Gesellschaftsspiel von Hans Bötticher. Zeichnung von Max Loose. — In: Auerbach's deutscher Kinder-Kalender 19 (1901) S. 16 [und] Spiel-Beilage. (KdC 76)

98. Ostermärchen. Von Hans Bötticher, mit Illustrationen von P. Krieger. — In: Auerbach's deutscher Kinder-Kalender 19 (1901) S. 17—21. (KdC 77) *Die erste Seite erschien als Einblattdruck: Ostergabe von G. S., M. R., K. S. 1937. — Wieder abgedruckt in 1M, S. 13—16.*

99. Eine Fahrt mit der G-Bahn. Humoreske. Von Pinko [d. i. Hans Bötticher]. — In: Der Leipziger 2 (1907) Nr. 30 vom 27. 7. 1907, S. 833. (KdC 78)

100. Charly Brand, ahoi! Skizze von Hans Böttcher [!]. — In: Die Woche 9 (1907) Nr. 29 vom 20. 7. 1907, S. 1278—1280.

101. Gedankensplitter. [Zwei Aphorismen] [Hans] B[ötticher]. — In: Der Grobian. Wochenschrift für Humor und Satire. — München: M. Leib. — 5 (1908) Nr. 36 [vom 6. 9. 1908, S. 2].

102. Dementi. [Scherzhafte Zeitungsnotiz] [Hans] B[ötticher]. — In: Der Grobian 5 (1908) Nr. 36 [vom 6. 9. 1908, S. 3].

103. Einzige Möglichkeit. [Witz] [Hans] B[ötticher]. — In: Der Grobian 5 (1908) Nr. 36 [vom 6. 9. 1908, S. 3].

104. Bruchstück aus einem Verbrecherroman. [Kurze wortspielende Erzählung] [Hans] B[ötticher]. — In: Der Grobian 5 (1908) Nr. 38 [vom 20. 9. 1908, S. 2].

105. Dernburgs Heimkehr aus dem schwarzen Erdteil. [Witz] [Hans] B[ötticher]. — In: Der Grobian 5 (1908) Nr. 38 [vom 20. 9. 1908, S. 2].

106. Der neue Parseval-Ballon. [Witz] [Hans] B[ötticher]. — In: Der Grobian 5 (1908) Nr. 38 [vom 20. 9. 1908, S. 2].

107. Dementi. [Scherzhafte Zeitungsnotiz] [Hans] B[ötticher]. — In: Der Grobian 5 (1908) Nr. 38 [vom 20. 9. 1908, S. 3].

108. Aus Petersburg. [Witz] [Hans] B[ötticher]. — In: Der Grobian 5 (1908) Nr. 38 [vom 20. 9. 1908, S. 3].

109. Der zerstreute Storch. [Kalauer] [Hans] B[ötticher]. — In: Der Grobian 5 (1908) Nr. 40 [vom 4. 10. 1908, S. 3].

110. Neue österreichische Küche. [Witz] [Hans] B[ötticher]. — In: Der Grobian 5 (1908) Nr. 41 [vom 11. 10. 1908, S. 2].

111. Aus Untertertia. [Witz] [Hans] B[ötticher]. — In: Der Grobian 5 (1908) Nr. 41 [vom 11. 10. 1908, S. 2].

112. Hofbräuhaus-Stammgäste. [Witz] [Hans] B[ötticher]. — In: Der Grobian 5 (1908) Nr. 41 [vom 11. 10. 1908, S. 2].

113. Große Hitze in London. [Witz] [Hans] B[ötticher]. — In: Der Grobian 5 (1908) Nr. 41 [vom 11. 10. 1908, S. 2].

114. Dementi. [Scherzhafte Zeitungsnotiz] [Hans] B[ötticher]. — In: Der Grobian 5 (1908) Nr. 41 [vom 11. 10. 1908, S. 2].

115. Tempora mutantur. [Wortspiel] [Hans] B[ötticher]. — In: Der Grobian 5 (1908) Nr. 41 [vom 11. 10. 1908, S. 3].

116. Angewandte Sprichwörter. [Drei Sprichwortwitze] [Hans] B[ötticher]. — In: Der Grobian 5 (1908) Nr. 41 [vom 11. 10. 1908, S. 3].

117. Gordon Bennettrennen der Lüfte. [Witz] [Hans] B[ötticher]. — In: Der Grobian 5 (1908) Nr. 42 [vom 18. 10. 1908, S. 2].

118. Abdul Asis verkauft seinen Harem. [Wortspielwitz] [Hans] B[öttidier]. — In: Der Grobian 5 (1908) Nr. 42 [vom 18. 10. 1908, S. 2].

119. Contror [!] Thiele und Genossen. [Witz] [Hans] B[öttidier]. — In: Der Grobian 5 (1908) Nr. 42 [vom 18. 10. 1908, S. 3].

120. Aus einer Indianergeschichte. [Wortspielwitz] [Hans] B[öttidier]. — In: Der Grobian 5 (1908) Nr. 42 [vom 18. 10. 1908, S. 3].

121. Unter Schuljungen. [Witz] [Hans] B[öttidier]. — In: Der Grobian 5 (1908) Nr. 42 [vom 18. 10. 1908, S. 3].

122. Druckfehler. [Witz] [Hans] B[öttidier]. — In: Der Grobian 5 (1908) Nr. 43 [vom 25. 10. 1908, S. 2].

123. Bayrische Verschwendung und preußische Sparsamkeit. [Kurze Satire gegen Preußen] [Hans] B[öttidier]. — In: Der Grobian 5 (1908) Nr. 44 [vom 1. 11. 1908, S. 3].

124. Neues Wort. [Witz] [Hans] B[öttidier]. — In: Der Grobian 5 (1908) Nr. 44 [vom 1. 11. 1908, S. 3].

125. Zur Vergütung der Umzugskosten. [Witz] [Hans] B[öttidier]. — In: Der Grobian 5 (1908) Nr. 45 [vom 8. 11. 1908, S. 2].

126. In Norderney. [Witz] [Hans] B[öttidier]. — In: Der Grobian 5 (1908) Nr. 45 [vom 8. 11. 1908, S. 2].

127. Au! Au! [Kalauer] [Hans] B[öttidier]. — In: Der Grobian 5 (1908) Nr. 45 [vom 8. 11. 1908, S. 3].

128. Sarah Bernhard. [Anekdote] [Hans] B[öttidier]. — In: Der Grobian 5 (1908) Nr. 45 [vom 8. 11. 1908, S. 3].

129. Gespräch. [Witz über Kaiser Wilhelm II.] [Hans] B[öttidier]. — In: Der Grobian 5 (1908) Nr. 46 [vom 15. 11. 1908, S. 1].

130. Wie man's nimmt. [Witz] [Hans] B[öttidier]. — In: Der Grobian 5 (1908) Nr. 46 [vom 15. 11. 1908, S. 3].

131. Luftiges. [Wortspielwitz] [Hans] B[öttidier]. — In: Der Grobian 5 (1908) Nr. 46 [vom 15. 11. 1908, S. 3].

132. Der dritte Band. [Witz] [Hans] B[öttidier]. — In: Der Grobian 5 (1908) Nr. 49 [vom 6. 12. 1908, S. 2].

133. Zuzutrauen. [Witz-Anekdote] [Hans] B[öttidier]. — In: Der Grobian 5 (1908) Nr. 49 [vom 6. 12. 1908, S. 3].

134. Der ehrliche Seemann. Ein Märchen von Hans Böttidier. — In: Der Grobian 5 (1908) Nr. 50 [vom 13. 12. 1908, S. 2].

135. Die Ode an Elisa. Von Hans Böttidier. — In: Der Guckkasten. Illustrierte Zeitschrift für Humor, Kunst und Leben. Hrsg.: Paul Keller. — Berlin: Guckkasten-Verlag. — 5 (1910) Nr. 15 vom 1. 8. 1910, S. 2.

136. Der Wunderbrunnen. Märchen von Hans Böttidier / Bild von Willibald Krain. — In: Jugendblätter (München) 60 (1913/14) Heft 6 (Februar 1914), S. 181—184.

137. Das Gedicht. Skizze von Hans Böttidier. — In: Die Woche 16 (1914) Nr. 26 vom 27. 6. 1914, S. 1100—1102.

138. München von Joachim Ringelnatz (Jenseits der Grenze V.). — In: Die Welt-bühne 17 (1921) S. 579—582.

139. Ferienbrief von Joachim Ringelnatz. — In: Jugend 1923, Nr. 17 vom 1. 9. 1923. S. 521.

140. [Antwort auf eine Umfrage:] „Was ich täte, wenn ich 50 000 Dollar besäße? [...]" Joachim Ringelnatz. — In: Leipziger Tageblatt vom 25. 12. 1923 [K 2].

141. [Antwort auf eine Rundfrage:] Künstlertum und Beruf. Läßt sich dichterisches Schaffen mit anderer Tätigkeit vereinigen? Joachim Ringelnatz. — In: Berliner Tageblatt 55 (1926) Nr. 98 (1. Beilage, Morgenausgabe) vom 27. 2. 1926. (KdC 79)

142. Die Krokusgeheimnisse oder die Prinzipien. Von Joachim Ringelnatz. — In: Simplicissimus 30 (1925/26) Nr. 50 vom 15. 3. 1926, S. 719. (KdC 80)

143. Das Erbe des spinneten Vaters. Von Joachim Ringelnatz. — In: Simplicissimus 31 (1926/27) Nr. 3 vom 19. 4. 1926, S. 45 f. — Wieder abgedruckt in: Das Tagebuch 8 (1927) Halbjahr I, Heft 11 vom 12. 3. 1927, S. 431—434. (KdC 81)

144. [Antwort auf eine Rundfrage:] Was darf man von Schwabing erhoffen? Joachim Ringelnatz. — In: Der Zwiebelfisch 20 (1927/28) Heft 1 (1926/27 [!]), S. 38 f. (KdC 82)

145. Die neun Lumpen. Von Joachim Ringelnatz. — In: Simplicissimus 32 (1927/28) Nr. 20 vom 15. 8. 1927, S. 268 f. (KdC 83)

146. Asta Nielsen in München. Joachim Ringelnatz. — In: Das Tagebuch 9 (1928) Halbjahr I, Heft 16 vom 21. 4. 1928, S. 687 f. (KdC 84)

Folgt 148.

148. Steine am Meer. Von Joachim Ringelnatz. Mit Photos von Hanns Bender. — In: Das Illustrierte Blatt (Frankfurt) 17 (1929) Nr. 39 vom 28. 9. 1929, S. 1091. (KdC 85)

149. Drama im Zoo. Joachim Ringelnatz. Mit Zeichnungen des Verfassers. — In: Köl-nische Illustrierte Zeitung 5 (1930) Nr. 13 vom 1. 4. 1930, S. 403. (KdC 86)

150. Aus dem Kuriositätenkabinett der „L. W." Bericht aus einer wandernden Mena-gerie. Von Joachim Ringelnatz. — In: Die literarische Welt 6 (1930) Nr. 20 vom 16. 5. 1930, S. 3 f. (KdC 87)
    Abdruck aus dem tagebuchähnlichen Brief an seine Eltern: „Ein Tag in Malfer-teiners Schlangenbude."; vgl. ML, S. 166—170.

151. Krank sein als Seemann. Von Joachim Ringelnatz. — In: Die Woche 32 (1930) Heft 23 vom 7. 6. 1930, S. 684—686. (KdC 88)

152. [Stellungnahme zum Thema „Fronterlebnis", nur kurzer Hinweis auf AM] Joachim Ringelnatz. — In: Heinz Grothe, Das Fronterlebnis. Eine Analyse, ge-staltet aus dem Nacherleben. — Berlin: Joachim Goldstein 1932, S. 73.

153. 1.—5. Raben-Bulletin [von] H[ans] B[öttcher]. — In: Carl Graf Klinckow-stroem, Carl Georg von Maassen zum Gedenken. (Privatdruck.) — München 1951. (KdC 89)
    Wurde als Sonderdruck für die Eröffnung der Ausstellung „Schwabing" 1958 in 300 Exemplaren neu aufgelegt.

154. Unbekannter Ringelnatz. Zum Gedenken an seinen 30. Todestag. [Fünf bisher unveröffentlichte Briefe von J. R. an Unbekannt (= Walburga Müller) 1911 bis 1929 ; vgl. Briefe Nr. WM 2, 3, 5, 9, 11.] — In: Die Kunst und das schöne Heim (München) 63 (1964/65) Heft 1 vom Oktober 1964, S. 13 f.

3. Gedichte, die nicht in Buchveröffentlichungen aufgenommen wurden

155. Zwei Geschichten vom „Alten Fritz". 1. („Fritz machte einst in früher Stunde")
2. („Einst traf der König auf einen Husar") Hans Bötticher. Vignette von P.
Lothar-Müller. — In: Auerbach's deutscher Kinder-Kalender 19 (1901) S. 91.
(KdC 91)

156. Freundestreue („Wenn sich zwei so recht versteh'n"). Hans Bötticher. — In:
Auerbach's deutscher Kinder-Kalender 20 (1902) S. 123. (KdC 92)

157. Der Untergang der Jeanette („Im Norden, fern der Heimat, dringt gedämpft").
Gedicht von Hans Bötticher. Illustr. von Fritz Koch. — In: Auerbach's deutscher
Kinder-Kalender 23 (1905) S. 93 f. (KdC 93)

158. Der erste April („Der Fritz und Hans, der Brüder zwei"). Von Hans Bötticher. —
In: Auerbach's deutscher Kinder-Kalender 23 (1905) S. 137. (KdC 94)

159. In d'r Inschruckzionschdunde. ⟨Sächsisch.⟩ („Der Gorboral schbricht zu seinen
Regruden") [Hans] B[ötticher]. — In: Der Grobian 5 (1908) Nr. 37 [vom 13. 9.
1908, S. 1].

160. Herrn Stein's Reise nach München („‚Amalie', sprach Herr Pastor Stein"). [Hans]
B[ötticher]. — In: Der Grobian 5 (1908) Nr. 43 [vom 25. 10. 1908, S. 3].

161. Der grauenhafte Mord am Tal („Frau Hopsl kam mit Wehgeschrei"). [Hans]
B[ötticher]. — In: Der Grobian 5 (1908) Nr. 45 [vom 8. 11. 1908, S. 3].

162. Dem Bräutchen. — In: Hochzeitsfeier von Fräulein Ottilie Bötticher mit Herrn
Dipl.-Ing. Hermann Mitter, Leipzig, 7. August 1909. (KdC 96)

163. Der Leierkasten („Es spielt ein Leierkastenmann"). Von Hans Bötticher / Rahmen
von Otto Geigenberger. — In: Jugendblätter (München) 60 (1913/14) Heft 6
(Februar 1914), S. 177.

164. „Ist euch das hübsche Lied bekannt". Bild von Max Wechsler / Verse von Hans
Bötticher. — In: Jugendblätter (München) 60 (1913/14) Heft 6 (Februar 1914),
S. 208.

165. Der Komödiant seiner Geliebten („Ich habe eine Zeitlang für andere Leute").
Hans Bötticher. — In: Jugend 1914, Nr. 8 vom 17. 2. 1914, S. 222. (KdC 97)

166. Der Fuhrmann („Trippel di trappel, trappel di trippel"). Von Hans Bötticher /
Rahmen von Otto Geigenberger. — In: Jugendblätter (München) 60 (1913/14)
Heft 10 (Juni 1914), S. 313.

167. Herbst („Der Herbst schert hurtig Berg und Tal"). Von Hans Bötticher / Bilder
von Ernst Liebermann und Joseph Mauder. — In: Jugendblätter (München) 61
(1914/15) Heft 1 (August 1914), S. 40.

168. Deutsche Matrosen („Mir scheint — wenn sie angetreten sind —"). Bootsmaat
Bötticher. — In: Jugend 1914, Nr. 41 vom 6. 10. 1914, S. 1204. (KdC 98)

169. Die Möve („So jeden Tag, vom frühesten Sonnenfließen"). Hans Bötticher. — In:
Jugend 1915, Nr. 4 vom 18. 1. 1915, S. 56. (KdC 99)

170. Großmutter („Großmutter hat viel gelernt und geseh'n"). Von Hans Bötticher /
Bild von Xaver Unterseher. — In: Jugendblätter (München) 61 (1914/15) Heft 11
(Juni 1915), S. 357.

171. Ihr aus der Gefangenschaft: Willkommen! („Kommt ihr aus dem Leid und findet Leid — —"). Hans Bötticher. — In: Jugend 1919, Nr. 29 vom 3. 7. 1919, S. 629.

172. Der sächsische Dialekt („Wenn man den sächsischen Dialekt"). Joachim Ringelnatz. — In: Der Drache. Eine ungemütliche sächsische Wochenschrift. Begr. v. Hans Reimann. Hrsg. v. Hans Bauer (Leipzig) 6 (1924/25), S. 8.

173. Stelzebehns Silvesterfest („Rentmeister Adolf Stelzebehn — Obwohl einer der fleißigsten Beamten") von Joachim Ringelnatz. Zeichnungen von George G. Kobbe. — In: Die Woche 28 (1926) Nr. 1 vom 2. 1. 1926, S. 16 f. (KdC 100)

174. Was ein Häkchen werden will... Kinderarbeiten moderner Dichter. 1. Joachim Ringelnatz. — In: Die literarische Welt 2 (1926) Nr. 34 vom 20. 8. 1926, S. 3. (KdC 90)
    Die Anmerkung zu KdC 90 ist falsch; es handelt sich hier nicht um die in IM, S. 10—13 wiedergegebenen Kinderverse Hans Böttichers, sondern um die „Landpartie der Tiere" (siehe oben in der Arbeit S. 6—9).

175. Kaugummi („Kriege ich jemals ein Kind, soll es Kaugu heißen"). Joachim Ringelnatz. — In: Der Freihafen. Blätter der Hamburger Kammerspiele 9 (1926) Heft 2, S. 15.

176. Italien-Chanson („Wie war Italien einst verdreckt!"). Joachim Ringelnatz. — In: Simplicissimus 31 (1926/27) Nr. 35 vom 29. 11. 1926, S. 454. (KdC 101)

177. Der Berliner Schutzmann („Der Berliner Schutzmann ist so nett"). Joachim Ringelnatz. — In: Berliner Tageblatt vom 2. 7. 1927, Beilage „Ulk", Nr. 27. — Wieder abgedruckt in: Omnibus. Almanach auf das Jahr 1932. Zusammengestellt von Martel Schwichtenberg und Curt Valentin. — Berlin und Düsseldorf: Galerie Flechtheim (1932), S. 81. (KdC 102)

178. „Fünfundzwanzig Jahre besteht derzeit der Simpl". Joachim Ringelnatz. — In: Gedenk-Blatt zum 25jährigen Bestehen der Künstlier-Kneipe Simplicissimus. — München [1927]. (KdC 103)

178a. „Herr *Flechtheim* angelte am See". Joachim Ringelnatz. [Beitrag zu:] Was sagen Sie zu Alfred Flechtheim? ⟨Eine Rundfrage anläßlich seines 50. Geburtstages, am 1. April.⟩ — In: Querschnitt 8 (1928) H. 3 (März) S. 196. — Wieder abgedr. in: Imprimatur NF 5 (1967) S. 106 [dort nach einem Privatdruck: Der Querschnitt durch Alfred Flechtheim am 1. April 1928. Hrsg. von Curt Valentin].

179. Meine Lehrer („Der Lehrer, der nur leise tost"). Joachim Ringelnatz. — In: Simplicissimus 33 (1928/29) Nr. 5 vom 30. 4. 1928, S. 64. (KdC 104)

180. An L. von Nida („Sollen doch Menschen, wie sie sind"). Joachim Ringelnatz, München, 1. 6. 1928. — Vorspruch zu: L. von Nida, Geburtenregelung — eine ethische und wirtschaftliche Forderung. — Oberursel (Taunus): Reich [1928]. (KdC 105)

181. Meine Gasrechnung („Und der Gasmann taucht jeden Monat auf"). Text und Zeichnungen von Joachim Ringelnatz. — In: () [1928 oder später]. (KdC 106)

182. Auf Gipfel Kreuzeck („Die Gedanken gehn hinter den weichen Gefühlen her"). Joachim Ringelnatz. — In: Simplicissimus 34 (1929/30) Nr. 8 vom 20. 5. 1929, S. 90. (KdC 107)

183. Fortschritt („Wenn Herr Alt Herrn Jung zerpredigt"). Joachim Ringelnatz. — In: Simplicissimus 34 (1929/30) Nr. 9 vom 27. 5. 1929, S. 102. (KdC 108)

184. Erbarmungsloses Selbstporträt („Ich bin total verblödet"). Joachim Ringelnatz. — In: Berliner Tageblatt 58 (1929) Nr. 340, 5. Beilage (Morgenausgabe) vom 21. 7. 1929. (KdC 109)

185. Revolte im Säuglingsheim („Hans aß eine sächsische Bemme"). Joachim Ringelnatz. — In: Simplicissimus 34 (1929/30) Nr. 36 vom 2. 12. 1929, S. 438. (KdC 110)

186. Wünsche („Was wir in kläglicher Naivität"). Joachim Ringelnatz. — In: Simplicissimus 34 (1929/30) Nr. 37 vom 9. 12. 1929, S. 454. (KdC 111)

187. Die Riesenpalme („Sie schleppten den Baum aus der tropisch besonnten"). Joachim Ringelnatz. — In: Leipziger Neueste Nachrichten 1929 (); danach wieder abgedruckt in „Laß uns eine Reise machen" (A 92), S. 41 von 1970. (KdC 112)

188. Eisenbahnschwätzer („Was die zusammenschwätzen"). Joachim Ringelnatz. — In: Kölnische Illustrierte Zeitung 1929, Nr. 21 (). (KdC 113)

189. Über Politik („Die Jahreszahl hat ihren Reim") von Joachim Ringelnatz. — In: Die Weltbühne 26 (1930) Halbjahr I, Nr. 18 vom 29. 4. 1930, S. 653. (KdC 114)

190. Liebesverse um Sonja. [1] Ein Nacht-Wörtchen („Ja - - ja! - - ja!! - - ja!!! - -"). [2] Überraschende Geschenke („Unerwartete Bescherung"). [3] Sind wir frei? („Und hindert nichts mich, frei von dir zu reden"). Joachim Ringelnatz. — In: Neue Revue. Literarisches Magazin [1] (1930/31) Heft 1 [undatiert], S. 20. (KdC 115)

191. An Mächtige. (Unter dem Obertitel „Gedichte" zusammen mit „Schindluder" [Gedichte dreier Jahre (A 38), S. 86 — GG, S. 446].) Joachim Ringelnatz. — In: Die literarische Welt 6 (1930) Nr. 36, S. 3.

192. Geleit! („Ich wünsch' dir einen guten Wind"). — In: Karl Kinndt [d. i. Reinhard Koester], Benedikt macht nicht mehr mit. Mit einem Gedicht von Joachim Ringelnatz. — Berlin: Man-Verlag (1930), S. 5. — Wieder abgedruckt in: IM, S. 107. (KdC 116)

193. Reisegeldgedicht („Es gibt der Worte nicht genug"). Von Joachim Ringelnatz. — In: Das Illustrierte Blatt (Frankfurt) 19 (1931) Nr. 26 vom 2. 7. 1931, S. 699; danach wieder abgedruckt in „Laß uns eine Reise machen" (A 92), S. 87 von 1970. (KdC 117)

194. Lautsprecher („Du weißt sehr wohl, was du erweckst"). Joachim Ringelnatz. — In: Berliner Tageblatt 60 (1931) vom 23. 7. 1931, Beilage „Ulk", Nr. 30. (KdC 118)

195. Mein Goethe („Wir haben als Junge auch krumm und dumm gestritten"). Joachim Ringelnatz. — In: Vossische Zeitung Nr. 80 vom 20. 3. 1932 (Morgenausgabe), Unterhaltungsbeilage. (KdC 119)

196. Kathi und die Freier („Ja, niemand weiß es wohl genau"). Von Joachim Ringelnatz. — In: Simplicissimus Künstler-Kneipe. — München (1932), S. 13—15. (KdC 120)

197. Verregneter Motorrad-Ausflug. — In: Leipziger Illustrierte 1933, Nr. 4477 [Mitteilung von Herrn Fritz Schirmer, Halle].

197a. „Nordseebrise stählt die Kehle" [Briefgedicht aus dem Kriege]. — In: Rolf von Hoerschelmann, Leben ohne Alltag (A 397), S. 170.

198. Die Hamburger Tanzstundenliebe. Erstveröffentlichung eines Gedichts von Joachim Ringelnatz (Um die Schwalbe. „Mir träumte, ein kleines Schwälbchen" [Unterzeichnet:] Dörry). — In: Hamburger Abendblatt 2 (1949) Nr. 65 vom 4. 6. 1949 [Hans Bötticher besuchte 1906 eine Tanzschule, vgl. ML, S. 220]. (KdC 95)

199. Hans Georg, Das Tapetengedicht. Unveröffentlichte Verse von Joachim Ringelnatz („Es dauerte ein Vierteljahr"). — In: Weser-Kurier 8 (1952) Nr. 23 vom 29. 1. 1952, S. 7 [auch in anderen Tageszeitungen erschienen]. (KdC 121)

200. Deutsch-Französische Verbrüderungshymne („In Paris bin ich gewesen"). — In: Arthur Joseph, Meines Vaters Haus (A 400), S. 99 f.

201. An Olaf Gulbransson („Erst: ein Band Dir zum Gruß"). Joachim Ringelnatz / Köln a/Rh., 11. September 1927. — In: Dagny Gulbransson-Björnson, Olaf Gulbransson (A 393), S. 153.

202. „Frau Wirtin hatte einen Frosch" [Wirtinnen-Vers von Joachim Ringelnatz]. — In: Frau Wirtin hatte mal ein Haus ... Das historische „Wirtshaus an der Lahn" wird im kommenden Jahr abgerissen / Hochhäuser am Schützenpfuhl. — In: Frankfurter Rundschau, Nr. 289 vom 13. 12. 1969, S. 17.

III. Literatur über Joachim Ringelnatz

1. Parodien und Gedichte auf Ringelnatz

203. Gaertner, Johannes Alexander: Parodien über das Thema „Es regnet durch" [u. a. auch über J. R.]: „Ringelnatzen macht ein Tropfen naß". — In: Stuttgarter Zeitung Nr. 117 vom 21. 5. 1960, S. 51.

204. Harbeck, Hans: Herz im Muschelkalk. In Memoriam Joachim Ringelnatz. — (Hamburg: Meyer-Marwitz 1961) (= Hamburgische Bücherei). *Sammlung von Ringelnatz-Parodien und -Huldigungen des Hamburger Verehrers.*

205. Lestiboudois, Herbert: Begegnung mit Kuddeldaddeldu [!] ⟨Für Joachim Ringelnatz⟩. — In: H. L.: Literarische Miniaturen. Bilder, Köpfe und Glossen. — Heidelberg: Mölich 1948, S. 45—53. (KdC 157)

206. Marcus, Paul: Mein erstes Erlebnis. Eine Gefühlsvariation in 10 Grimassen von P. M. (III. Nach Joachim Ringelnatz). — In: Der Junggeselle (Berlin) 8 (1926) Nr. 42 (3. Oktoberheft), S. 8 f.

207. Reimann, Hans: Ansprache eines hundsgefährlich besoffenen Seemanns an den Portier des Niederwalddenkmals im Leipziger Rosental. Nach Joachim Ringelnatz. — In: H. R.: Von Karl May bis Max Pallenberg in 60 Minuten. — München: Kurt Wolff (1923), S. 36 f.

208. Reimann, Hans: Ringelnatzweis'. — In: Das Tagebuch 4 (1923) Heft 11 vom 17. 3. 1923, S. 363.

209. Reimann, Hans: Stühle / In memoriam Joachim Ringelknatz [!]. — In: Das Tagebuch 3 (1922) Heft 52 vom 30. 12. 1922, S. 1793.

210. Reimann, Hans: Was die Mumie der Prinzessin Hullewulle singen tut / Nach Joachim Ringelnatz. — In: Das Tagebuch 3 (1922) Heft 35 vom 2. 9. 1922, S. 1255.

211. Scher, Peter [d. i. Hermann Fritz Schweynert]: Heitere Aussicht. — In: Die neue Zeitung (München) vom 27. 11. 1949. (KdC 171)

212. Scher, Peter [d. i. Hermann Fritz Schweynert]: Literarische Begegnung. — In: Der Bücherwurm 10 (1924) Heft 1, S. 2. — Auch als Einblattdruck in 33 Abzügen hergestellt auf der Gerhard-Presse. (KdC 170); weitere Gedichte Schers siehe in A 213, S. 36—42.

213. Dem Zauberer Kuttel Daddeldu. Fünfundzwanzig Gedichte an Joachim Ringelnatz von Alfred Richard Meyer, Kurt Lubasch und Emil F. Tuchmann, Max Herrmann-Neisse, Wolfgang Grözinger, Michael Gesell [d. i. Otto Ernst Hesse], Carl Bulcke, Rudolf G. Binding, Wendelin Überzwerch, Robert T. Odemann, Karl Schnog, Hans Harbeck, Thyl., Dr. Owlglass [d. i. Hans Erich Blaich], Hermann Claudius, Georg Schwarz, Hans Weigel, Peter Scher [d. i. Hermann Fritz Schweynert]. Mit einer Federzeichnung von Rolf von Hoerschelmann. Dargereicht und angesagt von Herbert Günther. (Privatdruck.) — (Calw [1968]: A. Oelschläger).

2. Zeitgenössische Kritiken und Darstellungen

214. Münchener Bilder. Bei Kathi Kobus im „Simplizissimus". — In: Breslauer Morgenzeitung, Nr. 336 vom 21. 7. 1909 [K 1].

215. Sachs, Lothar: Münchener Bilderbogen. II. In der Künstlerkneipe „Simplizissimus" [Mit Hans Böttichers Gedicht „Mitternacht ist's! Längst im Bette", vgl. A 3, S. 44, Str. I und II]. — In: Neue Bayrische Landeszeitung (Würzburg) vom 23. 10. 1909 [K 1].

216. Mühlbeck, Hans: Das rote Licht in der Türkenstraße. Eine Simplizissimus-Plauderei. — In: Münchener Echo vom 8. 11. 1909 [K 1].

217. Grüttel, Else: Münchener Schlendertage. III. (Schluß). — In: Hamburger Fremdenblatt vom 5. 2. 1910 [K 1].

218. Leclère, René: Münchener Erinnerungen. „Der Simpel". — In: Luxemburger Zeitung vom 24. 3. 1910 [K 1].

219. Sandrock, Christel: Die Spanierin. Erzählung. [Milieu des Simpl und Hans Bötticher erwähnt.] — In: Münchner Nord-Zeitung vom 5. 2. 1911 [K 1].

220. r[?]: Simplizissimus. — In: München-Augsburger Abendzeitung, Nr. 189 vom 12. 5. 1920 [K 1].

221. Corrinth, Curt: Eröffnung von „Schall und Rauch". — In: 8 Uhr-Abendblatt (Berlin) vom 3. 9. 1920 [K 1].

222. —e[?]: Schall und Rauch. — In: Berliner Volkszeitung vom 3. 9. 1920 [K 1].

223. r[?]. n[?].: „In möglichst kulturvoller Form" [Über „Schall und Rauch"]. — In: Deutsche Tageszeitung vom 3. 9. 1920 [K 1]; wieder abgedruckt (teilweise) in IM, S. 68.

224. Schall und Rauch. — In: Deutsche Warte Nr. 241 vom 19. 9. 1920 [K 1].

225. Meyer, Alfred Richard: Schall und Rauch. — In: 8 Uhr-Abendblatt der National-zeitung (Berlin) Nr. 222 vom 2. 10. 1920 [K 1].

226. Vom Brettl. Schall und Rauch. — In: Berliner Börsen-Zeitung vom 3. 10. 1920 [K 1]; teilweise wieder abgedruckt in IM, S. 67.

227. Wilezynski, Karl: Brett'ltypen [Über Hans von Wolzogens „Schall und Rauch"]. — In: Neue Zeit (Berlin) Abend-Ausgabe vom 15. 10. 1920 [K 1].

228. Die Bonbonniere [u. a. auch über Ringelnatz in diesem Münchener Kabarett]. — In: Münchener Neueste Nachrichten (Morgenausgabe) vom 10. 12. 1920 [K 1].

229. gol [?]: Weder Schall noch Rauch. — In: Vossische Zeitung (Berlin) Abend-Aus-gabe vom 8. 1. 1921 [K 1].

230. H[eller], L[eo]: Schall und Rauch. — In: 8-Uhr-Abendblatt (Berlin) vom 8. 1. 1921 [K 1].

231. —er[?]: Schall und Rauch. — In: Lokal-Anzeiger (Berlin) vom 9. 1. 1921 [K 1].

232. Das Märzprogramm der „Fledermaus" [Königsberger Kabarett]. — In: Königs-berger Hartungsche Zeitung vom 4. 3. 1921 [K 1].

233. Lemke, Karl: Der Dichter Ringelnatz. [Über J. R. im Königsberger Kabarett „Fledermaus".] — In: Ostpreußische Woche 13 (1921) Nr. 23 vom 10. 3. 1921 [K 1].

234. Alo [d. i. A. C. Locher]: Joachim Ringelnatz. [Im Hamburger Kabarett „Vater-landsdiele".] — In: Wovon man spricht. Das Blatt der großen Welt. Hrsg. von A. C. Locher (Hamburg) 1 (1921) Nr. 21 vom 24. 9. 1921 [K 1].

235. M[?].—R[?]., C[?].: Joachim Ringelnatz. — In: Zeitung für Literatur, Kunst und Wissenschaft. Tägliche Beilage des Hamburger Korrespondenten 43 (1921) Nr. 226 vom 27. 9. 1921 [K 1].

236. Blumensäle. [Über das Programm dieser Leipziger Kleinkunstbühne, vor allem über J. R.] — In: Leipziger Neueste Nachrichten vom 7. 11. 1921 [K 1].

237. November in den Blumensälen. [Auch über J. R. im Programm dieses Kabaretts.] — In: Leipziger Tageblatt vom 9. 11. 1921 [K 1].

238. Tünnes: Der bekehrte Oberdada. [Über J. R.!] — In: Westdeutsche Wochen-schrift (Köln) 3 (1921) Nr. 51 vom 31. 12. 1921, S. 636 f. [K 1].

239. Nek[?]: Ein Jahr „Retorte". [Auch über J. R. im Programm dieses Leipziger literarischen Kabaretts.] — In: Neue Leipziger Zeitung vom 3. 2. 1922 [K 1].

240. Reimann, Hans: Joachim Ringelnatz. — In: Neue Badische Landeszeitung vom 1. 4. 1922; auch in: Programmheft (Februar 1922) der Retorte, Leipzig; und in: Die Weltbühne 18 (1922) S. 274—276 [K 1].

241. Kabarett Rumpelmayer. [Auch über J. R. in diesem Mannheimer Kabarett.] — In: Neue Badische Landeszeitung vom 7. 4. 1922 [K 1].

242. Sch[na]ck, [Anton]: Besuch im Kabarett. [Über J. R. im Kabarett Rumpelmayer, Mannheim.] — In: Neue Badische Landeszeitung vom 8. 4. 1922 [K 1].

243. Kabarett Rumpelmayer. [Auch über J. R.] — In: Mannheimer Tageblatt vom 9. 4. 1922 [K 1].

244. Herler, Herbert Fritz: Kabarett-Kritik. [Über Walter Mehring und J. R.] — In: Frankfurter Zeitung und Handelsblatt 66 (1922) Nr. 463 vom 24. 6. 1922 (Erstes Morgenblatt) [K 1].

245. Dp. [?]: Kleinkunstbühne „Perle". [Auch über J. R. im Septemberprogramm dieses Kasseler Kabaretts.] — In: Casseler Tageblatt vom 7. 9. 1922 [K 1].

246. [Auch über J. R. im Programm des Leipziger Kabaretts „Schwarzer Kater".] — In: Leipziger Montag vom 6. 11. 1922 [K 2].

247. Kathi Kobus in München [Auch über J. R.] — In: Danziger Neueste Nachrichten vom 13. 11. 1922 [K 2].

248. [Tannenbaum, Eugen:] Kabarett-Silhouetten. Joachim Ringelnatz. — In: BZ am Mittag vom 11. 12. 1922 [K 2].

249. Roda Roda [d. i. Sandor Friedrich Rosenfeld]: Kathi Kobus schließt den Simplicissimus. — In: BZ am Mittag vom 19. 12. 1922 [K 2].

250. Dp.[?]: Casseler Spaziergänge. Schloßhotelspuk zur Jahreswende. — Neue Straßennamen. — Ringelnatzionalistische Ergüsse. [Über die beiden Gedichte von J. R. über Kassel; vgl. Reisebriefe (A 27), S. 11 und 12 — dort unter dem Titel „Hanau" (GG, S. 129).] — In: Casseler Tageblatt vom 7. 1. 1923 [K 2].

251. Alo [d. i. A. C. Locher]: Joachim Ringelnatz — ein Porträt. — In: Wovon man spricht. Das Blatt der großen Welt. Hrsg. von A. C. Locher (Hamburg) 3 (1923) vom 13. 1. 1923 [K 2].

252. Weiße Maus in der „Eremitage". [Auch über J. R. in diesem Berliner Kabarett.] — In: Groß-Berliner Neueste Nachrichten 5 (1923) Nr. 13 [März 1923] [K 2].

253. Pinthus, Kurt: Joachim Ringelnatz. — In: 8-Uhr-Abendblatt (Berlin) Nr. 97 vom 26. 4. 1923 [K 2]. — Wieder abgedruckt in: K. P.: Der Zeitgenosse. Literarische Portraits und Kritiken. Ausgewählt zu seinem 85. Geburtstag am 29. April 1971. (Auswahl der Texte von Reinhard Tgahrt). — Marbach (: Deutsches Literaturarchiv im Schiller-Nationalmuseum [Stuttgart: Klett in Komm.]) 1971 (= Marbacher Schriften. Bd. 4), S. 47—49.

254. F[?]., G[?].: Ehrenabend Joachim Ringelnatz. [In der Galerie Flechtheim.] — In: Vossische Zeitung (Berlin) vom 27. 4. 1923 [K 2].

255. Skagerrak-Gedenkfeier. [Vortrag „vaterländischer" Gedichte Ringelnatzens erwähnt.] — In: Münchener Neueste Nachrichten vom 30. 5. 1923 [K 2].

256. Harbeck, Hans: Der Daddeldualismus. — In: Das Tagebuch 4 (1923) Heft 28, S. 1021 f.; wieder abgedruckt in: H. H., Herz im Muschelkalk (A 204).

257. Lubinski, Kurt: Neues Berliner Kabarett. [Über verschiedene Kabaretts, auch über J. R.] — In: Berliner Morgenpost vom 22. 7. 1923 [K 2].

258. G[eisenheyner], M[ax]: Astoria-Kabarett. [Auch über J. R. in diesem Frankfurter Kabarett.] — In: Frankfurter Zeitung und Handelsblatt vom 3. 9. 1923 [K 2].

259. G[eisenheyner], M[ax]: Ringelnatz versteigert. [Vortrag und Versteigerung von Aquarellen und Zeichnungen in der Galerie Flechtheim.] — In: Frankfurter Zeitung und Handelsblatt vom 27. 9. 1923 [K 2].

260. Joachimson, Felix: Drei Frauen und Ringelnatz. Wilde Bühne. — In: Berliner Börsen-Courier vom 7. 10. 1923 [K 2].

261. P[inthus], K[urt]: Kabarett. Beispiel: Wilde Bühne. [J. R. erwähnt.] — In: 8-Uhr-Abendblatt (Berlin) vom 17. 10. 1923 [K 2].

262. Jo[achimson], F[elix]: Ringelnatz-Matinee. [J. R. in der Galerie Flechtheim.] — In: Berliner Börsen-Courier vom 19. 11. 1923 [K 2].

263. Scher, Peter [d. i. Hermann Fritz Schweynert]: Kuttel Daddeldu und die Gräfin Essex. ([4] Zeichnungen von Karl Arnold.) — In: Simplicissimus 28 (1923/24) Nr. 39 vom 24. 12. 1923, S. 478; wieder abgedruckt unter dem Titel „Kuttel besucht die Gräfin Essex". — In: Das Tagebuch 8 (1927) Halbjahr 2, Heft 35 vom 27. 8. 1927, S. 1403—1406. (KdC 169)

264. Szittya, Emil: Das Kuriositäten-Kabinett. Begegnungen mit seltsamen Begebenheiten, Landstreichern, Verbrechern, Artisten, religiös Wahnsinnigen, sexuellen Merkwürdigkeiten, Sozialdemokraten, Syndikalisten, Kommunisten, Anarchisten, Politikern und Künstlern. — Konstanz: See-Verlag 1923, S. 259: Ringelnatz.

265. Herrmann-Neisse, Max: Neue deutsche Kabarettdichtung. — In: Die neue Bücherschau 5 (1924) Folge 3, S. 27—30, über Ringelnatz: S. 28. (KdC 151)

266. Kuh, Anton: Joachim Ringelnatz. Zum Aufenthalt des Dichter-Kabarettiers in Wien. — In: Die Stunde (Wien) vom 10. 2. 1924 [K 2]; wieder abgedruckt in: A. K.: Von Goethe abwärts. Aphorismen, Essays, kleine Prosa. — (Wien, Hannover, Bern:) Forum 1963, S. 268—270.

267. sch[?]: Joachim Ringelnatz in Wien. — In: Arbeiterzeitung Wien vom 17. 2. 1924 [K 2].

268. P[?], E[?]: Ringelnatz trägt vor. [In der Galerie Würthle.] — In: Neues 8 Uhr-Abendblatt (Wien) vom 18. 2. 1924 [K 2].

269. Müller, Robert: Ringelnatz. [In der Galerie Würthle und im Kabarett „Hölle".] — In: Der Tag (Wien) vom 19. 2. 1924 [K 2].

270. Muhr, Adelbert: Joachim Ringelnatz, der dichtende Seefahrer. [Darin: „Ringelnatz selbst im vertrauten Gespräch mit Freunden".] — In: Neues Wiener Journal vom 26. 2. 1924 [K 2].

271. Lazar, Eugen: Joachim Ringelnatz. — In: Der Tag (Wien) vom 8. 3. 1924 [K 2].

272. Er[tler, Bruno]: Joachim Ringelnatz. — In: Tageblatt (Graz) vom [ca. 15.] 3. 1924 [K 2].

273. Kuttel-Daddeldu. Zum Gastspiel von Joachim Ringelnatz. — In: Tagespost (Graz) vom 15. 3. 1924 [K 2].

274. Wallisch, Friedrich: Der Abenteurer. Aus dem Leben von Joachim Ringelnatz. — In: Tagespost (Graz) vom 16. 3. 1924 [K 2].

275. M[öller], A[?]: Joachim Ringelnatz. [Über J. R. im „Marmorsaal" bei Wiesler.] — In: Tagespost (Graz) vom 17. 3. 1924 [K 2].

276. Wolschendorff, Julius: Ringelnatz / 3. Autorenabend des Verlages Asmus'. — In: Hamburger 8 Uhr-Abendblatt vom 29. 3. 1924 [K 2].

277. Diebold, Bernhard: Ringelnatz und wir. — In: Frankfurter Zeitung und Handelsblatt 68 (1924) Nr. 310 (Erstes Morgenblatt) vom 26. 4 1924, S. 1 f. [K 2]. (KdC 133)

278. Kästner, Erich: Die Groteske als Zeitgefühl. Joachim Ringelnatz. — In: Leipziger Tageblatt und Handelszeitung vom 1. 6. 1924 (KdC 155 a); wieder abgedruckt in: Neue Badische Landeszeitung, Nr. 452 vom 6. 9. 1924 [K 2].

279. Rein, Leo: Neuer deutscher Bänkelsang. — In: Die Literatur 27 (1924/25) S. 21—25, Ringelnatz: S. 24 f.

280. J.[erfe]n, [?]: Simplicissimus. [Auch über J. R.] — In: Allgemeine Zeitung (München) vom 26. 6. 1924 [K 2].

281. [Hubert], [?]: Hupfeld-Kasino. — In: Nauheimer Zeitung vom 8. 7. 1924 [K 2].

282. N[?], H[?]: Ringelnatz liest. [Im Feurichsaal.] — In: Leipziger Tageblatt vom 19. 10. 1924 [K 2].

283. hgr. [?]: [„Joachim Ringelnatz...“] — In: Leipziger Volkszeitung vom 20. 10. 1924 [K 2].

284. K[ästner], E[rich]: Vortragsabend Joachim Ringelnatz. — In: Neue Leipziger Zeitung vom 20. 10. 1924 [K 2].

285. Michel, W[?]: Joachim Ringelnatz in der Freien Literarischen! — In: Hessischer Volksfreund (Darmstadt) vom 22. 10. 1924 [K 2].

286. Vortragsabend Joachim Ringelnatz. — In: Frankfurter General-Anzeiger vom 23. 10. 1924 [K 2].

287. U[hl], W[illo]: „[Vortragsabend Joachim Ringelnatz.]“ — In: Frankfurter Zeitung und Handelsblatt 68 (1924) vom 25. 10. 1924 [K 2].

288. ab[?]: Vortragsabend in der Fides. — In: Dresdner Anzeiger vom 28. 10. 1924 [K 2].

289. Joachim Ringelnatz im Kurhaus. — In: Neue Wiesbadener Zeitung vom 16. 9. 1925 [K 2].

290. „Joachim Ringelnatz“ im Kurhaus. — In: Wiesbadener Tagblatt vom 16. 9. 1925 [K 2].

291. mw. [?]: Theater und Kunst in Wiesbaden. Joachim Ringelnatz. — Wiesbadener Badeblatt vom 17. 9. 1925 [K 2].

292. d. [?]: Joachim Ringelnatz. [Im Stuttgarter Kunstkabinett am Friedrichsplatz, Gemälde-Ausstellung und Vortrag.] — In: Stuttgarter Neues Tagblatt vom 19. 10. 1925 [K 2].

293. „[Joachim-Ringelnatz-Abend.]“ — In: Schwäbischer Merkur (Stuttgart) vom 22. 10. 1925 [K 2].

294. Joachim Ringelnatz. [Ausstellung und Vortrag im Kunstkabinett am Friedrichsplatz.] — In: Württembergische Zeitung (Stuttgart) vom 23. 10. 1925 [K 2].

295. Palais Mascotte. [Über J. R. in diesem Zürcher Kabarett.] — In: Neue Züricher Zeitung vom 30. 10. 1925 [K 2].

296. ab [?]: Joachim Ringelnatz. — In: Dresdener Anzeiger vom 17. 1. 1926 [K 2]

297. Roda-Roda [d. i. Sandor Friedrich Rosenfeld]: Joachim Ringelnatz. — In: Hamburger Fremdenblatt, Nr. 84 vom 25. 3. 1926 (Abend-Ausgabe). (KdC 164)

298. Lz. [?]: [„Joachim Ringelnatz . . .“]. — In: Hamburger Fremdenblatt (Illustriertes Blatt) vom 27. 3. 1926 [K 2].

299. W[?], Hj[?]: Joachim Ringelnatz. [In der Galerie Wiltschek.] — In: 8 Uhr-Abendblatt (Berlin) vom 17. 4. 1926 [K 2].

300. Greiner, Leo: Joachim Ringelnatz. In der Galerie Wiltschek. — In: Berliner Börsen-Courier vom 20. 4. 1926 [K 2].

301. Marcus, Paul: Die vom Brettl. [Auch über J. R.] — In: Der Junggeselle (Berlin) 8 (1926) Nr. 23 (2. Juniheft), S. 6 f.

302. Joachim Ringelnatz im Cafe Bauer. — In: Amberger Tagblatt [zwischen 2. und 8.] 12. 1926 [K 2].

303. Joachim Ringelnatz. — In: Amberger Anzeiger vom [ca. 4.]12. 1926 [K 2].

304. v. W. [?]: Joachim Ringelnatz in den Literarischen Kammerabenden. — In: Hallesche Zeitung vom 28. 1. 1927 [K 2].

305. —r. [?]: Joachim Ringelnatz. — In: Allgemeine Zeitung Halle vom 29. 1. 1927 [K 2].

306. Tuerk: Groß-Köln: Joachim Ringelnatz. — In: Kölner Tageblatt vom 6. 9. 1927 [K 2].

307. Heil, C[?]: Joachim Ringelnatz trägt vor. [In der Galerie von Dr. Becker, Newman und Dr. Jaffe.] — In: Kölner Wochenschau vom 10. 9. 1927 [K 2].

308. Ringelnatz. — In: Der Sonntag. Beilage zum Kölner Localanzeiger vom [?]. 10. 1927 [K 2].

309. Peter Panter [d. i. Kurt Tucholsky]: Joachim der Erste ⟨genannt Ringel⟩. — In: Die Weltbühne 23 (1927) S. 638 f. (KdC 176); wieder abgedruckt in: K. T., Gesammelte Werke 2 (B 102), S. 923—925.

310. Hesse, Hermann: Die Nürnberger Reise. — Berlin: S. Fischer ([1927]1928), S. 99 und 121: Über die Lektüre der „Reisebriefe eines Artisten“ und ein Zusammentreffen mit J. R. (KdC 152); auch in späteren Auflagen erschienen.

311. Günther, Herbert: Joachim Ringelnatz, der Dichter, Maler und Kabarettist. — In: Leipziger Neueste Nachrichten vom 16. 10. 1928. (KdC 139)

312. Günther, Herbert: Ringelnatz und Leipzig. — In: Leipzig 5 (1928/29) S. 85 f. (KdC 140)

313. Geisenheyner, Max: Ringelnatz zieht nach Berlin. — In: Für die Frau, Beilage der Frankfurter Zeitung und Handelsblatt 5 (1930) Nr. 3, S. 7. — Mit Fotos. (KdC 136)

314. Günther, Herbert: Joachim Ringelnatz. Wahrheit ohne Dichtung. (Menschen unserer Zeit.) — In: Scherls Magazin (Berlin) 1930, S. 461—469. (KdC 141)

315. Korso-Kabarett im November. Joachim Ringelnatz und Marianne Oswald. — In: Neue Berliner 12 Uhr-Zeitung vom 14. 11. 1930 [K 1].

316. Günther, Herbert: Ringelnatz? — In: Eckart 7 (1931) S. 77—81. (KdC 142)

317. Meyer, Alfred Richard: Der allererste Ringelnatz. [Über „Kleine Wesen“ (A 4).] — In: Die Literatur 33 (1930/31) S. 606.

318. Joachim Ringelnatz. Zur Aufführung seiner Seemannsballade „Die Flasche". —
In: Foyer-Blätter des Thalia-Theaters. Hamburg 1931/32, Heft 15. — Enthält:
I. Roda Roda [d. i. Sandor Friedrich Rosenfeld]: Ringelnatz — ahoi! [Auszüge
aus A 297]; II. Adolf Winds: Lebenslauf Joachims I. [Aufgrund der biographischen Angaben aus A 297]; III. Alfred Polgar: Ringelnatz, der Dichter [vgl. Rez.
zu A 28]; IV. Willi Wolfradt: Ringelnatz als Maler [vgl. A 504]. (KdC 161)

319. Naumann, Irma: Joachim Ringelnatz ⟨Hans Gustav Bötticher⟩ geboren ... —
In: Astrologische Rundschau 24 (1932) S. 261 f. (KdC 158)

320. Brand, Guido K.: Werden und Wandlung. Eine Geschichte der deutschen Literatur
von 1880 bis heute. — Berlin: Kurt Wolff 1933, S. 224 f., 487 über J. R.

321. Suhrkamp, Peter: An Ringelnatz. [Zum 50. Geburtstag.] — In: Die Neue Rundschau 44 (1933) Bd. 2, S. 431 f.; wieder abgedruckt in: P. S.: Ausgewählte Schriften
zur Zeit- und Geistesgeschichte. — Frankfurt a. M. (: Suhrkamp) 1951 [Privat-
druck 1], S. 150—153 („An Ringelnatz zum 50. Geburtstag.").

3. Nachrufe

322. E[ulenberg], H[erbert] (?): Ein Dichter starb. Joachim Ringelnatz zum Anden-
ken. — In: Essener Allgemeine Zeitung vom 23. 11. 1934. (KdC 204)

323. Eulenberg, Herbert: Joachim Ringelnatz zum Gedächtnis. — In: Stuttgarter
Neues Tagblatt vom 24. 11. 1934. (KdC 205)

324. [Geisenheyner, Max:] Lieber Ringelnatz! — In: Frankfurter Zeitung (Reichs-
ausgabe) vom 23. 11. 1934. (KdC 206)

325. Grisar, Erich: Vor dem Kriege reimte sich das alles ... Eine Erinnerung an
Joachim Ringelnatz. — In: Deutsche Zukunft 2 (1934) Nr. 49, S. 10. (KdC 138)

326. Heuß, Theodor: Ringelnatz †. — In: Die Hilfe 40 (1934) Nr. 23 vom 1. 12. 1934,
S. 550; wieder abgedruckt unter dem Titel „Joachim Ringelnatz 1934" in: Th. H.,
Vor der Bücherwand. Skizzen zu Dichtern und Dichtung. Hrsg. von Friedrich
Kaufmann und Hermann Leins. — Tübingen: Wunderlich 1961, S. 262 f.

327. Lehnau: Abschied von Kuddeldaddeldu [!]. — In: B. Z. am Mittag vom 22. 11.
1934. (KdC 207)

328. In memoriam Joachim Ringelnatz. — In: Berliner Tageblatt vom 20. 11. 1934;
wieder abgedruckt in IM, S. 132. (KdC 203)

329. R[?], W[?]: So war Ringelnatz ... Er führt eine „fade" Gesellschaft aufs Glatteis.
Gläubiger Appell an die Ehrlichkeit. — In: Berliner Volkszeitung vom 25. 11.
1934. (KdC 166)

330. Rosen, Ferry: Erinnerungen an Joachim Ringelnatz. — In: Brünner Tagesbote
1934, Nr. 541. (KdC 165)

331. Schütz, Otto: Ringelnatz, der Dichter. — In: Brünner Tagesbote 1934, Nr. 543.
(KdC 172)

4. Zu besonderen Gedenktagen

Zum 60. Geburtstag:

332. Hammer, F[?]: Der Eulenspiegel unserer Dichtung. — In: Leipziger Neueste Nachrichten vom 6. 8. 1943. (KdC 208)

333. Kajetan: „Nachtigall, besuche ab und zu den Sachsenplatz". Heute wäre Ringelnatz sechzig Jahre geworden. Die Lebenswallfahrt des Matrosen, Malers und Dichters — Das Atelier über den Dächern von Berlin. — In: Berliner Illustrierte Nachtausgabe. Beiblatt zu Nr. 183 vom 7. 8. 1943. (KdC 209)

Zum 65. Geburtstag:

334. Dymion, N.: [N. Dymion = Endymion, d. i. Hugo Hartung]: Begegnungen mit Kutteldaddeldu [!]. Zum 65. Geburtstag von Ringelnatz am 7. 8. 1948. — In: Sonntag. Eine Wochenzeitung für Kulturpolitik, Kunst und Unterhaltung (Berlin) 3 (1948) Nr. 30, S. 8. (KdC 211)

335. Dymion, N. [N. Dymion = Endymion, d. i. Hugo Hartung]: „Ich bin eine alte Kommode..." Zum 65. Geburtstag von Joachim Ringelnatz am 7. August. — In: Aufbau 4 (1948) S. 709—711 (KdC 212); dasselbe gekürzt zum 75. Geburtstag in: Frankfurter Rundschau vom 7. 8. 1958.

336. Hansemann, Walter: Herz im Muschelkalk. Gedenken an Joachim Ringelnatz. — In: Nordwestdeutsche Hefte. Hrsg. von Axel Eggebrecht u. Peter von Zahn 3 (1948) Nr. 8, S. 19.

Zum 15. Todestag:

337. Günther, Herbert: Joachim Ringelnatz. — In: Die neue Brücke (Paris) vom 12. 11. 1949. (KdC 213)

Zum 70. Geburtstag:

338. Abendroth, Walter: Großes Elend und kleines Glück. — In: Die Zeit (Hamburg) vom 13. 8. 1953. (KdC 214)

339. Becker, Georg: Ein fahrender Sänger. — In: Freie Presse (Bielefeld) vom 8. 8. 1953. (KdC 215)

340. Booth, Friedrich van: Narrenschiff der Poesie. — In: Essener Zeitung vom 6. 8. 1953. (KdC 216)

341. Frenzel, C[hristian] O[tto]: Lyriker des Lebens. — In: Rheinische Post (Düsseldorf) 8 (1953) Nr. 180 vom 6. 8. 1953, S. 2. (KdC 217)

342. Frenzel, Christian Otto: Närrischer weiser Kuttel. — In: Hamburger Abendblatt vom 7. 8. 1953. (KdC 218)

343. Gilles, Werner: Ringelnatz — der letzte Zeuge der Bohème. — In: Abendpost (Frankfurt) vom 6. 8. 1953. (KdC 219)

344. Haas, Willy: Das war Ringelnatz. Matrose, Kabarettist und manchmal auch ein großer Dichter. — In: Die Welt (Berliner Ausgabe) vom 7. 8. 1953. (KdC 220)

345. Hartung, Hugo: Begegnungen mit Ringelnatz. — In: Rhein-Neckar-Zeitung (Heidelberg) vom 12. 8. 1953. (KdC 221)

346. Hartung, Hugo: Brief an Ringelnatz. — In: Der Tag (Berlin) vom 6. 8. 1953. (KdC 222)

347. Hartung, Hugo: Das Herz im Geheimfach. — In: Weser-Kurier (Bremen) vom 6. 8. 1953. (KdC 223)

348. Hartung, Hugo: Jemand schreibt an Ringelnatz. — In: Mannheimer Morgen vom 6. 8. 1953. (KdC 224)

349. Hartung, Hugo: Ringelnatz zum Geburtstag. — In: Braunschweiger Zeitung vom 7. 8. 1953. (KdC 225)

350. Jensen, Jens: Eulenspiegel mit der Leier. Die seltsamen Erlebnisse des Kutteldaddeldu [!] alias Ringelnatz. — In: Telegraf (Berlin) vom 7. 8. 1953. (KdC 226)

351. Kusche, Ludwig: „Überall ist Wunderland". Eine Gedächtnisstunde zum 70. Geburtstag von Joachim Ringelnatz. — Sendung im Bayrischen Rundfunk am 7. 8. 1953. [Manuskript, masch. vervielf.]

352. Michelsen, Peter: Alkohol in Versen. Gedenk-Gedanken an Joachim Ringelnatz. — In: Deutsche Universitätszeitung (Göttingen) 8 (1953) Nr. 18, S. 14—16. (KdC 227)

353. Nemitz, Fritz: Ueberall ist Wunderland. — In: Süddeutsche Zeitung (München) vom 8. 8. 1953. (KdC 228)

354. Piltz, Georg: Dichter der kleinen Dinge. — In: Berliner Zeitung (Berlin-Ost) vom 9. 8. 1953. (KdC 229)

355. Schumann, Werner: Joachim Ringelnatz — Lyrischer Leichtmatrose. — In: Neue Ruhr-Zeitung (Essen) vom 4. 8. 1953. (KdC 230)

356. Thieme, Balduin: Hans Bötticher aus Wurzen — alias Ringelnatz. — In: Sächsisches Tageblatt (Dresden) vom 8. 8. 1953. (KdC 231)

357. Wallisch, Friedrich: Matrose, Schlangenbeschwörer, Dichter. Vor 70 Jahren wurde Joachim Ringelnatz geboren. — In: Freude an Büchern 4 (1953) S. 154—156.

358. Wilhelm, Klaus: Der Stein der Narren. — In: Kieler Nachrichten vom 6. 8. 1953. (KdC 232)

359. Winkler, Konrad: „Kuttel Daddeldu". — In: Deutsche Volkszeitung (Fulda) vom 7. 8. 1953. (KdC 233)

360. Zivier, Georg: „Kniee beugt, wir Menschen sind Narren!" — In: Die Neue Zeitung (Berliner Ausgabe) vom 7. 8. 1953. (KdC 234)

Zum 20. Todestag:

361. Harbeck, Hans: Rauher Seemann Joachim und Frau Asta. Eine Erinnerung zum 20. Todestag des Dichters Ringelnatz. — In: Nürnberger Nachrichten 10 (1954) Nr. 266 vom 16. 11. 1954, S. 17.

Zum 75. Geburtstag:

362. Booth, Friedrich van: Die Lerche im Nachtlokal. Joachim Ringelnatz aus Wurzen, der Sohn des Herrn von Versewitz. Heute wäre der unvergessene, seebefahrene Brettlbarde H. Bötticher 75 Jahre geworden. — In: Nürnberger Nachrichten 14 (1958) Nr. 180 vom 7. 8. 1958, S. 6.

363. Decken, [?] von der: Der Ringelnatz. — In: Die Welt (Berliner Ausgabe) vom 2. 8. 1958. (KdC 235)

364. Drews, Wolfgang: Der Stein der Narren. — In: Frankfurter Allgemeine Zeitung vom 8. 8. 1958. (KdC 236)

365. Eggebrecht, Jürgen: „Psst! Träume deine Träume in Ruh". Eine Hörfolge zum Gedenken an Joachim Ringelnatz. — Sendung des NDR vom 7. 8. 1958. [Manuskript, masch., hektographiert.]

366. Harbeck, Hans: Daddeldu ist nur leiblich gestorben. — In: Hamburger Abendblatt vom 6. 8. 1958. (KdC 238)

367. Horn, Effi: Ringelnatz als Dichter und Maler. Ein Mensch voll verborgener Güte. — In: Merkur am Sonntag. Illustrierte Unterhaltungsbeilage des Münchner Merkur vom 2./3. 8. 1958.

368. Luft, Friedrich: Salut für Kuddel [!] Daddeldu. Weil Joachim Ringelnatz jetzt 75 wäre. — In: Die Welt (Hamburg) Nr. 183 vom 9. 8. 1958. (KdC 239)

369. Müller, Manfred: „Es geht ein stummes Leuchten von ihm aus . . ." Eine Erinnerung an Joachim Ringelnatz. — In: Der Rundblick. Monatsschrift für Kultur und Heimat. Wurzen, Oschatz, Grimma 5 (1958) S. 367—374: „Zusammengestellt nach Unterlagen von Kurt Bergt, Karl Schnog, Annemarie Haase und aus verschiedenen Werken J. R.' von Manfred Müller." (KdC 240)

370. Seiltänzer zwischen Scherz und Ernst, Ironie und Tiefsinn. Joachim Ringelnatz. [Zur Fernsehgedenksendung „Joachim Ringelnatz als Mensch, Freund und Poet".] — In: Hören und Sehen, Heft 32, 10.—16. 8. 1958, S. 16.

371. Überzwerch, Wendelin: Tiefsinn und Drolligkeit. — In: Badische Neueste Nachrichten vom 1. 8. 1958.

372. Weyer, Walter: Er fand den Stein der Narren. Ringelnatz wäre jetzt 75 geworden — Zum 7. August. — In: Der Fortschritt (Düsseldorf) vom 7. 8. 1958.

Zum 25. Todestag:

373. Carlsohn, Erich: Ringelnatz-Gedächtnis in Hamburg. — In: Börsenblatt für den Deutschen Buchhandel — Frankfurter Ausgabe — 15 (1959) Nr. 99 vom 11. 12. 1959, S. 1712 f.

374. ear. [?]: Er liebte das Räderwerk des Daseins. — In: Leipziger Neueste Nachrichten 6 (1959) Nr. 22 vom 2. 11. 1959 (Ausgabe Frankfurt a. M.).

375. Frey, Peter: Eulenspiegel und Poet dazu. Vor 25 Jahren starb „Kuttel Daddeldu" Ringelnatz. — In: Bremer Nachrichten vom 14. 11. 1959.

376. Harbeck, Hans: Daddeldu ahoi! Ringelnatz-Ausstellung der Staatsbibliothek. — In: Hamburger Abendblatt, Nr. 257 vom 4. 11. 1959, S. 17.

377. Hartmann, Horst: Als Kuddel [!] Daddeldu befuhr er die Meere. — In: Der Jungbuchhandel. Rundbriefe zur Berufsförderung (Köln) 13 (1959) Nr. 12, S. 453.

378. Hartung, Hugo: Joachim Ringelnatz zum 25. Todestag. — In: Die Kultur 8 (1959/60) Nr. 144 vom 15. 11. 1959, S. 3; unter dem Titel „Der Dichter in der Matrosenjacke. Joachim Ringelnatz ist heute vor 25 Jahren gestorben" auch in: Saarbrücker Zeitung (Ausgabe A) vom 17. 11. 1959.

379. Klepzig, Gerd: Oft trieb es Ringelnatz nach Hamburg. Zum fünfundzwanzigsten Todestag des Kabarettisten am 16. [!] November. — In: Die Welt, Nr. 266 vom 14. 11. 1959, S. 7.

380. Stomps, V[ictor] O[tto]: Joachim Ringelnatz, der Matrose. — In: Deutsche Rundschau 85 (1959) Heft 10, S. 907—909.

381. Zivier, Georg: Die Joachim-Ringelnatz-Saga. Zum 25. Todestag des Sängers und Seefahrers. — In: Deutsche Zeitung vom 14./15. 11. 1959.

Zum 80. Geburtstag:

382. Kleemann, Karin: Noch ist der Schmunzel-Schatz von ‚Kuttel Daddeldu' nicht abzuschätzen. Aber Hamburg zog mit dem Gewinn der Ringelnatz-Sammlung das große Los. — In: Welt am Sonntag, Nr. 33 vom 18. 8. 1963, S. 24.

383. Sein Nachlaß soll nach Hamburg gehen: P. A. O. funkt SOS für Joachim Ringelnatz. — In: Bild-Zeitung (Berlin) vom 15. 8. 1963.

384. (Joachim) Ringelnatz. (Zu seinem 80. Geburtstag, anlässlich einer Gedächtnisausstellung, August bis Oktober 1963. Gestaltet von Karoline Müller und Uwe Bremer. [Ausstellungskatalog].) — (Berlin 12: Ladengalerie 1963.)

385. Rühmkorf, Peter: Das Schwere leicht zu sagen. Joachim Ringelnatz zum achtzigsten Geburtstag. — In: Antworten. Jahrbuch Freie Akademie der Künste in Hamburg 1963, S. 107—115; wieder abgedruckt unter dem Titel „Masken soviel als Gesichter. Ringelnatzens luftige Hinterlassenschaft. — In: Konkret 1963, Heft 9, S. 17, 24.

386. Skasa-Weiß, Eugen: „Als ich noch ein Seepferdchen war..." Zum 80. Geburtstag von Joachim Ringelnatz. — In: Süddeutsche Zeitung (München) vom 6. 8. 1963, S. 12.

387. Orphische Urworte des Unsinns. Erinnerungen an Joachim Ringelnatz — Zum 80. Geburtstag am 7. August. — In: Badische Neueste Nachrichten (Karlsruhe) vom 5. 8. 1963, S. 11.

Zum 85. Geburtstag:

388. Hartung, Hugo: Plädoyer für eine Ringelnatz-Straße. — In: Berliner Leben 4 (1968) Heft 10 (Oktober), S. 38 f.

5. Ringelnatz in Autobiographien und Erinnerungen

389. Ball-Hennings, Emmy: Das flüchtige Spiel. Wege und Umwege einer Frau. — Einsiedeln: Benziger (1940), S. 269.

390. Brandenburg, Hans: München leuchtete. Jugenderinnerungen. — München: Herbert Neuner (1953), S. 221.

391. Edschmid, Kasimir: Lebendiger Expressionismus. Auseinandersetzungen, Gestalten, Erinnerungen. Mit 31 Dichterporträts von Künstlern der Zeit. — Wien, München, Basel: Kurt Desch (1961), S. 35.

392. Ginsberg, Ernst: Abschied. Erinnerungen, Theateraufsätze, Gedichte. (Hrsg. von Elisabeth Brock-Sulzer.) — Zürich: Arche (1965), S. 94—96.

393. Gulbransson-Björnson, Dagny: Olaf Gulbransson. Sein Leben erzählt von D. G.-B. — (Pfullingen:) Neske (1967), S. 152 f. (vgl. A 201), S. 155, 204.

394. Günther, Herbert: Drehbühne der Zeit. Freundschaften, Begegnungen, Schicksale. — (Hamburg:) Wegner (1957), S. 103—110, 125—131, 240—244. (KdC 145)

395. Günther, Herbert: Glückliche Reise! Heiteres Wissen von den Reisegenüssen. — Ebenhausen bei München: Langewiesche-Brandt (1939) (= Die Bücher der Rose), S. 136 f. u. ö.; Neuausgabe: München: List [1960] (= List-Bücher 151). (KdC 143)

395a. Harbeck, Hans: Hamburg, so wie es war. Ein Bildband. (2. Aufl.) — Düsseldorf:) Droste Verlag (1966), zu Abb. 55 u. 56: Über Carl M. H. Wilkens („Muckelmann") und seinen Freundeskreis, auch über J. R.

396. Hartung, Hugo: Die stillen Abenteuer. Begegnungen mit Menschen und Landschaften. — Berlin, Frankfurt, Wien: Ullstein (1963), S. 65.

396 a. Hausmann, Manfred: Kleine Begegnungen mit großen Leuten. Ein Dank. — Neukirchen (-Vluyn): Neukirchener Verlag (des Erziehungsvereins 1973), S. 81—87.

396 b. Heuß, Theodor: Begegnungen. — In: Paul Wegener. Sein Leben und seine Rollen. Ein Buch von ihm und über ihn. Eingerichtet von Kai Möller. — Hamburg: Rowohlt (1954), S. 154—157.

396 c. Hildenbrandt, Fred: . . . ich soll dich grüßen von Berlin. 1922—1932. Berliner Erinnerungen ganz und gar unpolitisch. Post mortem hrsg. von zwei Freunden. — München: Ehrenwirth (1966), S. 74, 78 f.

397. Hoerschelmann, Rolf von: Leben ohne Alltag. — Berlin: Wedding-Verlag (1947), S. 21 f., 169 f. — s. auch A 197 a. (KdC 155)

398. Hollaender, Friedrich: Von Kopf bis Fuß. Mein Leben mit Text und Musik. — (München:) Kindler (1965), S. 97.

399. Jacob, Hans: Kind meiner Zeit. Lebenserinnerungen. — Köln, Berlin: Kiepenheuer & Witsch (1962), S. 80 f.

400. Joseph, Arthur: Meines Vaters Haus. Ein Dokument. — (Stuttgart:) Cotta (1959), S. 97—100; S. 98 f.: vollständiger Abdruck (mit zusätzlicher fünfter Widmungsstrophe) des Gedichts „Ehe du Schuhe kaufst" (Gedichte dreier Jahre [A 39], S. 96 [GG, S. 451]), vgl. Brief Nr. M 958; siehe auch A 200.

401. Kakuwo [d. i. Karl Kurt Wolter]: Die Pappeln hinterm Siegestor. — Pfaffenhofen: Ilmgau Verlag (1969), S. 34, 41—43 (vor allem J. R. und Fred Endrikat), S. 46—49; im Anhang Faks. v. Brief Nr. VA 57 — auch in: Bemalte Postkarten und Briefe deutscher Künstler. Ausstellung Juni—September 1962, Altonaer Museum in Hamburg. — (Hamburg-Altona) 1962 (: Th. Dingwort & Sohn), S. 85 — und Faks. einer Verfügung der Polizeidirektion München vom 12. 4. 1933 (Auftrittsverbot für J. R. im „Simpl").

402. Kiaulehn, Walther: Mein Freund der Verleger. Ernst Rowohlt und seine Zeit. — (Reinbek bei Hamburg:) Rowohlt (1967), S. 140—146; u. ö.

403. Kutscher, Artur: Der Theaterprofessor. Ein Leben für die Wissenschaft vom Theater. — München: Ehrenwirth (1960), S. 193 (erwähnt), gegenüber S. 193: Faks. einer Zeichnung von J. R. mit Widmung aus A. K. s Gästebuch.

403 a. Leip, Hans: Die Taverne zum musischen Schellfisch. Aus dem Leben des John Corbus. — München: List (1963), S. 145, 148, 153, 171—173; über Carl M. H. Wilkens („Muckelmann") und seinen Kreis: S. 142—154.

403 b. Lorenz, Lovis H[ans]: HaKa-Geschichten. Die Twens der zwanziger Jahre. — Hamburg: Johannes Asmus (1971), S. 156—161.

404. Mayer, Paul: Ernst Rowohlt in Selbstzeugnissen und Bilddokumenten. — (Reinbek bei Hamburg:) Rowohlt (1968) (= rowohlts monographien 139), S. 98.

405. Monaco, Marietta di [d. i. Maria Kirndörfer]: Ich kam — ich geh. Reisebilder, Erinnerungen, Porträts. Mit Silhouetten von Ernst Moritz Engert. — München: Süddeutscher Verlag (1962), S. 91—95.

406. Mühsam, Erich: Unpolitische Erinnerungen. — Berlin: Volk und Welt 1958 (= E. M., Ausgewählte Werke in Einzelausgaben), S. 180.

407. Nielsen, Asta: Die schweigende Muse. (Aus dem Dänischen von H[erbert] Georg Kemlein. Hrsg. in Zusammenarbeit mit dem Henschelverlag, Berlin.) — (Rostock:) VEB Hinstorff 1961, S. 279—284. — Dänische Originalausgabe: A. N.: Den tiende Muse. Bd. 1: Vejen til Filmen. Bd. 2: Filmen. — Kopenhagen: Gyldendal 1945—46.

408. Piper, Reinhard: Vormittag. Erinnerungen eines Verlegers. — München: Piper (1947), S. 398.

409. Reimann, Hans: Mein blaues Wunder. Lebenschronik eines Humoristen. — München: List (1959), S. 182 f.; 313; 378.

410. Reuss-Löwenstein, Harry: Kreuzfahrt meines Lebens. Erinnerungen. — Hamburg: Gesellschaft der Bücherfreunde zu Hamburg 1962, S. 112 f.

410 a. Sailer, Anton: Grau war Schwabing, und schön dazu. — In: Denk ich an München. Ein Buch der Erinnerungen. Hrsg. von Hermann Proebst und Karl Ude. — München: Gräfe und Unzer (1966), S. 126 f.

410 b. Schnack, Friedrich: Begegnungen mit Joachim Ringelnatz. (Silhouetten von Ernst Moritz Engert). — Freiburg im Breisgau: Hyperion-Verlag (1971) (= Hyperion-Bücherei). — Drei stark stilisierte Erlebnisse des Autors mit J. R.

410 c. Schwabing, verliebt, verrückt, vertan. Vers und Prosa von 1900 bis heute. Hrsg. u. m. e. Nachw. v. Oda Schaefer. — (München:) R. Piper (1972). — Über J. R.: Jürgen Eggebrecht, Erinnerung an Ringelnatz (S. 134 f.) u. im Nachw., S. 202 f.

410 d. Seewald, Richard: Der Mann von gegenüber. Spiegelbild eines Lebens. — München: List (1963), S. 148.

411. Sinsheimer, Hermann: Gelebt im Paradies. Erinnerungen und Begegnungen. — München: Richard Pflaum (1953), S. 244 f.

412. Uhde, Wilhelm: Von Bismarck bis Picasso. Erinnerungen und Bekenntnisse. — Zürich: Oprecht (1938), S. 195.

413. Waldoff, Claire: Weeste noch . . .! Aus meinen Erinnerungen. Mit vielen Bildern und einem Schallplattengruß. — Düsseldorf, München: Progressverlag Johann Fladung (1953), S. 59—62.

413 a. Zuckmayer, Carl: Als wär's ein Stück von mir. Horen der Freundschaft. — [Frankfurt a. M.:] S. Fischer (1966), S. 46, 339 f.

6. Darstellungen und Untersuchungen

414. Altena, Ernst van: Randfiguren. 2. Keuze, commentaar en vertalingen. — Amsterdam: Van Ditmar (1967—68). — Holländische Übersetzungen von Ringelnatz, Tucholsky, Morgenstern mit knappen Einführungen und Literaturangaben.

415. Bossmann, Reinaldo: Erich Kästner. Werk und Sprache. — Curitibà (Brasilien) 1955, S. 56—63: Kästner und Ringelnatz; wieder abgedruckt in: Welt und Wort 12 (1957), S. 235—237. (KdC 178)

416. Brustat-Naval, Fritz: Ringelnatz und die Bark „Elli". — In: Leinen los. Die Monatszeitung des Deutschen Marinebundes e. V. (München) 7 (1961) Heft 6, S. 205 f.

417. Budzinski, Klaus: Die Muse mit der scharfen Zunge. Vom Cabaret zum Kabarett. — München: List 1961, S. 70—72: Ringelnatz als Hans Bötticher im Simpl; S. 169—172: Ringelnatz nach dem Kriege; u. ö.

418. Butler, Colin Albert: Joachim Ringelnatz: A Critical Assessment of his Literary Achievement. — Cambridge, Phil. Diss. June 1968 [Masch.].

419. Butler, Colin [Albert]: Ringelnatz und seine Zeit. (Übersetzt von Jost Hermand.) — In: Die sogenannten Zwanziger Jahre. First Wisconsin Workshop. Hrsg. von Reinhold Grimm und Jost Hermand. — Bad Homburg v. d. H., Berlin, Zürich: Gehlen (1970) (= Schriften zur Literatur. Bd. 13), S. 143—167.

420. Carlsohn, Erich: Erinnerungen an bedeutende Sammler (XI) Ringelnatziana. — In: Börsenblatt für den deutschen Buchhandel — Frankfurter Ausgabe — 14 (1958) Nr. 8 vom 28. 1. 1958, S. 41—44. (KdC 2)

421. Degener, Friedrich: Formtypen der deutschen Ballade im zwanzigsten Jahrhundert. — Göttingen, Phil. Diss. 1960 [Masch.], S. 100—108; u. ö.

422. Draeger, W[?]: Horizont bei Muschelkalk Ringelnatz [d. i. Leonharda Gescher]. ([Mit einem Brief von M.:] Frau Ringelnatz schreibt an die Horizont-Leser, Mai 1965 [Über die Eisenacher Zeit mit J. R. und den Namen „Muschelkalk"].) — In: Horizont. Hrsg. v. d. Evangelischen weiblichen Jugend Deutschlands (Gelnhausen) 1965, Heft 6 (Juni), S. 22—24.

423. Duwe, Wilhelm: Ausdrucksformen deutscher Dichtung vom Naturalismus bis zur Gegenwart. Eine Stilgeschichte der Moderne. — (Berlin:) Erich Schmidt (1965), S. 287 f.

424. Duwe, Wilhelm: Deutsche Dichtung des 20. Jahrhunderts vom Naturalismus zum Surrealismus. Bd. 1. — Zürich: Orell Füssli (1962), S. 214—217 (vor allem Vergleich Kästner-Ringelnatz).

425. Duwe, Wilhelm: Die Kunst und ihr Anti von Dada bis heute. Gehalt- und Gestaltprobleme moderner Dichtung und bildender Kunst. — (Berlin:) Erich Schmidt (1967), S. 82.

426. Edfeldt, Johannes: Strövtåg. — Stockholm: Bonnier 1941, S. 72—82. (KdC 134)

427. Erné, Nino: Joachim Ringelnatz. — In: Hermann Kunisch: Handbuch der deutschen Gegenwartsliteratur. Redaktion Herbert Wiesner in Zusammenarbeit mit Christoph Stoll und Irena Zivsa. Zweite, verb. u. erw. Aufl. Bd. 2. — München: Nymphenburger Verlagshandlung (1970), S. 136 f.

428. Fechter, Paul: Geschichte der deutschen Literatur. — (Gütersloh:) Bertelsmann 1952, S. 614 f. (KdC 135)

429. Garnier, Pierre: Poésie satirique allemande du demi-siècle. [Über Morgenstern, Kästner, Ringelnatz, Weinert, Tucholsky.] — In: Critique. Revue générale des publications françaises et étrangères (Paris) 159/160 (1960), S. 705—722.

430. Gescher, Leonharda (Muschelkalk Ringelnatz): Briefe von Gottfried Benn und Julius Gescher. [In der Einleitung über eine Begegnung Ringelnatz-Benn in der U-Bahn, Berlin um 1931.] — In: Gottfried Benn: Den Traum alleine tragen. Neue Texte, Briefe, Dokumente. — Wiesbaden: Limes (1966), S. 202.

431. Greul, Heinz: Bretter, die die Zeit bedeuten. Die Kulturgeschichte des Kabaretts. — Köln: Kiepenheuer & Witsch (1967), S. 169—171: über Hans Bötticher im Simpl; 279—281: über J. R. nach dem Kriege.

432. Grisar, Erich: Erinnerungen an Joachim Ringelnatz und ein Brief an Peter Scher. — In: Allgemeine Zeitung (Mainz) vom 5. 5. 1951. (KdC 137)

433. Grün, Fridolin: Joachim Ringelnatz. — In: Inspiré (Basel) 3 (1952) Nr. 33, S. 28. (KdC 138 a)

434. Günther, Herbert: Künstlerische Doppelbegabungen. Erweiterte Neufassung mit 156 meist unveröffentlichten Abb. nach Werken deutschsprachiger Künstler vom 16. bis 20. Jahrhundert. — München: Ernst Heimeran (1960), S. 180 f. u. ö.; 1. Aufl. (1938), S. 134 f. (KdC 179)

434 a. Günther, Herbert: Alfred Richard Meyer (Munkepunke), der Mensch, der Dichter, der Verleger. Mit unveröffentlichten Gedichten und Briefen. — In: Imprimatur. Ein Jahrbuch für Bücherfreunde. NF Bd. 6. Hrsg. von Heinz Sarkowski und Bertold Hack. — Frankfurt a. M.: Gesellschaft der Bibliophilen 1969, S. 163 bis 191; S. 178: J. R. und Bibl. A 213 erwähnt; S. 187 f.: über J. R. und A. R. M.

435. Günther, Herbert: Joachim Ringelnatz in Selbstzeugnissen und Bilddokumenten. — (Reinbek bei Hamburg:) Rowohlt (Juli 1964) (= rowohlts monographien 96). — REZ.: Jochen Briegleb in: Germanistik 6 (1965) S. 666.

436. Günther, Herbert: Ringelnatz, der unbekannte Erzähler. — In: Der Zwiebelfisch 25 (1946/48) Heft 5 (1947) S. 9—14. (KdC 144)

437. Günther, Herbert: Ringelnatz. Joachim Bötticher. — In: Der österreichische Lehrer und Erzieher (Wien) 18 (1964) S. 196.

438. Haack, Hanns-Erich: Joachim Ringelnatz. — In: Der Bogen. Monatsschrift für Kultur und Unterhaltung (Wiesbaden) 2 (1947) Heft 2/3, S. 12—15. (KdC 147)

439. Haack, Hanns-Erich: „Und meine Not ist meine Seligkeit". — In: Deutsche Rundschau 77 (1951) S. 362—364. (KdC 148)

440. Haffke, Rudolf: „Ich dichtete im Blutgericht... bei Sekt und Königsberger Fleck". — In: Ostpreußenblatt 6 (1955) Folge 10 vom 5. 3. 1955, S. 13. (KdC 149)

441. Hamburger, Michael, und Christopher Middleton [Hrsg.]: Modern German Poetry 1910—1960. An Anthology with Verse Translations ed. and with an Introduction by M. H. and C. M. — London: Macgibbon & Kee 1962, S. 40 f.: „Cassel (Die Karpfen in der Wilhelmstrasse 15)" m. engl. Übers.; S. 42 f.: „Ehrgeiz" m. engl. Übers.; S. 408 f.: Kurzbiographie.

442. Härtling, Peter: Kuttel Daddeldu grüßt Anna Blume. Eine Galerie literarischer Geister vorgestellt von P. H. — Sendung des Süddeutschen Rundfunks vom 30. 12. 1960 [Manuskript, masch. hektogr.].

443. Hartung, Hugo: Joachim Ringelnatz liebte Berlin. Montparnasse in Neuwestend. — In: Die Neue Zeitung (Berliner Ausgabe) vom 20. 9. 1950. (KdC 150)

444. Dymion, N. [N. Dymion = Endymion, d. i. Hugo Hartung]: Simplizissimus-Profile. [Über Th. Th. Heine, Oskar Maria Graf, Ödön von Horvath, J. R. u. a. als Mitarbeiter der Zs.]. — In: Aufbau 3 (1947) Heft 11 (November) S. 356 f.

445. Hempel, Ursula: Joachim Ringelnatz. — Hannover, Pädagogische Hochschule, Semesterarbeit [um 1952] [Masch.]. (KdC 180)

446. Hesse, Hermann: Anmerkungen zu Büchern. — In: Die neue Rundschau 46 (1935) Bd. 2, S. 551—559, S. 558: „Der Humorist Ringelnatz [...]". (KdC 153)

447. Hesse, Hermann: Weihnachtsgaben. Ein Rückblick. — In: Neue Zürcher Zeitung v. 24. 1. 1956; wieder abgedruckt in: Insel-Almanach auf das Jahr 1957, S. 11—28. — U. a. über eine Don Quichote-Ausg. a. d. Besitz v. J. R. (mit hs. Eintrag des Gedichtes „Don Quichote", jetzt im Deutschen Literaturarchiv, Marbach). (KdC 154)

448. Hösch, Rudolf: Kabarett von gestern nach zeitgenössischen Berichten, Kritiken und Erinnerungen. Bd. 1: 1900—1933. (2., verb. Aufl.) — Berlin (Ost): Henschelverlag 1969, S. 112 f.: über Hans Bötticher im Simpl; S. 179—182: über J. R. nach dem Kriege; u. ö.

448 a. Just, Klaus Günther: Von der Gründerzeit bis zur Gegenwart. Geschichte der deutschen Literatur seit 1871. — Bern, München: Francke (1973) (= Handbuch d. dt. Literaturgeschichte. 1. Abt.: Darstellungen. Bd. 4), S. 420—422.

449. Kaufmann, Hans: Krisen und Wandlungen der deutschen Literatur von Wedekind bis Feuchtwanger. Fünfzehn Vorlesungen. — Berlin und Weimar: Aufbau-Verlag 1966 (2. Aufl. 1969), S. 510 f.

450. Kobe, H. Ch.: Joachim Ringelnatzens Filmdebut. — In: Der Tagesspiegel (Berlin) Nr. 3963 vom 21. 9. 1958, S. 31. (KdC 156)

451. Koester, Reinhard: Die Hermetische Gesellschaft. — In: Berliner Hefte für geistiges Leben 4 (1949) Heft 5, S. 441—450 (auch über J. R.).

452. Kunze, Erich: Über Finnland. Zum gleichnamigen Gedicht von Joachim Ringelnatz. — In: Nerthus. Nordisch-deutsche Beiträge hrsg. von Steffen Steffensen. Bd. 3. — (Düsseldorf, Köln:) Eugen Diederichs 1972, S. 235—241.

453. Kunze, Horst: Schatzbehalter. Vom Besten aus der älteren deutschen Kinderliteratur. — Hanau/Main: Dausien 1965 (Liz. Kinderbuchverlag, Berlin), S. 391 bis 393, S. 392: Faks. des Gedichtes „Der Stein" aus Kleine Wesen (A 4).

454. Lestiboudois, Herbert: Erinnerung an Ringelnatz. — In: Die Wochenpost. Zeitfragen, Kultur, Kunst, Unterhaltung (Stuttgart) 2 (1947) Nr. 40, S. 4.

455. Loepelmann, Martin: Himmel und Hölle der Fahrenden. Dichtungen der großen Vaganten aller Zeiten und Länder. Gesammelt von M. L. — Berlin: Neff 1940, S. 387; [2., veränd. Aufl.] Stuttgart: Ernst Klett (1950), S. 365: Kurzbiographie mit literarischer Wertung; 13 Gedichte im Textteil.

456. Maaß, Joachim: Das lyrische Gedicht im zeitgenössischen Deutschland. — In: Imprimatur 5 (1934) S. 133—144; S. 140 f.: Schicksalslyrik: Joachim Ringelnatz. (KdC 181)

457. Maier, Rudolf Nikolaus: Die moderne Groteske im Unterricht. ⟨Zwei Gedichte von Ringelnatz [„Logik"] und Morgenstern.⟩ — In: Pädagogische Provinz. Monatsschrift für Erziehung und Unterricht (Frankfurt a. M.) 10 (1956) Nr. 12, S. 639—642. (KdC 182)

458. Martini, Fritz: Deutsche Literaturgeschichte von den Anfängen bis zur Gegenwart. 16. Aufl. — Stuttgart: Kröner (1972) (= Handbuch der Literaturgeschichte in Einzeldarstellungen. Kröners Taschenausgabe. Bd. 196.), S. 585.

459. Misslbeck, Maria: Dichterspiel mit dem Wort. — In: Der Deutschunterricht 14 (1962) Heft 5, S. 41—48; S. 43 f.: über J. R.s „Emmanuel Pips" und „Arm Kräutchen".

460. Nadler, Josef: Literaturgeschichte des Deutschen Volkes. Dichtung und Schrifttum der deutschen Stämme und Landschaften. 4. Band: Reich (1914—1940). (Vierte, völlig neubearb. Aufl.) — Berlin: Propyläen (1941), S. 339 f.; dieser Abschnitt wieder abgedr. u. d. T. „Übermut und Tiefsinn" in: Die Woche 45 (1943) Heft 31, S. 23 (KdC 210, dort ohne Hinweis auf die Quelle).

461. Naused, Erich: Eskimoschlips aus Giraffenhaar. Über Joachim Ringelnatz. — In: Neue literarische Welt 3 (1952) Nr. 24, S. 3. (KdC 159)

462. Pappenheim, Hans E.: Kuttel Daddeldu. — In: Horizont. Halbmonatsschrift für junge Menschen (Berlin) 3 (1948) Nr. 16, S. 20 f. (KdC 160)

463. Pappenheim, Hans E.: Romanische Einflüsse auf Joachim Ringelnatz. — In: Antares 2 (1954) Nr. 5, S. 27—37. (KdC 183)

464. Riha, Karl: Moritat, Song, Bänkelsang. Zur Geschichte der Ballade. — Göttingen: Sachse & Pohl (1965), S. 66 f.: über „Geseires einer Aftermieterin" und „Balladette".

465. Ringelnatz und Halle. ([Verf.:] M[uschelkalk Ringelnatz, d. i. Leonarda Gescher].) — (Stuttgart 1939: Hoffmannsche Buchdruckerei Felix Krais.) — Widmung: Den Teilnehmern an der Jahreshauptversammlung der Gesellschaft der Bibliophilen e. V. Weimar in Halle an der Saale vom 30. Juni bis 2. Juli 1939 widme ich diesen Druck und das beigegebene Bilderbuch „Kleine Wesen" [A 4]. Paul Erpf, Inhaber von Julius Weise's Hofbuchhandlung, Stuttgart. (KdC 163)

466. Joachim Ringelnatz und Wurzen. Diese Mappe enthält: Ringelnatz-Erinnerungen zu [!] seiner Vaterstadt, sowie die Gedenkrede, Lichtbilder, Zeitungsberichte und Gedichte von der Gedenktafelweihe. Zusammengestellt von Kurt Bergt. — Wurzen 1945 [Masch., hektographiert]. (KdC 162)

467. Röhrich, Lutz: Gebärde — Metapher — Parodie. Studien zur Sprache und Volksdichtung. — Düsseldorf: Pädagogischer Verlag Schwann 1967 (= Wirkendes Wort. Schriftenreihe Bd. 4), S. 133—135: „Kuttel Daddeldu erzählt seinen Kindern das Märchen vom Rotkäppchen" (A 21, 46 und 79) mit knapper Interpretation.

468. Ruttkowski, Wolfgang [Victor]: Vier Chansons. Versuche einer sprachkundlichen Deutung. [u. a. Ringelnatzens „Seepferdchen".] — In: Neue Deutsche Hefte 11 (1964) Heft 201, S. 73—91; wieder abgedruckt in: W. R., Das literarische Chanson in Deutschland. — Bern und München: Francke (1966) (= Sammlung Dalp. Bd. 99), S. 155—163, über Ringelnatzens „Seepferdchen": S. 158—161.

469. Sachse, Peter: Ringelnatz als Fremdenführer. Eine Erinnerung. — In: Lübecker Nachrichten vom 13. 7. 1952. (KdC 167)

470. Sachse, Peter: Der Bibliothekar von Lauenstein. — In: Frankenpost (Hof/Saale) vom 19.7.1952. (KdC 168)

471. Schaefer, Oda: Die Pointen verrauschten zu schnell. Fasching mit Ringelnatz, Schäfer-Ast und George Grosz. — In: Deutsche Zeitung und Wirtschaftszeitung vom 7.2.1953, S. 16.

472. Eine Schüler-Facharbeit über Ringelnatz. — In: Der Deutschunterricht 14 (1962) Heft 5, S. 113—122.

473. Schultze, Friedrich: Joachim Ringelnatz. — In: Der Start. Illustriertes Blatt der jungen Generation (Berlin) 2 (1947) Nr. 49 vom 5.12.1947, [S. 4].

474. Sailer, Anton: Ein genialer Schlawiner war Joachim Ringelnatz ... — In: Münchener Merkur vom 18.4.1953. (KdC 173)

475. Siemsen, Hans: „Ringel, du hast wieder recht." — In: Frankfurter Rundschau vom 28.1.1950. (KdC 174)

476. Soergel, Albert, und Curt Hohoff: Dichtung und Dichter der Zeit. Vom Naturalismus bis zur Gegenwart. Bd. 2. — Düsseldorf: Bagel (1963), S. 755 f.

477. Streiter, Cornelius: Ein Dichter mit Namen Hans Bötticher. Eine Würdigung abseits vom Wege. — In: Neues Winterthurer Tageblatt vom 8.6.1963, S. 1.

478. Triwar, Anja: Der Matrose Kuttel-Daddeldu [!]. Ringelnatz und „Muschelkalk" — ohne Buddel stumm. — In: Die Depesche (Berlin) vom 27.9.1951. (KdC 175)

479. Trojanowicz, John Michael: The Poetry of Joachim Ringelnatz — an Interpretation. — Ann Arbor, Michigan State University, Phil. Diss. 1964 (Published on demand by University Microfilms); S. 1—4 (Abstract) dieser Arbeit auch in: Dissertation Abstracts 15 (1965) Nr. 11 (Mai), S. 6638.

480. Wegener, Paul: Scheu und einsam. — In: Berliner Tageblatt vom 25.12.1935; wieder abgedr. in IM, S. 134—136; Teildruck in Briefe, S. 140 f. (KdC 177)

7. Ringelnatz als Maler

Abbildungen von Gemälden und Zeichnungen Ringelnatzens siehe in „Der Nachlaß" (A 46) und die folgenden Nummern dieses Abschnitts: A 481, 482 und 499; weniger umfangreiches Bildmaterial in: A 485, 490, 492, 494, 495, 498, 500, 502.

481. Ringelnatz als Maler. (Nachwort: Georg Poensgen.) — Berlin: Karl H. Henssel 1953. — Ausstellungskatalog der anläßlich des 70. Geburtstages des Dichters und Malers J. R. durch die Galerie Springer, Berlin, zusammengetragenen Wanderausstellung. — Einige Pressestimmen: Cuno Fischer in: Die Abendpost (Frankfurt) vom 8.10.1953; Edwin Kuntz in: Rhein-Neckar-Zeitung (Heidelberg) vom 14.11.1953; Fritz Nemitz in: Frankfurter Allgemeine Zeitung vom 7.8.1953; Wolfgang Petzet in: Hessische Nachrichten (Kassel) vom 14.8.1953; Heinz Rode in: Die Neue Zeitung vom 10.8.1953; Godo Remszhardt in: Frankfurter Rundschau vom 23.12.1953. (KdC 184)

482. Ringelnatz als Maler. (Nachwort: Georg Poensgen.) (2. Auflage.) — Berlin: Karl H. Henssel (1954). — Gegenüber A 481 vermehrt um die letzten beiden Strophen des Gedichtes „Komm, sage mir, was du für Sorgen hast" (S. 3). (KdC 185)

483. Ringelnatz, Joachim. [Artikel] — In: Allgemeines Lexikon der bildenden Künstler von der Antike bis zur Gegenwart. Hrsg. von Ulrich Thieme und Felix Becker. Bd. 28. — Leipzig: Seemann 1934, S. 367 f.: mit weiteren, hier nicht berücksichtigten Literaturhinweisen. (KdC 186)

484. Dollinger, Peter: Berliner Künstler zu Hause. Joachim Ringelnatz. — In: Die Weltkunst 6 (1932) Nr. 45, S. 2. (KdC 187)

485. Günther, Herbert: „Ob ich auch durchaus kein Maler bin". Variationen über das Thema: Joachim Ringelnatz als Maler. — In: Das Kunstblatt 15 (1931) S. 139 bis 146. (KdC 188)

486. Günther, Herbert: „Und ob ich auch durchaus kein Maler bin . . .". Joachim Ringelnatz als Maler. — In: Arbeiter in Frankreich (Paris) 2 (1950) Nr. 4, S. 8. (KdC 189)

487. Hell, Heinz: Von Ringelnatz bis Churchill. Unter Sonntagsmalern am Kurfürstendamm. [Ausstellung der „Galerie Rosen".] — In: Die Zeit vom 14. 2. 1957.

488. Heilmaier, Hans: Kuddeldaddeldu [!] als Maler. [„Ringelnatz-Woche" in München.] — In: Deutsche Zeitung und Wirtschaftszeitung, Nr. 67 vom 22. 8. 1953, S. 16.

489. Justi, Ludwig: Von Corinth bis Klee. — Berlin: Julius Bard (1931), S. 181. (KdC 190)

490. Kiaulehn, Walther: Wanderer über Meer und Wolken: Joachim Ringelnatz. — In: Die Dame (Berlin) 63 (1936) Heft 13, S. 11—13, 59 f. (KdC 191)

491. Kotschenreuther, Helmut: Kuttel Daddeldu als Maler. Ringelnatz, Muschelkalk und der Dieb. Interessante Ausstellung in Berlin. — In: Hamburger Abendblatt, Nr. 191 vom 19. 8. 1963, S. 7. — Über die Ausstellung der Berliner „Ladengalerie" zum 80. Geburtstag und den Diebstahl des Aquarells „Exotische Frauen".

492. Kreiter, Adolf: Joachim Ringelnatz als Maler. — In: Reclams Universum 45 (1928/29) S. 491 f. (KdC 192)

493. Nemitz, Fritz: „Ob ich auch durchaus kein Maler bin." Zu den Bildern von Ringelnatz. — In: Berliner Tageblatt vom 6. 2. 1936. (KdC 193)

494. Ringelnatz malt. Aquarelle von Joachim Ringelnatz aus seiner Ausstellung bei Karl Nierendorf, Berlin. — In: Bilder-Courier. Tägliche illustrierte Beilage zum Berliner Börsen-Courier 2 (1925) Nr. 54. (KdC 194)

495. Roh, Franz: Malereien von Ringelnatz. Neuer Beitrag zur Laienkunst. — In: Das Kunstblatt 11 (1927) S. 63—66. (KdC 195)

496. Roh, Franz: Ringelnatz und die Laienmalerei. — In: Die Kunst und das schöne Heim (München) 52 (1953) H. 2, S. 50—53. (KdC 196)

497. Ruppel, K. H.: Der Maler Ringelnatz. — In: Das Tagebuch 8 (1927) Halbj. 1, H. 16 vom 16. 4. 1927, S. 636 f. (KdC 197)

498. Scheffler, Karl: Joachim Ringelnatz. Ausstellung in der Galerie Wiltschek. — In: Kunst und Künstler 27 (1928/29) S. 160, 162. (KdC 198)

499. Schumann, Werner [Hrsg.]: Himmelsbrücke und Ozean. Joachim Ringelnatz, ein malender Dichter. Hrsg. und eingel. von W. Sch. — Hannover: Fackelträger-Verlag Schmid Küster (1961). — Neben zahlreichen Abb. von Gemälden und Zeichnungen enthält der Band Gedichte und Prosa von J. R. — alles ohne Hin-

weis auf die Quellen; mehrere Faks. von Hss. (GR); Kritiken zum Maler J. R.;
S. 15: Faks. des sonst unveröffentl. Gedichtes mit Zeichnung „An die Freunde
im Café Nebelspalter [Zürich]" Berlin, 26. Okt. 1933; S. 23: Faks. von Brief
Nr. VA 45 vom 8. 7. 1930; S. 56: Brief Nr. OL 4 vom 17. 1. 1927; S. 83—86:
„Eheren und Holzeren" (vgl. A 25).

500. Triwar, Anja: Joachim Ringelnatz als Maler. Aus „Begegnungen zwischen St.
Petersburg und New York". — In: Inspiré (Basel) 3 (1952) Nr. 33, S. 27 f.
(KdC 199)

501. Werth, Wolfgang: Der Maler Joachim Ringelnatz. Eine Ausstellung in Berlin.
— In: Deutsche Zeitung, Nr. 195 vom 24./25. 8. 1963.

502. Wolfradt, Willi: Der Maler Joachim Ringelnatz. — In: Die literarische Welt 2
(1926) vom 7. 5. 1926. (KdC 200)

503. Wolfradt, Willi: Malende Dichter und Schriftsteller. — In: Die literarische Welt 3
(1927) vom 4. 2. 1927. (KdC 201)

504. Wolfradt, Willi: Joachim Ringelnatz als Maler. — In: Illustrierte Zeitung (Leipzig) (1928), Nr. 4343. (KdC 202)

IV. Vater Georg Bötticher und sein Kreis (in Auswahl)

1. Werke Georg Böttichers

505. Ein Brief über Jena. Humoreske. [Anonym.] — Leipzig: Wölfert's Buchhandlung
1877.

506. Original-Compositionen zu Flachmustern. [Tapeten, Gewebe, Intarsien etc.] —
Dresden: Gilbers 1877—78.

507. Absonderliche Geschichten. — Leipzig: [Hartknoch] Wartig's Verlag 1878.

508. Das chinesische Buch. Illustrationen von R. A. Jaumann. — Leipzig: Leipziger
Kunstdruck- und Verlags-Anstalt, vorm. Karrer 1889.

509. Schilda. Verse eines Kleinstädters. Illustrirt von Julius Kleinmichel. — Leipzig:
Leipziger Kunstdruck- und Verlags-Anstalt 1889.

510. Herrn Dietchen's Erzählungen und andere Dialekthumoresken. Illustrirt von
Julius Kleinmichel. — Leipzig: Leipziger Kunstdruck- und Verlags-Anstalt 1890.
Vgl. A 511.

511. Schnurrige Kerle! Humoresken, illustrirt von Julius Kleinmichel. — Leipzig:
Leipziger Kunstdruck- und Verlags-Anstalt 1890. — Mit A 510 vereinigt als:
Schnurrige Kerle und andere Humoresken. Mit 3 Illustrationen von Julius Kleinmichel. — Leipzig: Reclam [1893] (= RUB Nr. 3040); in der neuen Auflage
von 1919 fehlen die Dialekthumoresken.

512. Die Landpartie, ein lustiges Bilderbuch für kleine und große Leute. Illustriert
von R. A. Jaumann. — Leipzig: Leipziger Kunstdruck- und Verlags-Anstalt 1890.

513. Der deutsche Michel. Randzeichnungen von Fedor Flinzer. 4. Auflage. — Leipzig:
Jacobsen [1892].

514. Allotria. — Leipzig: Reclam [1893] (= RUB Nr. 3160).

515. O diese Kinder! Lustige Bubenstreiche. Mit Illustrationen von Th. Grätz, A. Hengeler, A. Oberländer, E. Reinecke, H. Schließmann und Knittelreimen von Georg Bötticher. — München: Braun und Schneider 1894.

516. Neue Allotria. Mit 33 Illustrationen von Julius Kleinmichel. — Leipzig: Reclam [1895] (= RUB Nr. 3461).

517. Das lustige Jena. Bilder aus dem Studentenleben, illustriert von O[tto] Gerlach. — Leipzig: Georg Wigand 1895.

518. Bunte Reihe. Humoresken. — Leipzig: Reclam [1896] (= RUB Nr. 3516).

519. Meine Lieben. Ein Weihnachtsbüchlein. — Leipzig: R. Maeder [1897]. — 2. Auflage unter dem Titel „Meine Lieben. Plaudereien" 1898. S. 5—37: Ein Platz ist leer [Weihnachtsabend im Vaterhaus]. (KdC 132)

520. Sophia Dorothea. Schauspiel in 5 Akten. (Nach der gleichnamigen Novelle des E. M. Vacano.) — Leipzig: R. Maeder (1898).

521. Der späte Gast. Lustspiel in einem Akt. (Nach der gleichnamigen Novellette von L[udwig] Ganghofer.) — Leipzig: R. Maeder [1898]; [Neuauflage 1906].

522. Weiteres Heiteres. — Leipzig: Reclam [1898] (= RUB Nr. 3811).

523. Alfanzereien. Mit einem Bildnis des Verfassers und einer biographischen Skizze von Victor Blüthgen. — Leipzig: Reclam [1899] (= RUB Nr. 3991).

524. Die „lieben" Kleinen. Mit Illustrationen schwarz und bunt von M. Ade, K. Heilig, L[othar] Meggendorfer, J. Mukarowsky, K. Pommerhanz, V. Schramm u. a. Mit Versen von Georg Bötticher. — Eßlingen: J. F. Schreiber 1899 (= Schreiber's humoristische Bibliothek. Nr. 1).

525. Lieder eines Landstreifers. — Leipzig: R. Maeder (1900).

526. Das lyrische Tagebuch des Leutnants von Versewitz. — Leipzig: R. Maeder 1901.

527. Das lyrische Tagebuch des Leutnants von Versewitz. 2. Teil. — Leipzig: R. Maeder 1904.

528. Allerlei Schnick-Schnack. — Leipzig: Reclam [1902] (= RUB Nr. 4300).

529. Vom Über-Weiblichen. Heitere Glossen zur Frauenfrage. Unter Mitw. von J. Bahr, Maximilian Bern u. a. hrsg. von Georg Bötticher. Mit Ill. von J. Bahr, Max Brösel u. a. — Erlangen: Palm & Enke [1906].

530. Leichte Ware. Neue Schnurren. — Leipzig: Reclam [1906] (= RUB Nr. 4740).

531. Bismarck als Zensor. Eigenhändige, bisher noch unveröffentlichte Randbemerkungen des ersten Reichskanzlers zu Moritz Buschs Werk „Graf Bismarck und seine Leute". Faksimile-Druck hrsg. von Georg Bötticher. — Leipzig: F. W. Grunow 1907.

532. Heitere Stunden. Neue Scherzgedichte. Aus den Papieren des Leutnants von Versewitz. — Leipzig: Hesse und Becker 1909 (= Max Hesse's Volksbücherei. Nr. 531).

533. Studenten-Stammbücher. Eine Plauderei von Georg Bötticher. — In: Burschenschaftliche Blätter (Berlin) 4 (1890) Nr. 8 vom 15. 7. 1890, S. 209—213.

534. Die Münchener „Fliegenden Blätter" und ihre Geschichte. — In: Zeitschrift für Bücherfreunde. Monatshefte für Bibliophilie und verwandte Interessen 2 (1898/99) Heft 8/9 (November/Dezember 1898) S. 343—362.

535. An Deutschland. [Gedicht.] — In: Jugend 1915, Nr. 41 vom 2. 10. 1915, S. 802.

536. Für John Bull. [Gedicht.] — In: Jugend 1917, Nr. 42 vom 9. 10. 1917, S. 834.

537. Aus den Erinnerungen eines Musterzeichners. — In: Tapeten-Zeitung (Darmstadt) 30 (1917) H. 2 vom 15. 1., S. 25—27; H. 3 vom 1. 2., S. 35—37; H. 4 vom 15. 2., S. 43 f.; H. 5 vom 1. 3., S. 51—53; H. 6 vom 15. 3., S. 58—60; H. 8 vom 15. 4., S. 80 f.; H. 11 vom 1. 6., S. 111 f.; H. 13 vom 1. 7., S. 136f.; H. 15 vom 1. 8., S. 157.

2. Werke Edwin Bormanns

538. Leibz'ger Allerlei. Fimf Biecher Boësiegedichder ännes alden Leibz'gersch. Ze Babier gebracht von E. B. — München: Braun & Schneider (1883); 2. Aufl. 1884; zitiert nach der 3. Aufl., o. J.

539. Herr Engemann. — Nach audhendischen Quellen von E. B. Erschdes Dausend. — Leipzig: A. G. Liebeskind 1883.

540. Edwin Bormann's Humoristischer Hausschatz. Mit 400—500 Bildern und Vignetten von Ludwig Burger u. a. — Leipzig: Selbstverlag [1896].

541. Leibz'ger Lerchen. — Neie Boesieen von ännen alden Leibz'ger. Ze Babier gebracht von E. B. — Leipzig: Selbstverlag 1893.

3. Festschriften

542. Stalaktiten-Auslese 1896. Eine Festschrift. — Leipzig 1896: Fischer & Wittig. — „Diese Festschrift ist als Manuskript — nur für die ‚Stalaktiten' gedruckt."

543. Stalaktiten 1894—1904. Dem 26. November 1904. — [Leipzig 1904]. Bibliophile Ausgabe mit Notenbeilage.

544. Zwanzig Jahre Leoniden. Ein Erinnerungsbuch in Liedern. 1929. (Mit einer Radierung von Br[uno] Héroux.) — (Leipzig) 1929 (: Oscar Brandstetter). — Privatdruck in 120 Exemplaren.

4. Sekundärliteratur

545. Victor Blüthgen. Ein Gedenkbuch zu seinem 70. Geburtstag. Hrsg. von seinen Freunden. — Leipzig: R. Walther (1914); S. 56—58: Georg Bötticher, Vom Leipziger Kränzchen.

546. Gäfgen, Hans: Victor Blüthgen. [Nachruf.] — In: Illustrirte Zeitung (Leipzig, Berlin, Wien, Budapest) 154 (1920) Nr. 4007 vom 15. 4. 1920, S. 508.

547. Hampe, Joh. Chr.: Der liebe, alte Auerbach. Von Kinderkalendern, wie sie sind und wie sie sein sollten. — In: Sonntagsblatt, Nr. 52 vom 25. 12. 1960, S. 8. — Georg Bötticher als Herausgeber erwähnt.

548. Kippenberg, Anton: Reden und Schriften. — (Wiesbaden:) Insel 1952, S. 27: über die Stalaktiten, Georg Bötticher und Edwin Bormann.

549. Koester, Hermann L.: Geschichte der deutschen Jugendliteratur in Monographien. 2 Teile. — Hamburg: Alfred Janssen 1906—1908; Georg Bötticher: S. 24, 103, 111; 3. Auflage: Braunschweig: Westermann 1920.

550. Kohut, Adolph: Sächsische Humoristen unserer Zeit. I. [Edwin Bormann.] — In: Der Leipziger 2 (1907) Nr. 43 vom 26. 10. 1907, S. 1173 f.

551. Kohut, Adolph: Sächsische Humoristen unserer Zeit. II. [Georg Bötticher, Gustav Schumann, Karl Edler von der Planitz.] — In: Der Leipziger 2 (1907) Nr. 49 vom 7. 12. 1907, S. 1342 f.

552. Krüger, Hermann Anders: Aus dem Engeren. Litteraturbilder aus deutschen Einzelgauen. X. Das Königreich Sachsen. — In: Das litterarische Echo 2 (1899/1900) Heft 22 vom 15. 8. 1900, Sp. 1537—1544 und Heft 23 vom 1. 9. 1900, Sp. 1613 bis 1619. — Über Georg Bötticher, Edwin Bormann, Adolf Stern u. v. a.

553. Das litterarische Leipzig. Illustriertes Handbuch der Schriftsteller- und Gelehrtenwelt, der Presse und des Verlagsbuchhandels in Leipzig. — Leipzig: Walther Fiedler 1897.

554. Mendheim, Max: Edwin Bormann. [Nachruf.] — In: Leipziger Kalender 11 (1914) S. 239—241.

Nachtrag zu S. 329:

1974

95 a. Joachim Ringelnatz. Kuttel Daddeldu. Zeichnungen von Karl Arnold. — Berlin: Karl H. Henssel (1974).
Seitengetreuer Neudruck von A 23 in gleicher Aufmachung, aber Neusatz und größeres Format.

B. SONSTIGE BENUTZTE LITERATUR

I. Werkausgaben und Texte

1. Andersen, Hans Christian: Sämtliche Märchen. (Vollständige Ausgabe in zwei Bänden, aus dem Dänischen übertragen von Thyra Dorenburg, hrsg. u. m. e. Nachwort u. Anm. versehen von Erling Nielsen, mit den Illustrationen von Vilhelm Pedersen und Lorenz Frølich. — Darmstadt: Wissenschaftliche Buchgesellschaft 1965 (Lizenzausgabe des Winkler-Verlags, München 1959).

2. Physiologische Anpassung. Ausge ‚h a e c k e l t ‘ von den ‚Lustigen Blättern‘. — In: Lustige Blätter 23 (1908) Nr. 33 vom 12. 8. 1908, S. 12.

3. Arp, Hans: Gesammelte Gedichte. Gedichte 1903—1939. (In Zusammenarbeit mit dem Autor hrsg. von Marguerite Arp-Hagenbach und Peter Schifferli.) — Wiesbaden: Limes (1963) (= Arp, Gesammelte Gedichte I).

4. Arp, Hans: Der Pyramidenrock. — Erlenbach-Zürich: Eugen Rentsch [1924 oder 1925].

5. Arp, Hans: wortträume und schwarze sterne. auswahl aus den gedichten der jahre 1911—1952. — Wiesbaden: Limes 1953.

6. Bassewitz, Gerdt von: Peterchens Mondfahrt. Ein Märchen. Mit Bildern von Hans Baluschek. 4. Aufl. — Berlin-Grunewald: Hermann Klemm [1919]. — Erste Aufl. von 1915 nicht im Bücherverzeichnis. — 26. Aufl.: Freiburg i. Br.: Hermann Klemm (1955).

7. Bemmann, Helga [Hrsg.]: Immer um die Litfaßsäule rum. Gedichte aus sechs Jahrzehnten Kabarett. (Auswahl und Kommentierung Helga Bemmann.) — Berlin (Ost): Henschel 1968. — Zehn Gedichte von J. R. und Kurzbiographie (S. 333 f.).

8. Bemmann, Helga [Hrsg.]: Mitgelacht — dabeigewesen. Erinnerungen aus sechs Jahrzehnten Kabarett. — Berlin (Ost): Henschelverlag 1967. — S. 96—125: 3 Gedichte von J. R., Abschnitte aus ML, 6 Briefe an M., Faks. aus J. R.s Gästebuch (Eintrag von Roda Roda), Zeichnungen und Abbildungen.

9. Bemmann, Helga [Hrsg.]: Fürs Publikum gewählt — erzählt. Prosa aus sechs Jahrzehnten Kabarett. (Auswahl und Kommentierung H. B.) — Berlin (Ost): Henschelverlag 1966. — S. 176—180: „Die Walfische und die Fremde"; S. 181 bis 186: „Der arme Pilmartine" (vgl. A 25 und 73); S. 304: Kurzbiographie.

10. Benzmann, Hans [Hrsg.]: Moderne deutsche Lyrik. Mit einer literaturgeschichtlichen Einleitung und biographischen Notizen hrsg. von H. B. — Leipzig: Reclam (1903); 2., gänzlich veränd. Aufl. (1907) (= RUB Nr. 4511—4515).

11. Bernstorff, Graf von: Unsere blauen Jungen. Ernstes und Heiteres aus dem Leben der Matrosen unserer Kriegsmarine. — Berlin: W. Pauli's Nachf. (H. Jerosch) 1899.

12. Bewer, Max: Deutsches Kriegs-Gebetbuch. 70 Kraft- und Trostlieder. (25. Tausend.) — Leipzig: Goethe-Verlag [1915].

13. Bierbaum, Otto Julius: Stilpe. Ein Roman aus der Froschperspektive. 1. und 2. Aufl. — Berlin: Schuster & Löffler 1897.

14. Blüthen aus dem Treibhause der Lyrik. Eine Mustersammlung. Dritte von Max Klinger illustrierte Aufl. — Leipzig: Johann Ambrosius Barth 1882.

15. Böhme, Franz Magnus: Deutsches Kinderlied und Kinderspiel. Volksüberlieferungen aus allen Ländern deutscher Zunge, gesammelt, geordnet u. m. Angabe der Quellen, erl. Anm. u. den zugehörigen Melodien hrsg. von F. M. B. — Leipzig: Breitkopf & Härtel 1897.

16. Brecht, Bertolt: Gesammelte Werke in 20 Bänden. (Hrsg. vom Suhrkamp Verl. in Zusammenarbeit mit Elisabeth Hauptmann.) — (Frankfurt a. M.:) Suhrkamp (1967) (= werkausgabe edition suhrkamp).

17. Büchner, Georg: Sämtliche Werke und Briefe. Historisch-kritische Ausg. mit Komm. Hrsg. von Werner R. Lehmann. Bd. 1: Dichtungen und Übersetzungen. — Hamburg: Wegner 1967.

18. Budzinski, Klaus [Hrsg.]: So weit die scharfe Zunge reicht. Die Anthologie des deutschsprachigen Cabarets. Hrsg. von K. B. Mit einem Essay (Das Cabaret ist anders geworden) von Werner Finck. — München, Bern, Wien: Scherz (1964).

19. Burmannus, Petrus: Poematum libri quattuor. Curavit Petro Burmanno jun. — Amstelaedami: Vywert 1746.

20. Busch, Wilhelm: Gesamtausgabe in vier Bänden. Hrsg. von Friedrich Bohne. — Wiesbaden: Emil Vollmer [1968].

21. Cahu, Théodore: Celles qui se donnent. Roman dialogué. — Paris: Ernest Flammarion [1899].

22. Chamisso, Adelbert von [eigentl.: Louis Charles Adelaide de Chamisso]: Werke in fünf Teilen. Auf Grund der Hempelschen Ausg. neu hrsg., mit Einl. u. Anm. vers. von Max Sydow. — Berlin, Leipzig, Wien, Stuttgart: Bong (1907) (= Goldene Klassiker Bibliothek).

23. Dr. Darwinsohn [Pseud.]: Die Darwin'sche Theorie in Umwandlungsversen. — Leipzig: C. A. Koch (J. Sengbusch) 1875.

24. Dehmel, Richard: Gesammelte Werke in zehn Bänden. — Berlin: S. Fischer 1906 bis 1909.

25. Dehmel, Richard: Gesammelte Werke in drei Bänden. — Berlin: S. Fischer (1913).

26. Moderne Dichter-Charaktere hrsg. von Wilhelm Arent. Mit Einleitungen von Hermann Conradi u. Karl Henckell. — Berlin: Hrsg.; Kamlah in Komm. 1885.

27. Ehrenstein, Albert: Nicht da, nicht dort. — Leipzig: Kurt Wolff 1916 (= Der jüngste Tag. Bd. 27/28).

28. Eichendorff, Joseph von: Sämtliche Werke des Freiherrn J. v. E. Historisch-kritische Ausg. Hrsg. von Wilhelm Kosch. Bd. 1, 1: Gedichte. Hrsg. von Hilda Schulhof u. August Sauer. Mit einem Nachw. von Wilhelm Kosch. — Regensburg: Josef Habbel [1921].

29. Eichrodt, Ludwig: Gesammelte Dichtungen. Bd. 1—2. — Stuttgart: Adolf Bonz 1890.

30. Frank, Bruno: Erzählungen. — Berlin: Rowohlt 1926.

31. Frischbier, Hermann: Preußische Volksreime und Volksspiele. — Berlin: Theodor Enslin 1867.

32. Geerken, Hartmut [Hrsg.]: Die goldene Bombe. Expressionistische Märchendichtungen und Grotesken. Hrsg. von H. G. — (Darmstadt:) Agora (1970) (= 25. Bd. d. Schriftenreihe Agora).

33. Gilardone, Heinrich: Der Hias, ein feldgraues Spiel in 3 Aufzügen. — München: Oberspielleitung Der Hias 1917 (: Bieler & Co.).

34. Goethe, Johann Wolfgang: Werke. Hrsg. im Auftrage der Großherzogin Sophie von Sachsen. Abt. I, Bd. 1—55. — Weimar: Hermann Böhlau 1887—1919.

35. Grandville [eigentl. Jean-Ignace-Isidore Gérard]: Das gesamte Werk. Einl. von Gottfried Sello. Bd. 1—2. — (München:) Rogner & Bernhard 1969.

36. Gumppenberg, Hanns von: Das teutsche Dichterroß in allen Gangarten vorgeritten von H. v. G. 5. Aufl. — München: Georg D. W. Callwey 1906.

37. Hauff, Wilhelm: Werke in sechs Teilen. Auf Grund der Hempelschen Ausg. neu hrsg., mit Einl. u. Anm. vers. von Max Drescher. — Berlin, Leipzig, Wien, Stuttgart: Bong (1907) (= Goldene Klassiker Bibliothek).

38. Hauptmann, Gerhart: Eh ich nicht durchlöchert bin, kann der Feldzug nicht geraten! („Geistiges" Selbstporträt des Herrn G. H.) — In: Die Aktion 12 (1922) Nr. 31/32 vom 15. 8. 1922, Titelblatt.

39. Heine, Heinrich: Sämtliche Schriften. (Hrsg. von Klaus Briegleb.) Bd. 1—4 [mehr noch nicht ersch.]. — München: Carl Hanser 1968—1971.

40. Henckell, Karl: Gesammelte Werke. Erste kritische Ausg. seiner Hand. Bd. 1—4. — München: J. Michael Müller 1921.

41. Holz, Arno: Phantasus. — Leipzig: Insel 1916.

42. Holz, Arno: Das Werk. Erste Ausg. mit Einf. von Hans W. Fischer. Bd. 1—10. — Berlin: J. H. W. Dietz 1924—1925.

43. Hume, F. W.: Das Geheimnis eines [a. d. Umschl.: „des"; wechselt m. d. Aufl.] Fiakers. 3. Aufl. — Stuttgart: Robert Lutz 1901 (= Sammlung ausgew. Kriminal- und Detektivromane. Bd. 13); 1. Aufl. 1895.

44. Jean Paul: Werke. (Hrsg. von Norbert Miller, Nachw. Walter Höllerer.) Bd. 1—6. — München: Carl Hanser 1959—1966.

45. Kafka, Franz: Sämtliche Erzählungen. Hrsg. von Paul Raabe. — (Frankfurt a. M.:) Fischer Taschenbuch Verl. 1970 (= Fischer Taschenbuch. Bd. 1078).

46. Keller, Gottfried: Gesammelte Briefe. In vier Bdn. hrsg. von Carl Helbling. — Bern: Benteli 1951—1954.

47. Kihn, Alfred: Individualität. [Gedicht.] — In: Simplicissimus 28 (1923/24) Nr. 16 vom 16. 7. 1923, S. 198.

48. Allgemeines Deutsches Kommersbuch. Ursprünglich hrsg. unter musikalischer Redaktion von Friedrich Silcher und Friedrich Erk. 127.—135. Aufl. — Lahr in Baden: Moritz Schauenburg 1925.

49. Kleines Kommersbuch der Greifswalder Turnerschaft Cimbria. — (Großenhain in Sachsen: Verlagsdruckerei Hans Plasnick [o. J.]).

50. Körner, Theodor: Sämtliche Werke in vier Teilen. Neue vervollst. u. krit. durchges. Ausg. Hrsg. von Eugen Wildenow. — Leipzig: Max Hesse (1903).

51. „Neue Kreuzungen". Originelle Paarungen für Direktor Heck, ausge h e c k t von den „Lustigen Blättern". — In: Lustige Blätter 23 (1908) Nr. 14 vom 1. 4. 1908, S. 8.

52. Lewalter, Johannes: Deutsches Kinderlied und Kinderspiel. In Kassel aus Kindermund in Wort und Weise gesammelt. Mit einer wissenschaftlichen Abhandlung u. Anm. von Georg Schläger. — Kassel: Viëtor 1911—1914.

52a. Lichtenberg, Georg Christoph: Schriften und Briefe. Bd. 2: Sudelbücher II, Materialhefte, Tagebücher. (Hrsg. von Wolfgang Promies.) — Darmstadt: Wissenschaftl. Buchgesellschaft 1971 (Lizenzausg. des Carl Hanser Verlages, München).

53. Lichtenstein, Alfred: Gedichte und Geschichten. Hrsg. von Kurt Lubasch. Bd. 1—2. — München: Georg Müller 1919.

54. Lichtenstein, Alfred: Gesammelte Gedichte. (Auf Grund der hss. Gedichthefte A. L. s kritisch hrsg. von Klaus Kanzog.) — Zürich: Arche (1962) (= Sammlung Horizont).

55. Lohmeyer, Julius [Hrsg.]: Zur See, mein Volk! Die besten See-, Flotten-Lieder und Meerespoesien für Haus und Schule, vaterländische Vereine u. Feste ges. von J. L. — Leipzig: Breitkopf & Härtel 1900.

56. Schnellpfeffer, Jakobus [d. i. Carl Georg von *Maassen*]: Die Gedichte eines Gefühllosen. — München und Berlin: Verlag zum Toten Kind [Selbstverl.] 1903. — Als Manuskript für Freunde gedruckt. [Nach dieser Ausg. zitiert]. — Neuaufl. 1923 mit 18 Lithographien von Th. Th. Heine, ebenfalls als Privatdruck.

57. Schnellpfeffer, Jakobus [d. i. Carl Georg von *Maassen*]: Stecknadeln im Sofa. Gedichte. Illustrationen u. Buchausstattung von Ernst Ullmann. — Berlin: Internationale Bibliothek (1928).

58. Mann, Thomas: Erzählungen. Fiorenza. Dichtungen. — [Berlin und Frankfurt:] S. Fischer 1960 (= Th. M., Gesammelte Werke in zwölf Bänden. Bd. 8).

59. Marryat, [Frederick]: Marryat's Romane. Neueste, sorgfältig durchges. Ausg. Aus dem Englischen. Bd. 1—23. (Bd. 21—23 u. d. T.: Marryat's Werke.) — Berlin: C. Ziegler Nachf. 1889—1890.

60. Mehring, Walter: Das neue Ketzerbrevier. — (Köln, Berlin:) Kiepenheuer & Witsch (1962).

61. Mehring, Walter: Der Zeitpuls fliegt. Eine Auswahl. Mit einem Nachw. von Willy Haas. — (Hamburg:) Rowohlt (1958) (= rororo Taschenbuch Ausg. 282).

62. Meyer, Alfred Richard: Der große Munkepunke. Gesammelte Werke. 4. u. 5. Aufl. — Hamburg, Berlin: Hoffmann und Campe 1924.

63. Meyer, Rich[ard] M[oritz] [Hrsg.]: Deutsche Parodien. Deutsches Lied im Spottlied von Gottsched bis auf unsere Zeit. — München: Georg Müller u. Eugen Rentsch 1913 (= Pandora. Bd. 12).

64. Morgenstern, Christian: Galgenlieder. Nebst dem ‚Gingganz'. 37. u. 38. Aufl. — Berlin: Cassirer 1918. — 1. Aufl. 1905.

65. Morgenstern, Christian: Alle Galgenlieder. Galgenlieder / Palmström / Palma Kunkel / Gingganz. (Erw. u. in neuer Anordnung hrsg. von Margareta Morgenstern.) — Leipzig: Insel 1942.

66. Morgenstern, Christian: Der Gingganz. Aus dem Nachlaß hrsg. von Margareta Morgenstern. — Berlin: Cassirer 1919.

67. Morgenstern, Christian: Klein Irmchen. Ein Kinderliederbuch. Zeichnungen von Josua L[eander] Gampp. — Berlin: Cassirer 1921.

68. Morgenstern, Christian: Osterbuch. Verse. Bilder von K. F. von Freyhold. — Berlin: Cassirer (1910).

69. Mörike, Eduard: Sämtliche Werke. (Auf Grund der Originaldrucke hrsg. von Herbert G[eorg] Göpfert. Nachw. von Georg Britting. 3., rev. u. erw. Aufl.) — München: Carl Hanser (1964).

70. Mühsam, Erich: Sammlung 1898—1928. — Berlin: J. M. Spaeth 1928.

71. Münchhausen, Börries Freiherr von: Die Balladen und ritterlichen Lieder. 33. Tsd. — Berlin: Egon Fleischel 1918.

72. Musenklänge aus Deutschlands Leierkasten. Neu hrsg. von Adolf Thimme. Erster Teil: Faksimiledruck der Ausg. von 1849. Zweiter Teil: Lieder aus späteren Ausg. Die Entstehung der Musenklänge. Verz. der Dichter und Künstler. — Meersburg am Bodensee und Leipzig: F. W. Hendel 1936.

73. Mynona [d. i. Salomo Friedländer]: Schwarz-weiß-rot. Grotesken. Mit zwei Zeichnungen von L[udwig] Meidner. — Leipzig: Kurt Wolff 1916 (= Der jüngste Tag. Bd. 31).

74. Nestroy, Johann: Sämtliche Werke. Historisch-kritische Gesamtausg. in zwölf Bänden. Hrsg. von Fritz Brukner und Otto Rommel. Bd. 1—15. — Wien: Anton Schroll 1924—1930.

75. Nietzsche, Friedrich: Werke in drei Bänden. (Hrsg. von Karl Schlechta.) — München: Carl Hanser 1954—1956.

76. Pindar: Siegesgesänge und Fragmente. Griechisch und deutsch. Hrsg. u. übers. von Oskar Werner. — München: Ernst Heimeran (1967) (= Tusculum-Bücher).

77. Plüschow, Gunther: Die Abenteuer des Fliegers von Tsingtau. Meine Erlebnisse in drei Erdteilen. — Berlin: Ullstein 1916.

78. Pocci, Franz: Sämtliche Kasperl-Komödien. Bd. 1—3. — München: Etzold 1909.

79. Pocci, Franz: Lustiges Komödienbüchlein. Fünftes Bdchen. — München: Ernst Stahl 1875.

80. Pocci, Franz: Lustiges Komödienbüchlein. Hrsg. von Franz Graf von Pocci (Enkel). — München: Deutsch-Meister-Verl. 1921.

81. Pocci, Franz: Heitere Lieder, Kasperliaden und Schattenspiele. Zweite Samml. Reich ill. — München: Etzold (1908).

82. Rilke, Rainer Maria: Briefe aus den Jahren 1892 bis 1904. Hrsg. von Ruth Sieber-Rilke und Carl Sieber. — Leipzig: Insel 1939 (= Rilke, Gesammelte Briefe in sechs Bänden. Bd. 1).

83. Rilke, Rainer Maria: Sämtliche Werke. Hrsg. vom Rilke-Archiv in Verb. mit Ruth Sieber-Rilke besorgt durch Ernst Zinn. Bd. 1—6. — (Wiesbaden; ab Bd. 4 Frankfurt:) Insel 1955—1966.

84. Scharf, Ludwig: Tschandala-Lieder. — Stuttgart: Axel Juncker 1905.

85. Scheerbart, Paul: Der Aufgang zur Sonne. Hausmärchen. — Minden i. W.: J. C. C. Bruns [1903].

86. Scheerbart, Paul: Katerpoesie. 2.—4. Aufl. — Berlin: Rowohlt [1920]; 1. Aufl.: Paris: Rowohlt [1909].

87. Scheffel, Joseph Viktor: Werke. Hrsg. von Friedrich Panzer. Kritisch durchges. u. erl. Ausg. Bd. 1—4. — Leipzig und Wien: Bibliographisches Institut [1919].

88. Schiller, Friedrich: Sämtliche Werke. (Auf Grund der Originaldrucke hrsg. von Gerhard Fricke und Herbert G[eorg] Göpfert in Verb. mit Herbert Stubenrauch. 4., durchges. Aufl.) Bd. 1—5. — München: Carl Hanser (1965).

89. Schuler, Alfred: Dichtungen aus dem Nachlaß. — (München 1930: Meisterschule für Deutschlands Buchdrucker).

90. Schwitters, Kurt: Anna Blume. Dichtungen. — Hannover: Paul Steegemann 1919 (= Die Silbergäule. Bd. 39/40).

91. Schwitters, Kurt: Anna Blume und ich. Die gesammelten „Anna Blume"-Texte. Hrsg. von Ernst Schwitters. Mit Photos, Zeichnungen, Dokumenten. — Zürich: Arche (1965).

92. Seidel, Willy: Jossa und die Junggesellen. Ein heiterer Roman aus dem heutigen Schwabing. — München: Albert Langen 1930. — Schlüsselroman mit Carl Georg von Maassen als Ulrich von Uzbach.

93. Serner, Walter: Letzte Lockerung. Manifest dada. — Hannover: Paul Steegemann 1920 (= Die Silbergäule. Bd. 62—64).

94. Serner, Walter: Letzte Lockerung. Ein Handbrevier für Hochstapler und solche, die es werden wollen. — Berlin: gehardtverl. (1964).

95. Shakespeare, William: Werke in fünfzehn Teilen. Übers. der Dramen von Schlegel und Tieck, der Gedichte von Wilhelm Jordan und Max Josef Wolff. Hrsg., nach dem engl. Text rev. und mit Einl. und Anm. vers. von Wolfgang Keller. — Berlin, Leipzig, Wien, Stuttgart: Bong [1912].

96. Sterne, Laurence: The Life and Opinions of Tristam Shandy, Gentleman & A Sentimental Journey through France and Italy. Bd. 1—2. — London und New York: Macmillan 1900 (= Library of English Classics).

97. Stoppe, Daniel: Neue Fabeln oder Moralische Gedichte, der Jugend zu einem nützlichen Zeitvertreibe aufgesetzt von D. St., aus Hirschberg in Schlesien, Mitgliede der deutschen Gesellschaft in Leipzig. 2 Theile [in 1 Bd.] — Breßlau: Johann Jacob Korn 1740.

98. Storm, Theodor: Sämtliche Werke in acht Bänden. Hrsg. von Albert Köster. — Leipzig: Insel 1923.

99. Supf, Peter: Lieder aus den Lüften. — Jena: Diederichs 1919.

100. Supf, Peter [Hrsg.]: Das hohe Lied vom Flug. Erste Sammlung deutscher Flug-dichtung. — Berlin, Stuttgart, Leipzig: Union Deutsche Verlagsgesellschaft [1928] (= Des deutschen Volkes Flugdichtung I).

101. Thoma, Ludwig: Der 1. August. Christnacht 1914. 2 Einakter. — München: Albert Langen [1915] (= Langens Kriegsbücher. 5. Bdch.).

102. Tucholsky, Kurt: Gesammelte Werke. Hrsg. von Mary Gerold-Tucholsky, Fritz J. Raddatz. Bd. 1—4. — (Reinbek bei Hamburg:) Rowohlt (1960—1962).

103. Uhland, Ludwig: Werke. Hrsg. von Ludwig Fränkel. Kritisch durchges. u. erl. Ausg. Bd. 1—2. — Leipzig und Wien: Bibliographisches Institut (1893) (= Meyers Klassiker-Ausgaben).

104. Wedekind, Frank: Gesammelte Briefe. (Hrsg. von Fritz Strich.) Bd. 1—2. — München: Georg Müller 1924.

105. Wedekind, Frank: Gesammelte Werke. Bd. 1—8. — München und Leipzig: Georg Müller 1919.

106. Werner, R[einhold]: Admiral Karpfanger. Erzählung aus Hamburgs Vorzeit. — München: J. F. Lehmann 1899 (= Vaterländ. Jugendbücherei für Knaben u. Mädchen hrsg. von Julius Lohmeyer. Bd. 8).

107. Werner, Reinhold: Erinnerungen und Bilder aus dem Seeleben. — Berlin: A. Hof-mann 1880. — 6. Aufl.: Berlin: Allg. Verl. f. deutsche Litteratur 1898 (= Allg. Verein f. deutsche Litteratur. Ser. 5, Bd. 3).

108. Werner, R[einhold]: Auf fernen Meeren und Daheim. Erzählungen aus dem Seeleben. — Berlin: Allg. Verl. f. deutsche Litt. 1893 (= Allg. Verein f. deutsche Litt. Ser. 18, Bd. 1).

109. Werner, R[einhold]: Salzwasser. Erzählungen aus dem Seeleben. — Berlin: Allg. Verein f. Deutsche Litt. 1897 (= Allg. Ver. f. Deutsche Litt. Ser. 23, Bd. 2).

110. Des Knaben Wunderhorn. Alte deutsche Lieder gesammelt von L[udwig] Achim von Arnim und Clemens Brentano. (Vollst. Ausg. nach dem Text der Erstausg. von 1806/08. Mit einem Nachw. vers. von Willi A. Koch.) — München: Winkler (1957).

111. Zweig, Arnold: Die Bestie. Erzählungen. — München: Albert Langen [1914; ausgegeben 1919] (= Langen's Kriegsbücher. 3. Bdch.).

II. Sekundärliteratur

112. Adler, Alfred: Über den nervösen Charakter. Grundzüge einer vergleichenden Individual-Psychologie und Psychotherapie. (Unveränd. reprogr. Nachdruck der 4. Aufl. München 1928.) — Darmstadt: Wissenschaftliche Buchgesellschaft 1969.

113. Adler, Alfred: Menschenkenntnis. Zweite, verb. Aufl. — Leipzig: S. Hirzel 1928.

114. Adler, Alfred: Studie über Minderwertigkeit von Organen. (Unveränd. reprogr. Nachdruck der Ausg. München 1927.) — Darmstadt: Wissenschaftliche Buch-gesellschaft 1965.

115. Albrecht, Friedrich: Deutsche Schriftsteller in der Entscheidung. Wege zur Arbeiterklasse 1918—1933. — Berlin und Weimar: Aufbau-Verlag 1970 (= Beiträge zur Geschichte der deutschen sozialistischen Literatur im 20. Jahrhundert. Bd. 2).

116. Allport, Gordon W.: Gestalt und Wachstum in der Persönlichkeit. Übertragen und hrsg. von Helmut von Bracken. — Meisenheim am Glan: Anton Hain 1970.

117. Bab, Julius: Das Theater der Gegenwart. Geschichte der dramatischen Bühne seit 1870. — Leipzig: J. J. Weber 1928 (= Illustrierte theatergeschichtliche Monographien. Bd. 1).

118. Bachofen, Johann Jakob: Gesammelte Werke. Mit Benützung des Nachlasses unter Mitw. von ... hrsg. von Karl Meuli. Bd. 3: Das Mutterrecht. Zweite Hälfte. Mit Unterstützung von ... hrsg. von K. M. Bd. 7: Die Unsterblichkeitslehre der orphischen Theologie. Römische Grablampen. In Verb. mit ... hrsg. von Emanuel Kienzle, Karl Meuli und Karl Schefold. — Basel, Stuttgart: Benno Schwabe 1948 bzw. 1958.

119. Baumgarth, Christa: Geschichte des Futurismus. — (Reinbek bei Hamburg:) Rowohlt (1966) (= rowohlts deutsche enzyklopädie. Bd. 248/49).

120. Bergsträsser, Ludwig: Die Entwicklung des Parlamentarismus in Deutschland. — In: Parlamentarismus. Hrsg. von Kurt Kluxen. — Köln, Berlin: Kiepenheuer & Witsch (1967) (= Neue wissenschaftliche Bibliothek. 18. Geschichte), S. 138—160.

121. Brachfeld, Oliver: Minderwertigkeitsgefühle beim Einzelnen und in der Gemeinschaft (Inferiority Feelings in the Individual and the Group [1951] und Les sentiments d'infériorité [1945], deutsch; übers. von Hermine Rohner; der Verf. hat die Übers. autorisiert u. d. Zusätze erg.). — Stuttgart: Ernst Klett (1953).

122. Brockhaus' Konversations-Lexikon. 14., vollst. neu bearb. Aufl. in 16 Bänden. — Leipzig: Brockhaus 1893—1895.

123. Brüggemann, Siegfried: Leibesübungen in der neueren deutschen Dichtung. — In: Leibesübungen und körperliche Erziehung 54 (1935) H. 20 vom 20. 10. 1935, S. 440—445; S. 441: J. R. erwähnt.

124. Bühler, Charlotte: Der menschliche Lebenslauf als psychologisches Problem. Zweite, völlig veränd. Aufl. von Ch. B. unter Mitarb. von Herman Harvey und Ella Kube. — Göttingen: C. J. Hogrefe (1959).

125. Castelli, I[gnaz] F[ranz]: Memoiren meines Lebens. Gefundenes und Empfundenes, Erlebtes und Erstrebtes. Mit einer Einl. u. Anm. neu hrsg. von Josef Bindtner. Bd. 1—2. — München: Georg Müller [1914] (= Denkwürdigkeiten aus Alt-Österreich. Bd. 9—10).

126. Conze, Werner: Die Zeit Wilhelms II. und die Weimarer Republik. Deutsche Geschichte 1890—1933. — Tübingen: Rainer Wunderlich und Stuttgart: Metzler 1964.

127. Dreyer, Aloys: Franz Pocci, der Dichter, Künstler und Kinderfreund. Mit zahlreichen Illustrationen. — München und Leipzig: Georg Müller 1907.

128. Ermatinger, Emil: Gottfried Kellers Leben. Mit Benutzung von Jakob Baechtolds Biographie dargest. von E. E. 4. u. 5. Aufl. — Stuttgart und Berlin: Cotta 1920 (= Ermatinger, Gottfried Kellers Leben, Briefe und Tagebücher. Bd. 1).

129. Ernst, Otto: Die hermetische Gesellschaft. Ein Zukunftsbild. [Über einen — miß-verstandenen — anonymen Brief der H. G. an die Zs.] — In: Der Turmhahn. Staackmanns Halbmonatsschrift. Hrsg. von Karl Hans Strobl. 1 (1914) 1. Januar-heft, S. 46—48.

130. Expressionismus als Literatur. Gesammelte Studien. Hrsg. von Wolfgang Rothe. — Bern und München: Francke (1969).

131. Festschrift zum VIII. Akademischen Turnbundsfest in Allenstein. 30. Juli bis 3. August 1925. Hrsg. vom Vorstand des Akademischen Turnbunds des A. T. V. Gothania-Jena. — Allenstein 1925: W. E. Harich Nachf.

132. Fittbogen, Gottfried: Die Dichtung der Unbedingten. — In: Euphorion 26 (1925) S. 75—100.

133. Francis, E[merich] K.: Wissenschaftliche Grundlagen soziologischen Denkens. (2. Aufl.). — Bern und München: Francke (1965) (= Dalp-Taschenbücher. Bd. 339 D).

134. Freud, Sigmund: Gesammelte Werke. Chronologisch geordnet. (Unter Mitw. von Marie Bonaparte, Prinzessin Georg von Griechenland hrsg. von Anna Freud, E. Bibring, W. Hoffer, E. Kris und O. Isakower.) Bd. 1—18. — (Frankfurt a. M.:) S. Fischer 1940—1968 (Lizenzausgabe von Imago-Publishing Co. London). — Es wurde jeweils die neueste Aufl. benutzt.

135. Friedensburg, Ferdinand: Die Weimarer Republik. — Berlin: Carl Habel 1946.

136. Fuchs, Reinhold: Seefahrt und Dichtung. — In: Die Flotte. Monatsblatt des deutschen Flottenvereins 7 (1904) Nr. 1 vom Januar, S. 3—5.

137. Gasch, Rudolf: Geschichte der Turnkunst. — Leipzig: Göschen 1910 (= Samm-lung Göschen 504).

138. Gasch, Rudolf: 32 Turntafeln für das Keulenschwingen. Mit 91 Bildern von M[ax] Burger. 2. Aufl. — Leipzig: Max Hesse 1913 (= Deutsche Volks-Turn-bücher. H. 1/2).

139. Göhler, Josef: Die Leibesübungen in der deutschen Sprache und Literatur. — In: Deutsche Philologie im Aufriß. 2., überarb. Aufl. Unter Mitarb. zahlreicher Fach-gelehrter hrsg. von Wolfgang Stammler. Bd. 3. — (Berlin:) Erich Schmidt (1962), Sp. 2973—3050; Sp. 3031: J. R. erwähnt.

140. Grimm, Reinhold: Begriff und Gattung der Humoreske. — In: Jean-Paul-Jahr-buch 3 (1968) S. 145—164.

141. Günther, Helmut: Zwischen Freiheit und Terror. Das Thema der europäischen Fliegerdichtung. — In: Deutsche Rundschau 83 (1957) S. 166—169.

142. Guilford, J. P.: Persönlichkeit. Logik, Methodik und Ergebnisse ihrer quantitativen Erforschung. Übertragen von Heinrich Kottenhoff und Ursula Agrell. 2./3. Aufl., erg. durch ausf. Namens- u. Sachreg. — Weinheim/Bergstr.: Beltz (1965).

143. Haecker, Theodor: Der Buckel Kierkegaards. — In: Th. H.: Essays. — München: Kösel (1958), S. 561—624.

144. Halbe, Max: Jahrhundertwende. Geschichte meines Lebens 1893—1914. — Dan-zig: A. W. Kafemann 1935.

145. Handwörterbuch des deutschen Aberglaubens. Hrsg. unter bes. Mitw. von E. Hoffmann-Krayer u. Mitarb. zahlreicher Fachgenossen von Hanns Bächtold-Stäubli. Bd. 1—10. — Berlin und Leipzig (ab Bd. 9 nur Berlin): de Gruyter 1927 bis 1942 (= Handwörterbücher zur deutschen Volkskunde. Abt. I Aberglaube).

146. Hardensett, Heinrich: Die Flugtechnik in der Dichtung. — In: Technik und Kultur. Zeitschrift des Verbandes deutscher Diplom-Ingenieure (Berlin) 19 (1928) H. 5 vom 15. 5., S. 73—77 und H. 6 vom 15. 6., S. 89—93.

147. Hartley, Eugene L[eonhard], und Ruth E.: Grundlagen der Sozialpsychologie, zweite unveränd. Aufl., erg. durch neue Literaturnachweise. — Berlin: Rembrandt (1969).

148. Henningsen, Jürgen: Theorie des Kabaretts. — Ratingen: Henn (1967).

149. Hohlfeld, Johannes: Deutsche Reichsgeschichte in Dokumenten 1849—1926. 2. Halbbd. [1906—1926]. — Berlin: Deutsche Verlagsges. für Politik und Geschichte 1927.

150. Huelsenbeck, Richard: En avant Dada. Eine Geschichte des Dadaismus. — Hannover, Leipzig, Wien, Zürich: Paul Steegemann (1920) (= Die Silbergäule. Bd. 50—51).

151. Jahn, Friedrich Ludwig, und Ernst Eiselen: Die deutsche Turnkunst zur Einrichtung der Turnplätze dargestellt von F. L. J. und E. E. Mit zwei Kupferplatten. — Berlin: Hrsg. 1816. (Faksimiledruck: Fellbach bei Stuttgart 1967: Verlagsdruckerei Conradi & Co.).

152. Kayser, Wolfgang: Das Groteske. Seine Gestaltung in Malerei und Dichtung. Zweite, unveränd. Aufl. — (Oldenburg und Hamburg:) Stalling 1961.

153. Kielmannsegg, Peter Graf: Deutschland und der Erste Weltkrieg. — (Frankfurt a. M.:) Athenaion (1968) (= Athenaion-Bibliothek der Geschichte).

154. Killy, Walter: Deutscher Kitsch. Ein Versuch mit Beispielen. — Göttingen: Vandenhoeck & Rupprecht (1961) (= Kleine Vandenhoeck-Reihe. 125—127).

155. Klages, Ludwig: Vom kosmogonischen Eros. Dritte, veränd. Aufl. — Jena: Eugen Diederichs 1930.

156. Klossowski, Erich: Die Maler von Montmartre. (Willette, Steinlein, T[oulouse]-Lautrec, Léandre.) — Berlin: Julius Bard (1903) (= Die Kunst. Sammlung illustrierter Monographien. Bd. 15).

157. Köhl, Hermann, James C. Fitzmaurice, und E[hrenfried] G[ünther] v[on] Hünefeld: Unser Ozeanflug. Lebenserinnerungen. Der erste Ost-Westflug über den Atlantik in der „Bremen". 9., erw. Aufl. — Berlin: Union Deutsche Verlagsgesellschaft [1929]; 1. Aufl. 1928.

158. Kotzebue, A[ugust Friedrich Ferdinand] von: Geschichte des deutschen Reiches von dessen Ursprunge bis zu dessen Untergange. Bd. 1—2. — Leipzig: Kummer 1814—1815.

159. Kotzebue, August [Friedrich Ferdinand] von: Literarisches Wochenblatt. Bd. 1—4. — Weimar: Hoffmannische Hof-Buchhandlung 1818—1819.

160. Kramer, Josef: Kindliche Phantasien über Berufswahl. — In: Heilen und Bilden. Grundlagen der Erziehungskunst für Ärzte und Pädagogen. Hrsg. von Alfred

Adler und Carl Furtmüller. 2., neubearb. u. erw. Aufl., red. von Erwin Wexberg. — München: J. F. Bergmann 1922, S. 294—305.

161. Kraus, Karl: [Anm. zu Erich Mühsam, Bohême (B 176).] — In: Die Fackel Bd. 12, 8 (1906/07) Nr. 202 vom 30. 4. 1906, S. 8.

162. Kreuzer, Helmut: Die Bohême. — Stuttgart: Metzler 1968.

163. Lehmann, Paul: Die Parodie im Mittelalter. Mit 24 ausgew. parodistischen Texten. 2., neubearb. u. erg. Aufl. — Stuttgart: Anton Hiersemann 1963.

164. Lersch, Philipp: Der Aufbau der Person. 10. Aufl. — München: J. A. Barth 1966.

165. Liede, Alfred: Dichtung als Spiel. Studien zur Unsinnspoesie an den Grenzen der Sprache. Bd. 1—2. — Berlin: de Gruyter 1963.

166. Liede, Alfred: Parodie. [Artikel.] — In: Reallexikon der deutschen Literaturgeschichte. Begr. von Paul Merker und Wolfgang Stammler. Zweite Aufl. Neu bearb. und unter redaktioneller Mitarb. von Klaus Kanzog sowie Mitwirkung zahlreicher Fachgelehrter hrsg. von Werner Kohlschmidt und Wolfgang Mohr. Bd. 3, 1. Lfg. — Berlin: de Gruyter 1966, S. 12—72.

167. Lobeck, Helmut: Kunstmärchen. [Artikel.] — In: Reallexikon der deutschen Literaturgeschichte. Zweite Aufl. Bd. 1 (1958) S. 909—912.

168. Maassen, Carl Georg von: Der grundgescheute Antiquarius. Freuden und Leiden eines Büchersammlers für Kenner und Liebhaber zusammengest. und mit einem Vorw. vers. von Carl Graf von Klinckowstroem, mit einer biographischen Einl. von Alfred Bergmann. — Frechen: Bartmann (1966).

169. Mann, Thomas: Gedanken im Kriege. — In: Die neue Rundschau 25 (1914) Bd. 2, H. 11 (November), S. 1471—1484.

170. Meerstein, Günter: Das Kabarett im Dienste der Politik. — Dresden: Dittert 1938 (zugl. Phil. Diss. Leipzig 1938).

171. Messer, August: Geschichte der Philosophie im Altertum und Mittelalter. 10., verb. Aufl. — Leipzig: Quelle & Meyer 1937 (= Wissenschaft und Bildung. 107).

172. Messer, August: Geschichte der Philosophie vom Beginn der Neuzeit bis zum Ende des 18. Jahrhunderts. — Leipzig: Quelle & Meyer 1912 (= Wissenschaft und Bildung. 108).

173. Messer, August: Geschichte der Philosophie im 19. Jahrhundert. 4./5., verb. Aufl. — Leipzig: Quelle & Meyer 1920 (= Wissenschaft und Bildung. 109).

174. Meyer, Alfred Richard: die maer von der musa expressionistica. zugleich eine kleine quasiliteraturgeschichte mit über 130 praktischen beispielen. — düsseldorf-kaiserswerth: die fähre (1948); S. 69: J. R. erwähnt.

175. Mothes, Rudolf: Das 12. Deutsche Turnfest. [1913]. — In: Leipziger Kalender 11 (1914) S. 179—198.

176. Mühsam, Erich: Bohême. — In: Die Fackel Bd. 12, 8 (1906/07) Nr. 202 vom 30. 4. 1906, S. 4—10.

177. Mühsam, Erich: Das Cabaret. — In: Die Fackel Bd. 11, 7 (1905/06) Nr. 199 vom 23. 3. 1906, S. 16—21.

178. Müller, Carl Wolfgang: Das Kabarett. — In: Handbuch der Publizistik. Unter Mitarb. führender Fachleute hrsg. von Emil Dovifat. Bd. 2: Praktische Publizistik, 1. Teil. — Berlin: de Gruyter 1969, S. 529—541.

179. Müller, Carl Wolfgang, und Konrad Hammer: Narren, Henker, Komödianten. Geschichte und Funktion des politischen Kabaretts. — (Bonn:) Verl. Schaffende Jugend (1956).

180. Müller, Carl Wolfgang: Das Subjektiv-Komische in der Publizistik, dargest. an den Anfängen des politischen Kabaretts in Deutschland. — Berlin, F. U., Phil. Diss 1956 [Masch.].

181. Muschg, Walter: Tragische Literaturgeschichte. Vierte Aufl. — Bern und München: Francke (1969).

182. Muschg, Walter: Der fliegende Mensch in der Dichtung. — In: Neue Schweizer Rundschau NF 7 (1939/40) H. 5 (September 1939) S. 311—320; H. 6 (Oktober 1939) S. 384—392; H. 7 (November 1939) S. 446—453.

183. Muschg, Walter: Die dichterische Phantasie. Einführung in eine Poetik. Mit einer Bibliographie der Veröffentlichungen von Walter Muschg. — Bern und München: Francke (1969).

184. Muschg, Walter: Umriß eines Gottfried-Keller-Porträts. [I] Der Zwerg. [II] Das Vaterland. — In: W. M.: Gestalten und Figuren. (Ausw. von Elli Muschg-Zollikofer.) — Bern und München: Francke (1968), S. 148—208.

185. Naumann, Hans: Primitive Gemeinschaftskultur. Beiträge zur Volkskunde und Mythologie. — Jena: Eugen Diederichs 1921; S. 168—190: Studien über den Bänkelsang.

186. Ompteda, Georg Freiherr von: Der Segen des Krieges. — In: Die Woche 16 (1914) Nr. 35 vom 29. 8. 1914, S. 1458 u. 1460.

187. Ostwald, Hans: Sittengeschichte der Inflation. Ein Kulturdokument aus den Jahren des Marktsturzes. — Berlin: Neufeld & Henius (1931).

188. Pfemfert, Franz: (Über Herrn Kriegssänger Gerhart Hauptmann.) — In: Die Aktion 12 (1922) Nr. 31/32 vom 15. 8. 1922, Sp. 429 ff.

189. Pocci, Franz (Enkel): Das Werk des Künstlers Franz Pocci. Ein Verzeichnis seiner Schriften, Kompositionen und graphischen Arbeiten, zusammengestellt von F. P. (Enkel). Mit zwei Bildnissen und einer Handschriftenprobe. — München: Horst Stobbe 1926 (= Einzelschriften zur Bücher- und Handschriftenkunde. Bd. 5).

190. Polenz, Peter von: Geschichte der deutschen Sprache. Siebente, völlig neu bearb. Aufl. der früheren Darstellung von Hans Sperber. — Berlin: de Gruyter 1970 (= Sammlung Göschen. Bd. 915/915 a).

191. Reich, Hermann: Der Mimus. Ein litterar-entwicklungsgeschichtlicher Versuch. Bd. 1—2. — Berlin: Weidmann 1903.

192. Reinisch, Leonhard [Hrsg.]: Die Zeit ohne Eigenschaften. Eine Bilanz der zwanziger Jahre. — Stuttgart: Kohlhammer (1961).

193. Richter, Werner: Deutsche Flugdichtung. — In: Ikarus. Im Fluge durch die große Welt (Berlin) 2 (1926) Nr. 3 (Juni) S. 19—24 [besonders über Peter Supf].

194. Richter, Werner: Peter Supf, der „Fliegerdichter". — In: Ikarus 5 (1929) Nr. 2 (Februar) S. 38 f.

195. Riedel, Karl Veit: Der Bänkelsang. Wesen und Funktion einer volkstümlichen Kunst. — Hamburg: Museum für Hamburgische Geschichte 1963 (= Volkskundliche Studien. Bd. 1); S. 25: J. R. erwähnt.

196. Rosenkranz, Karl: Aesthetik des Häßlichen. Faksimile-Neudruck der Ausg. Königsberg (: Bornträger) 1853 hrsg. von Walter Gose und Walter Sachs. — Stuttgart-Bad Cannstatt: Friedrich Frommann 1968.

197. Salomon, Felix: Die deutschen Parteiprogramme, begr. von F. S. Heft 3: Das Deutsche Reich als Republik, 1918—1930. 5. Aufl. hrsg. von Wilhelm Mommsen und Günther Franz. — Leipzig und Berlin: Teubner 1931 (= Quellensammlung zur deutschen Geschichte).

198. Schäfer, Dietrich: Deutschland zur See. Eine historisch-politische Betrachtung. — Jena: Gustav Fischer 1897.

199. Schenda, Rudolf: Der italienische Bänkelsang heute. Mit 4 Abb. — In: Zeitschrift für Volkskunde 63 (1967) S. 17—39; S. 17: Allg. über Bänkelsang.

200. Scheuer, Helmut: Arno Holz im literarischen Leben des ausgehenden 19. Jahrhunderts ⟨1883—1896⟩. Eine biographische Studie. — München: Winkler (1971) (= Winkler-Studien).

201. Schläger, Georg: Einige Grundfragen der Kinderspielforschung. I. Über Wesen und Ursprung des Spieles. — In: Zeitschrift für Volkskunde 27 (1917) S. 106 bis 121; II. Kind und Sprachspiel. — In: ebda. 27 (1917) S. 199—215; 28 (1918) S. 15—25; III. Kind und Kunstform. — In: ebda. 33/34 (1923/24) S. 137—152.

202. Schmähling, Walter: Die Darstellung der menschlichen Problematik in der deutschen Lyrik 1890—1914. — München: Wilhelm Fink 1962 (zugl. Phil. Diss. München 1962).

203. Schott, Georg: Die Puppenspiele des Grafen Pocci. Ihre Quellen und ihr Stil. — Frankfurt 1911: H. Chr. Schack (zugl. Phil. Diss. München 1911).

204. Stammler, Wolfgang: Seemanns Brauch und Glaube. — In: Deutsche Philologie im Aufriß. 2., überarb. Aufl. Unter Mitarb. zahlreicher Fachgelehrter hrsg. von W. St. Bd. 3. — (Berlin:) Erich Schmidt (1962), Sp. 2901—2972.

205. Steputat, Willy: Deutsches Reimlexikon. — Leipzig: Reclam [1920] (= RUB Nr. 2876—2877 a).

206. Sternitzke, Erwin: Der stilisierte Bänkelsang. — Würzburg: Konrad Triltsch 1933; S. 77: J. R. erwähnt.

207. Strauß, David Friedrich: Christian Friedrich Daniel Schubart's Leben in seinen Briefen. Gesammelt, bearb. und hrsg. von D. F. Str. Mit einem Vorw. von Eduard Zeller. 2. Aufl., zwei Theile in einem Bande. — Bonn: Emil Strauß 1878.

208. Taubmann, Horst: Ein Teufel, Kotzebue genannt. Szenische Dokumentation zum 150. Todesjahr des deutschen Komödienverfertigers. — Baden-Baden: Johannes Hertel 1969 [masch., hektogr.].

209. Thimme, Adolf: Georg Wigand und die Musenklänge aus Deutschlands Leierkasten. Bibliophile Bemühungen um literarische Kleinigkeiten. Ein Kommentar

zu einer Neuausg. der Musenklänge. — Göttingen: Otto Deneke 1935 (= Göttingische Nebenstunden. 12).

210. Vischer, Friedrich Theodor: Kritische Gänge. Hrsg. von Robert Vischer. 2., verm. Aufl. Bd. 1—6. — München: Meyer & Jessen 1922.

211. Vogel, Johannes: Turn- und Sportromane. Rückblick und Ausblick. — In: Leibesübungen und körperliche Erziehung 53 (1934) H. 9/10 vom 5. 6. 1934, S. 172—177; S. 174: J. R. erwähnt.

211a. Wegehaupt, Heinz: Deutschsprachige Kinder- und Jugendliteratur der Arbeiterklasse von den Anfängen bis 1945. Bibliographie. — Berlin: Kinderbuchverlag [1972] (= Resultate [1]).

212. Werner, Bruno E.: Die Zwanziger Jahre. Von morgens bis mitternachts. — (München:) Bruckmann (1962); S. 51 und 155: J. R. erwähnt [zur Hauptsache Bildband].

213. Werner, R[einhold]: Das Buch von der Deutschen Flotte. Sechste verm. und fortgef. Aufl. des Buches von der Norddeutschen Flotte. — Bielefeld und Leipzig: Velhagen & Klasing 1893 [danach zitiert]; 7. Aufl. 1898.

214. Wislicenus, Georg: Deutschlands Seemacht sonst und jetzt. Nebst einem Überblick über die Geschichte der Seefahrt aller Völker. Von G. W., Kapitänleutnant a. D. Erl. durch 8 farb. Einschaltebilder und 65 Textbilder v. d. Marinemaler Willy Stöwer. Zweite, neubearb. u. stark erw. Aufl. — Leipzig: Grunow 1901.

215. Wilke, Hans-Jürgen: Die Gedicht-Überschrift. Versuch einer historisch-systematischen Entwicklung. — Frankfurt, Phil. Diss. 1955 [Masch.].

216. Zulliger, Hans: Bausteine zur Kinderpsychotherapie und Kindertiefenpsychologie. ⟨Zweite durchges. und erw. Aufl.⟩ — Bern und Stuttgart: Hans Huber (1966).

217. Zulliger, Hans: Einführung in die Kinderseelenkunde. Nachgelassene Vorlesungen. Mit einem Vorw. von Professor Dr. D. Langen. — Bern und Stuttgart: Hans Huber 1967 (= Bücher des Werdenden, Zweite Reihe, Bd. 12).

218. Zulliger, Hans: Das Kind in der Entwicklung. (Manuskriptbearb.: Martha Zulliger.) — Bern, Stuttgart, Wien: Hans Huber (1969).

219. Zulliger, Hans: Heilende Kräfte im kindlichen Spiel. — (Frankfurt a. M. und Hamburg:) Fischer Bücherei (1970) (= Fischer Bücherei. Nr. 6006). — Lizenzausg. des Ernst Klett Verl. Stuttgart, 4. Aufl. 1962.

VERZEICHNIS DER BRIEFE
VON JOACHIM RINGELNATZ

Die Reihenfolge der einzelnen Brieflisten ist chronologisch und richtet sich nach dem jeweils frühesten Brief der entsprechenden Gruppe; lediglich die Briefe an verschiedene Adressaten sind abweichend davon am Schluß verzeichnet. Wo nicht anders vermerkt, handelt es sich um handschriftliche Briefe; die an Muschelkalk bilden eine Ausnahme (siehe dort S. 390). Die Nummern der Briefe, die nur in Antiquariatskatalogen oder im „Jahrbuch der Auktionspreise" nachzuweisen und mir trotz aller Bemühungen nicht zugänglich waren, sind in [] gesetzt; die Quellenangaben finden sich in den Anmerkungen.

Fortsetzungsbriefe, die — an verschiedenen Tagen geschrieben — doch *einen* Brief bilden, werden durch Untergliederung der entsprechenden Nummer in a, b, c usf. kenntlich gemacht.

A, M, E	Anfang, Mitte, Ende des Monats
e	Datum aus dem Inhalt erschlossen (nur bei Briefen, die als Original überliefert sind, nicht bei denen an Muschelkalk)
Hs. v. M.	Handschrift dieses Briefes von Muschelkalk
masch. m. U.	maschinenschriftlich mit Unterschrift von Ringelnatz
P	Poststempel
U. v. J. R.	Unterschrift von Ringelnatz
?	genaues Datum (Tag, Monat oder Jahr) oder Ort nicht feststellbar
(?)	Einordnung unsicher
(Berlin) usf.	Ort dem Poststempel entnommen oder erschlossen (nicht bei den Briefen an Muschelkalk)
Marbach	Handschriften-Abteilung des Deutschen Literaturarchivs, Schiller-Nationalmuseum, Marbach am Neckar.

Zu allen weiteren Abkürzungen siehe allgemeines Abkürzungsverzeichnis oben S. XII f.

An die Eltern, Geschwister und andere Verwandte (EG)

Zu Ringelnatzens Elternhaus siehe Georg Bötticher, Meine Lieben (A 519); ML, S. 7—47; Günther, Ringelnatz (A 435), S. 11—21 und im ersten Teil dieser Arbeit.

In der Spalte „Anmerkungen" ist zuerst der Ort oder die Sammlung angegeben, wo sich die Briefe befinden.

An die Eltern — Georg Bötticher (20. 5. 1849—15. 1. 1918) und Rosa Marie, geb. Engelhart (23. 8. 1857—18. 1. 1924)

Nr.	Datum	Ort	Anmerkungen
1	1901 — 5 — 27	Le Havre	GR; auf dem Brief eines Schiffskameraden an seine Mutter; abgedruckt in ML, S. 82 f.
2	1901 — 7 — 25	Belize, British Honduras	GR; an den Vater, mit Gedicht „Welch innig warme Freude"; abgedruckt in IM, S. 31 f.
3	1905 — 5 — ca. 19	(Hamburg)	Herbert Günther, München; Geburtstagsbriefgedicht an den Vater; teilw. wiedergegeben in: Günther, Ringelnatz (A 435), S. 16 f.
4	1908 — 2 — 1	(Frankfurt)	Fritz Schirmer, Halle; an die Mutter (Adresse), Anrede: „Liebe Eltern!"
5	1909 — 5 — 19	München	Herbert Günther, München; Geburtstagsbriefgedicht an den Vater; verkleinertes Faksimile und wiedergegeben in: Günther, Ringelnatz (A 435), S. 17 bzw. 19.
6	1911 — 5 — ?	e Kufstein/Tirol	GR
7	1917 — 4 — 9	Waltershausen/Thür.	Fritz Schirmer, Halle; an den Vater; mit Zeilen des Schriftstellers August Trinius (1851—1919) — vgl. ML, S. 340 — und dessen Tochter Ruth.

An die Schwester Ottilie (18. 1. 1882—15. 11. 1958; seit 1909 verheiratete Mitter) und deren Tochter Rosemarie

Nr.	Datum		Ort	Anmerkungen
8	1896 — 7 — 17		Leipzig	Herbert Günther, München; auf demselben Blatt Brief der Mutter an Ottilie.
9	189? — 1 — ?	(M)	Leipzig	Herbert Günther, München; Briefgedicht zum Geburtstag der Schwester: „Sollte es denn wirklich wahr sein?"
10	189? — 8 — ?	(M)	Leipzig	Herbert Günther, München; Geburtstagsdankbrief.
11	189? — 2 — ?		(Leipzig)	GR; „Liebe Ottilie / Endlich will ich dir wieder einmal schreiben"; mit Vierzeiler am Schluß des Briefes.
12	1901 — 10 — 15	(P)	Hamburg	Herbert Günther, München.
13	1901 — 10 — 19		(Hamburg)	GR; Abschrift im ersten Briefordner der Briefe an M. (auch SR Hamburg).
14	1903 — 1 — 18		Kiel	GR, Kopie.
15	1903 — 3 — 14		Hamburg	GR
16	1903 — 3 — 24		Hamburg	GR
17	1903 — 7 — 15		(Hamburg)	GR
18	1904 — 1 — 22		Kiel	GR
19	1904 — 8 — 7		(Kiel)	GR
20	1911 — 5 — 11		Kufstein/Tirol	GR
21	1912 — 1 — 3	(P)	Riga	Herbert Günther, München.
22	1914 — 8 — 3		Augsburg	ebda.
23	1914 — 8 — 12		Wilhelmshaven	ebda.
24	1914 — 9 — 6		Wilhelmshaven	ebda.; an die Tochter der Schwester.
25	1914 — 9 — 25		Wilhelmshaven	ebda.
26	1914 — 10 — 10		(Wilhelmshaven)	ebda.
27	1914 — 10 — 23		(Wilhelmshaven)	ebda.
28 a	1914 — 10 — 30		(Wilhelmshaven)	} ebda.; *eine* Feldpostkarte
b	1914 — 11 — 1		(Wilhelmshaven)	
29	1921 — 7 — 26		München	GR; Hs. v. M., U. v. J. R.
30	1925 — 1 — 7		Paris	Herbert Günther, München; an die Tochter d. Schwester.
31	1925 — 10 — zw. 2 u. 12 e		Zürich	GR

Nr.	Datum			Ort	Anmerkungen
32	1932 — 7 — 5			Berlin	GR; an die Tochter der Schwester.
33	1934 — 1 — 18			Berlin	GR; masch. m. U.

An den Bruder Wolfgang (16. 2. 1879—7. 8. 1946) und dessen Frau Dora

34	1911 — 4 — 3	(P)		München	GR, an Dora Bötticher
35	1915 — 5 — 4			Friedrichsort	GR, an Dora Bötticher
36	1916 — 4 — 23			(Cuxhaven)	GR, an Dora Bötticher
37	1916 — 12 — 29			Cuxhaven	GR
38	1917 — 2 — ?	(M)		Cuxhaven	GR; Kriegsfoto mit Geburtstagsgruß an den Bruder.
39	1918 — 2 — ?	(M)		(Seeheim)	GR; wie Nr. 38.
40	1920 — 4 — 10			Berlin	Fritz Schirmer, Halle.
41	1921 — 9 — ?	(A)	e	(Hamburg)	ebda.
42	1926 — 2 — 15			München	GR

An den Schwiegervater, Wilhelm Pieper, Bürgermeister in Rastenburg (Ostpreußen)

| 43 | 1920 — 4 — 22 | | Berlin | GR, Abschrift im ersten Briefordner der Briefe an M. (auch SR Hamburg). |
| 44 | 1920 — 5 — 9 | | München | ebda. |

An Elisabeth Pieper, Schwester von Muschelkalk

45	1925 — 1 — 17		Paris	ebda.
46	1927 — 1 — 26		Nürnberg	ebda.
47	1930 — 3 — 10		Berlin	ebda.

An Walburga Müller (WM)

Walburga (Wally) Müller, geb. Hecker, (1880—1956) heiratete 1900 den Schriftsteller Fritz Müller (-Partenkirchen) (1875—1942); die Ehe wurde 1911 geschieden. Aus dieser Zeit stammt auch ihre Bekanntschaft mit Ringelnatz. Vier der folgenden Briefe erschienen gekürzt 1964 in: Unbekannter Ringelnatz (A 154), S. 13 f. Dort — in „Die Kunst und das schöne Heim" — ist auch ein weiterer Brief an Walburga Müller abgedruckt (Nr. 11), dessen Original unbekannt ist. Die Handschriften der anderen Briefe befinden sich im Besitz von Dr. Erwin R. Jacobi, Zürich, der sie 1971 auf einer Versteigerung erwarb. Herr Dr. Jacobi besitzt auch einen Brief Ringelnatzens an Fritz Müller-Partenkirchen (Nr. VA 49) und einen Brief der Witwe Ringelnatzens an Walburga Müller, Brückenberg (Riesengebirge), 13. 12. 1934.

Die Identität der Briefempfängerin war bisher ungeklärt; für genaue Auskunft über sie danke ich dem Stadtarchiv München.

Nr.	Datum			Ort	Anmerkungen
1	1910 — ? — ?	(?)	e	(München)	
2	1911 — 9 — ?			Halswigshof	teilweise veröffentlicht in: Unbekannter Ringelnatz (A 154), S. 14.
3	1911 — 11(?) — ?		e	(Bilderlingshof)	teilweise veröffentlicht in: ebda. S. 13 f.
4	1911 — 11 — 15			Bilderlingshof	
5	1912 — 1 — 31			Bilderlingshof	teilweise veröffentlicht in: ebda. S. 14.
6	1912 — 4 — 18			Kleinoels	
7	1912 — 12 — ?			(Kleinoels)	
8	1913 — 11 — ?	(?)	e	(München)	Datierung sehr unsicher: Es gibt eine ähnliche Bildpostkarte vom Nov. 1913 an Alma Baumgarten: Brief-Nr. AB 17.
9	1915 — 11 — 17			Warnemünde	teilweise veröffentlicht in: Unbekannter Ringelnatz (A 154), S. 14.
10	1916 — 4(?) — ?		e	(Friedrichsort?)	vgl. Brief Nr. AB 106.
11	1929 — 12 — ?	(E)	e	(München)	teilweise veröffentlicht in: Unbekannter Ringelnatz (A 154), S. 13.

An Carl Georg von Maassen (CM)

Zu von Maassen (1880—1940) siehe oben S. 32—39, besonders S. 33, Anm. 7, und den Schlüsselroman von Willy Seidel (B 92).

Die Handschriften befinden sich im Besitz der Universitätsbibliothek München (Nachlaß Carl Graf von Klinckowstroem).

Nr.	Datum		Ort	Anmerkungen
1	1913/14 (?)	e	(München)	Bitte um die Rückgabe eines 100seitigen Manuskriptes. (Wohl: „Ihr fremden Kinder", vgl. oben S. 110—112).
2	1913 — 4 — 23	(P)	Eisenach	
3	1914 — 8 — 27		Wilhelmshaven	
4	1914 — 10 — 5		Wilhelmshaven	
5	1914 — 11 — 20		(Wilhelmshaven)	
6	1914/15 (Herbst/Winter)	e	Wilhelmshaven	
7	1915 — 5 — 28		Friedrichsort/Kiel	
8	1916 — 4 — 15		(Cuxhaven?)	
9	1916 — 6 — 30	(P)	Friedrichsort/Kiel	
10	1916 — 7/12	e	(Cuxhaven)	
11	1916 — 12 — 20		Cuxhaven	
12	1917 — ? — ?	e	(Cuxhaven)	Versbrief: „Wir taten's auf dem Teppich — still durchdacht"
13	1917 — 7 — 13		Cuxhaven	Versbrief: „Guten Abend, gute Nacht"
14	1918 — 3 — 22		Cuxhaven	Versbrief: „Weh Euch, Ihr Unanständigen!"
15	1918 — 4 — 4		Cuxhaven	

An Alma Baumgarten (AB)

Ringelnatz lernte Alma Baumgarten (6. 5. 1893—25. 1. 1974) im April/Mai 1913 im Mädchenpensionat von Frau Dora Kurtius in Eisenach kennen. Dora Kurtius begegnete Ringelnatz in der „Künstler-Kneipe Simplicissimus", und er war seitdem bis kurz nach dem Kriege oft zu Gast in Eisenach, wo auch seine spätere Frau Schülerin war. Eine offizielle Verlobung mit Alma Baumgarten kam wegen des Einspruchs von deren Mutter nicht zustande. „Maulwurf", wie er sie ihrer Kurzsichtigkeit und eines schwarzen Samtkleides wegen nannte, unterstützte ihn besonders finanziell während des Krieges. Ohne ihre Hilfe hätte er kaum das nötige Geld für seine Karriere als Leutnant aufbringen können. Ringelnatz traf Maulwurf auch später bei seinen Mannheimer Aufenthalten (sie war in Ludwigshafen zuhause), zuletzt im Oktober 1932. Zu Maulwurf siehe auch ML, S. 339 f. und AM, passim.

Die Handschriften der Briefe — bis auf zwei — verkaufte Frau Baumgarten, die in Landau/Pfalz lebte, am 17. Juli 1972 an das Deutsche Literaturarchiv, Schiller-Nationalmuseum, Marbach, wo sich seit Sommer 1972 auch die Sammlung des Coudres (SdC) befindet (siehe oben S. XIII).

Aus dem Besitz von Alma Baumgarten befinden sich auch zwei hss. unveröffentlichte Gedichte Ringelnatzens in Marbach: „Da ich mit einem Mädchen maimorgens im Walde ging." („Wenige Schritte weiter —") — datiert: „Gedichtet Hohe Sonne/Eisenach, 5./7. Mai 1913 [...]"; und: „Sie spielte einem Dichter die Phantasie von Chopin." („Der schwarze, liederschwangere Schrein") — datiert: Eisenach, den 6./7. Mai 1913.

Nr.	Datum			Ort	Anmerkungen
1	1913 — 4 — 30	(P)		(Eisenach)	
2	1913 — 5 — ?	(A)	e	(Eisenach)	Hs. in meinem Besitz
3	1913 — 5 — 18			Luwigshafen-Mundenheim	Telegramm
4	1913 — 5 — 19			Heidelberg	
5	1913 — 5 — 27			Eisenach	
6	1913 — 5 — 31			Eisenach	
7	1913 — 5 — ?	(M/E)	e	(Ludwigshafen?)	
8	1913 — 6/7 — ?	(E/A)		(München?)	
9	1913 — 7 — 6			(München)	
10	1913 — 8 — 4			Lauenstein/Oberfranken	
11	1913 — 8 — 8			(Lauenstein)	
12	1913 — 9 — 11	(P)		(Lauenstein)	
13	1913 — 9 — 12			(Lauenstein)	
14	1913 — 10 — 11	(P)		(Eisenach)	
15	1913 — 10(?) — ?		e	(München)	
16	1913 — 11 — 3	(P)		(München)	

Nr.	Datum			Ort	Anmerkungen
17	1913 — 11(?) — ?		e	(München)	
18	1913 — 11 — 20	(P)		(München)	
19	1913 — 12 — ?	(A)	e	(München)	
20	1913 — 12 — (Weihnachten)			(München)	
21	1913 — 12 — Weihnachten			(München)	
22	1914 — 2(?) — ?			(München)	Fasching
23	1914 — 2(?) — ?			(München)	kurz nach Fasching
24	1914 — 2 — 15			München	
25	1914 — 2 — 21	(P)		(München)	
26	1914 — 3 — 15	(P)		(München)	
27	1914 — 3 — 31	(P)		(Eisenach)	
28	1914 — 4 — 1	(P)		(Eisenach)	
29	1914 — 4 — 7	(P)		(Eisenach)	
30	1914 — 4 — ?	(E)	e	(München)	
31	1914 — 5 — 4			München	
32	1914 — 5 — 21			München	
33	1914 — 5 — 29			(München)	
34	1914 — 6 — 4			München	
35	1914 — 6 — 27		e	(München)	
36	1914 — 7 — 23			München	
37	1914 — 8 — 4			(Wunstorf)	auf der Fahrt nach Wilhelmshaven
38	1914 — 8 — 11			(Wilhelmshaven)	
39	1914 — 8 — ?	(E)	e	Wilhelmshaven	
40	1914 — 9 — 5			Wilhelmshaven	
41	1914 — 9 — 21			Wilhelmshaven	
42	1914 — 9 — 27	(P)		Wilhelmshaven	
43	1914 — 9 — 30			Wilhelmshaven	
44	1914 — 10 — 5			(Wilhelmshaven)	
45	1914 — 10 — 7			(Wilhelmshaven)	
46	1914 — 10 — 9			(Wilhelmshaven)	
47	1914 — 10 — 14			Wilhelmshaven	
48	1914 — 10 — 19			(Wilhelmshaven)	
49	1914 — 10 — 22	(P)		(Wilhelmshaven)	
50	1914 — 10 — ?	(E)	e	(Wilhelmshaven)	
51	1914 — 11 — 3			(Wilhelmshaven)	
52	1914 — 11 — 17			(Wilhelmshaven)	

Nr.	Datum			Ort	Anmerkungen
53	1914 — 11 — 20			(Wilhelmshaven)	
54	1914 — 12 — 17			(Wilhelmshaven) S. M. S. Vulkan	Anrede: „Sehr verehrte und liebe Familie Baumgarten"
55	1914 — 12 — ?			(Wilhelmshaven) Vulkan	
56	1914 — 12 — 20			(Wilhelmshaven)	
57	1914 — ? — ?			(Wilhelmshaven)	
58	1914 — ? — ?	(E)		(Wilhelmshaven)	
59	1915 — 1 — ?	(A)	e	(Wilhelmshaven)	(„Prosit Neujahr")
60	1915 — 1 — 8			(Wilhelmshaven)	
61	1915 — 1 — 11			(Wilhelmshaven)	
62	1915 — 1 — 15			(Wilhelmshaven)	
63	1915 — 1 — 26			(Wilhelmshaven)	
64	1915 — 1 — 30			(Wilhelmshaven)	
65	1915 — 2 — 3			Wilhelmshaven	Telegramm
66	1915 — 2 — 3			(Wilhelmshaven)	
67	1915 — 2 — 8			Wilhelmshaven	
68	1915 — 2 — 24	(I)		Wilhelmshaven	
69	1915 — 2 — 24	(II)		Wilhelmshaven	I und II bilden einen zusammenhängenden Text!
70	1915 — 3 — 1			Wilhelmshaven	Telegramm
71	1915 — 3 — 14			Wilhelmshaven	
72	1915 — 3 — 16	(P)		Wilhelmshaven	
73	1915 — 3 — 19			(Wilhelmshaven)	
74	1915 — 3 — zw. 20 und 25		e	Wilhelmshaven	
75	1915 — 3 — 26			Wilhelmshaven	Telegramm
76	1915 — 3 — zw. 26 und 30		e	Cuxhaven	
77	1915 — 3 — 31			(Cuxhaven)	
78	1915 — 4 — 6			(Cuxhaven)	
79	1915 — 4 — 24			Cuxhaven	
80	1915 — 5 — 3			(Cuxhaven)	
81	1915 — 5 — 9			(Cuxhaven)	
82	1915 — 5 — 16			Eisenach	
83	1915 — 5 — 21			Friedrichsort (bei Kiel)	
84	1915 — 5 — ?	(E)		(Friedrichsort)	
85	1915 — 6 — 12			(Friedrichsort)	
86	1915 — 6 — 23	(P)		(Friedrichsort)	P: Kiel

Nr.	Datum		Ort	Anmerkungen
87	1915 — 6 — 24		(Friedrichsort)	
88	**1915 — 7 — 16**		Kiel-Wellingdorf	P: Kiel
89	1915 — 7 — 21	(P)	Kiel	
90	1915 — 7 — 31		Kiel	
91 a	1915 — 8 — 3		Kiel(/Libau?)	
b	1915 — 8 — 5		Kiel(/Libau?)	
92	1915 — 8 — 14		Libau	
93	1915 — 8 — 27		Kiel	
94	1915 — 9 — 16		(Kiel)	
95	1915 — 9 — 26		Warnemünde	
96	1915 — 10 — ?	(M)	Warnemünde	
97	1915 — 10 — 25		Warnemünde	
98	1915 — 10 — 27		Warnemünde	
99	1915 — 11 — 1		Warnemünde	
100	1915 — 11 — 8		Warnemünde	mit Zeilen von Dora Kurtius
101	1915 — 11 — 10		Warnemünde	
102	1916 — 1 — 6		Warnemünde	
103	1916 — 2(?) — ?	e	(Warnemünde?)	masch. mit „Geheimzeichen" als Unterschrift (siehe oben S. 292).
104	1916 — 3 — 9		Cuxhaven	
105	1916 — 3 — 15	e	(Friedrichsort) Kiel	
106	1916 — 3 — 21		Friedrichsort	
107	1916 — 4 — 28		Feldpoststation 33 (= Tukkum bei Riga, Lettland)	Hs. in meinem Besitz; Bildpostkarte mit Foto von Hans Bötticher u. Unbekannt.
108	1916 — 5 — 26		Feldpoststation 33	
109	1916 — 6 — 5		Feldpoststation 33	
110	1916 — 6 — 10		Feldpoststation 33	
111	1916 — 6 — 23	(P)	(Cuxhaven) An Bord SMS Cordoba	
112	1916 — 7 — 19		Cuxhaven	
113	1916 — 7 — 20		Cuxhaven	
114	1916 — 7 — 21		„eben auf belg. Boden im Güterzug"	
115	1916 — 7 — 21		Mecheln	
116	1916 — 7 — 27		Cuxhaven	
117	1916 — 8 — 8		Cuxhaven	
118	1916 — 8 — 12		Cuxhaven	

Nr.	Datum			Ort	Anmerkungen
119	1916 — 8 — 17			Cuxhaven	
120	1916 — 8 — 25			Cuxhaven	
121	1916 — 9 — 8			Cuxhaven	
122	1916 — 9 — 24			Cuxhaven	
123	1916 — 10 — 9			Cuxhaven, Kiautschou-Kaserne	
124	1916 — 10 — 25			Cuxhaven, Kiautschou-Kaserne	
125	1916 — 10 — 29			Cuxhaven	
126	1916 — 11 — 5			Cuxhaven	
127	1916 — 11 — 10			(Cuxhaven)	
128	1916 — 11 — 15			Cuxhaven	
129	1916 — 12 — 8			Cuxhaven	
130	1916 — 12 — ?			(Cuxhaven)	drei Karten
131	1916 — 12 — ? (kurz vor Weihnachten)			(Cuxhaven)	langer Brief
132	1916 — 12 — ?			Cuxhaven	kurze Karte
133	1917 — 1 — 9			Cuxhaven	
134	1917 — 1 — 15			Cuxhaven	
135	1917 — 1 — 29			Cuxhaven	
136 a	1917 — 2 — 1			Cuxhaven	
b	1917 — 2 — 10			Cuxhaven	
137	1917 — 2 — 23			Cuxhaven	
138	1917 — 3 — 7			Cuxhaven	
139	1917 — 3 — 21			„Auf der Fahrt von Cuxhaven nach Hamburg (per Schiff)"	
140	1917 — 3 — 27	(P)		(Eisenach)	
141	1917 — 4 — 26			Cuxhaven	
142	1917 — 4 — ?		e	(Cuxhaven)	
143	1917 — 6 — 9			Cuxhaven	
144	1917 — 7 — 13			Cuxhaven	
145	1917 — 9 — (nach 5)	(A)	e	(Cuxhaven)	
146	1917 — 9 — 12			Cuxhaven	
147	1918 — 1 — 23			Cuxhaven	Diktat: Hs. von Annemarie Ruland (siehe unten S. 420).
148	1918 — 2 — 2			Cuxhaven	

An Rolf von Hoerschelmann (RH)

Hoerschelmann (1885—1947) gehörte wie Ringelnatz und Carl Georg von Maassen zum „Verein Süddeutscher Bühnenkünstler" und zur „Hermetischen Gesellschaft". Die meisten Briefe an den Maler, Graphiker, Buchillustrator und Bibliophilen nehmen darauf Bezug.

Die Handschriften befinden sich in der Handschriften-Sammlung der Stadtbibliothek München.

Nr.	Datum			Ort	Anmerkungen
1	1914 — 10 — 28			Rüstringen (Old.)	„Nordsee, kalte Hände" mit Zeichnungen von J. R.
2	1914 — 11 — 12			Wilhelmshaven	
3	1914 — 12 — 20	(P)		Wilhelmshaven	Versbrief: „Ich weiß von nichts und mir ist alles Schnuppe"
4	1914 — 12 — ? (vor Weihn.)			(Wilhelmshaven)	„S. M. S. Vulkan"
5	1914 — 12 — ?	(E)	e	(Wilhelmshaven)	Neujahrsgruß
6	1915 — 1 — 29			(Wilhelmshaven)	
7	1915 — 3 — 14			(Wilhelmshaven)	
8	1915 — 4 — 4			Cuxhaven	
9	1915 — 5 — ?	(M/E)	e	Friedrichsort/Kiel	
10	1915 — 5 — 8	(P)		(Friedrichsort)	
11	1915 — 7 — 7			(Friedrichsort)	
12	1915 — 8 — 3			Kiel	
13	1915 — 8 — 23			Memel	
14	1915 — 8 — 27			Kiel	
15	1915 — 9 — 5	(P)		Kiel-Wik	
16	1915 — 11 — 17			Warnemünde	
17	1915 — 11 — 26			Warnemünde	
18	1915 — 12 — 8			Warnemünde	
19	1916 — 2 — ?	(?)	e	Cuxhaven	
20	1916 — 2 — 28			Cuxhaven	
21	1916 — 3 — ?		e	(Friedrichsort)	
22	1916 — 4 — 10			Feldpoststation 33 (= Tukkum bei Riga, Lettland)	
23	1916 — 6 — 10			Feldpoststation 33	

Nr.	Datum		Ort	Anmerkungen
24	1916 — 9 — 23		Fort Thompson bei Cuxhaven	
25	1916 — 11 — 1		Cuxhaven, Kiautschou-Kaserne	
26	1916 — 11 — 24		Cuxhaven	
27	1917 — 1 — 20		Cuxhaven	„An Bord S. M. S. ‚Scharnhörn‘." Teilweise abgedruckt in: Hoerschelmann, Leben ohne Alltag (A 397), S. 170. Dort auch ein Briefgedicht, von dem kein Original bekannt ist (A 197 a).
28	1917 — 5 — 13		Cuxhaven	
29	1918 — 4 — 27		Seeheim	
30	1918 — 7 — 1		Seeheim	
31	1918 — 8 — 16		Friedrichsort	Telegramm
32	1918 — 10(?) — ?	e	Seeheim	
33	1922 — 6 — 16	(P)	München	„An Herren von Vegemann & Hörschelsack", Zeichnung mit Vers.

An Muschelkalk (M)

Muschelkalk nannte Ringelnatz seine Frau Leonharda, geb. Pieper (* 6. 11. 1898), die er wie Alma Baumgarten im Eisenacher Mädchenpensionat für angehende Sprachlehrerinnen kennenlernte (siehe oben S. 383); Muschelkalk berichtet darüber in: Draeger, Horizont bei Muschelkalk Ringelnatz (A 422), S. 24 („Frau Ringelnatz schreibt an die Horizont-Leser, Berlin, Mai 1965"). Über die Hochzeitsfeiern und die standesamtliche Trauung vom 17. August 1920 siehe IM, S. 66. Nach dem Tode Ringelnatzens heiratete sie 1938 Julius Gescher, einen Berliner Augenarzt († 1945). Sie lebt heute in Berlin und war bis vor nicht allzu langer Zeit als Übersetzerin tätig, unter anderem für den Verlag Karl H. Henssel.

Die Briefe Ringelnatzens an seine Frau hat der Sammler Fritz Schirmer in Halle als Durchschlag einer Schreibmaschinenabschrift über den Krieg gerettet. Sie befanden sich bis zum Abschluß der vorliegenden Arbeit in zwei Briefordnern der Sammlung Gescher-Ringelnatz in Berlin. Jetzt werden sie mit der vorliegenden Numerierung in der Sammlung Ringelnatz der Staats- und Universitätsbibliothek Hamburg aufbewahrt; eine Kopie bleibt in der Sammlung GR.

Das folgende Verzeichnis nach den handschriftlichen Zusammenstellungen Muschelkalks und ihres Sohnes Norbert Gescher wurde von diesem wiederholt anhand der Abschriften durchgesehen und berichtigt. Ich überprüfte unsichere Datierungen und die Briefe ohne Datum, und es gelang mir, bis auf vier Briefe alle mehr oder weniger sicher einzuordnen. Da aus den Abschriften selten genau ersichtlich ist, ob das Datum der Briefe vom Briefkopf oder vom Poststempel stammt oder erschlossen ist, wurde auf eine dies betreffende Kennzeichnung verzichtet. Die Zahlen ohne weitere Angabe in der Spalte „Anmerkungen" sind Seitenzahlen von den in „Reisebriefe an M." (A 83) veröffentlichten Briefen, die Muschelkalk herausgab, meist stark kürzte und zum Teil auch bearbeitete.

Nr.	Datum	Ort	Anmerkungen
1	1916 — 6 — 2	?	
2	1917 — 2 — 17	Cuxhaven	veröffentlicht in IM, S. 51 f.
3	1917 — 4 — 10	Meiningen	an M. und Marta Ambach (Mitschülerin im Pensionat Kurtius in Eisenach)
4	1917 — 4 — 15	Hamburg	
5	1917 — 4 — 22	Cuxhaven (Schiff)	5
6	1917 — 10 — 6	Eisenach	
7	1917 — 12 — 26	Cuxhaven	
8	1918 — 12 — 6	Berlin	Versbrief: „Das ist meine liebe Lona, die schreibt"; veröffentlicht in IM, S. 54, Abschrift nicht vorhanden

Nr.	Datum	Ort	Anmerkungen
9	1918 — 12 — 12	Berlin	veröffentlicht in „Kunterbunte Nachrichten" (A 82), S. 3; Teildruck in IM, S. 53 f.
10	1919 — 1 — 8	Berlin	
11	1919 — 1 — 24	Berlin	
12	1919 — 11 — 22	Berlin	
13	1919 — 12 — 1	Berlin	
14	1919 — 12 — 9	Berlin	
15	1920 — 1 — 2	Berlin	
16	1920 — 4 — 12	Berlin	6
17 a	1920 — 4 — 13	Berlin	
b	1920 — 4 — 14	Berlin	
c	1920 — 4 — 15	Berlin	
d	1920 — 4 — 16	Berlin	
e	1920 — 4 — 17	Berlin	
18	1920 — 4 — 19	Berlin	
19	1920 — 4 — 20	Berlin	
20	1920 — 4 — 23	Berlin	
21	1920 — 4 — 24	Berlin	
22	1920 — 4 — ?	Berlin	
23	1920 — 4 — 26	Berlin	
24	1920 — 4 — 26	Berlin	
25	1920 — 4 — 27	Berlin	
26	1920 — 4 — 30	München	
27	1920 — 5 — 4	München	
28	1920 — 5 — 10	München	
29	1920 — 5 — 12	München	
30	1920 — 5 — ?	München	
31	1920 — 5 — 18	München	
32	1920 — 5 — 21	München	
33	1920 — 6 — 14	München	
34	1920 — 6 — 27	München	
35	1920 — 7 — 7	München	
36	1920 — 7 — 11	München	
37	1920 — 7 — ?	München	
38	1920 — 7 — ?	München	
39	1920 — 7 — ?	München	
40	1920 — 7 — ?	München	
41	1920 — 7 — ?	München	
42	1920 — 7 — ?	München	
43	1920 — 7 — ?	München	
44	1920 — 9 — 2	Berlin	

Nr.	Datum		Ort	Anmerkungen
45	1920 — 9 — 3		Berlin	15 f.
46	1920 — 9 — 4		Berlin	16 f.
47 a	1920 — 9 — 4		Berlin	21 f. (dort: Sonnabend)
b	1920 — 9 — 5		Berlin	22 f. (dort: Sonntag)
48	1920 — 9 — 5		Berlin	
49	1920 — 9 — 8		Berlin	17 f.
50	1920 — 9 — 9		Berlin	18
51 a	1920 — 9 — 9		Berlin	19—21
b	1920 — 9 — 10		Berlin	21
52	1920 — 9 — 11		Berlin	
53	1920 — 9 — 12		Berlin	23 f.
54	1920 — 9 — 26		Berlin	
55	1920 — 9 — ?		Berlin	
56	1920 — 10 — 2		Berlin	Telegramm
57	1920 — 10 — 2		Berlin	
58	1920 — 10 — ?	(A)	Berlin	
59	1921 — 1 — 3		Berlin	24—26
60 a	1921 — 1 — 4		Berlin	
b	1921 — 1 — 5		Berlin	
c	1921 — 1 — 7		Berlin	
61	1921 — 1 — 8		Berlin	27
62 a	1921 — 1 — 8		Berlin	
b	1921 — 1 — 9		Berlin	
63	1921 — 1 — 10		Berlin	
64	1921 — 1 — 10		Berlin	
65	1921 — 1 — 11		Berlin	
66	1921 — 1 — 11		Berlin	
67	1921 — 1 — ?		Berlin	
68	1921 — 1 — 13		Berlin	27 f.
69	1921 — 1 — 14		Berlin	28 f.
70	1921 — 1 — 15		Berlin	
71 a	1921 — 1 — 16		Berlin	
b	1921 — 1 — 17		Berlin	
72	1921 — 1 — 18		Berlin	
73	1921 — 1 — 19		Berlin	
74	1921 — 1 — 21		Berlin	
75	1921 — 1 — 22		Berlin	
76	1921 — 1 — 23		Berlin	
77	1921 — 1 — 24		Berlin	

Nr.	Datum	Ort	Anmerkungen
78	1921 — 2 — 2	Breslau	30
79	1921 — 2 — 4	Breslau	
80	1921 — 2 — 5	Breslau	
81	1921 — 2 — ?	Breslau	
82	1921 — 2 — 9	Breslau	30 f.
83	1921 — 2 — 11	Breslau	
84	1921 — 2 — ?	Breslau	
85	1921 — 2 — 18	Breslau	31 f. (dort falsch: 19. 2.)
86	1921 — 2 — 20	Breslau	37 (dort falsch: 27. 2.)
87	1921 — 2 — 22	Breslau	32 f.
88	1921 — 2 — 23	Breslau	33 f.
89 a	1921 — 2 — 23	Breslau	34
b	1921 — 2 — 24	Breslau	35 f.
90 a	1921 — 2 — 24	Breslau	36
b	1921 — 2 — 25	Breslau	36 f.
91	1921 — 2 — 25	Breslau	
92	1921 — 2 — 26	Breslau	
93	1921 — 2 — 27	Breslau	
94	1921 — 2 — 28	Frankfurt/Oder	37 f.
95	1921 — 2 — 28	Schneidemühl	39
96	1921 — 3 — 1	Königsberg	Gruß unter Zeilen von Grete Dinter
97 a	1921 — 3 — 2	Königsberg	40—42
b	1921 — 3 — 3	Königsberg	42
98	1921 — 3 — 4	Königsberg	43
99 a	1921 — 3 — 4	Königsberg	dort zu *einem* Brief zusammengezogen!
b	1921 — 3 — 5	Königsberg	43 f.
100	1921 — 3 — 6	Rastenburg	
101	1921 — 3 — 7	Königsberg	44 f.
102	1921 — 3 — 7	Königsberg	
103	1921 — 3 — 8	Königsberg	
104	1921 — 3 — 10	Königsberg	45 f. dort zu *einem* Brief zusammengezogen!
105 a	1921 — 3 — 10	Königsberg	
b	1921 — 3 — 11	Königsberg	
106	1921 — 3 — 13	Königsberg	
107	1921 — 3 — 14	Königsberg	46 f.
108	1921 — 3 — 15	Königsberg	47 f.
109	1921 — 3 — 18	Königsberg	
110	1921 — 3 — 20	Königsberg	48 f.
111 a	1921 — 3 — 21	Königsberg	

Nr.	Datum	Ort	Anmerkungen
b	1921 — 3 — 22	Königsberg	
c	1921 — 3 — 23	Königsberg	
112	1921 — 3 — ?	Königsberg	49 (dort falsch: 23. 3.)
113	1921 — 3 — ?	Königsberg	
114	1921 — 3 — 26	Königsberg	49
115	1921 — 3 — 29	Königsberg	49
116 a	1921 — 8 — 1	unterwegs, Würzburg	50
b	1921 — 8 — 1	Frankfurt/M.	50 f.
c	1921 — 8 — 2	Frankfurt/M.	51 f.
117 a	1921 — 8 — 2	Frankfurt/M.	52
b	1921 — 8 — 3	Frankfurt/M.	52 f.
118 a	1921 — 8 — 4	Frankfurt/M.	53
b	1921 — 8 — 5	Frankfurt/M.	53
119 a	1921 — 8 — 5	Frankfurt/M.	53 f.
b	1921 — 8 — 6	Frankfurt/M.	
120 a	1921 — 8 — 6	Frankfurt/M.	
b	1921 — 8 — 7	Frankfurt/M.	54
121	1921 — 8 — 8	Frankfurt/M.	
122	1921 — 8 — 8	Frankfurt/M.	
123	1921 — 8 — 9	Frankfurt/M.	
124 a	1921 — 8 — 9	Frankfurt/M.	
b	1921 — 8 — 10	Frankfurt/M.	
125	1921 — 8 — 10	Frankfurt/M.	
126	1921 — 8 — 11	Frankfurt/M.	
127	1921 — 8 — 12	Frankfurt/M.	55
128	1921 — 8 — 13	Frankfurt/M.	55 f.
129 a	1921 — 8 — 14	Frankfurt/M.	
b	1921 — 8 — 15	Frankfurt/M.	
130	1921 — 8 — 16	Frankfurt/M.	
131	1921 — 8 — 17	Frankfurt/M.	
132	1921 — 8 — 18	Frankfurt/M.	
133	1921 — 8 — ?	Frankfurt/M.	56 (dort falsch: 20. 8.)
134	1921 — 8 — 20	Frankfurt/M.	
135	1921 — 8 — 21	Frankfurt/M.	
136 a	1921 — 8 — 21	Frankfurt/M.	
b	1921 — 8 — 22	Frankfurt/M.	
137	1921 — 8 — 24	Frankfurt/M.	
138	1921 — 8 — 26	Frankfurt/M.	
139	1921 — 8 — 29	Frankfurt/M.	56 f.
140 a	1921 — 9 — 1	Hamburg	57
b	1921 — 9 — 2	Hamburg	58

Nr.	Datum	Ort	Anmerkungen
141	1921 — 9 — 3	Hamburg	
142	1921 — 9 — 4	Hamburg	58 f.
143	1921 — 9 — 5	Hamburg	59 (dort falsch: 4. 9.)
144 a	1921 — 9 — 7	Hamburg	} 59 f.
b	1921 — 9 — 8	Hamburg	
145	1921 — 9 — 8	Hamburg	
146	1921 — 9 — 9	Hamburg	
147	1921 — 9 — 10	Hamburg	60
148	1921 — 9 — ?	Hamburg	Gedicht: „Mich ‚holen' täg-lich Menschen (mancherlei)".
149	1921 — 9 — 12	Hamburg	60
150	1921 — 9 — 13	Hamburg	61
151 a	1921 — 9 — 14	Hamburg	} 61 (dort: Mittwoch)
b	1921 — 9 — 15	Hamburg	
152	1921 — 9 — 17	Hamburg	61
153	1921 — 9 — 18	Hamburg	
154	1921 — 9 — 20	Hamburg	
155	1921 — 9 — 21	Hamburg	
156	1921 — 9 — 22	Hamburg	
157	1921 — 9 — 22	Hamburg	
158	1921 — 9 — ?	Hamburg	
159 a	1921 — 9 — 26	Hamburg	
b	1921 — 9 — 27	Hamburg	
160	1921 — 9 — 27	Hamburg	
161	1921 — 9 — ?	Hamburg	
162	1921 — 9 — 29	Hamburg	62
163	1921 — 9 — 30	Hamburg	62
164	1921 — 11 — 9	Leipzig	
165	1921 — 11 — 11	Leipzig	
166	1921 — 11 — 12	Leipzig	
167 a	1921 — 11 — 13	Leipzig	
b	1921 — 11 — 14	Leipzig	
168	1921 — 11 — 15	Leipzig	
169	1921 — 11 — 16	Leipzig	
170	1921 — 11 — 17	Leipzig	
171	1921 — 11 — 18	Leipzig	
172	1921 — 11 — 20	Leipzig	
173 a	1921 — 11 — 22	Leipzig	
b	1921 — 11 — 23	Leipzig	
174	1921 — 11 — ?	Leipzig	

Nr.	Datum	Ort	Anmerkungen
175	1921 — 11 — 24	Leipzig	
176	1921 — 11 — 25	Leipzig	
177 a	1921 — 11 — 26	Leipzig	
b	1921 — 11 — 28	Leipzig	
178	1921 — 11 — 30	Leipzig	
179	1922 — 2 — ?	D-Zug Halle-Leipzig	62 f.
180	1922 — 2 — 2	Leipzig	63
181 a	1922 — 2 — 4	Leipzig	63
b	1922 — 2 — 6	Leipzig	63 f.
c	1922 — 2 — 7	Leipzig	64
d	1922 — 2 — 8	Leipzig	64
182 a	1922 — 2 — 9	Leipzig	
b	1922 — 2 — 10	Leipzig	
c	1922 — 2 — 11	Leipzig	⎫ 64 f. dort zu *einem* Brief
183	1922 — 2 — ? (M)	Leipzig	⎰ 65 zusammengezogen!
184 a	1922 — 3 — 2	Berlin	⎫ 65
b	1922 — 3 — 3	Berlin	⎱ 65 dort zu *einem* Brief
185	1922 — 3 — 3	Berlin	⎰ 65 zusammengezogen!
186 a	1922 — 3 — 4	Berlin	65 f.
b	1922 — 3 — 5	Berlin	
187	1922 — 3 — 6	Berlin	
188	1922 — 3 — 7	Berlin	
189	1922 — 3 — 7	Berlin	
190	1922 — 3 — 11	Berlin	66—68
191	1922 — 3 — ?	Berlin	68 (dort falsch: 13. 3.)
192	1922 — 3 — 14	Berlin	Notiz zu Zeilen von Kathi Kobus, die er M. sandte.
193	1922 — 3 — 14	Berlin	
194 a	1922 — 3 — 15	Berlin	
b	1922 — 3 — 16	Berlin	
195 a	1922 — 3 — 16	Berlin	
b	1922 — 3 — 17	Berlin	
196	1922 — 3 — 17	Berlin	
197	1922 — 3 — 18	Berlin	
198 a	1922 — 3 — 20	Berlin	68
b	1922 — 3 — 21	Berlin	69
199	1922 — 3 — 22	Berlin	
200	1922 — 3 — 24	Berlin	69
201	1922 — 3 — 25	Berlin	
202 a	1922 — 3 — 26	Berlin	69

Nr.	Datum	Ort	Anmerkungen
b	1922 — 3 — 27	Berlin	69
203	1922 — 3 — 28	Berlin	70
204 a	1922 — 3 — 29	Berlin	
b	1922 — 3 — 30	Berlin	
205	1922 — 3 — 31	Berlin	70
206	1922 — 4 — 1	Berlin, Anhalter Bahnhof	71
207	1922 — 4 — 1	Mannheim	
208	1922 — 4 — 2 (?)	Mannheim	
209	1922 — 4 — 3 (?)	Mannheim	71 (dort: April 1922)
210	1922 — 4 — 4	Mannheim	72 (dort: April 1922, Dienstag)
211	1922 — 4 — 5	Mannheim	
212	1922 — 4 — 6	Mannheim	72 f. (dort: April 1922, Donnerstag)
213	1922 — 4 — 7	Mannheim	
214	1922 — 4 — 8	Mannheim	
215	1922 — 4 — 9 (?)	Mannheim	
216	1922 — 4 — 10	Mannheim	71 f.
217	1922 — 4 — 11	Mannheim	73 f.
218 a	1922 — 4 — 11	Mannheim	74
b	1922 — 4 — 12	Mannheim	75
219	1922 — 4 — 13	Mannheim	75 f.
220 a	1922 — 4 — 13	Mannheim	76
b	1922 — 4 — 14	Mannheim	77
221	1922 — 4 — 15	Mannheim	77
222	1922 — 4 — 16	Mannheim	77 f.
223 a	1922 — 4 — 18	Mannheim	
b	1922 — 4 — 19	Mannheim	
224	1922 — 4 — 20	Mannheim	
225	1922 — 4 — 21	Mannheim	
226	1922 — 4 — 22	Mannheim	
227 a	1922 — 4 — 24	Mannheim	78
b	1922 — 4 — 25	Mannheim	78 f.
c	1922 — 4 — 26	Mannheim	79
d	1922 — 4 — 27	Mannheim	79
228	1922 — 9 — 1	Kassel	
229	1922 — 9 — 2	Kassel	80
230 a	1922 — 9 — 3	Kassel	80 f.
b	1922 — 9 — 4	Kassel	82
231	1922 — 9 — 5	Kassel	82

Nr.	Datum	Ort	Anmerkungen
232 a	1922 — 9 — 7	Kassel	⎫ 82 f.
b	1922 — 9 — 8	Kassel	⎭
233	1922 — 9 — 9	Kassel	83
234	1922 — 9 — 10	Kassel	83
235 a	1922 — 9 — 10	Kassel	84
b	1922 — 9 — 11	Kassel	84
c	1922 — 9 — 12	Kassel	84
236	1922 — 9 — 12	Kassel	
237	**1922 — 9 — 16**	München	
238 a	1922 — 9 — 17	München	
b	1922 — 9 — 18	München	
239	1922 — 9 — 20	München	
240	1922 — 9 — 26	München	
241 a	1922 — 10 — 11	Berlin	
b	1922 — 10 — 13	Berlin	
242	1922 — 10 — 14	Berlin	
243	1922 — 10 — 18	Berlin	
244	1922 — 10 — 19	Berlin	
245	1922 — 10 — 20	Berlin	
246	1922 — 10 — ?	Berlin	
247 a	1922 — 10 — 25	Berlin	
b	1922 — 10 — 26	Berlin	
248 a	1922 — 11 — 9	Leipzig	
b	1922 — 11 — 10	Leipzig	
c	1922 — 11 — 11	Leipzig	
249 a	1922 — 11 — 13	Leipzig	
b	1922 — 11 — 14	Leipzig	
250 a	1922 — 11 — 16	Leipzig	
b	1922 — 11 — 17	Leipzig	
251 a	1922 — 11 — 17	Leipzig	
b	1922 — 11 — 19	Leipzig	
252 a	1922 — 11 — 19	Leipzig	
b	1922 — 11 — 20	Leipzig	
253	1922 — 11 — 21	Leipzig	
254	1922 — 11 — 23	Leipzig	
255 a	1922 — 11 — 23	Leipzig	
b	1922 — 11 — 24	Leipzig	
256	1922 — 11 — 25	Leipzig	
257 a	1922 — 11 — 26	Leipzig	
b	1922 — 11 — 27	Leipzig	
c	1922 — 11 — 28	Leipzig	
258 a	1922 — 11 — 28	Leipzig	

Nr.	Datum	Ort	Anmerkungen
b	1922 — 11 — 29	Leipzig	
c	1922 — 11 — 30	Leipzig	
259 a	1922 — 12 — 2	Berlin	
b	1922 — 12 — 3	Berlin	
260	1922 — 12 — 4	Berlin	
261 a	1922 — 12 — 4	Berlin	
b	1922 — 12 — 5	Berlin	
c	1922 — 12 — 6	Berlin	
262 a	1922 — 12 — 7	Berlin	
b	1922 — 12 — 8	Berlin	
c	1922 — 12 — 9	Berlin	
d	1922 — 12 — 11	Berlin	
263 a	1922 — 12 — 11 (?)	Berlin	
b	1922 — 12 — 13 (?)	Berlin	
264	1922 — 12 — 14	Berlin	
265	1922 — 12 — 15	Berlin	
266 a	1922 — 12 — 16	Berlin	
b	1922 — 12 — 18	Berlin	
267	1923 — 1 — ?	Hamburg	
268 a	1923 — 1 — 4	Hamburg	
b	1923 — 1 — 5	Hamburg	
269 a	1923 — 1 — 7	Hamburg	
b	1923 — 1 — 8	Hamburg	
270 a	1923 — 1 — 10	Hamburg	
b	1923 — 1 — 11	Hamburg	
c	1923 — 1 — 12	Hamburg	
271	1923 — 1 — 14	Hamburg	
272	1923 — 1 — 18	Hamburg	
273	1923 — 1 — 20	Hamburg	
274 a	1923 — 1 — 22	Hamburg	
b	1923 — 1 — 23	Hamburg	
275	1923 — 1 — 24	Hamburg	
276	1923 — 1 — ?	Hamburg	
277	1923 — 1 — 27	Hamburg	
278	1923 — 3 — 2	Berlin	85
279 a	1923 — 3 — 3	Berlin	
b	1923 — 3 — 4	Berlin	} 85 f.
c	1923 — 3 — 5	Berlin	
280 a	1923 — 3 — 5	Berlin	
b	1923 — 3 — 6	Berlin	
281	1923 — 3 — 6	Berlin	
282	1923 — 3 — 6	Berlin	

Nr.	Datum	Ort	Anmerkungen
283	1923 — 3 — 7	Berlin	86
284 a	1923 — 3 — 8	Berlin	86
b	1923 — 3 — 9	Berlin	87
285	1923 — 3 — 9	Berlin	87 f.
286 a	1923 — 3 — 10	Berlin	
b	1923 — 3 — 11	Berlin	
287 a	1923 — 3 — 11	Berlin	88 (dort falsch: 10. 3.)
b	1923 — 3 — 12	Berlin	
288	1923 — 3 — 14	Berlin	
289	1923 — 3 — 15	Berlin	
290	1923 — 3 — 12 od. 19 (?)	Berlin	88 (dort falsch: 22. 3.)
291 a	1923 — 3 — 19	Berlin	
b	1923 — 3 — 20	Berlin	
292 a	1923 — 3 — 21	Berlin	
b	1923 — 3 — 22	Berlin	
293	1923 — 3 — 24	Berlin	
294	1923 — 3 — 24	Berlin	
295 a	1923 — 3 — 25	Berlin	
b	1923 — 3 — 26	Berlin	89 (dort falsch: 25. 3)
296 a	1923 — 3 — 27	Berlin	
b	1923 — 3 — 28	Berlin	
297 a	1923 — 3 — 30	Berlin	
b	1923 — 3 — 31	Berlin	
298	1923 — 4 — 2	Berlin	
299 a	1923 — 4 — 3	Berlin	
b	1923 — 4 — 4	Berlin	
300 a	1923 — 4 — 7	Berlin	
b	1923 — 4 — 8	Berlin	
301	1923 — 4 — 9	Berlin	89—91
302 a	1923 — 4 — 10	Berlin	
b	1923 — 4 — 11	Berlin	
303	1923 — 4 — 13	Berlin	
304 a	1923 — 4 — 14	Berlin	
b	1923 — 4 — 16	Berlin	91
305 a	1923 — 4 — 19	Berlin	} 91 f.
b	1923 — 4 — 20	Berlin	
306	1923 — 4 — 21	Berlin	
307	1923 — 4 — 23	Berlin	
308	1923 — 4 — 24	Berlin	92 f.
309	1923 — 4 — 25	Berlin	93 f.
310 a	1923 — 4 — 26	Berlin	
b	1923 — 4 — 27	Berlin	

Nr.	Datum	Ort	Anmerkungen
311	1923 — 4 — 27	Berlin	
312 a	1923 — 9 — 2	Frankfurt/M.	
b	1923 — 9 — 3	Frankfurt/M.	
313 a	1923 — 9 — 4	Frankfurt/M.	
b	1923 — 9 — 5	Frankfurt/M.	
c	1923 — 9 — 6	Frankfurt/M.	
314	1923 — 9 — 7	Frankfurt/M.	
315	1923 — 9 — 9	Frankfurt/M.	
316 a	1923 — 9 — 10	Frankfurt/M.	
b	1923 — 9 — 11	Frankfurt/M.	
317	1923 — 9 — 13	Frankfurt/M.	
318	1923 — 9 — 14	Frankfurt/M.	
319	1923 — 9 — 22	Frankfurt/M.	
320	1923 — 9 — 24	Frankfurt/M.	
321	1923 — 9 — 25	Frankfurt/M.	
322	1923 — 10 — 9	Berlin	
323 a	1923 — 10 — 11	Berlin	
b	1923 — 10 — 12	Berlin	
324	1923 — 10 — 12 (?)	Berlin	
325 a	1923 — 10 — 13	Berlin	} 94
b	1923 — 10 — 14	Berlin	
326	1923 — 10 — 14	Berlin	
327	1923 — 10 — 16	Berlin	94 f.
328	1923 — 10 — 17	Berlin	
329	1923 — 10 — 18	Berlin	101 (dort falsch: 18. 11.)
330 a	1923 — 10 — 20	Berlin	} 95 (dort: 2 Briefe ohne
b	1923 — 10 — 21	Berlin	95 f. Ort und Datum)
331	1923 — 10 — 21	Berlin	
332	1923 — 10 — 22	Berlin	
333	1923 — 10 — 23	Berlin	
334	1923 — 10 — 24	Berlin	
335	1923 — 10 — ?	Berlin	
336	1923 — 10 — 27	Berlin	96
337	1923 — 10 — 28	Berlin	auf einem Brief von seiner Mutter vom 26. 10.
338 a	1923 — 10 — 29	Berlin	96 f. (dort falsch: 2. 10.)
b	1923 — 10 — 30	Berlin	97
339	1923 — 11 — 1	Berlin	
340	1923 — 11 — 2	Berlin	
341	1923 — 11 — 3	Berlin	
342	1923 — 11 — 5	Berlin	97—99

Nr.	Datum	Ort	Anmerkungen
343	1923 — 11 — 6	Berlin	99
344 a	1923 — 11 — 7	Berlin	
b	1923 — 11 — 8	Berlin	
345	1923 — 11 — 8	Berlin	
346	1923 — 11 — 9	Berlin	100
347 a	1923 — 11 — 9	Berlin	
b	1923 — 11 — 11	Berlin	
c	1923 — 11 — 12	Berlin	
d	1923 — 11 — 14	Berlin	100
348	1923 — 11 — ?	Berlin	
349	1923 — 11 — 19	Berlin	
350 a	1923 — 11 — 20	Berlin	
b	1923 — 11 — 21	Berlin	
351	1923 — 11 — 23	Berlin	
352	1923 — 11 — 24	Berlin	
353 a	1923 — 11 — 24	Berlin	
b	1923 — 11 — 25	Berlin	
354	1923 — 11 — 25	Berlin	
355	1923 — 11 — 26	Berlin	101
356	1924 — 2 — 4	Wien	102
357	1924 — 2 — 5	Wien	102
358	1924 — 2 — 6	Wien	102 (dort: Stempel: 7. 2.)
359	1924 — 2 — 8	Wien	103
360 a	1924 — 2 — 10	Wien	
b	1924 — 2 — 11	Wien	
361 a	1924 — 2 — 11	Wien	} 103
b	1924 — 2 — 12	Wien	
362	1924 — 2 — 13	Wien	103 f.
363	1924 — 2 — 16	Wien	104 f. (dort: Stempel: 17. 2.)
364 a	1924 — 2 — 17	Wien	} 105 (dort: 18.)
b	1924 — 2 — 18	Wien	105
365	1924 — 2 — 18	Wien	105 (dort: Stempel: 18. 2.)
366	1924 — 3 — 3	Wien	
367	1924 — 3 — 5	Wien	
368	1924 — 3 — 5	Wien	
369	1924 — 3 — 11	Wien	
370	1924 — 3 — 29	Hamburg	
371	1924 — 3 — 30	(Hamburg-) Frankfurt/M.	
372	1924 — 4 — 1	Frankfurt/M.	
373	1924 — 4 — 4	Frankfurt/M.	

Nr.	Datum		Ort	Anmerkungen
374	1924 — 4 — 7		Frankfurt/M.	
375	1924 — 4 — 9		Frankfurt/M.	
376 a	1924 — 4 — 12		Frankfurt/M.	
b	1924 — 4 — 14		Frankfurt/M.	
377 a	1924 — 7 — 4		Bad Nauheim	
b	1924 — 7 — 5		Bad Nauheim	
378	1924 — 7 — 6		Frankfurt/M.	
379	1924 — 7 — 7		Bad Nauheim	
380	1924 — 7 — 8		Bad Nauheim	
381	1924 — 7 — 10		Bremen	105 f.
382	1924 — 7 — 11		Bremen	106
383	1924 — 7 — 12		Bremen	106
384	1924 — 7 — 13		Bremen	
385	1924 — 7 — 14		Bremen	
386	1924 — 7 — 15		Bremen	
387	1924 — 7 — 16		Bremen	
388	1924 — 7 — 19		Bremen	
389 a	1924 — 7 — 24		Hamburg	
b	1924 — 7 — 25		Hamburg	
390	1924 — 8 — 1		Berlin	
391	1924 — 10 — 17		Leipzig	
392 a	1924 — 10 — 17		Leipzig	
b	1924 — 10 — 18		Leipzig	
393	1924 — 10 — 18		Leipzig	
394	1924 — 10 — 25		Darmstadt	
395	1924 — 12 — 6		Berlin	
396	1924 — 12 — ?		Berlin	
397	1925 — 1 — 5		Paris	
398	1925 — 1 — 11		Paris	
399	1925 — 1 — ?		Paris	
400	1925 — 1 — 13		Paris	
401	1925 — 1 — 18		Paris	
402	1925 — 1 — 27		Berlin	
403	1925 — 2 — ?	(A)	Berlin	
404	1925 — 2 — ?	(A)	Berlin	
405	1925 — 2 — 9	(?)	Berlin	
406	1925 — 2 — 13		Berlin	
407	1925 — 2 — ?		Berlin	
408	1925 — 2 — 16	(?)	Berlin	

Nr.	Datum	Ort	Anmerkungen
409	1925 — 2 — 20	Berlin	
410	1925 — 2 — 23	Berlin	
411	1925 — 3 — 13	Frankfurt/M.	
412	1925 — 3 — 15	Frankfurt/M.	
413	1925 — 3 — 17	Frankfurt/M.	
414	1925 — 3 — 30 (?)	Frankfurt/M.	
415	1925 — 4 — 1	Berlin	
416	1925 — 4 — 2	Berlin	
417	1925 — 4 — ?	Berlin	
418	1925 — 4 — 5	Berlin	
419	1925 — 7 — ?	Bad Nauheim	
420 a	1925 — 7 — 2	Frankfurt/M.	
b	1925 — 7 — 3	Frankfurt/M.	
421 a	1925 — 7 — 9	Frankfurt/M.	
b	1925 — 7 — 10	Frankfurt/M.	
422	1925 — 7 — 15	Frankfurt/M.	
423 a	1925 — 9 — 15	Wiesbaden	
b	1925 — 9 — 16	Wiesbaden	
424	1925 — 9 — 16	Frankfurt/M.	
425	1925 — 9 — ? (?)	Düsseldorf	
426	1925 — 9 — ?	Düsseldorf	
427	1925 — 9 — 24	Düsseldorf	
428	1925 — 10 — 2	Zürich	
429	1925 — 10 — 2	Zürich	
430 a	1925 — 10 — 5	Zürich	
b	1925 — 10 — 6	Zürich	
431	1925 — 10 — 10	Zürich	
432	1925 — 10 — 11	Zürich	
433	1925 — 10 — 12	Zürich	
434	1926 — 1 — 16	Dresden	
435	1926 — 1 — 20	Berlin	
436	1926 — 1 — 21	Berlin	
437	1926 — 1 — 29	Berlin	
438	1926 — 3 — 24	Braunschweig	
439	1926 — 3 — 31	Hamburg	
440	1926 — 8 — 13	Berlin	
441	1926 — 8 — 23	Berlin	
442	1926 — 9 — 1	Hamburg	
443	1926 — 9 — 1	Hamburg	

Nr.	Datum	Ort	Anmerkungen
444	1926 — 9 — 3	Hamburg	
445	1926 — 9 — 5	Hamburg	
446	1926 — 9 — 6	Hamburg	
447	1926 — 9 — 8	Hamburg	106 f.
448	1926 — 9 — 10	Hamburg	
449	1926 — 9 — 14	Hamburg	107
450	1926 — 9 — 14	Hamburg	107
451	1926 — 12 — 2	Amberg	108
452	1926 — 12 — 3	Amberg	
453	1926 — 12 — 4	Amberg	
454	1926 — 12 — 5	Amberg	108
455	1926 — 12 — 6	Amberg	
456	1926 — 12 — 7	Amberg	108 f.
457	1926 — 12 — 10	Frankfurt/M.	
458	1926 — 12 — 11 (?)	Frankfurt/M. (?)	
459	1926 — 12 — 17	Frankfurt/M.	
460	1927 — 1 — 28	Halle	
461	1927 — 4 — ?	Berlin	109
462	1927 — 4 — ? (A/M)	Berlin	
463	1927 — 4 — 12	Berlin	109
464	1927 — 4 — zw. 17 u. 19	Berlin	
465	1927 — 4 — 25	Berlin	
466	1927 — 4 — 27	Berlin	**110**
467	1927 — 8 — 15	Berlin	
468	1927 — 8 — 19	Berlin	110 f.
469	1927 — 8 — ?	Berlin	
470	1927 — 8 — 26	Berlin	
471	1927 — 8 — 27	Berlin	
472	1927 — 8 — 29	Berlin	111 f.
473	1927 — 8 — 30	Berlin	
474	1927 — 8 — 31	Berlin	112
475	1927 — 9 — 2	Köln	
476	1927 — 9 — 3	Köln	113 (dort falsch: 1928)
477	1927 — 9 — 5	Köln	
478	1927 — 9 — 6	Köln	
479	1927 — 9 — ? (A/M)	Köln	
480	1927 — 9 — 10	Köln	
481	1927 — 9 — 11	Köln	
482	1927 — 9 — 14	Köln	

Nr.	Datum	Ort	Anmerkungen
483	1927 — 9 — 19	Köln	
484	1927 — 9 — 23	Köln	
485	1927 — 9 — 24	Köln	
486	1927 — 9 — ?	Köln	
487	1927 — 9 — ?	Köln	
488	1927 — 11 — 2	Leipzig	
489	1927 — 11 — 3	Leipzig	
490	1927 — 11 — 3	Leipzig	
491	1927 — 11 — 4	Leipzig	
492	1927 — 11 — 5	Leipzig	
493	1927 — 11 — 6	Leipzig	
494	1927 — 11 — 7	Leipzig	
495	1927 — 11 — 10	Leipzig	
496	1927 — 11 — 11	Leipzig	
497 a	1927 — 11 — 14	Leipzig	
b	1927 — 11 — 15	Leipzig	
498	1927 — 11 — 16	Leipzig	
499	1927 — 11 — 17	Leipzig	
500	1927 — 11 — 18	Leipzig	
501 a	1927 — 11 — 21	Leipzig	
b	1927 — 11 — 22	Leipzig	
502	1927 — 11 — ?	Leipzig	
503	1927 — 11 — ?	Leipzig	
504	1927 — 11 — ?	Leipzig	
505 a	1927 — 11 — 24 (?)	Leipzig	
b	1927 — 11 — 25 (?)	Leipzig	
506	1927 — 11 — ?	Leipzig	
507	1927 — 12 — 3	Magdeburg	
508	1927 — 12 — 3	Magdeburg	
509	1927 — 12 — 5	Hamburg	
510	1927 — 12 — 7	Hamburg	
511	1927 — 12 — 10	Hamburg	
512	1927 — 12 — ?	Hamburg	
513	1927 — 12 — 12	Chemnitz	
514	1927 — 12 — 12	Chemnitz	
515	1927 — 12 — 14	Chemnitz	
516	1927 — 12 — 16	Chemnitz	
517	1927 — 12 — 17	Chemnitz	
518	1928 — 2 — ?	Berlin	
519	1928 — 2 — ?	Berlin	

Nr.	Datum	Ort	Anmerkungen
520	1928 — 2 — 2	Berlin	
521	1928 — 2 — 3	Berlin	
522	1928 — 2 — 7	Berlin	
523	1928 — 2 — 18	Johanngeorgenstadt (Erzgebirge)	
524	1928 — 2 — 20	Leipzig	
525	1928 — 2 — 23	Bielefeld	
526	1928 — 3 — 22	Leipzig	
527	1928 — 4 — 20	Nürnberg	
528	1928 — 4 — 20	Frankfurt/M.	
529	1928 — 4 — 20	Köln	
530	1928 — 4 — 21	London	
531	1928 — 4 — ?	London	
532	1928 — 4 — 25	London	
533	1928 — 8 — ?	Mannheim	
534	1928 — 8 — 20	Mannheim	
535	1928 — 8 — ?	Frankfurt/M.	
536	1928 — 8 — ?	Frankfurt/M.	
537	1928 — 8 — 24	Frankfurt/M.	
538	1928 — 8 — 25	Frankfurt/M.	
539	1928 — 8 — 26	Frankfurt/M.	
540	1928 — 9 — 3	Köln	
541	1928 — 9 — 5	Köln	
542	1928 — 9 — 7	Köln	
543	1928 — 9 — 8	Köln	
544	1928 — 9 — 10	Köln	113
545	1928 — 9 — 10	Köln	
546	1928 — 9 — ?	Köln	
547	1928 — 9 — 12	Köln	113 f.
548	1928 — 9 — 15	Köln	
549	1928 — 9 — 15	Köln	
550	1928 — 9 — ? (?)	Köln	
551	1928 — 10 — 1	Leipzig	
552	1928 — 10 — 3	Leipzig	114 f.
553	1928 — 10 — 4	Leipzig	
554	1928 — 10 — 5	Leipzig	115
555	1928 — 10 — ?	Leipzig	
556	1928 — 10 — 9	Leipzig	116
557	1928 — 10 — 10	Leipzig	116
558	1928 — 10 — 11	Leipzig	117

Nr.	Datum	Ort	Anmerkungen
559	1928 — 10 — 12	Leipzig	
560	1928 — 10 — 13	Leipzig	
561	1928 — 10 — ?	Leipzig	
562	1928 — 10 — 26	Leipzig	
563	1928 — 10 — 30	Leipzig	
564	1928 — 11 — 13	Berlin	
565	1928 — 11 — 16	Chemnitz	117 f.
566	1928 — 11 — 17	Chemnitz	
567	1928 — 11 — zw. 18 u. 22	Chemnitz	
568	1928 — 11 — 19	Chemnitz	
569	1928 — 11 — 20	Chemnitz	
570	1928 — 11 — 23	Chemnitz	118
571	1928 — 11 — 26	Chemnitz	119
572	1928 — 11 — 28	Chemnitz	119 f.
573	1928 — 11 — 30	Chemnitz	120 f.
574	1928 — 12 — ?	Stuttgart	
575	1928 — 12 — ?	Stuttgart	
576	1928 — 12 — 2	Stuttgart	121
577	1928 — 12 — 4	Stuttgart	122
578	1928 — 12 — 6	Stuttgart	122 f. (dort: Donnerstag früh)
579	1928 — 12 — 7	Stuttgart	
580	1928 — 12 — 8	Stuttgart	124
581	1928 — 12 — 11	Stuttgart	125
582	1928 — 12 — 12	Stuttgart	
583	1928 — 12 — 13	Stuttgart	
584	1928 — 12 — 14	Stuttgart	
585	1928 — 12 — ?	Stuttgart	125
586	1928 — 12 — Weihnachten	München	126; Originalhandschrift: GR, vgl. Reproduktion auf dem Schutzumschlag der Briefausgabe.
587	1929 — 2 — 6	Dresden	126
588	1929 — 2 — 7	Dresden	
589	1929 — 2 — 8	Dresden	
590	1929 — 2 — 9	Dresden	127
591	1929 — 2 — 11	Königsberg	127
592	1929 — 2 — 11 (?)	Königsberg	
593	1929 — 2 — 14	Berlin	127
594	1929 — 2 — 15	Bielefeld	

Nr.	Datum	Ort	Anmerkungen
595	1929 — 2 — 16	Bielefeld	128
596	1929 — 2 — 20	Wiesbaden	**128**
597	1929 — 2 — ?	Halle	
598	1929 — 2 — ?	Halle	
599	1929 — 2 — ?	Halle	
600	1929 — 2 — 22	Halle	
601	1929 — 2 — 23	Halle	
602	1929 — 2 — 27	Halle	
603	1929 — 4 — 1	Frankfurt/M.	
604	1929 — 4 — ?	Frankfurt/M.	
605	1929 — 4 — ?	Frankfurt/M.	
606	1929 — 4 — 9	Frankfurt/M.	
607	1929 — 4 — ?	Frankfurt/M.	
608	1929 — 4 — ?	Frankfurt/M.	
609	1929 — 4 — ?	Frankfurt/M.	
610	1929 — 4 — 25	Frankfurt/M.	
611	1929 — 7 — ?	Innsbruck	
612	1929 — 9 — 1	Köln	
613	1929 — 9 — 2	Köln	
614	1929 — 9 — 5	Köln	
615	1929 — 9 — 7	Köln	
616	1929 — 9 — 7	Köln	
617	1929 — 9 — 9	Köln	
618	1929 — 9 — 10	Köln	
619	1929 — 9 — 11	Köln	
620	1929 — 9 — 13	Köln	
621	1929 — 9 — 14	Köln	
622	1929 — 9 — 16	Köln	
623	1929 — 9 — 17	Köln	
624	1929 — 9 — 19	Köln	
625	1929 — 9 — 20 (?)	Köln	
626	1929 — 9 — 21	Köln	
627	1929 — 9 — 23	Köln	
628	1929 — 9 — 24	Köln	
629	1929 — 9 — 27	Köln	
630	1929 — 9 — 28	Köln	
631	1929 — 11 — 1	Halle	
632	1929 — 11 — 6	Halle	
633	1929 — 11 — 6	Halle	

Nr.	Datum	Ort	Anmerkungen
634	1929 — 11 — 7	Halle	
635	1929 — 11 — 16	Zürich	
636 a	1929 — 11 — 16	Zürich	
b	1929 — 11 — 18	Zürich	
637	1929 — 11 — 19	Zürich	
638	1929 — 11 — 20	Zürich	129
639	1929 — 11 — ?	Zürich	
640	1929 — 11 — ?	Zürich	130
641	1929 — 11 — 27	Zürich	129
642	1929 — 11 — 29	Zürich	130
643	1929 — 12 — 1	Stuttgart	131
644	1929 — 12 — 3	Stuttgart	131—133
645	1929 — 12 — 6	Stuttgart	
646	1929 — 12 — 7	Stuttgart	
647	1929 — 12 — 11	Stuttgart	
648	1929 — 12 — 13	Stuttgart	133 f.
649	1929 — 12 — 13 (?)	Stuttgart	133
650	1930 — 1 — ?	Düsseldorf	
651	1930 — 1 — ?	Düsseldorf	136 (dort: Januar 1930)
652	1930 — 1 — 6	Düsseldorf	
653	1930 — 1 — 9	Düsseldorf	
654	1930 — 1 — 14	Düsseldorf	134 f.
655	1930 — 1 — 15	Düsseldorf	135
656	1930 — 1 — 23	Düsseldorf	
657	1930 — 1 — 23	Düsseldorf	135 f.
658	1930 — 1 — ?	Düsseldorf	
659	1930 — 1 — 25	Düsseldorf	136
660	1930 — 1 — 27	Düsseldorf	
661	1930 — 1 — ?	Düsseldorf	
662	1930 — 2 — 14	Berlin	145
663	1930 — 2 — 15	Berlin	145 (dort: ohne Datum)
664	1930 — 2 — 16	Berlin	
665	1930 — 2 — 16	Königsberg	145
666	1930 — 2 — 16	Königsberg	146
667	1930 — 2 — 18	Königsberg	146
668	1930 — 2 — 20	Berlin	147
669	1930 — 2 — 20	Berlin	147 f.
670	1930 — 4 — 16	Essen	148
671	1930 — 4 — 18	Essen	148

Nr.	Datum	Ort	Anmerkungen
672 a	1930 — 4 — 19	Essen	149
b	1930 — 4 — 21	Essen	149
673	1930 — 4 — 22	Essen	
674	1930 — 4 — 23	Essen	
675	1930 — 4 — 23	Essen	149 f.
676	1930 — 4 — 24	Essen	150
677	1930 — 4 — 25	Essen	150 f.
678	1930 — 4 — ?	Essen	151
679	1930 — 8 — 7	Berlin	Gedicht auf den 10. Hochzeitstag: „Wir lieben uns nun zehn Jahre".
680	1930 — 9 — 2	Hannover	151
681 a	1930 — 9 — 2	Hannover	151
b	1930 — 9 — 3	Hannover	152
c	1930 — 9 — 4	Hannover	152
682	1930 — 9 — 5 (?)	Hannover	
683	1930 — 9 — 6	Hannover	152
684	1930 — 9 — 8	Hannover	153 (dort: Stempel: 9. 9.)
685	1930 — 9 — 10 (?)	Hannover	153
686	1930 — 9 — 11 (?)	Hannover	
687	1930 — 9 — 11 (?)	Hannover	
688	1930 — 9 — 11 (?)	Hannover	
689	1930 — 9 — 12	Hannover	154
690	1930 — 9 — 13	Hannover	154 f.
691	1930 — 9 — 14	Hannover	155
692	1930 — 9 — 16	Hannover	
693	1930 — 9 — 19	Hannover	155 f.
694	1930 — 9 — ?	Hannover	157
695	1930 — 9 — ?	Hannover	157 (dort zu *einem* Brief zusammengezogen, aus 696 nur ein Satz)
696	1930 — 9 — ?	Hannover	
697	1930 — 9 — 22	Hannover	158 f.
698 a	1930 — 9 — 22	Hannover	156 (dort falsch: 23. 9.)
b	1930 — 9 — 23		156 f. (dort: Dienstagmittag)
699	1930 — 9 — ?	Hannover	158
700	1930 — 9 — 24	Hannover	
701	1930 — 9 — 25	Hannover	
702	1930 — 9 — 26	Hannover	159
703	1930 — 9 — 26	Hannover	159 f.
704	1930 — 10 — 2	Köln	160

Nr.	Datum	Ort	Anmerkungen
705	1930 — 10 — 4	Köln	
706 a	1930 — 10 — 4	Köln	160 f.
b	1930 — 10 — 5	Köln	161
707 a	1930 — 10 — 7	Köln	
b	1930 — 10 — 8	Köln	
708	1930 — 10 — 9	Köln	161 f.
709	1930 — 10 — 9	Köln	
710	1930 — 10 — 10 (?)	Köln	
711	1930 — 10 — 11	Köln	162
712	1930 — 10 — 12 (?)	Köln	Mit Gedichtfragment: „Wie bei uns"
713	1930 — 10 — 13	Köln	163
714	1930 — 10 — 14	Köln	163 f.
715	1930 — 10 — 16	Köln	
716 a	1930 — 10 — 16	Köln	164 (dort: 1.—31. 10., Donnerstag)
b	1930 — 10 — 17	Köln	165 (dort: Freitag)
717	1930 — 10 — 18	Köln	165 (dort: Sonnabend)
718	1930 — 10 — 20	Köln	
719	1930 — 10 — 21	Köln	
720	1930 — 10 — 23	Köln	
721	1930 — 10 — 24 (?)	Köln	
722	1930 — 10 — 25	Köln	166
723 a	1930 — 10 — 25	Köln	
b	1930 — 10 — 26	Köln	
724	1930 — 10 — 26	Köln	
725	1930 — 10 — 26	Köln	166
726 a	1930 — 10 — 26	Köln	167
b	1930 — 10 — 27	Köln	
727	1930 — 10 — 27 (?)	Köln	
728	1930 — 10 — 27 (?)	Köln	
729	1930 — 10 — ?	Köln	
730	1930 — 10 — ?	Köln	
731	1930 — 10 — ?	Köln	
732	1930 — 10 — ?	Köln	
733	1930 — 10 — ?	Köln	
734	1930 — 12 — 1	Bremen (Telegramm)	167
735	1930 — 12 — 1	Bremen	167
736	1930 — 12 — 2	Stuttgart	168
737	1930 — 12 — 3	Stuttgart	168

Nr.	Datum	Ort	Anmerkungen
738	1930 — 12 — 4	Stuttgart	169
739	1930 — 12 — 5 (?)	Stuttgart	169
740	1930 — 12 — 6	Stuttgart	
741	1930 — 12 — 7	Stuttgart	168 (dort: Sonntag)
742	1930 — 12 — 8	Stuttgart	
743	1930 — 12 — 9	Stuttgart	
744	1930 — 12 — 12 (?)	Stuttgart	
745	1930 — 12 — 13	Stuttgart	
746	1930 — 12 — 14 (?)	Stuttgart	
747	1930 — 12 — 15	Stuttgart	170
748	1931 — 3 — 10	Wuppertal-Elberfeld	
749	1931 — 3 — 12	Wuppertal-Elberfeld	
750	1931 — 10 — 2	Leipzig	170 f.
751	1931 — 10 — 3	Leipzig	171
752	1931 — 10 — ?	Leipzig	
753	1931 — 10 — 4	Leipzig	171
754	1931 — 10 — 12 (?)	Leipzig	
755	1931 — 10 — 13	Leipzig	172
756	1931 — 10 — ?	Leipzig	
757	1931 — 10 — 15	Leipzig	172 (dort: Stempel: 16. 10.)
758	1931 — 11 — 6	Prag (?)	
759	1931 — 11 — 8	Prag	172
760	1931 — 11 — 11	Wien	173
761 a	1931 — 11 — 11	Wien (D-Zug Wien-Prag)	} 173
b	1931 — 11 — 12	Wien	
762	1931 — 11 — 12	Prag	
763	1931 — 11 — 13	Prag (D-Zug Prag-Frankfurt/M.)	173
764	1931 — 11 — 14	Frankfurt/M.	173 f.
765	1931 — 11 — 17	Frankfurt/M.	
766	1931 — 11 — 19 (?)	Frankfurt/M.	174
767	1931 — 11 — 23	Frankfurt/M.	175
768	1931 — 11 — 23	Frankfurt/M.	176
769	1931 — 11 — 27	Frankfurt/M.	176
770	1931 — 11 — 28	Frankfurt/M.	
771	1931 — 11 — ?	Frankfurt/M.	177
772	1931 — 11 — ?	Frankfurt/M.	177 f.
773	1931 — 11 — ?	Frankfurt/M.	178

Nr.	Datum		Ort	Anmerkungen
774	1931 — 12 — 1		Stuttgart	
775	1931 — 12 — ?	(A)	Stuttgart	
776	1931 — 12 — ?	(A)	Stuttgart	
777	1931 — 12 — ?	(A)	Stuttgart	180 (dort: 1.—15. 12.)
778	1931 — 12 — ?	(A)	Stuttgart	
779	1931 — 12 — 6		Stuttgart	178 (dort: 1.—15. 12., Sonntag)
780	1931 — 12 — ?		Stuttgart	
781	1931 — 12 — 10	(?)	Stuttgart	
782	1931 — 12 — ?		Stuttgart	180 f. (dort: 1.—15. 12.)
783	1931 — 12 — 12		Stuttgart	179 (dort: 1.—15. 12.)
784	1931 — 12 — ?		Stuttgart	179 (dort: ohne Datum)
785	1931 — 12 — 14		Stuttgart	179 (dort: Montag)
786	1932 — 2 — 6		Elbing	
787	1932 — 2 — zw. 7 u. 9		Königsberg	
788	1932 — 2 — 10		Insterburg	
789	1932 — 2 — 18		(im Zug Freiburg-) München	
790	1932 — 2 — 29		Magdeburg	
791	1932 — 3 — 1	(?)	Breslau	181 (dort: Anfang März)
792	1932 — 3 — ?		Breslau	
793	1392 — 3 — 2	(?)	Breslau	181 f. (dort: Anfang März)
794	1932 — 3 — 4	(?)	Breslau	
795	1932 — 3 — 5		Breslau	182
796	1932 — 3 — 6		Breslau	
797 a	1932 — 3 — 6		Breslau	
b	1932 — 3 — 7		Breslau	
798	1932 — 3 — 9	(?)	Breslau	
799	1932 — 3 — 10	(?)	Breslau	182
800	1932 — 3 — ?		Breslau	183
801	1932 — 3 — ?		Breslau	183
802	1932 — 3 — ?		Breslau	
803	1932 — 3 — 14		Breslau	183 (dort 3. Brief: ohne Datum)
804	1932 — 3 — 15		Breslau	183 f.
805	1932 — 3 — 16		Breslau	184 (dort: ohne Datum)
806	1932 — 4 — 2		Frankfurt/M.	184 f.
807	1932 — 4 — zw. 3 u. 6		Frankfurt/M.	
808	1932 — 4 — 5		Frankfurt/M.	186 f.

Nr.	Datum		Ort	Anmerkungen
809	1932 — 4 — 7	(?)	Frankfurt/M.	
810	1932 — 4 — 8	(?)	Frankfurt/M.	
811	1932 — 4 — 10	(?)	Frankfurt/M.	
812	1932 — 4 — 11		Frankfurt/M.	187
813	1932 — 4 — 12	(?)	Frankfurt/M.	185 f. (dort: Dienstag)
814	1932 — 4 — 14	(?)	Frankfurt/M.	
815	1932 — 4 — 15	(?)	Frankfurt/M.	
816	1932 — 4 — 16		Frankfurt/M.	188 (dort: ohne Datum)
817	1932 — 4 — 17		Groß-Gerau	
818	1932 — 4 — 18		Frankfurt/M.	
819	1932 — 4 — 18		Frankfurt/M.	
820	1932 — 4 — 19	(?)	Frankfurt/M.	
821	1932 — 4 — 20		Frankfurt/M.	
822	1932 — 4 — ? (vor 26)		Frankfurt/M.	
823	1932 — 4 — ?		Frankfurt/M.	
824	1932 — 4 — ?		Frankfurt/M.	
825	1932 — 4 — 23		Frankfurt/M.	
826	1932 — 4 — 24		Frankfurt/M.	
827	1932 — 4 — 25		Frankfurt/M.	188 (dort: Montag)
828	1932 — 4 — 26		Frankfurt/M.	189
829	1932 — 4 — 27	(?)	Frankfurt/M.	
830	1932 — 4 — 27	(?)	Frankfurt/M.	
831	1932 — 4 — ?		Frankfurt/M.	
832	1932 — 4 — 28 oder 29		Frankfurt/M.	185 (dort: ohne Datum)
833	1932 — 5 — 6		Wiesbaden	
834	1932 — 5 — ?	(E)	Kassel	
835	1932 — 5 — ?	(E)	Kassel	
836	1932 — 5 — 29		Gotha	
837	1932 — 5 — 30		Liebenstein (?)	
838	1932 — 6 — 2		Liebenstein (?)	
839	1932 — 6 — 5		Koblenz	
840	1932 — 6 — ?		?	
841	1932 — 6 — 6		Bad Ems	
842	1932 — 6 — ?		Darmstadt	
843	1932 — 6 — 10		Darmstadt	
844	1932 — 6 — ?		Darmstadt	
845	1932 — 6 — ?		Darmstadt	
846	1932 — 6 — ?		Darmstadt	
847	1932 — 6 — ?		?	

Nr.	Datum	Ort	Anmerkungen
848	1932 — 6 — 13	Pforzheim	
849	1932 — 6 — 18	München	
850	1932 — 6 — 22	Würzburg	
851	1932 — 6 — ?	?	
852	1932 — 6 — ?	?	
853	1932 — 6 — 23	Bad Kissingen	
854	1932 — 6 — 23	Bad Kissingen	
855	1932 — 8 — ?	Breslau	
856	1932 — 8 — ?	Breslau	
857	1932 — 8 — ?	Breslau	190 (2. Brief auf dieser Seite)
858	1932 — 8 — ?	Breslau	190 (1. Brief auf dieser Seite)
859	1932 — 8 — 17	Breslau	192
860	1932 — 8 — 18 (?)	Breslau	
861	1932 — 8 — ?	Breslau	191 f.
862	1932 — 8 — 23	Breslau	192 (dort: ohne Datum)
863	1932 — 10 — 15	Mannheim	193 (dort: 16. 10.)
864	1932 — 10 — 16	Mannheim	193
865	1932 — 10 — 17 oder 18	Mannheim	194 (dort: ohne Datum)
866	1932 — 10 — 19	Mannheim	194 (dort 866 vor 865)
867	1932 — 10 — 20 (?)	Mannheim	
868	1932 — 10 — 21	Mannheim	
869	1932 — 10 — 22	Mannheim	194 f. (dort: 16.—31. 10.)
870	1932 — 10 — 24	Mannheim	
871	1932 — 10 — 24 (?)	Mannheim	
872	1932 — 10 — 25 (?)	Mannheim	
873	1932 — 10 — 25 oder 26	Mannheim	
874	1932 — 10 — 27 oder 28	Mannheim	195 (dort: 16.—31. 10.)
875	1932 — 10 — 29	Mannheim	
876	1932 — 10 — 30	Mannheim	196 (dort: 16.—31. 10.)
877	1932 — 10 — 31	Mannheim	196 (dort: Montag nachmittag)
878	1932 — 11 — 1	München	196 f.
879	1932 — 11 — 2	München	198
880	1932 — 11 — 2	München	198
881	1932 — 11 — 11 (?)	München	
882 a	1932 — 11 — 14	München	
b	1932 — 11 — 15	München	
c	1932 — 11 — 16	München	

Nr.	Datum	Ort	Anmerkungen
883	1932 — 11 — 17	München	
884	1932 — 11 — ?	München	
885	1932 — 11 — 19 (?)	München	
886	1932 — 11 — 20 (?)	München	197 (dort: 1.—30. 11.)
887	1932 — 11 — 21	München	
888	1932 — 11 — 22 (?)	München	
889	1932 — 11 — 23	Ruta	
890 a	1932 — 11 — 24	München	
b	1932 — 11 — 25	München	
891	1932 — 11 — 25 oder 26	München	
892	1932 — 11 — ?	München	
893	1932 — 11 — ?	München	
894	1932 — 11 — 29	München	
895	1933 — 1 — 16	Frankfurt/M.	198 f. (mit Dankvers an Fa. Schlichte, nicht mit abgedruckt)
896	1933 — 1 — 17	Frankfurt/M.	
897	1933 — 1 — ?	Frankfurt/M.	
898	1933 — 1 — ?	Frankfurt/M.	
899	1933 — 1 — ?	Frankfurt/M.	
900	1933 — 1 — ?	Frankfurt/M.	
901	1933 — 1 — 25	Frankfurt/M.	
902	1933 — 1 — 28	Frankfurt/M.	
903	1933 — 1 — 29 (?)	Frankfurt/M.	
904	1933 — 1 — 29	Frankfurt/M.	
905	1933 — 1 — 30 oder 31	Frankfurt/M.	199 (dort: Januar 1933)
906	1933 — 2 — 1	Frankfurt/M.	199 f. (dort falsch: Januar)
907	1933 — 2 — 2	Frankfurt/M.	200 f. (dort falsch: Januar)
908	1933 — 2 — 6	Frankfurt/M.	
909	1933 — 2 — 13	Königsberg	
910	1933 — 3 — 17	Dresden	201
911	1933 — 3 — 18	Dresden	201
912	1933 — 3 — 18	Dresden	202
913	1933 — 3 — 19	Dresden	202
914	1933 — 3 — 20	Dresden	202 f.
915	1933 — 6 — 6	Berlin	203
916	1933 — 6 — 8	Berlin	203 f. (dort: ohne Datum)
917	1933 — 6 — 8	Berlin	
918	1933 — 6 — ? } (Pfingsten)	Berlin	204
919	1933 — 6 — ?	Berlin	

Nr.	Datum		Ort	Anmerkungen
920	1933 — 10 — ?		Hamburg	
921	1933 — 10 — ?		Hamburg	204 f.
922	1933 — 10 — 6		Hamburg	205
923	1933 — 10 — 7		Hamburg	
924	1933 — 10 — 9		Lübeck	
925	1933 — 10 — 17		Zürich	
926	1934 — 2 — 1		Basel	206
927	1934 — 2 — 2		Basel	206
928 a	1934 — 2 — 3		Basel	207
b	1934 — 2 — 4		Basel	207
c	1934 — 2 — 5		Basel	207
929 a	1934 — 2 — 6		Basel	} 208 (dort: 7. 2.)
b	1934 — 2 — 7		Basel	
930	1934 — 2 — 11		Basel	
931	1934 — 2 — 12		Basel	
932 a	1934 — 2 — 13	(?)	Zürich	209
b	1934 — 2 — 14	(?)	Zürich	209 f.
c	1934 — 2 — 15	(?)	Zürich	210
d	1934 — 2 — 16	(?)	Zürich	210
933 a	1934 — 2 — 20		Zürich	210 f.
b	1934 — 2 — 21		Zürich	
934	1934 — 2 — 25		Zürich	211
935	1934 — 2 — 26		Zürich	211
936	1934 — 6 — ?		Sommerfeld	213 (auf der Rückseite Grußvers von M.)
937	1934 — 6 — 12	(?)	Sommerfeld	213 (dort wie 936: ohne Datum)
938	1934 — 6 — ?		Sommerfeld	216
939	1934 — 6 — ?		Sommerfeld	216 f.
940	1934 — 6 — ?		Sommerfeld	214 (dort: Freitag)
941	1934 — 6 — 19		Sommerfeld	
942	1934 — 6 — 26		Sommerfeld	
943	1934 — 7 — 9		Sommerfeld	
944	1934 — 7 — 12		Sommerfeld	212 f.
945	1934 — 7 — 17		Sommerfeld	214
946	1934 — 7 — 19		Sommerfeld	215
947	1934 — 7 — 20		Sommerfeld	215
948	1934 — 7 — 20		Sommerfeld	
949	1934 — 7 — 31		Sommerfeld	215 f.
950	1934 — 8 — 7		Sommerfeld	

Nr.	Datum	Ort	Anmerkungen
951	1934 — 8 — 14	Sommerfeld	217
952	1934 — 8 — 16	Sommerfeld	
953	1934 — 8 — 23	Sommerfeld	
954	1934 — 8 — 27	Sommerfeld	217
955	1934 — 8 — 30	Sommerfeld	218
956	1934 — 8 — 31	Sommerfeld	218

Undatierbar und ohne Ortsangabe sind vier weitere Briefe:

957 a	1921/25 (?) Donnerstag	(wohl Berlin)	
b	1921/25 (?) Freitag	(wohl Berlin)	
958	1929 — 9 — ? oder: 1930 — 10 — ?	Köln	mit dem Gedicht „Ehe du Schuhe kaufst" — Gedichte dreier Jahre (A 39), S. 96 (GG, S. 451) und einer zusätzlichen fünften Strophe; vollständiger Abdruck der Verse in dem Erinnerungsbuch des Inhabers des Kölner Schuhgeschäftes, dem das Gedicht gewidmet ist: Arthur Joseph, Meines Vaters Haus (A 400), S. 98 f.
959	?	(wohl Leipzig)	
960	?	(wohl Berlin)	

An Annemarie Ruland (AR)

Aus den ersten Augusttagen des Jahres 1917 stammt die Bekanntschaft Ringelnatzens mit der Schauspielerin Annemarie Ruland; er berichtet davon in AM, S. 293—295, 297 u. ö. Beide wohnten in Cuxhaven im Hotel Kaiserhof; das aus Hamburg gebürtige Waisenkind wurde zu seiner engen Vertrauten der Jahre 1917/18. Wohl Anfang 1919 ist ein Bruch in das Verhältnis gekommen, da sie ihn wegen eines anderen Mannes verließ (vgl. Brief Nr. 55 und 58 [=IM, S. 61]). Über Annemarie Ruland, die Ringelnatz auch „Bampf" nannte, siehe auch oben in dieser Arbeit S. 139—141, 143.

Die Handschriften befanden sich — wo nicht anders angegeben — bis vor kurzem im Besitz der Empfängerin, jetzt Frau Fell, in Berlin. Nach den Umbruchkorrekturen der vorliegenden Arbeit wurden diese Briefe in folgendem Katalog angeboten: Galerie Gerda Bassenge, Berlin. Auktion 23, 13.—18. Mai 1974. Teil II: Bücher, Autographen, S. 268, Nr. 4537. Aus den Briefen Nr. 2, 19, 27 (im Katalog fälschlich 16.9.), 42 und 55 wird dort kurz zitiert.

Nr.	Datum		Ort	Anmerkungen
1	1917 — 8 — 3	e	Cuxhaven	vgl. AM, S. 294; dort wird auch dieser „Gratulationsbrief" zur Aufführung von „Die Waise von Lowood" erwähnt.
2	1918 — 1 — 13		Berlin	P: Leipzig, 16. 1. 18
3	1918 — 3 — 30		D-Zug (nach München)	P: Hof
4	1918 — 4 — 3		Cuxhaven	Marbach: 56. 1166
5	1918 — 4 — 12		Seeheim	
6	1918 — 4 — 15		Seeheim	
7	1918 — 4 — 18		Seeheim	
8	1918 — 4 — 19		Seeheim	SR Hamburg
9	1918 — 5 — 5		Seeheim	fragmentarisch: Schluß fehlt
10	1918 — 5 — 7		Seeheim	
11	1918 — 5 — 8		Seeheim	GR
12	1918 — 5 — 14/15		(Seeheim)	
13 a	1918 — 5 — 21		Seeheim	
b	1918 — 5 — 22		Seeheim	
14	1918 — 5 — 25		(Seeheim)	
15	1918 — 5 — ?	(A?)	Seeheim	
16	1918 — 5/6 — ?	(E/A) e	(Seeheim)	auf die Bildseite einer Postkarte seiner Schwägerin Dora Bötticher geschrieben
17	1918 — 6 — 4		Seeheim	
18	1918 — 6 — 19		Seeheim	mit beiliegender Postkarte von Kathi Kobus (14. 6.)

Nr.	Datum		Ort	Anmerkungen
19	1918 — 6 — 22		(Seeheim)	
20	1918 — 6 — 24		(Seeheim)	
21	1918 — 7 — ? (A)		(Seeheim)	„erste Julitage" (Mitteilung von Frau Fell)
22	1918 — 7 — 4		(Seeheim)	
23	1918 — 7 — 23	e	(Seeheim)	
24	1918 — 8 — 21		München	
25	1918 — 8 — 23		Feldafing	
26	1918 — 9 — 20		(Seeheim)	
27	1918 — 9 — 26		(Seeheim)	
28	1918 — 10 — 2		Seeheim	
[29]	1918 — 10 — 3		Seeheim	Dr. Ernst Hauswedell & Ernst Nolte, Auktion 191, 22.—23. Mai 1973, Nr. 1102; im Katalog wird etwas daraus zitiert, der Brief betrifft u. a. das verlorene Drama „Fleisch und Blut" (siehe oben S. 143)
30	1918 — 10 — 6		Seeheim	SR Hamburg
31	1918 — 10 — 7		Seeheim	
[32]	1918 — 10 — 9		Seeheim	Gerd Rosen, Berlin, Auktion 13.—15. 11. 1961; zwei Postkarten „An eine Freundin"
33	1918 — 10 — ? (A)		(Seeheim)	„Anfang Oktober" (Mitteilung von Frau Fell)
34	1918 — 10 — 20		Seeheim	
35	1918 — 10 — 24		Seeheim	
36	1918 — 10 — 27 (P)		Seeheim	
37	1918 — 10 — 30		Seeheim	
38	1918 — 10/11 — ?	e	(Seeheim)	Datierung sehr unsicher
39	1918 — 11 — ? (A)	e	(Seeheim)	
40	1918 — 11 — 11		Seeheim	
41	1918 — 11 — 13		Seeheim	GR (Abschrift)
42	1918 — 11 — 21		(Seeheim od. Cuxhaven?)	
[43]	1918 — 11 — ?	e	(Seeheim?)	wie Nr. [29]; im Katalog daraus u. a. zitiert: „Es ist eine furchtbar ernste politische Zeit"; sehr wahrscheinlich aus der Zeit der Novemberrevolution.

Nr.	Datum		Ort	Anmerkungen
[44]	1918 — ? — ?		Seeheim	Gerd Rosen, Berlin, Auktion 7.—12. 5. 1962; „An eine Freundin" (identisch mit Nr. [43]? Nr. [29] war ebenfalls schon einmal bei Rosen im Nov. 1957 versteigert worden).
[45]	1918 — 12 — 2		Berlin	Karl & Faber, München, Auktion 47, 1. u. 2. 6. 1954; „An Annemarie Ruland, die sich nach einem kleinen Bauernhaus für ‚Seelchen' umsehen soll."
46	1918 — 12 — 6		Berlin	SR Hamburg
[47]	1918 — 12 — 9		Berlin	J. A. Stargardt, Marburg, Auktion 3. 11. 1954; „An eine Freundin in Konstanz".
[48]	1918 — 12 — 15		Berlin	J. A. Stargardt, Marburg, Auktion 22. 4. 1955; „An seine Freundin A. R. über Zukunftspläne."
49	1918 — 12 — 17		Berlin	
50	1918 — 12 — ?		Berlin	
51	1918 — 12 — 28		Berlin	
52	1919 — 1 — 5		Berlin	
[52.1]	1919 — 1 — 17		Freyburg/Unstrut	Galerie Gerda Bassenge, Berlin. Auktion 22, 22. bis 24. 11. 1973, Teil II: Bücher, Autographen. Nr. 4766; im Katalog wird kurz daraus zitiert.
53	1919 — 1 — 30		Freyburg/Unstrut	hs. Gedicht: „Limi [= Li(e-be) (Anne) m(ar) i(e)], Seeeheimer [!] Laterne"
54	1919 — 1 — 31	(P)	Freyburg/Unstrut	
55	1919 — 2 — 4		Freyburg/Unstrut	
56	1919 — 7 — ?	e	(Freyburg/Unstrut)	Stadt- und Landesbibliothek Dortmund (Sign. 12 454); Gedicht Bibl. A 171 „aus dem Gedächtnis" hier unter dem Titel „Zur Rückkehr der Gefangenen"; im Zusatz Anrede „L/M." (vgl. Brief Nr. 53).

Nr.	Datum	Ort	Anmerkungen
[57]	1919 — 10 — 22	Freyburg/Unstrut	Gerd Rosen, Berlin, Auktion 7.—12. 5. 1962; „An eine Freundin"
58	1920 — 5 — 13	München	nur in IM, S. 59—63 (dort: „Liebe Marie") aus der fragmentarischen dritten Teil-Autobiographie „Mein Leben nach dem Kriege"; Brief fingiert?

An Alfred Richard Meyer (ARM)

A. R. Meyer (1882—1956) war der Verleger der ersten Veröffentlichungen, die Ringelnatz unter seinem Pseudonym schrieb; zu Meyer siehe: Günther, Alfred Richard Meyer (A 434 a) und oben in dieser Arbeit S. 173 f. — Der jetzige Verbleib der Briefe ließ sich nicht feststellen; lediglich Brief Nr. 2 befindet sich im Besitz der Stadt- und Landesbibliothek Dortmund (Sign. 13 632), die ihn 1963 aus folgendem Katalog erwarb, dem auch die übrigen Angaben dieser Liste folgen: Alfred Richard Meyer 1882—1956. Dichter, Schriftsteller, Verleger. Munkepunke: Bücher, Flugblätter, Autographen. M. Edelmann, Nürnberg, Antiquariatskatalog 69. — (Würzburg [1961]: Richard Mayr), Nr. 352—354.

Nr.	*Datum*	*Ort*	*Anmerkungen*
[1]	1920 — 11 — 25	München	Zu Nr. [1], [3] — [6] heißt es im Antiquariatskatalog: „Eine Karte ist von R.'s Frau geschrieben u. trägt nur seine Unterschrift, eine andere eine kleine Zeichnung, weiter eine Künstlerpostkarte mit Porträt Ludwig Scharfs u. einem kleinen Gedicht von Scharf (‚Stoßseufzer des Proleten')."
2	1921 — 3 — 17	Königsberg	
[3]	1921 — 4 — 11	München	
[4]	1921 — 5 — 21	München	
[5]	1922 — 4 — 7	Mannheim	
[6]	1922 — 6 — 10	München	
[7]	1922 — ? — ?	München	Abbildung im Antiquariatskatalog.

An und von Kurt Wolff (KW)

Über das Verhältnis Ringelnatzens zu dem Verleger Kurt Wolff (1887—1963) siehe
oben S. 174 (Anm. 27), S. 223, 233 f., 276.

Die Originale der Briefe befinden sich in der Yale University Library, New Haven
(The Beinecke Rare Book and Manuscript Library). Da in diesem Fall fast immer die
Antwortbriefe (in Durchschlägen) erhalten geblieben sind, nehme ich auch die Briefe
des Verlages an Ringelnatz auf; sie sind zur Unterscheidung in römischen Zahlen
durchnumeriert.

Nr.	Datum		Ort	Anmerkungen
1	1921 — 2 — 22		Breslau	masch. m. U. und hss. Zusätzen; Anrede: „Sehr geehrte Herren!" Abschrift auch GR, erster Briefordner der Briefe an M. (auch SR Hamburg).
2	1921 — 9 — 29	e	Hamburg	vgl. Brief Nr. M 162; Eingangsstempel des Verlages: „1. Okt. 1921"; Anrede: „Sehr geehrte Herren".
3	1922 — 2 — 19		Leipzig	Hs. v. M., U. v. J. R.; Anrede: „Sehr verehrter Herr Meyer" (Georg Heinrich Meyer war Verlagsdirektor).
4	1922 — 3 — 21		Berlin	Anrede: „Sehr verehrter Herr Kurt Wolff".
5	1922 — 3 — 25		Berlin	Anrede wie Nr. 4.
6	1922 — 4 — 18		Mannheim	Anrede wie Nr. 4.
7	1922 — 4 — 22		Mannheim	Anrede wie Nr. 4.
8	1922 — 12 — 11		Berlin	Anrede: „Sehr verehrter Herr Wolff".
9	1923 — 6 — 13		München	Anrede: „Sehr verehrte Herren".
10	1923 — 6 — 17		München	Hs. v. M., U. v. J. R.; Anrede: „Sehr geehrte Herren".
11	1923 — 8 — ?	(E)	(München)	Anrede: „Lieber Herr Meyer".

Nr.	Datum	Ort	Anmerkungen
Briefe an Ringelnatz			
I	1921 — 4 — 1	München	
II	1922 — 1 — 24	München	Nr. II—VI scheinen — wie die obigen Briefe Ringelnatzens und der Inhalt zeigen — von Wolff selber zu stammen.
III	1922 — 3 — 15	München	
IV	1922 — 3 — 23	München	
V	1922 — 4 — 19	München	
VI	1923 — 6 — 25	München	
VII	1923 — 11 — 10	München	

An Cläre Popp (CP)

Ringelnatz lernte Cläre Popp (geb. 1896), die unter anderem als Puppenspielerin einen Namen hatte, 1921 in der Münchner „Künstler-Kneipe Simplicissimus" kennen. Bei der gleichen Gelegenheit traf er auch zum ersten Mal den Hamburger Juwelier vom Jungfernstieg, Carl M. H. Wilkens, genannt „Muckelmann" (vgl. IM, S. 78—81, S. 93—95 [Erinnerung von Cläre Popp]; Briefe, S. 13). Bei ihm wohnte Ringelnatz während seinen Aufenthalten in Hamburg; die Briefe an Muckelmann sind im Kriege verbrannt. Ebenso fiel ein großer Teil der Briefe Ringelnatzens an Cläre Popp, die sie schon 1937 der Witwe des Dichters überließ, bei der Zerstörung der Berliner Wohnung den Bomben zum Opfer.

Außer den folgenden sechs Briefen besitzt Frau Popp noch ein Blatt aus dem Gästebuch Hans Leips (vgl. auch Brief Nr. VA 27) mit Dank für die Überlassung der Wohnung und hs. Gedicht „Letztes Wort an eine Spröde" (Allerdings [A 28], S. 54 f. [GG, S. 231 f.]), Hamburg, vom 25. 7. 1924; ferner einen Brief der Mutter Ringelnatzens, Marie Bötticher, an sie: Leipzig, 3. 4. 1923 (Dank für ein Osterpaket) und einen Brief von Muschelkalk: Berlin, 8. 5. 1937 (Dank für die Mitarbeit an IM).

Nr.	Datum		Ort	Anmerkungen
1	1923 — 3 — ?	e	Berlin	
2	1923 — 4 — 2	(P)	Berlin	sechsseitiger Osterbrief mit sechs Zeichnungen.
3	1923 — 12 — 27		München	Hs. v. M., Zeichnung einer „Ringelnatter" von Ringelnatz.
4	1924 — 12 — (Weihnachten)		(München)	Weihnachts- und Neujahrsbrief.
5	1925 — 8 — ?	(M)	(München)	Dankbrief für ein selbstverfertigtes Spielzeug mit unveröffentlichtem Gedicht „Woher weißt du, wies die Vöglein machen?" (Datierung von Frau Popp).
6	1929 — 12 — (Weihnachten)		München	mit Grüßen von M.

An Otto Linnemann (OL)

Die Originale der Nummern 4, 11, 15, 22, 24 befinden sich im Besitz von GR. Diese und die übrigen verwahrte der Frankfurter Glasmaler Linnemann (1876—1961) bis zu seinem Tode. Seine Tochter, Frau Alexandra Flender in Düsseldorf, will die Handschriften dann an Muschelkalk nach Berlin gegeben haben, wo aber nur die genannten fünf vorhanden sind. Der Verbleib der übrigen ist ungeklärt. Die „Sammlung Ringelnatz" der Staats- und Universitätsbibliothek Hamburg hat Kopien der Nummern 1—24.

Nr.	Datum		Ort	Anmerkungen
1	1924 — 10 — 29		München	
2	1924 — 11 — 19		München	masch. m. U.
3	1926 — 1 — 2	(P)	München	hs. Ged.: „Wenn ich in die Stube speie"; in den „Reisebriefen" (A 27), S. 95 (GG, S. 170 f.) mit zusätzlicher erster Strophe als „Aus meiner Kinderzeit"
4	1927 — 1 — 17		München	masch. m. U.; abgedruckt in: Schumann, Himmelsbrücke und Ozean (A 499), S. 56.
5	1927 — 11 — 3		Leipzig	masch. m. U.
6	1928 — 1 — 20	(P)	Chemnitz	
7	1929 — 10 — 3		München	masch. m. U.
8	1930 — 1 — 19	(P)	Düsseldorf	
9	1930 — 1 — 23		Düsseldorf	
10	1932 — 3 — 23		Breslau	
11	1932 — 5 — 7		Wiesbaden	
12	1932 — 6 — 5		Koblenz	
13	1932 — 7 — 4		Berlin	masch. m. U.
14	1932 — 10 — 17	(P)	Mannheim	
15	1932 — 10 — 31		Mannheim	irrtümlich: „letzter Oktober 33" statt „32"
16	1932 — 12 — 7		Berlin	
17	1933 — 3 — 21		Dresden	
18	1933 — 5 — 2	(P)	Berlin	
19	1933 — 6 — 13	(P)	Berlin	Teildruck in IM, S. 92 (dort falsch: Juni 1934).

Nr.	Datum	Ort	Anmerkungen
20	1934 — 2 — 4	Basel	
21	1934 — 4 — 25	Berlin	
22	1934 — 8 — 19	Sommerfeld	Teildruck in IM, S. 92.
23	1934 — 8 — 20	Sommerfeld	nur Adresse von J. R., Rest: Hs. v. M.
24	? — ? — ?	?	Briefkopf: Hotel Frankfurter Hof
25	? — ? — ?	?	Abschrift GR; „Aus der Eisenbahn sende ich Dir sehr herzliche Glückwünsche zum Geburtstag [...]".
26	1929 — 4 — 6	Frankfurt/M.	Flaschenanhänger mit Gedicht an O. L.; Kopie: SdC

An Asta Nielsen (AN)

Die große Schauspielerin des Stummfilms und spätere Darstellerin auf deutschen Bühnen Asta Nielsen (1885—1972) wurde von Ringelnatz schwärmerisch verehrt. Für sie schrieb er die Rolle des „dänischen Mädchens" in seinem Drama „Die Flasche" (A 36), die sie jedoch nie spielte.

Die Originale der Briefe besitzt das Dänische Filmmuseum (Det Danske Filmmuseum), Kopenhagen. Dort befindet sich auch das Typoskript eines unveröffentlichten Gedichtes „An Heinrich George" („So zwischen ‚pflaumenweich' und ‚schmacklos rauh' ") mit Bemerkungen und einem Verschen von George, die Handschrift eines ebenfalls unveröffentlichten Geburtstagsgedichtes für Asta Nielsen „An Asta" („Frohe Zukunft wie auf Rosen"), das Typoskript des Gedichtes „Über Asta Nielsen" (Reisebriefe [A 27], S. 38 f. [GG, S. 142 f.]) sowie einige Fotos von Ringelnatz und Asta Nielsen.

Nr.	Datum		Ort	Anmerkungen
1	1927 — 5 — 5	(P)	München	mit Grüßen von M.
2	1929 — 7 — 4		München	Hs. v. M., U. v. J. R.
3	1931 — 6 — 13		Berlin	masch. m. U. und eigenhändiger Zeichnung: Selbstporträt mit riesiger Geiernase und O-Beinen
4	1933 — 1 — 25		Frankfurt/M.	masch. m. U.
5	1934 — 8 — 15		Sommerfeld	
6	? — ? — ?		?	Ulkbrief, gemeinsam mit Olaf Gulbransson: G. schreibt als Ringelnatz, dieser als G.

An Herbert Günther (HG)

Der heute in München lebende Schriftsteller Herbert Günther (geb. 1906) schrieb die Rowohlt-Bildmonographie über Ringelnatz (A 435); weitere Aufsätze und Bücher Günthers vgl. Bibliographie. Siehe auch oben in dieser Arbeit S. 3, 61, 65 f. Die Briefe befinden sich in seinem Besitz.

Nr.	Datum	Ort	Anmerkungen
1	1928 — 5 — 25	München	masch. m. U.
2	1928 — 6 — 21	München	
3	1928 — 8 — 9	München	masch. m. U.
4	1928 — 9 — 31	Frankfurt/M.	Hs. v. M., U. v. J. R.
5	1928 — 10 — 30 (P)	(Leipzig)	über Günthers damalige Gedichte
6	1928 — 11 — 7	Berlin	masch. m. U.
7	1928 — 11 — 17	Chemnitz	
8	1928 — 11 — 19	Chemnitz	masch. m. U.
9	1928 — 12 — 27	München	masch. m. U.
10	1929 — 2 — 8	Dresden	masch. m. U.
11	1929 — 4 — 28	Berlin	masch. m. U.
12	1929 — 5 — 20	München	
13	1929 — 5 — 21	München	masch. m. U.
14	1929 — 5 — 30	München	masch. m. U.
15	1929 — 6 — 6	München	masch. m. U.
16	1929 — 8 — 8	München	masch. m. U.
17	1929 — 10 — 4	München	masch. m. U.
18	1929 — 12 — 3	Stuttgart	masch. m. U.
19	1930 — 5 — 20	Berlin	masch. m. U.
20	1930 — 7 — 6	Berlin	masch. m. U.
21	1930 — 12 — 29	Berlin	masch. m. U.
22	1931 — 8 — ?	Im D-Zug Hannover—Hamburg	
23	1931 — 8 — 21	Berlin	masch. m. U.
24	1933 — 10 — 13	Berlin	
25	1934 — 3 — 7	Berlin	masch. m. U.

An verschiedene Adressaten (VA)

Diese Liste muß notwendig unvollständig bleiben, da ich nur das mir erreichbare Material aufnehmen konnte.

In der Spalte „Anmerkungen" ist zunächst der Adressat (kursiv) vermerkt; dann folgt der Besitzer (Bibliothek/Archiv, Sammlung oder Sammler) des Originals (bzw. der entsprechende Antiquariatskatalog). Aus AM und IM wurden einige nur dort im Druck erhaltene Briefe übernommen.

Nr.	Datum	Ort	Anmerkungen
1	1909 — 3/12 — ? e	München	*Victor Blüthgen* (siehe oben S. 15 und 272); Bayr. Staatsbibliothek, München.
2	1914 — 10 — 5	(Wilhelmshaven)	*August Baumgarten,* Vater von Alma Baumgarten, siehe oben S. 383; Marbach (aus dem Besitz von Alma Baumgarten).
3	1915 — 5 — 12	(Cuxhaven?)	*Fräulein Dehan,* Alma Baumgarten wohnte dort während ihres Magdeburger Aufenthaltes; Marbach (aus dem Besitz von Alma Baumgarten).
4	1915 — 5 — 21	Friedrichsort	wie Nr. 3.
5	1915 — 6 — 20	Friedrichsort	*Kaiser Wilhelm II.;* AM, S. 124 f.
6	1916 — 5 — ? e	Feldpoststation 33 (= Tukkum bei Riga, Lettland)	*Marta Ambach,* Schülerin im Pensionat der Dora Kurtius (vgl. oben S. 383 und Brief Nr. M 3); GR.
7	1917 — 2 — 10	Cuxhaven	*Fritz Müller-Partenkirchen,* Schriftsteller (1875—1942); Handschriften-Sammlung der Stadtbibliothek München.
8	1919 — 1 — 5	Berlin	*Marta Ambach* (siehe Nr. 6); GR.
9	1920 — 7 — ?	(München)	*Ferdinand Kahn* (1886 bis 1951) (siehe Bibl. A 5 und IM, S. 26—28); IM, S. 28.

Nr.	Datum	Ort		Anmerkungen
10	1921 — 2 — 22	Breslau		*W. Brodnitz*, Theater „Komödie", Berlin; GR, Abschrift im ersten Briefordner der Briefe an M. (auch SR Hamburg).
11	1921 — 12 — 2	München		*Dr. Reinhold Geheeb*, Mitarbeiter an der Zeitschrift „Simplicissimus"; Deutsche Staatsbibliothek, Berlin (DDR).
12	1922 — 10 — 2	Berlin		*Hans Peter Schmiedel* [d. i. H. P. Schmitt] (1880 bis 1950), Direktor des Leipziger Kabaretts „Die Retorte"; Hs. v. M., U. v. J. R. u. M; Universitätsbibliothek Leipzig (Sammlung Taut).
13	1922 — 12 — 1	Berlin		wie Nr. 12, nur: hs.
14	? (vor 1924)	München		*Selma des Coudres*, geb. Plawneck, Malerin (1883 bis 1956) — siehe oben S. XIII; SdC (Marbach).
15	1925 — 1 — 5	(P)	Paris	*Hedwig Oertner* (siehe oben S. 282, Anm. 59; IM, S. 53 und Briefe, S. 10); GR.
16	1925 — 1 — 7	(P)	Paris	*Anni Oertner*, Tochter von Hedwig Oertner; GR.
17	1925 — 1 — 8 (?)	(P)	Paris	*Willo und Lottelo Uhl*, Redakteur der Frankfurter Zeitung, J. R. wohnte oft bei ihm (siehe Briefe, S. 10); SdC (Marbach).
18	1925 — 1 — 18	(P)	Paris	*Hans Peter Schmiedel* [d. i. H. P. Schmitt] (siehe Nr. 12); Universitätsbibliothek Leipzig (Sammlung Taut).
19	1925 — 1 — 22	(Dresden)		wie Nr. 18, nur: Hs. v. M., U. v. J. R.
20	1925 — 3 — 4	Frankfurt/M.		*Adolph Huesgen* (1901 bis 1945), Weingutsbesitzer in Traben-Trarbach, mit Familie Gescher befreundet; Hs.

Nr.	Datum	Ort	Anmerkungen
			v. M., U. v. J. R.; Lotte Huesgen, Traben-Trarbach.
21	1925 — 9 — 16	Frankfurt/M.	*Alfred Flechtheim* (1878 bis 1937), Kunsthändler und Galerist in Düsseldorf und Berlin; GR, Abschrift im ersten Briefordner der Briefe an M. (auch SR Hamburg).
22	1925 — 9 — ?	München	*Lottelo Uhl* (vgl. Nr. 17); Beileidsbrief zum Tode ihres Mannes Willo; SdC (Marbach).
[23]	1926 — 1 — 10	(München) (?)	*Berliner Tageblatt;* Günter Nobis, Antiquariat, Wiesbaden, Katalog 250 [Frühjahr 1973], Nr. 368; masch. m. U.
24	1926 — 5 — 7	München	*Redaktion des Ersten Beiblattes des Berliner Tageblattes, Herrn Zadek;* Werner Mascos, Marburg; masch. m. U.
25	1926 — 6 — 4	München	*Schwabinger Künstlergesellschaft* (Einberufer: Karl Kurt Wolter, vgl. Nr. 57); Heinrich Fülbeck, München; masch. m. U.
26	1926 — 8 — 26	München	wie Nr. 24.
27	1926 — 8 — ?	München	*Hans Leip* (* 1893), Schriftsteller; Abschrift bei Hans Leip, Fruthwilen (Schweiz), Original verloren.
28	1926 — 10 — 19	München	*Selma des Coudres* (vgl. Nr. 14); SdC (Marbach); masch. m. U.
29	1926 — 12 — 10	Frankfurt/M.	*Hermann Sinsheimer* (1884 bis 1950), Theaterkritiker, Schriftleiter am Berliner Tageblatt; GR, Abschrift im ersten Briefordner der Briefe an M., auch SR Hamburg.

Nr.	Datum	Ort	Anmerkungen
[30]	1926 — 12 — 18	Frankfurt/M.	*An einen Redakteur (?);* J. A. Stargardt, Marburg, Auktion 17. 11. 1961.
31	1927 — 7 — 2	München	*Adolph Huesgen* (vgl. Nr. 20); wie Nr. 20.
32	1927 — 7 — 18	München	*Anna Schklawer* (Identität unbekannt); GR; Hs. v. M., U. v. J. R.
[33]	1927 — 10 — 10	München	*Allgemeiner Schriftsteller-verein;* J. A. Stargardt, Marburg, Auktion 585 (1968)
34	1927 — 10 — 29	München	*Allgemeiner Schriftsteller-verein;* Handschriften-Sammlung der Stadtbibliothek München; masch. m. U. von M. ‚gefälscht‘.
35	1928 — 3 — 2	München	*Hamburger Gruppe, Dr. Hans Haalck* (Gruppe von Künstlern und Intellektuellen, gegr. von Hans Much, Hans Henny Jahnn, Fritz Höger und Hans Leip); Dr. Eugen Küper (Hans Leip-Archiv), Hamburg-Blankenese; masch. m. U.
[36]	1928 — 3 — 19	München	*Hanns Krenz,* Kunsthändler in Berlin, Mitglied der Kestner-Gesellschaft, Hannover; Günter Nobis, Antiquariat, Wiesbaden, Katalog 250 [Frühjahr 1973], Nr. 366; masch. m. U.
37	1928 — 6/7 — ? e	(München)	*Ernst Rowohlt;* IM, S. 45 f.
[38]	1928 — 8 — 25	(Frankfurt/M.)	*An einen Herrn Schnitzlein;* Galerie Gerda Bassenge, Berlin, Auktion 18, II, 2. bis 6. 11. 1971, Nr. 4799.
39	1928 — 12 — 14	München	*Kölnische Illustrierte Zeitung;* Handschriften-Sammlung der Stadtbibliothek München; masch. m. U.

Nr.	Datum	Ort	Anmerkungen
40	1929 — 2 — 22	Halle	*Hermann Beutten* [d. i. H. Beuttenmüller] (1881 bis 1960), Rechtsanwalt, Schriftsteller, Komponist; Marbach: 57. 2602; masch. m. U.
41	1929 — 7 — 15	München	*Hermann Beutten;* Marbach: 57. 2603; masch. m. U.
42	192? — ? — ? e	(München)	*Adolph Huesgen* (vgl. Nr. 20); Lotte Huesgen, Traben-Trarbach; mit Zeilen von Julius Gescher (Datierung: ein Wein, Jahrgang 1921, wird erwähnt).
43	1930 — 3 — 10	Berlin	*Stadtbibliotheksdirektor (München) Hans Ludwig Held;* Handschriften-Sammlung der Stadtbibliothek München; masch. m. U.
44	1930 — 3 — 10	Berlin	*Max Rychner* (1897—1965), Literarhistoriker; SR Hamburg; masch. m. U.
45	1930 — 7 — 8	Berlin	*August Kottler,* Berliner Gastronom („Zum Schwabenwirt"); SR Hamburg; mit Zeichnung von J. R.; Faks. in: Schumann, Himmelsbrücke und Ozean (A 499), S. 23.
[46]	1930 — 7 — 30	Berlin	*A. Schönberg* (Identität unbekannt); Kurt Wegner, Antiquariat, Berlin, Katalog 10, Nr. 105; dort auch Auszug aus dem Brief; masch. m. U.
47	1930 — 10 — 13	Köln	*Ernst Rowohlt-Verlag;* GR, Abschrift im ersten Briefordner der Briefe an M. (auch SR Hamburg).
[48]	1930 — 10 — 26	Köln	*Hanns Krenz* (vgl. Nr. [36]); Günter Nobis, Antiquariat, Wiesbaden, Katalog Nr. 250

Nr.	Datum	Ort	Anmerkungen
			[Frühjahr 1973], Nr. 367; masch. m. U.
49	1930 — 11 — 6	Berlin	*Fritz Müller-Partenkirchen* (vgl. Nr. 7); Dr. Erwin R. Jacobi, Zürich; masch. m. U.
50	1930 — 11 — 29	Stuttgart	*Syndikus Dr. Marquard* (Hotel Marquardt, Stuttgart ?); Württembergische Landesbibliothek, Stuttgart cod. hist. 4° 333 a, 365; Hs. nicht von J. R. oder M.; da J. R. aber öfters diktierte, ist der Brief sicher echt.
51	1930 — 12 — 5	Stuttgart	*Redaktion des Berliner Tageblattes;* Handschriften-Sammlung der Stadtbibliothek München.
52	1930 — 12 — 9	Stuttgart	*Artur Kutscher* (1878 bis 1960), Literarhistoriker u. Theaterwissenschaftler; Marbach: 57. 5127; masch. m. U.
53	1930 — 12 — 22	Berlin	*Selma des Coudres* (vgl. Nr. 14); SdC (Marbach); masch. m. U. v. M.: „Lona mit dem Ringelnatz".
[54]	1931 — 3 — 15	Berlin	*A. Schönberg* (?) (vgl. Nr. [46]); Kurt Wegner, Antiquariat, Berlin, Katalog 10, Nr. 105; dort auch Zusammenfassung des Inhaltes; masch. m. U.
55	1931 — ? — ?	?	*G. S[chmidt]*, Tochter von Dr. Erich Schmidt (vgl. IM, S. 126 f.); IM, S. 110 f.; Antwort auf einen Kinderbrief bezüglich des „Kinder-Verwirr-Buches" (A 34).
56	1932 — 3 — 14	Breslau	*Thalia-Theater, Direktor Lobe;* IM, S. 119 f.

Nr.	Datum	Ort	Anmerkungeen
57	1932 — 6 — ca. 20 e	(München)	*Karl Kurt Wolter;* Heinrich Fülbeck, München; Briefbeilage mit Zeichnung: „Die Münchner Kritiker sind kranke Schweine", betrifft Kritiken an J. R.s Gastspiel mit der „Flasche" (vgl. Bibl. A 38, S. 141 f.); Faks. siehe Bibl. A 401.
58	1932 — 7 — 25	Berlin	*Hanns Krenz* (vgl. Nr. [36]); GR; Hs. v. M., U. v. J. R.
59	1933 — 5 — 15	Berlin	*Iulius Gescher* (vgl. oben S. 390); masch. m. U. Fritz Schirmer, Halle.
60	1933 — 8 — ?	(Berlin)	? („Lieber verehrter Doktor"); GR.
61	1933 — 10 — 9	Lübeck	*Hanns Krenz* (vgl. Nr. [36]); GR; Zeilen auf einer Karte von Ernst Castelli (vgl. Nr. 62).
62	1933 — 10 — 11	Berlin	*Ernst und Lore Castelli,* Lübecker Freunde Ringelnatzens, deren Trauzeuge er 1933 war; GR, Abschrift im ersten Briefordner der Briefe an M. (auch SR Hamburg); veröffentlicht in: Briefe, S. 205 f.
63	1934 — 2 — 5	Basel	*Hans Siemsen* (1891 bis 1969), Schriftsteller; wie Nr. 62; veröffentlicht in: Briefe, S. 207 f.
64	1934 — 3 — ?	Berlin	wie Nr. 63; veröffentlicht in: Nachlaß (A 46), S. 45 und Briefe, S. 211 f.
65	1934 — 5 — 30	Berlin	wie Nr. 62, nur unveröffentlicht.
66	1934 — 10 — 4	Berlin	? („Sehr verehrte gnädige Frau"); GR; Hs. v. M., U. v. J. R.

REGISTER

Die Werke Ringelnatzens sind kursiv gesetzt, wobei verlorene oder verschollene mit * versehen sind. Die Gedichte erscheinen mit Überschrift und Anfangsvers unter dem Schlagwort „Gedichte". Alle Einzelheiten zu Persönlichkeit und Werk Ringelnatzens werden als selbständige Schlag- oder Stichworte verzeichnet. Bestimmter und unbestimmter Artikel sind bei der Einordnung übergangen. Bei den Personen werden auch die Stellen aufgeführt, wo aus Briefen Ringelnatzens an sie zitiert wird. Das Register erschließt auch das Verzeichnis der Briefe sowie nach Verfassern (einschließlich der Rezensenten) und wichtigen Namen die systematische Ringelnatz-Bibliographie (A 1—554); dabei wurde zur Seitenzahl die Nummer der Bibliographie gesetzt. Ebenfalls aufgenommen sind die im Text oder im Briefverzeichnis erwähnten Sammler, Sammlungen, Bibliotheken und Archive. Bei den Seitenangaben bedeutet 97—98 durchgehende Behandlung oder Nennung; 97, 98 usf. weist auf verschiedene, voneinander getrennte Erwähnungen.